KB265771

한국어의 어제 그리고 오늘

한국어의 어제 그리고 오늘

한국어의 어제 그리고 오늘

조오현 외

도서출판 역락

머리말

21세기 초기 국어 연구의 성격은 연구 분야의 확장으로 특징지을 수 있다. 음운학을 위한 배경 지식 정도로 인식되어 국어 연구의 변방에 머물러 있었던 음성학은 이제 당당히 말소리 연구의 주된 분야가 되었다. 추상적인 특성으로 과학적인 언어 연구 분야에서 후발 주자였던 의미론은 어휘와 문장의 층위를 넘어 담화·텍스트로 그 연구 영역을 확실히 넓혔다. 한국어 화자를 대상으로 한 국어교육은 이제 외국인을 대상으로 한 외국어로서의 한국어 교육으로 또 다른 입지를 굳혀가고 있으며, 순수 국어학으로서의 어휘론은 사전편찬학이라는 응용 분야를 활기차게 모색하고 있다. 한편 국어 연구는 대상면에서도 다양성을 지향하고 있다. 글말에 편향된 연구는 입말과 매체 언어, 메타 언어 등으로 그 대상을 넓혀가고 있다.

이 책은 이러한 연구의 다양성을 그대로 한 권으로 묶되, 시대와 연구 목적에 따라 크게 세 부분으로 나누었다.

제1부는 '한국어의 어제' 편으로, 음운 체계와 성조 체계의 변천, 문법 변화 등의 통시적 연구와 15·16세기, 개화기, 1920년대를 대상으로 한 공시적 연구와 최근 관심이 높아지고 있는 글쓰기에 대한 사적 연구를 담았다.

제2부는 '한국어의 오늘' 편으로, 21세기 초기의 언어 현실에 특히 주목하였다. 21세기 경음화, 수필류의 인용구조, 새말의 어휘론적 위상, 광고 텍스트 연구는 모두 최근의 국어 현상을 대상으로 한 것이다. 복합문의 중첩 구성과 이음씨끝 양상은 현대국어의 문법 체계를 다시 돌아본 것이며, 배설 동사나 외래어 분류는 의미론적 관점에서 접근한 것이다. 한편 시의 원전을 확정하는 데 텍스트 언어학의 효용성을 살피기도 하였다.

　제3부는 '외국어로서의 한국어 교육' 편으로, 한국인의 입장에서 본 한국어 교육과 외국인의 시선에서 본 한국어 교육에 관한 글이다. 평가 등급과 읽기 교육에 대한 두 편의 글은 현장에서 외국인에게 직접 한국어를 가르치면서 한국어 교육을 전공하고 있는 연구자가 썼다. 한·중 합성어, 한·중 의태어, 한국어 동물 속담 연구는 다른 나라에서 우리말을 공부하기 위해 한국에 온 연구자의 글이다.

　이 책을 공동 저술 형태로 처음 기획했을 때는 주제를 한정하여 집필하려고도 했다. 하지만 개별 글쓴이가 가장 관심 있는 분야를 쓰는 것이 더 좋겠다고 판단했다. 결과적으로 하나의 주제로 묶는 데 어려움이 있었지만 이것이 21세기 현재 국어 연구의 모습을 가장 잘 드러내는 것이라고 생각한다. 여러 명의 글쓴이가 집필 일정이나 글의 형식을 맞추어 한 권의 책을 내는 일은 결코 쉬운 것이 아니다. 지난 1년 간의 집필 과정이 동학으로서 21세기 국어 연구를 이끌어갈 서로에 대한 북돋움이 될 수 있으리라 믿는다.

　마지막으로, 어려운 시기에 기꺼이 출판을 허락해 준 역락출판사의 이대현 사장님과 딱딱한 내용의 글들을 예쁘게 포장해 준 권분옥 님께 고마움을 표한다.

2009년 8월 20일
일감호반 연구실에서
조오현 씀

차례

제1부 한국어의 어제

제2부 한국어의 오늘

제1부 한국어의 어제

한국어 음운체계의 변천 원인

조오현

1. 머리말

우리 말글살이 역사 가운데 비교적 정확하게 음가를 추정할 수 있는 시기는 훈민정음 창제 이후라 할 수 있다. 이 기간 동안 우리말 소리는 많은 변천을 겪어 오늘날의 말소리가 되었다. 그런데 우리말 소리가 변천해 온 과정을 살피면 대부분 음운의 체계를 안정되게 하는 방향으로 변한 것을 알 수 있다.

이러한 점에서 이 글은 우리말의 홑홀소리와 홑닿소리의 변천이 체계의 안정과 관련된 점을 밝히는 것을 목적으로 한다.

2. 홀소리 체계의 변천

2.1. 15세기의 홑홀소리 체계

우리 말소리의 변천을 알기 위해서는 먼저 15세기 국어의 홑홀소리 체계를 알아야 한다. 15세기 국어의 홑홀소리 체계는 『훈민정음』에 자세히 설명되어 있다. 『훈민정음』에 설명한 홑홀소리 체계를 모음사각도로 그리면 다음 [그림 1]이 된다.

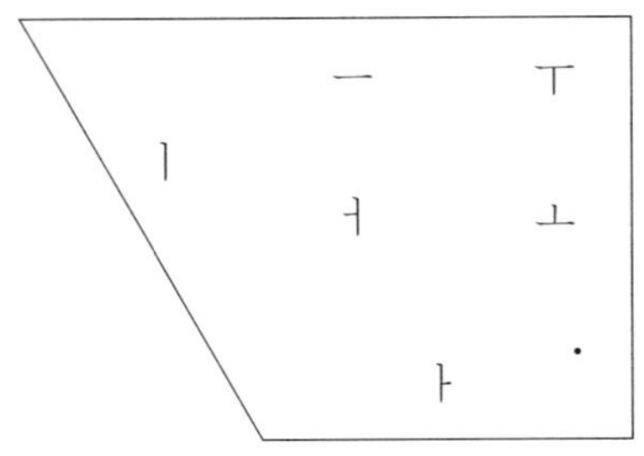

[그림 1] 훈민정음의 홑홀소리 체계

[그림 1]에 의하면 /ㅣ/의 조음 위치는 현재와 같은 높은홀소리가 아니라 중립위치(neutral position)[1] 근처의 높이에서 조음되었다는 것을 알 수 있다. /ㅣ/가 중립위치 근처 높이에서 조음될 때는 높은홀소리와 낮은홀소리가 없었다 해도 대체로 뒤홀소리와 대칭적인균형을 이루었었다. 그러나 표면적으로 안정된 체계를 유지하고 있는 것 같지만 실제로는 다음과 같은 불안정한 체계를 이루고 있다.

① 뒤홀소리가 /ㅡ, ㅓ, ㅏ, ㅜ, ㅗ, ·/ 여섯 개인데 비해 앞홀소리가 /ㅣ/ 한 개이기 때문에 분포로 볼 때 극심한 불균형을 이루고 있다.

② /ㅣ/가 중립위치와 비슷한 높이에 있기 때문에 [+앞, +높은]홀소리와 [+앞, +낮은]홀소리의 자리가 비어 있어서 /ㅣ/는 한 자리에 고정되기 힘들어 언제든 자리를 옮길 수 있는 조건을 가지고 있었다.

③ 뒤홀소리는 [+둥근]소리가 두 개나 있으나 앞홀소리에는 [+둥근]소리가 없어서 새로운 체계를 요구하고 있다.

---

1) 정국(1994 : 31)에서 '중립위치'라 한 것을 이정민·배영남(1987)에서는 '중간위치'라고 했다. 중간위치(neutral position)란 모음, 자음이 조음되기 직전의 상태를 말하는데, 그때 연구개(velum)는 올라가고 전설(front of tongue)과 후설(back of tongue)은 거의 bed의 [e]가 조음될 때의 높이까지 들어 올려지며, 설첨과 설단은 조용히 호흡할 때와 거의 같은 위치에 있다(이정민 외, 1987 : 235).

2.2. /i/의 높은홀소리 되기

①~③으로 볼 때 뒤홀소리보다 앞홀소리에 뭔가 새로운 체계를 요구하고
있다는 것을 짐작할 수 있다. 빈자리로 볼 때 앞홀소리 자리는 높은홀소리
자리나 낮은홀소리 자리가 모두 비어 있기 때문에 /ㅣ/의 조음 위치는 낮은
홀소리 자리나 높은홀소리 자리 어느 쪽으로 옮겨도 가능하다. 그러나 경제
적인 논리로 볼 때 중립위치에서 [+낮은]소리로 바뀌기보다는 [+높은]소
리로 바뀌는 것이 더 보편적이다. 그래서 다음 [그림 2]처럼 중립위치의 높
이에 있던 /ㅣ/가 높은홀소리로 자리를 옮기게 되었다.

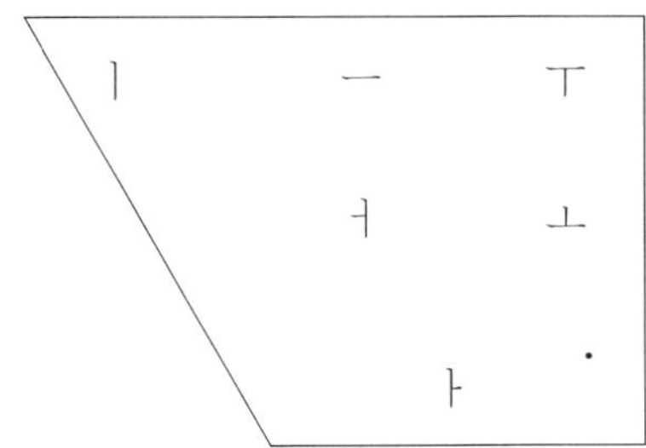

[그림 2] /ㅣ/가 높은홀소리로 바뀐 뒤의 홑홀소리 체계

2.3. 오름겹 홀소리의 홑홀소리 되기(앞홀소리 빈자리 메우기)

[그림 2]에서 앞홀소리를 보면 가운데소리와 낮은소리가 빈자리으로 남아
있다. 반면 뒤홀소리의 경우 높은소리, 가운데소리, 낮은소리가 균형을 이루
고 있을 뿐 아니라 안둥근소리와 둥근소리도 다 갖추고 있어서 매우 안정된
체계를 이루고 있다. 앞홀소리와 뒤홀소리 사이에 심한 불균형이 생긴 것이
다. 이러한 체계에서는 당연히 체계를 안정되게 하기 위한 어떤 작용이 필
요하게 마련인데 그 작용이 바로 앞홀소리 빈자리 메우기[2](오름겹홀소리의 홑

---

2) 지금까지 이 앞홀소리 되기는 홑홀소리 되기라는 용어에 묻혀서 본질을 잃고 있었다. 분명한 것
   은, ㅏ + ㅣ → ㅐ, ㅓ + ㅣ → ㅔ, ㅗ + ㅣ → ㅚ, ㅜ + ㅣ → ㅟ는 홑홀소리 되기인 동시에 앞홀소

홀소리 되기)이다. 여기서 앞홀소리 되기를 앞홀소리 빈자리 메우기라 한 것은, 이러한 변천이 음운 체계를 안정되게 하기 위한 일련의 과정으로 이루어졌다는 데서 붙인 이름이다.

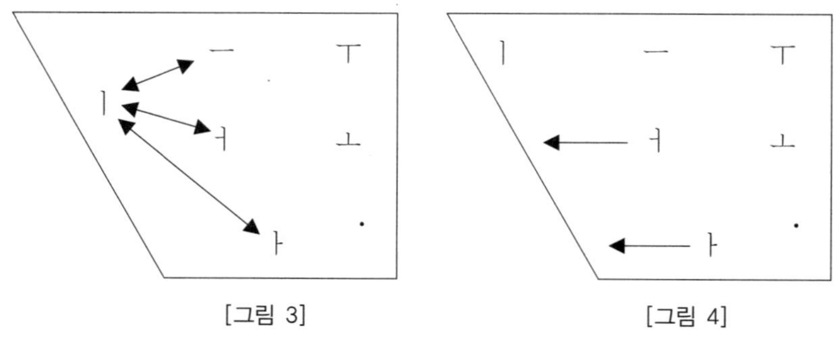

[그림 3] [그림 4]

이로 볼 때 오름겹홀소리의 내립겹홀소리 되기가 일어난 원인은, 중립위치의 높이에서 조음되던 'ㅣ'가 높은홀소리 자리로 조음 위치를 옮기자 [+앞, -높은, -낮은]자리와 [+앞, +낮은] 자리가 빈칸으로 남게 되어서 그 음역을 메우려는 작용이 일어났던 것이다. 이 작용은 1차와 2차로 나누어서 진행되었는데 1차가 /əj/의 /e/ 되기와 /aj/의 /ɛ/ 되기이고 2차가 /uj/의 /y/ 되기와 /oj/의 /ø/ 되기이다. 이렇게 하여 앞홀소리와 뒤홀소리는 [표 1]과 같이 균형을 갖춘 4계열 3서열의 체계를 갖추게 되었다.

[표 1] 현대 국어의 홑홀소리 체계(허웅, 1995 : 220)

공깃길 입술 ＼ 자리	[-뒤]		[+뒤]	
	[-둥근]	[+둥근]	[-둥근]	[+둥근]
[+높은]	ㅣ	ㅟ	ㅡ	ㅜ
[-(높은, 낮은)]	ㅔ	ㅚ	ㅓ	ㅗ
[+낮은]	ㅐ		ㅏ	

리 되기이다(조오현, 1999 : 452).

앞홀소리 자리 메우기가 이루어진 뒤의 홑홀소리 체계는 [표 1]과 같다. 이 표를 보면 외형상 앞홀소리와 뒤홀소리 사이에 안정된 음운 체계를 이루고 있다. [표 1]에서 굳이 체계가 덜 갖추어진 점을 찾는다면 낮은홀소리에 둥근홀소리가 없다는 점이다.

그러나 소리는 끊임없이 변한다. 아무리 안정된 체계를 구축하고 있다 해도 소리는 변하게 마련이다. 소리는 지금도 끊임없이 변하고 있는데 현재 변하고 있는 내용을 체계적인 관점에서 설명하면 앞홀소리 가운데 둥근홀소리가 소실 과정을 밟고 있는 점과 세 서열 체계에서 두 서열 체계로 바뀌려는 움직임이다.

2.4. 앞·둥근홀소리의 소실

지금 우리 음소 체계에는 앞·둥근홀소리로 /ㅟ/와 /ㅚ/를 두고 있다. 그러나 일부 어휘를 제외하고 /ㅟ/와 /ㅚ/는 이미 둥근홀소리라는 음소로서의 지위를 거의 잃어가고 있는 중이다. 현대 국어 앞홀소리 가운데 [+원순]인 /ㅟ/와 /ㅚ/는 일부 환경에서만 남고 이미 겹홀소리나 안둥근홀소리로 바뀌었는데 그 내용은 아래와 같다.

첫째, /ㅟ/의 경우 '쉬다, 뛰다, 휘파람, 쉿' 등에서만 [+원순]으로 발음하고 이중모음 /uj/로 발음하는 경향이 강하고 일부 방언에서는 /i/로 변했다.

/ㅚ/의 경우 회오리바람, 뙤약볕 등 일부 어휘에서만 입술소리 /ø/로 발음하고 대부분의 어휘에서는 /we/로 발음하고 있으며 충청도를 비롯한 일부 방언에서는 /e/로 발음하는 경향이 강하여 둥근홑홀소리로서의 지위를 상실할 처지에 놓여 있다.

따라서 앞으로 국어 홑홀소리에서 [+앞, +원순]의 음은 사라져서 입술둥근 소리는 뒤홀소리모음에서만 조음될 가능성이 커졌다. 이로 인해 현재의 4계열 체계는 앞으로 3계열 체계로 바뀔 것이 예상된다. 다음은 /ㅟ/와 /ㅚ/가 변하고 있는 보기이다.

[1] 겹홀소리 되기

① /ㅟ/ → /uj/

현대 국어에서 /y/는 닿소리가 없는 자리에서 겹홀소리 /uj/로 발음하는 경향
이 강하다.

  (1) 위[uj], 위대하다[ujdɛhada], 위급하다[ujgipˀhada], 위도[ujdo],
     위임장[ujimʤaŋ], 위조[ujʤo]

② /ㅚ/ → /we/

현대 국어 중앙어에서 /ㅚ/는 회오리바람, 쇠똥 등 일부 어휘를 제외하고는
/ø/로 발음하지 않고 /we/로 발음한다.

  (2) 외국[wegukˀ], 외갓집[wegaʤipˀ], 외도[wedo], 외지인[weʤiin],
     죄목[ʧwemokˀ]

[2] 안둥근홀소리 되기

① /ㅟ/ → /ㅣ/

경상도 방언에서 /ㅟ/는 /i/로 발음되는 것이 일반적이다.

  (3) 쥐[ʧi], 쉬다[ɕida], 쥑이다[ʧigida], 취직[ʧʰiʤikˀ], 튀밥[tʰbapˀ], 뉘[ni]

② /ㅚ/ → /e/

충청도 방언에서 /ㅚ/는 /e/로 발음하는 경향이 강하다.

  (4) 외국[egukˀ], 회복[hebokˀ], 최근[ʧʰgin], 죄짓다[ʧeʤit'a],
     쇠사슬[sesasɨl]

이런 내용을 살필 때 앞홑홀소리 가운데 입술둥근홀소리는 몇몇 특수한
환경에서만 음소로서의 자격을 유지하고 있으며 대부분의 자리에서 이미 겹
홀소리나 안둥근홀소리로 바뀌었다.

2.5. 2계열로 바뀌려는 움직임

현재 20대 이하 사람들은 앞홀소리 /ㅔ/와 /ㅐ/는 이미 변별력을 상실하고
그 중간 소리인 /E/로 발음하고 있는 것이 일반적이다. /ㅔ/와 /ㅐ/의 변별력

상실은 대구를 중심으로 한 경상도 방언에서 비롯되어 전국적으로 확산되었
는데 그 속도가 빨라서 앞으로 /ㅔ/와 /ㅐ/의 변별력은 없어질 것으로 예상
되고 있다.

　김택구(2000 : 54)에 의하면 다음 [표 2]와 같이 경상남도 앞홀소리는 동부
와 서부가 다른데 서부는 3서열 체계를 유지하고 있는 반면 동부, 남부, 중
부는 /e/와 /ɛ/가 합류하여 2서열로 바뀐 것으로 나타나고 있다. 이는 경상도
방언만의 문제가 아니고 중부지방의 젊은 화자들 사이에서도 합류가 이루어
져 전국적인 동조화가 이루어지고 있는 것으로 추정된다.

[표 2] 경상도 방언의 앞홀소리의 변별(김택구, 2000 : 54)

서부	중/남/동부
i	i
e	ɛ
ɛ	

　홑홀소리의 2서열 체계로의 바뀜은 앞홀소리에서만 나타나지 않고 뒤홀
소리에서도 나타나고 있다. 또 김택구(2000 : 55)에서는 경상남도 방언의 뒤
홀소리 체계에 대해서도 설명하였는데 [표 3]과 같이 경상남도 방언에서는
/ɨ/와 /ə/가 변별력을 잃고 합류음 /ɜ/로 바뀌어 2서열로 변천한 것을 확인할
수 있다.

[표 3] 경남 방언의 홑홀소리 체계(김택구, 2000 : 55)

서열 ＼ 계열	앞홀소리	뒤홀소리	
		입술안둥근	입술둥근
닫은홀소리	i		u
반연홀소리	e ┐	ɜ	o
연홀소리	ɛ ┘	a	

[표 2]와 [표 3]에 나타난 경상남도 중·남·동부 방언의 홑홀소리 체계의 특징을 종합해서 설명하면 아래와 같다.

① 앞홀소리에서 원순음은 소실되어 세 계열을 이루고 있다.
② 앞홀소리의 /e/와 /ɛ/는 /ɛ/로 합류하여 두 서열로 바뀌었다.
③ 뒤홀소리 가운데 비원순음 /i/와 /ə/는 합류음 /ɨ/로 바뀌어 두 서열로 바뀌었다.

위를 통해서 경상남도 방언에서는 2서열로 바뀌는 과정에 있다는 것을 알 수 있다. 이는 입술둥근소리들이 2서열로 되어 있기 때문에 3서열 조직인 입술안둥근홀소리들이 입술둥근소리에 서열을 맞추려는 움직임으로 보인다.

3. 닿소리 체계 변천

3.1. 15세기의 닿소리 체계

『훈민정음』에는 당시 우리말 닿소리의 음가에 대해 자세히 설명하였다. 그 설명의 내용을 표로 나타낸 것이 [표 4]이다.

[표 4] 훈민정음에 설명된 홑닿소리 체계

방법 \ 자리	牙	舌	脣	齒	喉	半舌	半齒
전청	ㄱ	ㄷ	ㅂ	ㅅ, ㅈ	ㆆ		
차청	ㅋ	ㅌ	ㅍ	ㅊ	ㅎ		
전탁	ㄲ	ㄸ	ㅃ	ㅆ, ㅉ	ㆅ		
불청불탁	ㆁ	ㄴ	ㅁ		ㅇ	ㄹ	ㅿ

[표 4]는 세종대왕께서 설명하신 내용을 그대로 나타낸 것이다. 그러나 오늘날 음운학의 관점에서 볼 때 혓소리와 잇소리는 조음 위치로 보았느냐 조음자로 보았느냐의 차이일 뿐 모두 잇몸소리에 해당한다. 뿐만 아니라 반설음 /ㄹ/과 반치음 /△/도 조음 위치로 볼 때 모두 잇소리에 해당한다. [표 4]를 현대 음운학의 관점에서 변별적 특성을 나타내는 자리와 방법과 힘의 관계를 표로 나타내면 [표 5]가 된다.

[표 5] 자리, 방법, 힘으로 본 15세기 닿소리 체계

방법 / 힘	자리	[+입술]	[−(입술, 뒤혀)]	[+뒤혀]
[+터짐]	[−(된, 거센)]	ㅂ	ㄷ	ㄱ
	[+된]	ㅃ	ㄸ	ㄲ
	[+거센]	ㅍ	ㅌ	ㅋ
[+(터짐,갈이)]	[−(된, 거센)]		ㅈ	
	[+된]		ㅉ	
	[+거센]		ㅊ	
[+갈이]	[−된]		ㅅ	
	[+된]		ㅆ	

설명의 편리성을 위하여 [표 5]에서 세기를 무시하고 자리와 방법으로 분류하면 [표 6]이 된다.

[표 6] 15세기 닿소리 분류표

방법 / 자리	입술	잇몸	경구개	연구개	후두	성문
파열	ㅂ, ㅃ, ㅍ	ㄷ, ㄸ, ㅌ		ㄱ, ㄲ, ㅋ		ㆆ
파찰		ㅈ, ㅉ, ㅊ				
마찰		ㅅ, ㅆ			ㅎ, ㆅ	
유성	ㅁ	ㄴ, ㄹ, △		ㆁ		

3.2. 센입천장소리의 출현

[표 6]을 살피면 다음과 같은 특징을 갖는다.

① 자리로 볼 때 잇몸에 지나치게 많은 소리가 모여 있다.
② 센입천장 자리에서 조음되는 소리가 없다.

이러한 체계는 몇 가지의 문제점을 야기할 수 있다. 같은 자리에서 여러 소리가 날 경우 변별력이 떨어질 수 있다. 그리고 변별력을 높이기 위해서는 발음에 더 많은 힘을 기울여야 한다. 이는 경제성의 원리에 배치되는 것으로 한 자리에 집중되어 있는 소리를 다른 자리로 옮겨야 할 필요성이 있다.

그래서 잇몸에서 조음되던 소리를 센입천장 자리로 옮기게 되었다. 문제는 어떤 소리를 옮기는 것이 더 경제적이냐 하는 문제다. 파열음, 파찰음, 마찰음 가운데 파찰음은 파열음과도 [＋터짐]이라는 특성을 공유하고 있을 뿐 아니라, 마찰음과도 [＋마찰]이라는 특성을 공유하고 있어서 파열음과 마찰음의 관계보다 변별력이 떨어진다. 이럴 때에는 변별력이 떨어지는 소리를 옮겨서 변별력을 키우는 것이 경제적이다. 그래서 파찰음인 /ㅈ, ㅊ, ㅉ/이 센입천장 자리로 옮기게 된 것이다(구개화음). 그런데 이 시기는 중립위치의 높이에서 조음되던 /i/가 높은홀소리 자리로 옮기(구개모음)려는 작용이 강하게 일어나는 시기로 이 시기와 맞물려 수월하게 이루어질 수 있었다.

이렇게 하여 닿소리는 [표 7]과 같은 체계를 가지게 되었다.[3]

[표 7] /ㅈ, ㅉ, ㅊ/이 구개음으로 옮긴 뒤의 닿소리 체계

방법 ＼ 자리	입술	잇몸	경구개	연구개	후두	성문
파열	ㅂ, ㅃ, ㅍ	ㄷ, ㄸ, ㅌ		ㄱ, ㄲ, ㅋ		ㆆ
파찰			ㅈ, ㅉ, ㅊ			
마찰		ㅅ, ㅆ			ㅎ, (ㆅ)	
유성	ㅁ	ㄴ, ㄹ	(ㅿ)	ㆁ		

---

3) ( ) 속의 소리는 이미 소실된 소리이다.

3.3. 상관 체계 맞추기(2지적 삼관음의 소실)

같은 조음 방법과 같은 힘으로 내는 몇 개의 닿소리 음소의 한 동아리를 '계열'이라 하고, 같은 자리에서 다른 조음 방법으로 내는 한 동아리의 닿소리 음소의 떼를 '서열'이라 한다."(허웅, 1991 : 96) 이렇게 볼 때 파열음이면서 예사소리인 /ㅂ/, /ㄷ/, /ㄱ/는 한 계열이 된다. 그러나 국어의 경우, 방법은 다르다 하더라도 힘이 같으면 같은 계열에 포함시키는 것이 음운 체계를 설명하는 데에 도움이 된다. 따라서 비록 같은 방법은 아니라도 예사소리인 /ㅈ/, /ㅅ/, /ㅎ/은 같은 계열이 된다. 서열이란 같은 자리에서 조음되는 소리이기 때문에 『훈민정음』에서 분류한 아, 설, 순, 치, 후의 기준에 조음 방법이라는 기준을 넣어 분류하면 [표 8]이 된다.

[표 8] 중세 국어 무성음의 국어 무성음의 상관 체계

세기＼자리	입술	잇몸	어금니	잇몸	잇몸	후두
예사소리	ㅂ	ㄷ	ㄱ	ㅈ	ㅅ	ㅎ
된소리	ㅃ	ㄸ	ㄲ	ㅉ	ㅆ	(ㆅ)
거센소리	ㅍ	ㅌ	ㅋ	ㅊ		

[표 8]의 체계적 특징은 다음과 같다.

① 중세 국어 무성음 3지적 상관 체계를 기본으로 하고 있다.
② 그러나 /ㅅ/과 /ㅆ/, /ㅎ/과 /ㆅ/은 2지적 상관 체계를 이루고 있다.[4)]

이러한 체계로 볼 때 국어 무성음의 닿소리 체계는 매우 안정된 체계로 보인다. 그러나 /ㅅ/과 /ㅆ/ 그리고 /ㅎ/과 /ㆅ/은 2지적 상관 체계를 이루고 있어서 3지적 상관 체계를 갖춘 다른 소리에 비해 덜 안정적이다. 3지적 상

---

4) /ㆅ/은 훈민정음 창제 이후 얼마 되지 않아서 소실되었으나 설명의 편의를 위하여 제시하였다.

관 체계 안에서 2지적 상관 체계를 이루고 있다는 것은, 그만큼 체계가 덜 안정되어 있다는 것을 의미한다. 그리고 체계가 덜 안정되었다는 것은, 체계가 안정된 것에 비해 소리가 바뀔 가능성이 높다는 것을 의미한다. 우리 국어에서도 이러한 현상이 나타났는데 그 첫째 현상이 /ㆅ/의 소실과 이에 뒤따르는 /ㅎ/의 불안정이고 둘째 현상이 /ㅆ/의 불안정이다.

3.3.1. /ㆅ/의 소실과 /ㅎ/음의 고립

15세기에는 비록 제한적 환경에서 나타났지만 /ㆅ/은 /ㅎ/과 변별적 특성을 유지하면서 음소로서의 자격을 유지하였었다. 다음은 /ㆅ/이 사용된 보기이다.

> (5) 혀다(끌다, 다리다)
> - 寶帳 디커 <u>혀거늘</u>(법화2.244)
> - 象올 티츠며 그우리 <u>혀고</u>(곡39)
> - 惡果롤 블러 <u>혀ᄂᆞ니</u>(는8.96)
> - ᄯᅩ 뜨디 더러운 욕을 <u>혀니라</u>(능9.98)
> - 큰 ᄀᆞ라치샤몰 <u>혀딘</u>(능1.69)
> - 能히 ᄲᆞᆯ리 횟도로 <u>혀라</u>(월10.102)
>
> (6) 혀다(불켜다)
> - 蘇油燈을 <u>혀딘</u> ᄯᅩ 幡數에 맛게ᄒᆞ고(월10.119)
> - 燈 <u>혀</u> 볼고몰 닛ᄉᆞ오며(법화3.58)
>
> (7) 혀다(실혀다)
> - 고티 <u>혀며</u> 뵈 ᄧᅡ 옷 밍ᄀᆞᆯ며(삼강,열2)
>
> (8) 혀다(켜다)
> - 토ᄫᅩ로 <u>혀주기니</u>(삼강,충15)
>
> (9) 혈물, 도ᄅᆞ혀, 내혀, 니르혀

그러나 /ㆅ/은 사용된 어휘의 수가 적었고, 체계도 안정되지 않아서 쉽게 소멸할 조건을 가지고 있었다. 그리하여 /ㆅ/은 15세기를 끝으로 소멸하고 만다.

/ㆅ/이 소실되고 난 뒤에 후두음에는 /ㅎ/만 남게 되었다. 그리하여 장애음 가운데 유일하게 체계를 갖추지 못한 음소로 남아 외롭게 떠도는 신세가 되었다. 2지적 상관 체계로 있을 때보다 더 고립된 음소가 된 것이다. 더 고립된 음소가 되었다는 것은, 변화할 가능성이 더 높아졌음을 말한다. 그 결과 /ㅎ/음은 대부분의 자리에서 소실되고 오늘날 특정한 낱말에서만 소리를 유지하고 있어서 앞날이 불투명한 음소로 자리하게 되었다.

(10) /ㅎ/이 탈락된 어휘
    싸호다 > 싸우다, 배호다 > 배우다, 일후다 > 이루다,
    ᄂᆞ호다 > 나누다, 일홈 > 이름, 싸홈 > 싸움

/ㅎ/의 탈락은 모두 울림소리 사이에서 h > ɦ > ㅇ의 과정을 거친 것으로 보여 음운 체제와 관련이 적은 것으로 볼 수도 있다. 그러나 s > z > ㅇ와 같이 똑같은 조건을 가진 낱말들은 발음으로만 없어지고 글자에는 그대로 남아 있는 점과 특수한 어휘에서는 현재까지 /ㅎ/이 유지되고 있는 점을 볼 때 체계와 관련이 있는 것으로 파악된다.

체계로 볼 때 소멸할 가능성이 가장 높은 /ㅎ/이 현재에도 음소로서의 지위를 확고히 하고 있는 것은 어휘 분포와 관련이 있는 것 같다. 우리말 가운데 /ㅎ/을 포함하는 어휘가 많아서 /ㅎ/이 소멸할 경우 의사소통에 큰 문제를 불러온다. 이 점이 /ㆅ/과 다른 점이다. 즉 /ㆅ/이 /ㅎ/, /ㅆ/, /ㅋ/ 등에 자리를 물려주고 소실할 수 있었던 것은, /ㆅ/을 포함한 어휘가 적었기 때문이다. 그러나 /ㅎ/을 포함한 낱말이 많아서 만일 /ㅎ/이 소멸한다면 너무나 많은 낱말이 바뀌어야 한다. 이 점이 /ㅎ/이 고립된 음소이면서도 음소로서의 지위를 유지하는 까닭이다.

그러나 /ㅎ/이 아무리 음소로서의 지위가 확고하다 해도 체계의 불안에서 오는 모든 변화를 막을 수는 없는 것 같다. 오늘날 /ㅎ/은 첫소리, 숫자, 피·사동, 접미사, 한자어 등을 제하고 모든 자리에서 탈락하였다. 다음은 /ㅎ/이 유지되고 있는 어휘이다.

(11) 숫자를 나타내는 말에서
   사훌 > 사흘, 아흐래 > 아흐레, 아혼 > 아흔, 아홉 > 아홉, 열흘 > 열흘

(12) 첫소리에서
   하다, 할아버지, 하염없이, 흘리다, 한들거리다, 한창, 함부로

(13) 피·사동
   먹히다, 잡히다, 넓히다, 좁히다, 묵히다, 굽히다, 읽히다, 앉히다, 입히다

(14) 그림씨를 어찌씨로 바꾸는 접미사
   마땅히, 고단히, 비스듬히

(15) 한자어에서 유지
   브효 > 불효, 샤향노ᄅ > 사향노루, 싀화 > 시화, 정화슈 > 정화수

여기서 한자어에서 /ㅎ/이 탈락하지 않은 까닭에 대해 알아보기로 한다. 고유어의 경우 울림소리 사이에 있는 /ㅎ/은 모두 탈락하여 없어진 반면 한자어에서는 울림소리 사이에서도 /ㅎ/이 탈락하지 않고 형태를 유지하고 있다. 이는 한자어가 갖는 특질 때문이다. 한글은 세계에서 단 하나뿐인 한 글자 한 소리(일문자일음소) 체계로 이루어진 글자이다. 그래서 우리말의 경우 말소리가 바뀌면 그 소리에 맞춰 글자가 바뀌어 왔다. '일홈/ilhom/'이 '이름/irim/'으로 바뀌면 그에 따라 '일홈'도 '이름'으로 바뀌었다. 15세기의 글자와 지금의 글자가 다른 것은 바로 우리글이 가지고 있는 이와 같은 특수성 때문으로 보인다. 그러나 한자어의 경우 처음부터 글자는 고정되어 있고 그 글자를 읽는 소리만 달라지기 때문에 글자에는 변화가 없게 마련이고 우리

말에 섞여 있는 한자어의 경우 우리글로 표기할 때 어찌할 수 없이 원음대로 표기하기 때문에 표기와 소리가 다르게 나타난다. 그러나 '대학로'를 /tɛɦaŋno/로 읽고 '문화'를 /munɦwa/로 발음하는 것을 보면, 한자어도 표기가 한글이었다면 오늘날 형태가 달라졌을 것이라는 추정이 가능하다.

3.3.2. /ㅅ/과 /ㅆ/

/ㅎ/, /ㆅ/과 함께 2지적 상관 체계를 이루고 있는 음소로는 /ㅅ/, /ㅆ/이 있다. 그런데 /ㆅ/과 달리 /ㅆ/은 오늘날도 음소로서의 자격을 유지하고 있다. 그 까닭은 /ㅄ/의 /ㅆ/으로의 변천과 관련이 있는 것으로 보인다. /ㅆ/도 /ㆅ/과 마찬가지로 사용하는 낱말의 분포가 매우 제한되었었다. 15세기에는 쓰다(값있다), 쏘다(빠르다), 쓰〇(사이), 싸흘다(썰다), 싸호다(싸우다), 싸홈(싸움), 쏘다(쏘다), 쓰다(사용하다), 쓰다(글씨 쓰다) 등 일부 어휘에서만 사용되었을 뿐이다. 그러나 겹자음으로 소리 나던 /ㅄ/이 /ㅆ/으로 변하면서 /ㅆ/을 포함한 낱말의 수는 급격히 증가하였다. 이 낱말의 증가가 /ㅆ/의 소실을 막았던 것이다.

그러나 /ㅆ/도 체계 불안이 가져오는 변화를 완전히 피할 수는 없었다. 일부 방언이기는 하지만 /ㅆ/이 음소로서의 지위를 상실한 예가 보인다. 경상북도와 경상남도 일부에서는, /ㅆ/이 /ㅅ/에 합류하여 /sal/과 /s'al/, /sota/와 /s'ota/, /sata/과 /s'ata/ 등은 변별력을 잃고 /sal/, /sota/, /sata/ 등으로 변화하였다. 이러한 현상은 체계 불안이 가져다준 결과로 보인다.

여기서 확인해야 할 문제가 있다. 이 방언에서는 /ㅆ/이 소실된 것이 아니고 본래부터 /ㅆ/이 존재하지 않았을 수도 있다. 만일 이 방언에서 본래부터 /ㅆ/이 존재하지 않았다면 앞의 논리는 논거를 잃고 만다. 논리가 성립되기 위해서는 이 방언에 /ㅆ/이 존재했다는 것을 확인해야 한다. 이 점을 확인하기 위해 중세·근대 국어의 경상도 방언을 살피도록 한다. 그러나 중세와 근대의 경상도 방언을 확인하는 것은 쉬운 일이 아니다. 소리가 없어진 이상 문헌에 기대어서만 가능한 일이다.

이명규(1992)는 구개음화에 대한 시기를 연구하면서 문헌들을 간행된 지방에 따라 나누어서 설명하였다. 이 자료 가운데 경상도 방언을 살필 수 있는 자료집은 아래와 같다.5) 그런데 문헌을 검토한 결과 중세와 근대에 이 지역의 방언에 /ㅆ/이 존재했음을 확인할 수 있었다. 따라서 현재 경상도 방언에서 /ㅆ/이 사용되지 않는 것은 소멸로 보아야 한다. 자연히 체계 불안이 /ㅆ/을 소실시켰다는 논리도 설득력을 얻었다.

(16) 16세기 경상북도 방언 자료집6)

여씨향약언해	1518(초간본)	선산(존경각본)
이륜행실도	1518(초간본)	금산(김천)
정속언해	1518(초간본)	선산
칠대만법	1569	풍기
불설대보은중경언해	1592	풍기

(17) 17세기 경상북도 방언 자료7)

언해집요	1608	내의원	중앙 및 동남방언?
언해두창집요	1608	내의원	중앙 및 동남방언?
경서역의	1609	대구	
동의보감	1613	내의원	동남방언
중간두시언해	1632	대구	
어록해	1657	병산	
두창경험방	1659~1674	내의원	

이 글은 경상도 방언의 음운사를 밝히려는 목적으로 쓰는 것이 아니고 경상도 방언 음운사에서 /ㅆ/이 쓰인 적이 있느냐는 것을 밝히기 위한 것이므로 위에 제시한 자료 가운데 일부를 찾아 /ㅆ/이 사용된 예를 찾아보기로 한다. 이러한 목적을 달성하기 위해 중세 경상도 방언 자료 2권과 근대 경상도 방언 자료 2권을 살피도록 한다.

---

5) 문헌자료를 간행된 곳에 따라 분류한 논문으로는 김주필(1994)이 있다.
6) 이명규(1992 : 67) 발췌.
7) 이명규(1992 : 94) 발췌.

〔1〕『이륜행실도』

  1518년(중종 13) 유교의 기본 윤리인 오륜 가운데 장유유서(長幼有序)와 붕우유신(朋友有信)의 이륜을 백성에게 널리 가르치기 위하여 간행한 책이다. 이 책은 1516년 김안국이 중종에게 간행할 것을 건의하여 왕명으로 그 편찬이 결정되었다. 그러나 왕명이 채 시행되기 전인 1517년(중종 12) 김안국이 경상감사로 나아가게 되자, 전 사역원정 조신에게 편찬을 부탁하여 이듬해인 1518년 경상도 금산(현재의 김천)에서 간행을 보게 되었다. 이 책은 경상도에서 처음 간행된 이래 각처에서 여러 차례 다시 간행되어 오늘날 여러 이본이 전한다(디지털 한글박물관).

[ㅆ]
- 갑시 업서 <u>힘써</u> 홍졍딜ᄒ여(37장 앞면)
- 듕샹이 궁박ᄒ 줄을 어엿비 너겨 <u>힘써</u> 쳔거ᄒ여 쟝서긔 벼슬ᄒ이니 후에 (37장 앞면)
- 세 아이 술 즐겨 먹고 눕과 <u>싸화</u> 그 사롬이 지븨 와 이미(17장 앞면)
- 조희예 ᄎ몰잉ᄌ를 일뵈나마 <u>써</u> 진샹ᄒ니라 그 ᄠ데 너교ᄃ(27장 앞면)
- ᄂ미 일ᄒ여 먹고셔 <u>힘써</u> 게을이 아니 ᄒ여 열ᄒ료롤(45장 앞면)

[ㅄ]
- 그ᄃ 이 은을 날숑쟝애 <u>쓰고</u> 남거든 그ᄃ 가디라(38장 앞면)
- 닐오ᄃ 가 다시 <u>ᄢ미시</u> 어더오라 ᄒ대 <u>됴회ᄡ</u> 엇다가 못ᄒ야 다시 도적의 게(6장 앞면)
- 도적이 곽을 헤텨내여 <u>ᄢ려커놀</u>(48장 앞면)
- 사ᄅ믜게 쳥ᄒ야 <u>ᄢ더라</u>(13장 앞면)
- 셰간 눈호려 ᄒ 뜯디 업더니 형이 <u>ᄡ기를</u> 너무 ᄒ야 셰간이 다(21장 앞면)
- 죽도록 <u>ᄡ리라</u> ᄒ대 형이 그 말을 감동ᄒ야(5장 앞면)
- 집안해 ᄒ 말 <u>ᄡ</u> ᄒ 잣 깁블 아름배이이니 ᄒ더라(26장 앞면)
- 홀로 멀리 나갓다가 오니 집의셔 <u>ᄡ</u> 것 업세리나 니르더니(43장 뒷면)
- 비호되 가난ᄒ여 <u>ᄡ</u> 것 업서(45장 앞면)

〔2〕『여씨향약언해』

『여씨향약』은 경상도 관찰사였던 김안국이 도민을 교화하고 풍속을 바로 잡기 위해 1518년(중종 13)에 경상도에서 간행하였다. 같은 해 관찰사를 그 만두고 상경한 김안국의 상주가 받아들여져 중앙에서 교정한 뒤 간행하였다 (디지털 한글박물관).

[ㅆ]
• 위호야 힘뻐 일우며 ㄴ 미 <u>싸호몰</u> 잘 말이며(4장 앞면)

[ㅅ]
• 긔약이 맛디 아니혼 죄곤티 ㅎ야 허믈 <u>스노</u> 칙이 <u>스라</u>(36장 뒷면)
• 믈읫 긔약ㄱ티 아니혼 사롬을 약정의손디 고ㅎ야 힐문ㅎ고 허믈 <u>스노</u> 칙이 <u>스라</u>(28장 뒷면)
• 사롬을 츄심ㅎ야 드러내야 칙이 <u>서셔</u> 뻐 곰 그어디디 몯혼 사롬을 경계ㅎ라(5장 앞면)
• 사롬이 잇거든 쏘 그 어딘이롤 칙애 <u>서셔</u> 동향 사롬의 손디 알외라(37장 앞면)
• 음악과 활<u>쏘기</u>와 어거ㅎ기와 <u>글스기</u>와 혀임혜기와(5장 앞면)
• 저긔 다 명함 드리고 사모 <u>스고</u> 털링닙고 품디ㅎ고(19장 뒷면)
• 쥬싄이 <u>말솜</u> 뭇고 다론 말솜 아니거든 믈러가며(21장 앞면)
• 넫재는 ㄱ론 <u>말솜</u>이 정성 두외며 믿브디 아니ㅎ미오(7장 앞면)
• 쥬싄이 잔을 아ᄉ 찬하 <u>싯거든</u> 위 두 손이 스양ㅎ라(24장 뒷면)

[ㅃ]
• 그 이롤 ㄱ솜 아라 <u>힘뻐</u> ㅎ라 믈읫 됴문ㅎ논(27장 앞면)
• 다솟재논 ㄱ론 자본 것 <u>뿐몰</u> 너모ㅎ야 존셜티 아니 호미라(9장 뒷면)
• 만 이레 시급히 <u>쓰디</u> 아니홀 것과(36장 앞면)
• 오래 <u>뜰쓰</u> 서르믈 게을이 호미오(9장 앞면)

〔3〕『동의보감』

『동의보감』은 1613년(광해군 5)에 당시 태의였던 허준이 우리나라와 중국의 의서를 집대성하여 펴낸 책이다. 원래 1596년(선조 29) 왕명에 의해 편찬이 착수되었으나, 정유재란으로 인해 중단되었다가 1610년(선조 29)에야 완성되었다. 이 책이 내의원에서 인쇄된 것은 그로부터 3년이 더 지난 1613년(광해군 5)이다(디지털 한글박물관).

[ㅅ]
- 소가리(탕액2권 2장 뒷면)

[ㅆ]
- 조쌀죽운물(탕액1권 17장 뒷면)
- 삼삐 열삐(탕액1권 21장 앞면)
- 조쌀, 무근 조쌀, 조쌀 ᄀ라안촌 ᄀ른, 조쌀 미시, 조쌀 쉰 ᄡ들(탕액 1권 22장 뒷면)
- 됴흔 니쌀, 창의 드러 무근 쌀, 니츠쌀(탕액1권 23장 앞면)
- 기장쌀, 블근 기장 쌀, 출기장쌀(탕액 1권 24장 앞면)
- 보리쌀(탕액1권 25장 앞면)
- 양고미삐(탕액1권 27장 앞면)
- 오래 쁜 붇스로니(탕액1권 59장 앞면)
- 술고삐(탕액2권 23장 앞면)
- 쁜박 : 苦瓠(탕액2권 35장 뒷면)
- 믈쑥(탕액3권 36장 뒷면)
- 대ᄡ리여름(탕액2권 48장 앞면)
- 곧날제 흰 쑥(탕액3권 1장 앞면)
- 쁜너삼불휘(탕액3권 2장 뒷면)
- 스ᄌᆡ발쑥(탕액3권 8장 뒷면)

〔4〕『두창경험방』

『두창경험방』은 1659년에서 1674년 사이에 경상도 상주에서 간행된 책으로 두창(천연두)을 치료하는 약방문을 수록한 의서이다. 현종 때 두과 의사로 공로가 컸던 박진희가 지은 것으로 알려졌다. 서문과 간기가 없어 간행 연대를 확인할 수는 없으나 현종 말기에 편찬된 다른 의서들이 이 책을 참고하였다는 기록이 있어 대체로 17세기 후반에 간행이 이루어진 것으로 보고 있다(이경영, 국립국어원 자료실).

[ㅆ]
- 즉시 손으로 입안을 <u>쓰서</u> 조초리ᄒ면 병이 업ᄂ니(1장 뒷면)
- 즉시 스ᄂ니 다만 셩이 닝ᄒ거시니 만히란 <u>쓰디</u> 말라 혹 두푼반식(3장 앞면)
- 서홉에 칠홉더게 달혀 ᄃᄉ게 하여 머그되 세텰만 <u>쓰라</u>(18장 앞면)
- 독이 ᄢ여나디 못ᄒ미니 보원탕을 <u>쓰라</u>(25장 뒷면)
- 놋치 혼 조각 연지 <u>쓰슨</u> 듯 ᄒ고 역질 도돈거시(34장 앞면) — 씻은
- 약이 능히 독긔를 <u>쩌</u> 내는고로 니마히(29장 앞면)

[ㅄ]
- 갈근탕을 <u>쓰고</u> 겸ᄒ야 잇거든 숨소음을 <u>쓰고</u> … 놀나는 증이 … 패독산을 <u>쓰라</u>(15장앞면)
- 겨ᄉ론 풍한이나 <u>ᄡ일가</u> 두려오니 다만(30장 앞면)
- 그 믈을 두잔만 <u>ᄡ다셔</u>(51장 앞면)
- 급히 년효 승마탕을 <u>쓰되</u> 화독랑의 가입ᄒ야 <u>쓰ᄂ거시</u> 됴ᄒ니(22장 뒷면)
- 급히 신희탕을 <u>쩌</u> 쑴을 내여 알티 아니(16장 뒷면)
- 급히 우황포룡환 샤쳥환 <u>쓰미</u> ᄯ호ᄒ 됴ᄒ니라(16장 앞면)
- 녀ᄒ야 다ᄉᆺ 여ᄉᆺ텹을 <u>쓰되</u> ᄒᄅ 두복식 먹으미 ᄀ장(22장 앞면)
- 눈쳥을 우ᄒ로 <u>팁ᄡ고</u>(34장 앞면)
- 만일 열휘 잇쩌든 <u>쵸ᄡᆯ</u> 달힌 믈의 월경을 딘케 내여 년쇽ᄒ야(25장)
- 블근 뎜이 <u>좁ᄡᆯᄀ티</u> 도다(6장 뒷면)
- 역질ᄒᄂ 집이 <u>일로ᄡᆯ</u> 근심ᄒ니 이 연고롤 아디 못호미니라(59장 앞면)
- 이런 증의 <u>ᄡ적마다</u> 효험이 만ᄒ더라(26장 앞면)
- 즉시 화독탕을 <u>쓰라</u>(21장 뒷면)

[ㅅ]
- 믈고 드믄거슨 <u>스러디고</u> 거머ᄲ딘거슨(3장 앞면)
- 세 술 다ᄉᆺ 술의 아히ᄂ 혼 <u>돈식</u> 머기고 열 술의 아히ᄂ 두 <u>돈식</u> 머기라(19장 뒷면)
- 아래 우흘 다 졍히 <u>싯쩌</u> 그 뒤 독을 업게 ᄒ면(5장 앞면)
- 연혼 <u>쵸슬</u> 죽(13장 앞면)
- 홍화ᄌ탕은 다만 <u>홍홥시</u> 혼 홉이니 믈의 달혀(24장 뒷면)

위 ①과 ②는 16세기의 경상도 방언 자료이고 ③과 ④는 17세기의 경상도 방언 자료인데 중세 경상도 방언에서나 근대 경상도 방언에서나 /ㅆ/은 음소로 지위를 누리고 있었다.

자세히 살피면 근대 방언 자료인『동의보감』이나『두창경험방』에서 /ㅆ/이 쓰이던 자리에 /ㅅ/을 쓰는 예가 많이 나타나고 있다. 이로 보아 /ㅆ/은 경상도 방언에서 근대 이후부터 /ㅅ/에 합류하면서 서서히 없어진 것으로 보인다. /ㅆ/이 소실된 이후의 경상도 일부 방언의 장애음 조직은 [표 9]가 되었다. /ㅆ/을 ( ) 속에 넣은 것은 /ㅆ/이 경상도 방언 전체에서 소멸된 것이 아니고 경상도 일부에는 남아 있기 때문이고, /ㅎ/을 ( ) 속에 넣은 것은 경상도 방언에서도 /ㅎ/은 제한적인 자리에서만 나타나기 때문이다. 단지 /ㅎ/의 경우 경상도 방언에서는 중부 방언보다 /ㅎ/이 더 많이 나타나서 아직도 /ㅎ/종성체언을 많이 내고 있다(/아내/→/안해/).

[표 9] 현대 경상도 방언의 무성음 조직

	입술	잇몸	어금니	센입천장	잇몸	후두
예사소리	ㅂ	ㄷ	ㄱ	ㅈ	ㅅ	(ㅎ)
된소리	ㅃ	ㄸ	ㄲ	ㅉ	(ㅆ)	
거센소리	ㅍ	ㅌ	ㅋ	ㅊ		

4. 맺음말

지금까지 국어의 홑홀소리와 홑닿소리가 변천할 때 음운체계가 어떻게 작용하는지 살펴보았다. 그 결과 국어의 홑홀소리와 홑닿소리가 변천하는 가운데 체계가 덜 안정된 소리는 다른 소리에 비해 쉽게 변하였다는 것을 확인할 수 있었다. 그 내용을 요약하면 다음과 같다.

① 홑홀소리의 경우

가) 15세기의 홑홀소리는 앞홀소리가 /ㅣ/ 하나인데 뒤홀소리는 /ㅡ, ㅓ, ㅏ, ㅜ, ㅗ, ·/ 여섯 개이기 때문에 분포로 볼 때 심한 불균형을 이루고 있었다. 여기에다 중립위치의 높이에서 조음되던 /ㅣ/의 조음 위치가 높은 홀소리 자리로 옮김에 따라 체계의 불균형이 심화되어 이 빈자리를 메우려는 작용이 일어났는데 그것이 바로 오름겹홀소리의 홑홀소리 되기이다.

나) 오름겹홀소리가 홑홀소리로 바뀐 다음의 홑홀소리 체계는 4계열 3서열 체계로 비교적 안정된 체계로 정돈되었다. 그러나 아직도 체계가 안정되었다 할 수 없다. 안둥근홀소리는 3서열 체계인데 둥근홀소리는 2서열 체계이기 때문에 서열 맞추기가 필요했다. 그래서 현재 안둥근홀소리의 경우 앞홀소리는 /e/와 /ɛ/가 하나의 소리로 합류하고 있으며 뒤홀소리의 경우 일부 방언에서 /ɨ/와 /ə/가 합류하였다.

② 홑닿소리의 경우

가) 15세기의 장애음 조직은 잇몸 자리에 /ㅅ, ㅆ, ㅈ, ㅊ, ㅉ, ㄷ, ㅌ, ㄸ/이 집중되어 있고 센입천장 자리가 비어 있는 불균형한 분포를 가진 조직이었다. 이로 인해 잇몸 자리에서 조음되던 /ㅈ, ㅊ, ㅉ/이 이웃의 빈자리인 센입천장 자리로 조음 위치를 옮기게 되었다.

나) 국어의 장애음 조직은 3지적 상관 체계를 가진 매우 안정된 조직이다. 그러나 그 가운데 /ㅎ/과 /ㆅ/, /ㅅ/과 /ㅆ/은 2지적 상관 체계를 이루고 있어서 3지적 상관 체계에 비해 덜 안정된 체계였다. 이러한 체계의 불균형으로 인해 /ㅎ/과 /ㆅ/, /ㅅ/과 /ㅆ/에는 변화가 나타났는데 나누어 설명하면 다음과 같다.

첫째, /ㆅ/이 소실되었다. 그리고 /ㆅ/의 소실은 그 자체로 끝나지 않고 /ㅎ/을 체계에서 고립시키게 되었고 이 고립의 결과 /ㅎ/을 가진 낱말 가운데 많은 소리에서 /ㅎ/이 탈락하는 현상을 불러왔다.

둘째, /ㅆ/이 불안정하여 오늘날 대구를 비롯한 경상도 일부 방언에서 /ㅆ/은 음소로서의 지위를 잃었다.

음운은 체계가 잘 갖추어지면 잘 변하지 않고 체계가 덜 갖추어지면 소멸하는데 우리말 소리에 있어서도 같은 과정을 거친 것을 확인할 수 있었다.

‖ 참고문헌

김상돈(1990), 「ㅈ구개음화에 대하여」, 『한국어학신연구』, 한신문화사.
김주필(1994), 「17·8세기 국어의 구개음화와 관련 음운현상에 대한 통시적 연구」, 서울대학교 박사학위논문.
김택구(2000), 『경상남도의 언어 지리』, 박이정.
김형춘(1994), 『진주방언의 음운 연구』, 건국대학교 박사학위논문.
이기문(1972), 『국어사개설』, 민중서관.
이명규(1992), 「구개음화에 대한 통시적 연구」, 숭실대학교 박사학위논문.
정국(1994), 『생성음운론의 이해』, 한신문화사.
조오현(1998), 「15세기 'ㅣ'의 소리값에 대한 한 가설」, 『한글』 제242호, 한글학회.
조오현(1999), 「내림겹홀소리의 홑홀소리 되기 원인」, 『건국어문학』 제23·24집, 건국대학교 국어국문학연구회.
조오현(2001), 「'ㅣ'의 조음적 특성에 관한 연구」, 『한말연구』 제9집, 한말연구학회.
조오현(2005), 「구개음화 현상에 대한 새로운 해석」, 『한말연구』 제16집, 한말연구학회.
조오현(2006), 「ㄷ구개음화 발생의 역사적 전개 과정」, 『동남어문논집』 제22집, 동남어문학회.
이정민·배영남(1987), 『언어학 사전』, 박영사.
허웅(1985), 『국어음운학』, 샘문화사.
황귀룡역(1986), 『음성학 입문』, 한신문화사.

『동의보감』, 디지털 한글박물관 자료.
『두창경험방』, 디지털 한글박물관 자료.
『여씨향약언해』, 디지털 한글박물관 자료.
『이륜행실도』, 디지털 한글박물관 자료.

문법변화의 과정과 유형

김용경

1. 머리말

20세기 초, 기술 문법에서는 자료 수집과 이에 대한 정밀한 분석이 중심이 되었다. 촘스키 문법에서는 여기에 더하여 설명의 필요성을 강조하고 있다. 그런데, 오늘날 문법화에 대한 연구가 진전되면서 한 가지 더 추가될 수 있는 요소가 있다. 그것은 다름 아닌 예측 가능성이다. 문법화에 대한 연구는 이전에 나타났던 문법 현상에 대한 분석 및 설명뿐만 아니라 이를 바탕으로 새로운 문법 현상에 대한 예측도 가능함을 보여 준다. 역사가 단순히 과거에 대한 이해가 아니라 현재, 나아가 미래에 일어날 일에 대한 지표가 되는 것처럼, 문법 현상에 대한 이러한 이해는 새로운 문법 현상에 대한 이해의 자료가 될 수 있다는 것이다. 특히, 국어 자료를 바탕으로 해서 이러한 언어 변화 일반에 대한 예측 모델을 설정할 수 있으리라 기대한다.[1]

---

[1] Lavov(1974), Romaine(1982)에서 제시된 '일관성 원리'는 이러한 주장을 가능케 한다. 즉, 첫째, 현재 언어들에 일어나는 변화들은 과거의 언어에서도 일어날 수 있었으며, 현재 언어들에서 잘 나타나지 않는 변화들은 과거의 언어에서도 잘 나타나지 않았을 것이다. 둘째, 어떤 변화가 한

2. 문법변화[2]의 과정과 특성

언어는 잠시도 그 변화를 멈추지 않는다. 따라서 어느 고정된 틀에서 이를 바라볼 때, 이미 그 본질을 놓치는 경우가 많다. 그리고 문법 변화가 이루어지는 형태나 과정도 단선적이거나 일률적이지 않다. 변화하는 대상과 연합적, 통합적으로 관련된 여러 요소들과의 관계 속에서 다양한 요인들이 변화를 좌우한다. 여기서는, 그 변화를 살펴보기 위해 변화의 과정을 단순화해 보면 크게 세 시기로 나누어 제시해 볼 수 있다.

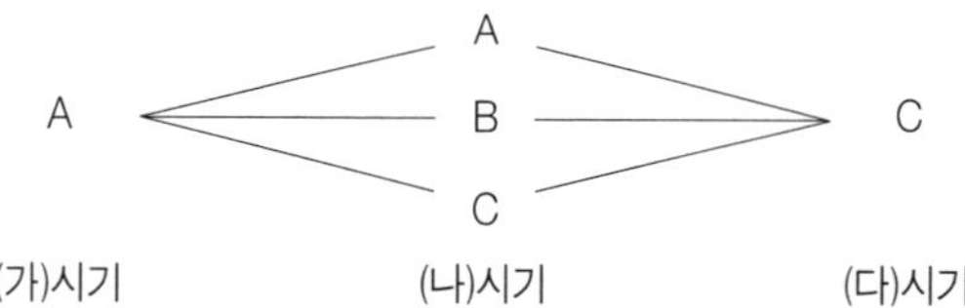

여기서 (가)시기의 어떤 형태 A가 있다면 이를 근원(source) 형태라 한다. 이는 이제 변화를 시작하는 기점에서 존재하는 형태이다. 어떤 의미나 문법 범주를 실현하는데 오직 이 형태만이 존재하고, 다의적으로 해석되지 않는다. 그리고 근원 형태가 목표(target) 형태로 변화하기 위해서는 반드시 (나)시기를 거쳐야 하는데, 이를 과도기 형태라 부를 수 있다.[3] 우리가 주목하

언어에서 일어나면 그러한 변화는 다른 언어에서도 나타날 수 있으며, 어떤 변화가 다른 언어들에서 나타나지 않는다면 그 변화가 어느 특정한 언어에 나타날 수 있는 가능성은 별로 없다(이상은 이성하, 1998 : 134에서 재인용). 따라서, 국어 문법변화를 살펴보면 언어의 보편적인 특징을 그대로 발견할 수 있을 것이다.

2) 문법 변화에 대한 관심이 많아지고 있는데, 이를 포괄하는 용어로 '문법화'가 쓰이고 있다. Jerzy Kuryłowicz(1965)는, "문법화란 한 형태소가 어휘적 지위에서 문법적 지위로, 혹은 파생형에서 굴절형으로의 변화처럼 덜 문법적인 것으로부터 더 문법적인 것으로 범위가 증가되는 현상이다"라고 하였다. 이외에도 '문법화'라는 의미는 다양하게 해석되고 있다. 그렇지만 여기서는 이러한 용어를 쓰지 않고 '문법변화'란 말을 쓰고자 한다. 왜냐 하면 여기서 다루는 주요 예들이 이미 문법화된 것들이기 때문에 용어상의 오해를 피하기 싶기 때문이다. 앞으로 이 부분은 검토를 통해 용어를 확립할 것이다.

3) Whatmough(1956)는 의미 변화를 설명하면서, 의미변화란 어떤 단어의 의미 중 중핵적인 의미의 편향된 사용으로 일어난다고 하였다. A가 실현되다가 과도기적 현상으로 A, B가 공존하여 실현

는 것은 (나)시기의 여러 형태들인데 이들은 목표 형태에 도달하기 위해 치열하게 각축하며 갈등하고 서로 간에 조정을 꾀한다. 그리고 (다)시기에 그 변화가 일단락되었을 때, 존재하는 형태 C가 있다면 이를 목표(target) 형태라 한다.[4]

이러한 변화의 과정에서 아직 변화가 일어나지 않은 (가)시기나 이미 변화가 완성된 (다)시기는 덜 주목받는다. 여기서는 오히려 (가)에서 (나)를 거쳐 (다)로 변화하는 시기, 또는 (가)시기에서 (나)시기 사이, 또는 (나)시기에서 (다)시기가 관심의 초점이 된다. 이 사이의 변화 과정에서 보편적이고 일반적인 특성들이 나타난다면, 이러한 특성들을 통하여 아직 일어나지 않은 부분의 변화 과정을 예측하거나, 앞으로 일어날 문법변화를 예측해 볼 수 있기 때문이다.

2.1. '-이-'와 높임법 체계의 변화 과정

2.1.1. (가)시기 : '-이-'만이 실현되던 시기

15세기 이전이나 적어도 15세기 초기까지 국어의 상대높임법은 '높임 : 안높임'의 체계를 갖고 있었다. 그리고 이러한 높임의 형태소 '-이-'의 실현 유무에 따라 높임법이 결정되었다. 그런데 여러 요인에 의해서 높임의 등급이 세분화될 필요성이 생기게 되었다. 이에 따라 새로운 높임의 형태소도 요구되었다.

    ㄱ. 世尊하……이런 고디 <u>업스이다</u> = 無有是處ᄒᆞ이다.(능엄 1 : 50)
    ㄴ. 淨土애 혼디 가 <u>나사이다</u>.(월석 8 : 100)

되고, C의 과정을 거쳐 다른 중핵적 의미인 B로 바뀌는 것이 그 예이다(박영순, 1996 : 19~20 재인용).

4) 어떤 문법 현상이든지 완성된 채로 정지되어 있는 것은 없다. 기간의 길고 짧음의 차이가 있을지언정, 항상 어떤 형태로든지 변화를 모색하고 있다. 따라서 여기에서의 목표 형태라 할지라도 다시 근원 형태가 되어 새로운 목표 형태로 변화해 갈 것이다. 설사 (나)시기의 과도기적 형태라 할지라도 기준점에 따라서는 근원 형태나 목표 형태가 될 수 있다.

2.1.2. (나)시기 : '-이-'를 바탕으로 'ᅌᅵ다'형(제1형)과 'ㅣ'형(제2형)이 출현하는 시기

일반적으로 높임의 등급이 분화될 때, 가정할 수 있는 것은 첫째, 기존의 형태가 소멸되고, 새로운 형태들이 모두 나타나서 이들 등급을 실현할 수 있다. 둘째는 기존의 형태가 유지되는 경우인데, 이 경우도 다시 두 가지를 생각할 수 있다. 먼저, 기존의 형태가 상위 등급을 표시하고 다른 형태가 하위 등급을 실현하는 경우이거나 이와 반대되는 경우이다. 15세기 자료를 보면, 상대높임씨끝 '-이-'가 때에 따라 축약되거나 생략되어 실현되는 것을 볼 수가 있는데, 이 경우 실현되는 높임의 정도가 기존의 형태인 '-이-'가 실현하는 등급보다 낮게 나타난다. 이때 실현되는 형태소는 먼저, '-이-'의 'ㅣ'가 줄어지고 종결어미 '-다'와 결합하여 'ᅌᅵ다'형을 이룬다. 또 다른 형은 '-이-'에서 'ᅌᅵ'이 탈락한 형인 'ㅣ'가 앞 음절에 겹홀소리화되어 축약되는 경우이다. 이들의 빈도수는 'ᅌᅵ다'형이 앞서고 있으며, 'ㅣ'형보다 약간 높여 사용한다. 그런데 이러한 상황은 16세기에 가서 달라지고 있다. 'ᅌᅵ다'형은 거의 나타나지 않고 있으며, 서술문에서만 제한되게 사용되고 있다. 반면에 'ㅣ'형은 모든 문형에서 다 실현되고 있으면서 그 사용 빈도도 제1형을 압도하고 있다. 이들 새로운 형태들은 예사높임을 실현하고 있다.

15세기 자료

　ㄱ. 后ㅣ 묻ᄌᆞ와 니ᄅᆞ샤ᄃᆡ 大學生이 언매나 ᄒᆞ니잇고. 帝 니ᄅᆞ샤ᄃᆡ 數千 잇다.(내훈 2하 : 61)

　ㄴ. 三世옛 이ᄅᆞᆯ 아ᄅᆞ실씨 부톄시다 ᄒᆞᄂᆞ닝다.(석보 6 : 18)

　ㄷ. 祥瑞도 하시며 光明도 하시나 ᄀᆞᆽ업스실씨 오ᄂᆞᆯ 몯 ᄉᆞᆲ뇌.(천강 상, 기26)

16세기 자료

　ㄱ. 이러ᄐᆞᆺ호ᄃᆡ 엇디 喪티 아니ᄒᆞᄂᆞ니잇고.(논어 3 : 60)

　ㄴ. 이 諸佛의 本源ㅣ며 神會의 佛性ㅣ로쇵다.(선가 1)

　ㄷ. 바ᄆᆡ 형니미 드러오니 부ᄆᆡ 새도록 자믈 몯 자고 오ᄂᆞ론 이이홀 거시니 민망회.(청주 118)

2.1.3. (다)시기 : 'ㅣ'형이 대표형이 되는 시기

이러한 추세는 17세기에도 그대로 이어지고 있어서 'ㅇ 다'형은 거의 화석
화된 잔재로만 남게 된다. 이 시기에 예사높임을 실현하는 대표 형태는 'ㅣ'
형이다.

ㄱ. 그 약은 마줌 다 쁘고 젹게 보내고 뜻에 걸려 <u>호옵닉</u>.(첩해, 삼)
ㄴ. 都船主도 요< 이 됴히 겨시던가 젼의는 처음으로 보옵고 그지업서 <u>호옵</u>
<u>데</u>.(첩해, 삼)
ㄷ. 흰부체 뽀서 가져 오소. 인마롤 마조 츨원으로 <u>보냄새</u>.(언간 보2, 신면)
ㄹ. 주식두론 다 됴히 인뇌다. 보셩 힝츠는 당시사 동매 아니 와시니 오면
<u>긔별호링다</u>.(현풍, 112)

2.2. 완결법 씨끝 '-았-'의 형성 과정

15세기 때매김법 중 확정법을 실현하는 대표적인 씨끝 '-으니-'는 축약
형태로 나타나든가 다른 형태소들과 결합할 때 본디의 뜻을 잃어버리는 경
우가 많아지면서 소멸의 과정을 걷게 된다. 한편, '-어/아 잇-'은 여러 이
형태들을 수반하면서 새로운 때매김법인 완결법을 실현하게 된다.[5] 이
'-어/아 잇-'이 형태 변화를 하여 '-았-'으로 확립되고 있는데, 그 과
정을 간략히 살펴보면 다음과 같다.

2.2.1. (가)시기 : '-어/아 잇-'이 홀로 실현되던 시기

우선, (가)시기는 적어도 14세기 이전으로 보아야 할 것 같은데, 이 시기
의 '-어/아 잇-'은 원래 일이나 사태가 지속되고 있음을 나타내고 있다.
그런데 확정법을 실현하는 '-으니-'의 기능이 약화됨에 따라 새로운 때매
김법인 완결법을 실현할 형태소로 떠오르게 된다.

---

5) 허웅(1987 : 467)에서는 15세기 말에 완결법이 확립되었다고 본다.

ㄱ. 네 이제 …부텨를 맛나 잇ᄂ니(석보6 : 11)

ㄴ. 迷人이 險道애 그르 <u>드러 잇다가</u>(월석21 : 120)

2.2.2. (나)시기 : '-어 / 아 잇-', '-얏 / 엣-', '-앗 / 엇-'이 공존하는 시기

15세기에 들어서서 '-어 / 아 잇-'형(제1형) 외에 이들의 축약형인 '-얏 / 엣-'형(제2형)과 '-앗 / 엇-'형(제3형)이 공존하기 시작하고 있다. 이 중에서도 '-앗 / 엇-'형은 15세기 말에 나타나기 시작한다. 이들은 앞으로 새롭게 전개될 어형의 자리를 차지하기 위해 각축을 벌이게 되는데, 먼저 사라지기 시작한 것은 제2형인 '-얏 / 엣-'이다. 16세기 들어서도 이들 세 유형이 계속해서 나타나고는 있지만, 제2형은 현저히 줄어들고 있으며, 17세기에는 제2형이 전혀 나타나지 않고 있다. 그리고 제1형도 제3형으로 교체되고 있다.[6]

그렇다면, 제2형이 소멸한 이유는 무엇일까? 우선 통사적 구성으로 되어 있는 '-어 / 아 잇-'형을 형태적 구성으로 변화시키려는 것이 문법변화의 기본 목표라고 볼 수 있다.[7] 그런데 이러한 기본 목표를 '-얏 / 엣-'형이 충족시키고는 있지만 음성적인 변화까지는 충족시키지 못하고 있다. '-얏 / 엣-'은 음성적으로는 '-어 / 아 잇-'과 구별되지 않기 때문이다. 이러한 과정에서 제2형이 목표 형태로 자리 잡지 못하고 소멸하게 된다. 결국, 새로운 목표 형태로 자리 잡기 위한 각축은 제1형과 제3형이 벌이게 된다. 이 두 형은 그 이후, 19세기까지 지속이 된다. 그러다가 19세기쯤에 가서 '-어 / 아 잇-'은 '(완결)지속'의 의미가 강하게 나타나고 '-앗-'은 '완결(지속)'의 의미가 강하게 나타나게 된다.

---

6) 실제로 <번역소학>에서 사용되었던 '-어 잇-'형이 <소학언해>에서는 '-앗-'형으로 바뀌어 나타난 경우가 많이 있다(허웅, 1987 : 469).

7) Givón(1971)에서는 '오늘의 형태론이 어제의 통사론'이라고 말한 바 있으며, 또, Lehman(1982)(이성하, 1998 : 157~1161에서 재인용)은 문법화가 진척될수록 의미적, 음운적 크기가 줄어드는 경우가 대부분이라고 설명한다.

ㄱ. 아ᄋ라이 **ᄲᅡ** 올녀 그 우희 누롤 <u>지어시니</u>(의유당 김씨, 낙민누)
ㄴ. 네가 어ᄂ 스이 ᄌ식을 <u>두엇고나</u>(한듕, 이 130)
ㄷ. ᄀᄅ치지 아니<u>ᄒ엿스니</u>(독립신문 4호)

2.2.3. (다)시기 : '-앗-'이 성립된 시기

20세기에는 '-았-'이 '지속'의 의미를 청산하고 완결법을 실현하고 있다. 결국, 완결법을 실현하는 새로운 문법 형태소는 제3형인 '-앗-'이 되었다고 할 수 있는데, 제1형이 계속해서 완결법을 실현하는 문법 형태소가 되지 못한 것은, '잇-'이 본래의 형태를 가지고 있는 한 본래적 의미인 '지속'의 의미도 떨쳐 버릴 수 없었기 때문이다. 반면에 '-앗-'은 '잇-'이 포함된 형태였지만 오랜 시간이 흐르면서 이러한 의미에서 자유로울 수 있었기 때문에 새로운 의미와 문법범주를 실현할 수 있었다.

ㄱ. 그는 어제 졸업식을 <u>가졌다</u>.
ㄴ. 네가 온다는 소식을 듣고 나도 기분이 <u>좋았다</u>.

이상을 그림으로 보면 다음과 같다.

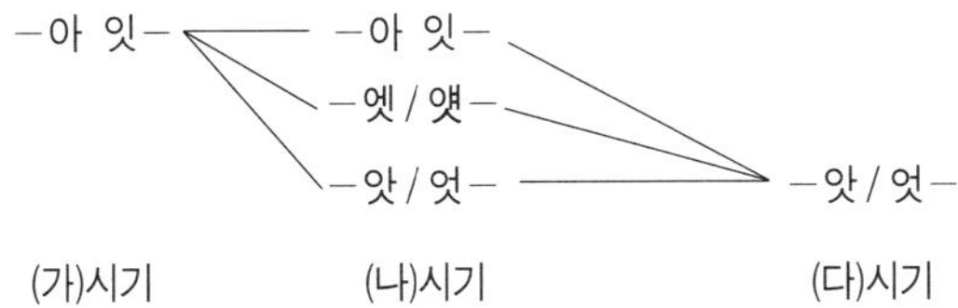

2.3. 때매김 형태소 '-겠-'의 형성 과정

15세기의 추정법은 주로 '-으리-'에 의해서 실현되었다. 그런데 15세기에 의미상 대립 관계를 갖던 '-으니-'가 점차 축약 내지는 의미의 약화를 가져오는 것과 때를 맞추어 16세기에는 '-으리-'도 축약 현상이 나타나기 시작하였고, 17·18세기에도 이러한 현상이 그대로 나타나고 있다. 이와 함께 18세기에는 '-게 ᄒᆞ엿-'이 '사동'의 의미 외에 새로운 의미인 '추정'의 의미를 실현하게 되었다.

2.3.1. (가)시기 : '-게 ᄒᆞ엿-'이 추정의 의미를 실현하던 시기

나진석(1953)에서는 '-게 ᄒᆞ엿-'형은 17세기 말 이후에 발생하여 18세기 중엽에 널리 쓰이고 있으며, '-게 엿-'형은 18세기 전반기에 형성되었고, '-겟-'형은 18세기 후반기에 형성되었다고 말하고 있다. 그러나 '-게 엿-'형이 18세기 전반기에 나타난 문헌 자료는 보이지 않는다. 따라서 적어도 '-게 ᄒᆞ엿-'형은 18세기 중반까지는 근원 형태로 볼 수 있다.[8) 여기서, '-게 ᄒᆞ엿-'이 '추정'의 의미를 실현할 수 있었던 것은 '-게'의 의미 때문이다. 즉, '-게'는 "장차 어느 지경에 이름"(허웅, 1987 : 294)의 의미를 띠고 있는데, 이러한 의미가 강조되면 '추정'의 의미에 가까워지고, 'ᄒᆞ엿-'의 의미가 강조가 되면 '사동'의 의미에 가까워질 수 있다.

ㄱ. 그더 ᄒᆞ다가 련화국의 나든 우리 물을 넘ᄒᆞ야 긔보을 <u>벗게 ᄒᆞ쇼셔</u>(권념요록, 왕랑반혼전)
ㄴ. 플을 <u>줄게 싸ᄒᆞ라</u>(마경초집언해, 상40)

2.3.2. (나)시기 : '-게 ᄒᆞ엿-', '-게엿-', '-게-', '-겟-'이 공존하던 시기

18세기 중엽 이후에는 '-게 ᄒᆞ엿-'(제1형) 외에 '-게엿-'(제2형), '-게-'(제3형), '-겟-'(제4형) 등이 공존하던 시기이다. 물론, 음운 변화 과정을 추정해서 이들을 선후 관계로 배열해 볼 수 있다. 그러나 문법 변화 측면에서 볼 때, 이들은 변화를 모색하는 여러 과도기 형태일 뿐이다. 이들 형태가 <한듕녹>에서 함께 사용되고 있는 것도 이를 뒷받침한다.

---

8) 현전하는 혜경궁 홍씨의 한중록이 쓰인 시기가 18세기 말에서 초까지로 다양한데, 이 문헌의 출간 시기에 따라 약간의 차이가 있을 수 있다. 또, 이기갑(1987)에서는 이미 16세기 편지글에서 '-게 ᄒᆞ엿-'형이 쓰이고 있다고 하였다.
　네 아바니믄…니월 초ᄉᆡᆼ의 셔울로 <u>가게 ᄒᆞ여시니</u>(청주 57, 조항범 1998 : 294)
　쩌나도 잇지 <u>못ᄒᆞ게엿ᄉᆞᆸ</u>(언간 193, 김일근 1991 : 224)

ㄱ. 아마도 고이ᄒᆞ니 ᄌᆞ니ᄂᆞᆫ 됴히 <u>살게 ᄒᆞ엿ᄂᆡ</u>(한듕, 삼260)
ㄴ. 쩌나도 잇지 <u>못ᄒᆞ게엿습</u>(언간 193, 1991 : 224)
ㄷ. 니가 오날 나가 <u>죽게기</u> 샤외로와(한듕, 삼260)
ㄹ. 모년 다시 <u>나겟다</u> 말이 ᄎᆞ마 무셥고(한듕, 오400)

  여기서 제1형인 '−게 ᄒᆞ엿−'은 다른 형태로 변화하는 동인을 제공해 주기는 하였지만, 이 통사적 구성이 가진 본래적 의미인 '사동'을 고수하고 있기 때문에 문법변화를 수용할 형태로 사용되기가 어려웠다. 따라서 제2,3,4형이 차례로 목표 형태의 자리를 차지하기 위한 모색이 계속된다. 19세기에 들어오면, 이들 중 제4형이 확고한 자리를 차지하게 되는데, 그 이유는 완결법을 실현하는 '−았−'의 형태에 가장 영향을 받았으리라 짐작된다.[9] 그리고 제2형인 '−게 엿−'은 국어에서 'ᄒ'가 자주 탈락되는 특성 때문에 원래 '−게 엿−'인지, '−게 ᄒᆞ엿−'에서 'ᄒ'가 탈락한 형태인지를 구별하기가 어렵고, 설사 하나의 형태적 구성이라 할지라도 한 음절로 된 안맺음씨끝의 구실을 하지 못하기 때문에 불안정한 상태라 하겠다. 그리고 제3형인 '−게−'는 기존의 어찌꼴씨끝과 형태상으로 구별이 되지 않고, '−게'와 'ᄒᆞ엿−'의 양 성분을 포괄하지 못하고 한 부분만으로 전체를 수용하기에는 제약이 따를 수밖에 없다.

---

9) '−겠−'의 발달 여부에 대해서는 아직도 많은 학자들 간에 의견이 분분하다. 이것은 '−게 ᄒᆞ엿−'이 '−겠−'으로 변화하는 과정에서 음운론적으로나 통사론적으로 설명하기 어려운 부분이 있기 때문이다. 그러나 때매김법의 변천 과정에서 나타난 '−으니−'와 '−으리−'와의 관계라든가 '−았−'과 '−겠−'의 관계를 살펴보면, 이들이 어떤 형태로든지 의미상, 형태상 영향을 주고받았음을 알 수 있다.

2.4. 변화 유형들의 특징

2.4.1. 근원 형태의 유지

위에서 거론된 세 유형들의 공통된 특질 중의 하나가 근원 형태에서 새로운 목표 형태가 확정되더라도 원래의 의미와 기능을 유지한다는 것이다. 즉, 상대 높임법 중 아주높임을 실현하는 '-이-'(후대에는 'ㅇ'이 탈락)에서 예사높임을 실현하는 'ㅣ'형이 나타났지만, 여전히 '-이-'는 제 높임법을 실현하고 있다는 것이다. 또, '-게 ᄒᆞ엿-' 역시 '추정'의 의미를 실현하는 '-겠-'이 새로운 목표 형태로 확정되었음에도 오늘날까지 원래의 의미인 '사동'을 실현하고 있다. 마찬가지로 상태의 지속을 실현하던 '-어 잇-' 구성이 축약되어 완결법씨끝 '-았-'이 형성되었지만, 현대 국어에서도 이 '-어 잇-'은 상태 지속의 의미를 실현하고 있다.

이로 볼 때, 근원 형태는 변화의 동인으로 작용할 뿐, 그 자체의 형태가 유지되는 한, 본래의 의미를 잃지 않는다는 것을 확인할 수 있다.

2.4.2. 변화의 과정은 단선이 아닌 다선 형태

이제까지, 문법 변화의 과정을 단선적으로 설명하는 경향이 많았었다. 그러나 문법 변화에 대한 이러한 설명은 설명의 편의성과 변화 형태들의 상호 인접성을 밝히는 데는 도움을 줄 수 있지만, 이들 간의 대립과 갈등, 조정 양상을 살피는 데는 한계가 있다. 예사높임을 실현하기 위한 새로운 형태들은 모두 '-이-'에서 비롯되었지만 '-ㅇ다' 형과 'ㅣ'형이 어떻게 시간적으로 차이를 두며 파생되어 왔는지를 밝히는 것은 의미도 없을 뿐더러 밝혀 내기도 곤란하다. 또, 오늘날까지 그 변화 과정에 대한 의견이 분분한 '-겠-'의 경우, 이들이 일정한 기간 동안에 새로운 목표 형태를 찾아내기 위해 나타난 이형태로서, 이들이 서로 대립·조정하다가 오늘날의 '-겠-'이 탄생했다고 설명할 수 있을 것이다. 이러한 설명은, 거의 같은 시기에 상반된 형태들이 나타나고 있는 자료들을 반드시 시기별로 일정하게 배열해야 하는 의무감을 덜 수 있게 해준다.

2.4.3. 근원 형태의 유사성과 목표 형태로의 도달 가능성

'-아/어 잇-' 구성에서 출발한 완결법은 '-얏/엿-'형과 '-앗/엇-' 형이 대립하고 있는데, 이 중에서 근원 형태와 유사한 형태는 '-얏/엿-' 형이라 할 수 있으며, '-게 ᄒᆞ엿-' 구성에서 출발한 미정법은 '-게엿-' 이 '-겟-'보다는 형태상으로 유사하다. 그런데, 상대높임씨끝 '-이-'에서 파생된 '-ᅌᅵ다'형과 'ㅣ'형은 어느 것이 형태상으로 유사하다고 단정하기는 어렵다. 다만, 15세기 이후 아주높임은 문장을 종결하는 씨끝이 함께 결합해야 격식을 갖춘 높임이 이루어질 수 있었다. '-ᅌᅵ다'형은 비록 'ㅣ' 가 탈락했지만, 이러한 구조를 갖추고 있기 때문에 '-이다' 구조와 유사한 편이다. 반면, 'ㅣ'는 자음 'ᅌ'이 탈락되었을 뿐 아니라 뒤의 '-다'도 결합되지 못했기 때문에 유사성에서도 떨어진다. 즉, 형태상의 변형이 보다 심한 'ㅣ'형이 높임의 등급 차이를 확실하게 구별해 줄 수 있었기 때문에 선택된 것이다.

2.4.4. 실현 빈도수의 변화

2장의 첫머리에서 말했듯이, 문법변화를 예측하는 과정에서 (나)시기는 중요한 의미를 갖는다. 그리고 (나)시기는 다시 (가) > (나)와 (나) > (다)의 과정으로 세분해 볼 수 있다. 이 경우, 편의상, 앞의 과정을 '확장기'라 하고, 뒤의 과정을 '정리기'라 하겠다. 우선, '확장기'의 경우, 기존의 근원 형태가 실현 빈도수에서 앞서 가지만, (나)시기 중간에 이를수록 장차 목표 형태가 될 형태나 새롭게 출현한 다른 형태의 실현 빈도수와 비슷해진다. 반대로 '정리기'에 이르면 목표 형태의 빈도수가 급격히 증가하는 반면, 근원 형태나 다른 형태의 빈도수는 급격히 감소하는 추세를 띤다. 물론, 이 경우, 중간 단계를 두어 근원형태나 목표 형태 외의 다른 형태의 실현이 급격히

감소하거나 소멸된 후에 목표 형태의 빈도수가 급증하는 '정리기'를 갖기도
한다.

> 확장기 : 근원 형태의 실현 빈도수 ≤ 목표형태나 그 외 형태의 실현 빈도수
> 정리기 : 근원 형태의 실현 빈도수 ≥ 목표형태나 그 외 형태의 실현 빈도수

따라서 '확장기'와 '정리기'의 두 어느 시기의 자료를 조사하면, 문법 변
화가 아직 진행 중인 것이라도 그 결과를 예측할 수 있을 것이다.

2.1.에서 15세기 예사높임을 실현하게 될 새로운 형태소 중, 'ㆁ다'형이
그 빈도수에서 'ㅣ'형을 앞서고 있다. 그러나 16세기에 오면 'ㅣ'형이 그 빈
도수에서 상당히 앞서고 있다. 따라서 16, 17세기 이후 자료를 보지 않더라
도 예사높임의 문법 범주를 실현하게 될 목표 형태가 'ㅣ'형임을 알 수 있
게 된다.

신라나 고려 시대의 향가를 보면, 사동법은 파생적 층위인, 접미사에 의
해서 실현되고 있다. 그러나 15세기에 오면, 접미사와 함께 '-게 ㅎ-',
'-긔 ㅎ-', '-에 ㅎ-' 등의 통사적 구성으로도 실현되고 있다.[10] 그러나
이 시기에도 대부분의 사동법은 접미사에 의해서 실현되고 있다. 그런데, 15
세기에 접미사를 이용해 사동법을 실현하던 많은 어휘들이 실제로 현대 국
어에서는 쓰이지 않고 있다(깊이다 > *깊이다, 깊게 하다, 어둡이다 > *어두이다,
어둡게 하다 등). 이러한 결과를 보면 앞으로 사동법은 통사적 방법에 의해 실
현되는 방향으로 진전될 것이다.[11]

---

10) 이러한 통사적 방법이 발달하게 된 원인에 대해서는 김용경(1995 : 637~655)을 참조하기 바람.
11) 그러나 이러한 변화가 더 지속된다면 통사적 구성이 계속 유지될지는 의문이다. 왜냐하면, '-게
   하-' 구성을 통사적 구성이 아닌 형태적 구성으로 인식하려는 경향이 강하게 나타나고 있기
   때문이다. 이를 반영하기 위해서 한글 맞춤법에서도 '보조용언은 띄어 씀을 원칙으로 하되, 붙
   여 씀을 허용한다.'는 예외 규정을 두고 있기도 하다. 많은 언중들이 이들을 통사적 단위가 아
   닌 형태적 단위로 인식하여 '-게 하-'를 붙여 쓰다 보면, 앞으로 이들이 하나의 형태소가 될
   가능성이 높다. 그리고 문법화가 더 진전되면 다시 한 음절의 형태소로 축약되는 과정을 거칠
   가능성이 높다.

3. 맺음말

1) 문법 변화의 과정을 정리하면 다음과 같이 도식화할 수 있다.

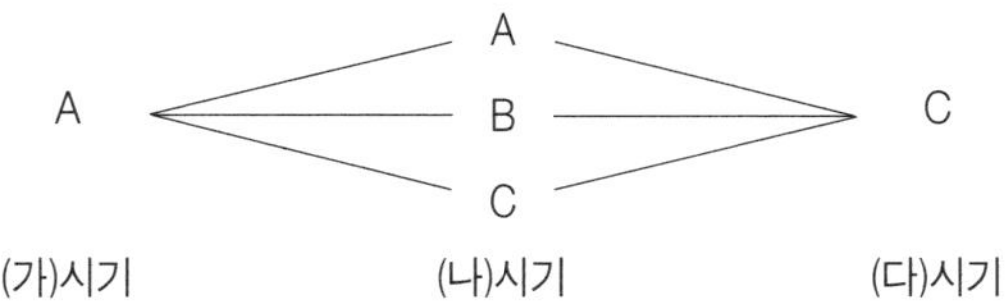

여기서 (가)시기의 형태를 어떤 형태 A가 있다면 이를 근원(source) 형태라한다. 그리고 이 근원 형태가 변화를 완결 지었을 때, 이를 목표(target) 형태라 한다.

2) 문법 변화 과정의 특성을 정리하면 다음과 같다.

① 근원 형태는 변화의 동인으로 작용할 뿐, 그 자체의 형태가 유지되는한, 본래의 의미를 잃지 않는다는 것을 확인할 수 있다.

② 변화의 과정은 단선이 아닌 다선 형태이다. 어떤 형태들이 시기를 달리 하여 일정하게 변화하는 것이 아니라 과도기동안 여러 형태들이 목표 형태가 되기 위해 모색하는 과정을 거친다.

③ 과도기의 어떤 형태가 근원 형태와 유사할수록 목표 형태가 되기는 어렵다.

④ '확장기'의 경우, 기존의 근원 형태가 실현 빈도수에서 앞서 가지만, (나)시기 중간에 이를수록 장차 목표 형태가 될 형태나 새롭게 출현한 다른 형태의 실현 빈도수와 비슷해진다. 반대로 '정리기'에 이르면 목표 형태의 빈도수가 급격히 증가하는 반면, 근원 형태나 다른 형태의 빈도수는 급격히 감소하는 추세를 보인다.

‖ 참고문헌

권재일(1992), 『한국어 통사론』, 민음사.

권재일(1994), 『한국어 문법의 연구』, 서광학술자료사.

김승곤(1996), 『현대 나라말본』, 박이정.

김용경(1995), 「피동법과 사동법의 역사적 상관성」, 『건국어문학』 제19·20합집, 건국대 국어국문학 연구회.

김용경(1996), 「때매김 체계의 변화 양상 연구」, 『우리말 통어 연구』, 박이정.

김용경(1997), 「높임의 토씨 '요'에 대한 연구」, 『한말연구』 3집, 한말연구학회.

김용경(1998), 「상대 높임씨끝 '-오/소'의 발달 과정에 대한 연구」, 『한말연구』 4집, 한말연구학회.

김용경(1998), 「상대높임법에서의 형태 변화와 의미 등급 실현의 상관성 연구-특히 높임의 표지 '-이-'를 중심으로」, 『언어학』 제23호, 한국언어학회.

박영순(1996), 『한국어 의미론』, 고려대학교 출판부.

배회임(1988), 『국어피동연구』, 고려대 민족문화연구소.

이기갑(1987), 「미정의 씨끝 '-으리-'와 '-겠-'의 역사적 교체」, 『말』12, 연세대학교 한국어학당.

이병기(1997), 「미래 시제 형태의 통시적 연구 : '-리-', '-ㄹ 것이-', '-겠-'을 중심으로」, 서울대학교 석사학위논문.

이성하(1998), 『문법화의 이해』, 한국문화사.

이승욱(2001), 「문법화의 단계와 형태소 형성」, 『제27회 국어학회 공동연구회 발표 논문집』, 국어학회.

이지량(1993), 「국어의 융합현상과 융합형식」, 서울대학교 박사학위논문.

이현규(1995), 『국어 형태 변화의 원리』, 영남대 출판부.

이현희(1982), 「국어 종결어미의 발달에 대한 관견」, 『국어학』 11, 국어학회.

최남희(1986), 『고려향가의 차자표기법 연구』, 홍문각.

허　웅(1961), 「서기 15세기 국어의 「존대법」과 그 변천」, 『한글』 128호, 한글학회.

허　웅(1975), 『우리 옛말본』, 샘문화사.

허　웅(1987), 『국어 때매김법의 변천사』, 샘문화사.

허　웅(1989), 『16세기 우리 옛말본』, 샘문화사.

Benveniste(1968), *Mutations of Linguistic Categories*, Lehmann, W.Y. Malkiei, eds., Directions for Historical Linguistics, University of Texas Press, Austin.

Bybee(1985), *Morphology*, John Benjamins Publishing Company.

15·16세기 국어 매김마디의 통어 구조

허원욱

1. 머리말

이 글은 15, 16세기 국어 매김마디의 통어론적 연구이다.

흔히 15세기와 16세기를 한데 묶어 중세국어라 일컫는다. 이는 언어의 유사성에 기인한 결과이겠지만, 형태론 기술에 있어서는 이 둘을 한데 묶는 게 만만치 않다. 그러나 통어론 기술에 있어서는 이 둘을 한데 묶어 기술하는 것이 오히려 언어 기술을 간편하게 할 때가 많다는 사실을, 15세기와 16세기의 통어론 기술을 어느 정도 마무리 짓고 나서야 필자는 알 수 있었다. 실지로 15, 16세기 국어의 통어적 구조를 대조해 보면, 차이점보다는 공통점이 더 많이 발견된다. 이 글에서 15, 16세기 매김마디를 한 지면에 다루는 이유가 바로 여기에 있다. 따라서 이 글은 15, 16세기 매김마디의 통시적 기술이라기보다는, 15세기 매김마디를 다룬 허원욱(1988)과 16세기 매김마디를 다룬 허원욱(1997)을 한데 묶어 그 통어적 공통점에 집중하여 기술한, 중세국어 매김마디의 공시적 기술이라 할 수 있다.

매김마디는 속구조의 월성분 중 하나가 빠져나가 형성되는 '빠져나간 매김마디'와 그렇지 않은 '완전한 매김마디'로 나뉜다. 이 글의 목적은, 안은마디와 안긴 매김마디의 통어적 제약관계를 살피고, 속구조에서 겉구조로 변형되는 과정을 상세히 살핌으로써, 매김마디의 통어적 특성을 체계화하는 것이다.

2. 빠져나간 매김마디

2.1. 임자말 빠짐

2.1.1. 완전이름씨 빠짐

중세국어 매김마디에서 임자말이 빠져 나가는 경우에는 '-오/우-'가 들어가지 않고, 풀이말의 줄기 끝에 매김꼴 씨끝 '-은'이나 '-을'이 붙는다. 이러한 경우, 매김마디의 풀이말에는 모든 풀이씨(제움직씨, 남움직씨, 그림씨, 잡음씨)가 올 수 있다.

[1] 매김마디의 풀이말 = 제움직씨
   [～ 제움직씨] ㄴ / ㄹ
'-은'
   므레 비췬 둘(월석 2 : 55) ← 드리 므레 비취다
   業道로서 난 사룸둘콰(월석 21 : 30) ← 사룸둘히 業道로서 나다
   出家혼 사르몬(석보 6 : 22) ← 사르미 出家ᄒ다

'-는'
   긔논 즁싱(월석 21 : 113) ← 즁싱이 긔느다
   디논 히(월석 8 : 6) ← 히 디느다
   우논 聖女(월석 21 : 21)

'-앳는~앗는'

　　하늘해 머리 뎻는 매(금강삼가 2 : 55)

　　좁가랏는 고기는 므릐 健壯호물 슬코(두언 25 : 4)

　　主守ᄒ얫는 家臣(두언 7 : 37)

'-앳던'

　　石壁에 수멧던 녜넷 글 아니라도(용 86장)

'-을'

　　避仇홇 소니 마리(용28장)←소니 避仇ᄒ다

　　孝順홇 子息(월석 21 : 28)←子息ㅣ 孝順ᄒ다

　　높 즁싱(월석 21 : 113)

[2] 매김마디의 풀이말 = 남움직씨

　　[～ 남움직씨] ㄴ / ㄹ

'-은'

　　아기 빈 사ᄅ미(법화 6 : 47)←사ᄅ미 아기ᄅᆞᆯ 비다

　　主藏臣寶는 藏 ᄀ슴안 臣下ㅣ니(월석 1 : 27)←臣下ㅣ 藏ᄋᆞᆯ ᄀ슴알다

　　아기 나ᄒ 겨집둘ᄒᆞᆯ 보고(월석 21 : 143)←겨집둘히 아기를 낳다

'-는'

　　모딘 일 니기는 衆生(월석 21 : 103)

　　聲聞 求ᄒ는 衆(월석 18 : 41)

　　고기며 모미라도 비는 사ᄅ몰 주리어니(월석 9 : 30)

'-던'

　　菩薩行ᄒ던 衆生(석보 13 : 51)

　　모딘 일 짓던 즁싱(월석 21 : 25)

　　이 閻浮提ㅅ 善行ᄒ던 사ᄅ미(월석 21 : 125)

'-을'

　　셜버 즐기디 몯홇 사ᄅ믄(월석 21 : 19)

　　둘흔 몰 살 나그내오(노걸 하 : 7)

　　갈 잘 밍글 쟝신(박통 상 : 15)

'-앳논~앗논'

> 벼슬 호옛논 사르미(번소 7 : 27)
> 길 마갓논 호 펴깃 사미(박통 상 : 40)
> 뜬 둧논 사르믄(소학 8 : 11)

[3] 매김마디의 풀이말 = 그림씨

　[~ 그림씨] ㄴ / ㄹ

'-은'

> 기픈 根源(월석, 서 : 21) ← 根源ㅣ 깊다
> 혀근 地獄(월석 1 : 29) ← 地獄ㅣ 혁다
> 誠實호 마룰(월석 21 : 15) ← 마리 誠實ㅎ다

'-논'

> 罪苦 잇논 衆生(월석 21 : 29)
> 神通 잇논 사르미아 가느니라(석보 6 : 43)
> 발 잇논 燈(월석 1 : 8)

　'논'이 붙는 그림씨는 '잇다'뿐이다. 원래 그림씨나 잡음씨에는 때매김을 나타내는 안맺음씨끝 '-느-'는 잘 붙지 않는다. 중세국어 매김마디에서, 풀이말이 그림씨일 때 '-을'이 붙는 예는 보이지 않는다(뒤의 '위치말의 빠짐'에서도 그림씨일 경우에는 '-을'이 붙는 예가 없음을 볼 것).

[4] 매김마디의 풀이말 = 잡음씨

　[~ 잡음씨] ㄴ / ㄹ

> 석자힌 쓸화리 = 三尺角弓(두언 25 : 45) ← 쓸화리 석자히다
> 小王온 혀근 王이니 轉輪王 아닌 王이라(월석 1 : 20) ← 小王온 轉輪王 아니다
> 咫尺인 녯 위안해 = 咫尺故園(남명, 하 : 46)

　잡음씨의 경우에는 '-논'이나 '-을'이 붙지 않는다. 매김마디의 풀이말이 그림씨나 잡음씨로 된 경우, '-논'은 그림씨 '잇논'의 경우에만 나타날 뿐이고 '-을'은 그림씨, 잡음씨에 전혀 나타나지 않는다. 곧 중세국어 매김

마디에서, 그림씨와 잡음씨의 매김꼴에서는 때매김의 표현이 자유롭지 못했던 것이다(이 점은 현대 국어에 있어서도 마찬가지이다).

2.1.2. 매인이름씨 빠짐

'-은'
> 혼 짜해 난 거시며(법화 3 : 13)
> 누른 것 힌 거시(소학 6 : 126)
> 늘그니(늘근 + 이) 져므니며 貴흐니 눌아붕니며(월석 21 : 46)

'-눈'
> 보야호로 기눈 거슬 것디 아니 흐며(소학 4 : 41~2)
> 짜홀 從흐야 잇눈 거시(월석 21 : 152)
> 흐다가 누니 能히 보눈 거신댄(능엄 1 : 66)

'-앗눈'
> 얼굴 뒷눈 거시 光明 맛나아(석보 23 : 9)
> 혼 갓 방의 다숫 사르미 계우 안잣눈 거셔(박통 상 : 41)
> 사랫느니 목수미 더으고(월석 21 : 150)

'-을'
> 資生홀 꺼세(법화 6 : 175)
> 道理 行흐리 잇거든(석보 9 : 5)
> 有情 보츠리 업스면(석보 9 : 34)

2.1.3. 높임 형태소의 연결

(1) '-습-'의 연결

어떠한 월이 임자말이 빠지는 매김마디로 바뀔 때, 객체높임의 '-습-'은 속구조에서의 자리에 그대로 남게 된다. 즉 속구조 '사르미 부텨를 보습다'를 매김마디로 바꾸면 '부텨를 보ᅀᄫᆫ 사름'이 된다. '-습-'은 부림말을 필요로 하므로, 이 경우의 매김마디의 풀이말은 원칙적으로 남움직씨이다.

‘-습 + 은’
　　이 이룰 <u>보ᅀᆞᄫᆞᆫ</u> 사ᄅᆞᆷ 十方一切諸佛을 보ᅀᆞᄫᆞᆫ디니(월석 8 : 8)
　　諸佛ㅅ 일훔 <u>듣ᄌᆞᄫᆞᆫ</u> 사ᄅᆞᆷ(월석 7 : 75)
　　이 法 <u>듣ᄌᆞᄫᆞᆫ</u> 사ᄅᆞ미(석보 13 : 54)

　/ᄫ/이 사라진 뒤 ‘-ᅀᆞᄫᆞᆫ’, ‘-ᅀᆞᄫᆞᆫ’은 다같이 ‘-ᅀᆞ온’으로 바뀌게 되는
데, 임자말이 빠져나간 다음의 예는 ‘-ᅀᆞᄫᆞᆫ’의 변화형이다.

　　　王子 <u>기르ᅀᆞ온</u> 어미 ＝ 王子所養之母(법화 3 : 97)
　　　受記 <u>得ᄒᆞᅀᆞ온</u> 사ᄅᆞ미(법화 4 : 85)
　　　<u>듣ᄌᆞ온</u> 사ᄅᆞ미 ＝ 聞者(법화 4 : 163)

‘-습 + 는’
　　부텨 <u>비호ᅀᆞᆸᄂᆞᆫ</u> 사ᄅᆞ미 ＝ 學佛者(법화 5 : 43)
　　無量壽佛을 <u>보ᅀᆞᆸᄂᆞᆫ</u> 사ᄅᆞᆷ(월석 8 : 32)
　　度盡稱念衆生ᄋᆞᆫ 일ᄏᆞᆮᄌᆞᄫᅡ <u>念ᄒᆞᅀᆞᆸᄂᆞᆫ</u> 衆生ᄋᆞᆯ 다 濟渡ᄒᆞ실씨라(월석 8 : 99)

‘습 + 을’
　　부텨 <u>보ᅀᆞᄫᅩᆯ</u> 사ᄅᆞ미 슬믫 뉘 모ᄅᆞ며(월석 2 : 59)
　　부텻 功德 <u>듣ᄌᆞᄫᅩᆯ</u> 사ᄅᆞ미(석보 9 : 2)

　다음은 ‘-ᅀᆞᄫᅩᆯ’의 변화형이다.

　　　法 <u>듣ᄌᆞ올</u> 싸ᄅᆞ미로(법화 3 : 131)

(2) ‘-으시-’의 연결

　높임의 주체인 임자말은 뒤로 빠져 나가더라도 ‘-으시-’는 속구조 풀이
말의 자리에 그대로 남게 된다.

　　제움직씨
　　　娑婆世界에 오래 <u>主ᄒᆞ신</u> 菩薩(월석 18 : 3) ← 菩薩이 主ᄒᆞ시다
　　　다ᄅᆞᆫ 國土애셔 <u>오신</u> 菩薩들콰(월석 18 : 23) ← 菩薩들히 오시다

　　　짜해서 <u>소사나신</u> 千世界…摩訶薩(석보 19 : 37)

　남움직씨

　　　佛은 理를 다ᄒ며 性을 <u>다ᄒ신</u> 大覺올 슬ᄫ니(월석 9 : 13)

　　　接引衆生<u>ᄒ시ᄂ</u> 諸大菩薩둘히(월석 8 : 88, 기248) ← 諸大菩薩둘히 接引

　　　衆生ᄒ시ᄂ다

　　　如來 人藏心이…法界롤 다 <u>두프시ᄂ</u> 體니라(능엄 1 : 9)

　그림씨

　　　無上士ᄂ 尊ᄒ샤 더은 우히 <u>업스신</u> 士ㅣ라(석보9 : 3)

　　　王中엣 <u>尊ᄒ신</u> 王(월석 10 : 9)

　　　<u>어엿브신</u> 命終(월석 1 : 3, 기5)

　잡음씨

　　　聖王ᄋ 聖人<u>이신</u> 王이시니(월석 1 : 19)

　　　노폰 大人<u>이신</u> 丘ㅣ ᄒ 모미샷다(금강삼가 4 : 11)

　　　夫子ᄂ 聖<u>이신</u> 者가(논어 2 : 40)

(3) '-습-' + '-으시-'의 연결

임자말이 빠진 매김마디에 '-습-'과 '-으시-'가 함께 연결되는 예는
없다.[1]

　임자말이 빠질 때 '-습-'과 '-으시-'가 함께 연결되지 않는 이유는 뒤
에서 자세히 논하기로 하겠다.

2.2. 부림말 빠짐

부림말이 빠져나간 매김마디의 풀이말에는 '-오/우-'가 연결된다. 부림

---

[1] 다음의 예는 임자말이 빠진 것이 아니다.

　法門을 <u>받ᄌᄫ신</u> 히므로(법화 7 : 67)

　처섬 經 <u>들ᄌ오신</u> 後에(법화 6 : 149)

　이제 이 疑心ᄒ샤 <u>묻ᄌ오시ᄂ</u> 글둘ᄒ(법화 1 : 123)

　이제 처섬 나ᅀᅡ <u>묻ᄌ오시ᄂ</u> 威儀라(원각 상 1~2 : 82)

말을 이끌 수 있는 것은 남움직씨뿐이므로, 부림말이 빠져나간 매김마디의
풀이말은 남움직씨이다.

2.2.1. 완전이름씨 빠짐

'-온(오 + ㄴ)'
    제 <u>지순</u> 罪(석보 9 : 30) ←罪롤 짓다
    <u>지슨</u> 혼 城(법화 3 : 195) ← 혼 城을 짓다
    그 <u>敎化혼</u> 사르미(능엄 1 : 4) ←사르몰 敎化ㅎ다

'-논(ㄴ + 오 + ㄴ)'
    모미 <u>디내논</u> 짜히(월석 21 : 7) ←짜홀 모미 디내ㄴ다
    <u>化ㅎ논</u> 衆生(법화 2 : 149) ←衆生올 化ㅎㄴ다
    <u>念ㅎ논</u> 小法과 <u>行ㅎ논</u> 小道와 <u>欲ㅎ논</u> 小果와 <u>민욘</u> 흐린 業을 아르실씨
    (법화 1 : 199)

'-앳논 / 앗논'
    일 무촌 누비중이 <u>對ㅎ앳논</u> 知音(남명, 상 : 58)
    衆生마다 <u>뒷논</u> 제 性(월석 2 : 53)

'-올(오 + ㄹ)'
    호욜 이롤 다 ㅎ마 일우니라(법화 3 : 197)
    삼가 이베 <u>굴힐욜</u> 마리 업스며(번소 6 : 13)
    <u>호욜</u> 이리 잇거든(번소 10 : 21)

2.2.2. 매인이름씨 빠짐

'-온'
    네 <u>得혼</u> 거슨 滅이 아니니(법화 3 : 198)
    <u>得혼</u> 밧 功德(금강삼가 3 : 61)
    이 八王子ㅣ 妙光의 여러 <u>敎化혼</u> 배라 = 是諸八王子ㅣ 妙光所開ㅣ라(법
    화 1 : 1215)

‘-논’

> 아춤 <u>먹논</u> 거시 이 나못 불휘오 나죄 먹논 거시 나못 거프리로다(두언 25 : 37)
>
> 내 <u>뒷논</u> 쳔랴이 다 이 아드리 뒷논 거시라(월석 13 : 31)
>
> <u>스랑ㅎ논</u> 배(두언 20 : 54)

‘-올’

> <u>머굴</u> 거슬(남명, 하 : 13)
>
> 이 보비로 <u>뿔</u> 것 밧고면(원각, 서 : 77)
>
> 너희의 어루 <u>玩好홀</u> 꺼시 希有ㅎ야(법화 2 : 66)

2.2.3. 높임 형태소의 연결

(1) ‘-습-’의 연결 ; ‘-오 / 우-’의 탈락

부림말이 빠져나간 매김마디에서, 그 풀이말에 놓이는 ‘-습-’이 매김을 받는 임자씨(머리말)를 높여주는 경우에 ‘-오 / 우-’는 잉여적이 되어 탈락된다.

> 閻浮提 ㅅ 內예 <u>밍ㄱ슨ᄫ</u> 부텻 像(월석 21 : 193)
>
> 優塡王이 <u>밍ㄱ슨ᄫ</u> 金像(월석 21 : 203)
>
> 長史 <u>듣ᄌᆞᄫ</u> 마리, 魔下 <u>듣ᄌᆞᄫ</u> 마리(용65장)
>
> 佛影은 그 窟애 사못 <u>보습논</u> 부텻 그르메라(월석 7 : 55)
>
> 다시 <u>듣ᄌᆞᆸ논</u> 法(법화 6 : 127)
>
> 過去에 부톄 겨샤더…天人神龍의 모다 <u>供養ㅎ습ᄂ니러시니</u>(법화 6 : 92)
>
> ← 天人神龍이 이(부텨)를 공양ㅎ습ᄂ다
>
> 다시 <u>듣ᄌᆞᄫ</u> 法(월석 18 : 20)
>
> 世間애 慧日이 업스샤 <u>울워ᅀᆞᄫ리</u> 업거시다(석보 33 : 19)
>
> ← 이(사름)를 울워습다

이렇게 되는 이유는 다음과 같이 설명할 수 있다.

옛말나 지금의 우리말은 높임에 대해서는 철저하다. 높임을 잘못 사용하면 커다란 실수를 저지르게 되기 때문이다. 그러므로 중세국어에서는 ‘-습-’의 경우도 ‘-으시-’와 마찬가지로 그 높임의 대상이 무엇인가를 확실히 알고 사용하였을 것이다(지금의 우리가 중세국어를 보면 '-습-'이 어느 것을 높인 것인지 혼동스러울 때도 있지만 그 당시는 그렇지 않았을 것이다. 지금말에서 '-으시-'가 어느 것을 높이고 있는지 지금의 우리는 확실히 알 수 있는 것과 같은 이치이다).

앞의 예문에서, 매김마디의 풀이말의 '-습-'이, 빠져나가서 매김을 받는 임자씨(머리말)가 의미상의 부림말임을 확실히 나타내주고 있으므로 '-오/우-'는 잉여적이 되어 탈락된다. '-오/우-'는 매김을 받는 임자씨가 의미상의 부림말임을 표시해주기 위하여 들어가는 것인데 '-습-'이 이미 그것을 표시해 주었기 때문이다.

곧 '-습-'과 '-오/우-'는 '통어적인 겹침'('-습-'과 '-오/우-'는 둘 다 빠져나간 머리말이 부림말임을 나타냄)이 일어나므로, 잉여가 일어나서, 통어적으로 더 중요한 '-습-'이 남게 되고, 힘이 약한 '-오/우-'는 탈락되는 것이다.

따라서 다음의 16세기 예문은 '-ㅅ봉'의 변화형으로 보아야 한다.

一代所說론…阿難이 流通ㅎᅀ온 法ㅣ라(선가 4)

위의 예문에서, '-습-'은 '法(一代所說)'을 높여주고 있다. '法'이 의미상의 부림말임을 표시하기 위해 '-오/우-'가 연결되어야 하겠지만, '-습-'이 이미 그것을 표시해 주었기 때문에 '-오/우-'는 잉여적이 되어 탈락된다. 그러므로 '流通ㅎᅀ온'은 '流通ㅎᅀ봉'의 변화형이다.

그러나 다음의 예문에는 '-오/우-'가 연결된다.

(부텨끠) 받ᄌᆞᆸ논 宮殿(월석 14:21,24,27)
부텨끠 받ᄌᆞ올 고지라 몯ᄒᆞ리라(월석 1:10)

여기에서의 '-습-'은 그 앞의 위치말인 '부텨'를 높여주므로, '-오/우-'는 매김을 받는 임자씨(宮殿, 곳)가 의미상의 부림말임을 표시해 주기 위해 들어간 것이다.

따라서, 다음의 16세기 예문은 '-오/우-'가 연결된 어형이다.

몸이며…술훈 父母끠 받ᄌᆞ온 거시라(소학 2 : 28)

'-ᄉᆞ-'은 위치말로 표시된 '父母'를 높여주었고, '-오/우-'는 '것(= 몸이며…술)'이 속구조의 부림말임을 표시해 주기 위해 들어간 것이다. 그러므로 위의 '받ᄌᆞ온'은 '받ᄌᆞ본'의 변화형이다.

/ᄫ/이 소멸되고 난 뒤의 다음 15세기 예문에서도 '-ᄉᆞ-'은 위치말을 높여주고 있으므로 '-오/우-'가 연결된 '-ᄉᆞ본-'의 변화형이다.

받ᄌᆞ온 宮殿(법화 3 : 108)
施ᄒᆞᄉᆞ온 珠瓔(법화 7 : 142)

'-ᄉᆞ-'과 '-으시-'가 함께 연결된, 부림말이 빠진 다음의 예에서도 '-ᄉᆞ-'은 그 앞의 위치말(묻는 대상)을 높여주고 있으므로 '-오/우-'가 들어갔다.

正히 묻ᄌᆞ오샨 條目올 ᄀᆞᄅᆞ치니라(원각, 상2~3 : 5)
剛藏ㅅ 묻ᄌᆞ오샨 條目(원각, 상2~3 : 29)
請ᄒᆞ야 묻ᄌᆞ오시논 마리(법화7 : 16)

즉 부림말이 빠져나간 매김마디에 '-ᄉᆞ-'이 연결되는 경우에 다음과 같은 규칙이 성립된다.

'-오/우-' 탈락규칙

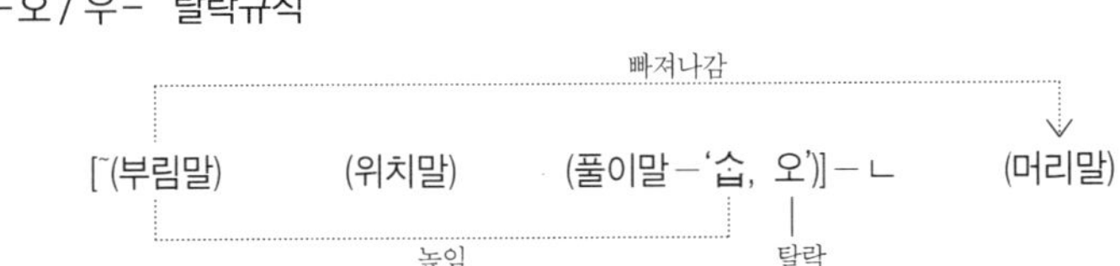

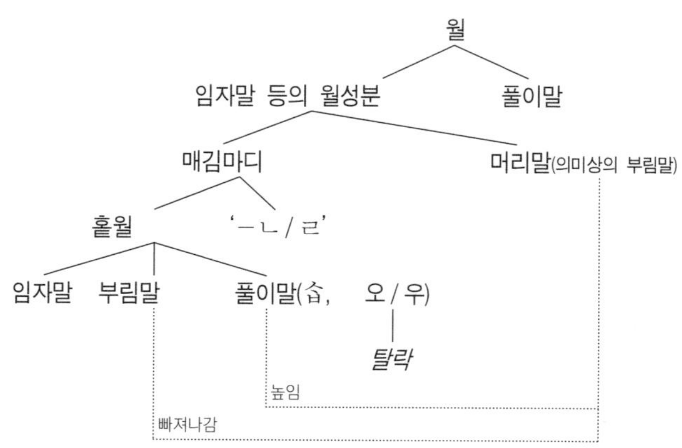

다음의 예문은 완전한 매김마디이기 때문에 '-오/우-'가 들어갔다(완전한 매김마디는 '-오/우-'의 삽입이 불규칙하다).

> 阿難이 出家훈 後로 스므나몬 히롤 부텨 졷ᄌᆞᆹ바 이셔 <u>듣ᄌᆞᄫᆞᆫ</u> 이리 믓 ᄒᆞ디(석보 24 : 2)[2]

(2) '-으시-'의 연결

'-으시-'는 임자말을 높여주고, '-오/우-'는 빠져나간 월성분이 부림말임을 표시해주므로, '-으시-'와 '오/우-'는 통어적인 겹침이 일어나지 않아서, 잉여가 일어나지 않는다.

> '-으샨(으시 + 오 + ㄴ)'
> 伽耶ㅅ化ᄂᆞᆫ 特別히 機롤 爲ᄒᆞ샤 受ᄒᆞ샨 命이어신뎡(법화 5 : 126)
> 말 닐오미…부텻 經中에 <u>니르샨</u> 배라(월석 17 : 74)
> 부텨 <u>니르샨</u> 밧 法(금강삼가 3 : 61)

---

2) 이 예문은, 허웅(1975 : 819)에 부림말이 빠진 것으로 보고 그 속구조를 '이롤 듣줍다'로 풀이하였으나, 필자는 '부텨롤 듣줍다' 혹은 '부텨(말ᄊᆞ물)듣줍다'로 보고, 완전한 매김마디로 풀이하였다.

'-으시논(으시 + ᄂ + 오 + ㄴ)'

 諸佛ㅅ <u>내시논</u> 소리(월석 8 : 42)
 如來 <u>니르시논</u> 아홉 橫死(석보 9 : 35)
 부톄 <u>아르시논</u> 바롤 다 通達ᄒᆞᄉᆞ와(법화 5 : 118)

'-으샬(으시 + 오 + ㄹ)'

 <u>ᄒᆞ샬</u> 이롤 ᄒᆞ마 일우샤(법화 2 : 43)
 悉達이라 <u>ᄒᆞ샤리</u>(석보 6 : 17)
 이 出海…佛이…諸佛如來ㅅ 모다 讚歎ᄒᆞ샤 그 功德 <u>일크ᄅᆞ샬</u> 빼리라(법화 4 : 53)

(3) '-ᅀᆞᆸ-' + '-으시-'의 연결 ; '-ᅀᆞᆸ-'의 탈락

 正히 <u>묻ᄌᆞ오샨</u> 條目을 ᄀᆞᄅᆞ치니라(원각, 상2~3 : 5)
 剛藏ㅅ <u>묻ᄌᆞ오샨</u> 條目이 正히 이 ᄀᆞᆮᄒᆞ시니라 = 剛藏門目 正似此也(원각, 상2~3 : 29)
 우흔 다 宿王ㅅ 옮겨 <u>묻ᄌᆞ오시논</u> 마리시니라(법화 7 : 22)
 請ᄒᆞ야 <u>묻ᄌᆞ오시논</u> 마리 다 機를 爲ᄒᆞ야 發ᄒᆞ시니라(법화 7 : 16)[3]

위의 예들은 부림말이 빠진 경우로, '-ᅀᆞᆸ-'은 그 앞의 위치말을 높이기 위해 들어간 것이다.

다음의 예는 매김마디의 풀이말 앞의 임자말과 매김을 받는 의미상의 부림말(머리말)이 모두 높여야 할 대상인 경우인데, 이때 매김말에 '-ᅀᆞᆸ-'과 '-으시-'는 동시에 연결되지 않고, 앞의 임자말을 높이는 '-으시-'만이 연결된다. 그리고 빠져나간 부림말은 뒤에서(안은마디의 풀이말에서) '-ᅀᆞᆸ-'이나 '-으시-'로 높여주고 있다.

 空王佛은 釋迦ㅅ 三僧祇劫中間애 <u>맛나샨</u> 부톄시니라(법화 4 : 58)
 ← 釋迦ㅣ 부톄를 맛나ᅀᆞᄫᆞ시다
 本來 셤기시논 부톄는 <u>證ᄒᆞ샨</u> 果롤 表ᄒᆞ시니(월석 18 : 66)(법화 7 : 5)

---

3) 이 예는 의미상으로 보아 그 속구조를 '말로 묻다'처럼 방편말의 빠짐으로 생각할 수도 있으나, 이런 말은 실지로 잘 쓰이지 않으므로, 필자는 '마롤 묻다'처럼 부림말의 빠짐으로 본다.

←부텨를 셤기ᅀᆞᇦ시다
스승 사ᄆᆞ샨 부텨 ᄯᅩ 일후미 觀音이라 ᄒᆞ샤ᄆᆞᆫ 因果이 서르 마ᄌᆞ시며 古
수이 ᄒᆞᆫ 道ㅣ 실ᄊᆡ라(능엄 6 : 2)
←부텨를 스스ᅀᆞ로 사ᄆᆞᅀᆞᇦ시다

즉 부림말이 빠진 매김마디에서, 그 매김을 받는 의미상의 부림말을 '-ᅀᆞᆸ-'으로 높여야 하고, 동시에 임자말은 '-으시-'로 높여야 할 경우에는 매김말에 '-ᅀᆞᆸ-'과 '-으시-'는 함께 연결되지 않는다. 이때 '-오/우-'는 탈락되지 않는데, 그 이유는 '-ᅀᆞᆸ-'이 이미 탈락되어 '오/우-'는 잉여적이 될 수 없기 때문이다.

이를 보아 중세국어에서, 월의 속구조가 매김마디인 겉구조로 바뀔 때, 높임의 형태소와 연관된 통어적인 변화가 일어난다는 것을 알 수 있다.

설명의 편의상, 다음의 예를 들기로 한다.

우리 世尊이…七萬五千佛을 맛나ᅀᆞᇦ시니(월석 2 : 9)

위의 월을 매김마디로 만들려면 이론상 '*七萬五千佛을 맛나ᅀᆞᇦ신 世尊', '*世尊이 맛나ᅀᆞᇦ샨 七萬五千佛'과 같이 되어야 하겠지만 이렇게 되지 않는다. 매김을 받는 임자씨와 매김말 앞에 오는 임자말 혹은 부림말을 동시에 높이고자 할 때는 매김말에 '-ᅀᆞᆸ-'과 '-으시-'가 동시에 연결되지 않고, 매김말 앞의 월성분을 높이는 형태소만 연결된다. 즉 다음과 같이 된다.

七萬五千佛을 맛나ᅀᆞᇦ 世尊
世尊이 맛나샨 七萬五千佛

일단 이렇게 된 후에, 매김을 받는 임자씨가 월 안에서 임자말로 기능하면 안은마디의 풀이말에 '-으시-'가 붙고, 부림말로 기능하면 '-ᅀᆞᆸ-'이 붙어 그 임자씨를 높여준다.

　　┌─ 七萬五千佛을 맛나ᅀᄫᆞᆫ 世尊이 … '－으시－'…
　　└─ 七萬五千佛을 맛나ᅀᄫᆞᆫ 世尊올 … '－습－'…
　　┌─ 世尊이 맛나샨 七萬五千佛이　 … '－으시－'…
　　└─ 世尊이 맛나샨 七萬五千佛을　 … '－습－'…

즉 다음과 같은 탈락규칙이 성립된다.

'－으시－', '－습－' 탈락 규칙
※ 점선은 높임, 실선은 빠져나감, { }은 탈락, <임>은 머리말이 임자말로
　기능함을 표시.

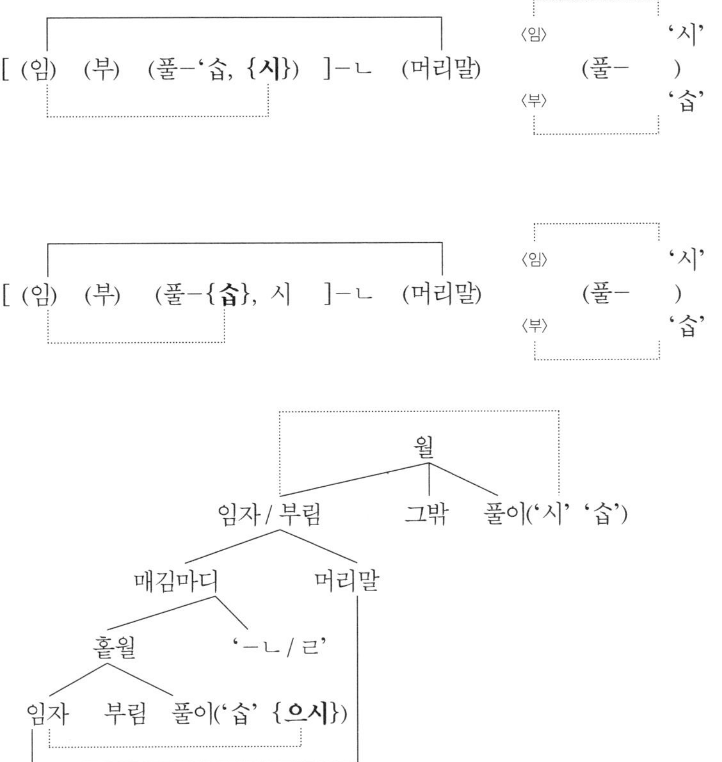

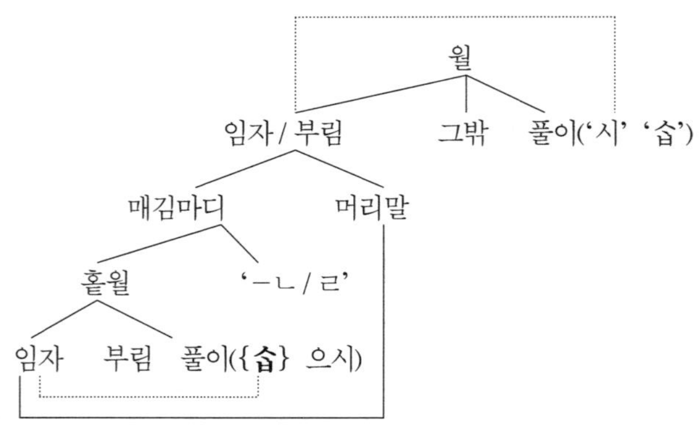

앞의 '임자말이 빠져나간 매김마디'에서, 풀이말에 '-습-'과 '-으시-'
가 함께 연결된 예가 하나도 없는 이유는 위의 '-으시-'탈락규칙에서와
같이 '-습-'만 남게 되기 때문이다.

　다음의 예는 '-습-'탈락규칙에 해당되는 것이 아니라, 그 속구조 때문
에 '-습-'과 '-으시-'가 함께 연결되지 않은 것이다.

> (世尊ㅅ) 塔中엣 **내샨** 音聲 듣**줍**고(법화 4 : 112)
> 내 如來 **니르샨** 經에 의심을 아니ᄒ**숩**노니(석보 9 : 26)
> 藥王 **轉ᄒ샨** 法輪에 조**쫀**와(능엄 1 : 4)

　'音聲', '經', '法輪'은 모두 높임의 대상이다. 매김마디의 구조만을 보아서
는 '-습-'이 들어가야 할 것 같고, 따라서, '-습-'탈락규칙에 해당되는
예 같지만 그렇지 않다. 이들의 속구조에 원래 '-습-'이 들어 있지 않기
때문에 그렇게 된 것이다. 즉 위의 예를 속구조로 보이면 다음과 같다.

> 世尊이 音聲을 내시다
> 如來ㅣ 經을 니르시다
> 藥王ㅣ 法輪을 轉ᄒ시다

이 속구조에서는 부림말이 임자말 자신의 것이기 때문에 '-으시-' 하나

로만 높이고 있다.

임자말이 빠진 예에서, 매김을 받는 의미상의 임자말(머리말)과 매김마디의 풀이말 앞의 부림말 둘 다 높여야 하는 경우를 찾지 못했다. 문헌이 확보되면 다음과 같은 예가 발견되리라 믿는다.

> *부텨ㅅ 일훔 듣ᄌᆞᄫᆞᆫ 如來ㅣ시니라
> *부텨ㅅ 일훔 듣ᄌᆞᄫᆞᆫ 如來ᄅᆞᆯ 맛나ᅀᆞᄫᆞ니

이렇게 '－습－'과 '－으시－'의 겹침을 매김마디에서 피하는 이유는 다음과 같이 설명할 수 있다.

첫째, 매김을 받는 임자씨 (빠져나간 월성분)는 뒤에서 다시 높여주므로 굳이 매김마디에서 미리 높여줄 필요성을 느끼지 않았을 것이다. 즉 높임의 겹침을 피하기 위한 것이다.

둘째, 빠져나간 매김마디는 속구조에서의 월성분이 빠져나가서 만들어지는 것이므로 그 구조 자체가 복잡하다. 이러한 복잡한 구조에 두 개의 높임 형태소를 연결하여, 그 중 하나는 매김마디의 풀이말 뒤의 머리말을 미리 예측하여 높여주어야 한다면, 말할이는 상당한 부담을 안게 된다(매김마디가 아닌 월이나 완전한 매김마디에서는 '－습－'과 '－으시－'가 얼마든지 함께 연결된다. 빠져나간 매김마디에서 '－습－'과 '－으시－'가 함께 연결되는 경우는, 그 둘이 모두 매김마디의 풀이말 앞의 것을 높여줄 경우에만 가능하다). 이러한 부담을 피하기 위해, 잉여적인 높임 형태소 하나는 탈락된 것이다.

다음의 예는 '－습－'과 '－으시－'가 함께 연결된 매김마디인데, 여기서의 '－습－'과 '－으시－'는 각각 매김마디의 풀이말 앞의 객체와 주체를 높여주고 있다. 즉 높임의 형태소가 매김을 받는 임자씨(머리말)와는 상관이 없는 경우이다.

> 처섬 經 <u>듣ᄌᆞ오신</u> 後에(법화 6 : 149)
> 法門을 <u>받ᄌᆞᄫᆞ신</u> 히므로(법화 7 : 67)

十方佛 <u>보ᅀᆞ오시논</u> 이를 다시 諷ᄒᆞ야(법화 5 : 75)
(부텨끠)…請ᄒᆞ야 <u>묻ᄌᆞ오시논</u> 마리(법화 7 : 16)
이제 이 疑心ᄒᆞ샤 <u>묻ᄌᆞ오시논</u> 글돌혼 = 今此疑問等文은(법화 1 : 123)
이제 처엄 나ᅀᅡ <u>묻ᄌᆞ오시논</u> 威儀라 = 今初進問威儀(원각, 상1~2 : 82)
予는 내 ᄒᆞᅀᆞ시논 ᄠᅳ디시니라(훈,언해)
正히 <u>묻ᄌᆞ오샨</u> 條目을 ᄀᆞᄅᆞ치니라(원각, 상2~3 : 5)
우흔 다 宿王ㅅ 옮겨 <u>묻ᄌᆞ오시논</u> 마리시니라(법화 7 : 22)
剛藏ㅅ (부텨끠) <u>묻ᄌᆞ오샨</u> 條目이 正히 이 ᄀᆞᆮᄒᆞ시니라(원각, 상2~3 : 29)

(4) 대상법의 허물어짐―16세기

15세기에서도 대상법이 쓰일 자리에서 '―오/우―'가 들어가지 않는 예외가 가끔 나타나지만, 16세기에 이르러서는 그 예외가 한층 많아진다. 즉 16세기는 대상법이 허물어지는 과도기라 할 수 있다.

다음은, 부림말이 빠져나간 매김마디인데도 불구하고 대상법의 '―오/우―'가 들어가지 않은 예문들이다.

이 오ᄂᆞᆯ <u>주긴</u> 됴ᄒᆞᆫ 도틔 고기라(노걸 상 : 20)
므레 <u>솔믄</u> 닭(박통 상 : 5)
약 드려 <u>밍ᄀᆞᆫ</u> 교튀(박통 상 : 6)
보비로 <u>ᄭᅮ민</u> 수늙 노픈 곳 곳고(박통 상 : 5)
윈 일로 <u>어든</u> 거시면(번소 9 : 51)
녀며 보며 <u>드른</u> 거슬 븓텨(소학 5 : 1)
네 ᄆᆞ리 지븨셔 <u>내니</u>가 본더 사니가(노걸 하 : 15)
네 밧고와 <u>왓는</u> ᄲᅡ래셔(노걸 상 : 53)
안해 <u>사ᄒᆞᆫ</u> 거시 德行이 되오(번소 8 : 4)
<u>일헛는</u> ᄆᆞᅀᆞᄆᆞᆯ 거두어(번소 8 : 24)
비록 <u>자반ᄂᆞᆫ</u> 배 다 올홀디라도(소학 5 : 36)
浩는…보아 <u>ᄒᆞᆫ</u> 일이 만혼디라(번소 9 : 45~46)
티장ᄒᆞ야 주어 <u>보내ᄂᆞᆫ</u> 거시 ᄀᆞ장 만ᄒᆞ더니(번소 9 : 58~59)
날마다 ᄒᆞ는 일와 믈읫 <u>니ᄅᆞᆫ</u> 말와롤(번소 10 : 25)
<u>行ᄒᆞᄂᆞᆫ</u> 바와 다ᄆᆞᆺ 믈읫 <u>니르는</u> 바를(소학 6 : 123)
ᄒᆞᆫ는 일와 믈읫 <u>니ᄅᆞᆫ</u> 말와롤(번소 10 : 25)

> 약 살 것과 <u>머글</u> 거슬 도올디니라(여향 35)
> <u>머글</u> 거슬 ᄀ초올디니(여향 37)
> 그 어미 ᄌᆞ조 <u>몯홀</u> 일로 왕샹일 브리거든(이륜 10)
> ᄂᆞ믈 <u>니블</u> 것 머글 거슬 즐겨 줄시오(칠대 20)
> 人의 能히 <u>홀</u> 빼 아니라(맹자 9 : 21)

다음은 대상법이 쓰일 자리에 주체법과 대상법이 뒤섞여 쓰인 예인데, 이는 과도기에 흔히 나타나는 혼용이다.

> 하ᄂᆞᆯ히 <u>내샨</u> 바와 ᄶᅡᄒᆡ <u>치시ᄂᆞᆫ</u> 바애 오직 사ᄅᆞᆷ이 크니(소학 4 : 18)
> 부텨ᄂᆞᆫ…萬德 <u>ᄀᆞ즈신</u> 일후미시고 祖師ᄂᆞᆫ…行과 解ㅣ 서ᄅᆞ <u>마즈샨</u> 일후미시니라(선가 2)
> 비록 <u>주ᄂᆞᆫ</u> 배 곧디 아니ᄒᆞ나 <u>주ᄂᆞᆫ</u> 배 업다 몯홀 거시라 혼대(번소 9 : 91)
> 無量壽ㅣ라 <u>ᄒᆞᄂᆞᆫ</u> 마론 목수미…혜아림 업다 <u>ᄒᆞᄂᆞᆫ</u> 마리라(칠대 18)
> 三進ㅣ라 <u>ᄒᆞᄂᆞᆫ</u> 마론 세 길히라 <u>ᄒᆞᄂᆞᆫ</u> 마리라(칠대 20)

다음은 『번역소학』(1518)과 『소학언해』(1587)를 대조한 것이다. 『번역소학』에는 대상법 활용이 쓰이고 있으나, 『소학언해』에서는 '−오 / 우−'가 들어가지 않았다. 이로 보아 16세기 초기에는 비교적 대상법을 지켜 썼으나, 말기에 가서는 대상법이 허물어지고 있음을 알 수 있다.

> 빅셩이 <u>자뱃ᄂᆞᆫ</u> 常性이라(번소 6 : 1) ; <u>자밧ᄂᆞᆫ</u>(소학 5 : 1)
> <u>주ᄂᆞᆫ</u> 배 곧디 아니ᄒᆞ나(번소 9 : 91) ; <u>기티ᄂᆞᆫ</u> 배(소학 6 : 85)
> <u>ᄒᆞᄂᆞᆫ</u> 이리(번소 8 : 13) ; <u>일삼ᄂᆞᆫ</u> 배(소학 5 : 92)
> <u>아쳗ᄂᆞᆫ</u> 배니(번소 6 : 13) ; <u>아쳐ᄒᆞᄂᆞᆫ</u> 배니(소학 5 : 12)
> 잘 <u>ᄒᆞᄂᆞᆫ</u> 일을(번소 6 : 4) ; 능히 <u>ᄒᆞᄂᆞᆫ</u> 것을(소학 5 : 4)
> <u>ᄒᆞ시ᄂᆞᆫ</u> 이리며…<u>ᄒᆞᄂᆞᆫ</u> 이린고(번소 6 : 8) ; ᄒᆞ시ᄂᆞᆫ 바 일이며…ᄒᆞᄂᆞᆫ 바 일인고(소학 5 : 8)
> 太子의 <u>니르ᄂᆞᆫ</u> 말와 곧ᄒᆞ냐(번소 9 : 46) ; 東宮의 <u>닐으ᄂᆞᆫ</u> 바 곧ᄐᆞ냐(소학 6 : 42)
> 몬져 <u>ᄒᆞ욜</u> 배라(번소 6 : 8) ; <u>홀</u> 배니라(소학 5 : 8)
> 삼가 이베 <u>굴히욜</u> 마리 업스며(번소 6 : 13) ; <u>굴힐</u> 말이(소학 5 : 13)

문맥만을 보아서는 빠져나간 월성분이 의미상의 주체인지 객체인지 잘 알수 없을 때('梵王 돕는 臣下'와 같은 경우), '−오 / 우−'는 그 진가를 발휘하는 것인데, 16세기에서도 이러한 경우에는, '−오 / 우−'가 생략되지 않는다.

다음의 예문들은 '−오 / 우−'가 없으면, 머리말이 의미상의 주체인지 객체인지 혼동되는 경우이다.

> 사탕오로 즁싱의 얼굴 밍<u>ᄀ로니</u>(박통 상 : 4)
> 니쇼싀라 <u>ᄒᆞ논</u> 뎌 노믈(박통 상 : 33)
> 셰간애 <u>쓰노니</u> 漢人의 마리니(노걸 상 : 5)

또한 다음과 같이 하나의 머리말이 둘 이상의 매김말의 꾸밈을 받을 때도 (하나는 의미상의 주체이고 다른 하나는 의미상의 객체일 때) '−오 / 우−'는 생략되지 않는다. 이것도 혼동을 피하기 위한 것이다.

> 뎌 <u>보라논</u> <u>어득ᄒᆞ</u> 수프리(노걸 상 : 60)
> ← [수프를 보라−, 수프리 어득ᄒᆞ−]
> <u>기르논</u> <u>효근</u> 즁싱(노걸 하 : 48)
> ← [즁싱을 기르−, 즁싱이 횩−]

이상으로 미루어 보면, 16세기는 대상법이 허물어지는 과도기이긴 하지만, 아직 그 질서가 완전히 무너진 것은 아니라는 것을 알 수 있다.

2.3. 위치말 빠짐

위치말이 빠져나간 매김마디의 풀이말에는 '−오 / 우−'가 불규칙하게 연결된다.

2.3.1. 완전이름씨 빠짐

매김마디의 풀이말에는 제움직씨, 남움직씨, 그림씨가 올 수 있다.

(1) 제움직씨

'-오 / 우-' 있음

淨飯王이 깃그샤 부텻 소놀 손소 자부샤 즈걋 가슴매 다히시고 <u>누분</u>
자리예 겨샤(월석 10 : 9)←자리예 눕다
아비 <u>住혼</u> 城(법화 2 : 237)←아비 成에 住ᄒ다
<u>노니논</u> 世界예 다 衆生으로 모맷 珍寶를 ᄲ려내(능엄 6 : 43)

'-오 / 우-' 없음

臣下 <u>사논</u> 하눌(월석 1 : 32)←臣下ㅣ 하ᄂ래 사ᄂ다
즈개 <u>住ᄒ신</u> 三摩地(능엄 2 : 57)←즈개 三摩地에 住ᄒ시다
<u>안즌</u> 앏핏 첫 주레(박통 상 : 5)

(2) 남움직씨

'-오 / 우-' 있음

곳 <u>바곤</u> 螺鈿(두언 20 : 9)←고슬 螺鈿에 박다
붑 <u>시론</u> 술위(두언 25 : 25)←붑(을) 술위에 싣다
야투로 노애 ᄉ지 <u>치질희욘</u> 깃 <u>드론</u>…시욱쳥(박통 상 : 29)

'-오 / 우-' 없음

菓實 <u>시므논</u> 짜(월석 21 : 39)←菓實(을) 짜해 심다
ᄀᆞᆺ 그리 <u>念ᄒᄂᆫ</u> 저긔(석보 6 : 40)
머구려 <u>ᄒ시ᄂᆫ</u> ᄆᆞ디예(석보 11 : 4)

(3) 그림씨

'-오 / 우-' 있음

이 사ᄅᆞᆷ <u>잇논</u> 方面에(월석 17 : 69)
그 上方五百萬億 國土앳 諸大梵王이 다 <u>잇논</u> 宮殿에(월석 14 : 28)(법화
3 : 122)

萬物리 나 <u>이숄</u> 짜 업스며(칠대 1)

'−오 / 우−' 없음
   <u>져믄</u> 저그란 안족 무슴ㅅ장 노다가(석보 6 : 11)
   毒龍池는 모딘 龍 <u>잇는</u> 모시라(월석 7 : 27)
   그디는 님금 <u>겨신</u> 댱 안해 든니며(번소 9 : 43)

2.3.2. 매인이름씨 빠짐

'−오 / 우−' 있음
   <u>안좔</u> 것(원각, 상2∼2 : 25)
   브터 <u>이숄</u> 떠(법화 2 : 151)
   노녀 <u>즐귤</u> 떠(법화 5 : 164)

'−오 / 우−' 없음
   臥具는 <u>눕는</u> 거시라(월석 10 : 20)
   尼師壇온 <u>앉는</u> 거시라(석보 6 : 30)
   <u>믈러갈</u> 저기어든(여향 21)

2.3.3. 높임 형태소의 연결

(1) '−습−'의 연결

위치말이 빠져나간 매김마디의 풀이말에 '−습−'이 연결된 예는 하나도 나타나지 않는다. 그 이유에 대해서는 다음과 같이 설명할 수 있다.

앞의 예문들에서 보면, 빠져나간 위치말은 모두 장소나 시간을 나타내는 위치말이다. 중세국어에서 다음과 같은 월(위치말이 '사람'인 월)은 매김마디로 만들어지지 않은 듯하다.

   내⋯如來끠 묻ㅈ붕며(월석 21 : 100) →*내⋯묻ㅈ본 如來
   사룸둘히 부텨끠 고줄 받줍다→*사룸둘히 고줄 받ㅈ본 부텨

이러한 매김마디는 지금말의 직관으로도 어색한데, 15세기에도 마찬가지

였던 모양이다.

장소나 시간을 나타내는 위치말은 간접높임의 대상이 될 수는 있는데, 이러한 위치말이 빠져나간 매김마디의 풀이말에는 '-습-'이 연결되지 않는 이유는 그 속구조에 '-습-'이 연결되어 있지 않기 때문이다.

> 菩薩 <u>사르시논</u> 디(법화 7 : 177)
> ← 菩薩이…에 사르시다

(2) '-으시-'의 연결

> 이브터 法華經 <u>니르시논</u> 靈山會라(석보 13 : 1)
> 부텻 오래 <u>敎化ᄒ시논</u> 짜(월석 17 : 18)
> 第三處는 婆羅雙樹間에 <u>槨示雙趺ᄒ샨</u> 고디라(선가 4)

2.4. 견줌말 빠짐

견줌말이 빠져나간 매김마디는 15, 16세기 각각 하나의 예밖에 찾지 못했다.

> 利논 第二天이니 ᄒ디 <u>잇노니</u> 오직 天人이오 率은 곧 第四天이니 ᄒ디 <u>잇노</u>
> <u>니</u> 菩薩이시니(법화 7 : 177)
>   ← 利논 天人(= 이)과 ᄒ디 잇ᄂ다
>   率은 菩薩(= 이)과 ᄒ디 잇ᄂ다
> 사괴여 : 놀 사름(여향 4)

15세기 예문에서는 '-오/우-'가 연결되어 있는 것이 드러나 보이지만, 16세기 예문에서의 ':놀-'은 원래 상성이므로 '-오/우-'의 존재를 확인할 수는 없다. 다만, 견줌말도 객체(대상말)이므로 '위치말이 빠져나간 매김마디'에서와 마찬가지로, 15세기 이전에는 '-오/우-'가 연결되는 것이 원칙이었으리라고 추정해본다.

2.5. 방편말 빠짐

매김말은 남움직씨이다

2.5.1. 완전이름씨 빠짐

필자는 방편말이 빠지는 경우도 부림말, 위치말, 견줌말이 빠지는 경우와 마찬가지로, 15세기 이전에는 '-오/우-'가 들어감을 원칙으로 하여 설명하고자 한다.

> '-오/우-' 있음
>> 辯說ᄒ시논 神力을 나토시고 = 現辯說之神力(법화 6 : 100) ← 神力으로 辯說ᄒ시ᄂ다
>> 成佛ᄒ시논 道와 分身ᄒ시논 理와 敎化ᄒ시논 法괘 다 이에 여희디 아니ᄒ시니라(법화 6 : 113)
>> 上大人이라 닐오ᄆ 世예셔 孔聖을 일ᄏᄌᆞᆸ논 마리니(금강삼가 4 : 11) ← 孔聖을 말로 일ᄏᄌᆞᆸᄂ다4)
>> 우리나랏 마ᄅᆞᆯ 正히 반ᄃᆞ기 쓰논 그릴ᄊᆡ 일후믈 正音이라 ᄒᄂ니라(석보, 서 : 5) ← 우리나랏 마ᄅᆞᆯ 글로 쓰ᄂ다5)

다음의 예는 완전한 매김마디인지 방편말의 빠짐인지 구별하기 어려운 것들인데, 필자는 이러한 예 들을 방편말의 빠짐으로 보고 여기에 분류시켜 놓았다.6)

>> 本來 求ᄒ논 마ᄋᆞᆷ 업다이다(월석 13 : 37)
>> 이 볼기 아논 므ᅀᅳ미(능럼 1 : 56)
>> 네 아논 므ᅀᅳ미(능엄 1 : 64)
>> 緣ᄒ논 므ᅀᅳ미 自在ᄒ야(능엄 6 : 45)
>> 法 爲혼 므ᅀᅳ미(월석 17 : 51) ← 므ᅀᅳ므로 爲ᄒ다

---

4) '마ᄅᆞᆯ 일ᄏᄌᆞᆸᄂ다'로 생각하기 쉬우나, 매김말 앞에 부림말 '孔聖을'이 있기 때문에 방편말의 빠짐으로 보아야 한다.

5) 부림말의 빠짐으로 생각하기 쉬우나, 의미적으로 보아 방편말의 빠짐이다. 더우기 매김말 앞에 부림말(마ᄅᆞᆯ)이 있다.

6) 이 예들은 '허웅(1975)'에서는 모두 완전한 매김마디에 분류시켜 놓은 것들이다.

내이 覺了能知ᄒᆞ논 ᄆᆞ슨미(능엄 1 : 57)
三寶 念ᄒᆞ논 히ᄆᆞ로(월석 10 : 95)
法 護持ᄒᆞ논 히ᄆᆞ로 神通올 일워(석보 13 : 10)
香 듣논 힘 젼ᄎᆞ로(법화 6 : 47)
이논 다 正憶 念ᄒᆞ논 히미라(법화 7 : 182)
三塗ㅅ 受苦 여희논 그 히미(능엄 5 : 87)
문득 화 ᄒᆞ논 ᄒᆞᆫ 소리예(몽산18)
지벽으로 대수 톤 소리예 알며(몽산 10)

'—오 / 우—' 없음

다음의 예는 방편말이 빠진 것이 분명하여 '—오 / 우—'가 생략된 것으로
생각된다.

須達이…부텨 뵈ᄉᆞᆸ논 禮數를 몰라 바ᄅᆞ 드러 묻ᄌᆞᄫᆞᄃᆡ(석보6 : 20)
鈿螺논 그르세 ᄭᅮ미논 빗난 조개라(월석 2 : 51)
(부톄) 衆生 濟渡ᄒᆞ시논 큰 慈悲 = 度生之大悲(상원사권선문)
辯說ᄒᆞ시논 神力을 나토시니(월석 18 : 4)
十方 다 비취샤ᄆᆞᆫ 智照ᄒᆞ시논 神力을 나토시니라 = 遍照十方者ᄂᆞᆫ 現智
照之神力也ㅣ시니라(법화 6 : 100)
돌 ᄀᆞᄅᆞ치논 숏가라ᄀᆞ로(원각, 하 1~2 : 34)
사ᄅᆞ미 시르믈 시름ᄒᆞ시논 調御ㅅ德(월석 17 : 19)
딥 버므리논 막대(박통 상 : 22)
경하ᄒᆞ논 례(여향 26)
사논 갑슨(노걸 상 : 13)
혼인ᄒᆞ논 禮(소학 2 : 47)
콩 버므릴 막대(노걸 상 : 33)

다음의 예는 완전한 매김마디로 생각할 수도 있으나, 방편말의 빠짐으로
보는 것이 좋을 듯하다.

須達이 설우ᅀᅡᄫᅡ 恭敬ᄒᆞᄉᆞᆸ논 法이 이러ᄒᆞᆫ 거시로다 ᄒᆞ야(석보 6 : 21)

사룸 <u>罪주는</u> 法(석보 9 : 30)
도족 <u>罪주는</u> 法(월석 10 : 25)
行올 <u>니르왇논</u> 方便(원각, 상 2~2 : 9)
敎法은 衆生 <u>敎化ᄒ시논</u> 法이라(월석 2 : 52)
← (부톄) 敎法으로 衆生을 敎化ᄒ시ᄂ다
相法은 <u>相보논</u> 法이라(월석 7 : 29)
← 法(相法)으로 相보다
<u>다ᄉ릴</u> 법을 의론ᄒ여(번소 9 : 102)
疑心ᄒ야 <u>묻ᄌ오시논</u> 글돌(법화 1 : 123)
우흔 다 諸佛ㅅ 머리셔 <u>讚歎ᄒ시논</u> 마리시니라(법화 6 : 179)
誠實호 마론 阿彌陀佛 <u>기리ᄉᆞᆸ논</u> 마리라(월석 7 : 74)
큰 法 <u>즐기논</u> 므ᅀᅳ미 잇던댄(월석 13 : 36)
覺了能<u>知ᄒᄂ</u> 므ᅀᅳ미(능엄 1 : 55)
法 <u>爲호</u> 므ᅀᅳ미(법화 6 : 12)
<u>뇌ᇫᅳᆸ</u> 므ᅀᅳ믈(석보 6 : 8)
如來롤 받ᄌᆞ와 順ᄒ샤 法門을 <u>받ᄌᆞ오신</u> 히므로 더으시면(법화 7 : 67)
돌온 <u>우리티시ᄂ</u> 소리라(월석 10 : 93)
시름ᄒ야 한숨 <u>디논</u> 소리(석보 19 : 14)

위의 예들은 완전한 매김마디와 분간하기 힘들어서 '―오 / 우―'가 생략
된 것이다(완전한 매김마디는 '―오 / 우―'의 삽입이 불규칙하다).

방편말이 빠지는 매김마디와 완전한 매김마디가 서로 혼동되는 이유는 다
음과 같다.

첫째, 방편말이 빠지는 경우는 그 구조가 완전한 매김마디와 거의 같다.
그것은 완전한 매김마디처럼 매김말 앞에 임자말, 부림말, 위치말의 모든 월
성분이 다 올 수 있기 때문이다.

둘째, 방편말은 월성분 중 수의적인 요소이다. 속뜻(속구조)이란 원래 모호
한 것인데, 다른 월성분이 빠지는 경우보다 방편말이 빠지는 매김마디의 경
우, 그 속구조를 알아내기 더욱 어려운 이유는 이 때문이다. 예를 들어 '내
가 그녀를 사랑한다'라는 월에 수의적 요소인 '마음으로'를 넣어보자. '내가

그녀를 마음으로 사랑한다'가 된다. 이를 매김마디로 만들면, '내가 그녀를 사랑하는 마음'이 되는데, 우리는 이 매김마디 자체만을 보고서 그것을 방편말의 빠짐으로 쉽게 단정해 버릴 수 있을까? 다음을 보자.

내가 그녀를 진심으로 사랑하는 마음

앞의 매김마디에 다시 수의적 요소인 방편말 '진심으로'를 넣었다. 앞의 것과 구조는 똑 같다. 이의 속구조를 '*내가 그녀를 진심으로 마음으로 사랑한다'라고 할 수 있을까? 그렇다면 또 다음을 보자.

내가 그녀를 진심된 가슴으로 사랑하는 마음

이것을 속구조로 돌이킬 수 있을까? 이렇게 되는 이유는 방편말이 수의적인 요소이기 때문이다. 임자말, 부림말, 위치말이 빠진 매김마디의 경우에는 그것이 빠진 자리에 그것과 같은 월성분이 올 수 없다.

그녀를 사랑하는 나→*그가 그녀를 사랑하는 나
내가 사랑하는 그녀→*내가 그 남자를 사랑하는 그녀
내가 간 학교→*내가 교회에 간 학교

이와 반대로 방편말의 경우는 수의적이기에, 앞에서 보았듯이 다른 방편말이 그 자리에 들어갈 수 있었다. 그러므로 속구조로 돌이키기 어렵게 되는 것이다.
그러나 방편말이 구체적인 물질일 때는 그렇지 않다.

내가 풀을 벤 낫→*내가 칼로 풀을 벤 낫

또 다음과 같은 추상적인 방편말이 들어간다 하더라도 '낫'은 풀을 베는 도구일 뿐이다.

내가 열심으로 풀을 벤 낫

즉 매김을 받는 방편말이 추상적인 이름씨일 경우, 완전한 매김마디와 분간이 어렵게 되는 것이다.

2.5.2. 매인이름씨 빠짐

매인 이름씨를 꾸미는 예는 다음의 한 경우밖에 찾지 못했다.

衣服臥具飮食 資生홀 꺼슬 貪着아니코(법화 7 : 183)

앞의 예문들 중에 '−오 / 우−'가 들어간 예가 훨씬 많은데, 이는 방편말이 빠져나간 매김마디의 풀이말에도 부림말, 위치말, 견줌말이 빠져나간 경우처럼, '−오 / 우−'가 들어감이 원칙이었기 때문일 것이다.

이상으로써 다음과 같은 가설이 성립한다.

15세기 이전에는 월성분의 개념이 주체와 객체 둘뿐이었다. 주체는 그 개념의 확실성 때문에 지금에 이르기까지도 그대로 남게 되고, 객체는 그 개념의 불확실성 때문에 위치말, 견줌말 등으로 분화하게 되었다(이러한 현상은 높임법의 변천에서도 일어나는데, 주체높임은 15세기부터 지금까지 한결같은데, 객체높임은 거의 허물어지고 만 것이 그것이다).

매김마디에서, 객체가 빠져나갈 때는 '−오 / 우−'를 집어넣어, 주체가 빠져나간 매김마디와 분간되었던 것이, 객체가 분화를 일으키자 '−오 / 우−'도 흔들리게 된 것이다.

3. 완전한 매김마디

매김마디는 대부분의 경우 속구조의 월성분이 빠져나가 만들어지는데, 앞으로 열거하는 경우는 빠져나가지 않은 '완전한 매김마디'이다. 여기서는 '-오/우-'가 불규칙하게 쓰이고 있다. '-오/우-'는 빠져나간 월성분이 무엇인가 하는 것을 나타내 주기 위해 들어간 것인데, 완전한 매김마디는 빠져나간 월성분이 없으므로 여기서는 '-오/우-'가 그 가치를 상실하여 불규칙하게 쓰인 것이다.

3.1. 완전이름씨 꾸밈

'-오/우-' 없음
　　내 오눐날…地藏菩薩이 人天中에 <u>利益ᄒᆞᄂ</u> 일돌콰…聖因에 건내 뛴 일
　　와 十地 證혼 일와…菩薩예 <u>므르디 아니ᄒᆞᄂ</u> 이룰…(월석 21 : 155)
　　몸 슬며 볼 <u>스ᄅᆞ신</u> 일 아로ᄆᆞ로(월석 18 : 61)
　　<u>앗가ᄫᅵ</u> ᄠᅳ디 잇ᄂᆞ니여(석보 6 : 25)
　　十方如來 다 ᄒᆞᆫ <u>道ㅣ</u> 젼ᄎᆞ로(능엄 1 : 44)
　　千聖이 다 <u>녀시ᄂᆞᆫ</u> 젼ᄎᆞ로(능엄 1 : 50)

'-오/우-' 있음
　　十方佛 <u>보ᄉᆞ오시논</u> 이룰(법화 5 : 75)
　　다 餘國에 化보내샤 護持하야 <u>도오시논</u> 이리시니라(법화 4 : 105)
　　몸 슬며 볼 <u>스ᄅᆞ시논</u> 이룰 아ᄅᆞ시며(법화 6 : 183)
　　阿難이 出家ᄒᆞᆫ 後로 스므나문 ᄒᆡ룰 부텨 졷ᄌᆞᄫᅡ 이셔 <u>듣ᄌᆞᄫᅩᆫ</u> 이리 몯하
　　디(석보 24 : 2)
　　堪忍에 <u>사ᄅᆞ시논</u> 이룰 묻ᄌᆞᄫᅵ시니라(월석 18 : 80)
　　질삼ᄒᆞ며 뵈ᄣᅡ <u>사롤</u> 이를 ᄒᆞ고(번소 9 : 55)
　　몸 <u>닷골</u> 일 ᄒᆞ며(여향 9)
　　부뫼 업스신 후에 훗ᄌᆞ식둘히 <u>사롤</u> 일 일우기 힘쓰디 아니ᄒᆞ고(노걸
　　하 : 48)

3.2. 매인이름씨 꾸밈

'−오 / 우−' 없음
　　　부텻 일훔 <u>稱念ᄒᅀᄫᆞᆫ</u> 다ᄉᆞ로(월석 21 : 137)
　　　사ᄅᆞᆷ과 사ᄅᆞᆷ 아닌것괘⋯<u>供養ᄒᅀᆞᆸᄂᆞᆫ</u> 양이 다 뵈ᄂᆞ다(석보 13 : 24)
　　　나ᅀᅡ 비호ᄆᆞᆯ 가ᄇᆡ야이 너기며 <u>슬희여ᄒᆞᄂᆞᆫ</u>게 드위혀ᄂᆞ니라(원각, 상2~2 : 90)
　　　이 마리 人情에 브터 <u>니ᄅᆞ신ᄃᆞᆺ</u> ᄒᆞ시(남명, 하39)
　　　ᄆᆞᅀᆞᆷ 모르매 내 몸 얼굴 안해 <u>이실</u> 거시니라(번소 8 : 5)
　　　우ᄒᆞ로 노폰 리예 <u>통달홀</u> 거시니라(번소 8 : 5)
　　　다 고ᄒᆞ고 <u>믈러갈</u> 거시니라(여향 21)
　　　우리 사ᄅᆞ미 오늘 주글 동 리실 주글 동 <u>모ᄅᆞᄂᆞᆫ</u> 거시니(노걸 하 : 41)
　　　ᄒᆞᆫ갓 君子小人이 이에 와 <u>갈아날</u> ᄲᅮ니 아니라(번소 8 : 14)

'−오 / 우−' 있음
　　　法身을 <u>證得ᄒᆞ샨</u> 다ᄉᆞ로(월석 18 : 35)
　　　僻支佛 <u>供養ᄒᆞ샨</u> 다ᄉᆞ로(석보 11 : 42)
　　　서르 <u>보논딘</u>⋯<u>有別ᄒᆞ몰</u> 불기개니라(내훈 1 : 77)
　　　아니 <u>和혼디</u> 아니로다(능엄 2 : 102)
　　　和合ᄋᆞ로 니디 <u>아니혼디</u> 붉도다(능엄 2 : 100)
　　　고줄 노ᄒᆞ라 <u>ᄒᆞ논디</u> 아니라(월석 7 : 54)
　　　衆生이 本來 <u>부톄론디라</u>(금강삼가 4 : 53)
　　　제 모맷 고기ᄅᆞᆯ 바혀 <u>내논ᄃᆞ시</u> 너겨ᄒᆞ며(석보 9 : 12)
　　　비록 내 자바 ᄒᆞ논 이리 다 <u>올홀디라도</u>(번소 7 : 2)

4. 맺음말

이 글의 초점을 요약하면 다음과 같다.
① 임자말이 빠져나간 매김마디의 풀이말에는 '−오 / 우−'가 연결되지
　 않고, 부림말이 빠질 때에는 '−오 / 우−'가 연결된다. 그러나 16세기

에서는 15세기보다 대상법의 예외가 많이 나타난다. 이는 대상법이 본격적으로 허물어지는 과도기를 16세기로 잡을 수 있는 근거가 된다.

② 속구조에 '-습-', '-으시-' 둘 중 하나만 연결될 때에는 월성분이 빠져나가서 매김마디를 만들더라도 '-습-', '-으시-'는 속구조의 자리에 그대로 남는다.

③ 속구조에 '-습-', '-으시-'가 함께 연결될 때에는, 빠져나간 월성분을 높이던 높임형태소 하나는 탈락된다. 이는 빠져나간 월성분은 안은마디의 풀이말에서 다시 높여줄 수 있기 때문에 일어나는 잉여 현상이다.

④ 부림말이 빠져나간 매김마디에서 '-습-'이 그 빠져나간 부림말을 높이는 경우, '-오/우-'는 잉여적이 되어 탈락된다. '-습-'이 이미 그 빠져나간 월성분이 의미상의 객체임을 표시해주었기 때문이다.

⑤ 높임법과 '-오/우-'와의 통어적 제약은 15, 16세기가 공통적이다. 그러나 15세기의 '-ㅅ봉-'과 '-ㅅ본'이 16세기에 와서는 다 같이 '-ㅅ온-'으로 변화함에 따라, 또 '-오/우-'가 허물어지는 과도기에 놓임에 따라, 15세기에서만큼 그 제약관계를 면밀히 살필 수는 없었다.

⑥ 15세기와 마찬가지로 16세기에서도, 위치말이 빠져나간 매김마디의 풀이말에는 '-습-'이 연결되지 않는다.

15세기 인용 문헌

문헌 이름	펴낸 연대	줄임표
龍飛御天歌	1445	(용)
訓民正音 解例	1445	(훈, 해례)
訓民正音 諺解	1450	(훈, 언해)
釋譜詳節	1445	(석보)
月印千江之曲	1448 경	(천강곡)
月印釋譜	1459	(월석)
楞嚴經 諺解	1462	(능엄)
妙法蓮華經 諺解	1463	(법화)
蒙山和尙法語略錄	세조 때	(몽산)
圓覺經 諺解	1465	(원각)
金剛經 諺解	1464	(금강)
禪宗永嘉集 諺解	1464	(영가)
金剛經 三家解	1482	(금강삼가)
永嘉大師證道歌 南明泉禪師繼頌	1482	(남명)
六祖法寶壇經 諺解	?	(육조)
內訓 (일본 蓬左文庫 판)	1475	(내훈)
杜詩 諺解	1481	(두언)
五臺山上院寺 重創勸善文	1464	(상원사)
般若波羅密多心經 諺解	1464	(반야심경)
救急方 諺解	1466	(구급방)
救急簡易方	1489	
樂學軌範	1493	

16세기 인용 문헌

문헌 이름	펴낸 연대	줄임표
朴通事(번역) 上	16C 초기	(박통)
老乞大(번역) 上・下	16C 초기	(노걸)
續三綱行實圖	1514	(속삼)
飜譯小學	1518	(번소)
正俗諺解	1518	(정속)
朱子增損呂氏鄕約	1518	(여향)
二倫行實圖	1518	(이륜)
簡易辟瘟方	1525	(벽온)
分門瘟疫易解方	1542	(온역)
七大萬法	1569	(칠대)
誡初心學人文	1577	(계초)
發心修行章	1577	(발심)
野雲自警	1577	(야운)
小學諺解	1587	(소학)
孝經諺解	1589	(효경)
論語諺解		(논어)
孟子諺解		(맹자)
大學諺解	1587～1600	(대학)
中庸諺解		(중용)
禪家龜鑑	1590경	(선가)
옛날편지	1571～1603	(편지)
청주 순천 김씨묘 출토 간찰	1565～1575	(무덤편지)

‖ 참고문헌

고영근(1987), 『표준 중세국어 문법론』, 탑출판사.

권재일(1985), 『국어의 복합문 구성 연구』, 집문당.

권재일(1992), 『한국어 통사론』, 민음사

김영희(1988), 『한국어 통사론의 모색』, 탑출판사.

서정수(1978), 『국어 구문론 연구』, 탑출판사.

서태룡(1979), 「내포와 접속」, 『국어학』 8, 국어학회.

이기갑(1981), 「씨끝 '-아'와 '-고'의 역사적 교체」, 『어학연구』 17-2, 서울대 어학연
　　　　　구소.

이상춘(1947), 『국어 문법』, 조선국어학회.

이현희(1989), 「국어 문법사 연구 30년(1959~1989)」, 『국어학』 19, 국어학회.

전정례(1990), 「중세국어 명사구 내포문에서의 '-오'의 기능과 변천」, 서울대학교 박사
　　　　　학위논문.

조오현(1991), 『국어의 이유구문 연구』, 한신문화사.

정인승(1956), 『표준 고등 말본』, 신구문화사.

차현실(1981), 「중세국어의 응축보문 연구 : '-오/우-'의 통사기능을 중심으로」, 이화
　　　　　여자대학교 박사학위논문.

허　웅(1975), 『우리 옛말본』, 샘문화사.

허　웅(1989), 『16세기 우리 옛말본』, 샘문화사.

허원욱(1988), 「15세기 우리말 매김마디 연구」, 『한글』 200, 한글학회.

허원욱(1997), 「16세기 국어 매김마디 연구」, 『한말연구』 3, 한말연구학회.

15·16세기 합성어의 성조변동

최 영 미

1. 머리말

이 연구의 목적은 합성어에 나타나는 성조 변동규칙의 변천을 설명하는 것이다.

중세국어 합성어 성조의 결합에서 나타나는 변동은 다양하다. 왜냐하면, 합성어의 성조는 한 어절에서 성조가 결합할 때 강력하게 적용되던 중화규칙을 적용받지 않고 성조가 여러 가지로 표시되기 때문이다.[1] 합성어의 성조는 중화규칙의 예외로 기술되고 있다.[2]

---

[1] 김차균(1980, 1998, 1999)에서는 한 어절에서 성조가 결합할 때, 최초의 거성과 상성은 변별적 기능이 유지되지만 이후 음절의 성조는 변별적 기능이 약화되어 변별적 기능을 수행하지 못한다고 기술하여 성조의 중화규칙을 설명하고 있다. 또한 김완진(1972)과 김성규(1994, 2003)에서는 한 어절에서 첫 거성의 위치가 정해지면 이후의 음절의 성조가 평성이든 거성이든 변별적 기능을 수행하지 못한다는 전제 하에 율동규칙을 설명하고 있다. 어쨌든 한 어절 안에서 거성과 상성의 위치가 정해지면 이후 음절의 성조는 기저의 성조를 잃어버린다는 점에서 중화규칙이나 율동규칙은 공통성을 갖는다.

[2] 김차균(1998, 1999), 김성규(1994, 1999, 2003), 차재은(1999) 등의 앞선 연구에서 합성어의 성조는 율동규칙 또는 중화 규칙의 예외로 기술하고 있다.

(1)

성조 변동규칙	어형
ㄱ. RR → RR	:두:서
	:두:세
ㄴ. RR → RH	:두·서~:두·어
ㄷ. RR → RL	:두서~:두어
ㄹ. RR → HH	·두·서
ㅁ. RR → HL	·두어
ㅂ. RR → LH	두·서
ㅅ. RR → LL	두서

(1)은 합성어 '두서~두어'의 성조 표시인데, 성조 표시가 여러 가지이다. 이것은 '두서~두어'에 적용된 성조 변동규칙이 다양하다는 것을 뜻한다. 이 규칙들은 세 가지로 정리할 수 있다.

> 첫째, 기저성조가 표면형에서 그대로 유지된 경우이다(1ㄱ).
> 둘째, 표면형으로 도출되면서 기저성조에 중화규칙을 적용된 경우이다(1ㄴ, ㄷ).
> 셋째, 표면형으로 도출되면서 기저성조에 중화규칙이 아닌 다른 규칙을 적용된 경우이다(1ㄹ - ㅅ).

음운변화는 음운규칙을 바꾼다(허웅, 1985 : 577). 즉, 한 언어의 음운현상에 변화가 있다는 것은 규칙의 변화가 일어났거나, 재어휘화(relexicalization)[3] 또는 어휘의 변화(lexical change)가 일어났다는 것이다. 이러한 점은 합성어 '두서~두어'의 성조 결합에서 보이는 성조변동은 음운과정에 적용되는 규칙이 바뀐 것을 의미하고, 규칙이 바뀐 것은 규칙의 변화의 원인이 되며, 규칙의 변화는 곧 성조 변동규칙 체계의 변천을 일으킨다. 따라서 합성어 성조변동에 나타난 규칙의 변천이 어떻게 진행되었고 왜 일어났는가를 설명할 필요가 있다.

---

3) 재어휘화는 언어의 음운현상에 변화가 언어의 음운현상에 적용되는 규칙 자체에 변화가 없을 때, 음운규칙을 적용받는 기저형(underlying representation)의 형성소(formative element)에 어떤 변화가 있는 것을 말한다.

이 문제점을 해결하기 위해서는 15~16세기의 문헌을 연구대상[4]으로 하여, 합성어에 나타나는 성조변동을 조사해야 한다. 조사한 성조 변동을 토대로 성조 변동규칙을 도출하고, 15~16세기의 성조 변동규칙을 비교하여 규칙의 변천을 살필 것이다.

2. 선행 연구

중세국어의 성조는 한 어절 안에서 최초의 거성과 상성만 변별적 기능을 수행하고, 이후 음절의 성조는 평성이든 거성이든 변별적 기능을 수행하지 못하고 중화한다. 이 중화규칙은 중세국어 성조 결합에 강력하게 작용하던 규칙이다. 이 중화규칙의 예외 중 하나가 합성어 성조 결합에서 나타나는 성조의 변동이다.

중세국어 합성어 성조변동을 주제로 한 선행연구는 김완진(1973), 김성규(1988, 1994, 1999, 2003), Ramsey(1978), 이상억(1978), 차재은(1999) 등이 있다. 이 연구 결과를 정리하면 다음과 같다.

> 첫째, 둘 이상의 어절이 결합하여 하나의 어절을 형성할 때, 첫 성분의 거성이나 상성이 거성이나 상성 앞에서 평성으로 변동하는 첫 성분 평성화가 있다. 첫 성분 평성화는 'RR → LR'[5], 'HH → LH[6]'와 같은 규칙으로 표시할 수 있다. 또한, 거성이 평성 앞에서 평성으로 변동하는

---

4) 이 논문에서 연구대상으로 하고 있는 문헌은 정리하면 다음과 같다.
　•15세기 문헌 : 훈민정음 언해(1450), 석보상절(1447), 능엄경언해(1462), 구급방언해(1467), 금강경언해(1464), 육조법보단경언해(1496), 몽산법어언해(1467(?)), 간경도감
　•16세기 문헌 : 번역박통사(1517 이전), 번역노걸대(1517 이전), 번역소학(1518), 훈몽자회(1527), 소학언해(1587), 논어언해(1587~1600)
5) 이 예는 감-(R) + 돌-(R) → 값돌-(LR), 낮(R) + 낮(R) → 낫낫(LR), 뫼(R) + 골(R) → 묏골(LR)을 들 수 있다(김성규 1999 : 82).
6) 이 예는 눈(H) + 믈(H) → 눈믈(LH), 찬(H) + 믈(H) → 찬믈(LH) 등이 그 예이다.

역행평성화가 있다. 역행평성화는 'HLH → LLH[7])와 같은 규칙으로 표시할 수 있다. 특히, 김성규(1994)는 복합어 형성규칙과 복합어 성조 변화 규칙을 설정하여 합성어 성조변동을 설명하고 있다. 복합어 형성 규칙[8])은 복합어의 앞 구성성분의 성조가 바뀌고, 복합어 성조 변화 규칙[9])은 복합어의 뒤 구성성분의 성조가 바뀐다. 이들 두 규칙은 서로 배타적인 관계에 있다고 파악하고 있다.

둘째, 중세국어 합성어의 성조 변동에는 첫 성분 평성화와 역행평성화를 겪은 성조형과 기저의 성조를 그대로 유지하는 성조형이 공존한다. 전자는 통사적 결합 관계에 있는 합성어이기 때문에 성조 변동을 겪지 않고, 후자는 완전한 합성어이기 때문에 성조변동을 겪는다.

셋째, 첫 성분 평성화의 원인은 어두의 HL을 피하려는 제약을 설정하여 설명하고 있다(이상억, 1978 ; 김성규, 1988 참조). 그러나 이 제약이 제약으로 기능하기 위해서는 어두에서 HL이 실현되지 말아야 하지만 빈도수가 풍부하지 않지만 어두에서 HL이 실현된 예가 있다(김성규, 2003).

선행 연구의 합성어 성조변동에서 도출한 규칙을 토대로 15~16세기 중세국어 합성어에 나타나는 성조 변동규칙을 도출하고, 합성어 성조변동에 나타난 규칙의 변천을 설명하고자 한다.

---

7) 이 예는 귀(H) + 밑(L) → 구밑(LL), 눈(H) + 섭(L) → 눈섭(LL), 눈(H) + ㅈㅅ(LH) → 눈쯧ㅅ(LLH), 발(H) + 가락(LH) → 밧가락(HLH), 손(H) + 가락(LL) → 손가락(LLL) 등이 있다(김성규 1999 : 82)

8) 복합어 형성 규칙은 상 + 상(X) → 평상(X), 거 + 평(X) → 평평(X), 거 + 상(X) → 평상(X)이다(김성규 1994 : 47).

9) 복합어 성조변화 규칙은 상 + 상 > 상○ → 상거, 상 + 평거 > 상○○, 거 + 평거거 > 거○○○ → 거거평거이다(김성규 1994 : 47).

3. 중세국어의 합성어 성조변동 유형

3.1. 15세기 합성어 성조 변동 유형

3.1.1. 기저 성조형과 표면 성조형이 같은 경우

15세기 중세국어 합성어의 성조변동 중에 기저성조가 표면성조에 그대로 유지하는 경우가 있다. 그 예를 제시하면 다음과 같다.[10]

    (2)　ㄱ.　R＋L→RL

        :왼녀·긔＜훈언13b＞,　:왼녀·기·라＜훈언13b＞,　:왼녀·기·라＜훈언13b＞,　:왼녁＜釋譜6,30a＞,　:왼녁＜구급방상20a＞,　:왼녁＜구급방상23b＞,　:왼녁＜구급방상63a＞,　:왼녁＜구급방하39b＞,　:왼녁＜구급방하41b＞,　:왼녁＜구급방하84b＞,　:왼녁·올＜구급방상61a＞

        R＋H→RH

        :밀·ᄆ·리＜楞嚴2 : 15b＞,　:밀·ᄆ리·니＜楞嚴2 : 15b＞,　:솝·오시·라＜楞嚴5 : 19a＞,　:솝·오·술＜구급방하92a＞,　:솝·오·술＜구급방하97a＞,　:솝·오시·라＜구급방상16a＞,　:쇠·쫑·ᄋ로＜구급방하1b＞,　:쇠·쫑·올＜구급방하9a＞,　:쇠·쎠＜구급방하12b＞,　:싥·그틀＜구급방상49a＞,　:깁·씌·로＜구급방하35b＞

        R＋R→RR

        :두:서＜釋譜24,50a＞,　:두:서＜釋譜6,6b＞,　:두:서＜蒙山3b＞,　:두:세＜구급방하2b＞,　:서:너＜구급방하68b＞,　:서:너＜구급방하75a＞,　:서:너＜구급방하79a＞,　:서:너＜구급방하82a＞,　:서:너＜구급방하90b＞,　:서:너＜구급방하91b＞,　:서:너＜구급방하96b＞,　:깁:오·롤＜구급방하82a＞

      ㄴ.　H＋R→HR

        ·깂:ᄀ·ᅀᅢ＜釋譜24,7b＞,　·듨:ᄀ·술＜楞嚴4 : 22a＞,　·듨:ᄀᅀᅵ·라＜楞嚴6 : 57b＞,　·듨:새·라＜楞嚴5 : 25b＞,　·입:ᄀ·술＜구급방상75b＞,　·잀:김＜구급방상10a＞,　·깂:ᄀ·ᅀᅢ＜釋譜24,7b＞

---

10) 많은 예들이 존재한다. 2음절뿐만 아니라 3~4음절에서도 그 예가 보인다. 그러나 여기서는 2음절만 제시한다.

H + L → HL

·붉고·줄 <楞嚴7 : 17b>, ·곳굼·긔 <구급방상18a>, ·곳굼·긔 <구급방상60b>, ·곳굼·긔 <구급방상61a>, ·곳굼·긔 <구급방하39b>, ·귓구뭇 <구급방하43b>, ·귓굼·글 <구급방상77b>, ·귓굼·긔 <구급방하42b>, ·귓굼·긔 <구급방하45a>, ·귓굼·긔 <구급방하43b>, ·붉고·줄 <楞嚴7 : 17b>, ·수둘·기 <구급방상26a>, ·수툴·긔 <구급방하77a>, ·수툴·ㄱ·로 <구급방상75b>, ·수툴굴 <구급방하17b>, ·안녁 <구급방상29b>, ·안파·질 <楞嚴9 : 56b>, ·안퐛 <楞嚴1 : 48b>, ·안퐛·긋 <楞嚴6 : 26a>, ·안퐛·기 <楞嚴8 : 23b>, ·안퐛·기 <楞嚴9 : 66b>, ·안퐛·ㄷ <楞嚴3 : 48b>

H + H → HH

·늤므·를 <釋譜23,28b>, ·늤·믈·로 <釋譜23,28b>, ·늤·믈·와 <釋譜23,28b>, ·늤므·른 <釋譜23,28b>, ·늤·므·리 <楞嚴8 : 68b>, ·늤·믈 <楞嚴1 : 92b>, ·늤·믈 <楞嚴2 : 21a>, ·늤·믈 <楞嚴2 : 77a>, ·늤·믈 <楞嚴4 : 75b>, ·늤·믈 <楞嚴9 : 68b>, ·늤·믈·와 <楞嚴5 : 72a>, ·늤·믈 <금강上,72ㄴ>, ·늤·믈 <구급방하39b>

ㄷ. L + L → LL

즌홀·기·니 <釋譜23,50b>, 즌홀·굴 <구급방하63b>, 즌흙 <구급방하10b>, 즌흙·ㄱ티 <구급방하33b>, 즌흙·ㄱ티 <구급방하4a>, 즌홀·기 <六祖上,101ㄴ>, 귓거·슬 <釋譜24,22b>, 귓거·슬 <釋譜9,33ㄱ>, 귓것 <구급방상15b>, 귓것 <구급방상18b>, 귓것 <구급방상19b>, 귓것 <구급방상22b>, 귓거·시 <구급방상26a>, 믿굼·글 <구급방상78a>, 믿굼·긔 <구급방상71b>, 믿굼·긔 <구급방상72b>, 믿굼긔 <구급방상72b>

L + H → LH

집·앉 <釋譜6,5b>, 늦·비·치 <釋譜19,7ㄴ>, 늦·비치 <구급방하96a>, 활·살·올 <楞嚴8 : 104b>, 조·뿔 <구급방하77b>, 곳·니·픈 <楞嚴7 : 13b>, 곳·니·플 <楞嚴7 : 12a>, 쁑·니·플 <구급방하12b>, 목·져지 <구급방상42b>, 솓·밥 <구급방하48b>

L + R → LR

목:수·믈 <釋譜6,11b>, 목:수·믈 <釋譜9,17ㄱ>, 목:수·미 <釋譜19,28ㄱ>, 목:수·미 <釋譜19,32ㄱ>, 목:수·미 <釋譜6,5a>, 목:수·미 <釋譜9,23ㄴ>, 목:숨 <釋譜6,3b>, 목:숨 <釋譜9,36ㄴ>, 혼:두

<구급방상52a>,   혼:두<구급방하52a>,   혼:두<구급방하58a>,
혼:두<六祖上,20ㄴ>, 짒:일<釋譜24,4b>

(2)는 둘 이상의 직접성분이 결합하여 합성어를 형성한 어휘들이다. (2ㄱ)과 (2ㄴ)은 N1 + N2의 구성에서 첫 성분의 성조가 상성과 거성이다. 만약 (2ㄱ)과 (2ㄴ)이 중화규칙을 따른다면, N2의 성조는 변별적 기능을 잃어야 한다. 그러나 N1과 N2의 기저 성조형이 표면 성조형에 그대로 도출되기 때문에 N2의 성조표시가 일관되게 유지된다.

기저성조가 표면성조에 그대로 도출되는 현상에 대해 김완진(1973)은 N1과 N2가 통사적 결합관계를 가지는 합성어이기 때문에, 이들 구성성분 사이에는 성조 변동규칙이 적용될 수 없는 휴지가 존재한다고 설명하고 있다. 즉, 형태론적으로 하나의 단어이지만 음운론적으로 구를 형성하여 중화규칙이 적용되지 않는다고 설명하고 있다(차재은, 1999).

(2)의 예를 토대로 다음과 같이 합성어 성조 변동규칙을 설정할 수 있다.

> 규칙 1 : 둘 이상의 어절이 결합하여 하나의 어절을 구성할 때, 기저 성조가
>   표면 성조에 그대로 도출 된다.

3.1.2. 중화 규칙을 따르는 경우

중화규칙은 중세국어 성조 결합에 있어서 강력하게 작용하던 규칙이다. 즉, 둘 이상의 어절이 결합하여 성조가 결합할 때, 첫 거성이나 상성은 변별적 기능을 수행하지만 이후 음절의 성조는 변별적 기능을 수행하지 못한다. 이 중화규칙이 적용되면 기저 성조는 표면으로 도출할 때 변동을 한다. 그 예를 제시하면 다음과 같다.

(3) ㄱ. R + R → RH

:두·ᅀᅥ <楞嚴9 : 115b>, :두·ᅀᅥ <구급방상16b>, :두·ᅀᅥ <구급방상83a>, :두·ᅀᅥ <구급방하38b>, :두·ᅀᅥ <구급방하46b>, :두·ᅀᅥ <구급방하53b>, :두·ᅀᅥ <구급방상20a>, :두·ᅀᅥ <六祖上,14ㄱ>, :두·ᅀᅥ <六祖中,110b>

R + R → RL

:두ᅀᅥ <楞嚴9 : 108b>, :두ᅀᅥ <구급방상10b>, :두ᅀᅥ <구급방상54b>, :두ᅀᅥ <구급방상58b>, :두ᅀᅥ <구급방상60b>, :두ᅀᅥ <구급방상66b>, :두ᅀᅥ <구급방상72a>, :두ᅀᅥ <구급방상83a>, :두ᅀᅥ <구급방하21a>, :두ᅀᅥ <구급방하36b>, :두ᅀᅥ <구급방하6b>, :두ᅀᅥ·흘 <구급방상53b>, :두ᅀᅥ흘 <구급방상81a>, :두ᅀᅥ <六祖上,15ㄴ>, :두ᅀᅥ <六祖上,21ㄴ>, :두ᅀᅥ <六祖上,35ㄴ>

R + H → RL

:쇠똥 <구급방상35a>, :쇠똥 <구급방하78b>, :쇠똥·ᄋᆞᆯ <구급방하85a>, :쇠똥·ᄋᆞᆯ <구급방하68b>, :쇠똥ᄋᆞᆯ <구급방하9a>, :쇠똥 <구급방하86a>

ㄴ. H + H → HL ·늢ᄆᆞ·른 <釋譜23,28b>, ·믌결 <蒙山43a>, ·짓믈·로 <구급방하8b>

H + L → HH ·수·톨·기 <구급방하49a>

(3ㄱ)은 N1의 성조가 상성이고, (3ㄴ)은 N1의 성조가 거성이기 때문에 이후 음절의 기저성조는 표면성조로 도출하면서 성조가 변동을 한다. 즉, 음운 과정에서 중화규칙이 적용되었기 때문에 성조표시가 거성과 평성으로 바뀐다. (3)의 예를 토대로 다음과 같은 성조 변동규칙을 도출할 수 있다.

규칙 2 : 중화규칙(김차균, 1999 인용)

둘 이상의 어절이 결합하여 하나의 어절을 형성할 때, 한 어절에서 최초 거성과 상성은 변별적 기능을 유지하지만, 이후 음절의 성조는 상성이든 거성이든 변별적 기능을 수행하지 못한다. 따라서 한 어절에서 첫 거성과 상성의 위치가 결정되면 이후 음절의 성조는 측성으로 중화한다. 따라서 첫 거성과 상성의 위치를 정해지면 이후 음절의 성조는 측성으로 중화한다.

3.1.3. 첫 성분 평성화 1(역행 동화)

N1과 N2가 결합하여 합성어를 형성할 때, N1의 거성이나 상성은 평성이 뒤따를 때 평성으로 변동한다. 즉, 뒤따르는 평성에 거성과 상성이 닮게 것이다. 그 예를 제시하면 다음과 같다.

(4) ㄱ. H + L → LL

밧목 <구급방하26a>, 밧목 <구급방하27b>, 눈서·블 <釋譜24,44b>, 눈서·비 <釋譜19,7ㄴ>, 눈섭·과 <楞嚴4 : 57b>, 눈서·블 <蒙山35a>

H + LH → LLH

눈ᄌ·ᅀ·룰 <釋譜23,26b>, 눈ᄌ·ᅀ·룰 <釋譜24,51a>, 눈ᄍ·ᅀ·룰 <楞嚴2 : 109a>, 눈ᄍ·ᅀ·이 <楞嚴3 : 1b>, 눈ᄍ·쉬 <楞嚴2 : 15a>, 눈ᄍ·쉬 <楞嚴4 : 108b>, 눉벼·로기 <구급방하94a>, 숤바·다·애 <釋譜24,51a>, 숤바·다이 <楞嚴2 : 114a>, 숤바·당 <楞嚴1 : 16b>, 숤바·당 <楞嚴2 : 32a>, 숤바·당 <楞嚴1 : 104a>, 숤바·당·앳 <楞嚴5 : 43a>, 숤바·당·이 <楞嚴2 : 114b>, 숤바·당·이 <楞嚴2 : 115a>, 숤바·당·ᄋ·로 <楞嚴2 : 113a>, 숤바·당·ᄋ·로 <楞嚴2 : 114b>, 숤바·당·올 <楞嚴2 : 114a>, 숤바·당·올 <楞嚴2 : 114a>, 숤바·당·올 <楞嚴2 : 114a>, 숤바·당·올 <楞嚴2 : 115a>

H + LL → LLL

밧가라·ᄆ·로 <釋譜24,38a>, 숤가라·ᄀᆞᆯ <釋譜24,24b>, 숤가라·ᄀᆞᆯ <釋譜24,47a>, 숤가라·ᄀᆞᆯ <釋譜24,47b>, 숤가라·기 <楞嚴1 : 19a>, 숤가라·기 <楞嚴3 : 4b>, 숤가라·기 <楞嚴4 : 54a>, 숤가라·ᄆ·로 <楞嚴2 : 23a>, 숤가라·ᄆ·로 <楞嚴2 : 23b>, 숤가라·ᄆ·로 <楞嚴2 : 61b>, 숤가라·ᄀᆞᆯ <楞嚴10 : 42a>, 숤가라·ᄀᆞᆯ <楞嚴2 : 21a>, 숤가라·ᄀᆞᆯ <楞嚴2 : 23a>, 숤가라·ᄀᆞᆯ <楞嚴2 : 23a>, 숤가라·ᄀᆞᆯ <楞嚴2 : 23a>, 숤가라·ᄀᆞᆯ <楞嚴2 : 23a>, 숤가라·ᄀᆞᆯ <楞嚴2 : 23b>, 숤가라·ᄀᆞᆯ <楞嚴3 : 5a>, 숤가라·기 <楞嚴2 : 23b>, 숤가락 <楞嚴10 : 42b>, 숤가락 <楞嚴1 : 103b>, 숤가락 <楞嚴1 : 83b>, 숤가락 <楞嚴1 : 84a>, 숤가락 <楞嚴1 : 84a>, 숤가락 <楞嚴1 : 84a>, 숤가락 <楞嚴2 : 61a>, 숤가락 <楞嚴2 :

> 61b>, 숫가락 <楞嚴2 : 61b>, 숫가락 <楞嚴2 : 61b>, 숫가락 <楞
> 嚴2 : 61b>, 숫가락 <楞嚴4 : 54a>, 숫가락 <楞嚴4 : 55a>, 숫가
> 락 <楞嚴4 : 55a>, 숫가락 <楞嚴6 : 104b>, 숫가락 <楞嚴6 :
> 104b>, 숫가락·과 <楞嚴2 : 61a>, 숫가락·과 <楞嚴2 : 61b>, 숫
> 가라·ㄱ·로 <구급방상79a>, 숫가라·굴 <구급방상79a>, 숫가라
> ·굴 <구급방상79a>, 숫가락·만ᄒ·니·와 <구급방상37b>, 숫가락
> ·으·로 <구급방상78a>, 숫가라·ㄹ <금강上,48ㄴ>, 숫가라·굴
> <금강上,48ㄴ>, 숫가락 <금강上,48ㄴ>, 숫가락 <금강上,48ㄴ>
> ㄴ. RL + H → LLH
> 밤소·이 <구급방하42a>, 밤소·이·롤 <구급방하42a>

(4)의 예에서 N1의 성조는 거성과 상성이다. 이 거성과 상성은 뒤따르는 평성에 동화되어 평성으로 변동한다. 이 성조의 변동을 첫 성분 평성화라고 하는데, 동화의 방향으로 보면 역행동화이다. 첫 성분 평성화는 HL의 실현을 회피하는 제약 때문에 발생한다. 그러나 중세국어에서 빈도가 약하긴 하지만 HL이 실현되므로 제약으로 보기 힘들다(이상억, 1978 ; 김성규, 2003).

(4)의 예를 토대로 규칙으로 설정하면 다음과 같이 표시할 수 있다.

규칙 3 : 첫 성분 평성화 1(역행 동화)

$$\begin{bmatrix} H \\ R \end{bmatrix} \quad \rightarrow \quad L \quad / \underline{\quad} L$$

3.1.4. 첫 성분 평성화 2(역행 이화)

N1과 N2가 결합하여 합성어를 형성할 때, 첫 성분의 거성이나 상성은 거상과 상성이 뒤따르면 첫 성분의 거성과 상성은 평성으로 변동한다. 즉, 첫 성분의 거성과 상성은 뒤따르는 거성이나 상성과 달라진 것이다. 그 예를 제시하면 다음과 같다.

(5) ㄱ. R + R → LR
　　　뫼:곬 <구급방하48a>, 뫼:고·래 <楞嚴1 : 16b>, 뫼:고·래 <釋譜

24,26a>, 묏:고·래<釋譜6,12a>, 묏:고·래<釋譜6,4b>, 묏:고리
어·나<釋譜19,43ㄴ>

ㄴ. H + H → LH

늤·믈<楞嚴5 : 3a>, 늤·믈<금강上,73ㄴ>, 찻·믈<구급방상
41b>, 춘·므·를<구급방상11a>, 춘·므레<구급방상62a>

H + R → LR 믈:쉼<구급방상67a>

(5ㄱ)과 (5ㄴ)에서 첫 성분의 성조는 거성과 상성이다. 거성과 상성이 뒤따르는 거성 또는 상성과 달라져서 평성으로 실현되고 있다. 이 성조 변동을 규칙으로 설정하면 다음과 같다.

규칙 4 : 첫 성분 평성화(역행 이화)

$$\begin{bmatrix} H \\ R \end{bmatrix} \quad \rightarrow \quad L \quad / \ \underline{\quad\quad} \ H,\ R$$

3.1.5. 상성과 거성 표기의 혼란

기저 성조가 표면 성조로 도출할 때, 상성이 거성으로 변동한다. 그 예를 제시하면 다음과 같다.

(6) ㄱ. R + L → HL ·윈녁<구급방상63a>

ㄴ. L + R → LH 목·수·미<釋譜9,35ㄱ>, 목·숨<釋譜24,29a>, 목·숨
<釋譜9,30ㄴ>, 혼·두<구급방하33b>

(6ㄱ)은 N1의 상성이 평성 앞에서 거성으로 변동하고, (6ㄴ)은 N2의 상성이 평성 뒤에서 거성으로 변화하고 있다. 이 변동에 대해 김완진(1973 : 119)은 상성의 음성 내용이 적어도 음고면에 있어 거성과 혼동될 만한 존재로 변화한 것으로 설명하고 있다. 이를 규칙으로 설정한다면 다음과 같다.

규칙 5 : 상성의 거성화

$$R \quad \rightarrow \quad H \ / \ \#\underline{\quad\quad\quad}\#$$

3.1.6. 정리

15세기 중세국어에서 둘 이상의 어절이 결합하여 하나의 어절을 이룰 때, 성조의 변동을 살피어, 다음과 같이 성조 변동규칙을 설정했다.

   (1) 규칙 1 : 둘 이상의 어절이 결합하여 하나의 어절을 구성할 때, 기저 성조가 표면 성조에 그대로 도출된다.
   (2) 규칙 2 : 중화규칙(김차균 : 1999)
      둘 이상의 어절이 결합하여 하나의 어절을 형성할 때, 첫 거성과 상성은 변별적 기능을 유지하지만, 이후 음절의 성조는 상성이든 거성이든 변별적 기능을 수행하지 못한다. 따라서 첫 거성과 상성의 위치를 정해지면 이후 음절의 성조는 측성으로 중화한다.
   (3) 규칙 3 : 첫 성분 평성화 1(역행 동화)

$$\begin{bmatrix} H \\ R \end{bmatrix} \rightarrow L \ / \ \underline{\quad} \ L$$

   (4) 규칙 4 : 첫 성분 평성화 2(역행 이화)

$$\begin{bmatrix} H \\ R \end{bmatrix} \rightarrow L \ / \ \underline{\quad} \ H, R$$

   (5) 규칙 5 : 상성의 거성화

$$R \rightarrow H \ / \ \# \underline{\qquad} \#$$

이상의 규칙으로 설명되지 않는 합성어의 성조 변동 유형이 두 가지가 있다.

첫째, 기저성조가 거성인 두 어절이 결합하여 표면 성조로 도출할 때, 모두 평성으로 변동한다. 그 예를 제시하면 다음과 같다.

   (7) H + H→LL
      손토·보·뢰어·나〈釋譜13,52ㄴ〉, 손톱·과·롤〈釋譜6,44b〉, 손토·불〈구급방하84a〉, 손톱〈구급방하5b〉, 숀토·ㅂ·로〈구급방상40a〉, 숀토·ㅂ·로·셔〈구급방상29b〉, 숀톱〈구급방상29b〉, 숀톱·만〈구급방상22a〉, 숀돕〈楞嚴3 : 43b〉, 숀돕〈楞嚴3 : 43b〉, 숀돕〈楞嚴4 : 110b〉, 숏돕〈楞嚴1 : 51b〉, 숏돕·과〈楞嚴1 : 52a〉

(7)에 '손'은 기저성조가 거성이고 '톱'도 기저성조가 거성이다. 거성과 거성이 결합하여 하나의 어절을 될 때 모두 평성으로 변동하고 있다. (7)의 변동에 대해 김완진(1973 : 74)은 언중들이 유추에 의한 착각으로 해석하였다.

둘째, 평성과 평성이 결합할 때, N2의 성조가 거성으로 변동한다. 그 예를 제시하면 다음과 같다.

(8) L + L → LH 즌·흙·ᄀ·티 <釋譜23,50b>

(8)에 '즐다'의 기저성조는 평성이고, '흙'의 기저성조도 평성이다. 평성은 뒤따르는 성조를 바꿀 수 있는 중화력이 없기 때문에 '흙'의 성조가 표면 성조로 도출할 때 변동을 일으킬 이유는 없다. 15세기 문헌에서 이 변동의 예는 하나밖에 발견하지 못했다.

3.2. 16세기 합성어 성조 변동 유형

3.2.1. 기저성조형과 표면성조형이 같은 경우

16세기 중세국어 합성어의 성조변동 중에 기저의 성조가 표면 성조에 그대로 유지하는 경우가 있다. 그 예를 제시하면 다음과 같다.11)

(9) ㄱ. RL → RL
　　　:왼녁·호·로 <소학언해 2 : 52>, :왼녁·히며 <소학언해 2 : 2>, :돌숫미 煤 <훈회 중8>, :밀·믈셕 汐 <훈회 상2>, :묏쏭:염 壓 <훈회 상5>, :묏쏭:쟈 柘 <훈회 상5>
　　RH → RH
　　　:밀·믈셕 汐 <훈회 상2>, :속·오스·란 <飜朴26b>, :쇠·쏭·을 <번소 9 : 24~25>, :왼·발·올 <소학언해 2 : 69>, :잣·닙·피 <번소 9 : 73~74>, :헌·옷 <번소 10 : 34>

---

11) 많은 예들이 존재한다. 2음절뿐만 아니라 3~4음절에서도 그 예가 보인다. 그러나 여기서는 2음절만 제시한다.

　RR → RR

　:녯:벋·과 <번소 9 : 87>,　:녯:벋·에 <번소 7 : 3~4>,　:녯:이·롤
<번소 6 : 5>,　:녯:일 <번소 7 : 10>,　:녯:일·을 <번소 9 : 53>,　:네
:일·을 <소학 3 : 12>,　:녯·그레 <번소 6 : 31>,　:녯·글·둘홀 <번
소 9 : 64>,　:밀:돌:년 碾 <훈회 중6>,　:냇:ㄱ·잇·솔·오 <소학 5 :
26>,　:냇:ㄱ·잇 <소학 5 : 26>,　:녯:마·리 <번소 8 : 2>,　:일:일 ·
마·다 <번소 9 : 1>

ㄴ.　HH → HH

　·글·워·를 <飜老上48a>,　·글·월 <飜老上50b~52a>,　·글·워·레
<번소 7 : 29>,　·글·워·레 <번소 8 : 36>,　·글·워·레 <번소 8 :
38>,　·글·워·를 <번소 10 : 8>,　·글·워·를 <번소 8 : 39>,　·글·워·릐
<번소 7 : 23>,　·글·워·릐 <번소 7 : 1>,　·글·워·릐 <번소 7 :
24>,　·글·워·릐 <번소 8 : 6>,　·글·워·롤 <번소 8 : 31>,　·글·워
리·라. <번소 8 : 31>,　·글·워리 <번소 7 : 36>,　·글·월·에 <번소
9 : 18>,　·글·월·와 <번소 9 : 95~96>,　·글·월·을 <번소 8 :
22>,　·글·월·을 <번소 9 : 99>,　·글·월·을 <번소 9 : 17>,　·글·월
·의 <번소 8 : 25>,　·글·월·의·서 <번소 9 : 18>,　·글·월에 <번
소 6 : 4>,　·글·월이 <번소 9 : 45~46>,　·글·월:간 簡 <훈회 상
18>,　·글·월:계 契 <훈회 상18>,　·글·월:뎐 典 <훈회 상18>,　·글
·월:안 案 <훈회 상18>,　·글·월:피 批 <훈회 상19>,　·글·월·독 牘
<훈회 상18>,　·글·월·소 疏 <훈회 상18>,　·글·월·과 <소학 6 :
89>,　·글·월·들·히라 <소학 5 : 1>,　·글·월·들히·라 <소학언해
서제2>,　·글·월·와 <소학 6 : 3>,　·글·월·을 <소학 5 : 101>,　·글
·월·의 <소학언해 서제 1>,　·글·월·이 <소학 5 : 24>,　·글·월·이
·니 <소학언해 3 : 2>,　·글·월·이·라 <소학 5 : 113>,　·글·월·이
·라 <소학언해 1 : 10>,　·글·월·이라 <소학 5 : 113>,　·글·월·올
<소학 5 : 110>,　·글·월에 <소학 6 : 16>,　·글·월의 <소학 5 :
31>,　·글·월이·라 <소학 5 : 109>,　·글·월이·라 <소학 6 : 113>,
·글·월이·라 <소학언해 제사4>,　·글·월이라 <소학 5 : 4>,　·글월
·을 <소학 6 : 15>,　·눈·므·를 <번소 10 : 17>,　·눈·므·리 <번소
9 : 27>,　·눈·믈 <번소 9 : 27>,　·눈·믈·을 <번소 9 : 34>,　·눈·믈
·을 <번소 9 : 69>,　·눈·믈·류 淚 <훈회 상15>,　·눈·믈 <소학
6 : 24>,　·눈·믈·을 <소학 6 : 116>,　·눈·믈·을 <소학 6 : 31>,　·눈
·믈을 <소학 6 : 64>,　·눈·믈·이 <소학 6 : 24>,　·믈·셬·이 <소학 5 :

23>, ·믓·결 : 랑 浪 <훈회 상2>, ·믓·결도 濤 <훈회 상2>, ·믓·결
란 瀾 <훈회 상2>, ·믓·결파 波 <훈회 상2>, ·낫·밤·을 <소학
6 : 19>, ·낫·밤·을 <소학 6 : 67>, ·손·발·도 <번소 10 : 26>, ·손
·발·츌·궐 瘚 <훈회 중16>, ·손·발에 <소학 6 : 124>, ·쇠·붑
<飜朴69b>, ·쇠·붑죵 鐘 <훈회 중15>, ·츤·므·레 <飜老上24a−
b>, ·옷·바·블 <번소 9 : 97>, ·옷·밥 <번소 8 : 12~13>, ·옷·밥
·을 <번소 9 : 89>, ·옷·밥 <소학 5 : 93>, ·옷·밥·과 <소학 5 :
81>, ·옷·밥·을 <소학 6 : 83>, ·춤·빗비 篦 <훈회 중8>, ·빗·갑
·슨 <飜老上9a>, ·빗·갑·슨 <飜老上9a>, ·옷·기·슬 <소학 5 : 70>,
·곳·믈 ·테 烯 <훈회 상15>, ·콧·믈농 齈 <훈회 상15>, ·빗·믈:료
潦 <훈회 상3>, ·빗 ·믈 溜槽 <훈회 중7>, ·손·금과 胸 <훈회 상
13>, ·수·쇼:고 牯 <훈몽 하4>, ·츳·뿔:나 糯 <훈회 상7>, ·츳쩍
ㅈ 餈 <훈회 중10>, ·귀·눈·을 <소학 5 : 120>, ·귀눈에 <소학언
해 2 : 18>, ·촛·블·로·뻐 <소학언해 2 : 51>, ·촛·블·이 <소학언
해 2 : 51>, ·촛·블로·뻐 <소학언해 2 : 51>, ·촛·블이 <소학언해
2 : 51>, ·옷·기·슬 <소학 5 : 70>, ·춤·비·소·로 <飜朴44b>, ·춤
·비소·로 <飜朴44a>, ·춤·빗비 篦 <훈회 중8>

H + R → HR

·길:쪼·쐐·셔 <飜老上37b>, ·믓:ᄀ·쐐 <飜朴70a>, ·믓:곶·져 渚
<훈회 상2>, ·믓:곶·지 沚 <훈회 상2>, ·믓:곶뎡 汀 <훈회 상
2>, ·믓:곶미 湄 <훈회 상3>, ·믓:곶분 濆 <훈회 상3>, ·믓:곶애
涯 <훈회 상3>, ·믓:곶쥬 洲 <훈회 상2>, ·잡·말 <飜老上17a>,
·잡:말 <번소 9 : 1>, ·잡:말 <소학 6 : 1>, ·뿟:돌:례 礪 <훈회
중9>, ·뿟:돌·지 砥 <훈회 중10>, ·뿟:돌형 硎 <훈회 중10>, ·한
:숨 <소학언해 2 : 27>

H + L → HL

·귓구무 <飜朴45a>, ·살문:폐 椸 <훈회 중3>, ·살문:호 杮 <훈회
중3>, ·살믠·뎍 鏑 <훈회 중14>, ·살믠·족 鏃 <훈회 중14>, ·살
믠후 鍭 <훈회 중14>, ·츨콩완 豌 <훈회 상7>

ㄷ. L + R → LR

목:수·믈 <번소 8 : 26>, 목:수·믈 <번소 6 : 31>, 목:숨:명 命
<훈회 상18>, 목:숨·슈 壽 <훈몽 하11>, 혼:두 <飜老上60b>,
혼:두 <번소 9 : 36>, 앏:뒤 <번소 10 : 12>, 앏:뒤·히 <논어2 :
51b>, 믔:돌·얼 闑 <훈회 중4>, 믔:댱·만 幔 <훈회 중7>

L + L → LL

귓것:귀 鬼 <훈회 중2>, 귓것마 魔 <훈회 중2>, 밋구무피 屁
<훈회 상15>, 동녀·긔·도 <飜朴69a>, 동녀·긔·셔 <飜老上48b>,
동녁 <飜老上67a−b>, 동녀·긔 <번소 9 : 102>, 동녁·고·로 <번
소 9 : 98>, 동녁 <소학 4 : 22>, 동녁 <소학 4 : 4>, 동(東)녁
<소학 6 : 29>, 동녁·크·로 <소학 6 : 91>, 묻형 兄 <훈회 상
16>, 몷구무롱 囃 <훈회 상13>, 몷구무연 咽 <훈회 상13>, 몷
구무후 喉 <훈회 상13>

L + H → LH

늦·비·출 <번소 9 : 28>, 늦·비·출 <번소 9 : 39>, 늦·비출 <번소
7 : 2>, 늦·빗·출 <번소 9 : 77~78>, 늦·빗·출 <번소 9 : 93>,
늦·비·체 <소학 4 : 11~12>, 늦·비·치 <소학 6 : 121>, 늦·빗·츨
<소학 4 : 17>, 늦·빗·츨 <소학 4 : 17>, 늦·빗·치 <소학 3 :
16>, 늦·빗·치 <소학 3 : 9>, 늦·빗·출 <소학 3 : 9>, 늦·빗·출
<소학 3 : 6>, 늦·빗·출 <소학 4 : 18>, 늦·빗·출 <소학 5 :
104>, 늦·빗·출 <소학 5 : 36>, 늦·빗·출 <소학 6 : 25>, 늦·빗
·출 <소학 6 : 4>, 늦·빗·출 <소학 6 : 86>, 늦·빗·출 <소학 2 :
16>, 늦·빗·출 <소학 2 : 27>, 늦·빗·출 <소학 2 : 38>, 늦·빗·출
<소학 2 : 39>, 늦·빗·출 <소학 2 : 39>, 늦·빗·출 <소학 2 :
59~60>, 늦·빗·출 <소학 2 : 21>, 늦·빗·출 <소학 2 : 4>, 늦·빗
·치 <소학 3 : 11~12>, 늦·붓·출 <소학 2 : 72>, 늦빗·체 <소학
4 : 20>, 늦빗·체 <소학 4 : 20>, 늦빗·체 <소학 4 : 20>, 늦:빗
·츨 <논어2 : 53a>, 늦·비·츨 <논어2 : 30b>, 늦·빗·츨 <논어3 :
30a>, 화·살 <飜老上28b~30a>, 화·살 <飜老上30a−b>, 올·희
<飜朴9a>, 올·힌 <飜朴51b>, 올·힌 <飜朴51b>, 올·힌 <飜朴53b>,
흙·벽·격 壁 <훈회 중9>, 흙·손오 杇 <훈회 중8>, 갓·옷구 裘
<훈회 중11>, 갓·옷·과 <소학>

　(9)의 예들은 둘 이상이 결합하여 하나의 어절을 형성할 때, 기저성조가
그대로 표면성조로 도출하는 예들이다. 이 음운과정에는 3.1.1.에서 설정한
규칙 1이 적용된다.

3.2.2. 중화규칙을 따르는 경우

16세기 합성어 성조변동에서도 어절의 최초의 거상과 상성은 변별적인 기능을 수행하지만, 이후 음절의 성조가 상성이든 거성이든 평성이든 변별적인 기능을 수행하지 못한다. 이를 성조의 중화규칙이라고 한다. 기저성조가 표면성조로 도출할 때 중화규칙이 적용된 예는 다음과 같다.

(10) ㄱ. R＋L→RH
 :윈·녁 <소학 5 : 70>, :윈·녁·크로 <소학언해 2 : 38>, :윈·녁·키며 <소학언해 2 : 62>, :윈·녁·호로 <소학언해 2 : 68>, :윈·녁·히·며 <소학언해 2 : 72>, :윈·녁·히며 <소학언해 2 : 2>, :헌·것 <소학 6 : 132>
 R＋R→RH
 :두·서 <飜朴33b>, :두·서 <飜朴37b>, :두·서 <飜朴56b>, :두·서 <飜朴66b>, :두·서 <飜朴66b>, :두·세 <飜老上47a−b>, :두·서 <飜老上25b>, :두·서 <번소 9 : 32~33>, :두·서 <번소 9 : 49>, :서·너 <飜老上11b~12a>
 R＋R→RL
 :두서 <飜老上62b~63a>, :두서:디·예 <번소 9 : 108>, :두서 <번소 9 : 70>, :두서 <번소 9 : 36>, :서너·히 <飜朴42a>
 R＋H→RL
 :쇠똥·을 <소학 6 : 22>
 ㄴ. H＋H→HL
 ·글월·을 <소학 6 : 15>, ·눈믈 <소학 6 : 64>
 H＋R→HL
 ·깊ㄱ·쇄 <飜老上39b>, ·빗오·리로 繿 <훈회 중12>, ·빗오·리루 縷 <훈회 중12>
 H＋R→HH
 ·잡·말 <飜老上17a>, ·잡·일 <번소 9 : 1>, ·잡·일 <소학 6 : 1>
 H＋L→HR
 ·븟:곳:염 燄 <훈몽 하15>
 H＋L→HH
 ·븍·녁 <飜朴69b>, ·븍·녁 <飜老上46a−b>, ·븍·녁 <飜老上48b>,

·븍경 <飜老上50b~52a>, ·븍녀·긔 <飜老上17a−b>

(10ㄱ)은 N1의 성조가 상성이고, (10ㄴ)은 N1의 성조가 거성이다. 한 어절 안에서 첫 상성과 거성 뒤에 나타나는 성조는 측성으로 중화되기 때문에 (10)의 N2 성조는 변동을 겪는다. 기저성조가 표면성조로 도출할 때 3.1.2에서 설정한 규칙 2가 적용된다.

3.2.3. 첫 성분 평성화 1(역행 동화)

둘 이상의 어절이 결합하여 하나의 어절을 이룰 때, 뒤따르는 평성에 닮아서 거성과 상성이 평성으로 변동한다. 16세기 역행 동화의 예를 제시하면 다음과 같다.

(11) ㄱ. H + L →LL
눈썹미 眉 <훈회 상13>, 눈썹·이 <소학 3 : 20>, 구믿:빙 鬢 <훈회 상13>, 손목:완 腕 <훈회 상13>, 손뜽 <소학 6 : 133>
H + LH →LLH
눈ᄌ·싀쳥 睛 <훈회 상13>, 숡바·당·의 <飜朴50a>, 쇠마·치퇴 鎚 <훈회 중8>
H + LL →LLL
밧ᄀ락 <飜朴14b>, 손까라·고·로다·가 <飜朴13b>, 숡가락·도 <飜朴32a>, 숡ᄀ락·만 <飜朴29b>, 숡가락·지 指 <훈회 상13>.
ㄴ. L + RL →LLH
샹싸·롬·의 <소학 5 : 64>[12]
L + RL →LLL
집사롬·둘·홀 <번소 7 : 50>
R + LH →LLH
묏기·슭·록 麓 <훈회 상2>

---

12) (11ㄴ) '샹싸롬'은 샹(L)과 싸롬(RL)이 결합하여 합성어를 형성한 것이다. 이들의 성조변동은 공시적으로 설명할 수 없는 문제가 있다. 재구를 통해 LRL > *LLL > LLH로 변화한 것으로 해석했다.

(11ㄱ)은 거성이 뒤따르는 평성에 닮아 평성으로 변동한 예이고, (11ㄴ)은 상성이 뒤따르는 평성에 닮아서 평성으로 변동한 예이다. 이들 음운과정에는 3.1.3.에서 설정한 규칙 3이 적용된다.

3.2.4. 첫 성분 평성화 2(역행이화)

16세기 합성어 성조 변동에서도 역행 이화가 일어난다. 즉, 거성이나 상성은 거성과 상성이 뒤따르면 평성으로 변동한다. 그 예를 제시하면 다음과 같다.

> (12) ㄱ. H + H → LH
>   글·월 <飜老上50b~52a>, 글·워:릐 <번소 7 : 27>, 글·워·를 <번
>   소 10 : 33>, 비·호·시 <번소 6 : 19>, 뵈·옷·술 <소학 3 : 21>,
>   옷·기·즐 <번소 7 : 39>, 옷기·슬 <번소 7 : 39>, 옷·깃·극 襟
>   <훈회 중12>, 옷·깃금 襟 <훈회 중12>, 옷·깃 <소학 3 : 21>,
>   눖·곱·두(目豆) <훈회 상15>, 눖·곱치 睠 <훈회 상15>
>   ㄴ. RH + R → LHR
>   거·즈:마·롤 <飜朴35a>
>   R + RL → LRH
>   묏:부·리·슈 岫 <훈회 상2>, 묏:부·리·악 嶽 <훈회 상2>, 묏:부
>   ·리강 崗 <훈회 상2>, 묏:부·리던 巔 <훈회 상2>
>   R + R → LH 두·서 <飜老上54b>
>   R + R → LR
>   묏:골:동 峒 <훈회 상2>

(12ㄱ)은 거성이 뒤따르는 거성 앞에서 평성으로 변동한 예이고, (12ㄴ)은 상성이 뒤따르는 거성이나 상성 앞에서 평성으로 변동한 예이다. 이들 음운과정에는 2.1.4에서 설정한 규칙 4가 적용된다.

3.2.5. 상성과 거성 표기의 혼란

16세기 합성어 성조변동에서도 기저 성조가 표면 성조로 도출할 때, 상성

이 평성으로 변동한다. 그 예를 제시하면 다음과 같다.

　(13)　R ＋ R → HR
　　　　·옛:말 <소학 6 : 123>
　　　R ＋ L → HL
　　　　·왼녁·킈·는 <소학3 : 17>, ·왼녁·히·며 <소학2 : 72>, ·왼녁·히·며
　　　　<소학2 : 73>
　　　R ＋ R → HH
　　　　·두·어 <飜老上62b〜63a>

　(13)에서 '옛말'과 '왼녁'은 N1의 상성이 거성이나 평성 앞에서 거성으로
변동한 것이다. 그러나 '두어'는 N1과 N2의 상성이 모두 거성으로 변동한
것이다. 이들 음운과정에는 규칙 5가 적용된다.

3.2.6. 첫 성분 거성화

16세기 합성어 성조변동을 보면, 둘 이상의 어절이 결합하여 한 어절을
형성할 때, 평성이 거성으로 변동한다. 이 성조변동은 15세기 성조변동에서
는 1개의 예 '즌·흙·ㄱ·티 <釋譜23,50b>'밖에 보지 못했지만, 16세기에서
는 성조변동에서 더 많이 보인다. 그 예를 제시하면 다음과 같다.

　(14)　ㄱ. L ＋ L → HL
　　　　　·믿집 <소학 5 : 81>, ·믿집·읫 <소학 5 : 64>, ·밋형 <소학 6 :
　　　　　80>, ·밋형·이·라 <소학 6 : 74>, ·밧집·이 <소학 6 : 29>
　　　　　L ＋ LH → HLH
　　　　　·믿벼·슬 <소학 6 : 100>, ·믿부인이 <소학 6 : 6>, ·믿아·이 <소
　　　　　학 5 : 75>, ·받이·렁·의·셔 <소학 6 : 84>
　　　　ㄴ. L ＋ R → HR
　　　　　·밧:일·이 <소학 6 : 42>
　　　　　L ＋ RL → HHH
　　　　　·집·사·롬·이 <소학 6 : 129>, ·집:사·ᄅ·미 <飜老上68a>
　　　　　L ＋ RL → HRH

·집:사·ᄅ·미 <飜老上68a>, ·민:사·롬 <소학 6 : 122>, ·집·사·롬
·이 <소학 6 : 129>

(14)에서 '밧, 믿~밋, 집, 받(田)'의 기저성조는 평성이나 표면 성조는 거
성으로 실현된다. (14ㄱ)은 평성이 평성 앞에서 거성으로 변화하고 있고, (14
ㄴ)은 평성이 거성 앞에서 거성으로 변화하고 있다. (14ㄱ)은 역행이화로 일
어난 거성화이고, (14ㄴ)은 역행동화로 일어난 거성화이다.

'밧, 믿~밋, 집, 받(田)'이 평성으로 실현된 예를 제시하면 (15)와 같다.
(15)에서 보면 '밧, 믿~밋, 집, 받(田)'의 기저성조가 평성임을 알 수 있다.

(15) L + H → LH
　　　밧·잣·곽 郭 <훈회 중5>, 밧·잣부 郛 <훈회 중5>, 집·앒 <釋譜
　　　6,5b>
　　L + R → LR
　　　짒:일 <釋譜24,4b>
　　H + L → HL
　　　·살믿·뎍 鏑 <훈회 중14>, ·살믿·족 鏃 <훈회 중14>, ·살믿후 鍭
　　　<훈회 중14>
　　L + LH → LLH
　　　받두·듥:롱 壟 <훈회 상4>, 받두·듥·판 畈 <훈회 상4>, 받두듥
　　　·던 畇 <훈회 상4>, 밋구무피 屁 <훈회 상15>

그러나 (14)의 성조 변동이 왜 일어났는가를 설명할 수 없다. (14)의 성조
변동을 오표기로 보지 않고 성조변동으로 설정하는 이유는 두 가지가 있다.

　첫째, 현대국어 성조방언에서 합성어의 성조변동의 예에서 거성화의 예가
　　　보이기 때문이다. 논밭, 봄볕 등의 합성어를 예로 하여 'M + H'가
　　　'HH'로 변동한다고 기술하고 있다(허웅, 1954).
　둘째, 거성화가 합성어 성조변동에서만 일어나는 것이 아니다. 동사 '가-,
　　　나-, 오-, 하-'가 활용할 때, 성조의 변동을 들 수 있다. 이들 동사
　　　는 '-올 / -을, -ᄋ리 / -으리, -온 / 은, -ᄋ니 / -으니, -고, -다,

-게'와 결합할 때는 평성으로 실현되지만, '-ᄋ시-/-으시-, -ᄂ-, -ᄉᆞ-, -아/어-'와 결합할 때는 거성으로 실현된다.

거성화 규칙은 다음과 같이 표시할 수 있다.

규칙 5. 첫 성분 거성화
  L → H / _______ L, R

3.2.7. 정리

16세기 합성어 성조변동에서 보이는 규칙은 15세기와 거의 같다. 15세기 합성어 성조변동에서 제시한 규칙1~규칙5는 16세기에서도 그 예가 나타나고 음운과정에 적용되는 규칙들이다. 그러나 규칙 6(첫 성분 거성화)은 15세기 합성어 성조변동에서 그 예를 하나밖에 찾지 못해 규칙으로 설정하지 못했으나, 16세기 합성어 성조변동에서는 규칙으로 설정했다. 왜냐하면, 거성화의 예가 증가했고, 거성화가 현대방언의 합성어 성조변동과 동사 활용시 성조변동에서도 실현되기 때문이다.

4. 15·16세기 합성어 성조 변동규칙 변천[13)

중세국어 합성어의 성조는 (1)에서 제시한 '두ᅀᅥ~두어'의 경우에서처럼 복잡하다. 이것은 기저성조가 표면성조로 도출할 때 적용되는 성조 변동규

---

13) 합성어는 단어와 단어가 결합하여 하나의 새로운 단어를 만드는 단어형성법이다. 합성어의 유형은 통사적 합성어와 비통사적 합성어로 나뉜다. 즉, 통사적 합성어는 두 단어의 결합방식이 구를 이루는 결합방식과 같은 것이고, 비통사적 합성어는 그렇지 않은 것이다. 음운론적으로 기술하면, 둘 이상의 어절이 결합하여 하나의 어절로 통합하는 것이다. 이때 통사적 합성어는 두 개의 음운단어가 결합하여 하나의 음운론적 구를 형성한 것이고, 비통사적 합성어는 하나의 음운단어를 형성한다. 이러한 특징은 합성어 성조 변동규칙이 통시적 성격을 띠게 만든다.

칙에 변천이 있음을 말해 준다. 이근영(1989 : 14)에서는 언어체계의 변천과정
에 따라 변동규칙의 변천 모습을 다음과 같이 4가지 유형으로 분류했다.

  [A 유형] : 앞시대의 변동규칙이 뒷시대에 그대로 유지된 것
  [B 유형] : 앞시대의 변동규칙이 뒷시대에 없어진 것
  [C 유형] : 앞시대에 없던 규칙이 뒷시대에 새로 생겨난 것
  [D 유형] : 앞시대의 변동규칙이 뒷시대에도 유지되나 그 내용이 바뀐 것

  이 장에서는 출현빈도를 고려하여 성조 변동규칙의 변천을 밝히고자
한다.

4.1. 규칙 1의 변화

  둘 이상의 어절이 결합하여 한 어절을 형성할 때, 기저성조가 그대로 표
면성조로 도출된다. 왜냐하면 두 개의 음운론적 단어가 결합하여 음운론적
구를 형성하기 때문이다. 즉, 음운론적 단어 사이에 성조변동을 막는 휴지가
개입되어 있기 때문에 중화규칙의 예외로 작용한다. 규칙 1은 규칙변천의
유형 중에서 [A 유형]에 속한다. 다음은 그 출현빈도를 제시한 것이다.

[표 1] ‘목숨’의 성조 변동규칙의 출현빈도

성조 변동규칙	15세기							16세기						어형
	훈언	석보	능엄	구급	금강	육조	몽산	번박	번노	번소	훈회	소학	논어	
ㄱ. LR→LR 22 / 4[14](90%)[15]		9	10	1			2			2	2			목:숨
ㄴ. RR→RH 3 / 0(10%)		3												목:숨

  [표 1]은 ‘목숨’의 성조 변동규칙 출현빈도이다. 규칙 1은 [표 1]에서 ‘ㄱ’

---

14) / 전후의 숫자는 15세기 출현 빈도수와 16세기 출현 빈도수를 제시한 것이다.
15) ( ) 안에 제시한 것은 전체 출현 빈도수의 백분율을 제시한 것이다.

이며, 15세기와 16세기에 모두 나타나고 있다. 합성어라는 특성 때문에 출현빈도의 격차가 매우 심하다. 그러나 ‘목숨’의 성조변동에 적용되는 규칙은 규칙1이 지배적임을 알 수 있다.

그러나 성조변동에서 규칙 1이 지배적인 것은 아니다. [표 2]를 보면 규칙 1은 16세기에 나타나고 있지 않다.

[표 2] ‘두ᅀㅓ~두어’의 성조 변동규칙의 출현빈도

성조 변동규칙	15세기							16세기						어형
	훈언	석보	능엄	구급	금강	육조	몽산	번박	번노	번소	훈회	소학	논어	
ㄱ. RR → RR 4 / 0(8%)		2					1							:두:ㅅㅓ
				1										:두:세
ㄴ. RR → RH 9 / 11(42%)			1	6		2		5	2	2		2		:두·ㅅㅓ~:두·어
ㄷ. RR → RL 16 / 3(40%)			1	12		3				2		1		:두ㅅㅓ~:두어
ㄹ. RR → HH 0 / 1(2%)									1					·두·ㅅㅓ
ㅁ. RR → HL 0 / 2(4%)												2		·두어
ㅂ. RR → LH 0 / 1(2%)									1					두·ㅅㅓ
ㅅ. RR → LL 0 / 1(2%)										1				두ㅅㅓ

[표 2]는 ‘두ᅀㅓ~두어’의 성조 변동규칙의 출현 빈도이다. [표 2]에서 ‘ㄱ’이 규칙 1의 출현빈도를 나타낸다. ‘:두:ㅅㅓ’가 규칙 1이 적용되는 출현빈도는 8%이다. 그것도 15세기만 나타나고 16세기에는 나타나지 않는다.[16)

위의 출현빈도를 고려하면 규칙 1은 변동규칙 변천 유형에서 [A 유형]에 속한다. 어휘에 따라 다르지만, 규칙 1은 15세기에는 출현빈도가 높고 상대적으로 강한 규칙이었으나 16세기에는 출현빈도가 낮아지고 상대적으로 약한 규칙으로 변천한 것을 알 수 있다.

---

16) 문헌에서 동일한 합성어의 출현빈도는 연구대상 문헌 종류와 문헌 수에 따라 달라질 수 있다. 그러나 여기서 제시한 출현빈도는 연구대상으로 제시한 문헌에서 나타난 출현빈도를 말한다.

4.2. 규칙 2의 변화

중세국어의 성조는 한 어절의 첫 거성이나 상성은 변별적 기능을 수행하지만 이후 음절의 성조는 상성이든, 거성이든 변별적 기능을 수행하지 못한다. 규칙 2는 한 어절의 첫 거성 또는 상성의 위치가 정해지면 다음 음절은 측성으로 변화하는 중화규칙이다. [표 2]에서 'ㄴ'과 'ㄷ'은 규칙 2의 출현빈도를 나타낸다.

규칙 2는 15세기와 16세기에서 모두 유지된다. 따라서 규칙 2는 변동규칙 변천 유형에서 [A 유형]에 속한다. 규칙 2는 출현빈도가 전체 82%에 해당하는 것을 보면, 15세기와 16세기 모든 시기에 강력한 성조 변동규칙인 것을 알 수 있다.

4.3. 규칙 3의 변화

둘 이상의 어절이 결합하여 한 어절이 될 때, 거성이나 상성은 평성 앞에서 평성으로 변동한다. 즉, 규칙 2는 뒤따르는 평성에 거성과 상성이 닮는 규칙이다.

[표 3] '손가락'의 성조 변동규칙의 출현빈도

성조 변동규칙	15세기							16세기						어형
	훈언	석보	능엄	구급	금강	육조	몽산	번박	번노	번소	훈회	소학	논어	
ㄱ. HLL → HLL 1 / 0(2%)			1											·숪가라
ㄴ. HLL → LLL 44 / 4(98%)		3	33	4	4			3			1			숪가락~손까락~숪ᄀ락

[표 3]은 '손가락'의 출현빈도를 나타낸 것이다. [표 3]의 'ㄱ'은 규칙 1이 적용된 것이고, [표 3]의 'ㄴ'은 규칙 3이 적용된 것이다. 전자는 기저의 성조가 그대로 표면성조로 도출된 것이고, 후자는 첫 성분 거성이나 상성이

평성 앞에서 평성으로 실현된 것이다.

따라서 규칙 3은 변동규칙 유형에서 [A 유형]에 속한다. 즉, 15세기와 16세기에 모두 유지되는 성조 변동규칙이다. 또한 출현빈도가 98%인 것을 보면 규칙 3이 음운과정에서 상당히 강력한 성조 변동규칙임을 알 수 있다.

4.4. 규칙 4의 변화

둘 이상의 어절이 결합하여 하나의 어절이 될 때, 첫 성분의 거성이나 상성이 거상과 상성 앞에서 평성으로 변동한다. 즉, 규칙 4는 거성과 상성이 뒤따르는 거성과 달라지는 음운 과정에 적용되는 규칙이다.

[표 4] '묏골'의 성조 변동규칙의 출현빈도

성조 변동규칙	15세기							16세기						어형
	훈언	석보	능엄	구급	금강	육조	몽산	번박	번노	번소	훈회	소학	논어	
ㄱ. RR→LR 5 / 1(86%)		4	1								1			묏:골
ㄴ. RR→LL 1 / 0(14%)				1										묏골

[표 4] '묏골'의 성조 변동규칙의 출현빈도이다. [표 4]의 'ㄱ'은 상성 앞에서 상성이 평성으로 변동한 것으로 규칙 4가 적용된 것이고, [표 4]의 'ㄴ'은 기저의 상성이 둘 모두가 평성으로 변동한 것이다. [표 4] 'ㄴ'의 성조 변동규칙은 통시적인 음운과정을 거친 것으로 설명된다. 즉, '묏골'이 통사적 합성어에서 완전한 합성어로 변화한 것으로 파악할 수 있고, 기저성조 R + R이 결합하여 규칙5－규칙2－규칙3이 순차적으로 적용되어 "RR > *HR > *HL > LL"의 음운과정을 겪어 표면성조를 도출할 수 있다.

'묏골'의 성조 변동규칙의 출현빈도를 고려하면 규칙 4가 15~16세기에 동시에 유지되고 있는 것을 알 수 있다.

4.5. 규칙 5의 변화

둘 이상의 어절이 결합하여 한 어절을 형성할 때, 상성이 기저성조에서 표면성조로 도출할 때, 거성으로 변동한다. 상성이 거성으로 변동하는 것은 상성이 거성과 음고면에서 같은 점이 있어 발화자가 유추에 의한 착각에 의한 것으로 파악한다(김완진, 1973).

[표 1]의 'ㄴ'은 2음절의 상성이 거성으로 변동한 성조 변동규칙의 출현빈도를 나타낸다. 즉, '목:숨'의 L + R이 기저성조에서 표면성조로 도출하면서 'LH'로 실현되고 있다. [표 3]을 보면 규칙 5가 15세기에만 존재하는 성조 변동규칙으로 보이지만 [표 2]의 'ㄹ, ㅁ'을 보면 규칙 5가 16세기에도 유지된다는 것을 알 수 있다. [표 2]의 'ㄹ, ㅁ'은 1음절의 상성이 거성으로 변동한 성조 변동규칙의 출현빈도를 나타낸다. 즉, ':두:ㅿㅓ'의 R + R이 기저성조에서 표면성조로 도출하면서 'HH'와 'HL'실현되고 있다.

규칙 5는 15~16세기에 유지되므로 변동규칙의 변천 유형에서 [A 유형]에 속하며, 성조 변동규칙의 출현빈도를 고려해 보면, 규칙 5은 매우 약한 성조 변동규칙이다. 왜냐하면 출현빈도이 매우 낮기 때문이다. '목숨'의 음운과정에 규칙 5가 적용되는 경우는 10%에 해당되고, '두ㅿㅓ'의 음운과정에서도 규칙 5가 적용되는 경우는 각각 4%와 2%이다.

4.6. 규칙 6의 변화

둘 이상의 어절이 결합하여 한 어절을 형성할 때, 평성이 거성으로 변동한다. 이 성조 변동은 15세기 성조변동에서는 예가 <석보상절>의 '즌·흙·ㄱ·티 <釋譜23,50b>' 1개가 있다. 그러나 16세기에 오면 그 예의 수가 많아진다. 이로 인해 15세기에서는 규칙 6을 성조 변동규칙으로 설정하지 못했지만 16세기에는 규칙 6을 성조 변동규칙으로 설정했다. 규칙 6은 <소학언해>에 이르러 그 예가 많아지므로 16세기에 새롭게 생성된 규칙으로 파악한다. 여기서는 그 예가 적은 관계로 문헌별 나타나는 출현빈도를 제시한다.

[표 5] 규칙 6의 출현빈도

성조 변동규칙	15세기							16세기						어형
	훈언	석보	능엄	구급	금강	육조	몽산	번박	번노	번소	훈회	소학	논어	
ㄱ. L + L→HL 0 / 5(36%)												5		
ㄴ. L + LH→HLH 0 / 4(29%)												4		※ 3.2.6에 제시
ㄷ. L + R→HR 0 / 2(14%)								1				1		
ㄹ. L + RL→HHH 0 / 1(7%)												1		
ㅁ. L + RL→HRH 0 / 2(14%)								1				1		

4.7. 정리

15·16세기 합성어 성조 변동규칙의 변천을 살펴보았다. 규칙 1부터 규칙 5까지는 15세기에 존재하고 16세기에도 유지되는 성조 변동규칙이다. 따라서 이들 규칙은 성조 변동규칙 변천의 유형에서 모두 [A 유형]에 속한다, 그러나 규칙 6은 15세기에 존재하지 않던 규칙이 16세기에 생성된 규칙이다. 이것은 규칙 변천 유형의 [C 유형]에 속한다. 따라서 15세기의 합성어 성조 변동규칙의 체계는 다섯 개의 규칙으로 구성되었으나, 16세기 합성어 성조 변동규칙 체계는 6개의 규칙으로 구성되었다. 이를 정리하면 [표 6]과 같다.

[표 6] 15~16세기 합성어 성조 변동규칙의 변천

성조 변동규칙	성조 변동규칙 병천 유형	15세기							16세기					
		훈언	석보	능엄	구급	금강	육조	몽산	번박	번노	번소	훈회	소학	논어
규칙 1	[A 유형]													→
규칙 2	[A 유형]													→
규칙 3	[A 유형]													→
규칙 4	[A 유형]													→
규칙 5	[A 유형]													→
규칙 6	[C 유형]		...											→

5. 맺음말

둘 이상의 어절이 결합하여 하나의 어절을 이룰 때, 기저성조가 표면성조로 도출되면서 성조의 변동이 일어난다. 이 음운과정에서 적용되는 규칙이 성조 변동규칙이다.

성조 변동규칙의 변천을 살피기 위해 15~16세기 문헌의 합성어를 찾아, 합성어에 나타나는 성조변동을 살피고, 그 성조변동을 통해 성조 변동규칙을 도출해서, 15~16세기 성조 변동규칙의 변천을 살펴보았다.

3장에서는 중세국어 합성어에 나타난 성조변동을 살펴 성조 변동규칙을 설정했다. 15세기 성조 변동규칙은 5개의 규칙을 설정하고, 16세기 성조 변동규칙은 6개를 설정했다. 그 규칙을 정리하면 다음과 같다.

첫째, 규칙 1 : 둘 이상의 어절이 결합하여 하나의 어절을 구성할 때, 기저
　　　　　성조가 표면 성조에 그대로 도출된다.
둘째, 규칙 2 : 중화규칙(김차균 : 1999)
　　　　　둘 이상의 어절이 결합하여 하나의 어절을 형성할 때, 첫 거성과 상성
　　　　　은 변별적 기능을 유지하지만, 이후 음절의 성조는 상성이든 거성이
　　　　　든 변별적 기능을 수행하지 못한다. 따라서 첫 거성과 상성의 위치를
　　　　　정해지면 이후 음절의 성조는 측성으로 중화한다.
셋째, 규칙 3 : 첫 성분 평성화 1(역행 동화)

$$\begin{bmatrix} H \\ R \end{bmatrix} \quad \rightarrow \quad L \quad / \underline{\quad\quad} L$$

넷째, 규칙 4 : 첫 성분 평성화 2(역행 이화)

$$\begin{bmatrix} H \\ R \end{bmatrix} \quad \rightarrow \quad L \quad / \underline{\quad\quad} H, R$$

다섯째, 규칙 5 : 상성의 거성화　　R → H / 　#______#

여섯째, 규칙 6 : 평성의 거성화　　L → H / ______ L, R

4장에서는 15세기와 16세기의 성조 변동규칙을 비교하고, 합성어의 출현

빈도를 고려하여 성조 변동규칙의 변천을 살펴보았다. 그 내용을 정리하면 다음과 같다.

규칙 1부터 규칙 5까지는 15세기에 존재하고 16세기에도 유지되는 성조 변동규칙이다. 따라서 이들 규칙은 변동규칙 변천의 유형에서 모두 [A 유형]에 속한다, 그러나 규칙 6은 15세기에 존재하지 않던 규칙이 16세기에 생성되는 규칙이므로, 규칙 변천 유형의 [C 유형]에 속한다. 이를 정리하면 앞의 [표 6]과 같다

‖ 참고문헌

김성규(1994), 「중세국어의 성조 변화에 대한 연구」, 서울대학교 박사학위논문.

김성규(1997), 「성조의 변화」, 『국어사연구』, 국어사연구회.

김성규(1998), 「2음절 용언 어간의 성조 유형」, 『국어학』 32, 국어학회.

김성규(1999), 「중세국어 합성어의 성조」, 『언어의 역사』, 태학사.

김성규(2003), 「문헌에서의 성조」, 『국어학회 집중강좌』, 국어학회.

김영만(1987), 「국어초분절음소의 사적 연구」, 고려대학교 박사학위논문.

김완진(1971), 『국어음운체계』의 연구, 일조각.

김완진(1973), 『중세국어성조의 연구』, 한국문화연구소.

김완진(1977), 『중세국어성조의 연구』, 탑출판사.

김주원(2001), 「소학언해 연구」, 『국어학』 37, 국어학회.

김차균(1980), 『경상도 방언의 성조 체계』, 과학사.

김차균(1985), 「중세국어와 경상도 방언의 성조 대응 관계 기술의 방법론」, 『역사언어학』 (김방한 선생 화갑 기념 논문집).

김차균(1997), 「우리말 성조 연구의 성과와 미래의 방향」, 『언어』 18, 충남대학교 어학 연구소.

김차균(1998), 『음운학 강의』, 태학사.

김차균(1999), 「훈민정음 시대 우리말 성조체계와 방언들에서 비성조 체계로의 변천 과 정」, 『언어의 역사』, 국어사연구회.

김차균(2003), 「우리말 성조 방언에서 반평성과 반거성」, 『한말연구』 13, 한말연구학회.

박숙희(2005), 『경북 동해안 방언의 성조 연구』, 충남대학교 박사학위논문.

유창돈(1964), 『이조어사전』, 연세대학교 출판부.

이근영(1989), 「국어 변동규칙의 통시적 연구」, 건국대학교 박사학위논문.

이기문(1960), 「"소학언해"에 대하여」, 『한글』 127, 한글학회.

이동화(1999), 「경북방언 성조의 자립분절음운론적 연구」, 영남대학교 박사학위논문.

이상억(1978), 『Middle Korean Tonology』, 한신문화사.

이상억(2006), 『한국어 체언의 음변화 연구』, 서울대학교출판부.

정연찬(1960), 「15세기 국어의 Tone에 대한 연구」, 『국어연구』 8, 국어연구회.

정연찬(1976), 『국어성조에 관한 연구』, 일조각.

조오현(1993), 「15세기의 모음체계에 대한 연구 흐름」, 『한중 음운학 논총』 1, 서광학술자료사.
조오현(1998), 「15세기 ‘ㅣ’의 소리 값에 대한 한 가설」, 『한글』 242, 한글학회.
조오현(1999), 「내림겹홀소리의 홑홀소리 되기 원인」, 『건국어문학』 23~24, 건국대학교 국어국문학 연구회.
차재은(1999), 『중세국어 성조론』, 월인.
최영미(2001), 「삼척지역어의 운소체계 연구」, 건국대학교 석사학위논문.
최영미(2001), 「어중 된소리되기와 운율구조」, 『한말연구』 9, 한말연구학회.
최영미(2003), 「삼척지역어의 장단과 고저에 대한 청취 실험 연구」, 『국어교육』 110, 한국국어교육연구학회.
최영미(2006), 「<소학언해>에 나타난 합성어의 성조 변동」, 『우리말 음운 연구의 실제』, 경진문화사.
한글학회(1992), 『우리말 큰사전 4』, 어문각.
허   웅(1963), 『중세 국어 연구』, 정음사.
허   웅(1985), 『국어음운학』, 샘출판사.
Ramsey, S, Robert(1974), 「함경·경상 양방언의 악센트 연구」, 『국어학』 2, 국어학회.
Ramsey, S, Robert(1975), *Accent and Morphology in Korean Directs*, 탑출판사.

개화기 신문 광고 언어

서 은 아

1. 머리말

이 연구는『독립신문』,『매일신보』,『제국신문』,『대한매일신보』등의 개화기[1]에 발간된 4대 신문의 광고 언어를 분석 대상으로 삼아, 신문 광고의 구성 요소, 어휘와 문장의 유형과 특징을 밝히는 것을 목적으로 한다. 이를 통해 개화기 신문 광고 언어의 유형적 특징을 밝히고자 한다.

'광고'라는 용어가 처음으로 등장했던『한성순보』(1883)에는 실제 광고[2]가 실리지는 않았다. 우리나라 최초의 신문 광고는『한성주보』(1886) 2월 22일자 제4호에 실린 독일 무역상 세창양행(世昌洋行)[3]의 광고이다. 본격적으로

---

1) 초창기 우리나라 신문 광고가 시작된 1896년대는 이전에 없었던 근대적 광고와 매체의 등장이라는 시대적 의미에 따라 '개화기'로 시대 구분된다(신기혁·강태중, 2004 : 129~136).
2) 우리나라에서 광고를 처음 시작한 신문은 1891년 12월 10일 일본인들이 부산에서 순간(旬刊)으로 발행한『조선신보』이지만, 이 신문은 일본인이 일어로 발행한 신문이기 때문에 우리나라 언론사에는 포함하지는 않는다(정보석, 1996 : 12).
3) 세창양행의 광고 내용은 한문으로 작성되었고, 우리나라에서 사려는 물품을 나열하고 모든 귀한 손님들과 선비나 상인에게 염가로 팔겠으며, 시세에 맞게 계산하여 아이나 노인이 와도 속이지 않겠다는 내용이다. 누구에게나 친절하게 대하겠고 정직한 상거래를 하겠으며 세창양행의 상표

신문에 광고가 등장한 것은 개화기 『독립신문』(1896)에서부터로 이 시기에 『한성주보』(1886~1888), 『독립신문』(1896~1899), 『매일신문』(1898~1899), 『황성신문』(1898~1910), 『제국신문』(1898~1910), 『대한매일신보』(1904~1910) 등의 민간 신문의 발간이 활발하게 이루어졌다. 더욱이 『한성주보』를 제외한 모든 신문이 순 한글로 광고가 작성되었다는 점이 특징이다.4)

박영준(2005)과 서은아(2005)는 『독립신문』에 나타난 광고 언어의 특징을 밝힌 개화기 연구지만 『독립신문』만을 연구 대상으로 삼았기 때문에 개화기 신문 광고에 나타난 광고 언어의 유형적 특징을 밝히지 못한 한계점을 안고 있다.

따라서 이 연구는 『독립신문』, 『매일신문』, 『제국신문』, 『대한매일신보』 등의 개화기 신문에 순 한글로 작성된 268건의 광고를 분석 대상으로 삼아 개화기 신문 광고에 나타난 광고 언어의 구성 요소, 어휘와 문장의 유형과 특징을 살펴 초창기 광고 언어의 특징을 밝히고자 한다.

2. 구성 요소의 유형과 특징

광고는 언어적 요소와 비언어적 요소로 이루어지는데, 매체 특성에 따라 강조되는 점이 다르다. 신문이나 잡지와 같은 인쇄 매체의 광고는 음성, 시선 등의 비언어적 요소보다 표제, 본문, 광고주 등의 언어적 요소를 더욱 중요하게 인식한다.

개화기 신문 광고에 사용된 언어적 요소의 유형과 특징을 살펴봄으로써,

를 확인하고 물건을 산다면 잘못이 없을 것이라고 밝혔다(정보석, 1996 : 13).

4) 개화기의 민간 신문 가운데 『한성주보』, 『황성신문』은 국한문혼용, 『매일신문』, 『제국신문』은 순 한글, 『독립신문』은 국문판과 영문판으로 분리해서 광고를 게재했다. 또한 『대한매일신보』는 순 한글로 작성된 광고가 초기 신문에 게재되었지만, 이후 국한문 혼용으로 작성된 광고가 게재되었다.

이 시기에 선호된 언어적 요소가 무엇인지 살펴보기로 한다.

> (1) 믹일 신문이 그동안 몃호 졍지 되엿더니 요亽이 회샤를 다시 조직ᄒ고
> 오늘 븟허 신문이 다시 발간 되었는디 긴요훈 소문과 유익훈 말이 만
> 터라.(제국, 1898. 8. 10)[5]

> (2) 삼졍은힝
> 삼졍의 동족과 친척들의합ᄌ익이 수빅만원 본뎜은 동경에 잇고 지점은
> 일본과 쳥국디에잇고 디리졈은 구쥬와 미쥬 각국에 잇고 경셩 인쳔 부
> 산 등디에 지뎜이 잇습.
> 경셩삼졍물산회샤(대한, 1904. 8. 4)

> (3) 믹가 광고
> 소졍동 안에 이젼 강졍승 들엇던 집을 팔터이니 누구던지 사고져 ᄒ거
> 던 졍동 미국 모사 민노아 집으로 와셔 갑이 얼마되는지 알아 사시오
> (독립, 1898. 2. 5)

신문 광고의 언어적 요소는 '표제, 부제, 본문, 슬로건, 광고주' 등으로 이루어지는데, (1)은 '본문', (2)는 '표제―본문―광고주', (3)는 '표제―본문'의 구성 요소로 이루어진 개화기 신문 광고이다.

'본문'만으로 구성된 (1)은 전체 268건의 광고 가운데 76건(28.36%)로 개화기 신문 광고 가운데 가장 높은 사용 빈도로 나타났고, 다음으로 '표제―본문―광고주'로 구성된 (2)은 65건(24.25%), '표제―본문'으로 구성된 (3)은 64건(23.88%) 등으로 조사되었다.

『독립신문』에 게재된 114건의 광고 가운데 50건(43.86%)이 '본문'으로 구성된 것을 볼 때(서은아, 2005ㄴ), 개화기 신문 광고는 '본문'으로 구성된 광고가 가장 선호되고 있음을 알 수 있다.

현대 광고에 나타난 구성 요소의 사용 빈도를 살펴본 서은아(2005ㄱ :

---

5) 이 연구에서 4개 신문은 『독립신문』은 '독립', 『매일신보』는 '매일', 『제국신문』은 '제국', 『대한매일신보』는 '대한' 등의 약자로 표기한다.

268~269)에 따르면, 총 327건 가운데 '표제-본문-광고주' 구성이 74건 (22.63%)로 가장 높게 나타났고, 다음으로는 '표제-본문-슬로건-광고주' 가 68건(20.80%), '표제-부제-본문-슬로건-광고주' 구성이 65건(19.88%) 으로 각각 조사되었다. 이러한 양상은 개화기 신문 광고 구성 요소의 사용 빈도와 다른 양상임을 알 수 있다. 즉 현대 광고는 광고의 언어적 요소에 대한 인식을 뚜렷하게 하고 있고, 각 요소의 특징을 살려 광고하고 있지만, 개화기 광고는 구성 요소를 중요하게 인식하지 못하고 있음을 알 수 있다.

(4) ㄱ. 안창회샤, 주식회샤, 가메야 회샤, 고살기 회스
    ㄴ. 삼정은힝, 데일은힝, 世昌 洋行 제물포
    ㄷ. 석탄광고, 식목광고, 특별광고, 협성회광고, 본사고빅

(5) ㄱ. 진고기 목촌건부씨의 전에 상등 일본 석탄이 만히 잇눈디 미돈에
      갑시 십일원이라 와셔 사 가시오(독립, 1896. 12. 17) 가격정보
    ㄴ. 미일 신문샤를 이젼 션혜텽 압 균역텽 도가되엿던 집으로 옴겻스니
      새로 신문을 보시려ᄒ던지 혹 셔칙과 명함을 박이려 ᄒ시거든 다
      차자 오시기를 바라오(매일, 1898. 7. 30)
    ㄷ. 남대문안 이문샤(以文社) 칙판에 쥬ᄌ가 구비ᄒ오니 쳠군ᄌ눈 명함
      이나 칙이나 와셔 박이시면 갑슬 간략히 ᄒ겟습ᄂ니다.(제국, 1898.
      12. 19)

(6) ㄱ. 진고기 구마모도 회샤, 제물포 지졈 춍디 홈링거 회샤
    ㄴ. 고살기 상뎜, 칼나스키 샹졈
    ㄷ. 진고기 마루타기 텬ᄌ상점 고빅, 슈표교 광싱당 교빅

개화기 신문 광고의 표제는 (4)와 같은 형태의 사용이 일반적이다. 즉 (4 ㄱ)의 '○○ 회사', (4ㄷ)의 '○○ 광고', 또는 '○○ 고백'이라는 표현이 자 주 사용된다. 이러한 유형은 일차적으로 '광고의 주체'를 명시함으로써 광고 에 대한 신뢰를 주기 위함이고, 이차적으로 판매하는 제품에 대한 신뢰를 주기 위함이다. 또한 (4ㄷ)처럼 '광고주'를 표제에 사용하기도 한다. 개화기

신문 광고의 표제는 '광고주'를 알리는 것이 주된 기능이다.

(5)의 본문은 '판매하는 물건의 가격정보, 물건의 종류' 등의 정보를 제시하고 있다, 특히 '본문'만으로 구성된 요소가 가장 사용 빈도가 높은 것은 이 시기에 광고에서 중요하게 인식한 정보는 가격에 대한 정보, 판매 물건의 종류, 회사의 위치 등에 대한 정보를 본문에서 구체적으로 설명할 수 있기 때문이다.

(6)의 '회사, 고백, 상점' 등은 '○○ 회사'처럼 광고 회사의 이름과 함께 사용하고 있다. '회사'나 '고백'이라는 단어는 표제뿐만 아니라 광고주 위치에도 반복적으로 사용하고 있다. 이는 신문 광고의 구성 요소에 대한 인식보다는 광고 주체를 알리는 것을 더 중요하게 생각한 개화기 신문 광고의 한 특징으로 볼 수 있다.

지금까지 살펴본 개화기 신문 광고의 구성 요소에 대한 조사 결과는 다음 [표 1]과 같다.

[표 1] 개화기 신문 광고의 구성 요소

구성 요소	신문의 종류	빈도(건)	비율(%)
본문	독립, 매일, 제국, 대한	76	28.36%
표제－본문－광고주	독립, 매일, 제국, 대한	65	24.25%
표제(부제)－본문	독립, 제국, 대한, 매일	64	23.88%
본문－광고주	독립, 매일, 제국, 대한	62	23.13%
본문－슬로건－광고주	독립	1	0.37%
합계		268	100%

이처럼 개화기 신문 광고에 사용된 언어적 요소의 사용 양상은 본문만으로 구성된 요소가 가장 높은 빈도로 사용되었다. 이 시기 광고가 구체적이고 직접적으로 제품을 알리는 방법을 선호했기 때문에 이를 반영할 수 있는 광고의 구성 요소가 '본문'이기 때문에 다른 구성 요소보다 본문만으로 이루어진 광고의 사용 빈도가 높게 나타난 것이다.

3. 어휘와 문장의 유형과 특징

3.1. 어휘의 유형과 특징

이 장에서는 개화기 신문 광고에서 반복적으로 사용된 어휘의 유형과 특징이 무엇인지 살펴보기로 한다.

(7) ㄱ. 진고기 목촌건부씨의 젼에 상등 일본 셕탄이 만히 잇는디 미돈에
　　　갑시 십일원이라 와셔 사 가시오.(독립, 1896. 12. 1)
　　ㄴ. 구리기 돗골 새로 품쥬가(品酒家)라 ᄒᆞ는 그를 셰은 슐집이 잇는디
　　　슐 맛이 샹지 샹품이요 갑도 미우 싼지라 슐 쟈시는 이들은 만히
　　　와셔 사 가시오.(독립, 1897. 11. 11)
　　ㄷ. 샹품 미국 금계랍과 회즁산을 새로 내 왓시니 사 가기를 원 ᄒᆞ는
　　　이는 셔울 구리기 졔즁원으로 오시오.(독립, 1898. 2. 22)
　　ㄹ. 각식 집으로 모든 갓과 죠흔 우산과 샹등 지권연들과 물것 죽기는
　　　약가로가 만히 왓는디 갑도 미우 헐ᄒᆞ더라(독립, 1896. 6. 9)

(7ㄱ, ㄴ)의 '값(갑)', (7ㄷ, ㄹ)의 '상품(샹품), 좋다'라는 단어는 이 시기 신문 광고에 자주 사용되었다. '값'은 제품의 가격을 직접적으로 제시한 (7ㄱ)의 형태로 사용되는 것이 일반적이지만, (7ㄴ)의 '미우 싸다'와 같은 표현과 함께 사용되기도 한다. '싸다'라는 표현 외에 '후하다, 비싸지 않다' 등의 표현도 반복적으로 사용함으로써 제품의 가격을 강조하거나 구체화시킨다. 또한 '값'이라는 단어 대신에 '뱃삯'을 의미하는 '선가(船價)', '매우 싼 값'을 의미하는 '염가(廉價)'라는 단어가 『대한매일신보』와 『제국신문』에서 사용되었다.

'값'이 제품의 가격 정보를 제시하는 것이라면, (7ㄷ)의 '샹품'은 제품의 품질을 알리는 정보이다. 질이 좋은 제품을 의미하는 '상품(上品)' 외에 '상등, 극품' 등이 사용되었는데, '상등(上等)'은 '등급을 상·하 또는 상·중·하로 나눌 때 가장 높은 등급'을 의미한다. '가장 좋은 품질이나 그런 물건'

을 의미하는 '극품(極品)'은 '극상품(極上品)'이라고도 한다. 이처럼 제품의 품질을 '상등, 상품, 극품'의 한자어로 표현하기도 하지만, (7ㄹ)처럼 '좋다(둏다)'의 고유어로 제품의 우수성을 표현하기도 한다.

이처럼 광고에서 가격의 정보와 제품의 품질을 직접적 제시하는 설명의 방법은 윌리암 아렌스(2003 : 365~367)가 제시한 광고 유형 가운데 '직설적 판매형'에 해당한다. 또한 한은경(1997 : 158)에서도 『황성신문』의 광고가 상징이나 은유 그리고 함축적인 표현보다는 직설적인 문장과 설명으로 구성되어 있다고 지적한 것도 개화기 신문 광고에 사용된 어휘의 한 특징이다.

> (8) ㄱ. 음양력 셕거 만든 리년 칙역을 상히셔 니올터이니 사보려 흐난 이는 미리 정동 한창 양힝집으로 와셔 긔별흐시오. 쏘 상품 금계랍도 사가시오. <u>고샬기 샹뎜</u>(제국, 1898. 10. 22)
> ㄴ. <u>고샬기 샹회</u> 뎡동 이집에 각식 셔양 물건이 쉬 올터이요 지금 상픔 바눌과 실이 만히 잇고 죠흔 북감즈가 여러 셤이 잇눈더 갑도 빗사지 안코 믈픔도 다 훌융흐더라(독립, 1896. 5. 23)
> ㄷ. <u>고샬기 회스</u> 죠흔 셔양 반을이 이회스에 만히 잇스니 와셔 사가시요 갑도 헐 흐고 품도 샹등이니 셔울 정동 고샬기 집으로 차자 오시옵.(독립, 1896. 9. 17)

(8)의 '상회(샹회, 샹희)' 또는 '상점(샹뎜)'은 일반적으로 기업의 이름과 함께 사용되는데, 제품의 판매처를 나타내는 단어이다.

'상회(商會)'는 여러 사람이 함께 장사를 하는 상업상의 조합, '상점(商店)'은 일정한 시설을 갖추고 물건을 파는 곳을 의미한다. '상회'와 '상점'을 통해 제품을 판매하는 곳, 즉 광고주를 알리는 것이다.

'상회'나 '상점'과 함께 이 시기에 기업의 이름을 나타내는 현대적 의미로 사용된 단어가 '회사'이다. '고샬기'는 개화기 광고에서 '상뎜, 샹희, 회스'라는 단어를 모두 사용한 (8)의 예문처럼 이 시기 세 단어는 동일한 의미로 사용되었음을 알 수 있다. 하지만 '회사'라는 단어가 상점, 상회보다 사용 빈도 면에서 높게 나타났다(서은아, 2009).[6]

(9) ㄱ. <u>본샤 고빅</u> 본샹에셔 회록을 당ᄒ야 신문 스무소를 아즉 모교다리
　　교번호 근처로 뎡하엿스오닌 본샹에 소관잇ᄂ 쳠군ᄌᄂ 그리로 차
　　ᄌ오시기를 바라오. 신문갑은 미장에 오푼이오. 흔둘됴ᄂ 빅동젼
　　삼기오 외방에ᄂ 우표갑을 미장에 엽젼 흔푼식 더 밧소.(뎨국,
　　1899. 12. 29)

　ㄴ. <u>빈지 학당 기학 광고</u> 본 학당이 금월 십륙일 음력 팔월 초십일에
　　기학 ᄒ고 한문 영어 디리 산학 스긔 졍치학과 모든 긴요훈 공부들
　　을 ᄀᄅ칠터이니 구 학원은 일졔히 귀학 ᄒ려니와 새로 입학코졔
　　ᄒᄂ이도 오시기를 ᄇ라오.(독립, 1896. 9. 12)

　ㄷ. <u>셕탄 광고</u> 진고기 목촌건부씨의 젼에 상등 일본 셕탄이 만히 잇ᄂ
　　디 미돈에 갑시 십일원이라 와셔 사 가시오.(독립, 1896. 12. 1)

1886년 독일 세창양행의 광고에서 시작된 '고백'이라는 단어는 (9ㄱ)의
'본사 고빅'처럼 개화기 신문 광고에서 자주 볼 수 있는 어휘이다. 그런데
(9ㄴ)의 '광고'라는 어휘도 '고백'과 함께 빈번하게 사용되었는데, 이는 개화
기에 두 단어가 동일한 의미로 사용되었음을 보여준다. 하지만 사용 면에서
'고빅'보다 '광고'의 사용이 확대되었다.[7]

(10) ㄱ. 이 회보ᄂ 미 토요일에 훈번식 발간ᄒ고 파ᄂ 쳐소ᄂ 셔울 졍동 비
　　지 학당 데 일방이오 훈쟝 갑슨 엽너푼 일월 됴 션급 엽돈반 일년
　　됴 션급 엽훈량 일곱돈 오푼이오니 <u>사다 보시기를 ᄇ라오</u>.(매일,
　　1898. 1. 8)

　ㄴ. 졍동벽문 북쪽 모퉁이 벽돌집에셔 샹품 금계랍과 밀가루와 셕유를
　　파ᄂ디 갑도 격고 물건이 됴ᄒ니 <u>와셔들 사가시오</u>.(뎨국, 1898. 9.
　　24)

　ㄷ. 리봉운이라 ᄒᄂ 션비가 학부 관허를 인 ᄒ야 언문 옥편을 믄드러
　　발힝 ᄒ게 ᄒ엿시디 언문에 리치를 쇼샹히 알게 ᄒ고 이젼에 언문
　　내인 스격도 ᄌ셔히 내엿고 다른 리치도 볼만 ᄒ고 ᄯᅩ 동몽도 학습
　　ᄒ겟시니 졔군ᄌᄂ 사셔 보시려거던 두다리 아리 <u>어의동 국문국으</u>

    <u>로 오시웁</u>(독립, 1897. 3. 1)

ㄹ. 싱이 사진ᄒᄂ는 법을 비화 쥬즈골셔 싱영교을 기셜ᄒᄒ와 동셔양 군즈
에 권고ᄒᄒ심을 힘닙온바 근일에 쏘 라동에 봉선과을 기셜ᄒᄒ엿스오
니 누구시던지 즈긔 면목과 젼ᄒ시려 ᄒ시ᄂ는 쳠군즈들은 <u>차자오심</u>
<u>을 ᄇ라ᄂᄂ이다.</u>(뎨국, 1899. 5. 9)

    (10)의 '사다보시기 바라오.', '와서 사가시오', '오시웁', '찾아오시기 바라닛이다.' 등의 표현은 적극적으로 소비자의 제품 구입을 요구하는 행동 유발 어휘이다. 이러한 유형에는 '오다, 사다'의 어휘를 중심으로 다양한 형태가 사용되고 있다. '오다'는 '오시오, 오시웁, 와서 보시오, 와셔 사가시오.' 등의 형태가 나타나고, '사다'의 어휘는 '사가시오, 사라, 사가시기 바라웁, 사시오' 등의 형태가 나타난다.

    광고 작성 공식에 따르면, 개화기 신문 광고에 사용된 '어서 오시오, 사가시오' 등의 어휘는 'AIDMA'나 'AICDA'의 마지막 'A(action)'로 '행동의 단계'에 해당한다. 즉 소비자로 하여금 제품 구매를 촉구하는 어휘로 볼 수 있다.8)

    적극적인 행동 유발 어휘는 서은아(2005 : 202~208)에서 지적한 것처럼 현대 광고에서도 볼 수 있다. 예컨대 제품 판매를 목적으로 광고 본문에서는 '경험해 보세요, 신청하세요, 전화주세요' 등의 행동 유발 어휘가 사용되고 있다.

    이처럼 개화기 신문 광고에 반복적으로 사용된 '값, 광고, 회사, 오다, 사다, 팔다' 등의 어휘는 사용 빈도를 중심으로 살핀 서은아(2009)에 따르면, 상위 10위 안에 속하는 고빈도 어휘로 나타났다. 이는 제품의 가격, 제품의 품질, 제품의 판매처 등을 알리는 것이 개화기 신문 광고에서 가장 중요한

---

8) 'AICDA'의 A(attention)는 '주의' 단계, 소비자가 광고에 주의 집중하는 하도록 한다. I(interest)는 '흥미' 단계, 예상 고객에게 그들의 문제점을 말해주거나 제품이나 서비스가 그 문제점들에 대해서 어떻게 해답을 줄 것인지 말해준다. C(credibility)는 '신뢰' 단계, 제품이나 서비스에 대한 신뢰를 구축한다. D(desire)는 '욕망' 단계, 제품이나 서비스의 편익을 즐기고 있는 자신의 모습을 마음속에 그려보도록 자극한다(윌리암 아렌스, 2003 : 335~338).

정보로 인식했기 때문에 이러한 정보를 알릴 수 있는 '값, 광고, 회사' 등의
어휘를 사용하게 된 것이다.

3.2. 문장의 유형과 특징

이 장에서는 개화기 신문 광고 본문에 사용된 문장의 종결 형태를 살펴보
고, 이를 통해 종결어미의 사용 양상을 살펴보기로 한다.

> (11) ㄱ. 지졈은 조션 각 항국에 잇슴.(대한, 1904. 8. 10)
>   ㄴ. 본샤 스무를 더 확쟝 ᄒᆞᄂᆞ 스연은 이왕 고빅 하얏거니와 본샤 영즈
>   신문은 믹 쥬일(七日)동안 목요일에만 발간 ᄒᆞ더니 이도 ᄯᅩᄒᆞ 확쟝
>   ᄒᆞ야 九월 브터ᄂᆞᆫ 믹 쥬일 동안 화요 금요 두늘에 발간ᄒᆞ디 신긔ᄒᆞᆫ
>   잡보와 긴급ᄒᆞᆫ 뎐보를 만히 계지 ᄒᆞ겟스니 스방 쳠 군즈ᄂᆞᆫ 만히 구
>   람들 ᄒᆞ시오(독립, 1899. 9. 1)

개화기 신문 광고에 사용된 문장의 유형을 살펴보면, (11ㄱ)처럼 단문 구
성으로 이루어진 유형보다 (11ㄴ)와 같이 4개의 연결어미로 이어진 긴 문장
의 사용이 빈번하게 나타난다.

> (12) ㄱ. 본뎜은 일본 동경에 잇고 즈본금 총익 <u>륙빅이십오</u> 만원 리식은 믹
>   빅원에 삼젼오리에셔 륙젼오리ᄭᆞ지인데 뎡긔ᄒᆞᆫ터로 <u>계산홈</u>.(대한,
>   1904. 12. 6)
>   ㄴ. 남대문안 이문샤 칙판에 쥬즈가 구비ᄒᆞ오니 누구시던지 셔칙을 츌
>   간코즈 ᄒᆞ시ᄂᆞᆫ 이ᄂᆞᆫ 오시기를 ᄇᆞ라오 쥬즈모양은 <u>여차홈</u>(매일,
>   1898. 4. 28)
>   ㄷ. 신문밧 광흥 학교에셔 신년도 긔학을 본월십륙일 음녁십이월 오일
>   에 힝ᄒᆞ오니 원학 졔군즈난 일졔 리림ᄒᆞ심을 <u>망홈</u> 츄후 립학인도
>   <u>허입홈</u>.(제국, 1899. 1. 17)

(12)는 문장 종결어미 없이 문장이 종결된 형태인데, (12ㄱ)은 '계산ᄒᆞ다'

에 명사형 어미 '-ㅁ'이 결합된 형태로 문장이 종결되었다, 반면에 (12ㄴ, ㄷ)는 '여차ᄒ다, 허입ᄒ다'에 삽입모음 '-오-'와 '명사형 어미' '-ㅁ'이 결합된 형태로 문장이 종결되었다.

다음은 종결어미의 사용 양상을 구체적으로 살펴보기로 한다.

(13) ㄱ. 진고기와 대경동 셔양 만물 젼 담비 삽포우산과 일본셔양 물건과 슐과 식물을 만히 팔 표-가메야회샤고 물겻 죽이ᄂᆫ 약도 헐 ᄒ게 파오니 사가시오(독립, 1896. 7. 18)

　　 ㄴ. 독립신문은 우리 대한에 미우 긴요ᄒᆫ 신문이니 만히 사다들 <u>보시오</u>.(제국, 1898. 8. 10)

　　 ㄷ. 미일 신문 림시 수무소를 남대문 안 대평동 젼 셔셔 되엿든 집으로 아즉 뎡ᄒ엿스니 신문일을 인ᄒ야 오실 이ᄂᆫ 그리 차자 <u>오시오</u>.(매일, 1898. 8. 11)

(14) ㄱ. 죠션 사롬이 영국 말을 비호랴면 이 두칙보다 더 긴ᄒᆫ 거시 업ᄂᆫ지라 이 두 칙이 미국인 워두우 몬든거시니 한영ᄌ뎐은 영국 말과 언문과 한문을 합ᄒ야 몬든칙이오 한영문법은 영국문법과 죠션문법을 서로 견주 엇시니 말이 간단ᄒ야 영국말을 ᄌ셰히 비호랴면 이 칙이 잇서야ᄒᆯ거시니라 갑손 한영ᄌ뎐 수원 한영문법 삼원 비지학당 한미화활판소에 와 <u>사라</u>.(독립, 1896. 4. 7)

　　 ㄴ. 홍릉 뎡거장 좌우편 요리집에서 시희를 당ᄒ와 각국 음식을 더 갓츄고 기시 ᄒ여스오니 닉외국 쳠 군ᄌᄂᆫ 왕님 ᄒ시와 셩미디로 <u>초지옵소셔</u>.(제국, 1900. 3. 7)

　　 ㄷ. 남문밧 이문골 아리 양약국ᄒᄂᆫ 렴진호가 병인의 리왕이 멀다ᄒᄂᆫ 고로 황토현 신쟉로안에 벽돌집에다 약국을 쏘 셜시ᄒᄂᆫ디 오젼은 문밧게셔 병을 보고 오후에ᄂᆫ 황토현 벽돌집에셔 병을 보오니 쳠 군ᄌᄂᆫ <u>리림ᄒ옵쇼셔</u>.(제국, 1899. 10. 28)

(13)에 사용된 종결어미는 명령형 어미 '-오'인데, 개화기 신문 광고에서 76회가 사용되어, 종결어미 단독 형태 가운데 사용 빈도가 가장 높다. 특히 명령형 어미가 '-오'는 항상 높임의 선어말어미 '-시-'가 결합된 양상을

보여준다. (14)에는 명령형 어미 '-라, -소셔, -쇼셔'가 사용되었다.

(15) ㄱ. 이 회샤는 니부와 군부와 경무쳥에 슈용지물을 공납 흐량으로 언약
   흐고 갓과 신과 옷슬 샹픔 물건으로 팔되 빗ᄉᆞ지 아니 흐니 사가
   시기를 <u>브라오</u>(독립, 1896. 4. 16)

   ㄴ. 이회보는 미 토요일에 흐번식 발간흐고 파는 쳐소는 셔울 졍동 비
   지 학당 뎨 일방이오 흐쟝 갑슨 엽너푼 일월 됴 션급 엽돈반 일년
   됴 션급 엽흐량 일곱돈 오푼이오니 사다 보시기를 <u>브라오</u>(매일,
   1899. 11. 14)

   ㄷ. 안쳔항 룡골 긔풍국에 신효흔 안약이 잇는디 로인이라도 흥샹 시험
   흔즉 어듭든 눈도 다시 붉고 쇼년이 흥샹 시험 흔즉 눈이 늑지 안
   코 ᄯᅩ 예막도 버서지고 안치가 나고 눈물도 흘으지 아니 흐오니 사
   방 쳠군ᄌᆞ는 사다 시험흐오.(제국, 1899. 4. 4) 서술의 오

(16) ㄱ. 셔울 죵로 광교 욱한무역샹졈의 일본 방격 회샤와 ᄀᆞᆺ치 조약을 가
   지고 일등 학닌 방격실과 뎨 일등 학닌 미명을 크게 판미흐오니 ᄉᆞ
   방 계군ᄌᆞ는 사러 오시기를 <u>브라옵느니다</u>.(매일, 1898. 5. 13)

   ㄴ. 졍동 인화문 건너 골목에 이젼 인시덕씨의 들엇던 집 지금 캅민씨
   집에셔 셰간 즙물을 이둘 십오일 하오 두시에 구경 식히고 십륙일
   하오 흔시에 박미 할터이니 쳠 군ᄉᆞ는 왕림 흐시믈 <u>바라나이다</u>(독
   립, 1899. 11. 14)

   ㄷ. 셔양 물건과 쳥국 물건을 파는디 샹등 셔양 슐과 각식 담비가 만히
   잇더라(독립, 1896. 4. 7)

   ㄹ. 남대문안 창동 올흔손편 신뎐 신셕준의 가가에셔 엽 권연쵸를 만드
   난디 여송연만 못치 아니흐니 사가시오 사다가 풀녀흐면 갑도 싸
   게 <u>흐오리라</u>.(제국, 1898. 11. 4)

   ㅁ. 자본금 총액은 이쳔오빅 만원 본졈은 영국 론돈에 잇고 지졈은 각
   디 도회쳐에 <u>잇소</u>.(대한, 1904. 12. 3)

(15~16)은 서술형 어미 '-오'와 '-다, -라, -소'가 사용된 용례이다.
(15)의 '-오'는 사용 빈도가 다른 어미에 비해서 높게 나타나고 있다. 또한
(16)의 '-다'와 '-라'도 서술형 어미에서 사용 빈도가 높다. 서술형 어미

'-다'는 선어말어미 '-오/우-, -과-, -니-, -리-, -더-'와 결합할 때, '-다'는 '-라'로 교체된다(안병희·이광호, 1990 : 240). 따라서 서술형 어미의 유형 가운데 단독으로는 '-오'가 가장 많이 사용된 것처럼 보이지만, 실제 '-다(라)'의 형태가 가장 많이 사용된 것이다.

> (17) ㄱ. 광양균슈 도예셕의 셩명 도장를 위됴ᄒ야 위됴 표젹도 민둘고 무소
>   부지ᄒ오니 이런 놈은 강도에서 심훈지라 본 도장은 회폐롤 용ᄒ
>   오니 너외국인은 <u>속지 마옵</u>.(대한, 1904. 12. 13)
> ㄴ. 본사 신문 졔오호와 제륙호와 제칠호를 샹고홀 일이 잇기로 광고ᄒ
>   오니 이상에 말훈호슈를 가져오시면 미장에 십젼식 줄터이니가져
>   오시기 <u>바라옵</u>.(대한, 1904. 8. 4)
> ㄷ. 크고 견고훈 륜션 여러쳑인데 쳥국과 일본셔구쥬 각디로 <u>리왕홉</u>.
>   (대한, 1904. 8. 13)
> ㄹ. 본샤에서 셔칙을 기간 ᄒ눈디 아국에 고금 문쟝 명류의 명쟉 음영
>   을 몃슈식을 슈취 ᄒ야 방장 편집 출판 ᄒ오니 각기 그 션죠의 문
>   화를 쳔앙코ᄌ ᄒ눈 졔군ᄌ는 그 문집 즁 명쟉률시를 몃 슈식 이든
>   지 등쵸 ᄒ야 음력 이월너로만 보내시면 돈은 아니 밧고 츌판 ᄒ야
>   스업 되게 <u>ᄒ겟슙</u>(독립, 1897. 3. 4)

(17)의 '-옵, -옵, -홉, -습'은 본래 겸양법(객체높임법)을 실현하던 선어말어미인데, 근대 국어에 공손법(청자높임법)을 실현하는 어미로 변화했다(안병희·이광호, 1990 : 223).

현대 광고에서 볼 수 없는 (17)의 종결 형태는 선어말어미의 기능을 갖던 어미가 종결어미로 기능이 변화된 것이고, 객체높임을 실현하던 어미가 청자높임을 실현하는 어미로 변화된 것이다.

개화기 신문 광고에 나타난 선어말어미의 종결어미로 사용된 유형은 [표 3]에서 확인할 수 있듯이, '-옵, -습, -옵, -홉' 등이다. 이 가운데 모음 뒤에서 나타나는 '-옵'의 형태가 가장 사용 빈도가 높다.

이처럼 선어말어미의 종결어미로의 변화는 근대 국어에 시작되었는데, 현대 광고에 그 변화 양상을 확인할 수 있다는 것은 이 시기까지도 변화 과정

이 완전하게 이루어진 것이 아님을 알 수 있다. 따라서 현대 국어에서는 청자높임 어미인 '-습니다'가 개화기 광고에서 완전하게 종결어미로 그 쓰임이 확정되지 못한 과도기적 표기 형태를 보여준다.

지금까지 살펴본 개화기 신문 광고의 문장 유형을 정리하면 [표 2]와 같다.

[표 2] 개화기 신문 광고의 종결어미 유형

문장	종결어미	신문 종류	빈도	비율
평서문 (216건)	-오	독립, 매일, 제국, 대한	73	23.03
	-요	독립, 매일	30	9.46
	-다	독립, 매일, 제국	31	9.78
	-라	독립, 매일, 제국, 대한	54	17.03
	-소	대한, 제국, 매일	26	8.20
	-쇼	독립	2	0.63
명령문 (99건)	-오	독립, 매일, 제국	76	23.97
	-요	독립	20	6.31
	-라	독립	1	0.32
	-소셔	독립	1	0.32
	-쇼셔	독립	1	0.32
의문문 (2건)	-오	독립	1	0.32
	-가	독립	1	0.32
			317	100

[표 3] 선어말어미의 종결어미 양상

종결어미	신문 종류	빈도	종결어미	신문 종류	빈도
-옵	제국, 대한	2	-읍	독립, 매일, 제국, 대한	26
-습	독립, 대한	18	-흡	독립, 대한	4

4. 맺음말

이 연구는 『독립신문』, 『매일신문』, 『제국신문』, 『대한매일신보』 등의 개화기 신문에 나타난 구성 요소, 그리고 어휘와 문장의 유형과 특징을 구체적으로 살펴보았다. 이 연구를 통해 밝혀진 결과는 다음과 같다.

첫째, '본문'만으로 이루어진 광고가 개화기 신문 광고에서 268건 광고 가운데 76건(23.86%)으로 사용 빈도가 가장 높다.

둘째, '값, 상품, 광고, 고백, 회사, 오다, 사다, 팔다' 등의 어휘가 개화기 신문 광고에서 반복적으로 사용되었다. 이는 제품의 가격, 제품의 품질, 제품의 판매처, 제품의 소개 방법 등을 알리는 것이 개화기 신문 광고에 중요한 정보 가치를 갖기 때문이다.

셋째, '본문'에 사용된 문장의 종결어미 유형은 서술형 어미, 명령형 어미, 의문형 어미가 사용되었다. 이 가운데 서술형 어미로 문장이 종결된 문장이 전체 317건 가운데 216건으로 가장 많았다. 하지만 종결어미 단독 형태로 볼 때, 명령형 어미로 사용된 '–오'가 76건으로 가장 사용 빈도가 높았다. 또한 본래 객체높임의 선어말어미 '–옵, –흡, –습' 등이 청자높임의 종결어미로 변화하는 과도기적 형태가 종결어미로 사용되었다.

매체 언어로서 광고 언어의 유형적 특징을 밝히기 위해서는 초기 광고가 시작된 개화기를 시작으로 현재까지 역사적인 각 시기에 대한 광고 언어에 대한 연구가 꾸준하게 이루어져야 할 것이다. 이 작업은 후일로 미룬다.

‖ 참고문헌

김광수(1997), 「독립신문의 광고 분석」, 『언론과 사회』 15, 언론과 사회사.

김광해(1993), 『국어 어휘론 개설』, 집문당.

맹명관(1999), 『커피자판기 어디 업소?』, 들녘.

박영준(2005), 「1890년대 신문 광고 언어 연구-독립신문을 중심으로」, 『한국어학』 27, 한국언어학회.

서은아(2003), 『신문 광고와 언어』, 역락.

서은아(2005ㄱ), 「신문 광고에 사용된 표제와 본문의 유형」, 『한글』 268, 한글학회.

서은아(2005ㄴ), 「독립신문에 나타난 광고언어의 사용 양상」, 『한말연구』 17호, 한말연구학회.

서은아(2009), 「개화기 신문 광고에 사용된 광고 어휘 연구」, 『겨레어문학』 42호, 겨레어문학회.

신기혁·강태중(2004), 「한국 근대광고사 시대구분을 위한 일고찰」, 『한국광고학보』 6-1, 한국광고홍보학회.

신인섭·서범석(1998), 『한국광고사』, 나남출판.

안병희·이광호.(1990), 『중세 국어 문법론』, 학연사.

이명천·김요한.(2005), 『광고학 개론』, 커뮤니케이션북스.

정보석(1996), 「광복이전」, 『한국광고 100년』, 한국광고단체연합회.

한은경(1997), 「개항기 신문광고에 나타난 특성 및 시대상-황성신문을 중심으로」, 『광고 연구』 36, 한국방송광고공사.

Willian F, Arens, 2003, *Contemporary Advertising*, 『현대고아고론』, 리대용·김봉현·김태용 공역, 한국맥그로힐(주).

한국광고단체연합회(1996), 『한국광고 100년』.

아세아문화사(1986), 『제국신문』 1권.

LG상남언론재단(1996), 『독립신문』 1~4권.

한국신문연구소(1977), 『미일신문』.

신소설과 현대소설의 청자높임법 비교

김정호

1. 머리말

이 글에서는 개화기 신소설과 1920년대 현대소설의 대화지문에 나타난 국어 청자 높임법의 여러 등급 중 [＋높임] 등급의 사용 양상 차이를 등장인물의 사회적 신분 요인과 관련하여 살펴보고자 한다. 대화 참여자의 신분을 중심으로 두 시기의 국어 청자 높임법 사용 양상을 비교해 보는 것은, 갑오경장 이후 철폐되어 사라져간 사회신분제가 국어 청자 높임법 사용 양상의 변화에 미친 영향을 파악할 수 있다는 의의가 있다.

구체적으로 신소설과 1920년대 소설의 대화 지문에 사용된 국어 청자 높임법의 사용 양상을 통계적으로 분석하여 의미 있는 차이를 발견한 후, 이러한 차이가 대화 참여자의 신분과 더불어 당대의 사회 생활상에 비추어 어떠한 의미가 있는지를 살펴볼 것이다.

이 글에서는 통계 분석 과정에서 화자의 신분과 더불어 대화 참여자들 간의 지위 관계를 또한 고려할 것이다. 실제 사회에서의 지위 관계는 사회적 신분이나 계급, 계층 또는 나이 등과 같은 지위의 종류와 각각에서 나타나는 지위 차이의 정도를 고려하면, 지위 관계는 한정이 불가능할 정도로 매우 다양하게 나타난다. 그러나 국어 청자 높임법의 등급이 한정되어 있기 때문에, 청자 높임법이 표현할 수 있는 지위 관계는 비교적 단순하다. 여기에서는 국어 청자 높임법이 표현하는 대화 참여자들의 지위 관계를 크게 두 가지로 나누어 살펴보고자 한다. 첫째는 대화 참여자들 간에 지위 차이가 있는 경우이며, 둘째는 지위 차이가 없는 경우이다. 대화 참여자 간의 지위 차이가 있는 경우 상위자는 [− 높임]의 기능을 가진 등급을 사용하여 하위자에 대한 지위관계를 표현할 것이며, 하위자는 [+ 높임]의 기능을 가진 등급을 사용할 것이다. 반면 지위 차이가 없는 경우 대화 참여자들은 같은 기능을 가진 청자 높임법의 등급을 서로 사용할 것이다.

이상의 목적을 달성하기 위하여 2장에서는 분석 자료와 분석 방법을 소개하며, 3장에서는 두 시기의 자료에서 나타나는 차이를 통계적 방법으로 분석할 것이다. 마지막으로 4장에서는 그러한 차이의 의미를 사회사적 관점에서 해석할 것이다.

2. 분석 자료와 분석 방법

2.1. 분석 자료

이 논문의 연구 자료는 개화기 신소설 작품들과 1920년대 소설 작품이다. 그런데 소설 자료는 그 작가가 가지고 있는 개인적, 사회적 배경과 그에 따른 경험의 한계에 따라 자연 언어의 다양성이 축소되고, 작가의 관점에 따라 소설의 대화 지문에 통일성이 부여될 가능성이 있다. 게다가 소설은 일반적으로 등장인물과 대화 상황이 매우 제한되어 있다. 따라서 소설의 대화

지문을 자료로 청자 높임법을 분석할 때는 실제 언어 현실을 분석할 때와 같은 다양하고 풍부한 상황과 대화 참여자를 만나기도 어려운 일이다.

그러나 소설 자료 자체가 이 같은 한계를 지님에도 불구하고 대화참여자의 성별에 따른 청자 높임법의 사용 양상을 고찰하고자 하는 이 논문의 자료로서 충분한 가치가 있다고 본다. 그 근거는 작가가 작품을 쓰는 과정에서 독자를 전제한다는 점에서 찾을 수 있다. 소설에서 나타나는 등장인물들 간의 대화는 독자에게 의심 없이 수용되어야 하기 때문에 작가의 독특한 문체로 나타나기보다는 당대의 전형적인 문체로 표현될 가능성이 더 큰 것이다. 특히 대화 참여자들이 사용하는 청자 높임법은 어떤 등급을 서로 주고받을 것인지에 대해 합의[1]를 바탕으로 하는데, 이러한 합의는 일반적으로 사회적 규범에 따라 결정되므로, 소설 작가는 작중 인물들 간의 대화를 구성하는 과정에서 이러한 합의 규범을 고려하였을 것이다. 따라서 소설에 사용된 대화지문은 당대의 국어 청자 높임법 사용 양상을 반영하고 있을 가능성이 매우 높으며, 적어도 당대의 국어 청자 높임법 사용에 관한 사회적 규범과 의식을 드러내 줄 것이다. 분석에 사용된 소설의 목록은 다음과 같다.

---

1) 물론 여기서 합의란 대화 참여자들 간의 실제적인 합의 행위를 의미하지는 않는다. 화자가 청자 높임법의 어떤 등급을 청자에게 사용할 지는 화자의 판단에 의해 결정되지만, 청자가 화자의 청자 높임법 사용에 언제든지 문제를 제기할 수 있으므로 화자는 반드시 청자와의 관계를 고려해야만 한다. 이렇게 청자를 고려한 화자의 청자 높임법이 실제 대화 상황에서 문제없이 사용된다면, 청자와의 구체적인 합의 과정이 없다 할지라도 화자의 청자 높임법 사용에 양자 간의 합의가 바탕이 되었다고 볼 수 있다. 만약 대화 참여자간에 이에 대한 원만한 합의가 없다면 그것은 대화 참여자 간의 관계에 문제가 발생하는 것이며, 이 경우 대화의 본래 목적인 서로에 대한 합리적인 상호 이해에도 도달하지 못할 것이 분명하다. 따라서 국어 화자는 합리적인 상호 이해에 도달하기 위하여 우선 대화 참여자들은 청자 높임법의 어떤 등급을 서로 주고받는 관계인지를 합의해야 하며, 대화 과정에서 발화된 청자 높임법은 그러한 합의를 표현해주는 것이 된다.

[표 1] 개화기 신소설 목록

작가	작 품
이인직	혈의 누
	귀의 성(상)
	귀의 성(하)
	치악산
	은세계
	모란봉
	빈선랑의 일미인

[표 2] 1920년대 소설 목록

작가	작 품	작가	작 품
김영팔	사직단	염상섭	검사국 대합실
	쓸 수 업는 소설		고독
나도향	계집하인		금반지
	녯날 꿈은 창백하더이다		너희들은 무엇을 어덧느냐
	물레방아		만세전
	자기를 찾기 전		밥
	전차차장의 일기 몇 절		썩은 호도
	춘성		여객
	칠십원 오십전		이심
	행랑자식		전화
	J의사의 고백		해라바기
박영희	결혼전일	유진오	넥타이의 침전
	애의 만가		파악
	이중병자	이서구	누혼
	정순이의 설음		회한
	지옥순례	최승일	경매
	철야		바둑이
	피의 무대		봉희
윤기정	딴길을 것는 사람들		종이
	미치는 사람		콩나물죽과 소설
		박종화	아버지와 아들
	의외	방정환	그날밤

2.2. 분석 방법

2.2.1. 자료 처리 과정

[표 1]과 [표 2]의 작품들은 다음과 같은 과정을 거쳐 처리되었다. 우선 소설 작품에 나타나는 등장인물들 간의 대화를 신소설의 337명과 1920년대 소설의 441명의 등장인물이 발화한 8175개의 문장(신소설 4285개, 1920년대 소설 3890개)을 모두 MS 엑셀 프로그램에 [표 3]와 같이 입력하여 기초 데이터베이스를 작성하였다. 다음으로 이 자료를 화자의 신분과, 지위차이를 고려하여 화자가 청자높임법의 각 등급을 몇 번씩 사용하였는지 엑셀의 피벗 테이블을 통해 [표 4]와 같이 추출하였다. [표 4]의 자료는 다시 통계분석프로그램인 SPSS에 코딩하기 위해 [표 5]와 같이 변환하였다. 이 자료는 이 논문에서 사용하는 통계 분석 방법인 독립표본 T-검정에 맞도록 검정변수를 화자의 신분으로 단일화하여 입력되었다.

[표 3] 기초자료 입력의 예(엑셀 기본 자료)

번호	작가	작품	대화참여자	관계차	화자A	화자B	화자신분	청자신분	어미	등급
1			최병도부인-머슴의계집	<	·	불한당이 들어와서 천쇠를 때려서 죽게 되었습니다	상민	양반	습니다	합쇼
2			최병도부인-옥순	<	어서 일어나거라	·	양반	양반	거라	해라
3	이인직	은세계	최병도부인-옥순	<	불한당이 들어온다	·	양반	양반	다	해라
4			최병도-최병도부인	<	·	불한당이 들어온다 하니, 이를 어찌하잔 말이오?	양반	양반	오	하오
5				<	불한당이 어디로 들어와?	·	양반	양반	어	반말
6			장교-김달쇠	<	네가 명색이 사령이냐 무엇이냐?	·	중인	상민	냐	해라
7				<	우리가 비관을 메고 올 때에 순사도 분부에 무엇이라 하시더냐?	·	중인	상민	냐	해라

[표 4] 2차자료 추출의 예(엑셀 피벗테이블)

작가	작품	참여자	신분	화자	반-상관계	합쇼체	하오체	해요체	총합계
나 도 향	물레방아	방원- 옆집아낙	상민	A	상민-상민		1		1
				B	상민-상민		2		2
	전차차장의 일기 몇 절	나-여자	상민	A	상민-상민		4		4
				B	상민-상민			4	4
	춘성	춘성- 영숙	양반	A	양반-양반			5	5
				B	양반-양반	1		8	9
	칠십원 오십전	나- 박선생	양반	A	양반-양반		1	1	2
				B	양반-양반		2		2
		나-회계	양반	A	양반-양반	1			1

[표 5] 3차 분석 자료의 예(SPSS 코딩)

신분	합쇼체	하오체	해요체
1	0	0	1
1	0	0	1
1	0	0	1
1	0	0	1
1	0	0.857143	0.142857
2	0	0.571429	0.428571

2.2.2. 통계 방법

이 논문에서 사용한 통계 분석은 독립표본 T-검정이다. 이 통계법은 두 집단의 평균을 비교하는 분석 방법으로, 하나의 검정변수에 대해 두 집단 간 평균의 차이가 통계적으로 유의한지를 파악할 때 이용된다. 예를 들어 신소설과 1920년대 소설에서 사용된 대화지문에서 양반 신분의 하위자가 양반 신분의 상위자를 대상으로 사용한 합쇼체의 사용 비율에 평균적 차이가 존재한다면, 이 차이가 통계적으로 유의한 것인지를 밝히는 과정인 것이다.

T-검정의 원리는 각 표본의 분산과 두 표본을 합한 전체 집단의 분산을 이용하여 평균의 차이가 어느 정도 유의한가를 검정하는 것이다. 이를 위해

우선 T값을 계산해야 하는데 이는 비교 대상 집단의 평균과 표준편차, 표본 수로 구할 수 있다. 이렇게 계산된 T값 이외에 자유도를 계산하여 이를 바탕으로 가설을 검증하게 된다.

T-검정에서 가설검증은 유의확률이 '.05'보다 작으면 귀무가설이 기각되고 연구가설이 채택되며, 유의확률이 '.05'보다 크면 귀무가설을 채택하게 된다. 귀무가설은 '두 집단 간 평균의 차이가 동일하다'이므로 신분에 따른 청자높임법의 각 등급 사용비율의 차이가 유의한 것이려면 유의확률은 '.05'보다 작아야 한다.

다음 3절에서는 이상의 방법을 사용하여 신소설과 1920년대 소설에 나타난 청자 높임법의 사용 양상을 비교하여 사용 비율의 차이가 통계적으로 의미 있는 항목들을 추출할 것이다.

3. 청자 높임법의 사용 양상에 대한 통계적 분석

3.1. 지위 차이가 있는 양반 간의 대화에서 사용된 [+ 높임]

[표 6] 지위 차이가 있는 양반 간의 [+ 높임] 사용 집단통계량

등급	시대구분	N	평균	표준편차	평균의 표준오차
합쇼체	신소설	44	.2168	.37269	.05619
	20년대소설	64	.0477	.13155	.01644
하오체	신소설	44	.7068	.38977	.05876
	20년대소설	64	.2717	.37313	.04664
해요체	신소설	44	.0764	.16623	.02506
	20년대소설	64	.6806	.36707	.04588

[표 7] 지위 차이가 있는 양반 간의 [+ 높임] 사용 독립표본 검정

등급	등분산	등분산 검정		평균의 동일성에 대한 t-검정				
		F	유의확률	t	자유도	유의확률	평균차	차이의 표준오차
합쇼체	가정됨	43.825	.000	3.345	106	.001	.16910	.05055
	가정되지 않음			2.889	50.430	.006	.16910	.05854
하오체	가정됨	.041	.839	5.847	106	.000	.43506	.07441
	가정되지 않음			5.799	89.897	.000	.43506	.07502
해요체	가정됨	57.509	.000	−10.210	106	.000	−.60416	.05917
	가정되지 않음			−11.556	93.945	.000	−.60416	.05228

[표 6]과 [표 7]은 대화 참여자의 신분이 양반인 경우, 대화 참여자 간의 지위 차이가 있을 때, 신소설과 1920년대 소설에서 [+ 높임] 등급 사용 양상을 통계적으로 분석한 것이다. [표 6]은 지위 차이가 있는 양반 신분의 대화 참여자간의 대화에서 하위자의 상위자에 대한 [+ 높임]의 등급 사용 양상을 집단 통계 분석한 것인데, 이 표에 따르면 신소설에 등장하는 대화 참여자 관계는 44개이며 1920년대 소설에 등장하는 관계의 수는 64개이다. 이들 각 관계에서 [+ 높임]의 등급이 사용된 평균 사용량을 살펴보면 합쇼체는 신소설 21.68%, 1920년대 소설 4.77%로 신소설에서 높게 나타나며, 하오체 역시 신소설 70.68%, 1920년대 소설 27.17%로 신소설에서의 하오체 사용 비율이 높게 나타난다. 반면 해요체는 신소설 7.64%, 1920년대 소설 68.06%로 1920년대 소설에서 그 사용 비율이 높게 나타나고 있다. 이러한 평균 사용률 차이에 통계적 유의성이 있는지를 검증한 것이 [표 7]이다.

T-검정에 있어 우선 두 집단 간 분산의 동질성 여부를 알아야 하는데, 이는 등분산 검정을 이용하여 판단한다. 등분산 검정 결과 두 집단의 모분산이 동질적일 때에는 도표에서 '가정됨'을 이용하며, 동질적이지 않을 때에는 '가정되지 않음'을 이용한다. 이를 판단하는 기준은 등분산 검정의 유의확률인데 이 값이 '.05'보다 클 때에는 등분산이 가정되며, '.05'보다 작을 때에는 등분산이 가정되지 않는다.

[표 7]에서 합쇼체의 경우, 등분산 검정의 유의확률이 '.0'이므로 '.05'보다 작다. 따라서 등분산이 가정되지 않으며, 이럴 경우 T-검정의 유의확률은 '.006'이다. 이 값은 '.05'보다 작은 값이므로 귀무가설이 기각되고 연구가설이 채택되어, 신소설의 합쇼체 평균 사용률이 1920년대 소설에 비해 높은 것은 통계적으로 유의하다고 분석할 수 있다.

하오체의 경우 등분산 검정 결과, 유의확률이 '.839'이므로 등분산이 가정된다. 이때 T-검정의 유의확률이 '.0'이므로 신소설의 하오체 평균 사용률이 1920년대 소설보다 높게 나타난 것에 대해 통계적 유의성이 있다고 분석된다.

해요체의 경우는 등분산 유의확률이 '.0'이므로 등분산이 가정되지 않으며, 이 경우 T-검정의 유의확률은 '.0'이므로 연구가설이 채택되어, 해요체 평균 사용률이 신소설에서보다 1920년대 소설에서 높게 나타난 것에 대해 통계적 유의성이 있다고 분석할 수 있다.

3.2. 지위 차이가 있는 상민 간의 대화에서 사용된 [+ 높임]

[표 8] 지위 차이가 있는 상민 간의 [+ 높임] 사용 집단통계량

등급	시대구분	N	평균	표준편차	평균의 표준오차
합쇼체	신소설	25	.2111	.37950	.07590
	20년대소설	21	.0000	.00000	.00000
하오체	신소설	25	.7398	.40667	.08133
	20년대소설	21	.3466	.38567	.08416
해요체	신소설	25	.0491	.15063	.03013
	20년대소설	21	.6534	.38567	.08416

[표 9] 지위 차이가 있는 상민 간의 [+ 높임] 사용 독립표본 검정

등급	등분산	등분산 검정		평균의 동일성에 대한 t-검정				
		F	유의 확률	t	자유도	유의 확률 (양쪽)	평균차	차이의 표준오차
합쇼체	가정됨	32.944	.000	2.544	44	.015	.21110	.08296
	가정되지 않음			2.781	24.000	.010	.21110	.07590
하오체	가정됨	.054	.818	3.344	44	.002	.39318	.11759
	가정되지 않음			3.359	43.317	.002	.39318	.11704
해요체	가정됨	31.007	.000	−7.218	44	.000	−.60428	.08372
	가정되지 않음			−6.760	25.110	.000	−.60428	.08939

위의 [표 8]과 [표 9]는 지위 차이가 있는 상민 간의 대화에서 나타난 [+ 높임] 등급의 사용 양상을 분석한 것이다. [표 8]을 보면 지위 차이가 있는 상민 간의 관계의 수는 신소설 25개, 1920년대 소설 21개이다. 이들 관계에서 사용된 합쇼체의 평균 사용률은 신소설 21.11%, 1920년대 소설 0%로 신소설에서 사용된 합쇼체의 평균 사용률이 높다. 하오체의 경우도 신소설 73.98%, 1920년대 소설 34.66%로 역시 신소설에서의 평균 사용률이 높게 나타났다. 반면 해요체의 경우는 신소설 4.91%, 1920년대 소설 65.34%로 1920년대 소설에서의 평균 사용률이 신소설의 평균 사용률보다 높게 나타났다. 이러한 평균 사용률의 통계적 유의성을 검증한 것이 [표 9]이다.

[표 9]에서 합쇼체의 경우, 등분산 검정의 유의확률이 '.00'이므로 '.05'보다 작다. 따라서 등분산이 가정되지 않으며, 이럴 경우 T-검정의 유의확률은 '.010'이다. 이 값은 '.05'보다 작은 값이므로 귀무가설이 기각되고 연구가설이 채택되어, 신소설의 합쇼체 평균 사용률이 1920년대 소설에 비해 높은 것은 통계적으로 유의하다고 분석할 수 있다.

하오체의 경우 등분산 검정 결과, 유의확률이 '.818'이므로 등분산이 가정된다. 이때 T-검정의 유의확률이 '.002'로 '.05'보다 작으므로 신소설의 하오체 평균 사용률이 1920년대 소설보다 높게 나타난 것에 대해 통계적

유의성이 있다고 분석된다.

해요체의 경우는 등분산 유의확률이 '.0'이므로 등분산이 가정되지 않으며, 이 경우 T-검정의 유의확률은 '.0'으로 '.05'보다 작아 연구가설이 채택되며, 따라서 해요체 평균 사용률이 신소설에서보다 1920년대 소설에서 높게 나타난 것에 대해 통계적 유의성이 있다고 분석할 수 있다.

3.3. 지위 차이가 없는 양반 간의 대화에서 사용된 [+ 높임]

[표 10] 지위 차이가 없는 양반 간의 [+ 높임] 사용 집단통계량

등급	시대구분	N	평균	표준편차	평균의 표준오차
합쇼체	신소설	38	.2151	.36805	.05971
	20년대소설	121	.0818	.21677	.01971
하오체	신소설	38	.7594	.38892	.06309
	20년대소설	121	.3303	.42847	.03895
해요체	신소설	38	.0256	.08138	.01320
	20년대소설	121	.5879	.42451	.03859

[표 11] 지위 차이가 없는 양반 간의 [+ 높임] 사용 독립표본 검정

등급	등분산	등분산 검정		평균의 동일성에 대한 t-검정				
		F	유의 확률	t	자유도	유의 확률 (양쪽)	평균차	차이의 표준오차
합쇼체	가정됨	26.903	.000	2.751	157	.007	.13326	.04843
	가정되지 않음			2.120	45.334	.040	.13326	.06287
하오체	가정됨	3.635	.058	5.501	157	.000	.42911	.07801
	가정되지 않음			5.787	67.555	.000	.42911	.07415
해요체	가정됨	166.897	.000	−8.103	157	.000	−.56238	.06941
	가정되지 않음			−13.788	143.361	.000	−.56238	.04079

위의 [표 10]과 [표 11]은 지위 차이가 없는 양반 간의 대화에서 나타난 [+ 높임] 등급의 사용 양상을 분석한 것이다. [표 10]을 보면 지위 차이가

없는 양반 간의 관계의 수는 신소설 38개, 1920년대 소설 121개이다. 이들 관계에서 사용된 합쇼체의 평균 사용률은 신소설 21.51%, 1920년대 소설 8.18%로 신소설에서 사용된 합쇼체의 평균 사용률이 높다. 하오체의 경우도 신소설 75.94%, 1920년대 소설 33.03%로 역시 신소설에서의 평균 사용률이 높게 나타났다. 반면 해요체의 경우는 신소설 2.56%, 1920년대 소설 58.79%로 1920년대 소설에서의 평균 사용률이 신소설의 평균 사용률보다 높게 나타났다. 이러한 평균 사용률의 통계적 유의성을 검증한 것이 [표 11]이다.

[표 11]에서 합쇼체의 경우, 등분산 검정의 유의확률이 '.00'이므로 '.05'보다 작다. 따라서 등분산이 가정되지 않으며, 이럴 경우 T-검정의 유의확률은 '.040'이다. 이 값은 '.05'보다 작은 값이므로 귀무가설이 기각되고 연구가설이 채택되어, 신소설의 합쇼체 평균 사용률이 1920년대 소설에 비해 높은 것은 통계적으로 유의하다고 분석할 수 있다.

하오체의 경우 등분산 검정 결과, 유의확률이 '.058'이므로 등분산이 가정된다. 이때 T-검정의 유의확률이 '.000'로 '.05'보다 작으므로 신소설의 하오체 평균 사용률이 1920년대 소설보다 높게 나타난 것에 대해 통계적 유의성이 있다고 분석된다.

해요체의 경우는 등분산 유의확률이 '.0'이므로 등분산이 가정되지 않으며, 이 경우 T-검정의 유의확률은 '.0'으로 '.05'보다 작아 연구가설이 채택되며, 따라서 해요체 평균 사용률이 신소설에서보다 1920년대 소설에서 높게 나타난 것에 대해 통계적 유의성이 있다고 분석할 수 있다.

3.4. 지위 차이가 없는 상민 간의 대화에서 사용된 [+ 높임]

[표 12] 지위 차이가 없는 상민 간의 [+ 높임] 사용 집단통계량

등급	시대구분	N	평균	표준편차	평균의 표준오차
합쇼체	신소설	26	.0093	.02727	.00535
	20년대소설	18	.0148	.04461	.01051
하오체	신소설	26	.9448	.15823	.03103
	20년대소설	18	.4259	.49581	.11686
해요체	신소설	26	.0459	.15826	.03104
	20년대소설	18	.5593	.48420	.11413

[표 13] 지위 차이가 없는 상민 간의 [+ 높임] 사용 독립표본 검정

등급	등분산	등분산 검정		평균의 동일성에 대한 t-검정				
		F	유의 확률	t	자유도	유의 확률 (양쪽)	평균차	차이의 표준오차
합쇼체	가정됨	1.310	.259	−.505	42	.616	−.00547	.01083
	가정되지 않음			−.464	25.761	.647	−.00547	.01180
하오체	가정됨	114.961	.000	5.003	42	.000	.51886	.10371
	가정되지 않음			4.291	19.416	.000	.51886	.12091
해요체	가정됨	101.450	.000	−5.053	42	.000	−.51338	.10161
	가정되지 않음			−4.341	19.535	.000	−.51338	.11827

위의 [표 12]와 [표 13]은 지위 차이가 없는 상민 간의 대화에서 나타난 [+ 높임] 등급의 사용 양상을 분석한 것이다. [표 12]를 보면 지위 차이가 없는 상민 간의 관계의 수는 신소설 26개, 1920년대 소설 18개이다. 이들 관계에서 사용된 합쇼체의 평균 사용률은 신소설 0.93%, 1920년대 소설 1.48%로 1920년대 소설에서 사용된 합쇼체의 평균 사용률이 높다. 하오체 의 경우는 신소설 94.48%, 1920년대 소설 42.59%로 신소설에서의 평균 사용률이 높게 나타났다. 반면 해요체의 경우는 신소설 4.59%, 1920년대 소설 55.93%로 1920년대 소설에서의 평균 사용률이 신소설의 평균 사용률보

다 높게 나타났다. 이러한 평균 사용률의 통계적 유의성을 검증한 것이 [표 13]이다.

[표 13]에서 합쇼체의 경우, 등분산 검정의 유의확률이 '.259'이므로 '.05' 보다 크다. 따라서 등분산이 가정되며, 이럴 경우 T−검정의 유의확률은 '.616'이다. 이 값은 '.05'보다 큰 값이므로 연구가설이 기각되고 기무가설이 채택되어, 1920년대 소설의 합쇼체 평균 사용률이 신소설에 비해 높은 것은 통계적으로 유의하지 않다고 분석할 수 있다.

하오체의 경우 등분산 검정 결과, 유의확률이 '.00'이므로 등분산이 가정되지 않는다. 이때 T−검정의 유의확률이 '.000'로 '.05'보다 작으므로 신소설의 하오체 평균 사용률이 1920년대 소설보다 높게 나타난 것에 대해 통계적 유의성이 있다고 분석된다.

해요체의 경우는 등분산 유의확률이 '.0'이므로 등분산이 가정되지 않으며, 이 경우 T−검정의 유의확률은 '.0'으로 '.05'보다 작아 연구가설이 채택되며, 따라서 해요체 평균 사용률이 신소설에서보다 1920년대 소설에서 높게 나타난 것에 대해 통계적 유의성이 있다고 분석할 수 있다.

4. 사용 양상 차이의 의미

3절의 통계 분석 결과를 정리하면 다음과 같다. 합쇼체는 전반적으로 신소설 자료에서 나타난 평균 사용률이 1920년대 소설 자료에서보다 높게 나타났다. 지위 차이가 없는 상민 간의 대화의 경우 신소설보다 1920년대 소설에서 합쇼체의 평균 사용률이 조금 더 높게 나타났으나, 이 경우에는 통계적 유의성이 없는 것으로 분석되었으므로 전반적으로 합쇼체의 평균 사용률은 감소하는 경향을 보인다고 할 수 있다. 하오체는 지위 차이와 대화 참여자의 신분을 막론하고 모든 경우에서 신소설의 평균 사용률이 1920년대

소설에서보다 높게 나타나고 있으며, 이러한 차이에 통계적 유의성이 있는 것으로 분석되었으므로 합쇼체와 마찬가지로 평균 사용률이 감소하는 경향을 보인다고 할 수 있다. 반면 해요체는 모든 경우에서 평균 사용률이 1920년대 소설에서 증가하는 것으로 나타나고 있으며, 그러한 평균 사용률 증가에 통계적 유의성이 있는 것으로 분석되었다.

이상과 같은 평균 사용률의 차이를 단순하게 해석하면 신소설이 발표된 1910년대의 국어 청자 높임법 사용 양상이 1920년대로 접어들면서 변화하였다는 것으로 해석되기도 한다. 특히 해요체는 합쇼체나 하오체와 함께 자연스럽게 혼용되는 반면 합쇼체와 하오체는 서로 혼용되는 경우가 많지 않다는 점을 고려해 볼 때, 합쇼체와 하오체의 사용 감소가 자연스럽게 해요체의 사용 증가를 견인했다는 해석이 또한 가능하다. 이러한 일련의 해석은 사회 신분제 폐지라는 거대한 사회 구조 변화와 관련하여 볼 때, 일면 타당해 보인다. 즉 사회 신분제 폐지 이후 평등의식의 확산으로 엄격한 지위 관계를 표현하던 합쇼체와 하오체의 사용 비율이 감소하면서 두루높임의 성격을 가진 해요체가 본격적으로 발달하는 양상을 보여주는 것으로 해석할 수 있는 것이다.

그러나 문제는 이러한 국어 청자 높임법의 사용 양상 변화를 이끌만한 사회구조의 변화를 1910년대와 1920년대의 사회 생활상에서 관찰할 수 있는가이다. 즉 사회신분제의 법적 폐지라는 일대 사건이 실제로 사회 생활사적 측면의 변화를 이 시기에 이끌어내었는지를 확인해야만, 사회구조 변화와 국어 청자 높임법의 사용 양상 변화를 관련지어 해석할 수 있는 것이다.

사회 신분제 폐지를 표면적인 사건사적 관점에서 바라보면 1894년 갑오경장 때 개화파 정부에 의한 법제적 조치로 간략하게 요약된다. 그러나 이 사건의 심층으로 파고들면 장기간에 걸친 신분제 폐지 운동의 두 흐름이 1894년의 시점에서 합류하여 신분제 폐지라는 사회구조변동을 일으키고 있음을 관찰할 수 있다.

그 첫 번째 흐름은 조선왕조 후기부터 활발하게 전개되어 온 노비 신분층과 양인 신분층의 신분제도 폐지 운동의 흐름이었고, 두 번째 흐름은 조선 후기의 실학파로부터 초기 개화파에 이르는 선각적 개혁론자들의 신분제도 폐지 운동의 흐름이었다. 1894년에 이르러, 먼저 노비 신분층과 양인 신분층의 농민이 '갑오농민전쟁'의 형태로 이 운동을 폭발시켜 밑으로부터 사회 신분제도를 거의 파괴하고, 다음에 이를 받아서 개화파 정부가 법제적으로 신분제도 폐지의 대개혁을 단행했던 것이다. 다시 말해 사회적 신분제의 폐지에 영향을 준 핵심적인 요인은 피지배집단의 광범위한 신분상승을 향한 노력이었다. 따라서 신분제가 철폐되었다는 것은 법적으로는 모든 형태의 신분이 소멸하는 것을 의미하는 것이지만, 실제로 상민층에게 있어서는 신분의 상승효과를 불러일으키는 것이었다. 공식적으로 양반신분은 사라졌지만 양반에 대한 사회적 의식이 남아 있는 상황에서, 이제는 모든 사람들이 스스로 양반임을 주장할 수 있게 된 것이다.

하지만 현실 속에서 신분 구조가 과연 어떠한 형태로 사라지고 있었는지는 정확하게 파악되지 않는다. 실제로 조선 말기에 신분제의 어떤 측면이 먼저 붕괴되고 사라져 갔으며, 신분제의 어떤 측면이 오래까지 남아 변화에 완강한 저항을 보였는지는 연구된 바가 없다. 물론 갑오개혁 이후 신분제는 종전에 비해 판이하게 달라졌다고 볼 수 있다. 비록 신분제도의 변화가 현실적으로 사회 변화에 곧바로 투영되지 않을지라도 전통적 신분이 제 기능을 발휘하지 못했을 것임은 분명하다.

그러나 신분제도가 폐지되었다고 해서 사람들이 하루아침에 그 변화에 적응하는 것은 아니다. 노비의 경우, 특히 한 집에서 주인과 함께 생활을 하던 사환 노비들은 법적으로 노비제도가 폐지되었다고 해도 곧바로 주인과 대등한 지위를 가질 수는 없었다. 결정적인 이유는 노비들의 대부분이 양반과 대등하게 설 수 있는 경제적 기반을 갖지 못했기 때문이다. 형식적인 신분해방은 법으로 제도화되었지만, 그들이 자유민으로 살아갈 경제적 기반, 특히 토지는 여전히 지주 계급의 손에 있었던 것이다. 그러므로 적어도 경제적으로는 여전히 지주―전호의 관계를 유지해야만 자신들의 생계를 꾸려 나갈 수 있었고, 자신이 직접 소유한 주택을 갖고 있지 못하는 한 주인집 행랑에 거주하거나, 주인집을 빌어 사는 생활이 계속되었던 것이다.

이러한 상황은 1906년에 이루어진 호구조사에 잘 나타나 있다. 이 호구조사는 갑오경장 이전에 실시된 구호적의 호구조사에 비해 질적으로 다른 몇 가지 특징을 가지고 있다. 그 중 우리의 관심을 끄는 특징은 구호적에서 기재하도록 한 직역란이 신호적에서는 직업란으로 바뀌었다는 점이다. 당시 직업의 개념은 오늘날의 직업 개념과 다르다. 당시 사람들은 직과 업을 구분해서 생각하는 경향이 있었는데 직은 일종의 사회적 지위를 나타내는 것이었고, 업은 구체적인 생업을 나타내는 것이었다. 그런데 바로 이 직업란에 기재된 내용이 적어도 1906년까지는 신분제도의 잔재가 강하게 남아 있었음을 보여 주는 증거가 된다. 다른 관직을 역임했거나 양반이었던 자들은 대부분 관직을 직업란에 기재하거나 유학 등으로 기재하여 자신의 직업을 강조하는 경향이 있었으나, 일반 중인들과 노비였던 자들은 자신의 생업, 즉 현실적인 경제 활동의 내역을 직업란에 기재하였던 것이다.

특히 그 중 직업란에 '고용'이라고 직업을 기재한 자는 모두 노비 시절과 별 다름없이 주인집의 집안일을 하거나 주인 소유의 토지를 경작하는 자들이었다. 그런데 구호적의 노비 비율과 신호적의 고용으로 기록된 자들의 비율이 거의 일치하는 것으로 보아 노비들의 생활상의 변화가 거의 없었음을 추정할 수 있다.[2] 이러한 상황은 적어도 1920년대까지 크게 다르지 않게 이어진 것으로 보인다.

1920년대 당시, 거의 모든 서민 대중은 극도의 빈곤에 허덕이고 있었는데 비율로 봐서 대체로 도시 주민의 60% 이상이 빈곤층이었다고 보고되고 있다.[3] 당시 조선총독부는 빈곤층의 수를 조사하면서 이를 세민, 궁민, 부랑민, 거지의 네 가지로 분류하였다. 세민은 생활이 매우 어려운 상태에 있으나 타인의 구호 없이 겨우 자기 생활을 유지할 수 있는 자였고 궁민은 생활

---

2) 조성윤(1995 : 110~140).
3) 손정목(1996 : 106).

이 극히 어려워 타인의 구호를 받지 않고는 생활이 불가능한 자였다.[4] 특히 1927년 1월에는 경성부 내의 빈곤층 조사가 따로 이루어졌는데 이 조사는 일반 빈민, 즉 1926년 조사에서의 세민, 궁민, 부랑자, 거지를 제외한 조사였다. 다시 말해 자기 집이 있으면서도 집안에서 얼어 죽거나 굶어죽을 가능성이 있는 자들이 그 대상이었던 것이다.[5] 이로 미루어 볼 때 경성부 내의 빈곤 상황이 어떤지는 충분히 짐작할 수 있다.

이러한 빈곤 상황을 1930년 국세 조사에서 이루어진 경성부 내 직업 분류와 관련하여 보면 1894년 이전의 신분제도의 잔재가 여전히 1920년대에까지 남아 있음을 쉽게 확인할 수 있다. 이 조사에서는 경성부 내의 거주민 394,240명을 크게 유업자와 무업자 둘로 나누었는데 유업자가 136,728명(34.7%), 무업자가 257,512명(65.3%)이었다. 그런데 유업자 중 가장 많은 비율을 차지하는 직업t240번호 359호 '주인 가구에 고용된 가사사용인'(유업자의 39.9%)이었다. 이들의 고용 형태를 얼핏 추정하면 주인집에 고용된 머슴이나 하녀를 생각해 볼 수 있다. 그러나 쉴 있다40번호 360호에 '통근하는 가사사용인'의 항목에 따로 포함된 것으로 보아 359번 직업에 해당하는 자들이 신분제도 폐지 이전의 사환노비들임을 쉽게 알 수 있는 것이다.

상민들의 신분적 상승이 이 시기에 실질적으로 불가능하였다는 점은 당시의 취학률을 통해서도 미루어 짐작할 수 있다. 1930년도에 조사된 조선인의 취학률 조사에 따르면 당시 취학 대상 아동 531,532명 중에서 보통학교(오늘날의 초등학교)에 입학한 학생의 수는 156,265명으로 취학률은 29.4%에 불과했다. 초등학교 취학률이 이렇게 낮다 보니 중등교육의 경우는 더욱 말할 나위가 없다. 1930년도 현재 고등보통학교에 입학한 학생의 총 수는 3,679

---

4) 손정목(1996 : 108~113).
5) 여기에서는 세 가지 항목에 대한 조사가 이루어졌는데 첫째는 중병에 걸린 자, 둘째는 나이 60세 이상으로 생활 능력이 없는 자, 셋째는 전항에는 해당하지 않으나 가구주가 노동에 종사할 길이 없고 나머지 가족은 불구, 실종, 도망 등으로 가족을 부양할 길이 없는 자였다. 이중 첫째 항목에 해당하는 자가 30가구, 둘째 항목에 해당하는 자가 132가구, 셋째 항목에 해당하는 자가 56가구였다. 몇 달 후에 실시된 재조사에서는 89가구가 새로 추가되었다(손정목, 1996 : 117).

명에 불과했다. 당시 교육 사정으로 보아 교육적 수혜는 상당한 재력이 뒷받침되어야만 가능한 것이었으므로, 취학률이 이와 같이 낮게 나타나는 것은 1920~30년대 사회의 빈곤함에 비추어 볼 때 당연한 현상이라고 할 수 있다. 따라서 상민들의 교육을 통한 신분적 상승 역시 현실적으로 불가능했을 것이다.

이상과 같이 갑오경장의 신분제 철폐 이후 1930년대에 이르기까지 현실적으로 상민 신분이었던 자들이 경제력 상승을 동반한 신분 상승이나 교육을 통한 신분 상승은 거의 불가능했음을 알 수 있다. 따라서 신소설과 1920년대 소설에서 나타나는 국어 청자 높임법의 사용 양상의 차이를 이 시기의 사회 구조 변화와 직접 관련지어 해석하는 것은 무의미하다고 할 수 있다. 그렇다면 신소설과 1920년대 소설의 청자 높임법 사용 양상의 차이는 무엇을 의미하는 것일까?

비록 통계 처리의 기준과 방법이 다르기는 하지만 신소설 자료를 바탕으로 이루어진 이경우(1990), 정준영(1996)에서는 해요체 사용빈도가 1920년대 자료에 나타난 사용빈도에 비해 매우 적게 나타난 이유를, 해요체가 최근세 국어에서 사용되기 시작하여 1920년대를 전후해서는 일반 언중들 사이에서 갑자기 호응을 얻은 것이라고 보고 있다. 그러나 그 이유는 소설 문체에서 찾아야 한다. 신소설의 문체가 당대의 언어 현실을 있는 그대로 반영하지 못했기 때문에 해요체의 사용빈도가 적게 나온 것이라고 보는 것이 옳을 것이다. 박종철(1994)에서는 신소설과 고소설의 차이 가운데 하나로 소설의 지문과 대화를 구분하기 시작했음을 지적하고 있다. 등장인물의 성격을 입체적으로 제시하기 위해 대화를 사용하고 있음을 지적하고 이것이 고소설과 비교했을 때 나타나는 큰 특징이라고 보는 것이다. 신소설의 대화 지문이 이전의 고소설에 비해 구어적 성격을 띨 수 있는 것은 이와 같은 이유 때문일 것이다. 그러나 현대 소설의 대화 지문과 비교해 보았을 때 신소설의 대화는 여전히 문어적이다. 김미형(1995)에서는 신소설의 대화 지문에 나타나는 문어적 특성을 지적하면서 그 이유로 신소설의 구연성을 들고 있다. 근대소설의 대화는 등장인물의 직접 발화를 전제로 하지만, 신소설은 구연자가 목소리를 변성하여 구연하는 방식으로 대화 지문을 처리하다보니 신소설의 대화 지문에 문어적 표현이 나타난다는 것이다.

따라서 신소설과 1920년대 소설에서 나타나는 청자 높임법 사용 양상의 차이는 당대의 언어 변화를 반영한 것이라기보다는 신소설 이전 단계—고소설 단계—의 언어 현실과의 차이를 보여주는 것이라 보는 것이 옳을 것이다.

5. 맺음말

개화기 신소설과 1920년대 소설의 청자 높임법 사용 양상을 비교했을 때 우리는 합쇼체와 하오체의 사용 빈도가 낮아지며, 해요체는 사용빈도가 증가하는 양상을 확인할 수 있었다. 이러한 변화 양상에 대한 해석은 그간 사회 신분제 변동으로 인한 평등의식의 확산으로 보는 것이 일반적 해석이었다. 이러한 해석은 합쇼체와 하오체의 감소와 해요체의 확산이 갑오경장 이후 1920년대에 이르는 시기 동안의 실질적인 청자 높임법 사용 양상의 변화임을 전제로 한 것이다. 그러나 4절에서 살펴본 바와 같이 이 시기의 사회 구조 변화, 즉 사회 신분제의 철폐가 실제 청자 높임법 사용 양상의 변화를 이끌만한 원동력은 되지 못한다. 그렇다면 신소설과 1920년대 소설에서 나타나는 청자 높임법의 변화 양상은 무엇을 의미하는 것일까? 이는 신소설의 문체에서 그 원인을 찾을 수 있을 것이다. 신소설의 문체는 1920년대 소설과는 달리 언문일치의 문체가 아니다. 오히려 18세기 이후 출간된 고소설의 문체와 유사하다. 다시 말해 신소설의 청자 높임법은 당대의 언어 현실을 그대로 반영하기보다는 그 이전 시기의 청자 높임법 사용을 반영한다고 보아야 할 것이다. 물론 이에 대한 결론은 신소설과 고소설을 비교한 이후에 합리적으로 이루어질 것이다. 이는 차후의 연구 과제로 남긴다.

‖ 참고문헌

고영근(1974), 「현대국어의 존비법에 관한 연구」, 『어학연구』 10-2, 서울대학교 어학연구소.

권재일1992), 『한국어 통사론』, 민음사.

김석득(1977), 「국어의 존대의 같은 주고 받음(Reciprocal Use)과 다른 주고 받음(Non-Reciprocal Use)에 대하여」, 『언어』 2-1.

김혜숙(1991), 『현대국어의 사회언어학적 연구』, 태학사.

남기심(1981), 「국어 존대법의 기능」, 『인문과학』 45, 연세대학교.

서정수(1984), 『존대법의 연구』, 한신문화사.

성기철(1970), 『현대국어 대우법 연구』, 민음사

성기철(1985), 『현대국어 대우법 연구』, 개문사.

손정목(1996), 『일제강점기 도시 사회상 연구』, 일지사.

왕한석(1986), 「국어 청자존대어 체계의 기술을 위한 방법론적 검토」, 『어학연구』 22~23, 서울대 어학연구소.

이경우(1990), 『최근세 국어에 나타난 경어법 연구』, 이화여자대학교 박사학위논문.

이기갑(1997), 「대우법 개념체계에 대한 연구」, 『사회언어학』 5-2, 한국사회언어학회.

이맹성(1975), 「한국어 종결어미와 대인관계요소의 상관관계에 관한 연구」, 『인문과학』 33·34, 연세대학교.

이익섭(1985), 「국어 경어법의 체계화 문제」, 『국어학』 2, 국어학회.

이정복(1994), 「계급 집단의 경어법 사용에 대한 분석」, 『사회언어학』 2, 한국사회언어학회.

이정복(1996ㄴ), 「국어 경어법의 말 단계 변동 현상」, 『사회언어학』 4-1, 한국사회언어학회.

이정복(1998ㄴ), 「국어 경어법 사용의 전략적 특성」, 서울대학교 박사학위논문.

정준영(1995), 「조선후기의 신분변동과 청자존대법 체계의 변화」, 서울대학교 박사학위논문.

조성윤(1995), 「조선 후기 서울 주민의 신분 구조와 그 변화」, 연세대학교 박사학위논문.

1920년대 일제강점기 어문생활과 국어의 규범화

허 재 영

1. 머리말

최근 국어학이나 국어교육학 연구에서 '어문생활사'에 대한 관심이 높아졌다. 그러나 아직까지도 어문생활사의 개념이나 연구 방법, 그리고 연구 대상에 대한 합의된 결론을 도출하지는 못한 상태이다. 이는 2008년 한국문법교육학회 제10차 학술대회의 '국어생활사 교수·학습 과제'라는 주제 발표에서도 드러났듯이, 어문생활사의 구조가 '어문 + 생활사'인지, '어문생활 + 역사'인지에 대한 근본적인 문제부터 해결되지 않았다는 점을 통해서도 확인할 수 있다.

그러나 국어생활사가 단순히 국어사나 국어교육사, 국어정책사 등과 구분되어야 하는 개념임을 고려할 때 '어문생활사'는 '어문생활의 역사', 달리 말하면 '언어 사용 및 언어 문화'를 포괄하는 개념으로 이해되어야 할 것이다. 이에 대해 구본관(2008)에서는 '언어에 반영된 생활사'와 '언어로 행한 생활사'를 구분해야 할 필요를 언급하면서, 사용자 중심의 국어생활사를 '언어 교수·학습사, 언어 사용사, 언어 인식 및 탐구사' 분야로 체계화하고자 하는 시도를 행한 바 있다. 이와 같은 시도는 기존의 어문생활사 연구의 성과를 집약하고자 하는 노력의 결과라고 할 수 있는데, 허재영(2008)에서 밝힌 것처럼 어문생활사는 근본적으로 '어문생활(언어 사용과 언어 인식)'의 역사라는 점을 고려할 때 자연스러운 것으로 보인다.

이와 같은 관점에서 이 연구는 1920년대 후반부터 1930년대 초반까지 발행된 『동광』을 통해 당시의 어문 사용 실태를 살핌으로써 당시의 어문생활에서 중요하게 다루어졌던 문제가 무엇인지를 확인하는 데 목적을 둔다. 『동광』은 1926년 5월 창간호로부터 1933년 1월까지 통권 40호가 발행된 종합 잡지이다. 이 잡지에는 1947건의 기사가 실려 있으며, 주요 필진은 다음과 같다. 이 가운데 국어 관련 기사는 97건으로 나타난다. 이를 구체적으로 분석하면 다음과 같다.

(1) 『동광』의 국어 관련 기사

국어교육	2
국어사	3
국어사용	4
국어연구	6
국어연구태도	2
국어의식	2
국어학사	5
규범	35
문법	1
문자	16
어휘	4
언어학	2
에스페란토	7
음운	2
자료	6
총합계	97

이 글에서는『동광』에 나타난 97건의 기사를 주요 주제에 따라 분석함으로써 1920년대 후반부터 1933년 <한글마춤법통일안>을 만들어내기까지 국어의 규범화가 어떻게 진행되었는지를 살피고자 한다.

2. 1920년대 잡지를 통해 본 우리말 사용 실태

2.1. 언어와 국어

이 시기 언어에 대한 의식은『동광』창간호(1926. 5)에 실린 여심(餘心)의 "말"이라는 글에 비교적 소상하게 나타난다. 이 글에서는 언어의 본질적 기능이 '의사소통'에 있음을 밝히고 언어의 발생과 관련된 소박한 생각을 피력하면서 언어의 힘을 강조하였다.

(2) **말(言語)**

말은 表情의 제일 조흔 긔누일다. 다른 사람과의 접촉이 업시 혼자 사는 사람을 상상하더라도 그는 不可不 어떤 종류의 表情이 잇슬 것이다. 기쁘거나 슬프거나 놀라거나 한 째에 그 情을 어썬 方式으로던지 發表하지 아니하고는 못 견대는 것이 사람의 天性일다. …表情의 第一 原始的 方式은 미상불 姿態, 그 中에도 特히 손과 팔로 움즉이어서 내 생각이나 쯧을 다른 사람에게 알려주는 일이엇을 것이다. 지금까지 軍隊에서는 이 方式을 만히 쓰고 소학교 학생들 가운데서 작란으로 만히 쓴다. …그러나 人類의 복잡한 生活은 이런 단순한 表情方式으로 滿足할 수 업섯다. 첫재 이 外部 근육은 우리 思想의 千態萬象을 ——히 發表할 수 잇을만치 그러케 정묘하지 못하다. 그러므로 우리 속에 잇는 수 업는 생각을 생각마다 제각기 다른 형상으로 表示하기 爲하여 손이나 팔의 근육보다는 몃백배 더 정묘하고 Delicata한 근육을 아니면 그 可能함을 깨달앗다. 둘재로 사람의 손은 表情의 긔구로 쓰기보다도 勞動의 긔구로 쓸 必要가 切實히 느껴것다. …셋재로 어둡은 밤에도 通情할 수

잇게 하기 爲하여 人類는 팔의 動作보다도 어썬 다른 근육의 動作으로
써 表情의 긔구를 삼을 연구를 하지 아니치 못하게 된 것이다. …에전
心理學者들은 言語 通用에 形像(Image)을 注重히 너기엇섯다. 그들의 主
唱으로 보면 言語는 말하는 사람에게나 말을 듯는 사람에게나 그 말과
關聯된 어썬 形像을 맘 눈으로 보아 가지고 비롯오 意思가 通한다. 그
러나 이 派의 心理學者들이 미치어 보지 못한 대가 잇다. 그것은 곳 言
語라는 것은 다못 한 줄기의 행각이라기보다도 차라리 一種의 正確하
고 요긴한 行爲가 되는 事實일다. 곳 言語에는 근육의 動作이 잇다. 最
近에 와서 로울랜즈 女史의 實驗으로 보면 言語를 理解함에 곳 말을 알
아들음에 三層의 階段이 잇다. 一人이 他人의 말을 들을 째 처음 感覺
되는 것은 곳 '그 말귀가 귀에 낫닉다' 하는 감각일다. 그 다음에는 그
말귀를 어쩌케 使用하는지를 곳 그 응용을 알게 感覺되고 그 후 마지
막으로 그 말의 關聯된 諸形像이 완연히 맘 속에 련상되어진다.

−여심, 〈말(언어)〉, 『동광』 창간호

여심의 '말'은 언어의 일차적인 기능이 의사소통에 있음을 밝히고, 언어
의 기원과 발달과 관련된 심리적 설명을 하는 데 있었다. 이 글은 서구의
행동주의 심리학의 영향 아래 언어의 기능과 기원을 설명하고자 하였다. 특
히 의사소통의 과정이 단순한 형상으로 끝나는 것이 아니라 세 단계의 과정
을 거친다는 설은 언어에 대한 과학적인 이론을 수용하는 과정에서 나타난
것이다. 이 글은 음성 언어의 한계를 극복하기 위해 문자 언어를 고안했음
을 밝히면서 "언어의 힘이 얼마나 큰가."라는 감탄문으로 끝을 맺고 있다.

이와 같은 언어의 본질 인식은 학문으로서의 언어학[1]이 도입되면서 광범
하게 퍼진 사상이라고 할 수 있다. 이처럼 언어의 기능을 설명하면서 서구
의 언어 철학을 도입하고 있음을 드러내는 논문 가운데 하나가 한치진(1927)

---

1) 1897년 『독립신문』 창간호 논설 이래로 국어와 국문의 인식이 뚜렷해지면서 서구 언어학의 영향
을 받은 논문이 발표된 경우가 있다. 예를 들어 1907년 『태극학보』 제16호에 실린 연구생이라는
필명의 "音響니야기", 1909년 『대한협회회보』 제11호에 원석산인(圓石山人)의 "語學의 性質", 1915
년 『학지광』 제11호에 실린 안확의 "조선어의 가치", 1916년 『학지광』 제15호에 실린 연구생의
"조선어학자의 오해" 등은 서구 언어학의 영향 아래 쓰인 글들이다.

의 "新人間主義란 何뇨? 쉴러 博士의 學說을 解釋함"(제12호)이라는 글이다. 이 글에서는 "인간주의의 요점이라 할 것은 凡意味에 對한 批判"이라고 하면서, '의미의 창조'를 다루고 있다.

> **(3) 意味의 創造**
>
> 그러면 意味란 것은 무엇인가? 大槪 意味는 兩種으로 分見하는데 하나는 眞正한 즉 具體的 意味요 다른 하나는 言語的 意味다. 具體的 意味란 것은 個人 自己의 맘속에 생각한 全義를 뜻함이요 言語的 意味는 言語로 前者 즉 個我的 意味를 發表한 것을 指名함이다. 그런즉 참 意味는 個人的 意味다. …言語는 一種 人間에 交通하려고 만들어 놓은 不充分한 媒介物인 때문에 個個人의 意思를 表示하기는 자못 不足함이 많다. 同時에 個人的 意味는 境遇와 經驗에 依하여 恒常 變化 改正되지마는 言語的 意味는 한번 定하면 다시 變改하기까지는 그대로 固定되어 있는 까닭에 늘 곰팡이가 끼어 있는 것이다. 萬一 以上과 같은 個人的 意味를 充分히 言語로 發表하자면 言語 文字를 時時刻刻으로 變化하고 新發明하지 않으면 않될 것이다.
>
> — 한치진, 〈신인간주의란 하뇨〉, 『동광』 제12호

한치진(1927)의 논문의 의도는 쉴러의 '신인간주의' 철학을 소개하는 데 있었지만, 그 가운데 '의미의 창조'는 언어의 의사소통 기능과 언어 변화의 본질을 담고 있다는 데 의의가 있다. 특히 개개인의 언어가 언어적 의미로 고정되지 않으면 충분한 의사소통을 할 수 없다는 논리는 '어문 규범의 필요성'과 자연스럽게 이어진다.

2.2. 조선어와 민족어

언어의 기능에 대한 과학적인 인식은 일제강점이라는 시대 현실 속에서도 민족어의 개념을 낳게 하였다. 당시 조선총독부의 어문정책이 일본어(당시 국어) 보급 정책에 있었음을 감안할 때, 민족어에 대한 자각은 실생활의 차원과 민족의식의 차원이 모두 반영된 것이라고 할 수 있다. 그 가운데 주목할

만한 자료로는 다음과 같은 것들이 있다.

> (4) 民族과 民族語
>
> 우리 民族은 半萬年 동안 긴 歲月을 두고 祖先의 珍重한 付託을 받아서 그것을 保存하여 遺傳한 것은 오직 '우리말'임니다. 우리말은 祖先에게서 받은 遺産인 同時에 더욱 우리 民族의 精粹임니다. 한 民族을 形成한다면 반듯이 그 民族語를 要할 것이며 民族語는 民族的 精神의 産品인 藝術임으로 참으로 民族的으로 보아서 과연 無上의 珍品일 것임니다. 그럼으로 모은 것이 瓦礫이 될찌라도 民族語는 힘쓰어 保全하려 하며 모든 것이 冷灰가 되었더라도 民族語는 保存함이 그 民族으로 當然한 使命임니다. 筆者는 多年間 外領生活을 繼續하는 中에서 '우리말'의 價値를 切實히 深感하였음니다. 露領에 在留하는 同胞에게서도 種種 우리말을 滿足히 알지 못하는 사람을 보았음니다. 혹 잘못된 생각으로 우리말을 말하기를 避하는 사람도 있다고 합니다. 그는 우리 民族과 우리말의 關係를 理解하지 못한 까닭임니다. 그들은 벌써 三十餘年 前에 外領에 移住하였음으로 우리 文化에는 얼마나 뒤떨어지었으며 더욱 新文化에 蒙昧함은 더 말할 것이 없었음니다. 그러하였으나 여러 方面으로 新運動이 繼續됨을 딸아서 우리말의 貴重한 價値를 알고 더욱 힘쓰어 硏究함은 그들의 새 主張임니다. 참 고맙은 일임니다.
>
> ─ 鄭載冕(1927), 〈민족과 민족어〉, 『동광』 제2권 제7호(통권15호)

이 논설은 간도에 이주한 정재면이라는 사람에 의해 쓰인 것으로, 당시의 시대 현실을 잘 드러낸다. 이미 우리말과 글의 가치에 대해서는 근대계몽기(1890~1910년대)부터 다양한 논설[2]이 쓰였는데, 일제강점기라는 시대 상황에서 '민족어'라는 용어를 사용하기는 어려운 실정이었다. 이 점에서 간도 이주민이었던 정재면의 논설에서는 '민족어'의 개념과 가치가 매우 구체적으로 인식되었음을 확인할 수 있다.

---

2) 근대계몽기 국어와 국문에 관한 논설은 70여 편이 존재한다. 이에 대해서는 허재영(2006 : 58~60)을 참고할 수 있다. 그 가운데 『독립신문』 창간호 논설, 주상호(주시경 1896, 1897)의 '국문론' 등은 우리말과 글의 가치를 구체적으로 인식한 대표적인 논설이다. 그러나 일제강점이라는 시대 상황에서 '국어와 국문'의 개념 대신 '민족어'의 개념을 제시한 논설은 거의 발견되지 않는다.

(5) 민족과 민족어

우리말은 참으로 古代에 있어서도 莫甚한 危機를 避하여 担然히 保存되
었음니다. 이제 史的 考察로 보면 檀朝 千餘年間에 우리말은 우리 民族
을 잘 糾合하였던 것임니다. 그러하나 殷國 王族인 箕子가 東遷하던 때
에 우리말은 많은 變動이 되었음은 事實일 것임니다. …檀族은 그들(漢
族)과 政權을 같이 活動하기 爲하여 漢學을 배ㅑ호게 되니 그때로 붙어
檀朝의 오랜 文化는 남김 없이 沒落될 運을 當하였음니다. 그러나 檀族
의 習俗과 말 卽 '우리말'만 그 危機를 免하였으나 多少 變革이 있었다
함니다. 그리하여 箕子의 引率하였던 漢族 五千은 참으로 一躍 朝鮮의
正權을 잡았으나 結局은 檀族에게 同化되었으니 萬事는 終局을 보와서
辨正할 바임니다.(以下 二十一行 削除)

－鄭載晃(1927), 〈민족과 민족어〉, 『동광』 제2권 제7호(통권15호)

이 글에서는 삭제된 내용이 무엇인지는 알 수 없으나, 민족어의 형성과
유지에 대한 민족주의자적인 견해를 유지하고 있음을 확인할 수 있다. 이처
럼 1920년대 후반 외령에서 민족어의 개념을 주창한 데에는 국가 상실에
따른 국가어보다 민족어의 개념이 우리말과 글을 유지해 가는데 필요한 개
념으로 인식되었기 때문으로 보인다.

이러한 흐름은 기존의 국어 인식과는 차이가 있는데, 기존의 국어 인식에
서는 '한자'와 대립된 '우리말과 글'의 가치를 중시하는 데 있었다. 이러한
흐름은 우리말 문법 연구의 태도에도 반영된다.

(6) 朝鮮文字를 本文이라 하라

本文은 朝鮮語의 本文이요 朝鮮語는 本文의 朝鮮語니 本文을 捨하고 朝
鮮語를 說明하지 못하며 朝鮮語를 離하여 本文이 無한 것이다. 本文이
엇다 釋讀하자면 '밑말'이다. 이 어인 理想的 名稱이냐. 基本 文學 즉
'밑천—글'이라 한 意義니 朝鮮語에 凡百 音語는 莫論이요 宇宙間 森羅
萬象을 이 幾個 文字로 基本삼아 寫하지 못하며 綴하지 못함이 無함을
意味함이다. 本文은 쏘 '우리글'이라고도 釋讀되나니 이 境遇에 本字는
本이라는 意義를 가지게 되는 것이요 다시 '으뜸글'이라 함을 表示하게
되는 것이다. 本文이엇다, 本文 더할 수 업는 훌륭한 名稱일다. …却說

이다. 朝鮮語는 言語學上 '우랄알타이' 語系의 一系로서 土耳其語, 蒙古語, 滿洲語, 日本語 等과 한가지로 添着語에 屬한 者다. 被支那語系 單綴語는 派語가 相聯하여 文을 成하는 者다. 印歐語系 屈折語는 逆析變通으로 用을 爲하는 者어늘 '알타이'語는 直連順着하여 法이 有한 者다. 單綴語어와 屈折語는 文法이 秩序임을 隨하여 音韻加添이 煩瑣한 것이다. 語句 組織이 簡捷한지라 單綴語와 屈折語는 文字가 複雜連布함을 厭치 아니하지마는 音韻加添이 煩瑣함으로 添着語는 文字가 簡單精捷함을 務하는 것이다.

그런데 本文은 世界에 가장 簡單精捷한 文字다. 幾個의 音字로써 音을 寫하여 文을 綴하되 不足이 無한 것이 羅馬와 如하나 羅馬字의 語本位 綴法과 如한 連布가 아니며 一音節이 一字位를 定하여 判讀하기 容易함이 漢字와 同하나 漢字의 字 千義 千 等엣 複雜이 無하다. …本文은 實로 朝鮮語의 眞理요 朝鮮語는 實로 本文의 生命인 것이다.

-定木(1926), 〈朝鮮文字를 本文이라 하라, 어찌 참아 '諺文'이란 辱名을 스스로 쓸까 '正音'이란 것도 其實은 學理的 名稱인 것〉, 『동광』 제1권 제11호(통권제7호)

이 글은 '정음 문법의 연구'라는 기획 기사의 하나로 실린 논문인데, 조선문을 '언문'이라 부르는 것을 '스스로 욕되게 하는 것'이라고 규정한 뒤, 학리적인 용어가 아닌 '본문' 또는 '으뜸글'이라고 부를 것을 주장하는 글이다.

이와 함께 해외 여행자의 이중 언어 사용 실태를 드러내는 글도 실려 있다. 임영빈이라는 필자는 1920년대 후반기 미국을 여행하면서 여러 차례 기행문을 기고하였는데, 그 가운데 '미국에 와서 보는 조선'이라는 기사에서는 이중 언어 사용의 실상을 그려내고 있다.

(7) 美國와서 보는 朝鮮
…참말이지 지금 형편은 말이 아니외다. 모든 것이 혼돈 천지외다. 영어에 한다리, 조선말에 한다리, 그리고는 빙빙 매암 돕니다. 무엇을 생각할 때에는 영어 조선말이 함께 내달아서 매우 군졸합니다. 이 형편을 저는 Chaiatic state of Language라고 하였습니다. …이제야 알 것은 漢文 만이 배우신 어른들이 漢文을 많이 쓰려고 하는 성벽이 두텁은

것이외다. 저도 쥣고리만큼 알는 영어에 툭하면 영어만 나아오지요. 이 글에도 영어가 벌서 몇마디 있읍니다. 가만히 그 원인을 살피어 보니까 그 말이 아니면 내 감정을 그대로 그릴 수 없는데 우리말에 담으면 값이 떨어지는 듯 느끼는 까닭이외다. 여긔에는 다소 논난이 있겠지마는 얼는 생각하면 그렇단 말이외다. … 제가 여긔서 영어 외에 한두가지 조선사람이기 때문에 받는 곤난을 적어볼까 합니다. …(이하 생략)

－임영빈(1927), 〈미국 와서 보는 조선〉, 『동광』 제2권 제7호(통권 12호)

이처럼 『동광』에서는 1920년대 후반기의 우리말과 글의 사용 실태를 드러내는 기사를 여러 차례 수록한 바 있다.

2.3. 1920년대 후반기의 국어사용 실태

『동광』 제5호에 실린 이주만(1926)의 '단행기에 임한 정음 문법'은 『동광』에서 기획한 '조선말과 글의 연구'에 포함된 논문 가운데 하나이다. '수감(隨感)으로부터 제의(提議)까지'라는 부제가 붙어 있는 이 논문은 당시의 국어사용 실태를 가장 잘 나타내는 글이다. 이 글을 쓴 의도는 다음에서 확인할 수 있다.

> (8) 가장 實 답고 가장 稱嘆할 人格의 完成과 團結의 訓練 卽 우리 모든 人生의 使命으로 한 『東光』의 出世를 듯고 누구나 뜻 잇는 사람이면 무르플 차고 기쎈어 할 것이다. 우리가 비록 모든 뜻한 바 모든 經綸이 環境에 파아 뭇치어 가면서도 오히려 夢寐間 머리에 쩌나지 안흠은 오직 『東光』이 使命으로 한 그것 아닐 수 업서슴이랴. 더욱이 지금까지 아무 雜誌나 新聞 기타 報筆 機關에서 일쯕 어더 듯지 못한 <u>正音文 用法의 統一 그까지 稠密한 方針</u>을 보고야 내 亦是 세일 수 업는 조타 조타 조타를 連發하지 안흘 수 업다. 하여 느낌과 贊同의 뜻 아래서 가는 意見이나마 이 題目으로 簡單히 적으려 한다.
>
> －이주만(1926), 〈斷行期에 臨한 正音文法〉, 『동광』 통권 제5호

글쓴이가 밝혔듯이 '문법의 통일' 또는 '규범의 통일'이 필요함을 역설한 논의는 『동광』 이전에도 여러 차례 있었다. 또한 국문연구소의 <국문연구의 정안>(1909)이나 조선총독부의 <보통학교용 언문철자법>(1912) 제정이 있었지만, <의정안>은 실행되지 못하였고 <보통학교용 언문철자법>은 일제강점기 조선어과 교과서 집필에만 활용되었을 뿐 민중의 국어생활에서 통일이 이루어지지 못했음을 고려할 때, 『동광』의 기획 의도는 매우 참신한 것이라고 할 수 있었다. 이러한 차원에서 '느낌'을 중심으로 쓴 글이지만, 이 논문은 당시의 국어 문제를 구체적으로 드러내 주고 있다.

(9) 오늘날 우리 正흡文처럼 不遇의 대접을 밧는 자가 다시 업슬 것이다. 자 植民地의 學制가 이럿타 하여 어느 學生이 돌아보기나 할까. 잇서도 그만 업서도 그만, 무슨 巨大한 艱難으로써인지 新聞 雜誌 할것 업시 報筆界에서도 <u>正흡의 統一이라던지 硏究에 對 하여 依然히 着眼하려는 何等의 빗이 업서</u> 寒心하게도 或者들은 極히 冷笑하고 甚至於 文法이니 무엇이니 다 閑談에 不過하다 하여 正反의 語步를 取하고 잇는 듯하다. 우리에게 元來 새것이면 다 조흔 줄 알고 남의 것은 過히 歡迎하는 輕率한 버릇이 잇는 터이라 理解도 折衝도 다 저버리매 主賓의 자리가 顚倒하게 된 것이다. 實狀인즉 우리내 處地로서는 不可分離한 正흡文이요 그 硏究언마는 外國語보다도 훨신 푸대접할 쑨 아니라 <u>돌이어 外國語로서만 一生을 지날 수 잇는듯이 誤解하는</u> 이가 잇는 듯하니 딱한 일이다. 어찌할쏘. …學生을 두고 論할찐대 比較的 思想이 單純하여 그날 그날의 學科와 迫頭한 卒業 試驗 좀더 意味잇게 말하자면 實을 싸하 보려고 어느 奚暇에 먼 將來를 念慮할 겨를이 업는 事實이다. 勿論 學生의 思想은 單調롭아야 된다고 나 亦是 밋는 바다. 마는 적어도 내 處地와 모든 學科의 科目만은 覺悟하여야 할 것이요 딸아서 그 目的을 達함에 必須할 條件이 무엇인지는 알고야 될 것이다. 水車나 風車의 目的은 우리가 먹고 살기에 能當할 조흔 白米를 만듦에 잇다. 모든 學科의 共通되고 歸一되는 目的은 自我로부터 全社會에까지 萬分의 一이라도 幸福을 남기어 보겟다는 그 點일 것이요 因하여 自我와 全社會와의 關係를 이즐 수 업고 그 關係에 必須할 條件을 無視하려고는 모처럼 解得하는 諸般 學科과 아무 意義가 업게 될 것이다.

　　大槪 文字라는 것은 形式을 通하여 思想과 感情을 表現한 그것이 卽
文이라 할찐대 이야말로 文은 百般 科學의 基礎가 되고 乃至 全 人類 文
化의 酵母가 될 것이다. 成文 以外에 言語(對話)가 잇지마는 이 言語만
으로서는 時間과 空間을 超越하여 그처럼 效果과 크지 못할 것이라. 山
가튼 知識도 言語와 成文的 表現 手腕이 不足하다면 衣繡夜行과 다름이
업슬 것이니 朝鮮 學生이 저버릴 수 업는 朝鮮과의 約束과 因緣과 義務
를 忘却함이요 딸아서 精米의 目的을 일흔 水車나 風車가 될 것이다. 外
地에 나가 十數 星霜을 苦鬪하여 學士의 榮位를 엇고도 內地에 돌아오
매 그의 講話나 論文이 흔히는 多大한 歡迎을 밧지 못하는 理由가 어대
잇는가. 全혀 朝鮮語와 朝鮮文에 對한 表現 手腕이 不足한 그 點에 잇다
고 나는 밋는다. 市內를 두고도 各 學校에서마다 學生이 數物 先生에 對
한 不平, 英語 先生에 對한 不平, 每年 數次씩 風波를 짓지마는 朝鮮語
敎授에 對한 不平이 잇다는 記錄을 보지 못하엿다. 果是 朝鮮語 先生이
圓滿한 故이라기보다는 이로써 우리 學生이 우리 正音文에 對하여 愛着
心이 冷却한 줄로 斟酌할 것이다.

–이주만(1926), 〈斷行期에 臨한 正音文法〉, 『동광』 통권 제5호

　　이 글에 나타난 것처럼 당시의 언어교육은 외국어 중심의 교육이었으며,
우리말과 우리글의 중요성을 자각하지 못한 경우도 많았다. 문자가 모든 학
문의 수단이 되며, 그 학문은 우리말과 글로 이루어져야 함에도, 실제의 교
육 풍토는 우리말과 글을 사용하지 않는 실정에 놓여 있었다. 이러한 상황
은 다른 잡지의 기사에서도 확인할 수 있는데, 예를 들어 농민잡지인 『조선
농민』 제2권 제11호(1926. 11.)에 실린 한빛의 '농촌 교육과 우리글'은 이 시
기 문맹 문제[3]를 가장 잘 드러내 준다.

(10) 농촌 교육과 우리글
　　一. 머리말 : 우리 조선도 새교육이 어지간이 퍼어진 모양이외다. 장거

---

3) 일제강점기 조선총독부에서는 일본어 보급 정책을 실시하면서 연도별 실태를 조사하였다. 이러
한 자료는 조선총독부에서 발행한 『朝鮮總督府施政年譜』에 '國語ノ普及'이라는 제목으로 해마다 게
재하였다. 그러나 당시 조선인의 한글 해득력에 대한 실태 조사 기록은 남아 있지 않다. 다만 이
여성·김세용(1934)의 『數字朝鮮의 研究』 제4집에는 '朝鮮의 文字解得者及文盲者數'가 남아 있는데,
그 표는 다음과 같다.

리나 면소부근에는 대개 보통학교가 설립되엿습니다. 나 사는 디방으로 보면 <u>세 면에 보통학교 하나는 거의 설립된 모양이외다</u>, 그리고 좀 흥성흥성한 촌중에는 보통학교 흉내 내는 사립학교가 잇고 또 이박게는 한문을 가르치는 글방이 잇슴니다. 이제 본문데를 말하기전에 보통학교와 농촌 글방과 농촌의 관게를 말하야 농촌 동무들의 빨리 깨기를 재촉하려 함니다.

二. 농촌과 보통학교 : 이즘 멧해째는 농촌에도 교육사상이 열니어서 매우 애를 쓰는 모양이외다. 그러나 소위 신교육을 한다는 보통학교는 흔히 농촌과 관게를 써나서 거리처나 교통 편리한 곳에 설립되어 잇슴니다. 학교 부근에 가서 밥 사먹고 공부해야 할 터인데 구차한 살림하는 농민들일 쑨 아니라 나 어린 중한 아들쌀을 그러케 할 수도 업는 것이외다. 그것은 또 그만두고 여긔에서 리론을 훨신 줄이어서 농촌의 아동들로 하야곰 원통 보통학교에 통학할 수 잇다고 가뎡합시다. 그러면 <u>보통학교에 과목은 무엇이겟슴니까.</u> 보통 지식을 너허 줄 만한 여러 가지 과목이 잇다 하더라도 그것은 <u>모다 일어로 쓰이어 잇고 그 중에도 제일 중요하게 가르치는 것은 일어인데</u> 륙년 동안에 졸업을 막 하고 나면 농업학교, 고등보통학교에 입학한 사람 면사무소에 서긔로 금융조합의 고원으로 도군텽 급사로 우편소 사무원으로 간 사람-요 멧사람 내노코는 모다 집에 돌아가 살림살이에 일 볼 사람인데 학교에서 아조 전문하사십히 배운 일본말은 우리의 직접 살림에 아모 필요가 업슴니다. 자- 부모 동생이 일본 사람이여서 집안에서 일어를 하겟슴니까? 이웃 사람과 동무들이 일본사람이 되어서 그 사람들과 일어를 하겟슴니까? 이와 가치 일어는 살림에 필요가 업슴으로 쓰지를 안음니다. 쓰지를 안으니까 니저버림니다. (중략)

三. 농촌과 글방(書堂) : 글방 이것은 신학문을 말라하고 구학을 주장하는 완고들의 자긔네 자뎨의게 한문을 가르치기 위하야 또는 구차

區分	男	女	總數
한글 及 假名 讀書 可能者	10.8	1.9	6.5
假名만의 讀書 可能者	1.8	1.7	1.7
한글만의 讀書 可能者	24.1	7.0	15.7
한글 及 假名 讀書 不可能者	63.5	89.5	76.1

이 표에 따르면 당시 한글 문맹자는 77.8%로 추산되며, 일본어만을 구사하는 조선인들도 1.7%가 존재함을 알 수 있다.

한 농민들일지라도 자긔 아들이 재조나 잇스면 혹시 글자나 할가 하고 글방을 세우고 여긔에 애들을 보내는 것이외다. (중략) 한문? 그야말로 진서(참글이라는 것!) 그러나 이것은 타국 글이오 우리나라 글이 아니외다. 중국 글이외다. 배우기 어렵고 니저버리기 쉽고 게다가 자수가 만서 못 쓰겟다고 중국 사람들은 자긔네 글이건만 지금 새 글자를 만들엇습니다. (중략)

四. <u>우리글은 잇던가</u> : 이제부터 본문데에 들어가려함니다. 지금은 민중 시대외다. 한두사람의 잘 아는 것을 아니하고 여러 사람이 다─갓치 알기를 요구하는 시대외다. 그러니까 멧 백명을 가르치어 멧 사람을 알게 한다는 것은 얼마나 현대 교육에 불합당한지 모름니다. 농촌은 농민의 나는 곳이오 조션의 농민은 조선의 주인이외다. 이 주인으로 하여곰 유식하게 하려면 농촌 교육이 아니고는 될 수 업는 것이외다. 농촌교육? 이것은 무슨 방법으로 함이 조흘가? 열사람을 가르치면 열사람이 글을 알게 하는 이런 훌륭한 방법은 무엇인가? 여긔에 꼭 한가지의 대답이 잇슴니다. 농촌에 게신 여러분은 그러케 대단이 안 알지만은 좀 깨엿다는 이는 누구나 다 쩌드는 우리글 보급이란 것이외다. <u>우리글? 소위 언문이란 것! 그러나 이것은 우리나라 글이외다.</u> 하나를 가르치면 열을 알고 열을 가르치면 백을 아는 우리글, …(이하 생략)

이주만(1926)의 논문과 한빗(1926)의 논설은 이 시기 학교 교육과 한글 사용 실태를 잘 드러내 준다. '일면일교주의'에 따른 교육기관 보급이나 학제 개편 등은 국어사용능력 신장과는 전혀 관련이 없으므로 '우리말과 우리글'을 사용한 교육이 필요함을 역설하고 있는 셈이다.

3. 규범화와 국어 연구

3.1. 국어 규범화의 주요 문제

1920년대 후반기의 잡지 발행 과정에서 대두된 중요한 문제는 어문 규범 문제였다. 『동광』은 다른 잡지에 비해 이 문제를 좀 더 심각한 문제로 인식하였으며, 따라서 임시방편으로 국어 연구의 선구자적 역할을 했던 분들의 의견을 채택하여 잡지를 발행하기로 하였다. 이에 대한 기사는 다음과 같다.

> (11) 독자의 긔자
> 조선글의 문법에 초창시대라 하더라도 오늘가티 혼란하여서는 어쩌케 할런지오. 보통학교 교과서에서 쓰는 문법, 신문 잡지에서 쓰는 문법, 예수교 출판물에서 쓰는 것 제 각기 다르니 어쩐 것이 바른지 글 쓰는 사람이나 글 보는 사람이나 표준을 잡을 수 업습니다. 우리는 우리 글을 발전시키는 운동의 한가지로 국문 문법(문법 중에도 토바침 쓰는 법)을 우리 문법의 태두 되시는 선생님들의 주장을 쌀아 쓰기로 합니다. 아직까지는 인쇄의 관게로 이 잡지의 긔사 전부를 그러케 하지 못하고 몟편만 신식 토바침을 쓴 고로 혹 돌이혀 혼잡할 렴려가 잇스나 활자가 정리되는 대로 긔사 전부를 그러케 쓰려고 합니다. …우리 잡지의 긔사는 네 가지 표준을 가지고 쓰기를 힘씁니다.
> 一. 부허하지 안코 실속잇게 리론보다는 실제적으로
> 二. 사실과 언론이 정미롭게, 확실하게
> 三. 글은 간단하고 쌧긋하게
> 四. 누구나 알아볼 수 잇도록 쉽고 평이하게
> 리상대로 처음부터 원만히 되기는 긔약치 안습니다. 한걸음 한걸음 나아갈 쑨이외다. 글 써 주시는 여러분께 특별히 부탁하옵니다.
> ─주요한(1926), 〈독자와 긔자〉, 『동광』 창간호

이 글은 편집자 겸 발행인 주요한(頌兒)이 잡지 발행의 방향을 서술한 글이다. 다른 잡지에서도 규범의 통일 문제에 대한 고민을 하였겠지만, 『동광』에서는 규범 문제를 좀 더 구체적으로 언급하고 있다. 이처럼 『동광』이 규

범 문제를 좀 더 구체적으로 언급하게 된 이유는 잡지 발행 방향이 계몽적인 데 있었고, 그 과정에서 한자나 일본어보다 우리글을 사용해야 할 필요성이 높아졌기 때문으로 보인다.4)

『동광』에서는 지속적으로 우리말 규범화 문제에 관심을 기울였는데, 제2권 제1호(통권 제9호)에서는 우리글 표기에서 해결해야 할 문제 가운데 10여 가지를 추려 연구자들의 의견을 묻고 있다.5) 이 설문에 나타난 국어 사용 실태는 다음 진술을 통하여 확인할 수 있다.

(12) 우리글 表記例의 몇몇

오늘날 우리들의 우리글 쓰는 法이 퍽 不精합니다. 世界에 둘도 없는 가장 좋은 글을 더 좋게 만들어 쓰지 못하고 이렇게 錯雜不統一하게 쓰는대 對하여는 누구나 적이 맘이 있다면 한숨하지 아니하지 못할 것이외다. 이제 우리가 우리글을 좀 다스리고 바루잡이 쓰도록 함이 當然한 일일뿐더러 무엇보담도 크게 急務인줄 앎니다.

그런데 元來 國字 改良의 事業이란 것이 진실로 一時一人의 主張으로써 그리 얼른 되는 것이 아니매 이로붙어 多數한 時日을 두고 多數한 사람의 硏究의 힘으로 써라야 필경 바루잡힐 날이 있을 것이라 함니다. 그러나 爲先 하로 바삐 곧히어 쓰지 아니하면 안될 우리글 表記함에 用例 몇몇을 뽑아서 都下 專門學校 高等普通學校에 우리말 擔任하여 계신 여러 先生님께와 및 斯界에 造詣가 깊으신 몇분 어른에게 解答을 求하였던 바 다행히 일쯕붙어 本誌를 사랑하여 주신 여러분께로 붙어 懇篤한 回答이 오았음니다. 이것으로 말하면 우리글 硏究의 根本原理를 알아보는대 關한 것이 아니오 다만 幾個 些少한 用字의 實例에 그치고 말은 것이로되 이로써 우리 日常 文字 使用上에 그 應用의 길이 매우 크리라 생각하나이다. 讀者 여러분은 이 各方面의 硏究를 서로 比較 對照하며 自由自在로 取捨選擇하여 바른본 하나를 尋繹하시기에 또한 興味

---

4) 『동광』의 편집 겸 발행인은 주요한이었으며, 주요 필자로는 이광수(51회), 김윤경(51회), 주요한(37회) 등이었다. 특히 산옹(山翁 : 도산 안창호로 추정)이라는 필명으로 게재한 논설(14회)은 이 잡지의 정신적 지주 역할을 한 것으로 보인다. 대중을 대상으로 한 무실역행, 수양운동 전개 과정에서 국한문체보다 순국문체를 많이 사용하였으며, 한자의 비중이 약할수록 국어의 규범 통일 문제는 더욱 중요한 문제로 부각되었을 가능성이 높다.
5) 이 설문에는 김진호, 김지환, 이만규, 정렬모, 권덕규, 이규방, 장응진, 이상춘, 어윤적, 장지영, 김윤경(한결), 백정목, 박승빈, 이병기, 이기석, 강매, 최현배, 신명균이 응답을 하였다.

가 없지 아니할 줄 아나이다.

　　　　　 −記者(1927), 〈우리글 표기례의 몇몇〉, 『동광』 제2권 제1호(통권 제9호)

　이처럼 『동광』에서 우리글 교육을 담당하는 사람이나 연구자들을 대상으로 표기 문제를 선별하여 의견을 묻고, 통일안을 만들고자 시도한 것은 자생적인 규범화 과정6)에서 중요한 의미를 갖는다. 이 과정에서 통권 제9호의 표기례는 <한글마춤법통일안>과 밀접한 관련을 맺는다. 이때 제기되었던 주요 문제는 다음과 같다.

(13) 問題
　　一. 母音 中 · 字를 廢用 與否?
　　二. 된시옷이라 일컷는 ㅺ, ㅼ, ㅽ, ㅾ 等을 ㄲ, ㄸ, ㅃ, ㅉ의 竝書體로 씀이 如何?
　　三. ㄷ, ㅅ, ㅈ, ㅊ, ㅌ 行에 ㅑ ㅕ ㅛ ㅠ 等의 複母音을 合用하는 等字를 쓰지 아니할 與否?
　　四. 말의 頭字가 ㄴ 行으로 될 때 ㅇ 로 改用하게 할 與否?
　　五. 받힘은 ㄱ ㄴ ㄷ ㄹ ㅁ ㅂ ㅅ ㅇ 以外에 ㄷ ㅈ ㅊ ㅋ ㅌ ㅍ ㅎ 等도 다 使用하여야 할 與否?
　　六. ‘드러가[入去]’, ‘거러가[步行]’, ‘버서[脫]’라도 쓰고 ‘들어가’, ‘걸어가’, ‘벗어’라도 쓰니 어느 것을 標準?
　　七. ‘되여서[爲]’, ‘막혀셔[防]’, ‘그려서[畵]’라도 쓰고 ‘되어서’, ‘막히어서’, ‘그리어서’라도 쓰니 어느 것을 標準?
　　八. ‘더우니[暑]’, ‘지으니[作]’, ‘우니[鳴]’라도 쓰고 ‘덥으니’, ‘짓으니’, ‘울니’라도 쓰니 어느 것을 標準?
　　九. 우리말을 漢字로 된 말까지라도 다 國音을 標準하여 씀이 如何? (‘십월(十月)’, ‘녀즈(女子)’, ‘리천(利川)’ 等을 우리말로 쓸 때에 ‘시월’, ‘여자’, ‘이천’으로 씀이 어떨까?)
　　十. 아레와 같은 말은 三種 以上으로 쓰니 어느 것을 標準?
　　　　한울[天] 하늘 하날 일음[名] 이름 일홈 아회[兒] 아이 아해

____

6) 국어의 규범화는 1909년 국문연구소의 ‘국문연구의정안’, 1912년 조선총독부의 ‘보통학교용 언문 철자법’, 1921년 총독부의 수정안 등이 나온 바 있으나, 자생적인 규범 통일 운동은 1920년대 후반부터 일어난 것으로 볼 수 있다.

　이상의 10개 항목에 대한 18명의 답변은 <한글마춤법통일안>과 유사한 성격을 띤다. 이 가운데 1문~9문까지는 국어 문자 및 표기법과 관련된 것이며, 10문은 어휘와 관련된 것이다. 이 가운데 '·자 폐지 문제, 병서체 여부, 종성 표기법 문제'는 1909년 <국문연구의정안>[7]에서부터 논의되었던 사항이다. 의정안과 『동광』의 표기례의 내용을 비교하면 다음과 같다.

(14) '국문연구의정안'과 '표기례' 비교

국문연구의정안	의정안의 결론	동광의 표기례
一. 國文의 淵源과 字體 及 發音의 沿革	연원은 대개 일치, 자체 및 발음 연혁은 대동소이	해당 없음
二. 初聲 中 ㆁ ㆆ ㅿ ◇ ㅱ ㅸ ㆄ ㅹ 八字의 復用 當否	소실 문자 복용 부당은 의견 일치	해당 없음
三. 初聲의 ㄲ ㄸ ㅃ ㅆ ㅉ 六字 竝書의 書法一定	병서체 4인(이, 주, 송, 윤), ㅅ자 병서 2인(권, 지), 두 가지 임시 병용 1인(어)	된시옷자　병서체 여부
四. 中聲 ·字 廢止 =字 刱製의 當否	=창제는 지석영 위원 제창, 2인 부당, 3인은 =자 창제 부당, ·폐지 편당(어, 권, 주)	·폐지 여부
五. 終聲의 ㄷ ㅅ 二字用法 及 ㅈ ㅊ ㅋ ㅌ ㅍ ㅎ 六字도 終聲에 通用 當否	통용 의견 다수	받침을 다 사용해야 할 여부
六. 字母의 七音과 淸濁의 區別 如何	아설순치후 청음, 격음, 탁음의 구분으로 의견 일치	해당 없음
七. 四聲表의 用否 及 國語音의 高低法	사성은 불필요, 고저는 필요	해당 없음
八. 字母의 音讀一定	자모의 명칭 문제	해당 없음
九. 字順 行順의 一定	초성과 중성의 배열 순서	해당 없음
十. 綴字法	훈민정음 예의대로	해당 없음

　'의정안'에서 논의되었던 내용 가운데 상당수는 『훈민정음』이나 『훈몽자회』에서 비롯된 국문자의 연원이나 문자 사용 여부, 표기의 원칙과 관련된

---

7) 의정안의 참여자는 학부 학무국장 윤치오, 학부 편집국장 장헌식, 관립한성법어학교장 이능화, 내부서기관 권보상, 주시경, 학부 사무관 上村正己, 학부시학관 유기영, 학부주사 백만석이었으며, 융희 원년 장헌식이 해임되고 대리로 학부편집국장 어윤적을 임명하였다. 이에 대해서는 고영근 외(1977), 역대문법대계 3~10(탑출판사)을 참고할 수 있다.

것들이어서 실제 국어사용에서 나타나는 문제를 구체적으로 포함하지 못한 경향이 있다. 규범화 과정에서는 연원이나 글자 사용 문제뿐만 아니라 구체적인 표기 원칙이나 방식에 관한 논의가 대두된다. 그렇기 때문에 1912년 조선총독부에서 마련한 <보통학교용 언문철자법>8)에는 '의정안'에서 다루지 않았던 문제가 포함되며, 그 가운데 상당수는 『동광』의 표기례에서도 다시 논의되는 실정이다. 이를 견주어 보면 다음과 같다.

(15) '보통학교용 언문철자법'과 표기례의 비교

보통학교용 언문철자법	동광 표기례
一. 正格인 現代 京城語를 標準으로 하고, 可及的 從來 慣用의 用法을 取하야 發音대로의 書法을 取함.	해당 없음
二. 純粹 朝鮮語에 對하야는 'ㆍ'를 使用하지 아니하고 'ㅏ'로 一定함(ㆍ폐지 문제).	ㆍ전면 폐지 여부
三. 純粹 朝鮮語에 對하야는 ㄷ行 及 ㅌ行은 ㅑ列 ㅕ行 ㅛ列ㅠ行에만 使用하고, 其他例에는 ㅈ行 及 ㅊ行을 使用함(구개음화).	해당 없음
四. 純粹 朝鮮語로서 從來 ㅏ ㅑ ㅓ ㅕ ㅗ ㅛ ㅜ ㅠ 兩樣의 書法이 잇는 것은 ㅏ ㅓ ㅗ ㅜ로 一定함(단모음).	단모음화
五. 二-四의 三項은 漢字音으로 된 말을 諺文으로 表記하는 境遇에는 適用하지 아니함, 이는 그 韻을 紊亂히 할 憂慮가 잇슴으로써임.	해당 없음
六. 活用語의 活用語尾는 可及的 語의 本形과 區別하야 書함.	6문 관련
七. 左와 如한 境遇에는 助詞 '은, 을'을 '흔, 흘'로 書하야 實際의 發音을 表記함(갓흔, 갓흘, 놉흔, 놉흘)(거센소리 받침 다음의 조사)	해당 없음
八. 形容詞를 副詞로 할 때에 用하는 接尾語 '히'는 그대로 '히'로 표기함.	해당 없음
九. 從來 二種의 書法이 잇는 助詞 '는, 눈', '를, 룰'은 '는, 를'로 一定함.	해당 없음
十. 助詞 '이, 을, 에, 으로'는 上에 來하는 語에 依하야 左의 書法을 取하야 實際의 發音을 表記함(압히, 나히, 갑시, 꼿치, 압흘, 갑슬)	해당 없음
十一. 된시옷의 記號에는 ㅅ만 使用하고 '�뼈, ㄲ' 等과 如한 書法은 取하지 아니함.	된시옷 대신 병서체 표기 여부
十二 ~ 十六은 일본어와 조선어 표기의 문제에 해당됨.	해당 없음

---

8) 이 철자법은 조선총독부에서 『보통학교용 조선어급한문독본』을 편찬하기 위하여 제정한 것으로, 8명의 조사촉탁원에게 명하여 결정하게 한 것이다. 당시 촉탁원은 國分象太朗, 新壓順貞, 鹽川一太郎, 高橋亨, 玄櫶, 兪吉濬, 姜華錫, 魚允迪이었다. 이 철자법은 '緒言' 4개항과 '綴字法' 16개항으로 구성되어 있다.

이 철자법은 <보통학교용 조선어독본>을 만들기 위해 제정한 것으로, '경성어 표준 원칙'이나 '발음 표기 원칙'을 천명했다는 점에서 국어 규범의 기본 원칙과 통하는 면이 있다. 그러나 일본어와 관련된 4개 항을 제외함 12개 항으로 그 당시 국어 표기와 관련된 여러 문제를 해결하는 데는 한계가 있었으며, 더욱이 '순수 조선어(고유어)'와 '한자어'를 나눈 이중 규범을 두었다는 점도 규범의 통일과는 거리가 먼 방침이라고 할 수 있다. 이러한 흐름은 1921년 개정한 <보통학교용 언문철자법 대요>도 크게 다르지 않다.

(16) '보통학교용 언문철자법 대요'와 표기례의 비교

보통학교용 언문철자법 대요	표기례
一. 用語는 現代의 京城語를 標準으로 함.	해당 없음
二. 可及的 發音대로 綴字法을 標準으로 함.	해당 없음
三. 純粹 朝鮮語 中 語頭에 잇는 '니, 녀' 等은 '이, 여'와 如히 發音함이 多하나 他語의 下에 着하야 熟語를 成하는 境遇에는 ㄴ音이 復活하게 됨이 多한 故로 此等은 全部 '니, 녀'로 書하기로 함(두음법칙을 인정하지 않음).	두음법칙과 관련된 설문(4문 : 대체로 두음법칙 인정)
四. 漢字音의 頭音이 ㄹ인 것은 發音의 如何를 不拘하고 恒常 ㄹ로 書함(두음법칙을 인정하지 않음)	ㄹ 두음법칙은 별도 언급하지 않음
五. 純粹 朝鮮語에 對하야는 表音的 表記法에 從하야 ·를 使用하지 아니하고[字音은 歷史的 綴字法에 依하야 '리[來], 미[每]'로 書함] ㅏ로 此에 代함(고유어의 경우에 ·폐지)	·의 전면적 폐지 여부(1문 : 폐지 의견 다수)
六. 純音 朝鮮語에 對하야는 表音的 表記法에 從하야 '댜, 뎌, 됴, 듀, 디, 탸, 텨, 툐, 튜, 티'를 '자, 저, 조, 주, 지, 차, 처, 초, 추, 치'로 書하고 '샤, 셔, 쇼, 슈'를 '사, 서, 소, 수'로 書하고 '쟈, 져, 죠, 쥬'를 '자, 저, 조, 주'로 書함(고유어에 한하여 구개음화와 단모음화 인정).	해당 없음
七. 漢字音에 對하야는 歷史的 表記法에 從하야 '댜, 뎌, 됴, 듀, 디, 탸, 텨, 툐, 튜, 티, 샤, 셔, 쇼, 슈, 쟈, 져, 죠, 쥬' 等을 그대로 保存함(한자어의 경우 구개음화, 단모음화를 적용하지 않음)	해당 없음

八. 終聲[밧침] 　(1) 곳, 곳을－곤, 곤을 엇는다, 어들－얻는다, 얻을 　(2) 돕는다, 도을－돕는다, 돕을 　(3) 숫, 숫치－숫, 숫이 　(4) 낫, 낫에－낮, 낮에 　(5) 꼿, 꼿치－꽃, 꽃이 　(6) 밧, 밧헤－밭, 밭에 　(7) 닙, 닙흔－닢, 닢은 　(8) 나, 나히－낳, 낳이 　(9) 닥는다, 닥글－닦는다, 닦을 　(10) 갑, 갑스로－값, 값으로 　(11) 삭, 삭시－삯, 삯이 (금후의 결정을 보기까지 대체로 종래의 철자법을 따라 앞의 것을 취함)	‘돕다－도을’의 경우 해당(8문)
九. 活用語의 活用語尾는 可及的 語幹과 區別하야 書함.	드러가－들어가 (6문)
十. 助詞 ‘이, 은, 을, 에, 으로’ 等은 上에 來하는 語의 終聲의 種類에 依하야 ‘치(히,시), 츤(흔, 슨), 츨(흘, 슬), 체(혜, 세), 츠로(흐로, 스로)’ 等으로 書함.	해당 없음
十一. 從來 二樣의 書法이 잇는 助詞 ‘는, 눈’, ‘를, 룰’, ‘은, 온’, ‘을, 올’은 ‘은, 을’로 一定함.	해당 없음
十二. ‘히’ 又는 ‘이’를 附하야 副詞를 作하는 것 中 　(1) 主要한 語가 漢語인 境遇는 ‘히’를 附함. 　(2) 主要한 語가 純粹한 朝鮮語인 경우에는 發音 如何로 因하야 ‘히’ 又는 ‘이’를 附함.	해당 없음
十三. 된시옷의 記號에는 ㅅ만을 使用하고 ‘쎠, 까’ 等과 如한 書法은 아니 씀.	병서체 여부(2문)
十四. 二語가 合하야 複合語를 이루되, 그 사이에 促音 現像이 생길 時는 ‘일ㅅ군’ 等과 如히 二語의 中間에 ㅅ을 揷入하려고 하는 자 잇스나, 本書에 對하야는 各各 境遇에 依하야 ㅅ을 上語의 末에, 又는 下語의 初에 附하기로 함(사잇소리 표기).	해당 없음
十五. 長短音 表記(사용하지 않음)	해당 없음

　　<보통학교용 언문철자법>의 특징은 ‘표음적 표기법’과 ‘역사적 표기법’을 나누고, 순수 조선어(고유어)와 한자어를 구별하여 표기 방식을 달리 적용하고자 한 데 있다. 앞의 ‘언문철자법’과 마찬가지로 일부 항목은 의견을 정

하지 못한 상태에서 '전통적인 표기 방식'을 적용하거나 '경우에 따라 적는 것'을 인정함으로써 표기법의 혼란을 막는데 한계를 보이고 있다. 이 점에서 『동광』에서 제기한 '표기례'는 '·의 전면 폐지', '두음법칙', '단모음화', '종성표기', 'ㅂ공깃길 닮기', '한자음 표기 원칙' 등의 구체적인 문제를 제기하고 있음을 확인할 수 있다.

3.2. 국어 연구와 〈한글마춤법통일안〉과의 관계

『동광』의 국어 연구는 국문 통일 운동과 밀접한 관계를 맺고 있다. 이는 제1권 제5호(1926. 9. 통권5호)의 '조선말과 글의 연구'라는 특집 기사에서도 잘 드러난다. 다음은 이 기사의 기획 의도를 잘 나타내고 있다.

> (17) 편즙 긔자의 생각
> 조선글은 우리가 가진 오직 하나의 보배외다. 이로써 능히 높고 낮은 모든 사람을 글 보게하는 일이 쉬히 되고 딸아서 우리의 앞 길을 개척하는대 우리의 문화를 건설하는대 다시 없는 좋은 쟁긔가 되는 것임니다. 그런데 이제 그 글을 쓰는 사람의 글을 보면 이이는 이렇게 쓰고 저이는 저렇게 쓰어 한가지로 통일됨이 없어 보는 자로 하여금 뒤숭숭하게 하며 딸아오는 자로 길을 잃게 함니다. 우리 잡지에서 약간 여긔 대하여 깨달음이 있어 문ㅅ법학자들의 주장대로 쓰어 보려고 시험하나 항상 인쇄소의 설비 관계로 원만히 되지 못함은 유감이외다. 이제 여긔 관한 연구를 몇 편 실리는 뜻은 더욱 이 방면으로 맛당히 쓸 길을 찾자함이외다. 이번 호뿐 아니라 호를 딸아서 여긔 관한 글을 올리려 함니다. 그래서 장래에 있어서는 적어도 이 잡지 하나는 합리적이요 또 규모가 세운 글을 쓰려고 생각함니다.

편집자의 기획 의도에 따라 『동광』에서는 '조선말과 글의 연구'를 연속 기사로 게재하였다. 특히 통권5호에 실린 김윤경(1926)의 '조선말과 글에 바루잡을 것'은 이 시기 국어 문제의 성격과 내용이 무엇인지를 가장 잘 드러내 준다. 먼저 김윤경의 '조선말과 글에 바루잡을 것'을 살펴보자.

(18) 1920년대 후반기의 국어 문제

ㄱ. 조선말과 글에 바루잡을 것[9]

㈀ 사토리가 없이 말을 통일하고 문체를 통일하여 말과 글이 일치되
  게 할 것

㈁ 본보기말(標準語)

㈂ 본보기글(標準文)

㈃ 한문과 섞어 쓰는 버릇을 깨뜨릴 것

㈄ '낯내'[個音]를 한 덩이로 하지 말고 '씨'[單語]를 한 덩이로 할 것

㈅ 씨의 소리모이를 한갈같이 할 것

㈆ 한문은 말의 소리대로 그 소리를 적을 것

㈇ 소리 나는 동안의 길고 짜름을 보람할 것

ㄴ. 어찌하면 우리 글이 나아가게 할까

㈀ 우리의 생각 붙어 고칠 것

㈁ 적을 때에 조심할 것

㈂ 말할 째에 조심할 것

㈃ 우리 말과 글을 연구하는 이들이 한모임을 일우어야 할 것

㈄ 출판물로 바루 잡은 바를 널리 펴고 알릴 것

— 김윤경(1926), 〈우리말과 글에 바루 잡을 것〉, 『동광』 제5호

이 글은 근대계몽기 이후 국어 문제의 중심 내용과 해결 방안을 압축적으로 제시한 글이라고 할 수 있다. 예를 들어 표준어 문제는 <보통학교용 언문철자법>에서 '경성어를 표준으로 삼음'을 원칙으로 천명하였으나 본격적인 연구는 김두봉(1916, 1922)의 『조선말본』, 『깁더조선말본』에서 이루어진 바 있다. 이 점에서 규범화 과정에서 표준어 제정이 필요함을 언급한 것은 자연스러운 일이라고 할 수 있다. 또한 '언문일치', '한자를 섞어쓰지 않기', '단어 중심의 쓰기' 등은 규범을 제정할 때 국어의 구조와 특질을 반영해야 함을 의미하는 것이라고 할 수 있다. 특히 말을 할 때나 글을 쓸 때 '조심할

---

9) 이 글은 '한결'이라는 필명으로 발표되었으며, 본래는 『조선말과 글』이라는 책에서 일부분을 옮겨 온 것으로 되어 있다.

것’을 강조한 것은 우리말과 글을 가르쳐 바르게 사용할 수 있도록 해야 함을 의미하는 것으로 ‘국어 교육’의 중요성을 일깨우는 언급이라고 할 수 있다. 이처럼 국어 문제 해결을 위해 연구 단체를 통일하고 출판물로 이를 보급해야 함을 강조하고자 한 것이 이 논문의 핵심 내용이다.

＜한글마춤법통일안＞은 1930년 12월 13일 조선어학회 본회 의결로 12인의 위원을 선정하면서부터 심의되기 시작하였다. 이때 참여한 위원은 권덕규, 김윤경, 박현식, 신명균, 이극로, 이병기, 이윤재, 이희승, 장지영, 정렬모, 정인섭, 최현배였다. 이 가운데 박현식, 이희승을 제외한 다른 사람들은 모두 『동광』의 필자로 참여했으며, 특히 김윤경(51회), 이윤재(20회)는 이 잡지의 주요 필진이었다. 특히 김윤경은 51편의 글 가운데 23편의 국어 관련 글을 남김[10]으로써 『동광』에서 국어 문제를 가장 심도 있게 다루고자 한 분이다. 그 가운데 통권 제17호(1931. 1)부터 통권 제40호(1933. 2)까지 연재한 ‘조선문자의 역사적 고찰’은 국어사, 문자사, 국어학사, 국어운동사를 망라한 체계적인 논문이었다. 이윤재는 『동광』의 기자로 주요한(시를 포함 37회)과 더불어 『동광』의 국어 운동을 실질적으로 주도한 인물이었다. 이들이 펼친 국어 운동은 조선어학회의 국어 통일 운동과 크게 다르지 않았다. 이들의 논의 내용과 ＜한글마춤법통일안＞을 비교해 보면 다음과 같다.

---

10) 『동광』에 실린 국어 관련 97편의 글 가운데 가장 많은 글을 쓴 사람은 김윤경(23회)이며, 다음은 안확(5회)이다. 다음으로는 이은상(3회), 백정목(2회), 엄정우(2회), 이윤재(2회), 최현배(2회)의 순서로 나타난다.

(19) 〈한글마춤법통일안〉과 『동광』의 기사

ㄱ. 總論

한글마춤법통일안	동광	비고
一. 한글마춤법(綴字法)은 표준말을 그 소리대로 적되, 語法에 맞도록 함으로써 原則을 삼는다.	'우리글 표기의 몇몇'에 대한 답변에서 대체로 소리를 중심으로 한 표기가 되어야 함을 주장함. 이규백(1926)의 '언문의 발음과 기법'에서 관습상의 발음 변화를 중점적으로 다룸.	표음주의 표기 원칙
二. 표준말은 大體로 現在 中流社會에서 쓰는 서울말로 한다.	김윤경(1926)의 '조선말과 글에 바루잡을 것' 등에서 표준어, 표준문에 대한 심층적인 논의가 이루어짐.	경성어를 표준으로 할 것은 〈보통학교용 언문철자법〉부터 언급함.
三. 文章의 각 單語는 띄어 쓰되, 토는 그 웃 말에 붙여 쓴다.	김윤경(1926)의 '조선말과 글에 바루잡을 것'에서 '씨'를 단위로 할 것을 주장함.	띄어쓰기의 중요성은 『독립신문』의 창간호 논설에 처음 제기

ㄴ. 各論

한글마춤법통일안		동광	비고
제1장 (자모)	제1절 자모의 수와 그 순서(제1항)	김윤경의 '조선문자의 역사적 고찰', 정병순(1926) '조선문의 변천'(통권8호), 안확(1926) '언문의 출처'(통권6호) 등	근대계몽기 유길준, 주시경 등의 초기 국어연구부터 대두됨.
	제2절 자모의 이름(제2항)		
제2장 (성음)	제1절 된소리		
	제2절 설측음화		
	제3절 구개음화	'우리글 표기의 몇몇'의 설문에서 구개음화, 단모음화 표준 문제	
	제4절 ㄷ바침소리		
제3장 (문법)	제1절 체언과 토	'우리글 표기의 몇몇'에서 둘 이상의 조사가 있을 경우 표준 정하는 문제	맞춤법에서는 체언과 토를 구분하여 표기하는 문제를 정함.

제3장 (문법)	제2절 어간과 어미	'우리글 표기의 몇몇'에서 어간과 어미를 구분하여 적는 것 논의	어간과 어미를 구분하여 적기
	제3절 규칙용언	'우리글 표기의 몇몇'에서 활용 어휘의 예를 포함하여 논의. 통권32호의 '한글 철자에 대한 신 이론 검토'	
	제4절 변격용언		
	제5절 바침	'우리글 표기의 몇몇'에서 모든 받침을 다 쓸 것인지 논의	언문 철자법에서 논의
	제6절 어원표시		
	제7절 품사합성	'우리글 표기의 몇몇'에서 일부 논의	
	제8절 원사와 접두사		
제4장 (한자어)	제1절 홀소리만을 변기	·글자 폐지 문제	의정안부터 논의
	제2절 닿소리만을 변기	두음법칙 문제	언문 철자법부터 논의
	제3절 홀소리와 닿소리 함께 변기	구개음화, 단모음화	언문 철자법부터 일부 논의
	제4절 속음	한자음을 국음으로 할 것인지, 중국음으로 할 것인지 논의. 통권 제9호 한자음 문제 조명.	언문철자법 이후 논의
제5장 (약어)	약어	'우리글 표기의 몇몇'에서 준말 일부 포함하여 논의	
제6장 (외래어)	외래어 표기	특별한 논문이나 질의는 없으나, 외래어 자료가 빈번히 나옴	
제7장 (띄어쓰기)	띄어쓰기	단어 중심의 띄어쓰기	『독립신문』 이후 논의됨

　〈한글마춤법통일안〉은 모두 7장 65항 부록 '표준어'와 '문장부호'로 이루어진 체계적인 규범이다. 『동광』에서는 이들 규범과 관련된 논의를 모두 다루지는 않았지만, 통권 제5호, 제32호의 설문 등을 통하여 당시 혼란스러웠던 규범을 통일하고자 한 노력을 지속적으로 기울인 것으로 볼 수 있다.

4. 맺음말

근대계몽기 이후 신문과 잡지의 역할은 단순한 정보 제공이나 오락적 기능을 수행하는 데 머물지 않고, 그 당시의 학자들의 논문이나 논설문을 수록함으로써 지식을 전파하고 민중을 계몽하는 역할을 담당하였다. 특히 종합잡지의 경우는 다양한 분야의 지식을 소개하고, 그 분야의 연구 경향을 알리는 데 소홀하지 않았다. 이 점에서 잡지에 실린 논문과 논설문을 계량화하여 그 시기 국어사용 실태 및 국어 연구 경향을 살피는 일은 의미 있는 일로 보인다.

『동광』에는 국어 관련 기사가 97건이 실려 있으며, 그 가운데 국어사용상의 규범과 관련된 기사는 35개에 이른다. 이들 기사 가운데 상당수는 질의와 답변으로 이루어져 있으며, 질의 내용은 국어사용의 실제에서 부딪히는 표기상의 문제에 해당한다. 이처럼 국어의 규범화 이전 잡지를 통하여 표준을 정하고자 한 노력은 국어사용 및 민중 계몽의 차원에서 매우 큰 의미를 갖는다. 1933년 조선어학회의 <한글마춤법통일안>은 어느 한 시대 특정 단체에 의해서만 이루어진 것이라고 볼 수는 없다. 이 성과물이 나오기 위해 많은 사람들이 국어사용 문제에 관심을 기울였으며, 특히 『동광』은 이 문제를 집중적으로 다루고 많은 사람들이 관심을 가질 수 있도록 했다는 점에서 1920년대 후반기의 시대적인 사명을 다한 잡지라고 할 수 있다.

이밖에도 『동광』에는 당시의 국어사용과 관련된 자료들이 더 들어 있다. 예를 들어 이은상(1927)의 '이언(俚言)'(통권 제13호)과 관련된 논문이나 김억(1927)의 '에스페란토'에 관한 연속 기사(통권 제9호부터 제15호까지), 당시의 격언과 유머를 채록한 자료(통권 제12호, 제21호 등), 신어 자료(통권 제30호, 제31호), 안확과 정렬모의 한글 논쟁(통권 제11호, 제13호), 엄정우(1927)의 속기술 관련 자료(통권 제16호) 등은 이 시기 국어사용상의 주요 문제가 무엇인지를 알려주는 좋은 자료가 될 것으로 보인다.

‖ 참고문헌

고영근(1995), 『우리말연구사－흐름과 동향』, 학연사.
구본관(2008), 「국어생활사 교육 내용, 외국인을 위한 한국어문법과 국어생활사의 교수 학습 과제」, 『한국문법교육학회 제10차 전국학술대회 자료집』.
장윤희(2008), 「국어생활사 교육의 성격과 목표, 외국인을 위한 한국어문법과 국어생활 사의 교수 학습 과제」, 『한국문법교육학회 제10차 전국학술대회 자료집』.
최경봉(2008), 「일제강점기 조선어 연구의 지향」, 『제47차 한국어학회 전국학술대회자료 집』, 한국어학회.
허재영(2008), 「어문생활사 연구 대상과 방법」, 『우리말글』 42, 우리말글학회.
허재영(2008), 「일제강점기 우리말 연구의 경향과 의미」, 『민족문화논총』 제39집, 영남 대 민족문화연구소.
**기타 본문에 제시된 자료와 『동광』에 게재된 국어 관련 기사 제목은 생략함.

치유적 글쓰기에 관한 연구사

김준희

1. 머리말

언어는 인간의 사고를 반영한다. 따라서 우리가 표현하는 언어의 형식은 자신의 경험을 외부로 드러내는 일이며 동시에 그 경험을 바라보는 우리의 사고방식을 보이는 일이다. 이때 표현된 내부적 경험은 다양한 사고과정을 통하여 재구조화되면서 새로운 의미를 갖게 된다.

최미숙(1996)에서는 경험적 자아와 서술적 자아의 분리를 통해 재구조화된 경험에 관한 글쓰기의 의의를 연구하면서 재구성된 경험1은 새로운 경험1´로 인식되면서 반성적 글쓰기, 자기 성찰의 글쓰기의 효과를 갖게 된다고 설명하였다. 결국 어떠한 사건을 거리를 두고 바라보며 경험을 재구조화하는 과정을 통해 새로운 의미를 갖게 되고, 이러한 글쓰기는 자신을 뒤돌아보고 나아가 자기 성찰의 단계로 발전할 수 있다는 것이다.

동일한 경험은 다양한 관점을 통해서 다양한 의미를 갖는다. 그리고 다양한 관점은 그 경험을 바라볼 수 있는 거리를 전제하며 그 거리는 경험을 바라보는 자신의 시각이 객관적일 때 유지된다. 그러므로 동일한 경험에 대한 새로운 의미는 자신과 그 경험과의 거리, 그 경험을 바라보는 객관적인 시각, 이를 통해 동일한 경험이 재구조화되는 과정을 통하여 만들어 진다.

(1) 경험의 재구조화 과정

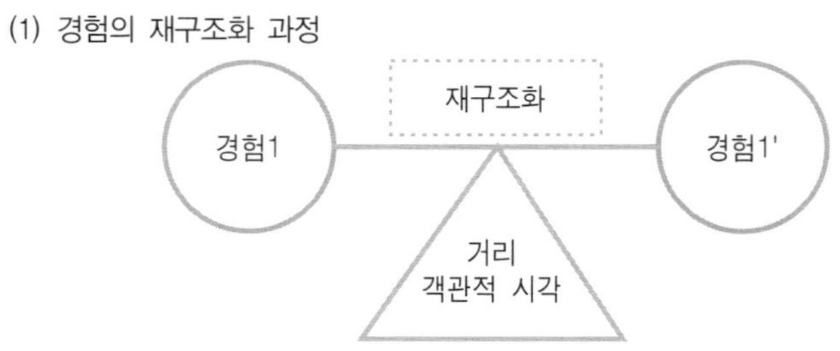

자신의 삶의 변화나 과거의 일들에 대한 새로운 해석을 필요로 하는 내용의 글쓰기를 좀 더 의도적으로 시도하는 일은 중요한 의의를 갖는다. 왜냐하면 이러한 과정에서 좀 더 진실한 자신의 모습을 발견할 수 있으며, 과거의 경험에 대한 긍정적인 이해를 이끌어 낼 수 있기 때문이다. 뿐만 아니라 글쓰기를 통한 표현의 행위는 반복적인 재구조화 과정을 통해 심리적인 안정과 정화의 감정을 갖게 한다.

따라서 이러한 글쓰기는 과거의 어떤 억압적인 감정이나 내면의 상처들, 다시 말하면 심리적 외상[1]을 지닌 사람들에게 좀 더 효과적일 수 있다. 왜냐하면 과거의 경험을 부정적으로 바라보는 인식으로 생겨난 상처뿐만 아니라, 그러한 경험을 말하지 못하고 비밀로 간직한 사람들은 엄청난 심리적 스트레스를 가지고 있기 때문이다. 그러므로 과거의 부정적인 경험을 재구조화하여 좀 더 긍정적인 경험의 의의를 만드는 일, 그리고 나만의 비밀을 '털어 놓는다'는 것은 감정의 정화와 함께 마음의 짐을 덜어 심리적 고통에서 벗어나게 해 주는 방법이다.

1980년대에는 자신의 감정을 표현하는 글쓰기를 통해 심리적 상처를 치

---

1) 심리적 외상이란 일반적으로 트라우마(trauma)라고 알려진 질환으로 PTSD(post-traumatic stress disorder)・충격 후 스트레스장애・외상 성 스트레스장애라고도 한다.

유할 수 있을 것이라는 연구가 활발하게 이루어졌다. 초기 연구들은 대부분 질병으로 병원을 방문한 횟수에 초점이 맞추어 졌는데 실험이 계속되면서 글쓰기는 생각보다 훨씬 더 강력한 치유의 도구가 될 수 있다는 사실들이 증명되었다.

페니베이커(1999 : 136)는 일반적으로 사람들이 글쓰기를 통해 개인적인 갑작스러운 큰 변화를 이해하고 있다고 설명한다. 그들은 글쓰기의 일반적 가치를 '깨닫다, 이해한다, 해결한다, 해결하는 중이다'라는 단어로 풀이하고 있는데, 이러한 단어들은 그들이 생각하는 글쓰기의 가치를 짐작하게 한다.

이렇게 치유적 목적으로 쓰이는 글쓰기는 현재 다양한 분야에서 활용되고 있다. 문학이나 예술, 종교, 의학, 심리학 등에서 글쓰기 프로그램을 운용하고 있고, 보건 전문가뿐만 아니라 의료적 임상 훈련을 받지 않은 자기 개발 관련 전문가들에게도 많이 활용되고 있다. 특히 종교적인 차원에서는 내적 치유 상담 프로그램 개발의 방법 중 하나로 글쓰기 고백을 활용하고 있는 실정이다.

따라서 이 글은 개인적인 감정을 표현하는 글쓰기의 가치에 대하여, 특히 그동안 억제되었던 자신이 경험한 육체적, 정신적 상처에 대한 글쓰기가 우리에게 어떤 효과를 가지는지를 앞선 연구를 통해 설명하는 것이 목적이다. 그리고 글쓰기의 치유적 효과에 관한 연구 경향을 살펴 치유적 글쓰기[2]의 교육적 가치를 인식하는 것이다. 이를 위해 먼저 치유적 글쓰기란 무엇인지 앞선 연구들을 통해 알아보고, 지금까지 어떻게 연구되었는지 치유적 글쓰기의 연구 결과들을 살펴보기로 한다.

---

2) 치유적 글쓰기는 치료적 글쓰기 또는 글쓰기 치료, 저널치료 등의 용어로도 사용되고 있다. 이들의 영어 표현도 연구자들마다 조금씩 다른데, 이 논문에서는 의료적 행위가 아니며 완전한 치료의 의미도 아니고 신체적 상처에 대한 치료의 개념이 아니라는 관점에서 치유적 글쓰기라는 용어를 사용하기로 한다.

2. 치유적 글쓰기의 정의와 방법

2.1. 치유적 글쓰기의 정의

치유의 글쓰기(Scriptotheraphy)란 '쓰여진 것'이란 의미의 라틴어인 'scriptumi' 와 '치료하다'라는 의미의 'therapia'의 합성어이다. 즉 치유의 글쓰기란 '치 유 또는 치료의 효과를 증진시키기 위해 도안된 글쓰기를 의도적으로 사용 하는 것'이라고 정의할 수 있다(건국대학교 글쓰기 연구회 편, 2006).

치유적 글쓰기는 저널 치료나 글쓰기 치료라는 용어로 사용되는데, 치료 와 치유의 의미도 연구자들마다 조금씩 다르게 사용한다. 또한 치유의 영어 표현도 'cure'는 완전히 치료가 되어 병이 더 이상 없는 상태를 말하고, 'healing'은 상처가 아문다는 측면에서 재생 능력을 강조하는 경향이 있다. 그러므로 외상의 기억을 글로 풀어내고 그 아픔의 상처를 다른 느낌으로 재 생시키는 것은 'healing'이 부각된 치유적인 행동이다(하지현, 2005).

또한 일반적인 일기를 변형한 저널쓰기라고도 불리는데, 정신, 육체 그리고 가정의 건강과 행복을 증진시키기 위한 목적을 가지고 심도 있게 지속적으로 쓰는 반성적 글쓰기를 말한다. 자신이나 인생의 여러 문제들에 대한 보다 깊 은 성찰과 이해를 위해 내면의 생각과 느낌을 글로 표현함으로써 글 쓰는 사 람의 내적인 경험, 반응, 그리고 인식에 글쓰기의 초점을 맞추는 것이다.

데살보(DeSalvo, 1999)는 치료적인 목적으로 쓰는 글쓰기로서의 저널 치료 나 글쓰기 치료는 정신적 육체적, 정서적, 영적으로 더 나은 건강과 행복을 위하여 반성적인 글쓰기를 목적 지향적이고 의도적으로 사용하는 것이라고 말한다. 그리고 그것은 문제와 관심사, 갈등들과 혼돈에 초점을 맞추어 명료 화하는 효과적인 수단이라고 주장한다(강은주, 2005).

우리나라에도 글쓰기 치료나 문학치료 혹은 시치료 관련 서적들이 출판되 면서 독서와 시, 글쓰기 등 문학매체를 활용한 인간의 심리적·신체적 처치가 '치료therapy'라는 이름으로 통용되고 있다. 저널테라피(journaltherapy)의 홈페이지에 소개한 저널 테라피 정의를 통해 치유적 글쓰기를 다음과 같이 정의한다.

(2) 저널 테라피(치유적 글쓰기) 정의

저널 요법은 정신적, 육체적, 영적으로 더 나은 건강과 행복을 위하여 반성적인 글쓰기를 목적지향적이고 의도적으로 사용하는 것인데 이슈들과 관심사, 갈등과 혼돈에 초점을 맞추어 명료화하는 효과적 수단이다. 저널 요법은 스타일과 기술, 창의성, 친밀성, 생의 신비에 대한 안내를 통하여 전통적인 일기를 효과적인 비용과 자기 경영을 제공하는 창의적이고 독특한 치료적 방법으로 바꾸어 놓는다.

"Journal therapy — the purposeful and intentional use of reflective writing to further mental, physical, emotional and spiritual health and wellness — is an effective means of providing focus and clarity to issues, concerns, conflicts and confusions. Journal therapy transforms the traditional diary into a genuine, unique therapeutic method that offers cost-effective, holistic self-management through the introduction of style, technique, creativity, intimacy and life mastery."

2.2. 치유적 글쓰기의 방법

글쓰기 치료 전문가들은 일상적인 삶에 기초한 생각이나 감정을 어떠한 형식이나 체제에 구애받지 않고 연필 가는 대로 글쓰기를 한다는 것은 가장 신뢰할만한 효과적인 자기 치유 및 자기 변화의 방법 중의 하나라고 말한다 (강은주, 2005). 그것이 노트이건 일기이건 컴퓨터의 모니터이건 어딘가에 글을 쓰는 것 자체는 자신의 과거와 미래를 연결하는 다리라는 것이다.

어떤 형식이나 장소나 분량에 구애받지 않고 자유스럽게 다만 지속적으로 글쓰기를 한다면 그것은 곧 치유의 글쓰기 시작이라 할 수 있다. 자신의 과거의 경험들 중 내면의 드러내고 싶지 않은 부분들까지도 글쓰기를 통해 정면으로 마주한다면, 그리하여 '충만한 인간성을 개발하고 또 거기에 도달하기 위해 반성적으로 글쓰기를 하는 것(강은주, 2005)'은 진정한 치유의 글쓰기를 경험하는 일이다.

따라서 어떠한 글쓰기를 통해서도 치유의 효과를 이끌어 낼 수 있지만 좀 더 자기 반성적이고 자기 성찰의 효과를 가지려면 자신의 경험을 바탕으로 한 정서적인 글쓰기를 지속적으로 하는 것이다. 내용적으로는 가장 깊은 내면의 생각과 감정에 대하여 써 보는 것이 중요하다.

페니베이커(James W. Pennebaker, Ph.D)는 하루에 20분씩 자신에게 가장 중요하고 개인적 일을 멈추지 말고 계속 쓰라고 말한다. 오직 자신만을 위하여 쓰는 것이고, 만약 어떤 특정한 주제에 대해서 글을 쓸 때 정신적 위기감이 느껴진다면 그 주제를 쓰지 말고 자신이 현재 감당할 수 있는 사건이나 상황들에 대해서 써야 한다. 자신을 괴롭히는 감정적 격변에 대하여 글을 쓰면서 자신도 모르게 다른 주제로 이끌린다면 자연스럽게 따라 가도록 한다. 그러나 지나치게 산만한 주제에 대해 쓰고 있다면 억지로라도 다시 심리적 외상으로 관심을 돌려 글을 쓸 것을 권한다. 가능하면 매일 고정된 시간에 글을 쓰는 것이 효과적이며 자신만의 독특한 환경을 정하여 글쓰기 의식을 창조하는 것도 글쓰기를 즐기면서 치유의 효과를 경험할 수 있다는 것이다.

미국 저널치료센터 소장인 캐슬린 애덤스(K. Adams)의 저널치료를 위한 글쓰기 기법에는 상당히 다양한 유형의 기법을 통해 작문에 재능이 없는 누구라도 마음껏 자신의 감정을 글로 옮길 수 있도록 여러 가지 글쓰기 기법을 소개하고 있다. 그는 스프링보드 기법, 인물묘사, 클러스터기법, 순간포착 기법, 대화, 100가지 목록, 의식의 흐름, 징검다리, 타임캡슐, 보내지 않은 편지, 꿈과 이상 등에 대한 창의적이고 다양하며 정신분석적, 인지행동적, 심리치료적 기법을 흥미롭게 제시하고 있다(강은주·이봉희 역, 2006).

세퍼드 코미나스(2008)에서는 마음 속 밑바닥까지 내려가 남김없이 자신의 이야기를 쓰는 것이 몸과 마음을 치유하고 자기를 발견하는 글쓰기라고 하였다. 날마다 하루 20분씩 글쓰기의 창을 통해 자신을 세상과 연결시키는 과정에서 삶의 여러 가지 문제가 해결된다는 것이다. 그가 소개한 치유의 글쓰기를 위한 열 가지 실천 목록은 다음과 같다.

> (3) 셰퍼드 코미나스의 치유의 글쓰기를 위한 열 가지 실천 목록
> ㄱ. 나 자신과 화해하라.
> ㄴ. 몸을 위한 양식과 함께 마음을 위한 양식을 준비하라.
> ㄷ. 여행을 통해 삶의 새로운 자양분을 축적하라.
> ㄹ. 미리 쓰는 유언편지를 통해 자기가 세상에 존재했음을 증명하라.
> ㅁ. '아직은 아니야' 증후군에서 벗어나기 위한 즉각적인 행동목록을 작성하라.
> ㅂ. 지난밤에 꾸었던 꿈의 내용을 글로 옮겨보라.
> ㅅ. 몸과 마음, 영혼에 재미를 줄 수 있는 인생의 놀이 목록을 짜보라.
> ㅇ. 명상하고 기도하라. 그리고 영혼의 목소리를 들어라.
> ㅈ. 행복에 대한 새로운 개념을 적어보라.

앞선 치유의 연구 방법들을 살펴보면 치유적 글쓰기의 방법은 매우 다양하다. 그것은 결코 까다로운 기술을 요구하거나 반드시 그래야 한다는 어떠한 원칙도 없다. 다양한 방법들 가운데 자신의 목적과 선호도에 따라 몇 가지 방법들을 선택하면 그뿐이다.

그러므로 치유적 글쓰기의 방법은 정서적 혹은 반성적 글쓰기의 과정으로 자신의 내면적 경험들에 대하여 그동안 억제되었던 감정들을 지속적으로 써나가는 것이다. 그렇게 매일 20~30분씩 특정한 형식 없이 자유롭게 자신의 감정들을 써내려가는 과정에서 감정적 정화와 심리적 안정을 경험하게 된다. 단순한 일기쓰기를 통해서도 글쓰기의 치유적 효과를 경험할 수 있는데, 다만 지속적인 작업이 되어야 효과적이다. 또한 다양한 글쓰기 프로그램을 통해 자신의 감정을 표현하면서 자신이 미처 알지 못했던 자신의 진정성을 발견하게 되는데 이를 통해 좀 더 성숙하고 긍정적인 자신의 모습을 만들게 될 것이다.

 (4) 치유적 글쓰기의 방법
　　ㄱ. 자신의 경험을 중심으로 쓸 것
　　ㄴ. 억제된 감정에 대하여 사실적으로 쓸 것
　　ㄷ. 자신의 감정과 인식을 중심으로 쓸 것
　　ㄹ. 의도적인 주제를 바탕으로 지속적으로 쓸 것

3. 치유적 글쓰기의 연구사

글쓰기가 치유의 효과가 있다는 것은 40여 년 전이라 프로고프(Ira Progoff) 박사가 그의 정신과적 치료와 워크숍[3]에 저널쓰기를 적용하면서 알려졌다. 그러나 더 이전으로 올라가 글쓰기를 통해 우리의 감정과 생각을 치유했던 역사를 살펴보면 고대의 동굴 벽, 돌, 양피지, 종이 등의 기록에서부터 시작되어 최초의 역사적 저널 기록은 AD 400년경 오거스틴(Augustine)의 '고백록(Confessions)'을 들 수 있다. 10세기경에는 일본의 궁정 여인들이 '베개 수첩(pillow book)'을 사용하여 궁정 내의 소문이나 자신의 이야기, 바람과 꿈들을 비밀스럽게 표현하였으며, 19세기경에는 신사숙녀들이 자기점검의 도구(vehicle of self-examination)로서 가죽수첩을 활용하였다.[4] 이들은 모두 자신의 감정이나 생각들을 털어놓는 도구로 반성적 글쓰기를 하고 있었던 것이다.

　감정표현 글쓰기와 그 치료 효과에 관해 미국에서는 1920년대부터 시(문학)치료를 연구하여 문학의 실용적 가치와 문학에 내재된 치료로서의 힘을 연구, 보급하였다. 이들은 일기(diary)쓰기를 저널(journal)이라는 글쓰기 치료

---

3) Prgoff, Ira. 1975, *At a Journal Workshop : The basis text and guide for using the Itensive Journal process*, New York : Dialogue House Library.
4) 고백록은 뛰어난 가치와 형식을 갖춘 최초의 역사적 저널 기록이다. 그는 자신의 청소년기의 최악으로 가득 찬 생활, 청년기의 방탕함, 그리고 그리스도인으로 개종한 후 자신이 육신의 정욕을 이기고 영적 승리를 얻기까지의 고통스러운 참회적 회고를 기록하고 있다. 그의 회고는 마치 오늘날의 분석심리학적 관점에서의 정신과적 자기 분석과 자기 이해를 가능케 한 반성적이고도 자서전적인 형식의 장편의 저널이라고 볼 수 있다(강은주, 2005 : 289).

법으로 개발하여 문학치료의 일부로 활용하였다. 저널이란 일반적인 일기를 변형한 것으로 정신, 육체 그리고 가정의 건강과 행복을 증진시키기 위한 목적을 가지고 심도있게 지속적으로 쓰는 반성적 글쓰기를 말한다. 저널은 자신이나 인생의 여러 문제들에 대한 보다 깊은 성찰과 이해를 위해 내면의 생각과 느낌을 글로 표현함으로써 글 쓰는 사람의 내적인 경험, 반응, 그리고 인식에 글쓰기의 초점을 맞추는 것이다(이봉희, 2007).

1930년대는 정규학교에서 2차 세계대전의 충격을 완화시키기 위한 도구로서 글쓰기를 학과목 안에서 실행케 하였다. 1940년대 초 나치가 암스테르담을 점령했을 때 안네 프랑크와 그녀의 가족, 그리고 다른 4명의 평범한 사람들은 강제 수용소로 끌려가지 않으려고 2년 동안 작은 다락방에서 숨어 지냈다. 15세의 나이로 안네는 발각에 대한 공포와 정상적인 학교생활을 하지 못하는 고통을 일기에 적었다. 안네가 그토록 필사적으로 원했던 정상적인 삶을 대신한 것은 일기였다. 일기장 속에 자아의 대리인을 설정해놓음으로써 안네는 오랫동안 자기 안의 다양한 목소리들끼리 마음껏 소통했고, 이것이 담담한 삶에 한줄기 빛이 되었다. 그녀의 글쓰기는 비통한 삶의 탈출구였던 것이다.[5]

1950년대는 일기쓰기가 보편적 인기를 얻게 되었고, 1960~70년대 이라 프로고프(Ira Progoff) 박사가 그의 환자들에게 '심리의 연습장(psychological workbooks)'으로 저널을 활용하게 하였다. 그는 '집중적 저널법(Intensive Journal Method)'이라는 방법을 발전시켜 현대 저널링(journaling)의 아버지로 불리면서 치유적 도구로서의 저널쓰기의 확고한 위치를 세우게 되었다. 그리하여 1960년대 심리학과 교육학을 접목시킨 영향력 있는 교육수단으로서의 글쓰기는 교사들이 다양한 수업장면에서 비공식적 치유의 도구로 사용되었으나 그 효율성에 대한 임상적 보고는 상당히 빈약한 실정이었다(Brand, 1987).

---

5) 이상은 글쓰기의 치유적 효과를 연구한 글이라기보다는 치유나 이해의 효과를 위해 글쓰기를 했던 사실들에 대한 내용이다. 이밖에도 버지니아 울프는 평생 26권에 이르는 방대한 분량의 일기를 남겼고, 앙드레 지드도 일기를 애용한 인물로 알려졌다.

1980년대 미국에서는 저널이 교육현장에서 사용되면서 학생들에게 독립적인 생각과 사고의 기술을 길러주었다. 교육적인 측면에서 사용된 경우 이외에도 전인적 치유에 사용한 경우로는 미국의 한 공립학교 교사인 구루웰(Erin Gruwell)의 일기쓰기를 들 수 있다. 상처입고 방황하는 10대 학생들에게 전인적 치료와 삶의 변화를 가져온 사례인데 1999년 『프리덤 라이터즈 다이어리(*Freedom Writers Diary*)』라는 책으로 출판되어 저널의 힘을 널리 알렸다.

이후 캐슬린 애덤스(Kathleen Adames)는[6] 그의 저널쓰기 기법을 독창적으로 응용 개발하여 『저널치료(*Journal to the Self*)』를 출판하였다. 그는 다양한 기법을 통해 내면의 억압되어 있던 무의식을 우리 밖으로 흘러나오게 함으로써 지혜, 기억, 고통을 드러나게 해 준다. 이렇게 정면으로 고통에 맞섬으로써 서서히 해결의 실마리를 찾게 된다는 것이다. 그의 책 『저널치료의 실제(*The Way of Journal*)』에는 내면의 치유를 가능하게 하는 흥미로운 기법들이 간단하게 소개 되어 있으며, 적절한 저널쓰기 과정을 안내하고 있다.

그리고 페니베이커(James W. Pennebaker, Ph.D)는 그의 저서 『*Opening Up*』과 『*Write to Heal*』[7]을 통해 심리적 충격을 말로 옮기는 것이 우리의 생각, 감정, 그리고 육체적 건강에 어떻게 영향을 주는가를 다루고 있다. 그리고 사람들이 겪는 감정적 격변을 처리하고 치료하도록 돕기 위하여 감정을 표현하는 글쓰기의 효과를 과학적인 실험 결과로 입증하고 있다. 사람들이 고통스러운 체험이나 말 못할 상처와 비밀들을 어떤 형태로든 표현할 때 심리적 외상으로 인한 스트레스가 일으키는 정신적 질병뿐만 아니라 육체적 질병의 치유에도 현저한 효과가 있음을 발견하였다.[8] 적어도 3∼4일 동안 계속해서 하루에 15∼20분간 심리적 외상의 경험에 대해 글로 써서 표현하는

---

6) 공인상담사이자 작가, 대학강사, 임상문학치료사, 저널치료사이며 콜로라도 덴버에서 '저널치료센터(1985∼)를 운영하고 있다. 저널치료를 문학치료에 도입시킨 선구자이다.

7) 페니페이커(1997), 『털어놓기와 건강(Opening Up)』, 학지사.
페니페이커(2006), 『글쓰기 치료(Write to Heal)』, 학지사.

8) 네 번의 실험을 통해서 표현적 글쓰기로 자신의 감정을 글로 털어 놓은 사람들이 단지 피상적인 주제에 대해 글을 쓰게 한 통제 집단보다 43% 적게 의사를 방문했음을 알게 되었다(Pennebaker, 1999 : 27).

행위가 육체적, 정신적 건강에 현저한 변화를 일으킨다는 것이다. 그리고 20년간의 연구를 통해 그의 저서는 그 어떤 털어놓기나 표현보다 언어를 통한 글쓰기가 정신적 건강뿐 아니라 면역체계에 가장 긍정적인 영향을 미친다는 것을 설명하고 있다. 그의 글쓰기 실험에서는 '의식의 흐름 글쓰기, 반자동 글쓰기, 긍정적 감정을 인정하고 표현하기, 이야기 짓고 편집하기, 관점 바꾸기……' 등 다양한 글쓰기 방법을 제시하고 있다.

이상의 방법은 물론 그의 실험 결과에 따라 가장 효과적인 방법이라 생각되는 부분으로 제시한 것이지만 사람들마다 글쓰기의 내용이나 형식들은 충분히 다를 수 있을 것이다. 따라서 자신의 선호도나 능력에 따라 글쓰기의 형식과 내용을 결정하는 것이 좋다.

글쓰기 효과에 대하여 비교적 과학적인 접근을 시도한 것은 페니베이커 외에도 스티븐 르포와 조수아 스미스(Joshua Smyth)가 함께 편집한 『글쓰기 치유』를 들 수 있다. 그들은 표현적 글쓰기가 건강과 정서적 웰빙을 촉진시킨다고 다음과 같이 이야기 한다(세퍼드 코미나스, 2008 : 94).

(5) 스티븐 르포와 조수아 스미스의 글쓰기의 효과
    ㄱ. 마음의 상처에 관한 글쓰기는 면역 기능을 향상시키는 방향으로 작용, 질병으로 인해 의사를 찾는 시간이 줄어들었으며 학교와 일터에서 능률이 향상된다.
    ㄴ. 마음의 상처에 대한 글쓰기를 하고 있는 동안이나 그 후에는 혈압, 근육 긴장, 피부 트러블이 현저히 감소된다. 글쓰기로 자신의 문제를 고백하는 동안 건강문제에 대한 자각이 높아지는 것이다.
    ㄷ. 스트레스, 고혈압, 만성질환, 천식, 류머티즘성관절염, 암 환자들이 글쓰기를 실천할 때 육체적인 증상이 감소되는 것을 경험한다.
    ㄹ. 내면의 비밀이나 고통에 따른 만성적 스트레스에 시달리는 환자는 글쓰기를 통해 어느 정도 긍정적인 변화와 치유를 경험하게 된다.
    ㅁ. 글쓰기는 사회적인 관계를 고양시킨다.
    ㅂ. 긍정적인 감정이 높아지고 문제 해결의 기술이 강화되고 향상됨으로써 사회적인 유대가 개선된다.
    ㅅ. 비교적 낙천적인 여성들은 우울증 상태가 약화됨으로써 긍정적인

> 미래에 대해 쓰게 되고, 우울증으로부터 벗어나려는 노력을 더 많
> 이 한다.
> ㅇ. 글쓰기는 하나의 감정 상태에서 다른 감정 상태로 매우 신속하게
> 이동하도록 해준다.
> ㅈ. 글쓰기는 기억력을 향상시키는 데 큰 영향을 끼친다.
> ㅊ. 부정적인 생활 중에도 미래지향적인 점을 발견하고 과거의 상처에
> 집착하지 않게 됨으로써 개인적인 성장에 도움을 준다.
> ㅋ. 인생의 목표에 관해 글을 씀으로써 더 행복해질 수 있고, 이로써
> 통증을 덜 느끼게 된다.

글쓰기를 통한 감정적 정화는 스트레스 해소는 물론 우리의 면역 체계에 지대한 영향을 미치고 나아가 현대인에게 빈번한 여러 가지 질병으로부터 우리를 건강하게 만든다는 것이다.

세퍼드 코미나스(Sheppard B. Kominas)는 그의 저서 『*Write for Life*』(2008)를 통해 일상의 고통과 스트레스를 극복하고 기쁨과 활력이 넘치는 삶의 회복 단계로 나아가는 방법을 제시한다. 그 자신이 50년 넘게 일기 쓰기를 하면서 경험한 글쓰기는 우리의 몸과 마음, 그리고 영혼을 연결하는 다리를 놓게 되는 일임을 말하고 있다. 그리고 치유의 글쓰기를 위한 열 가지의 실천 목록을 제시하면서 개인적 글쓰기 프로그램을 제공하고 있다.

이렇게 상담문화가 보편화된 미국에서 치유적 글쓰기의 대표적 유형으로 저널치료(journal therapy)가 알려졌다면, 국내에서는 개인 스스로의 여러 문제들을 치료하는 자기 조력서(또는 자기 개발서)들이 많은 관심을 끌면서 연구하기 시작했다. 국내에서의 치유적 글쓰기에 관한 연구는 교육학과 문학 쪽에서 시작되었다고 할 수 있다. 문학 쪽에서는 2000년대 들어 한국독서치료학회, 한국문학치료학회, 한국통합문학치료학회 등이 잇달아 생기면서 문학을 현실에서 마음 치료 등으로 활용하려는 시도가 이어지고 있다. 변학수, 정운채 등에 의해 연구되고 있는 문학치료란 곧 시적 화자가 억압된 심층을 문학을 통해 드러내고, 청자(독자) 또한 그런 성격의 글을 읽음으로써 심리적

혹은 정신적 외상을 치유하는 일을 말한다(박춘우, 2008 : 74).

2008년까지 발표된 치유적 글쓰기 관련 학위논문은 정현규(1995), 김현숙(2000), 한정자(2001), 신지수(2005), 김영근(2006), 남현정(2007), 박춘우(2008) 등을 들 수 있다. 이 가운데 한정자(2001), 박춘우(2008)은 논문의 한 부분으로서 치유적 글쓰기를 다루고 있는데 이렇게 부분적으로 글쓰기의 치유적 효과를 논의한 연구는 주로 독서치료나 신학연구, 국어 교육, 심리학, 정신보건 관련 부분의 학술지에서 주로 찾아 볼 수 있다.

부분적으로 글쓰기의 치유적 효과를 논의하고 있는 연구는 대개 글쓰기의 치유적 효과를 통해 자아성찰을 하거나 내적인 상처를 치유하는 과정을 보여주고 있으며, 문학작품에 나타난 글쓰기의 원리를 치유적 관점에서 파악하여 분석하고 있다. 그리고 기독교의 내적치유의 과정에서 글쓰기를 하나의 도구로서 사용하는 연구들도 글쓰기의 치유적 효과를 그대로 보여주고 있으며, 스트레스라는 현대인의 정신 건강을 다루는 연구에서도 글쓰기를 통해 자아존중감을 높여 건강한 육체를 유지할 수 있다고 설명한다.

국어교육의 측면에서도 기존의 문학 작품을 이해와 감상하는 것으로 그쳤다면 제7차 교육과정에서는 문학작품을 수용할 뿐만 아니라 학습자가 주체가 되어 문학작품을 생산하는 활동이 필요하다는 인식을 반영한다. 이러한 과정에서 글쓰기를 통해 국어의 창의적 국어 사용 능력이 신장되고 나아가 재구조화 하는 과정에서 반성적 사고와 자아 성찰의 계기를 갖는다면 글쓰기는 충분히 치유적이다. 결국 이들의 연구는 글쓰기가 정신적으로나 육체적으로나 건강하게 삶을 살아가도록 도와주는 수단이 될 수 있다는 것이다.

최근에는 철학치료[9]나 역사치료[10]를 시도하는 인문치료학(humanities therapy)

---

9) 1982년 독일 철학자 게르트 아헨바흐가 개념을 세운 '철학 상담'을 효시로 꼽는다. 아헨바흐의 활동을 시작으로 철학치료에 대한 연구는 전 유럽에 확산된 뒤 북미지역으로 전파되었으면 1982년에는 국제철학상담학회가 설립되었다. 그는 1994년 철학 상담에 대한 자신의 첫 번째 저서를 출간해 철학 상담을 학문 분야로 정립하는 데 기여했다. 미국철학상담학회는 2003년부터 철학상담사 자격증 제도를 운용하고 있다.
10) 2008년 8월 중순에 강원도 원주시 원주교도소에서 재소자 30명을 대상으로 실시된 역사 강의.

이 인문학의 새로운 경향으로 떠오르고 있다. 역사치료란 스스로의 역사를 돌아보는 일로 각자 지나온 삶을 돌아보고 현재 모습에 대해 생각해 보도록 하는 것이다. 이로써 과거나 현재보다 더 나은 미래를 그려 본다. 즉, 현재의 눈으로 과거에 일어난 일에 대해 가치 판단을 하고 이를 통해 미래에 대한 실천 의지를 가꾸도록 하는 것이다.[11]

인문치료학 연구자들은 육체적 질병은 의학으로 고칠 수 있지만 마음의 병은 인간에 대한 사랑을 근본으로 하는 인문학을 활용해야 진정한 치유가 가능하다고 말한다. 분야별로 치료과정과 활용 도구는 다르지만 인문치료학의 공통점으로 역시 '글쓰기'를 꼽을 수 있다. 왜냐하면 글쓰기는 혼란스러운 상태를 명확하게 인식하고 헝클어진 머릿속을 가다듬는 데 도움이 되기 때문이다.

앞서 설명했던 글쓰기의 치유적 효과에 관한 저서는 1999년대 페니베이커의 번역본을 시작으로 2000년대부터 활발하게 출판되었다. 캐슬린 애덤스의 『저널치료』(2006), 『저널치료의 실제』(2006), 페니베이커의 『털어놓기와 건강』(1999), 『글쓰기 치료』(2000), 세퍼드 코미나스의 『치유의 글쓰기』(2008) 등이 번역서로 출판되었다. 이들은 모두 실험의 결과를 과학적으로 보이면서, 예를 들면 내담자들의 병원 방문 횟수나 우울증의 정도를 측정한다든가, 실업자들의 취업률을 그래프로 나타내며 글쓰기의 치유적 효과를 설명하고 있다. 그리고 실질적인 프로그램을 제시하여 누구나 글쓰기를 통해서 직접적으로 치유의 효과를 경험할 수 있도록 워크북을 출판하였다. 따라서 어느 단체에 소속되거나 전문가를 통해서만이 치유의 효과를 누릴 수 있는 것이 아니라 누구나, 작은 노트 하나만으로도 충분히 정신적인 안정과 내적인 성찰을 경험할 수 있게 된다는 것이다.

이밖에 박미라(2008)은 『치유하는 글쓰기』에서 치유하는 글쓰기는 완전한 자기용서와 자기수용을 지향하는 것으로, 바로 지금, 여기 있는 그대로의 나

---

11) 동아일보 2008년 8월 30일자 신문 기사 중에서.

를 바라보고 인정하고 애도하는 것이 바로 치유의 출발점이자 원동력이며 완성이라고 설명한다. 이 책에서는 치유하는 글쓰기 프로그램에서 실행하고 있는 다양한 글쓰기 소재를 소개하면서 구체적인 글쓰기 방식을 설명하고 있다. 그리고 다양한 치유의 글쓰기 프로그램[12]으로 상처를 가진 사람들의 글쓰기가 그들을 어떻게 치유하게 되었는지를 그들의 글을 통해 보여주고 있다.

그밖에도 국어교육의 측면에서 글쓰기 교육에 관한 책들의 일부는 글쓰기의 치유적 효과를 설명하는 부분을 한 장으로 할애한 경우도 있고(건국대학교 글쓰기 연구회 편, 2006), 정신과 전문의인 하지현(2005)은 감정에 충실한 글을 쓰면서 결국 '되고 싶은 나'에 다가가는 글쓰기를 한다고 말한다. 그리하여 개인적인 경험을 글로 쓰면서 '나만의 아픈 고통'을 거리를 두고 바라볼 수 있으며 내 안의 불덩이를 좀 더 명확히 보며 자신이 안고 갈 용기와 힘을 얻게 된다는 것이다. 이것은 결국 치유적 글쓰기의 효과이다.

이상으로 치유적 글쓰기의 연구 경향을 살펴보았다. 앞선 연구들 모두가 치유적 글쓰기의 효과를 설명하는 데 있어서 객관적인 자료를 바탕으로 하고 있는 것은 아니지만, 글쓰기가 갖는 기본적인 가치를 전제한다면 충분히 효과적임을 알 수 있다. 상담문화가 보편화된 미국과 달리 우리의 치유적 글쓰기는 앞으로 더 많은 분야에서 연구될 것이다. 문학이나 독서 치료, 그리고 현대인의 정신 건강과 관련된 분야라든지 종교적인 차원에서뿐만 아니라 국어 교육의 측면에서도 충분히 연구할 필요가 있다.

---

12) 죽도록 미운 당신에게, 무의식이 보내는 사인, 가족이 만든 흔적, 미친년 글쓰기, 자기용서, 셀프 인터뷰, 떠나보내기, 핵심 가치 찾기, 그 밖의 글쓰기, 무의식적 글쓰기, 가슴으로 등대 삼은 글쓰기, 말하듯이 글쓰기, 명상과 글쓰기 등 여러 가지 기법으로 치유적 글쓰기를 시도하고 있다.

4. 맺음말

지금까지 글쓰기의 치유적 효과란 무엇인지 개념과 방법, 그리고 앞선 연구들의 연구 경향을 살펴보았다. 많은 연구들은 억제 또는 심리적으로 중요한 사건들에 대해 말하지 않는 것이 지속되면 높은 수준의 불안, 우울증, 불면증 등 다수의 건강 문제와 관련이 된다고 말한다. 그래서 대부분의 심리치료사들이 말하는 심리적 외상을 극복하는 방법은 지금까지 억제하고 있었던 일들을 털어놓으라는 것이다. 이때 자기 성찰이나 반성적 사고를 위해서 글쓰기는 매우 유의미한 수단이 된다고 설명하였다.

왜냐하면 글쓰기를 통한 고백은 심리적 긴장을 풀어주고 감정적 정화를 이루게 하며 나아가 사건에 대한 이해와 통찰을 얻을 수 있게 되기 때문이다. 그리고 이를 통해 육체적으로도 건강해 질 수 있다는 것은 글쓰기가 충분히 치유적임을 증명하는 것이다.

그러므로 글쓰기는 매우 유의미한 고백의 방법이며 치유의 방법 중 하나이다. 따라서 가벼워지고 편안해지고 그리하여 건강해지고 싶다면 고백해야 한다. 글쓰기는 고백이며 치유이다.

앞으로 글쓰기의 치유적 효과를 바탕으로 다양한 글쓰기 프로그램을 개발하는 일, 그리고 그러한 다양한 치유적 글쓰기 방법들이 어떠한 부분에 더 효과적인지를 목록화하는 일 등은 다음의 연구 과제로 남는다.

‖ 참고문헌

강은주(2004), 「글쓰기 치료(저널치료)란 무엇인가?」, 『한국독서치료학회 발표문』.

강은주(2005), 「글쓰기치료에 관한 이론적 고찰」, 『총신대논총』 25, 총신대학교.

건국대학교 글쓰기 연구회 편(2006), 『글쓰기의 기술』, 파미르.

교육부(1992), 『생활국어 교사용 지도서 중2-1』, 한국교육개발원.

국어교육위원회(1993), 『글쓰기와 삶』, 연세대학교 출판부.

김영근(2006), 「글쓰기 고백을 활용한 내적 치유 상담 프로그램 개발 및 효과 검증」, 한남대학교 박사학위논문.

김현숙(2000), 「글쓰기 치료가 내향성 청소년들의 자아개념에 미치는 영향」, 계명대학교 교육대학원 석사학위논문.

남현정(2007), 「치유로서의 글쓰기」, 한신대학교 문예창작대학원 석사학위논문.

루츠 본 베르더 외(2004), 『교양인이 되기 위한 즐거운 글쓰기』, 들녘.

박미라(2008), 『치유하는 글쓰기』, 한겨레 출판.

박춘우(2008), 「규방가사의 글쓰기 방법 연구」, 영남대학교 박사학위논문.

백정미 외(2005), 「글쓰기를 통한 자기 노출이 외상경험에 미치는 효과」, 『연차 학술발표대회 논문집』, 한국심리학회.

베스 제이콥스(2008), 김현희, 이영식 공역, 『감정 다스리기를 위한 글쓰기』, 학지사.

서미정(2002), 「중학생의 집단따돌림 경험에 대한 문제해결적 글쓰기와 고백적 글쓰기 프로그램의 효과 비교」, 전남대학교 석사학위논문.

셰퍼드 코미나스(2008), 임옥희 옮김, 『치유의 글쓰기』, 홍익출판사.

신지수(2005), 「자아성찰적 글쓰기가 여중생의 자아개념과 성격유형에 미치는 영향」, 건국대학교 교육대학원 석사학위논문.

양재한(2005), 「중학생들의 낮은 자존감 극복을 위한 독서치료 프로그램에 관한 고찰—치료적 글쓰기활동을 중심으로」, 『한국도서관·정보학회지』 36-1호.

이남희(2004), 『마음알기, 자기 알기 : 청소년을 위한 심리공부와 자기표현』, 실천문학사.

이봉희(2007), 「새로운 일기 쓰기」, 『새국어교육』 77호, 한국국어교육학회.

이영식(2004), 「글쓰기 치료의 단계적 기법」, 『독서치료 워크숍 교재』, 독서치료학회.

이영식(2006), 『독서치료 어떻게 할 것인가』, 학지사.

이은숙(2005), 「글쓰기를 통한 자기 개방이 신체화 및 심리적 안녕감에 미치는 효과」, 부산대학교 석사학위논문.

이은정, 조성호(2000), 「심리적 상처 경험에 대한 글쓰기 고백의 효과」, 『한국심리학회
　　　　지 ; 상담 및 심리치료』 12-2.
장미옥(2004), 「글쓰기를 통한 자기 효능감 향상에 관한 연구 : 소집단 토의학습을 중심
　　　　으로」, 세종대학교 교육대학원 석사학위논문.
정기철(2001), 『성교육과 국어교육』, 도서출판 역락.
정운채(2006), 『문학치료의 이론적 기초』, 도서출판 문학과 치료.
조희숙(2003), 「글쓰기 발표지도가 중학생의 자아 존중감 및 자기표현에 미치는 효과」,
　　　　전남대학교 교육대학원 석사학위논문.
최미숙(1996), 「경험의 재구성으로서의 글쓰기에 관한 연구」, 『국어교육』 3, 서울대학교
　　　　국어교육 연구소.
캐슬린 애덤스 저, 강은주・이봉희 역(2006), 『저널치료』, 학지사.
캐슬린 애덤스 저, 강은주・이봉희・이영식 역(2006), 『저널치료의 실제』, 학지사.
페니베이커 J. W. 저, 김종한・박광배 역(1999), 『털어놓기와 건강』, 학지사
페니베이커 J. W. 저, 이봉희 역(2007), 『글쓰기 치료』, 학지사.
하지연(2005), 『글쓰기의 힘 디지털 시대의 생존 전략』, 한국출판마케팅 연구소.
한정자(2001), 「박완서 소설 연구－글쓰기 의미를 중심으로」, 한국교원대학교 석사학위
　　　　논문.

저널테라피 홈페이지(www.journaltherapy.com)
독서치료학회 홈페이지(www.bibliotherapy.pe.kr)
세퍼드 코미나스의 웹사이트(www.writeforlifeccp.com

제 2 부 한국어의 오늘

21세기 새말의 경음 실현 양상

한명숙

1. 머리말

이 연구는 21세기 현대국어의 경음화 현상을 살펴보기 위하여 새말을 대상으로 현대국어에서 경음화가 어떻게 실현되고 있는지 설문 조사 방법을 통해 규명하는 것이 목적이다.

경음화는 이미 여러 연구자들에 의해 논의된 것에서도 알 수 있듯이 한국어의 대표적인 음운 현상이다. 경음화에 대한 연구는 순수한 음운론적 접근에서부터 형태적, 통사적, 의미적, 사회언어학적 접근에 이르기까지 다양한 층위에서 시도된 바 있다. 그러나 다양한 연구에도 불구하고 경음화를 유발하는 여러 변수 때문에 아직 경음화 규칙이 명시적으로 규명되지 못하였다. 결국 경음화 현상을 규명하기 위해서는 경음을 유발하는 각각의 변수를 정확히 구별하여 경음의 요인을 밝혀야 할 것인데 이것이 그리 만만한 일이 아니다.

국어의 경음화 현상은 필수적인 것과 수의적인 것으로 나눌 수 있다. 필수적인 현상은 파열음 뒤의 경음화로 일반화할 수 있다. 반면에 수의적인 현상은 유성 자음과 모음 뒤에 일어나는 것인데 동일한 음성 환경, 형태적 조건, 의미 관계에서조차 수의적으로 실현되기 때문에 그 현상을 예측하기가 어렵다.

> (1) ㄱ. 학교[-꾜]
> ㄴ. 물-고기[-꼬기], 불-고기[-고기] / 볶음-밥 [-밥], 비빔-밥[-빱]
> ㄷ. 고무-다리[-다리], 생선-국[-꾹]

(1ㄱ) '학교'의 경음화가 필연적인 음운론적 조건에 의한 것이라면 (1ㄴ)은 경음화 유발에 수의적인 환경으로 '물고기'와 '불고기'는 동일한 음성적, 형태적 조건임에도 불구하고 '물고기'에서는 경음화가 일어나지만 '불고기'에는 경음화가 일어나지 않는다. '볶음밥'이나 '비빔밥'의 관계 또한 마찬가지이다. (1ㄷ)의 경우에는 앞뒤의 의미 관계는 같지만 경음화 실현은 다르게 나타난다. 이강훈(1984)에서는 앞 구성성분이 뒤 구성성분의 재료를 나타내는 의미구조를 가진 경우는 경음화가 일어나지 않는다고 하였다.[1) 이에 따르면 '고무다리'는 선행어가 후행어의 재료를 의미하므로 경음화가 일어나는 것을 설명할 수 있을 듯하다. 하지만 앞 구성성분이 뒤 구성성분의 재료를 나타내는 '생선국'의 경우에는 경음화가 일어나지 않으므로 의미적인 조건으로 경음화 실현을 예측하는 것은 한계가 있다.

> (2) ㄱ. 효과 : [효과] ∞ [효꽈](수의적)
> ㄴ. 관건 : [관건] ∞ [관껀](수의적)

---

1) 이강훈(1984)에서는 경음을 유발하는 의미 기준으로 다음과 같은 조건을 제시하였다.
  ① ¢ 앞 구성성분이 ¢ 뒤 구성성분이 이루어진 재료를 나타내는 의미구조를 가진 복합명사(나무배, 돌다리)
  ② ¢ 앞 구성성분이 유정(animate) 명사일 때(개밥, 돼지다리)
  ③ ¢ 앞 구성성분을 X라 하고 ¢ 뒤 구성성분을 Y라 할 때, 이 두 구성성분 사이에 대략 "X와 같은 Y"라는 비유적 의미구조가 성립되는 경우(안개비, 이슬비, 실바람, 실가지)
  ④ ¢ 앞 구성성분을 X라 하고 ¢ 뒤 구성성분을 Y라 할 때, XY가 "X와(과) Y"라는 의미구조를 가질 때(눈비, 바람비, 팔다리, 물불)

ㄷ. 김밥 : [김밥] ∞ [김빱](수의적)

(2)의 보기들은 표준 발음에서 규정하고 있는 것과 현대국어 화자들의 실제 발음이 종종 다르게 실현되는 것들이다. (2ㄱ)의 '효과'의 표준 발음은 [효과]이지만 많은 사람들이 [효꽈]로 발음하고 있다. (2ㄴ)의 경우도 표준 발음은 [관건]이지만 [관껀]으로 발음하는 사람이 적지 않다. (2ㄷ)의 '김밥'은 『표준국어대사전』(1999)에서는 발음을 [김밥]으로 표시하고 있으나, 현실음을 적극적으로 반영하고 있는 『표준한국어발음대사전』(1993)에서는 [김빱]으로 나타내고 있다.

음운적 필수 조건에 의한 경음화는 사회적 요인에 따른 차이가 거의 없다. 하지만 수의적인 경음화 조건을 갖는 경우, 형태적 조건이나 의미 관계 등의 언어적 조건 외에 성, 지역, 연령 등 언어 외적인 요인 즉 사회적 요인에 따라 경음 실현 여부가 다양하게 나타나며 실제 그 가운데 경음을 유발하는 조건이 어느 것인지 밝히기 쉽지 않다.

이 연구에서 주목하는 것은 '변동 규칙'이 공시적인 언어 현상이라는 점이다. 변동 규칙은 주로 형태소 경계에서 일어나는데 '체언 + 조사', '어간 + 어미' 또는 생산적인 '어근 + 파생접사'와 같은 규칙적인 형태소 결합에서 나타나는 변동은 규칙을 명료화할 수 있다. 반면에 복합어 같이 형태소 경계에서 일어나는 수의적인 경음화 현상은 합성이나 파생과 같은 복합어 형성이 앞의 형태론적 과정에 비해 명시적이지 못하기 때문에 복합어 내부에서의 경음화를 예측하기가 어렵다. 무엇보다 현존하는 복합어들은 '체언 + 조사', '어간 + 어미'와 같이 발화시에 생성되는 것이 아니라 이미 만들어진 말이 대부분이어서 복합어 내부에서 일어나는 경음화 현상은 공시적인 현상이라기보다는 자연적으로 학습한 것일 가능성이 높다.

(3) ㄱ. [-빵] 시계-방, 구두-방
    ㄴ. [-방] 노래-방, 빨래-방, 피시-방

'X-방' 복합어의 경우 (3ㄱ)과 같이 예전부터 써 오던 말은 후행하는 '방'이 경음으로 실현되는 데 반해 (3ㄴ)과 같이 최근에 만들어진 새말의 경우에는 경음화가 일어나지 않는다. 우리는 (3)의 예들을 모두 현대국어의 어휘로 다루지만 실제, 이들이 만들어진 시점에 따라 경음화 실현에 차이를 보이는 것을 알 수 있다. 만약 현대국어의 복합어를 대상으로 경음화 규칙을 세우고자 할 때, 위와 같은 예들을 구분 없이 다루면, 현대국어의 경음화 현상은 예측 불가능한 변동으로 이해될 수밖에 없을 것이다.

그러므로 현대국어에서 공시적인 현상으로 복합어 사이에서 나타나는 경음화 현상에서 좀 더 명시적인 규칙을 이끌어 내기 위해서는 과거의 요소를 갖고 있는 복합어를 배제하고 최근에 만들어진 새말를 대상으로 함으로써 공시적인 조어 과정에서 일어나는 경음화 현상을 살펴야 한다.

이를 위해 본 연구에서는 국립국어원(2007)에서 편찬한 『사전에 없는 말 신조어』에서 수의적인 경음화 조건의 복합어를 선별하여 설문 조사 방법을 통해 현대국어 화자들의 경음화 실현 경향을 살펴보고자 한다.

2. 앞선 연구

경음화 현상은 변동 규칙으로 여러 학자들이 논의했는데, 순수한 음운론적 접근에서 출발하여 형태론적, 통사론적, 의미론적, 사회언어학적 접근에 이르기까지 다양한 방법으로 접근하고 있다. 본고는 앞선 연구를 통해 새말의 연구 방향을 가늠해 보고자 한다.

복합어에 나타나는 경음화 현상을 형태론적으로 접근한 설명이 있다. 이강훈(1976, 1982, 1984)에서는 특정한 어휘에 [+ t-epenth][2] 또는 [- t-

---

2) [+ t-epenth] : 바구니, 밥, 불, 달, 더미, 덩이, 자락, 줄기, 감, 사람, 소리, 법(法), 병(病) 등

epenth]3)라는 형태적 자질이 있다고 주장하고 이러한 형태 자질에 따라 그 어휘가 다른 어휘와 결합할 때 경음화 현상 여부가 일관되게 나타난다고 하였다. [+ t−epenth] 자질이 없는데도 경음화 현상이 일어나는 경우에는 'ㄷ' 삽입을 유발하는 [+ t−epenthesis indu]4) 자질을 설정하였다. 또한 이강훈(1984)는 경음화가 실현되지 않는 [t−epenth]에 붙는 조건을 제시하였다.

이러한 논의는 특정 형태소를 제시하고 이 형태소가 출현할 때는 경음화가 실현된다는 것이다. 가령 [+ t−epenth] 자질을 가진 '돈'은 '판돈, 푼돈, 용돈, 변돈' 모두 시종일관 경음화되는 것이다. 그러나 새말인 '걸기돈5)'의 경우는 [+ t−epenth] 자질을 가진 '돈'이 결합하였지만 경음화 현상이 나타나지 않는다. 이처럼 [+ t−epenth] 자질 목록으로 제시되었지만 새말에서는 일치하지 않는다. 또한 [+ t−epenth] 자질로 제시되지 않은 형태소들의 경우에는 각각의 자질을 명시해야 한다는 단점이 존재한다.

임홍빈(1981)과 오정란(1988)은 경음화 현상을 통사·의미론적으로 접근하였다. 이것은 음운론적, 형태론적 설명만으로는 경음화 현상을 밝히는 데에 한계가 있음을 보여주는 것이다. 임홍빈(1981)에서는 사이시옷에서 비롯한 경음화 현상은 통사적 연결의 불가해성 혹은 통사적 구성의 파격을 해소하는 존재라고 본다. 예를 들어 '고기배'와 '고깃배'를 보면, '고기배는 '고기의 복부(漁腹)'를 말하고 '고깃배'는 '고기를 잡는 배(漁船)'를 의미한다. '고기배'는 '고기의 배'라는 통사적 구성을 이루었지만 '고깃배'는 '고기 잡는 배'로 통사적 구성을 이루지 못했다. 이러한 통사적 구성의 파격을 해소하는 것이 사이시옷이며 발음은 경음화가 난다는 것이다. 또한 사이시옷은 통사적인 존재뿐만 아니라 의미론적인 존재6)로도 본다.

---

3) [− t−epenth] : 밤, 밭, 버섯, 벌레, 도둑, 장이, 갈비, 국수, 식(式), 실(室), 단(團), 범(犯) 등
4) [+ t−epenthesis inducement] : 뒤, 안, 땅, 논, 눈, 손, 돈 등
5) '걸기돈'은 '내기를 할 때 걸어 놓는 돈'을 말한다.
6) 임홍빈(1981 : 18)에 따르면 '고기배(漁腹)'에 대해 '고깃배'가 '漁船'을 뜻하게 되는 것은 사이시옷이 의미론적으로 '고기'와 '배' 사이를 간접화함으로써 빚어진 것이다. 따라서 '고깃배'는 반드시 '고기잡이 배'만을 가리키게 되지는 않는다. 고기를 실어 나르거나 처리하거나 저장하는 배도 '고깃배'라고 할 수 있다.

(4) ㄱ. 공부방[-빵], 시계방[-빵]
    ㄴ. 놀이방[-방], 대화방[-방]

(4ㄱ)은 경음화 현상이 나타나지만 (4ㄴ)은 경음화 현상이 나타나지 않는다. 임홍빈(1981)에 따르면 (4ㄱ)은 통사적 구성이 아니므로 경음이 실현된다. (4ㄴ)은 통사적 구성을 이루고 있어 사이시옷이 개입할 여지가 없으므로 경음이 실현되지 않는다.

그러나 새말 '공주방, 나홀로방, 날개방, 달림방, 달방, 매춘방, 복권방, 산소방, 안전방, 얼음방'의 경우를 보면 경음의 실현 여부가 동일하게 나타나지 않는다. 'N1 + N2 = N3'이라는 같은 구성이지만 다르게 나타나므로 임홍빈(1981)의 설명도 한계에 부딪힌다.

오정란(1988)은 추상적 복합격을 설정하여 결합 관계를 보았다. 경음화가 실현되는 경우는 속격, 처격, 시간격, 수혜격으로 보았고, 경음화가 실현되지 않는 경우는 주격, 목적격, 도구격, 공동격으로 설명하였다.

(5) ㄱ. 봄비[-삐], 안방[-빵]
    ㄴ. 봄가을[-가-], 마소[-소]
    ㄷ. 콩밥[-밥]

(5ㄱ)은 '봄비'는 '봄에 오는 비', '안방'은 '안에 있는 방'으로 모두 처격이 내재되어 오정란(1988)의 설명에 따라 경음화 현상이 나타난다. (5ㄴ)은 공동격으로 경음화 현상이 나타나지 않고 (5ㄷ)은 도구격이므로 경음화가 나타나지 않는다.

(6) ㄱ. 가을배추, 건넌방
    ㄴ. 눈사람, 눈짐작
    ㄷ. 낚시글, 봄샘바람

　(6)의 예들은 추상적 복합격으로 설명이 불가능하다. (6ㄱ)의 경우 선행 요소가 처격에 해당하므로 오정란(1988)의 설명대로라면 후행하는 요소에 경음화가 일어나야 하나 그렇지 않다. 반면에 (6ㄴ)의 경우 ‘눈사람, 눈짐작’은 선행 요소가 도구격을 받으므로 경음화가 실현되지 않아야 하는데, 경음화가 일어나고 있다. (6ㄷ)의 새말 ‘낚시글’은 목적격으로 경음화가 실현되지 않아야 하지만 실제 경음으로 발음하는 사람이 많았다. 또한 새말 ‘봄샘바람’은 ‘이른 봄에 부는 쌀쌀한 바람’으로 처격이 내재되어 있으므로 경음화 현상이 나타나야 한다. 그러나 설문 조사에 따르면 평음으로 발음하는 비율이 높았다. 이처럼 추상적 복합격으로 경음화 현상을 해석하는 것도 적지 않은 예외가 존재하므로 충분한 설명이 되지 못한다.

　김동례(1998)에서는 복합어 내부의 경음화를 설명하는 데 있어서, 경음화가 선택적으로 실현되는 것은 복합어를 생성하는 과정의 차이로 보고, 경음화를 겪는 복합어와 경음화를 겪지 않는 부류로 분류하여 관찰하고 그들의 형태로부터 공통의 정보를 해석해 생성 과정의 차이에 따른 경음화의 실현 여부를 판단하려고 하였다. 파생적 종속복합어와 분류적 종속 복합어에서는 경음화가 실현되고, 기술적 종속복합어에서는 경음화가 실현되지 않는다고 하였다. 이처럼 복합어의 경음화 현상을 생성 과정의 차이로 보고 있는데, 이것도 주관적인 관점에 따라 복합어의 종류가 모호하게 구분될 수 있다는 문제가 있다. 즉 하나의 어휘가 두 가지 이상의 복합어로 분류될 수 있고 새말을 하나하나 어떤 복합어인지 분류하는 것도 쉽지 않은 일이다.

　지금까지 앞선 연구들을 살펴보았다. 경음화 현상을 설명하는 데 기여한 바는 있지만 예외에 대한 뚜렷한 해결책이 보이지 않는다. 이들이 공통적으로 놓친 부분은 앞에서 필자가 언급했듯이 ‘시간성’의 문제를 고려하지 않았다는 점이다.

3. 새말의 경음화 현상

3.1. 기초 조사

이 연구에서는 현대국어 새말의 경음화 현상을 살펴보기 위해 국립국어원 (2007)에서 편찬한 『사전에 없는 말 신조어』에서 경음화를 유발하는 수의적 인 조건의 복합어를 선별하였다. 1차적으로 복합어의 앞말이 유성 자음과 모음으로 끝나고 뒷말이 'ㄱ, ㄷ, ㅂ, ㅅ, ㅈ'으로 시작하는 복합어 목록 323 개를 뽑았다. 그 가운데 중복되는 것을 제외하고 다시 140개를 가려내었다.

이렇게 추출한 새말의 복합어에 대해 200명(여자 100명, 남자 100명)에게 경음 실현 여부를 설문지법을 통하여 조사하였다. 설문 방법은 조사 어휘를 포함하는 예문을 제시하고 피설문자가 자연스럽게 예문을 읽은 후, 해당 어휘를 어떻게 발음하는지 표시하도록 하였다.

[표 1]은 새말 목록 140개 어휘의 경음 실현율을 제시한 것이다.

[표 1] 분석 대상 전체 어휘와 경음화 빈도

어휘	제보자(명)	경음 실현율(%)
갈-겹	12	6
갈-비	12	6
걸기-돈	83	41.5
검안-사(檢眼士)	22	11
경고-성(警告聲)	173	86.5
경로-도우미(敬老-)	4	2
공시-족(公試族)	27	13.5
공주-방(公主房)	118	59
광부-병(鑛夫病)	164	82
국민-주(國民酒)	15	7.5
국제-족(國際族)	29	14.5
권-방(權放)	82	41

그림-족(-族)	28	14
금-둥이(金-)	45	22.5
금테-주(金-酒)	21	10.5
기-변(機變 / 器變)	10	5
기생충-김치(寄生蟲-)	16	8
길-도우미	26	13
까까-족(- + 族)	19	9.5
꽁-족(←空族)	48	24
꾸림-정보(-情報)	15	7.5
나무-박기	20	10
나무-장(-葬)	53	26.5
나홀로-방(-房)	27	13.5
낚시-글	127	63.5
날개-방(-房)	72	36
날씬-족(-族)	22	11
냉-섬(冷-)	41	20.5
노-신혼(老新婚)	43	21.5
농부-병(農夫病)	154	77
농촌-당(農村黨)	27	13.5
누리-사랑방(-舍廊房)	23	11.5
다-걸기	16	8
다리-베개	35	17.5
단-관(團觀)	22	11
달림-방(-房)	105	52.5
달-방(-房)	128	64
달팽이-족(-族)	20	10
대두-증(大頭症)	151	75.5
도시-당(都市黨)	34	17
도우미-견(-犬)	15	7.5
도자-식기(陶瓷食器)	51	25.5
동생-부대(同生部隊)	14	7
따라-들기	13	6.5
땅-배	96	48

땅ー줄	142	71
뚜껑ー광고(ー廣告)	18	9
마술ー병(魔術兵)	107	53.5
말ー진(末陳)	132	66
말짱ー족(ー族)	28	14
맛깔ー장(ー醬)	99	49.5
매춘ー방(賣春房)	38	19
맵시ー가꿈이	22	11
먹튀ー족(ー族)	18	9
명품ー개(名品ー)	24	12
명품ー계(名品契)	22	11
명품ー상(名品商)	25	12.5
명품ー장난감(名品ー)	19	9.5
모둠ー전(ー展)	26	13
몰래ー제보꾼(ー提報ー)	11	5.5
묘조ー병(猫爪病)	142	71
무모ー견(無毛犬)	19	9.5
무지개ー주(ー酒)	27	13.5
문ー잡이	21	10.5
문화ー부족(文化部族)	16	8
문화ー접대(文化接對)	31	15.5
물가ー세(物價勢)	129	64.5
물ー방석(ー方席)	83	41.5
민ー격(民格)	147	73.5
바다ー장(ー葬)	68	34
바보ー박사(ー博士)	11	5.5
바퀴ー신발	26	13
반ー권(半權)	145	72.5
반려ー동물(伴侶動物)	11	5.5
반ー수(半修)	32	16
반풍ー쟁이(半風ー)	31	15.5
방폐ー장(放廢場)	33	16.5
번개ー군중(ー群衆)	22	11

범-심(犯心)	36	18
벼랑-굴(-窟)	127	63.5
보청-견(補聽犬)	15	7.5
복권-방(福券房)	41	20.5
본-살(本-)	52	26
본-수능(本修能)	31	15.5
봄샘-바람	45	22.5
봉투-갈이(封套-)	21	10.5
불-닭	48	24
불-봉(-棒)	28	14
빗장-도시(-都市)	22	11
사-점(死點)	93	46.5
산소-방(酸素房)	81	40.5
살해-견(殺害犬)	12	6
삼일-절(三一絶)	146	73
삼진-사(三振史)	16	8
색깔-병(色-病)	72	36
생동-성(生動性)	126	63
생-점(生點)	102	51
선-동(善童)	20	10
설중-전(雪中戰)	28	14
소리-독자(-讀者)	12	6
소리-사냥법(-法)	34	17
손-반칙(-反則)	17	8.5
손-베개	27	13.5
손수-제작물(-製作物)	16	8
송아지-바람	59	29.5
수랭-법(水冷法)	147	73.5
숨결-정치(-政治)	13	6.5
시야-장애석(視野障碍席)	12	6
신토불이-증(新土不二證)	136	68
실-동작(實動作)	106	53
쌍-고집(雙固執)	63	31.5

아들－당(－黨)	68	34
아침－병(－病)	138	69
안다－박수(－拍手)	20	10
안전－방(安全房)	102	51
애인－국가(愛人國家)	15	7.5
얼음－방(－房)	117	58.5
엄지－족(－族)	20	10
연기－병(演技病)	129	64.5
엽기－주(獵奇酒)	18	9
욕설－병(辱說病)	118	59
자동－길(自動－)	118	59
주말－족(週末族)	33	16.5
즈엄－집	83	41.5
증언－실(證言室)	38	19
지방－감정(地方感情)	23	11.5
짚불－구이	28	14
쪽방－살이(－房－)	27	13.5
차－박기(車－)	27	13.5
첨단－병(尖端病)	124	62
청소년－증(青少年證)	143	71.5
탈－개입(脫介入)	21	10.5
탈－사극화(脫史劇化)	34	17
탈－증시(脫證市)	78	39
투명－구(透明球)	47	23.5
평일－부부(平日夫婦)	15	7.5
폐－소모품(廢消耗品)	34	17
폐출－수(廢出水)	93	46.5
한방－고(韓方高)	36	18
한뼘－바지	21	10.5

전체 설문 어휘 140개 중 경음 실현율이 10% 미만인 단어는 31개, 경음 실현율이 10% 이상 50% 미만인 경우는 79개, 경음 실현율이 50% 이상은

30개이다. 140개 어휘 중 경음 실현율이 50% 이상 나타난 어휘는 30개로 새말에서 경음화가 실현된 비율은 21.43%로 나타났다. 이를 따로 정리하면 다음과 같다.

(7) 경음 실현 비율이 50%를 넘는 새말
경고−성, 공주−방, 광부−병, 낚시−글, 농부−병, 달림−방, 달−방, 대두−증, 땅−줄, 마술−병, 말−진, 물가−세, 민−격, 반−권, 벼랑−굴, 삼일−절, 생동−성, 생−점, 수렁−법, 신토불이−증, 실−동작, 아침−병, 안정−방, 얼음−방, 연기−병, 욕설−병, 자동−길, 첨단−병, 청소년−증

새말에서는 경음화가 실현되는 비율은 실현되지 않는 것에 비해 낮다. 하지만 30개의 어휘에서 50% 이상 경음으로 실현되었다면 이들 어휘에 어떤 공통적인 특성이 있을 것이라 본다.

먼저 경음의 실현율을 보면 [표 2]와 같다.

[표 2] 경음 실현율과 개수

경음 실현율	개수	비율(%)
50% 이상	30	21.43
10% 이상~50% 미만	79	56.43
10% 미만	31	22.14

설문 조사한 어휘 목록은 2000년도 이후에 나온 새말로 아직 표준 발음이 확정되지 않은 것이다. 경음 실현율이 50%를 넘는 것은 30개에 그치지만 조사자에 따라 경음으로 실현되는 것이 전혀 불가능하다고 볼 수 없는 10% 이상의 실현율을 포함하면 78%에 달하는 새말이 경음으로 실현될 가능성을 가진다. 즉 경음 실현율이 10% 이상인 단어를 포함하면 140개의 조사 어휘 가운데 109개의 어휘가 경음으로 실현되는 셈이다.

3.2. 어종별

새말은 그 구성 요소의 어종에 따라 고유어, 한자어, 혼종어, 외래어로 분류할 수 있다. 다음은 그 예에 해당한다.

(8) ㄱ. 걸기돈, 길도우미, 나무박기
    ㄴ. 공시족(公試族), 동생부대(同生部隊), 민격(民格)
    ㄷ. 경로도우미(敬老−), 가나다라송(−song), 구구데이(九九day)
    ㄹ. 갭이어(gap year), 게임폰(game phone), 글로비시티(globesity)

(8ㄱ)은 고유어로만 이루어진 어휘들이고 (8ㄴ)은 한자어로 이루어진 어휘들이다. (8ㄷ)은 혼종어로 각각 '한자어 + 고유어', '고유어 + 외래어', '한자어 + 외래어'로 구성되어 있고 (8ㄹ)은 외래어의 예이다.

본 글에서는 새말의 경음화 현상이 어종별로 어떤 차이가 있는지 알아보고자 한다.[7] [표 3]~[표 5]는 어종별로 분류해 놓은 것이다.

[표 3] 새말의 어종별 분류(1) : 고유어(21개)

번호	어휘	제보자(명)	경음 실현율(%)
1	갈−겹	12	6
2	갈−비	12	6
3	걸기−돈	83	41.5
4	길−도우미	26	13
5	나무−박기	20	10
6	낚시−글	127	63.5
7	다−걸기	16	8
8	다리−베개	35	17.5
9	따라−들기	13	6.5
10	땅−배	96	48
11	땅−줄	142	71
12	맵시−가꿈이	22	11

---

7) 단, 외래어와의 혼종어는 대상에서 제외하였다.

13	문-잡이	21	10.5
14	바퀴-신발	26	13
15	봄샘-바람	45	22.5
16	불-닭	48	24
17	손-베개	27	13.5
18	송아지-바람	59	29.5
19	즈엄-집	83	41.5
20	짚불-구이	28	14
21	한뼘-바지	21	10.5

[표 4] 새말의 어종별 분류(2) : 혼종어(50개)

번호	어휘	제보자(명)	경음 실현율(%)
1	경로-도우미(敬老-)	4	2
2	그림-족(-族)	28	14
3	금-둥이(金-)	45	22.5
4	금테-주(金-酒)	21	10.5
5	기생충-김치(寄生蟲-)	16	8
6	까까-족(- + 族)	19	9.5
7	꾸림-정보(-情報)	15	7.5
8	나무-장(-葬)	53	26.5
9	나홀로-방(-房)	27	13.5
10	날개-방(-房)	72	36
11	날씬-족(-族)	22	11
12	냉-섬(冷-)	41	20.5
13	누리-사랑방(-舍廊房)	23	11.5
14	달림-방(-房)	105	52.5
15	달-방(-房)	128	64
16	달팽이-족(-族)	20	10
17	도우미-견(-犬)	15	7.5
18	뚜껑-광고(-廣告)	18	9
19	말짱-족(-族)	28	14
20	맛깔-장(-醬)	99	49.5
21	먹튀-족(-族)	18	9

22	명품―개(名品―)	24	12
23	명품―장난감(名品―)	19	9.5
24	모둠―전(―展)	26	13
25	몰래―제보꾼(―提報―)	11	5.5
26	무지개―주(―酒)	27	13.5
27	물―방석(―方席)	83	41.5
28	바다―장(―葬)	68	34
29	바보―박사(―博士)	11	5.5
30	반풍―쟁이(半風―)	31	15.5
31	번개―군중(―群衆)	22	11
32	벼랑―굴(―窟)	127	63.5
33	본―살(本―)	52	26
34	봉투―갈이(封套―)	21	10.5
35	불―봉(―棒)	28	14
36	빗장―도시(―都市)	22	11
37	색깔―병(色―病)	72	36
38	소리―독자(―讀者)	12	6
39	소리―사냥법(―法)	34	17
40	손―반칙(―反則)	17	8.5
41	손수―제작물(―製作物)	16	8
42	숨결―정치(―政治)	13	6.5
43	아들―당(―黨)	68	34
44	아침―병(―病)	138	69
45	안다―박수(―拍手)	20	10
46	얼음―방(―房)	117	58.5
47	엄지―족(―族)	20	10
48	자동―길(自動―)	118	59
49	쪽방―살이(―房―)	27	13.5
50	차―박기(車―)	27	13.5

[표 5] 새말의 어종별 분류(3) : 한자어(69개)

번호	어휘	제보자(명)	경음 실현율(%)
1	검안－사(檢眼士)	22	11
2	경고－성(警告聲)	173	86.5
3	공시－족(公試族)	27	13.5
4	공주－방(公主房)	118	59
5	광부－병(鑛夫病)	164	82
6	국민－주(國民酒)	15	7.5
7	국제－족(國際族)	29	14.5
8	권－방(權放)	82	41
9	기－변(機變 / 器變)	10	5
10	꽁－족(←空族)	48	24
11	노－신혼(老新婚)	43	21.5
12	농부－병(農夫病)	154	77
13	농촌－당(農村黨)	27	13.5
14	단－관(團觀)	22	11
15	대두－증(大頭症)	151	75.5
16	도시－당(都市黨)	34	17
17	도자－식기(陶瓷食器)	51	25.5
18	동생－부대(同生部隊)	14	7
19	마술－병(魔術兵)	107	53.5
20	말－진(末陳)	132	66
21	매춘－방(賣春房)	38	19
22	명품－계(名品契)	22	11
23	명품－상(名品商)	25	12.5
24	묘조－병(猫爪病)	142	71
25	무모－견(無毛犬)	19	9.5
26	문화－부족(文化部族)	16	8
27	문화－접대(文化接對)	31	15.5
28	물가－세(物價勢)	129	64.5
29	민－격(民格)	147	73.5
30	반－권(半權)	145	72.5
31	반려－동물(伴侶動物)	11	5.5

32	반ー수(半修)	32	16
33	방폐ー장(放廢場)	33	16.5
34	범ー심(犯心)	36	18
35	보청ー견(補聽犬)	15	7.5
36	복권ー방(福券房)	41	20.5
37	본ー수능(本修能)	31	15.5
38	사ー점(死點)	93	46.5
39	산소ー방(酸素房)	81	40.5
40	살해ー견(殺害犬)	12	6
41	삼일ー절(三一絶)	146	73
42	삼진ー사(三振史)	16	8
43	생동ー성(生動性)	126	63
44	생ー점(生點)	102	51
45	선ー동(善童)	20	10
46	설중ー전(雪中戰)	28	14
47	수랭ー법(水冷法)	147	73.5
48	시야ー장애석(視野障碍席)	12	6
49	신토불이ー증(身土不二證)	136	68
50	실ー동작(實動作)	106	53
51	쌍ー고집(雙固執)	63	31.5
52	안전ー방(安全房)	102	51
53	애인ー국가(愛人國家)	15	7.5
54	연기ー병(演技病)	129	64.5
55	엽기ー주(獵奇酒)	18	9
56	욕설ー병(辱說病)	118	59
57	주말ー족(週末族)	33	16.5
58	증언ー실(證言室)	38	19
59	지방ー감정(地方感情)	23	11.5
60	첨단ー병(尖端病)	124	62
61	청소년ー증(青少年證)	143	71.5
62	탈ー개입(脫介入)	21	10.5
63	탈ー사극화(脫史劇化)	34	17
64	탈ー증시(脫證市)	78	39

65	투명-구(透明球)	47	23.5
66	평일-부부(平日夫婦)	15	7.5
67	폐-소모품(廢消耗品)	34	17
68	폐출-수(廢出水)	93	46.5
69	한방-고(韓方高)	36	18

새말을 어종별로 나누어 보면 고유어 21개, 혼종어 50개, 한자어 69개이다. 전체 새말 중 한자어가 차지하는 비율이 49.29%로 가장 높으며 그 다음은 혼종어가 35.71%, 고유어가 15% 차지하고 있다. 한자어와 혼종어가 전체 새말의 85%에 해당한다. 이를 정리하면 [표 6]과 다음과 같다.

[표 6] 새말의 어종별 분류 통계

어종	개수	비율(%)
고유어	21	15
혼종어	50	35.71
한자어	69	49.29
계	140	100

전체 설문 대상 140개 중 경음 실현율이 50% 이상인 어휘는 30개다. 이들을 어종별로 나누어 보면 고유어는 2개로 6.67%, 혼종어는 6개로 20%, 한자어는 22개로 73.33%의 비중을 차지한다. 새말 형성에 한자어 비율이 높았듯이 경음 실현율도 한자어가 높게 나타났다.

[표 7] 어종에 따른 경음 실현율

어종	개수	경음 비율(%)
고유어	2	6.67
혼종어	6	20
한자어	22	73.33
계	30	100

경음 실현율이 50% 이상인 어휘 30개를 대상으로 어종별 경음 실현율을

보면 고유어의 경우는 '낚시글'과 '땅줄' 2개뿐이고, 한자어가 22개, 나머지 혼종어로 '달림-방(-房), 달-방(-房), 벼랑-굴(-窟), 아침-병(-病), 얼음-방(-房), 자동-길(自動-)'의 혼종어이다. 새말의 경우도 고유어 보다는 한자어에서 경음화가 활발하게 실현됨을 알 수 있다. 한자어와 혼종어의 경우를 보면 접사처럼 쓰이는 '-병(病), -격(格), -권(權), -점(點), -법(法), -증(證)…'이 결합했을 때 경음 실현율이 특히 높았다.

먼저 고유어의 경우를 살펴보면, '낚시글'은 '인터넷에서 사람들의 주목을 끌기 위해 사실과 다르거나 엉뚱한 내용을 내용과는 관계없는 자극적인 제목으로 올리는 글'을 말하며, '땅줄'은 '태어난 지역을 근거로 한 관계'를 의미한다. 이강훈(1980)에 따르면 '-줄'은 [+ t-epenth]의 특성을 갖는 형태소로 '금줄, 기름줄, 힘줄, 고생줄, 명줄, 글줄, 돈줄, 연줄, 명줄'을 들 수 있다. 설문 조사에서 새말인 '땅줄' 역시 경음으로 실현되는 비율이 높은 것으로 나타났다(71%). 새말의 형성 원리로서 대표적인 것 가운데 하나가 유추이다.[8] 기존 'X-줄' 형태의 복합어 발음이 같은 형태의 새말 발음에도 그대로 유지되는 경향이 있다. 최근 방송에서 자주 나오는 '정신줄'이란 새말도 대부분 [정신-쭐]로 발음한다.

반면에 '낚시글'에서 '-글'은 이강훈(1980)에서 경음을 실현하는 형태로 제시되지 않았다. 실제로 '-글'로 끝나는 3음절 고유어를 「표준국어대사전」에서 찾아보면 '그림글, 글말글, 노루글, 동강글, 머리글, 새김글, 소리글, 숨은글, 우리글, 입말글'의 10개가 있는데, 이 가운데 '새김글[새김-끌]'을 제외하고는 경음화가 일어나지 않는다. 'X-글' 복합어는 대체로 경음을 실현되지 않는데 반해 설문 조사에 따르면 새말인 '낚시글'을 경음으로 발음한 비율이 63.5%이다.

설문 조사 결과 혼종어 가운데 경음 실현율이 50% 이상인 어휘들은 (9)

---

8) 채현식(2000)에 따르면 '유추는 유사성에 기반한 추론이다. 단어 형성과 관련시켜 이해한다면, 유추적 단어 형성이란 화자에게 익숙한 기존의 단어에 기초해서 새로운 단어를 만들어 내는 과정'이다.

와 같다.

> (9) ㄱ. ―방(―房) : 달림―방(―房), 달―방(―房), 얼음―방(―房)
> ㄴ. ―굴(―窟) : 벼랑―굴(―窟)
> ㄷ. ―병(―病) : 아침―병(―病)
> ㄹ. ―길 : 자동―길(自動―)

설문 조사에서 '달림방'은 경음 실현율이 52.5%, '달방'은 64%, '벼랑굴'은 63.5%, '아침병'은 69%, '얼음방'은 58.5%, '자동길'은 59%로 각각 조사되었다. 이강훈(1980)에 따르면 '―방(―房), ―병(―病), ―길'9)은 경음을 실현하는 형태로 제시하고 '―굴(―窟)'은 경음을 유발하는 요소로 제시하지 않았다. 또한 배주채(2003)에서도 특정한 한자 형태소에 수반되는 경음화 목록을 제시하고 있다. 언중들이 이전에 사용하던 어휘들의 발음을 새말에서 그대로 답습한 것처럼 보인다.

그러나 새말 '벼랑굴'의 경우는 이와 다르다. 이전 발음을 답습했다면 '벼랑굴'은 경음으로 실현되지 않아야 하는데, 실제로 63.5%의 피실험자들이 경음으로 발음한다고 응답하였다. 「표준국어대사전」에서 '―굴(―窟)'로 끝나는 유성 자음과 모음 뒤의 어휘를 찾아보니 47개로 대부분 경음화가 일어나지 않는다. 47개 가운데 경음으로 실현되는 어휘는 '산굴'과 '탄굴'뿐이다.

한자어의 경우, 경음 실현율이 50% 이상인 어휘들은 (10)과 같다.

> (10) ㄱ. ―격(格) : 민격(民格)
> ㄴ. ―권(權) : 반권(半權)
> ㄷ. ―방(房) : 공주방(公主房), 안전방(安全房)
> ㄹ. ―법(法) : 수랭법(水冷法)
> ㅁ. ① ―병1(病) : 광부병(鑛夫病), 농부병(農夫病), 묘조병(猫爪病), 연기병(演技病), 욕설병(辱說病), 첨단병(尖端病)

---

9) ① 방(―房) : 살림방, 점방, 문간방, 은방, 금은방, 도장방, 안경방, 행랑방, 글방
② 병(病) : 돌림병, 전염병, 눈병, 만성병, 심장병, 고질병, 부인병, 유전병, 유행병, 발병, 도열병
③ 길 : 갈림길, 꿈길, 숨길, 어둠길, 지름길, 두렁길, 물길, 비탈길, 자갈길, 철길, 촌길, 벼랑길

      ② －병2(兵) : 마술병(魔術兵)
   ㅂ. ① －성1(性) : 생동성(生動性)
      ② －성2(聲) : 경고성(警告聲)
ㅅ. －세(勢) : 물가세(物價勢)
ㅇ. －점(點) : 생점(生點)
ㅈ. ① －증(症) : 대두증(大頭症)
      ② －증(證) : 신토불이증(身土不二證), 청소년증(靑少年證)
ㅊ. 실동작(實動作), 말진(末陣), 삼일절(三一絶)

(10ㄱ~ㅈ)은 특정 한자 형태소가 결합해서 경음 실현율이 높게 나타난 경우이다. 반면 (10ㅊ)은 필연적인 경음화 현상으로 볼 수 있다. 한자어 종성 'ㄹ' 뒤에 'ㄷ, ㅅ, ㅈ'은 경음화된다. 새말에서도 필연적인 변동 규칙을 그대로 따르는 것을 알 수 있다.

한자어의 경음화 현상에 대한 앞선 연구를 보면 대부분 특별한 성질을 가지고 있는 한자 형태소에 주목하고 있다. 전철웅(1979)에서는 특정한 형태소에 주목하고 양면성을 지닌 한자의 경우에는 뜻에 따라, 어기의 음절수에 따라, 구조적 차이에 따라 분류하고 있다. 또한 이러한 한자들이 특수층에서 전문성을 띤 특수어가 아니라, 주로 일상생활에서 빈번히 쓰이는 생활어라는 점을 지적했다. 이강훈(1980, 1982)에 따르면 시종일관 경음화되는 형태가 있다고 했다. 배주채(2003)은 특정한 한자형태소에 수반되는 경음화를 단어의 음절수에 따라 경음화되는 한자 형태소, 항상 경음화되는 한자형태소, 의미나 기능에 따른 ㅅ전치성 한자형태소, 단어에 따라 경음화되는 한자형태소, 그밖에 경음화되는 한자어[10]를 제시하고 있다. 이들의 공통점을 보면 특정한 한자 형태소가 결합할 경우 경음화되는 경우가 많다는 것을 알 수

---

10) ① 음절수에 따라 경음화하는 것 : －적(的), －성(性)
   ② 항상 경음화하는 것 : －가(價), －과(科), －권(圈), －권(權), －권(券)
   ③ 의미 / 기능에 따라 경음화하는 것 : －격(格), －과(果), －급(級), －기(氣), －법(法), －병(病), －병(甁), －성(性), －세(稅), －자(字), －장(狀), －점(點), －조(調), －죄(罪), －증(證), －증(症)
   ④ 단어에 따라 경음화하는 것 : －건(件), －구(句), －수(數)
   ⑤ 그밖에 경음화가 일어나는 것 : 간단(簡單), 공과(功過), 공과금(公課金), 산보(散步), 원격(遠隔), 인사고과(人事考課), 장기(長技), 전격(電擊), 점괘(占卦), 태권도(跆拳道), 현격(懸隔)

있다. 또한 동일한 형태가 결합되었는데도 경음화가 일어나지 않는 경우는 기능이나 의미에 따라 접근하고 있다. 따라서 새말에서도 이와 같은 방식이 적용된다고 할 수 있다.

이강훈(1980, 1982)과 배주채(2003)에 따르면 '−격(格), −권(權), −방(房), −법(法), −병(病), −성(性), −점(點), −증(症), −증(證)'은 경음화가 일어나는 형식이다. 이에 따라 (10ㄱ~ㅈ)에서 같은 형태의 한자가 있는 새말에서도 그대로 경음이 실현되었다고 볼 수 있다. 그런데 (10ㅁ)의 '마술병(魔術兵)'과 (10ㅂ)의 '경고성(警告聲)'은 다르게 봐야 한다. '−병(兵)'과 '−성(聲)'은 앞선 연구에서 경음을 실현하는 형태로 제시되지 않았을 뿐만 아니라 실제로도 사전에서 'X−병(兵)'과 'X−성(聲)' 복합어에서 경음으로 실현되는 일이 없다. 그럼에도 불구하고 설문 조사 결과는 '마술병(魔術兵)'은 53.5%, '경고성(警告聲)'은 86.5%로 경음 실현율이 높게 나타났다. 사람들은 주어진 문맥에도 불구하고 '마술병'과 '경고성'을 각각 '마술병(魔術病)'과 '경고성(警告性)'으로 해석한 듯하다.[11]

3.3. 음성적 환경에 따라

이 절에서는 조사 대상인 140개 어휘를 음운 환경별로 나누어 경음화 선호도를 살펴보도록 한다.

---

11) 국립국어원(2005)에서는 총3백만 어절의 문헌 자료에 대한 사용 빈도를 조사해서 『현대 국어 사용 빈도 조사2』라는 보고서를 발간했다. 그 보고서에 따르면 '−병(兵)'보다는 '−병(病)'이 빈도수가 높고 '−성(性)'은 빈도를 제시했지만 '−성(聲)'은 제시하지 않았다. 새말이 생성될 때 생산성이 높은 어휘가 사용된다는 측면에서 본다면 언중들이 '−병(病)'과 '−성(性)'이 결합된 단어로 생각해서 경음 실현율이 높게 나온 것 같다.

3.3.1. 선행 요소가 'ㄴ'으로 끝나는 경우

[표 8] 선행 요소가 'ㄴ'으로 끝나는 경우의 경음화 선호도

어휘	발음 유형	제보자(명)	비율(%)
검안—사(檢眼士)	평음	178	89
	경음	22	11
국민—주(國民酒)	평음	185	92.5
	경음	15	7.5
권—방(權放)	평음	118	59
	경음	82	41
날씬—족(—族)	평음	178	89
	경음	22	11
농촌—당(農村黨)	평음	173	86.5
	경음	27	13.5
단—관(團觀)	평음	178	89
	경음	22	11
매춘—방(賣春房)	평음	162	81
	경음	38	19
문—잡이	평음	179	89.5
	경음	21	10.5
민—격(民格)	평음	53	26.5
	경음	147	73.5
반—권(半權)	평음	55	27.5
	경음	145	72.5
반—수(半修)	평음	168	84
	경음	32	16
복권—방(福券房)	평음	159	79.5
	경음	41	20.5
본—살(本—)	평음	148	74
	경음	52	26
본—수능(本修能)	평음	169	84.5
	경음	31	15.5

삼진−사(三振史)	평음	184	92
	경음	16	8
선−동(善童)	평음	180	90
	경음	20	10
손−반칙(−反則)	평음	183	91.5
	경음	17	8.5
손−베개	평음	173	86.5
	경음	27	13.5
안전−방(安全房)	평음	98	49
	경음	102	51
애인−국가(愛人國家)	평음	185	92.5
	경음	15	7.5
증언−실(證言室)	평음	162	81
	경음	38	19
첨단−병(尖端病)	평음	76	38
	경음	124	62
청소년−증(靑少年證)	평음	57	28.5
	경음	143	71.5

[표 8]은 선행 형식의 마지막 종성이 'ㄴ'으로 끝나는 경우로 모두 23개다. 표에서 알 수 있듯이 23개 중 18개의 어휘에서 평음으로 실현되는 비율이 높게 나타났다. 그러나 '민격, 반권, 안전방, 첨단병, 청소년증'은 경음으로 실현되는 비율이 높게 나타났다.

3.3.2. 선행 요소가 'ㄹ'로 끝나는 경우

[표 9] 선행 요소가 'ㄹ'로 끝나는 경우의 경음화 선호도

어휘	발음 유형	제보자(명)	비율(%)
갈−겹	평음	188	94
	경음	12	6
갈−비	평음	188	94
	경음	12	6

길-도우미	평음	174	87
	경음	26	13
달-방(-房)	평음	72	36
	경음	128	64
마술-병(魔術兵)	평음	93	46.5
	경음	107	53.5
말-진(末陳)	평음	68	34
	경음	132	66
맛깔-장(-醬)	평음	101	50.5
	경음	99	49.5
물-방석(-方席)	평음	117	58.5
	경음	83	41.5
불-닭	평음	152	76
	경음	48	24
불-봉(-棒)	평음	172	86
	경음	28	14
삼일-절(三一絶)	평음	54	27
	경음	146	73
색깔-병(色-病)	평음	128	64
	경음	72	36
숨결-정치(-政治)	평음	187	93.5
	경음	13	6.5
실-동작(實動作)	평음	94	47
	경음	106	53
아들-당(-黨)	평음	132	66
	경음	68	34
욕설-병(辱說病)	평음	82	41
	경음	118	59
주말-족(週末族)	평음	167	83.5
	경음	33	16.5
짚불-구이	평음	172	86
	경음	28	14

탈—개입(脫介入)	평음	179	89.5
	경음	21	10.5
탈—사극화(脫史劇化)	평음	166	83
	경음	34	17
탈—증시(脫證市)	평음	122	61
	경음	78	39
평일—부부(平日夫婦)	평음	185	92.5
	경음	15	7.5
폐출—수(廢出水)	평음	107	53.5
	경음	93	46.5

[표 9]는 선행 형식의 마지막 종성이 'ㄹ'로 끝나는 복합어들이다. 해당 어휘는 23개로 '달방, 마술병, 말진, 삼일절, 실동작, 욕설병' 등은 경음 실현율이 높고 나머지는 평음 실현율이 높다. '말—진, 삼일—절, 실—동작'의 경우 한자어로 'ㄹ' 뒤의 'ㄷ, ㅅ, ㅈ'이 이어나는 환경이므로 필수적 경음화가 일어나는 환경이다. 그러나 '탈—사극화, 탈—증시, 폐출—수'는 동일한 환경이지만 경음 실현율이 높지 않다. 국어사전의 표제어 3음절 이상의 한자어에서 'ㄹ' 뒤에 경음화가 일어나지 않는 예가 있다. 수술실[수술실], 몰지각[몰지각], 과실즙[과실즙]이 그렇다. 또한 같은 한자 형태소가 반복되어 경음화가 일어나지 않는 경우도 있다. 예를 들어 '달달가무(達達歌舞)', '허허실실(虛虛實實)', '구구절절(句句節節)'이다. 새말의 경우도 한자어 'ㄹ' 뒤에 'ㄷ, ㅅ, ㅈ'이 오는 조건에서 항상 경음화가 실현되는 것은 아니다.

3.3.3. 선행 요소가 'ㅁ'으로 끝나는 경우

[표 10] 선행 요소가 'ㅁ'으로 끝나는 경우의 경음화 선호도

어휘	발음 유형	제보자(명)	비율
그림ー족(ー族)	평음	172	86
	경음	28	14
금ー둥이(金ー)	평음	155	77.5
	경음	45	22.5
꾸림ー정보(ー情報)	평음	185	92.5
	경음	15	7.5
달림ー방(ー房)	평음	95	47.5
	경음	105	52.5
명품ー개(名品ー)	평음	176	88
	경음	24	12
명품ー계(名品契)	평음	178	89
	경음	22	11
명품ー상(名品商)	평음	175	87.5
	경음	25	12.5
명품ー장난감(名品ー)	평음	181	90.5
	경음	19	9.5
모둠ー전(ー展)	평음	174	87
	경음	26	13
범ー심(犯心)	평음	164	82
	경음	36	18
봄샘ー바람	평음	155	77.5
	경음	45	22.5
아침ー병(ー病)	평음	62	31
	경음	138	69
얼음ー방(ー房)	평음	83	41.5
	경음	117	58.5
즈엄ー집	평음	117	58.5
	경음	83	41.5
한뼘ー바지	평음	179	89.5
	경음	21	10.5

[표 10]은 고유어 복합어 중 선행 형식의 마지막 종성이 'ㅁ'으로 끝나는 경우로 해당 어휘는 15개다. 표에서 알 수 있듯이 '그림족, 금둥이, 꾸림정보, 명품개, 명품장난감, 모둠전, 봄샘바람, 즈엄집, 한뼘바지'에서는 평음 실현율이 높았다. 반면에 '달림방, 아침병, 얼음방'은 평음에 비해 경음으로 실현한 비율이 높다. 그런데 '달림방'과 '얼음방'의 경우는 경음 비율이 높기는 하나 평음과 큰 차이가 없지만, '아침병'의 경우에는 평음에 비해 경음 실현 비율이 2배로 높게 나타났다.

3.3.4. 선행 요소가 'ㅇ'으로 끝나는 경우

[표 11] 선행 요소가 'ㅇ'으로 끝나는 경우의 경음화 선호도

어휘	발음 유형	제보자(명)	비율(%)
기생충-김치(寄生蟲-)	평음	184	92
	경음	16	8
꽁-족(←空族)	평음	152	76
	경음	48	24
냉-섬(冷-)	평음	159	79.5
	경음	41	20.5
동생-부대(同生部隊)	평음	186	93
	경음	14	7
땅-배	평음	104	52
	경음	96	48
땅-줄	평음	58	29
	경음	142	71
뚜껑-광고(-廣告)	평음	182	91
	경음	18	9
말짱-족(-族)	평음	182	86
	경음	28	14
반풍-쟁이(半風-)	평음	169	84.5
	경음	31	15.5
벼랑-굴(-窟)	평음	73	36.5
	경음	127	63.5

보청-견(補聽犬)	평음	185	92.5
	경음	15	7.5
빗장-도시(-都市)	평음	178	89
	경음	22	11
생동-성(生動性)	평음	74	37
	경음	126	63
생-점(生點)	평음	98	49
	경음	102	51
설중-전(雪中戰)	평음	182	86
	경음	28	14
수랭-법(水冷法)	평음	53	26.5
	경음	147	73.5
쌍-고집(雙固執)	평음	137	68.5
	경음	63	31.5
자동-길(自動-)	평음	82	41
	경음	118	59
지방-감정(地方感情)	평음	177	88.5
	경음	23	11.5
쪽방-살이(-房-)	평음	173	86.5
	경음	27	13.5
투명-구(透明球)	평음	153	76.5
	경음	47	23.5
한방-고(韓方高)	평음	164	82
	경음	36	18

[표 11]은 선행 요소가 'ㅇ'으로 끝나는 경우로 해당 어휘는 22개다. '기생충김치, 냉섬, 땅배, 뚜껑광고, 반풍쟁이, 빗장도시, 쪽방살이'는 평음 실현율이 50% 이상으로 평음으로 발음하는 사람이 많았다. 반면에 '땅줄, 벼랑굴, 자동길'은 경음으로 발음하는 사람이 많았다. 각각의 비율은 '땅줄'은 71%, '벼랑굴'은 63.5%, '자동길'은 59%이다.

3.3.5. 선행 요소가 모음으로 끝나는 경우

[표 12] 선행 요소가 모음으로 끝나는 경우의 경음화 선호도

어휘	발음 유형	제보자(명)	비율(%)
걸기―돈	평음	117	58.5
	경음	83	41.5
경고―성(警告聲)	평음	27	13.5
	경음	173	86.5
경로―도우미(敬老―)	평음	196	98
	경음	4	2
공시―족(公試族)	평음	173	86.5
	경음	27	13.5
공주―방(公主房)	평음	82	41
	경음	118	59
광부―병(鑛夫病)	평음	36	18
	경음	164	82
국제―족(國際族)	평음	171	85.5
	경음	29	14.5
금테―주(金―酒)	평음	179	89.5
	경음	21	10.5
기―변(機變 / 器變)	평음	190	95
	경음	10	5
까까―족(― + 族)	평음	181	90.5
	경음	19	9.5
나무―박기	평음	180	90
	경음	20	10
나무―장(―葬)	평음	147	73.5
	경음	53	26.5
나홀로―방(―房)	평음	173	86.5
	경음	27	13.5
낚시―글	평음	73	36.5
	경음	127	63.5
날개―방(―房)	평음	128	64
	경음	72	36

노-신혼(老新婚)	평음	157	78.5
	경음	43	21.5
농부-병(農夫病)	평음	46	23
	경음	154	77
누리-사랑방(-舍廊房)	평음	177	88.5
	경음	23	11.5
다-걸기	평음	184	92
	경음	16	8
다리-베개	평음	165	82.5
	경음	35	17.5
달팽이-족(-族)	평음	180	90
	경음	20	10
대두-증(大頭症)	평음	49	24.5
	경음	151	75.5
도시-당(都市黨)	평음	166	83
	경음	34	17
도우미-견(-犬)	평음	185	92.5
	경음	15	7.5
도자-식기(陶瓷食器)	평음	149	74.5
	경음	51	25.5
따라-들기	평음	187	93.5
	경음	13	6.5
맵시-가꿈이	평음	178	89
	경음	22	11
먹튀-족(-族)	평음	182	91
	경음	18	9
몰래-제보꾼(-提報-)	평음	189	94.5
	경음	11	5.5
묘조-병(猫爪病)	평음	58	29
	경음	142	71
무모-견(無毛犬)	평음	181	90.5
	경음	19	9.5

무지개-주(-酒)	평음	173	86.5
	경음	27	13.5
문화-부족(文化部族)	평음	184	92
	경음	16	8
문화-접대(文化接對)	평음	169	84.5
	경음	31	15.5
물가-세(物價勢)	평음	71	35.5
	경음	129	64.5
바다-장(-葬)	평음	132	66
	경음	68	34
바보-박사(-博士)	평음	189	94.5
	경음	11	5.5
바퀴-신발	평음	174	87
	경음	26	13
반려-동물(伴侶動物)	평음	189	94.5
	경음	11	5.5
방폐-장(放廢場)	평음	167	83.5
	경음	33	16.5
번개-군중(-群衆)	평음	178	89
	경음	22	11
봉투-갈이(封套-)	평음	179	89.5
	경음	21	10.5
사-점(死點)	평음	107	53.5
	경음	93	46.5
산소-방(酸素房)	평음	119	59.5
	경음	81	40.5
살해-견(殺害犬)	평음	188	94
	경음	12	6
소리-독자(-讀者)	평음	188	84
	경음	12	6
소리-사냥법(-法)	평음	166	83
	경음	34	17

손수-제작물(-製作物)	평음	184	92
	경음	16	8
송아지-바람	평음	141	70.5
	경음	59	29.5
시야-장애석(視野障碍席)	평음	188	94
	경음	12	6
신토불이-증(身土不二證)	평음	64	32
	경음	136	68
안다-박수(-拍手)	평음	180	90
	경음	20	10
엄지-족(-族)	평음	180	90
	경음	20	10
연기-병(演技病)	평음	71	35.5
	경음	129	64.5
엽기-주(獵奇酒)	평음	182	91
	경음	18	9
차-박기(車-)	평음	173	86.5
	경음	27	13.5
폐-소모품(廢消耗品)	평음	166	83
	경음	34	17

[표 12]는 선행 요소가 모음으로 끝나는 경우로 해당 어휘는 57개다. 경음 실현율이 높게 나타난 어휘는 10개이고 나머지 47개는 평음 실현율이 높다. 경음 실현율이 50% 이상인 어휘는 '경고성, 공주방, 광부병, 낚시글, 농부병, 대두증, 묘조병, 물가세, 신토불이증, 연기병'이다. 경음 실현율이 높은 10개 어휘 중 9개는 한자어이고 1개는 고유어이다. 고유어보다는 한자어에서 경음 실현율이 높은 것을 확인할 수 있다. 또한 경음 실현율이 가장 높은 어휘는 86.5%로 '경고성(警告聲)'이다.

이상에서 선행 요소의 분절음 환경별로 나누어 경음화 선호도를 살펴보았다. 선행 요소의 분절음 환경에 따른 경음 실현율을 정리하면 [표 13]과 같다.

[표 13] 선행 요소의 분절음 환경에 따른 경음 실현율

선행 요소	총 개수	발음 유형		경음 실현율(%)
		평음	경음	
ㄴ	23	18	5	21.74
ㄹ	23	17	6	26.09
ㅁ	15	12	3	20
ㅇ	22	19	3	13.64
모음	57	47	10	17.54

[표 13]을 보면 선행 요소가 '르'인 경우가 다른 분절음에 비해 경음 실현율이 높았다. 아마 규칙적인 한자어의 경음화 현상이 반영된 것 같다. [표 13]을 통해서 알 수 있듯이 선행 요소의 분절음 환경에 따라 새말의 경음화 현상은 크게 차이가 없다. 또한 경음 실현율도 낮은 편이다.

3.4. 제보자의 성별에 따라

다음은 제보자의 성별에 따라 경음 실현 비율을 살펴보았다. 전체 설문 어휘 목록은 140개 가운데 남성이 경음을 많이 실현한 단어는 55개로 39.29%이고 여성이 경음을 많이 실현한 어휘는 76개로 54.29%이다. 그리고 여성과 남성의 경음 실현 비율이 똑같은 경우는 9개로 6.43%다. 여성이 남성에 비해 경음 실현율이 높게 나타났다.

사회언어학에서는 통상 여성이 표준어와 표준 발음을 지향한다고 한다. 그러나 새말의 경음 실현 비율에서는 여성이 표준어형을 지향한다고 말하기는 어렵다. 여성의 경음 실현율이 남성에 비해 개별적으로 높다고 말할 수 있다. 그런데 새말의 경우는 어느 것이 표준 발음인지 알 수 없으므로 경음으로 발음하는 것이 곧 비표준어를 발음하는 것이라고 말하기는 물론 힘들다.

설문 어휘는 대부분 전체 개별 어휘의 발음 유형 경향에 맞게 여성이든 남성이든 평음이면 평음, 경음이면 경음 한쪽 발음 유형으로 치우쳐 있다.

가령 '경고성'의 경우[12] 남성과 여성 모두 경음 실현율이 높고, '갈겹'의 경우[13]는 여성과 남성 모두 평음 실현율이 높은 것으로 응답하였다. 그러나 '달림방(−房), 땅배, 맛깔장(−醬), 안전방(−房)' 4개의 어휘는 발음 경향이 여성과 남성이 반대로 나타난다. 이 경우 남성은 모두 평음 실현율이 높은 반면 여성은 경음 실현율이 높게 나타났다. 이를 정리하면 다음과 같다.

[표 14] 남녀 경음 실현율 비교

어휘	성별	
	남성	여성
달림방	평음(58) > 경음(42)	평음(37) < 경음(63)
땅배	평음(57) > 경음(43)	평음(47) < 경음(53)
맛깔장	평음(52) > 경음(48)	평음(49) < 경음(51)
안전방	평음(53) > 경음(47)	평음(45) < 경음(55)

4. 맺음말

이 연구는 21세기 새말을 대상으로 수의적인 경음 실현 환경에서 음운론적 조건과 성별에 따라 현대 화자들이 경음과 평음 가운데 어느 쪽을 더 선호하는지 설문 조사 방법을 통해 살펴본 것이다. 앞서 논의된 경음화 연구에서 대상으로 한 어휘들은 기존의 어휘들로, 이들이 비록 현대국어의 표준적인 복합어를 대상으로 했을지라도 현대국어에 존재하는 복합어의 형성이 공시적으로 이루어진 것이 아니라 오히려 역사적 결과물이니 만큼 공시적인 현상으로 변동 현상을 규칙화하는 데 제약이 되었다고 본다.

그런 점에서 본고는 21세기에 생성된 새말을 대상으로 현대국어 화자의

---

12) 남성 : 평음(16) < 경음(84), 여성 : 평음(11) < 경음(89)
13) 남성 : 평음(92) > 경음(8), 여성 : 평음(96) > 경음(4)

경음화 실현 양상을 살펴봄으로써 공시적인 변동 규칙으로 경음화 현상을 연구하는 데 시간의 오류를 배제하려고 하였다.

이 연구에서 다룬 새말은 2000년 이후에 만들어진 말로 모두 140개 어휘 항목이다. 새말의 경음화 현상을 살펴보기 위해 어종별, 선행 요소의 분절음 환경별, 성별에 따라 분류하였다. 새말의 경음 실현율을 보면 50% 이상인 경우는 30개, 10% 이상 50% 미만인 경우는 79개, 10% 미만은 31개다. 그러므로 단순 비율로 볼 때 새말의 경음 실현율은 평음을 유지하는 것보다 낮게 나타나는 것을 알 수 있다. 그러나 경음 실현율이 10% 이상인 경우를 고려하면 모두 109개로, 이들이 앞으로 경음으로 실현될 가능성이 있다는 점을 배제할 수는 없다.

어종별로 보면 140개 조사 항목 가운데 고유어가 21개로 15%, 한자어가 69개로 49.29%, 혼종어가 50개로 35.71%이다. 어종별 새말의 경음화 비율은 고유어 6.67%, 한자어 73.33%, 혼종어 20%로, 새말의 경음화 경향은 고유어보다는 한자어에서 높게 나타남을 알 수 있다.

선행 요소의 분절음 환경에 따라 경음화를 선호하는 차이는 두드러지지 않았다. 다만 'ㄹ' 뒤의 경음화 비율이 높게 나타났는데, 이는 한자어에서 'ㄹ' 뒤에 'ㄷ, ㅅ, ㅈ'이 필수적으로 경음화가 되는 현상이 새말에도 적용되기 때문이다.

성별에 따른 경음화 실현율을 보면 남성은 39.29%, 여성은 54.29%로 여성이 남성에 비해 경음 실현율이 높게 나타났다. 일반적으로 사회언어학의 연구 성과에 따르면 여성이 표준 발음을 지향한다고 하는데, 새말의 경우는 여성 경음 실현율이 높게 나타났다. 다만 새말의 경우는 표준 발음이 확정된 것이 아니므로 경음으로 실현하는 것이 곧 비표적인 어형이라고 말할 수는 없다.

이 연구는 철저히 새말을 대상으로 경음화 실현 양상을 살펴보았다는 점에서 기존 연구와 차별성을 갖는다. 앞으로 새말의 경음화 현상을 해석하기 위해 새말의 내적 구조나 의미·음운 관계 등에 대한 정밀한 연구가 요구된다. 또한 본 논문에서 조사하지 못한 연령대별 경음 실현 양상 등에 대한 연구도 보완되어야 할 것이다.

‖ 참고문헌

국립국어원(1999), 『표준국어대사전』, 두산동아.

국립국어원(2007), 『사전에 없는 말 신조어』, 태학사.

김동례(1998), 「현대국어의 경음화 현상」, 고려대학교 박사학위논문.

김민균(2004), 「신조어에 나타난 된소리 현상 연구」, 『문창어문논집』 41, 문창어문학회.

김선철(2006), 『중앙어의 음운론적 변이양상』, 경진문화사.

김유범(2000), 「현대국어 음운론의 통시적 조망-100여 년간의 음운론적 특징에 대한 조망을 중심으로」, 『현대 국어학의 형성과 변천 1』, 박이정.

김창섭(1996), 『국어의 단어 형성과 단어 구조 연구』, 국어학회.

배주채(2003), 『한국어의 발음』, 삼경문화사.

오새내(2006), 「현대 국어의 형태음운론적 변이 현상에 대한 사회언어학적 연구」, 고려대학교 박사학위논문.

오정란(1988), 「경음의 국어사적 연구」, 고려대학교 박사학위논문.

유필재(2001), 「서울 지역어의 음운론적 연구」, 서울대학교 박사학위논문.

이강훈(1976), 「국어의 복합어 및 한자어 내부에서 일어나는 경음화 현상」, 『논문집』 5, 서울여자대학교.

이강훈(1977ㄱ), 「국어의 복합어 및 한자어 내부에서 일어나는 경음화 현상(Ⅱ)」, 『논문집』 6, 서울여자대학교.

이강훈(1977ㄴ), 「국어의 복합어 및 한자어 내부에서 일어나는 경음화 현상(Ⅲ)」, 『논문집』 7, 서울여자대학교.

이강훈(1980), 「[+ t−epenthesis inducement]([+ "ㄷ"挿入誘發]) 자질의 재검토」, 『논문집』 8, 서울여자대학교.

이강훈(1982), 「국어의 (복합)명사에서의 경음화 현상」, 『언어』 7-2, 한국언어학회.

이강훈(1982), 「국어의 복합어 및 한자어 내부에서 일어나는 경음화 현상(Ⅵ)」, 『논문집』 11, 서울여자대학교.

이강훈(1984), 「국어의 (복합)명사에서의 경음화 현상(Ⅱ)」, 『언어』 9-1, 한국언어학회.

임홍빈(1981), 「사이시옷 문제의 해결을 위하여」, 『국어학』 10, 국어학회.

조오현 외(2008), 『한국어학의 이해』, 소통.

한국방송공사(1993), 『표준한국어 발음대사전』, 어문각.

허웅(1986), 『국어 음운학 −우리말 소리의 오늘·어제』, 탑출판사.

21세기 수필류에 나타난 인용구조

윤 혜 영

1. 머리말

이 논문은 21세기 '수필'류에 나타난 인용마디의 통어적 구조를 연구대상으로 하며, 그 구조와 어휘목록을 체계화하여 통어적 구조를 밝히는 것을 연구목적으로 삼는다.

필자는 현대국어에 나타나는 인용구조를 살피기 위한 기초 작업으로 윤혜영(2008)에서 정리한 인용구조를 중심으로 인용마디를 고찰하고자 하였다. 17세기 국어의 인용구조 연구에서 정리한 하위 분류는 다음과 같다.

인용은 직접 인용·간접 인용·형식적 인용으로 크게 나눈다. 직접인용은 누군가가 한 말을 '따온이'가 객관적으로 그대로 옮긴 인용을 뜻하며,[1]

간접인용은 '따온이'가 자신의 말로 다듬어서 옮긴 인용을 뜻한다. 직접인용은 다시 '직접전달'과 '간접전달'로 나누며, 간접인용은 다시 '추상적 간접인용', '변형적 간접인용', '이름붙이기 간접인용'으로 나눈다.

---

[1] '따온이'는 남(자신 포함)의 말이나 생각을 따와 옮긴 사람을 뜻한다.

'추상적 간접인용'이란, 그 형식은 직접인용과 같지만, 누군가의(자기 자신도 포함) 생각을 인용화한다든가, 누군가가 할 말을 가정적으로 인용화한 것 따위를 뜻한다.

'변형적 간접인용'이란, 누군가가 한 말 중의 어느 한 부분을, 말할이가 자기 자신의 입장에서 주관화하여 변형한 것을 뜻한다. 변형적 간접인용은 '통어적 변형·형태적 변형·어휘적 변형'으로 나눈다.

'이름붙이기 간접인용'이란, 'A를 B이라 하다'의 구조를 이루어 어떤 사물이나 사람의 '이름'을 나타내는 것을 뜻한다. 이러한 '이름붙이기 간접인용'은 형식적 인용과 긴밀한 관계를 가진다.

형식적 인용은 말이나 글을 따온 것은 아니지만 그 형식만을 인용에서 빌려온 것을 뜻하며, '뜻풀이 형식인용'과 '뜻풀이대상 형식인용'으로 나눈다. '뜻풀이 형식인용'은 낱말이나 월을 뜻풀이하는 인용구조이며, '뜻풀이대상 형식인용'은 뜻풀이 대상을 인용의 형식으로 나타낸 것이다.

인용마디의 하위분류를 그림으로 보이면 다음과 같다.

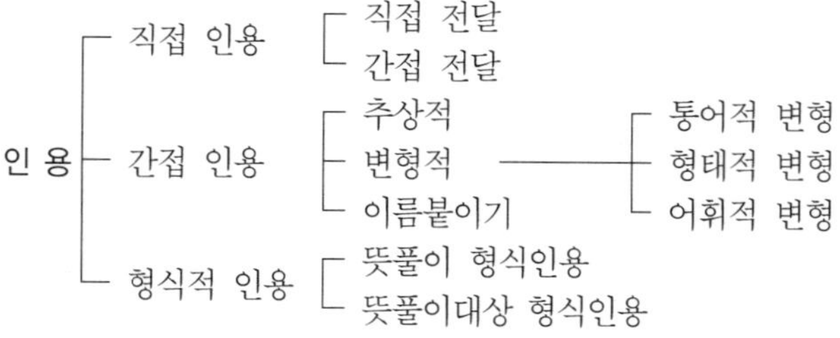

이상의 인용구조를 21세기 수필류에서 고찰하던 필자는 다수의 인용구조에서 '-고 하-' 생략이 일어난다는 사실을 접하게 되었다. 이에 필자는 21세기 수필류에 나타난 인용구조 중 빈번하게 나타나는 '-고 하-' 생략 구조의 통어적 특징을 밝히고, 나아가 21세기 인용구조 연구를 위한 발판을 만들고자 한다.

이 연구의 구체적 대상은 한국수필작가회 동인지 중 19집(2005)과 20집(2006)에 수록된 작품 79편에 나타난 인용마디 통어적 구조이다. 그 대상 예문은 모두 수록할 수 없으므로 유형에 따라 대표 예문만을 수록하고, 그 분포는 간단한 수치로 나타내고자 한다.

2. 인용마디를 안은 매김마디에서의 '-고 하-' 생략

2.1. '인용마디를 안은 매김마디 + 이름씨' 유형

인용마디를 안은 매김마디가 이름씨를 꾸며주는 구조에서 인용토씨와 안은마디의 풀이말[2] '하-'가 생략된 유형이다. 이 경우, 매김을 받는 말은 대부분 '소식, 말, 글, 애기, 제의, 생각, 느낌, 심리' 따위 인용문의 내용이 무엇인지를 지시하는 이름씨가 오게 된다.

그 속구조를 보이면 다음과 같다.

영희 남편이 자살했다는 소식을 들었다.(유리병263)

← (나는)(A에게)[(A가)(나에게)[영희 남편이 자살했다](-고 하-)]-는 소식을 들었다.
                    인용마디   이름씨
             매김마디   (매김을 받는 말)

이 속구조에서 보는 바와 같이, '영희 남편이 자살했다'는 말을 한 'A'에게 생략된 임자말 '나'가 그 '소식'을 들은 상황이다. 이렇게 전체 매김마디 부분에서 인용토씨 '-고'와 풀이말 줄기 '하-'가 생략되어 나타나, 단순해 보이는 유형이나 실제로는 복잡한 속구조를 지닌다.

---

2) 이 논문에서는 편의상 '인용마디'를 안고 있는 '안은마디'의 풀이말을 '안은마디의 풀이말'이라 칭하기로 한다.

이 유형은 인용마디가 매김마디에 안겨 있으므로, 다시 '완전한 매김마디'와 '빠져나간 매김마디'로 나뉜다. '완전한 매김마디'란 마디의 속구조 변형 없이 그 씨끝만을 매김법 씨끝으로 바꾸어 만든 매김마디를 말한다. 이에 반해 '빠져나간 매김마디'란 마디의 속구조 중 한 성분이 매김을 받는 말이 된 것을 말한다.[3]

2.1.1. 인용문이 실제 인용인 경우

인용문이 실제 인용인 경우, 직접 인용과 간접 인용으로 다시 나뉜다.

(1) 직접 인용

〈'-라는'〉

인용마디를 안은 매김마디가 이름씨를 꾸며주는 구조에서 직접인용토씨 '-라고'와 안은마디의 풀이말 '하-'에서 '-고 하-'만 생략되어 '-라(고 하)는'으로 나타나는 유형이다.

그 속구조를 보이면 다음과 같다.

> K선생에게 보낸 소포에는, "한알, 한알에 정성으로 나의 염려를 실어 보내니 부디 모친의 완쾌를 빕니다"라는 메모가 들어있었다.(마당87)
>
> ← (내가)K선생에게 보낸 소포에는 [(내가)(K선생에게)["…빕니다."]-라(고 하-)]-는 <u>메모</u>

위 예문은 '메모'에 쓴 내용을 인용한 경우인데, 글을 쓰는 것은 말하는 것과 다를 바 없고 그 내용을 직접 따왔으므로 인용마디를 이끄는 풀이말 '하-'는 '쓰다'의 의미를 담고 있다.

현대국어에서 직접인용은 따옴표와 함께 직접인용토씨 '-라고'로 나타낸다. 직접 따온 내용에 변형을 가하지 않았음을 드러내는 표지라 할 수 있다.

---

3) 허웅(1999 : 642~645쪽) 참조.

이러한 인용토씨에 안은문장의 풀이말이 매김법 씨끝과 만나서 결합하게 되면, '-고 하-'가 생략되어 '-라는'의 형태가 된다. 이 경우, 속구조로 풀이를 하면 조금의 어색함이 느껴진다. 이렇게 어색함이 느껴지는 것은 그만큼 문법화가 진행되고 있기 때문이라 생각한다. 연구 대상 예문에서는 직접 인용의 경우 '완전한 매김마디'만 나타났다.

["야 이거 정말…전통이 있는 떡이야]라는 과찬과 함께(유리병204)
['사내대장부는…돌아가지 않는다]라는 글을 써 집에 남겨 놓고(유리병173)

(2) 간접 인용

■ '-다는' 류

이 유형은 간접인용토씨 '-고'와 안은마디의 풀이말 '하-'가 생략되어 인용마디의 풀이말 씨끝과 '하-'의 매김법 씨끝만 나타난다. 그러므로, 인용마디의 풀이말에 서술법, 시킴법, 물음법, 꾀임법의 씨끝이 옴에 따라 각기 '-다는 / 라는 / 냐는 / 자는'으로 실현된다.

직접 인용에서는 '완전한 매김마디'만 나타났으나, 간접 인용에서는 '완전한 매김마디'와 '빠져나간 매김마디'가 모두 나타난다.

[1] 인용문이 서술문일 경우

[1-1] '-다는'

이 유형은 인용문이 서술문일 경우 '-고 하-'가 생략되어 '-다는 / 라는'으로, 회상 안맺음씨끝과 결합하여 '-다던 / 라던'으로도 나타난다. 인용문이 서술문일 때, 그 때매김이 현실법이고 인용문의 풀이말이 풀이씨일 경우 '-고 하-'가 생략되어 '-다는'으로 나타난다. 또한 모든 때매김이 실현되며 그 중 현실법이 실현되는 예문이 가장 많이 나타난다.

① 현실법

〈완전한 매김마디〉

1주일 간격으로 다섯 번을 와야 한다는 말을 뒤로 하고(마당33)

← (내가) [(의사가)(나에게)["1주일 간격으로 다섯 번을 와야 한다."](-고 하-)] − 는 말
　　　　　　　　　　　　　　　　인용마디　　　　　　　　　　　　　　　　　이름씨
　　　　　　　　　　　　　매김마디　　　　　　　　　　　　　　(매김을 받는 말)

위와 같이, 인용마디를 안고 있는 마디가 '완전한 매김마디'인 경우에는 매김을 받는 말(이름씨)이 속구조에서 빠져나온 성분이 아니다. 이 경우, 매김을 받는 말은 대부분 '말, 얘기, 당부, 생각, 느낌, 심리' 따위 인용문의 내용이 무엇인지를 지시하는 이름씨가 오게 된다.

[…체중을 줄여야 한다]는 얘기는 귀에 못이 박히도록 들어왔다.(마당24)
[같이 꽃을 가꾸며 그것을 공유하는 동네가 있다]는 보도를 보고(마당83)
[나도 홀연히 떠날 수 있어야 한다]는 생각이 든다.(유리병264)

〈빠져나간 매김마디〉

축제 때만 입는다는 백 아이보리색 저고리와 밤색 치마가 내 눈엔 매화나무의 상징처럼 보였다.(유리병148)

← (나는) [(그녀가) ["(백…치마를) 축제 때만 입는다."](-고 하-)] − 는 백…치마
　　　　　　　　　　　　　　인용마디　　　　　　　　　　이름씨 (매김을 받는 말)
　　　　　　　　　　매김마디
　　　　　　　　　빠져나감

위와 같이, 인용마디를 안고 있는 마디가 '빠져나간 매김마디'인 경우에는 매김을 받는 말(이름씨)이 인용마디 속구조에서 빠져나온 성분이다. 이 경우, 매김을 받는 말은 말이나 생각 관련 이름씨가 아니라 '치마, 병산서원, 우리 마을, 뉴질랜드 남섬' 따위 일반적 이름씨가 오게 된다. 이러한 '빠져나간 매김마디'는 상대적으로 많이 나타나지 않는다.

어느 일본인 실업가가 [물 맑고 물 흔하다]는 우리 마을을 찾아와(마당28)
[…유일하게 청정지역으로 남아 있다]는 뉴질랜드 남섬에 갔었다.(마당30)

② 확정법

－풀이씨－

〈완전한 매김마디〉

쌍둥이는 군에서 훈련 중 불귀의 객이 되었고, 집안은 풍비박산이 났다는 말을 들었다.(유리병245)

← (내가) [(A가)(나에게)["쌍둥이는…풍비박산이 났다."](-고 하-)]－는 말을 들었다.
　　　　　　　　　　　　　　　인용마디　　　　　　　　　　이름씨
　　　　　　　　　　　　　　　매김마디　　　　　　　　(매김을 받는 말)

이 경우, 매김을 받는 말은 대부분 '소식, 이야기, 기사, 생각' 따위 인용문의 내용이 무엇인지를 지시하는 이름씨가 오게 된다. 인용문의 때매김이 '확정'일 때는 대부분 듣거나 본 내용이 많고, 상대적으로 '생각'류는 많이 나타나지 않는다.

[영희 남편이 자살했다]는 소식을 들었다.(유리병263)
[애꿎은(그 놈의) 벌레를 죽인 것은 잘못했다]는 생각이 든다.(유리병242)

〈빠져나간 매김마디〉

게다가 주임신부님께서 성지순례 때 메주고리 성지에서 사오셨다는 묵주까지 전 신자들에게 나누어 주신다고 했으니(마당60)

← 주임신부님께서 [(A가) ["(주임신부님께서)(묵주를) 성지순례…사오셨다."](-고 하-)]－는 묵주
　　　　　　　　　　　　　　　　　　　　　인용마디　　　　　　　　　이름씨
　　　　　　　매김마디　　　　　　　　　　　　　　　　　　　(매김을 받는 말)
　　　　　　　　　　　　　　　　　　빠져나감

위 경우에는 매김을 받는 말(이름씨)이 인용마디의 속구조에서 빠져나온 성분이고, 매김을 받는 말은 말이나 생각 관련 이름씨가 아니라 '오스트레일리아, 묵주' 따위 일반적 이름씨가 오게 된다. '빠져나간 매김마디'는 많이 나타나지 않는다.

[몇 백만년에 걸쳐…형성되었다]는 오스트레일리아.(마당44)
[걱정때문에 잠을 설쳤다]는 영이 고맙고도 미안하다.(마당119)

③ 미정법
  -움직씨-
  〈완전한 매김마디〉
  잘 키워 마지막 갈 때까지 가족처럼 대해야겠다는 생각을 한다.(마당95)

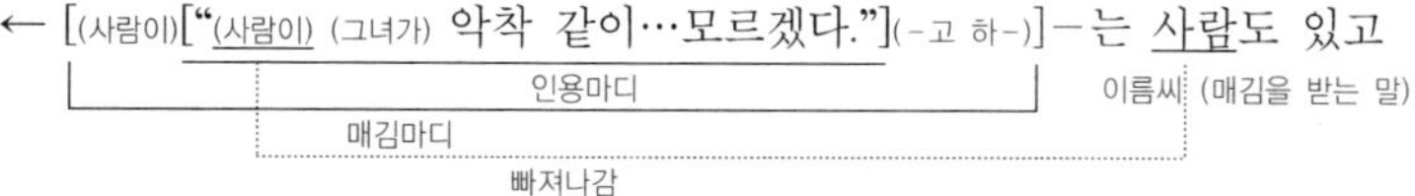

이 경우, 매김을 받는 말은 대부분 '생각, 다짐, 마음' 따위 인용문의 내용이 무엇인지를 지시하는 이름씨가 오게 된다. 인용문의 때매김이 '미정'일 때는 주로 '생각'류의 추상적 이름씨가 나타난다. 이것은 때매김이 '미정'이면 '의지'와 같은 마음의 움직임이나 생각을 나타내는 경우가 많기 때문이다.

[문학을 통하여 다시 삶을 열어가겠다]는 굳은 다짐이 있고(마당39)
[옥상 화분들을 그냥 비워 둘 수는 없겠다]는 생각으로(마당111)

〈빠져나간 매김마디〉
악착 같이 돈을 벌어서 무엇 하려고 저렇게 사는지 모르겠다는 사람도 있고
(유리병198)

위 예문은 매김을 받는 말(이름씨)이 인용마디의 속구조에서 빠져나온 성분이다. 그런데, '사람'이라는 매김을 받는 말이 두 안긴마디에 동일한 임자말의 역할을 할 때는 인용마디에서 빠져나간 것으로 본다. 지금 이 예문에서 매김을 받는 말 '사람'은 특정한 사람을 말하는 것이다.

[1-2] '-다던'
이 유형은 회상 안맺음씨끝과 결합하여 '-다던/라던'으로 나타난다. 인

용문이 서술문일 때, 그 때매김이 현실법이고 인용문의 풀이말이 풀이씨일 경우 '-고 하-'가 생략되어 '-다던'으로 나타난다. 또한 모든 때매김이 실현되며 예문은 많이 나타나지 않는다.

① 현실법
〈완전한 매김마디〉
다음의 경우, 매김을 받는 말은 '말' 따위 인용문의 내용이 무엇인지를 지시하는 이름씨가 오게 된다. 이러한 '완전한 매김마디'는 하나의 예문에만 나타난다.

> 그러나 가는 세월 앞에선 10년이면 강산이 변한다던 말도 이젠 옛말일 뿐 세상이 너무나도 많이 변해버렸다.(마당66)

← [(옛사람이)["10년이면 강산이 변한다."](-고 하-)]-던 말도 이젠 옛말일 뿐

인용마디 / 매김마디 / 이름씨 (매김을 받는 말)

〈빠져나간 매김마디〉
> 말로만 [배움을 추구한다]던 나 자신을 아프게 되돌아본다.(유리병203)

← (내가) [(나는) 말로만 ["(나는) 배움을 추구한다."](-고 하-)]-던 나 자신을

인용마디 / 매김마디 / 빠져나감 / 이름씨 (매김을 받는 말)

위 예문에서는 1인칭 '나'가 전체 문장의 부림말로 빠져 나갔는데, '내가 나를 되돌아본다'가 되어 대이름씨가 중복되므로 부림말을 재귀형으로 만든 것으로 보인다.

② 확정법
〈완전한 매김마디〉
때매김이 '확정'인 경우는 대상 예문에서 나타나지 않는다.

〈빠져나간 매김마디〉

다음 예문은 앞서 나온 경우와 달리 두 안긴마디의 임자말이 동일하지 않게 나타난다. 이 '빠져나간 매김마디'에서 매김을 받는 말(이름씨)은 인용마디의 속구조에서 빠져나온 성분이다. 이 경우, 매김을 받는 말은 말이나 생각 관련 이름씨가 아니라 '사람' 따위의 이름씨가 오게 된다.

탐관오리들을 혼내주었다던 의적 임꺽정, 요즘 세상에도 한 번 나타나(유리병172)

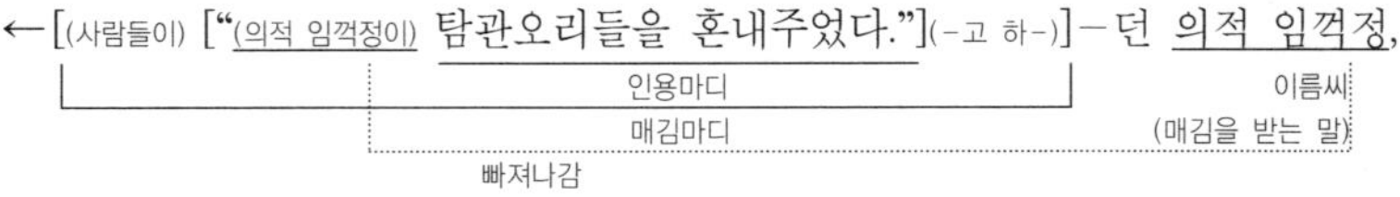

③ 미정법
〈완전한 매김마디〉

때매김이 '미정'인 경우는 대상 예문에서 나타나지 않는다.

〈빠져나간 매김마디〉

다음 예문은 '그'라는 매김을 받는 말이 두 안긴마디에 동일한 임자말의 역할을 한다. 이 경우, 매김을 받는 말은 말이나 생각 관련 이름씨가 아니라 인용문을 말한 주체가 되는 이름씨가 오게 된다.

대학 강단에서 동포들에게 진정한 한국에 대하여 강의하겠다던 그의 꿈은 물거품이 되어 버린 것이다.(유리병213)

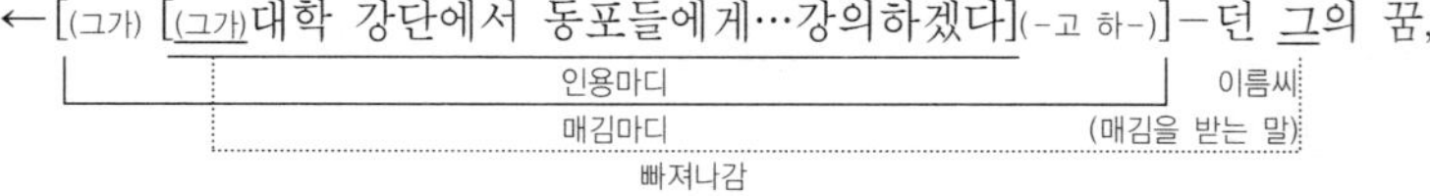

이 예문에서는 '그'가 '강의하겠다'고 한 주체이고, '꿈'은 그 인용문의 내용을 지시하는 이름씨이다. 여기에서 '매김마디 + 매김을 받는 말'은 다시 '꿈'에 대한 '매김말'이 되어 위 예문 전체 문장의 임자말이 된다. 이러한

'빠져나간 매김마디'는 하나의 예문에만 나타난다.

[1-3] '-(이)라는'

인용마디를 안은 매김마디가 이름씨를 꾸며주는 구조에서 인용토씨와 안은마디의 풀이말 '하-'가 생략된 유형으로, 인용문의 풀이말이 서술문이고 잡음씨일 경우 '-라는'으로 나타난다.

〈완전한 매김마디〉

다음의 경우, 매김을 받는 말은 대부분 '말, 글, 생각, 느낌' 따위 인용문의 내용이 무엇인지를 지시하는 이름씨가 오게 된다.

> 서원의 정자에서 뜨는 달을 맞아야 이 여행의 진수를 맛보는 것이라는 말이 발걸음을 재촉했다.(유리병267)

← [(A가)["서원의 정자에서…맛보는 것이다."](-고 하-)]-는 말이
　　　　　　　　　인용마디　　　　　　　　　　　　　이름씨
　　　　　　　　　　매김마디　　　　　　　　　　（매김을 받는 말）

> [건축은 그 사회의 거울이라]는 경구가 있듯이(마당123)

〈빠져나간 매김마디〉

다음의 경우도 매김을 받는 말(이름씨)이 인용마디의 속구조에서 빠져나온 성분이다.

> 서울의 어느 대학 교수라는 아들 내외와 손주들이 방학 때 잠깐 다녀가는 것 외에는 소란스러울 일이 없었지만(마당115)

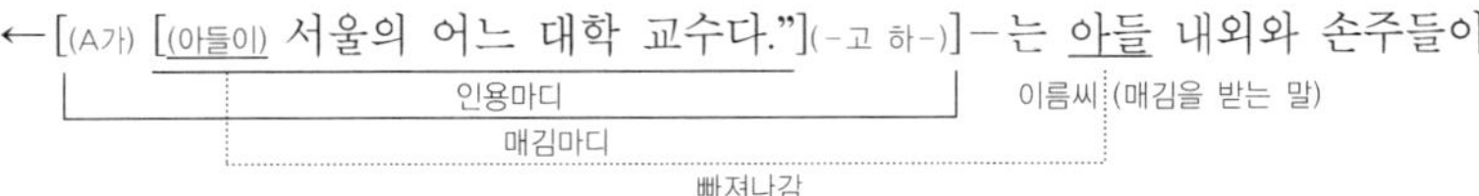

이 경우, 매김을 받는 말은 말이나 생각 관련 이름씨가 아니라 여러 가지 일반 이름씨가 오게 된다.

[남녀 평등, 여성 상위시대라]는 때에 이런 말을 했으니(마당74)
[삼십오만 원이라]는 <u>금액</u>은 귀에 들어오지 않고(마당107)

[2] 인용문이 물음문일 경우

[2-1] '-냐는'

이 유형은 인용문이 물음문일 경우 '-고 하-'가 생략되어 '-냐는'으로
나타난다.

〈완전한 매김마디〉

무한 경쟁에 뒤쳐진 그곳에 아직도 사느냐는 질문을 서슴없이 던질 수 있는
무지한 사람이 내 곁에 있다(마당20)

← [(무지한 사람이)["무한 경쟁에…아직도 사느냐?"](-고 하-)]-는 <u>질문</u>을
　　　　　　　　　　　인용마디　　　　　　　　　　　　　　이름씨
　　　　　　　　　　　매김마디　　　　　　　　　　　(매김을 받는 말)

이 경우, 매김을 받는 말은 대부분 '질문, 말' 따위 인용문의 내용이 무엇
인지를 지시하는 이름씨가 오게 된다.

그리고 [아직도 그곳에(북쪽에) 사느냐]는 <u>불쾌한 질문</u>을 받을 때는(마당20)

〈빠져나간 매김마디〉

다음의 경우, 매김을 받는 말은 말이나 생각 관련 이름씨가 아니라 '사람'
따위 인용문을 말한 주체가 되는 이름씨가 오게 된다. 이 예문에서는 '주인'
이 '왜 그러느냐?'고 한 주체이고, '말'은 그 인용문의 내용을 지시하는 이
름씨이다.

왜 그러느냐는 주인의 말에 나는 오는 길에 저녁을 먹었다고 했다.(유리병180)

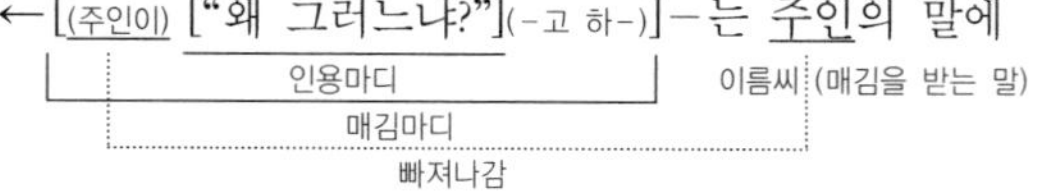

[3] 인용문이 시킴문일 경우

[3-1] '-(으)라는'

이 유형은 인용문이 시킴문일 경우 '-고 하-'가 생략되어 '-라는'으로
나타난다.

〈완전한 매김마디〉

이 경우, 매김을 받는 말은 대부분 '당부, 처방, 통보, 말, 권유' 따위 인
용문의 내용이 무엇인지를 지시하는 이름씨가 오게 된다.

> 딸기만은 제발 먹지 말라는 <u>당부</u>가 지금도 귀에 생생하다.(유리병200)
>
> ← [(A가)["딸기만은 제발 먹지 말라."](-고 하-)]-는 <u>당부</u>가 지금도 귀에 생생하다
>
>   인용마디   이름씨
>
>   매김마디   (매김을 받는 말)

〈빠져나간 매김마디〉

다음과 같이, 인용마디를 안고 있는 마디가 '빠져나간 매김마디'인 경우
에는 매김을 받는 말(이름씨)이 매김마디의 속구조에서 빠져나온 성분이다.
이 경우, 매김을 받는 말은 말이나 생각 관련 이름씨가 아니라 '사람' 따위
인용문을 말한 주체가 되는 이름씨가 오게 된다.

> 옛날 가난하게 살던 시절, …손님 밥상을 들여보내고 밥 달라는 아이에겐 이
> 따가 손님이 밥을 남기거든 먹으라고 했단다.(유리병180)

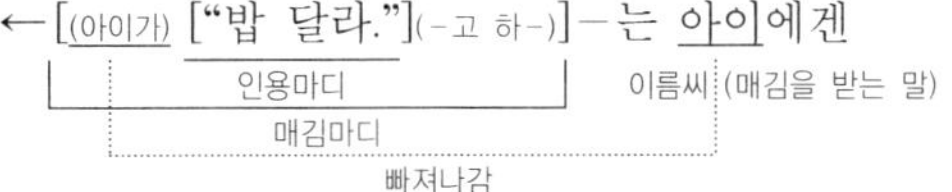

이와 달리, '매김마디 + 매김을 받는 말'이 다시 '매김말'이 되어 이어지
는 이름씨를 꾸며줄 수도 있다.

무조건 밖으로 나가라는 여러 사람들의 말을 잊지 않는다.(마당71)

←(나는)[(여러 사람들이) ["무조건 밖으로 나가라"](-고 하-)]-는 여러 사람들의 말을

인용마디   이름씨 (매김을 받는 말)
매김마디
빠져나감

이 예문에서는 '여러 사람들'이 '무조건 밖으로 나가라.'고 한 주체이고, '말'은 그 인용문의 내용을 지시하는 이름씨이다. '매김마디 + 매김을 받는 말'은 다시 '말'에 대한 '매김말'이 되어 위 예문 전체 문장의 부림말이 된다.

[3-2] '-라던'
이 유형은 회상 안맺음씨끝과 결합하여 인용문이 시킴문일 경우 '-고 하-'가 생략되어, '-라던'으로 나타난다.

〈완전한 매김마디〉
이 경우, 매김을 받는 말은 '당부' 따위 인용문의 내용이 무엇인지를 지시하는 이름씨가 오게 된다. 이러한 예문은 하나만 나타난다.

피렌체에서는 '우피치 미술관'을 놓치지 말라던 당부가 밀라노로 넘어갈 때는 그저 어리둥절했다.(유리병205)

←[(A가)["피렌체에서는 '우피치 미술관'을 놓치지 말라."](-고 하-)]-던 당부가

인용마디   이름씨
매김마디   (매김을 받는 말)

〈빠져나간 매김마디〉
연구 대상에서 인용문이 시킴문일 경우는 나타나지 않는다.

[4] 인용문이 꾀임문일 경우
[4-1] '-자는'
이 유형은 인용문이 꾀임문일 경우 '-고 하-'가 생략되어 '-자는'으로

나타난다.

〈완전한 매김마디〉

다음의 경우, 매김을 받는 말은 대부분 '의견, 약속, 일념' 따위 인용문의 내용이 무엇인지를 지시하는 이름씨가 오게 된다.

일부 인사들은 [암장의 자리에 세우자]는 <u>의견</u>이 있었으나(마당129)

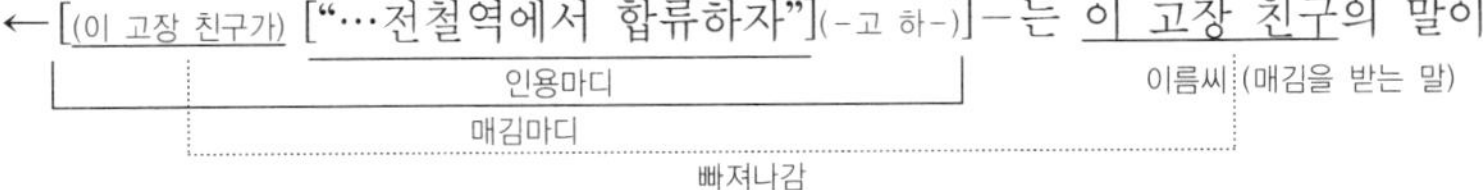

〈빠져나간 매김마디〉

다음의 경우, 매김을 받는 말은 말이나 생각 관련 이름씨가 아니라 '사람' 따위 인용문을 말한 주체가 되는 이름씨가 오게 된다.

콘도가 가까운 전철역에서 합류하자는 이 고장 친구의 말이 합리적이긴 해도(마당117)

위 예문에서는 '이 고장 친구'가 '…전철역에서 합류하자.'고 한 주체이고, '말'은 그 인용문의 내용을 지시하는 이름씨이다. 여기에서 '매김마디 + 매김을 받는 말'은 다시 '말'에 대한 '매김말'이 되어 위 예문 전체 문장의 임자말이 된다.

■ '-하는' 류

이 유형은 인용토씨 '-하고'와 인용마디를 이끄는 '하-'에서 '-고 하-'가 생략된 것이다. 직접 인용의 '-라(고 하)는'의 경우와 같이 간접 인용에서도 '-하고 하는'에서 '-고 하-'의 생략이 나타난다.

먼저, 인용토씨 '-하고'의 설정에 대하여 살펴보도록 하겠다. 윤혜영(2008)에서는 17세기부터 안은마디의 풀이말 'ㅎ-'가 다른 안은마디의 풀이말('니르-, 묻-, 쑤짖-' 따위)과 겹쳐 나타나기 시작함을 들어, 안은마디의 풀이말 'ㅎ-'는 '니르-'의 대치 기능이 약화되었다고 보았다. 그 결과 안은마디의 풀이말 'ㅎ고/코'가 인용토씨의 모태라고 언급한 바 있다.

인용토씨가 없었던 17세기 인용구조에서 안은마디의 풀이말 'ㅎ-'는 직접인용에서는 '말하다'의 의미로 '니르-'의 대치형이었고, 추상적 간접인용(생각의 인용화)에서는 '생각하다'의 의미로 '녀기-'의 대치형이었다. 그런데 다음의 17세기 예문에서 'ㅎ고/코'는 '니르-'의 대치형이라 볼 수 없다. 그렇게 되면 이어지는 풀이말과 의미가 중복되기 때문이다.

〈17세기〉
은덕이 갑이 쑤지즈며 [요년들아…우는 눈의 지 녀차] <u>ㅎ고 쑤짖고</u>(癸丑上 : 41a)
쏘 인스댱 ㅎ시는 말 거동이 진실로 日本 틱오니 [다곰다곰 긔특다]<u>코 일크줍는딕</u>(捷解初9 : 14b)

다음의 21세기 예문에서도 같은 현상이 나타난다. 인용마디에 이어지는 '하고'를 안은마디의 풀이말로 본다면 각기 의미가 중복되게 된다.

〈21세기〉
[…절박함이 오죽 했을까]<u>하고 생각을 하면</u> …혼란스러워진다.(유리병242)
[화장실을 다녀 오려나보다]<u>하고</u> 생각할 겨를도 없이(마당61)

17세기 문헌 중에서 이렇게 'ㅎ고'가 인용토의 모태로 나타나는 것은 주로 간찰과 일기류이다. 또한 이 논문에서 다루고 있는 자료 또한 수필류이므로 입말투에 가까운 그 문체상의 유사점이 있으리라 짐작하나, 앞으로 분명한 자료를 통해 통시적 고찰을 해 보아야 할 것이다.

이와 같이 '하고'를 인용토씨로 설정하면, 이 유형은 인용토씨 '-하고'와

인용마디를 이끄는 '하-'('말하다, 생각하다'의 역할)에서 '-고 하-'가 생략된 것으로 보인다. 직접 인용의 '-라(고 하)는'의 경우와 같이 간접 인용에서도 '-하(고 하)는'의 형태가 나타난다고 할 수 있다. 그런데 21세기 수필류에서 '하고'가 인용토씨로 나타날 때의 안은마디의 풀이말은 공교롭게도 모두 '생각하다'이다. 그러므로, '-하는'이 나타나는 매김마디에서도 대부분 '생각' 이름씨가 그 매김을 받는 말로 나타난다.

　이 유형은 인용문이 물음문일 경우 많이 나타나지만, '마침마디 줄임'이나 서술문에도 실현된다. 또한, 이 유형은 모두 '완전한 매김마디'가 인용마디를 안고 있는 것으로 나타난다.

〈완전한 매김마디〉

　　삶 또한 존중받아야 하지 않을까 하는 생각도 들었다.(유리병223)

　　←[(나는)["삶 또한 존중받아야 하지 않을까."]-하(고 하-)]-는 <u>생각</u>도 들었다

|←──────────── 인용마디 ────────────→| |이름씨|
|　　　　　　　　매김마디　　　　　　　| |(매김을 받는 말)|

　이 경우, 매김을 받는 말은 거의 '생각, 걱정, 심정' 따위 추상적 이름씨가 오게 된다.

　　[왜 까치는 둥지를 제일 높은 우듬지에 지을까] 하는 <u>생각</u>에(유리병235)
　　[까치사회도…현안이구나] 하는 <u>생각</u>에 잠겨보았다.(유리병234)

　'마침마디 줄임'은 이어진 문장에서 앞마디만 말하더라도 그 뒤에 무슨 말이 올 것인지 짐작 가능하여 뒷마디를 더 말하지 않고 줄여버리는 경우를 말한다.[4] 이렇게 앞마디만으로 완결된 문장의 자격을 가지고 인용마디처럼 큰 문장에 안기는 일이 있는데, 그 예를 보이면 다음과 같다.

---

4) 허웅(1999 : 206~207쪽) 참조.

(나는…그들을 원망했다.) 어머니와 내가 힘겨울 때는 오라비가 있었으면 하는 생각에 더욱 그랬다.(유리병245)

← [(나는)["오라비가 있었으면 (좋겠다).".]－하(고 하-)]－는 생각에
    └─────── 인용마디 ───────┘   이름씨
              매김마디   (매김을 받는 말)

위 예문에서 인용문 "오라비가 있었으면."은 이어진 문장의 앞마디로 끝난 것으로 보이나, 실은 '좋겠다' 정도의 뒷마디가 생략된 것으로 보아야 할 것이다. 다음 예문에서도 역시 '좋았을 텐데' 정도의 뒷마디가 생략된 인용문이 매김마디에 안긴 유형이다.

[조금만 모자란 듯이 살았더라면]하는 안타까운 심정이었다.(마당134)

이상 '인용마디를 안은 매김마디 + 이름씨' 유형에서 '인용문이 실제 인용인 경우'는 210예문이 나타난다.

2.1.2. 인용문이 형식 인용인 경우

인용문이 형식 인용인 경우 그 인용문을 안고 있는 매김마디는 '빠져나간 매김마디'는 나타나지 않고, '완전한 매김마디'만 나타난다.

인용마디를 안은 매김마디가 '말'이나 '사실'과 같은 이름씨를 꾸며주는 구조에서 간접인용토씨 '－고'와 안은마디의 풀이말 '하－'가 생략된 유형이다. 이 유형은 인용문이 실제 발화되거나 생각한 내용이 아니라 그 형식만을 인용에서 따온 것이다. 그 속구조를 보이면 다음과 같다.

내가 술을 마시지 못한다는 사실을 그는 전혀 모르고 있었고(유리병250)

← *[(A가) [내가 술을 마시지 못한다](－고 하-)]－는 사실을
         └────── 형식 인용마디 ──────┘   이름씨
                   매김마디

위 예문의 속구조에서 ‘A가’라는 안은마디의 임자말과 ‘하-’라는 풀이말을 설정하기에는 어려움이 있다. 풀이말 ‘하-’가 ‘생각’ 내지는 ‘발화’를 품고 있다고 볼 수 없기 때문이다. 이 예문은 ‘누군가가 [내가 술을 마시지 못한다]고 말(생각)하다’가 ‘사실’이라는 이름씨를 꾸며주었다고 볼 수 없다. 그러므로 이 예문의 인용문은 형식만을 따온 형식 인용마디로 설정한다.

이 유형은 이렇게 속구조가 어색한 경우로 점차 ‘-다는’이 매김법 씨끝으로 문법화되어 가는 과도기적 모습으로 보인다. 허웅(1999)에서는 인용마디 풀이말의 씨끝과 ‘하-’의 씨끝이 한데 모이게 되면, 두 씨끝은 하나로 녹아붙어 새로운 한 씨끝이 싹트게 된다고 하였다. 앞서 살핀 실제 인용에서는 정상적인 통사적 속구조가 나타나 아직 새로운 씨끝으로 문법화된 것으로 보이지 않으나, 인용문이 형식 인용인 경우는 새로운 씨끝으로 볼 여지가 많아 보인다.

[1] 인용문이 서술문일 경우

[1-2] ‘-다는’

이 유형은 인용문이 서술문이고 풀이씨일 경우 ‘-고 하-’가 생략되어 ‘-다는/라는’으로 나타난다. 또한 모든 때매김이 실현되며 그 중 현실법이 실현되는 예문이 가장 많이 나타난다.

① 현실법

〈완전한 매김마디〉

현대의학으론 인공연골 이식 수술 이외엔 다른 묘안이 없다는 사실 또한 알고는 있다.(마당33)

←*(내가)[(A가)[현대의학으론…다른 묘안이 없다.”](-고 하-)]-는 <u>사실</u>

형식 인용마디	이름씨
매김마디	(매김을 받는 말)

위 예문 역시 ‘누군가가 [현대의학으론 인공연골 이식 수술 이외엔 다른

묘안이 없다]고 말(생각)하다'가 '사실'이라는 이름씨를 꾸며주었다고 볼 수 없다. 그러므로 이 예문의 인용문은 형식만을 따온 형식 인용마디로 설정한다.

〈빠져나간 매김마디〉
연구 대상에서 인용문의 때매김이 '현실'일 경우 나타나지 않는다.

② 확정법
〈완전한 매김마디〉
다음 예문 역시 속구조에서 'A가'라는 안은마디의 임자말과 '하-'라는 풀이말을 설정하기에는 어려움이 있다. 그러므로 이 예문의 인용문은 형식만을 따온 형식 인용마디로 설정한다. 이 경우, 매김을 받는 말은 대부분 '사실, 말' 따위가 오게 된다.

문제는 전과를 가진 학생이 별로 없었다는 사실이다.(유리병156)
←*문제는 [(A가)["전과를 가진 학생이 별로 없었다."](-고 하-)]-는 <u>사실</u>이다

          인용마디   이름씨
          매김마디   (매김을 받는 말)

〈빠져나간 매김마디〉
연구 대상에서 인용문의 때매김이 '확정'일 경우 나타나지 않는다.

③ 미정법
인용문이 형식 인용인 경우에 '미정법'은 나타나지 않았다.

[1-2] '-라는'
이 유형은 인용문이 서술문이고 그 풀이말이 잡을씨일 경우 '-고 하-'가 생략되어 '-라는'으로 나타난다.

〈완전한 매김마디〉
다음 예문 역시 속구조에서 'A가'라는 안은마디의 임자말과 '하-'라는

풀이말을 설정하기에는 어려움이 있다. 이 경우, 매김을 받는 말은 대부분 '사실, 말' 따위가 오게 된다.

한편 저 아름다운 미녀들이 태어날 땐 분명 아담이었다는 사실이(유리병222)

←＊한편 [(A가)["저 아름다운 미녀들이…아담이었다."](-고 하-)]-는 <u>사실이</u>

인용마디   이름씨
매김마디   (매김을 받는 말)

[2] 인용문이 물음문 / 시킴문 / 꾀임문일 경우

인용문이 형식 인용인 경우 나타나지 않았다.

이상 '인용마디를 안은 매김마디 + 이름씨' 유형에서 '인용문이 형식 인용인 경우'는 모두 10예문으로, 이 예문들은 모두 서술문에서 '완전한 매김마디'로만 나타난다. 예문의 분포를 표로 보이면 다음과 같다.

[표 1] '인용마디를 안은 매김마디 + 이름씨' 유형

인용의 종류			매김마디의 종류	매김받는 말의 종류	예문수
실제 인용	직접 인용	'-라(고 하)는'	완전한 매김마디	글귀, 메모, 과찬, 주제, 카피 따위	6
			빠져나간 매김마디	×	0
	간접 인용	'-다(고 하)는'	완전한 매김마디	말, 애기, 당부, 의견, 권유, 통보, 처방, 강의 제의, 속담, 소문, 인사, 소식, 메시지, 전화, 기사, 보도, 질문, 생각, 심리, 느낌 따위	156
			빠져나간 매김마디	치마, 병산서원, 우리마을, 뉴질랜드 남섬, 보릿고개, 연차, 묵주, 오스트레일리아, 우리의 후손들, 요즘아이들, 나, 그 사람, 아들, 주인, 중대장, 형 따위	34
		'-하(고 하)는'	완전한 매김마디	생각, 느낌 따위	14
			빠져나간 매김마디	×	0
형식 인용	'-다(고 하)는' '-라(고 하)는'		완전한 매김마디	사실, 뜻, 말씀, 증거 따위	10
			빠져나간 매김마디	×	0
총 예문 수 : 220					

이로 보아 2.1. 유형은 '인용문이 실제 인용인 경우'에 주로 실현됨을 알
수 있다.

2.2. '인용마디를 안은 매김마디 + 매인이름씨' 유형

인용마디를 안은 매김마디가 매인이름씨 '것'을 꾸며주는 구조에서 간접
인용토씨 '-고'와 안은마디의 풀이말 '하-'가 생략된 유형이다.
그 속구조를 보이면 다음과 같다.

항의가 있기 때문에 어쩔 수 없다는 것이었다.(마당47)

←[(A가)[항의가 있기 때문에 어쩔 수 없다](-고 하-)]-는 것이었다.
　　　　　　　　　　인용마디　　　　　　　　　　　매인이름씨
　　　　　　　　　　　매김마디

이 유형은 인용마디가 실제 발화되거나 생각한 내용인 경우와 그 형식만
을 인용에서 따온 경우로 나뉜다.

2.2.1. 인용문이 실제 인용인 경우

이 유형은 인용문이 실제 발화되거나 생각한 내용으로 이루어지며, 매김
을 받는 매인이름씨 '것'은 강조의 역할을 한다고 할 수 있다. 21세기 수필
류에서 이 유형은 주로 서술문과 시킴문에서 나타나고, 움직씨는 모든 때매
김법이 실현된다.

[1] 인용문이 서술문일 경우
[1-1] '-다는 것 / -(이)라는 것
① 현실법
다음 예문을 보면, 인용마디를 안은 매김마디가 매인이름씨 '것'을 꾸며
주는 구조와 인용마디를 안고 있는 문장 구조가 의미상 커다란 차이를 보이

지 않는다는 것을 알 수 있다. 이것은 매인이름씨 '것'이 그저 강조의 역할
을 하기 때문이다.

> 택호가 다만 할머니인 그분은, 어머니의 설명에 의하면 아들이 일제시대 징
> 병에 끌려갔는데 해방이 되어도 돌아오지 않아서 '행여 오나' 하고 그렇게
> 수년째 기다리고 있다는 것이었다.(마당76)

← [(어머니께서)[그분은 아들이…기다리고 있다](-고 하-)]－는 것이었다.
인용마디　　　매인이름씨
매김마디

← 어머니의 설명에 의하면 "택호가 다만 할머니인 그분은, 아들이…수년째
　기다리고 있다"고 하시었다.

② **확정법**
[서울로 간다며 떠나버렸다]는 것이다.(유리병180)
[고원으로 끌고 가서 그곳에서 집단 매장을 했다]는 것이었다.(유리병189)

③ **미정법**
[입대 전에…트럼펫 연주를 들려드려야겠다]는 거였다.(마당10)
그 자리에서 […트럼펫을 배워 군악병으로 가겠다]는 거였다.(마당11)

[2] **인용문이 시킴문일 경우**
[2-1] '-(으)라는 것'
　4~6학년 실과를 맡으라는 것이었다.(유리병237)

← [(교장 선생님께서)(나에게)[4~6학년 실과를 맡으라](-고 하-)]－는 것이었다.
인용마디　　　매인이름씨
매김마디

← (교장 선생님께서)(나에게) "4~6학년 실과를 맡으라"고 하시었다.

이상 '인용마디를 안은 매김마디 + 매인이름씨' 유형에서 '인용문이 실제
인용인 경우'는 모두 23예문이 나타난다.

2.2.2. 인용문이 형식 인용인 경우

이 유형은 인용문이 실제 발화되거나 생각한 내용이 아니라 그 형식만을 인용에서 따온 것이다. 결국 형식 인용마디를 안은 매김마디가 매인이름씨 '것'을 꾸며줌으로써 이름마디의 역할을 하게 된다.

그 속구조를 보이면 다음과 같다.

[한 사람에게만 집착한다]는 것은 사랑을 위해선 다행일지 모르나(마당105)

←*[(A가)[한 사람에게만 집착한다](-고 하-)]-는 것은
　　　　　　　형식 인용마디　　　　　　　매인이름씨
　　　　　　　　　매김마디

위 예문의 속구조에서 'A가'라는 안은마디의 임자말과 '하-'라는 풀이말을 설정하기에는 어려움이 있다.. 풀이말 '하-'가 '생각' 내지는 '발화'를 품고 있다고 볼 수 없기 때문이다. 그러므로 이 예문의 인용문은 형식만을 따온 형식 인용마디로 설정한다.

이 유형 역시 속구조가 어색한 경우로 점차 '-다는'이 매김법 씨끝으로 문법화되어 가는 과도기적 모습으로 보인다. 그리하여, 김선효(2004)에서는 매인이름씨 '것'이 의미적인 추상성으로 인하여 속구조로의 환원이 자연스럽지 못하고, 이것은 '-다는'이 점점 문법화하고 있다는 것을 입증한다고 보았다. 이 유형은 인용문이 서술문인 경우에만 나타나고, 때매김은 대부분 '현실'로 실현된다.

① 현실법
　[꿈을 잃지 않고 산다]는 것, 그것은 인간의 가치를 결정하는(마당37)

② 확정법
　나는 개나리꽃을 보고나서야 [봄이 왔다]는 것을 피부로 느낀다.(유리병269)

③ 미정법
　그래, 괴롭다고 [죽어서 어쩌겠다]는 건가.(유리병242)

2.2.3. 다른 매인이름씨의 경우

〈-다는 점〉[5]

매김을 받는 말이 '점'인 경우도, 인용문이 실제 발화되거나 생각한 내용이 아니라 그 형식만을 인용에서 따온 것이다. 결국 형식 인용마디를 안은 매김마디가 매인이름씨 '점'을 꾸며줌으로써 이름마디의 역할을 하게 된다. 이때 매인이름씨 '점'은 '형식 인용마디를 안은 매김마디 + 이름씨' 유형에서 매김을 받는 말로 나타난 이름씨 '사실'과 같은 의미 자질을 갖고 있는 것으로 보인다. 그 속구조를 보이면 다음과 같다.

이번 여행에서 얻은 것은, 겸손으로 하루를 접는 일상이어야 한다는 점이었다.(마당46)

←*[(A가)[겸손으로 하루를 접는 일상이어야 한다](-고 하-)]−는 점이었다
　　　　　　　　　　형식 인용마디　　　　　　　　　　매인이름씨
　　　　　　　　　　　매김마디

위 예문의 속구조에서도 'A가'라는 안은마디의 임자말과 '하−'라는 풀이말을 설정하기에는 어려움이 있다. 인용문이 실제 발화된 것으로 보기 어렵기 때문이다. 그러므로 이 예문의 인용문은 형식만을 따온 형식 인용마디로 설정한다. 이 유형 역시 속구조가 어색한 경우로 점차 '−다는'이 매김법 씨끝으로 문법화되어 가는 과도기적 모습으로 보인다.

〈-다는 데〉

매김을 받는 말이 '데'인 경우도, 인용문이 실제 발화되거나 생각한 내용이 아니라 그 형식만을 인용에서 따온 것이다.

[내용이 없고 논리가 너무 단순하다]는 데서 직장인의 글쓰기 능력이 얼마

---

5) 원래 '점'은 사전에 '(관형사형 다음에 쓰여) 여러 속성 가운데 어느 부분이나 요소'라 하여 '이름씨'로 명시되어 있으나, 반드시 관형사형 다음에 쓰이는 이름씨라면 '매인 이름씨'로 보는 것이 합당해 보인다.

나 취약한지 알 수 있다.(유리병155)

[자기가 한국 동포라]는 데에 대한 긍지도 대단하였다.(유리병211)

이상 '인용마디를 안은 매김마디 + 매인이름씨' 유형에서 '인용문이 형식 인용인 경우'는 모두 57예문이 나타난다. 예문의 분포를 표로 보이면 다음과 같다.

[표 2] '인용마디를 안은 매김마디 + 매인이름씨' 유형

인용의 종류	매인이름씨의 종류	예문 수
실제인용	것	23
형식인용	것	54
	점, 데	3
총 예문 수 : 80		

이로 보아 2.2. 유형은 '인용문이 형식 인용인 경우'가 더 많이 실현됨을 알 수 있다.

3. 인용구조에서 '-고 하-' 생략

3.1. 문장 종결

인용구조에서 안은마디의 풀이말에 맺음씨끝이 연결되어 문장을 종결지을 때 간접인용토씨 '-고'와 안은마디의 풀이말 '하-'가 생략된 유형이다. 이 유형은 안은마디가 서술문일 경우와 물음문일 경우로 나뉜다.

자기는 바로 어제 학과 시험을 통과했으니 그 학습지를 나에게 준단다(마당79)

← 자기는 [바로 어제…그 학습지를 나에게 준다](-고 하-)-ㄴ다
(아주머니가) 인용마디 (당신에게)

3.1.1. 안은마디가 서술문일 경우

이 유형은 인용마디가 서술문인 예문과 시킴문인 예문이 나타나며, 인용마디가 서술문인 경우 때매김은 '현실'과 '확정'만 나타난다.

[1] 인용마디가 서술문인 경우

〈-단다 / -(이)란다〉

① 현실법

인용마디의 풀이말 때매김이 '현실'이며, 풀이씨일 때는 '-단다'로 실현되고, 잡음씨일 때는 '-란다'로 실현된다.

> 서른 살의…우리 소대로 전입해왔다. 그는 탈영한 전과로 인하여 만년 이등병이<u>란다</u>(유리병179)
>
> ←(A가) [그는 탈영한 전과로 인하여 만년 이등병이다](-고 하-)-ㄴ다
> └─────────────── 인용마디 ───────────────┘

② 확정법

> [마음의 병이 생겨서 휴학을 하고 중국으로 돌아갔다]ㄴ다.(유리병212)

[2] 인용마디가 시킴문인 경우

〈-란다〉

인용마디가 시킴문일 때는 '-고 하-'가 생략되어 '-란다'로 실현된다.

> 아주머니가 있었는데 어느 날 불쑥 운전을 해 보<u>란다</u>(마당79)
>
> ←(아주머니가) 어느 날 불쑥 [운전을 해 보라](-고 하-)-ㄴ다
> └───── 인용마디 ─────┘

그러나 다음 예문의 경우는 위와 같이 '-고 하-'가 생략된 인용 구조로

보기 어렵다. 허웅(1995)에서는 이런 경우 말할이가 자기 자신에 관한 일을 말하는 것이므로 전달(인용)은 될 수 없고, 강조나 자랑의 의미를 지닌다고 설명하였다.

그 생선 얼마 주고 산 건 지 아니? 자그만치 삼십오만 원이란다(마당106)

←(그 생선 값이) 자그만치 삼십오만 원이<u>란다</u>.
←*(내가) 자그만치 [삼십오만 원이다]_(-고 하-)―ㄴ다
　　　　　　　　　　　인용마디

이러한 경우, '―란다'는 '―고 하' 생략 구조가 아닌 서술 맺음씨끝으로 보는 것이 무난할 것이다.

3.1.2. 안은마디가 물음문일 경우

〈―다던가〉

① 현실법

허웅(1995)에서는 물음 씨끝 '―던가'가 말할이의 마음 속 헤아림을 나타내는 일이 오히려 많다고 하였다. 다음 예문에서는 결국 '인용문'에 대한 말할이의 헤아림이 불확실성을 갖고 나타난 것으로 보인다.

닭은 알에서 깨어날 때…안에서 병아리가 쪼아 마주 떨어져 드디어 껍질이 깨진다. 그것을 줄탁이라고 한다던가.(마당55)

←(A가) [그것을 줄탁이라고 한다]_(-고 하-)―던가
　　　　　　　　　인용마디

② 확정법

때매김이 '확정'일 때에도 역시 '인용문'에 대한 말할이의 헤아림이 불확실성을 갖고 나타난 것으로 보인다.

혼자서 차를 마시면 이속이라 하고, 둘이 마시면 한적이라 했다던가.(마당53)

←(A가) [혼자서 차를 마시면…했다](-고 하-)-던가
　　　　　　　　　인용마디

이상 '-고 하-' 생략 구조에서 인용마디를 안은 풀이말로 문장이 종결되는 경우는 모두 22예문이 나타난다.

3.2. 문장 연결

인용구조에서 간접인용토씨 '-고'와 안은마디의 풀이말 '하-'가 생략되어, 이음법씨끝만 남아 있는 유형이다. 그 속구조를 보이면 다음과 같다.

소나무가…멸종의 위기를 맞고 있다니 걱정이 태산이다.(마당110)

←(A가) [소나무가…맞고 있다](-고 하-)-니
　　　　　　인용마디　　　　　　이음법씨끝

이 유형은 안은마디의 풀이말 '하-'에 오는 이음법씨끝에 따라 '마땅함법 / 뒤집음법 / 풀이법 / 벌임법'으로 나눈다. 이음법에 대한 하위분류는 허웅님의 체계를 따른다.

3.2.1. 마땅함법

'마땅함법'은 이음법 가운데 가장 잘 발달되어 있는 갈래이다. 인과 관계가 예측한 대로여서 마땅히 있을 수 있는 일임을 나타낸다.[6]
이 유형은 인용문이 서술문으로만 실현되고 '-고 하-'가 생략되어 이음법씨끝만 나타난다. 연구 대상에서는 그 중 '-으니'가 실현되어 '-다니'로 나타난다.

---

6) 허웅(1995 : 787쪽) 참조.

〈-다니〉

다행히 오늘날은 이 일에 동참하는 이가 날로 늘고 있다니 얼마나 반가운 일인가.(마당14)

← (A가) [다행히 오늘날은…날로 늘고 있다](-고 하-)-니
　　　　　　　인용마디　　　　　　　　　　　이음법씨끝

그러나, 다음의 경우는 '-고 하-'가 생략된 것으로 보기 어렵다.

선물이라니 난 생각지도 못했으니 당황 할 수밖에 없었다.(마당99)

← *(A가) [선물이라](-고 하-)-니 난 생각지도 못했으니
　　　　　인용마디　　　이음법씨끝

위와 같이 '선물이다'를 인용문으로 보아 '[선물이라]고 하니'로 해석하기 어려우므로, '-라니'는 '놀람-분개 따위를 나타내는 맺음씨끝'으로 분석하는 것이 한결 자연스러워 보인다.[7] 그렇게 되면, 위의 예문은 다음과 같이 두 문장으로 나뉘게 된다.

선물이라니 난 생각지도 못했으니 당황 할 수밖에 없었다.(마당99)

← 선물이라니. / 난 생각지도 못했으니 당황 할 수밖에 없었다.
　　서술법씨끝

글쓴이가 이렇게 두 문장으로 나누어 쓰지 않은 이유는 '-라니'가 '-라고 하니'에서 왔으므로 이음법이란 인식이 잠재되어 있기 때문으로 보인다.

3.2.2. 뒤집음법

'뒤집음법'은 앞마디에서 어떠한 일이 베풀어지면 뒷마디에서 마땅히 그 결과가 나타나야 할 텐데, 그 예측을 뒤집고 뜻밖의 결과가 베풀어지는 경

---

7) 허웅(1995 : 596쪽) 참조.

우이다.8) 연구 대상에서는 그 중 '-지만'이 실현된 두 예문만 나타난다.

〈-다지만〉

일행 중에는 그동안 개인적으로 이곳을 다녀가기는 했다지만, 거의가 수십 년 만에 오게 되었다.(마당133)

← (A가) [그동안 개인적으로…다녀가기는 했다](-고 하-)―지만
　　　　　　　　인용마디　　　　　　　　　　　이음법씨끝

3.2.3. 풀이법

'풀이법'은 별 제약 없이 앞마디에서 베푼 사실을 이어서 계속 풀이해 나가는 이음법이다. 연구 대상에서는 그 중 '-더니', '-는데', '-던데'가 실현되어 '-다더니', '다는데', '다던데'가 나타난다.

〈-다더니〉

부부는 남이 모르는 부분이 있다더니 숙이 부부가 그랬다.(마당103)

← (A가) [부부는 남이 모르는 부분이 있다](-고 하-)―더니
　　　　　　　　인용마디　　　　　　　　　　　이음법씨끝

〈-다는데〉

죽은 사람 소원도 들어 준다는데 그게 뭐가 어려운 일이냐(유리병197)

← (A가) [죽은 사람 소원도 들어 준다](-고 하-)―는데
　　　　　　　　인용마디　　　　　　　　　　　이음법씨끝

〈-다던데〉

축하의 말 속에 어떤 사람은 아홉수는 좋지 않다던데 하며(유리병184)

← 어떤 사람은 [(A가) [아홉수는 좋지 않다](-고 하-)―던데(……)] 하며
　　　　　　　　　　　인용마디　　　　　　　　이음법씨끝
　　　　　　　　　　　　　　　인용마디

---

8) 허웅(1995 : 845~849쪽) 참조.

위 예문은 인용문 '누군가가 [아홉수는 좋지 않다]고 (말)하던데……'가 작은 인용문 '아홉수는 좋지 않다'를 안고 있는 경우이다.

3.2.4. 벌임법

'벌임법'은 여러 일이 맞서면서 가려지지 않고 겹쳐지는 것을 베푸는 굴곡의 범주이다.[9] 연구 대상에서는 그 중 '-으며', '-으면서'가 실현되어 '-다며', '다면서'가 나타난다.

〈-다며〉

문장 연결 '-고 하-' 생략 구조 중 가장 빈도가 높고, 그 가운데 인용문이 서술문인 예문이 가장 많이 나타난다.

[1] 인용문이 서술문일 경우

왼쪽 무릎관절의 연골이 닳아…수술 이외엔 다른 방법이 없다며 대뜸 수술할 것을 권한다.(마당32)

← (의사가) [왼쪽 무릎관절의 연골이…방법이 없다](-고 하-)-며
　　　　　　　　　　인용마디　　　　　　　　　　　이음법씨끝

[2] 인용문이 꾀임문일 경우

이웃에 폐가 될까봐 "슬기야. 짖지 말고 건강하게 우리와 지내자"며 안고서 등을 문질러 주며 아이에게 말하듯 이야기한다.(마당95)

← (내가) [슬기야. 짖지 말고 건강하게 우리와 지내자](-고 하-)-며
　　　　　　　　　　인용마디　　　　　　　　　　　이음법씨끝

[3] 인용문이 물음문일 경우

새엄마가 죽은 사람 소원도 들어 준다는데 그게 뭐가 어려운 일이냐며 자기는 결혼식장에 가지 않겠다고 하여 그리 된 거란다.(유리병197)

← (새엄마가) [그게 뭐가 어려운 일이냐](-고 하-)-며
　　　　　　　　　　인용마디　　　　　　　　　　이음법씨끝

---

9) 허웅(1995 : 919쪽) 참조.

[4] 인용문이 시킴문일 경우

중대장은 나에게 그것 보라며(유리병179)

← 중대장은 나에게 [그것 보라](-고 하-)-며
　　　　　　　　　인용마디　　　　이음법씨끝

〈-다면서〉

[1] 인용문이 서술문일 경우

친구네 마을에 갔더니 마을의 방풍림 구실을 하는 나무라면서(마당30)

← (친구가) [마을의 방풍림 구실을 하는 나무다](-고 하-)-면서
　　　　　　　　　인용마디　　　　　　　　이음법씨끝

[2] 인용문이 꾀임문일 경우

어떤 자매가 조금씩 좁혀 앉자면서 나보고 안으로 들어가라고 했다.(마당60)

← 어떤 자매가 [조금씩 좁혀 앉자](-고 하-)-면서
　　　　　　　　인용마디　　　　이음법씨끝

[3] 인용문이 물음문일 경우

왜 직장에서 멀고 비싼 아파트로 이사해야 하느냐면서 극구 반대하였다.(유
리병161)

← (남편은) [왜 직장에서 멀고 비싼 아파트로 이사해야 하느냐](-고 하-)-면서
　　　　　　　　　　　인용마디　　　　　　　　　　　　이음법씨끝

[4] 인용문이 시킴문일 경우

연구 대상에서는 인용문이 시킴문인 '-라면서'꼴이 나타나지 않는다.

이상 '-고 하-' 생략 구조에서 인용마디를 안은 풀이말이 이음인 경우
는 모두 65예문이 나타난다. 이 가운데 '벌임법'이 48예문으로 가장 많이
실현됨을 알 수 있다. 그 예문 분포를 표로 보이면 다음과 같다.

[표 3] 인용구조에서의 '-고 하-' 생략

문장 형태	인용마디를 안은 풀이말 씨끝의 종류		예문수
문장 종결	'-다(고 하)ㄴ다' (단다)		14
	'-(이)라(고 하)ㄴ다' (란다)		5
문장 연결	마땅함법	'-다(고 하)니' (다니)	7
	뒤집음법	'-다(고 하)지만' (다지만)	2
	풀이법	'-다(고 하)더니' (다더니)	3
		'-다(고 하)는데' (다는데)	4
		'-다(고 하)던데 (다던데)	1
	벌임법	'-다(고 하)며' (다며)	40
		'-다(고 하)면서' (다면서)	8
총 예문 수 : 84			

4. 맺음말

이 논문은 21세기 수필류에 나타난 인용구조 중 '-고 하-'가 생략된 통어적 구조를 연구대상으로 하였다. 주요 내용을 요약하면 다음과 같다.

① 이 연구의 구체적 대상은 한국수필작가회 동인지 중 19집(2005)과 20집(2006)에 수록된 작품 79편에 나타난 인용마디 통어적 구조 384예문이다. 그 대상 예문은 모두 수록할 수 없으므로 유형에 따라 대표 예문만을 수록하고, 그 분포는 간단한 수치로 나타내었다.

② 인용 구조는 크게 <인용마디를 안은 매김마디에서의 '-고 하-' 생략>과 <인용구조에서의 '-고 하-' 생략>으로 나누었다. 전자는 다시 '완전한 매김마디'와 '빠져나간 매김마디'로 나누었고, 후자는 인용마디를 안은 풀이말에 따라 나누어 살펴보았다.

③ <인용마디를 안은 매김마디에서의 '-고 하-' 생략>은 다시 매김을 받는 말에 따라 '이름씨'와 '매인이름씨'로 나누었고, '이름씨'의 경우

다시 인용마디의 성격에 따라 '실제 인용인 경우'와 '형식 인용인 경우'로 나누었다.

④ '실제 인용인 경우'는 직접 인용과 간접 인용으로, 또한 간접 인용은 인용토씨 '-고'와 더불어 '-하고'를 설정하여 '-하(고 하)는' 유형이 주로 '생각'류 이름씨를 꾸며줌을 살펴보았다.

⑤ '실제 인용인 경우' 매김을 받는 말에 '완전한 매김마디'는 주로 '글귀, 메모, 말, 이야기, 당부, 기사, 질문, 생각' 따위의 말이나 생각류 이름씨가 왔고, '빠져나간 매김마디'는 '우리마을, 묵주, 오스트레일리아, 나, 그, 아들, 형' 따위의 일반 이름씨나 인용문을 말한 주체가 자리했다. 또한 '빠져나간 매김마디'일 경우 임자말이 두 안긴마디에 동일할 때에는 인용마디에서 빠져나간 성분으로 보았다. 그러나 인용문이 '물음문, 시킴문, 꾀임문'일 때는 성분이 매김마디에서 빠져나간 예문만 확인할 수 있었다.

⑥ '형식 인용인 경우'는 매김을 받는 말에 '사실, 뜻' 따위가 왔고, '완전한 매김마디'만 나타났다. 이때, 매김마디에 안긴 인용마디는 직접 발화되거나 생각한 내용으로 볼 수 없고, 그 속구조로 환원했을 때 자연스럽지 못하므로 문법화 과정에 놓여있는 것으로 보았다.

⑦ <인용마디를 안은 매김마디에서의 '-고 하-' 생략>에서 매김을 받는 말에 매인이름씨 '것'이 올 때 실제 인용인 경우는 매인이름씨 '것'이 강조의 역할을 한다고 보았고, 형식 인용인 경우는 이름마디의 역할을 하게 할 뿐 속구조의 환원이 어려우므로 '-다는'이 문법화 과정에 놓여있는 것으로 보았다.

⑧ 인용마디를 안은 매김마디가 매인이름씨 '것'을 꾸며줄 때 그 안긴 인용마디는 형식 인용이 더 많이 실현됨을 알 수 있었다.

⑨ <인용구조에서의 '-고 하-' 생략>은 인용마디를 안은 풀이말에 맺음 씨끝이 올 때와 이음 씨끝이 올 때로 나누어 살펴보았고, 그 중 벌임법 씨끝이 온 경우가 가장 많이 실현됨을 알 수 있었다.

⑩ 이와 같은 인용의 '-고 하-' 생략 구조를 통하여, 21세기 수필류에는 '-고 하-' 생략 구조가 많이 쓰인다는 사실과 더불어 단순 인용 구조(84예문)보다는 인용마디를 안은 매김마디에서의 생략 구조(300예문)가 훨씬 빈번히 쓰인다는 사실을 알 수 있었다. 또한 형식인용을 안은 매김마디의 경우 '-다는'은 그 속구조의 환원이 자유롭지 않아 하나의 씨끝으로 굳어가는 것으로 보인다.

이상에서 살핀 21세기 수필류에 나타난 인용구조의 특징이 입말에 가까운 '수필'의 특징인지, 21세기 실제 입말의 특징인지는 다른 장르의 인용구조 연구가 병행되어야 알 수 있을 것이다. 이 논문을 시작으로 '-고 하-' 생략 구조 이외의 인용구조를 체계화하고, 나아가 다른 장르의 인용구조 연구를 병행하여 각각의 통어적 특징을 밝히는 것은 앞으로의 과제로 삼고자 한다. 그리하여 궁극적으로는 과거로부터 현재까지 인용구조의 변화를 살펴 통어적 구조의 문법화 과정 특징을 규명하고자 한다.

∥ 참고문헌

권재일(1986), 「형태론적 구성으로 인식되는 복합문 구성에 대하여」, 『국어학』 15, 국어
　　　학회.
권재일(1992), 『한국어 통사론』, 민음사.
김선효(2004), 「인용구문 ‘−다고 하는’과 ‘−다는’의 특성」, 『어학연구』 40, 서울대학교
　　　언어교육원.
김수태(1999), 『인용월 연구』, 부산대출판부.
김수태(2001), 「‘−고 하−’의 생략과 씨끝의 융합」, 『한글』 254, 한글학회.
김영희(2003), 「내포 접속문」, 『한글』 261, 한글학회.
김용경(2002), 「문법화의 단계성에 대한 고찰」, 『한글』 256, 한글학회.
박동근(2008), 『한국어 형태론 연구의 새로운 모색』, 소통.
박주영(2000), 「‘것’의 문법화 : 분포적 특성을 중심으로」, 『한말연구』 7, 한말연구학회.
윤혜영(2008), 「17세기 국어의 인용구조 연구」, 건국대대학교 박사학위논문.
이관규(2007), 「관형사 어미 ‘다는’에 대한 고찰」, 『새국어교육』 77, 한국국어교육학회.
이근영(2003), 「첩해몽어의 음운학적 연구」, 『한말연구』 13, 한말연구학회.
이필영(1995), 「통사적 구성에서의 축약에 대하여」, 『국어학』 26, 국어학회.
이필영(1995), 『국어의 인용구문 연구』, 탑출판사.
전정례(1995), 『새로운 ‘−오−’ 연구』, 한국문화사.
조오현(1991), 『국어의 이유구문 연구』, 한신문화사.
조은경・이민행(2006), 「지시 해석을 위한 ‘것’의 식별과 쓰임에 관한 연구」, 『한국어학』
　　　31, 한국어학회.
허　웅(1989), 『국어학』, 샘문화사.
허　웅(1995), 『20세기 우리말의 형태론』, 샘문화사.
허　웅(1999), 『20세기 우리말의 통어론』, 샘문화사.
허원욱(1995), 「현대 국어의 인용마디 연구」, 『건국어문학』 19, 건국대 국어국문학 연구회.
허원욱(2004), 『16세기 통어론』, 신성출판사.

[인용한 문헌]

한국수필작가회 19집(2005년) 『마당 넓은 집』(약칭 '마당')			
이정원	트럼펫 수선화	송가옥	너무도 보고 싶은 사람
한영자	새 생명의 뒤뜰에서	최은정	여자는 물감주머니
주영준	우편함	임병식	고향마을의 동구
김경실	아직도 북쪽에 삽니다	김종선	또 다른 시작으로
허정자	웰빙시대	박영자	담장 허물기
류인혜	입덧하는 남자	차혜숙	바람에 스친 인연
이상인	가만히 오세요, 버드나무 아래로	신용철	성 엘리자벳과 마르틴 루터
신일수	퇴행성 관절염	장현숙	슬기 이야기
변영희	춘천가는 길	김희선	크리스마스 선물
하재준	5월의 향취	박선님	나의 황제여
임재문	꽃과 인생	이사명	해바라기 사랑
한동희	문 밖에서	강현순	생선박스와 최면술
임창순	한글의 수난	장정식	자연에 병든 에이즈
문형동	군불	김영이	봄의 선물
유동림	씨앗 3	신현복	마당 넓은 집
고동주	배신	김미정	삶의 오솔길 하나
김의순	불편한 자리	신미자	아타미에서
이진화	그래, 괜찮아	최자영	나이 듦에 대하여
최원현	하얀 고무신	김영웅	미간백호의 흑매화
문주생	고추나무	권석하	칠포리에서 든 축배
한국수필작가회 20집(2006년) 『유리병 속의 시간』(약칭 '유리병')			
김자인	매화처럼 그렇게	김매원	김해를 생각하다
손상희	용생용 봉생봉	서종남	우리 속에서 얼어 죽은 생명들
노영순	표준 전과와의 싸움	민문자	유생이 되어 과거를 보다
심정임	작가의 힘	최혜숙	이브가 되고 싶어요
강연홍	나는 오히려 아파트가 싫다	이종옥	할미꽃 연정
김영월	맨발	원명화	잃어버린 시간을 찾아서
송미심	축복의 시간	이정아	닮고 싶은 사람
이명선	그래도 산은 말이 없다	이덕영	십자가 아래 지어진 까치둥지
김남석	황취랑	이기숙	새로운 도전
최복희	꽃돌이와 꽃순이	윤행원	생명
김의배	빗과 빛	이하림	는개가 내리던 날
남선현	마포벽지의 카페	김정자	연변에서 만난 독립투사
이예원	나의 춤 선생, 아피	오정자	오오, 수선화여!
성철용	인생구십고래희	이재월	내일은 세상의 틀이 바뀔 거예요
유연선	주머니 이야기	양순태	이별 안내장
김경순	어떤 결혼식	박연식	살구꽃 마을
배대균	푸른 채소의 정체	신서영	종이옷을 접는 여인
이방주	보이지 않는 색	구자인혜	달빛 속의 병산서원
임승렬	월당 선생과 에도모찌	정희승	아이야 천천히 걸으렴
김주안	동백꽃에 빛나는		수필 79편

초등학교 '읽기 교과서'의 이음씨끝 양상

장 숙 영

1. 머리말

이 글에서는 '초등학교 저학년[1] 읽기 교과서'에 나타난 이음씨끝의 양상을 살피고자한다. 초등학교 국어 교육의 목적은 "국어를 정확하고 효과적으로 표현하고 이해하는 능력과 국어 활동을 통한 사고력과 상상력을 기르는 데 중점을 둔다. 또한 국어에 대해 관심을 가지고 국어 활동을 즐기고 국어를 존중하는 태도를 강조한다."[2]이다. 국어를 정확하고 효과적으로 이해하는 능력을 갖추려면 국어의 가장 큰 특징인 '이음씨끝'이 어떤 모습으로 나타나 있는 가를 살피는 것은 중요한 작업이라고 판단된다. 이 글에서는 초등학교에 입학하여 '국어'를 체계적으로 배우게 되는 학생들의 글에 주로 쓰이는 '이음씨끝'은 무엇이며, 그것의 의미 범주를 찾는 것이 목적이다. 이 자료를 바탕으로 국어 문법의 큰 줄기인 '이음씨끝' 교육에 대한 제안을 하

---

1) 2000년 3월 1일부터 적용된 제7차 교육과정의 초등학교 1학년에서 3학년을 말함.
2) 국어과 교육과정[별책5호](2007), 교육인적자원부

고자 한다.

이 글은 초등학교 1학년 1학기부터 3학년 3학기 '읽기' 교과서를 대상으로 조사하였다. '읽기' 교과서의 구성은 1학년 1학기만 넷째 마당으로 구성되었고, 나머지는 다섯째 마당으로 구성되어 있다. 교과서에서 본문을 이해하기 위한 문제나 단원의 설명 부분, '동시' 부분 등은 제외하고 본문 내용만을 대상으로 하여 나타난 이음씨끝과 그 의미 범주를 살피려고 한다. 조사 방법은 본문에 나타난 이음씨끝의 개수를 세어 비율을 내고, 이음씨끝에 나타난 의미 범주의 비율을 살펴보고자 한다.

2. 이음씨끝의 양상

2.1. 이음씨끝의 체계

국어는 씨끝과 토씨가 발달한 언어이다. 씨끝 가운데 이음씨끝은 특히 종류가 매우 다양하고 그 의미도 다의적이다. 다양하고 다의적인 이음씨끝을 체계화하기에는 어려움이 있어 학자들 간에도 논란의 대상이다. 종류도 다양하고 여러 의미를 가진 이음씨끝이 '초등학교 읽기' 교과서에서는 어떤 모습으로 나타나 있는지를 살피고자 한다.

이음씨끝에 대한 연구를 살피면 가장 앞선 연구는 주시경의 『국어문법』(1910)이라 할 수 있다. 이 책에서 이어진 문장은 앞마디와 뒷마디로 구성되어 있고 앞·뒤 마디의 관계가 대등적·종속적인 관계로 되어 있음을 밝히고 있어, 이음씨끝이 가지는 '의미' 기준에 따라 체계를 세웠다고 볼 수 있다. 뒤이은 김두봉, 최현배, 허웅 등 많은 학자들이 '의미' 관계를 기준으로 이음씨끝을 체계화하였다. '문법' 관계를 기준으로 체계화한 최초의 논의는 서태룡(1979-2)[3]을 들 수 있고, 이후에 여러 학자들이 '개별 이음씨끝'을 가지고 연구하였다. 그러나 '문법' 관계에 기준을 두고 연구하였다는 점에서는 큰 의의를 찾을 수 있지만 이음씨끝이 안고 있는 '다의성'과 '다양성'을 완전하게 충족시키지는 못하였다(장숙영, 2008).

국어의 이음씨끝을 체계화하는 것은 '의미' 관계를 기준으로 체계화하는 것이 현재까지는 가장 타당한 방법이라고 생각한다. 가장 타당한 방법인 '의미' 관계에 따라 이음씨끝을 체계화하였지만 이음씨끝 낱낱을 범주로 나누어 목록화하는 것은 학자마다 조금씩 견해를 달리한다. 이 글에서는 허웅(1995), 김승곤(1999), 권재일(1985)이 주장한 이음씨끝의 체계를 살피고자 한다.

허웅(1995)에서 이음법은 '한 월의 풀이말의 노릇을 하면서 월을 끝맺어 주지 않고, 뒤에 다시 다른 말이 이어내려 가도록 해 주는 끝바꿈법'이라 하였다. 이음법의 체계를 세우는 것이 매우 어려운데 그것은 그 관계 개념이 복잡하기 때문이라 하면서 이음법의 체계를 [마디 만들기]와 [이은말 만들기]로 갈래 지었다. [마디 만들기]는 '뒤에 오는 말과 통어론적으로 따로 떨어져서 앞·뒤가 서로 다른 마디를 만드는 것'이고, [이은말 만들기]는 '다른 말이 이어지되, 그것과 통어론적으로 따로 서지를 못하고 그와 한덩이가 되어서 월성분을 만드는 방법'이라 하였다. [마디 만들기]는 다시 '딸림성'이 강한 것과, '맞섬성'이 강한 것으로 나누고, 딸림은 다시 '제약이 있는 것'과 '없는 것'으로 나눈다. '딸림 제약'은 다시 '마땅함'과 '뒤집음'으로 나눈다. 맞섬은 '가림'과 '겹침'으로, '겹침'은 '한때'와 '차례'로 나누고 있다.

김승곤(1999)에서 이음법은 '앞·뒤 말의 관계를 나타내는 순수 통어상의 범주로서 그 통어적 관계는 매우 복잡하므로 이 씨끝들은 다양하게 발달되어 있고, 씨끝들은 뭇뜻을 가지고 있고, 쓰임도 다양하다. 이것들을 몇 가지 한정된 범주로 나누기는 매우 어려운 일이나 그 씨끝들의 구실과 중심 뜻에 따라 몇 가지 유형으로 나눈다'고 하였다.

권재일(1985)에서는 '접속문 구성에 관여하는 어미를 접속문 어미라 하고,

---

3) 권재일(1991) 참고.

접속문의 체계를 복합문 구성'으로 설명하고 있다. 문장을 단순문과 복합문으로 나누고 단순문을 '서술 기능을 한 번 수행하는 문장구성'이라 하고, 복합문을 '서술 기능을 두 번 이상 수행하는 문장구성'이라 체계화 하였다. 복합문 구성은 다시 상위문이 하위문을 관할하는 방식에 따라서 하위문을 다른 교점을 거치지 않고 직접 관할하는 복합문 구성을 접속문 구성으로, 상위문이 하위문을 명사구나 동사구를 통하여 간접 관할하는 구성을 내포문 구성으로 체계화한다. 접속문 구성은 상위문이 하위문을 직접 관할하는 구성인데, 이러한 접속문 구성에서의 하위문은 선행절과 후행절로 구성되어 있으며, 선행절에는 접속어미가 결합되어 접속문 구성을 이룬다. 접속문 구성은 선행절과 후행절의 관계가 '대등'과 '종속' 이라는 의미관계를 설정하여 접속문 구성을 체계화하였다.

이 연구는 '초등학교 저학년 읽기' 교과서에 나타난 이음씨끝을 분석하여 설명하고자 하므로, '학교 문법'의 체계를 바탕으로 연구자가 이음씨끝을 다시 분류하였다. '학교 문법'에서 이음씨끝을 '용언' 부분과 문장 부분에서 설명하고 있다. 먼저 용언 부분에서는, "연결어미는 문장을 끝맺지 않고 다음 문장과 연결시켜 주는 기능을 하는 어말어미인데, '대등적 연결어미', '종속적 연결어미', '보조적 연결어미'로 나눌 수 있다. '대등적 연결어미'는 앞·뒤 문장을 대등한 의미 관계로 연결시켜 주는 어미이며, '종속적 연결어미'는 앞 문장을 뒤 문장에 종속적인 의미 관계로 연결시켜 주는 어미이다. '보조적 연결어미'는 본용언을 보조 용언에 이어주는 어미이다."로 설명한다. 여기에서 구체적인 의미 범주를 나타내지는 않고, 대등과 종속, 보조적 연결어미의 목록만 제시하였다.

이음씨끝은 다시 '문장' 부분의 이어진 문장에서 다시 설명하고 있다. "'이어진 문장'은 홑문장 두 개가 어떤 의미 관계로 이어지느냐에 따라 대등하게 이어진 문장과 종속적으로 이어진 문장으로 나눌 수 있다."로 설명한다. 이때 대등하게 이어진 문장과 종속적으로 이어진 문장의 의미 관계에 따른 분류를 하고 이음씨끝의 목록과 보기를 제시하였다.

(1) 학교 문법의 이음씨끝 체계와 목록
  ㄱ. 대등적으로 이어진 문장
    나열 : -고, -으며
    대조 : -지만, -든지, -나
  ㄴ. 종속적으로 이어진 문장
    계기 : -고
    조건 : -(으)면
    양보 : -(으)ㄹ지라도
    원인 : -(아)서
    의도 : -(으)려고
    배경 : -는데

(2) 연구자의 이음씨끝 체계와 목록
  ㄱ. 대등적
    나열 : -고, -고서, -어/아, -어서/아서, -으며, -으면서, -을
        뿐더러, -자(마자), -다(가), -으려나
    대조 : -지만, -지마는, -건마는, -은데도, -으나, -으나마,
        -아도/어도, -을지언정, -든지, -으니까, -던지, -더
        라도, -어야/아야
  ㄴ. 종속적
    조건 : -으면, -자면, -ㄴ다면, -거든, -어야/아야
    원인 : -으니, -으니까, -어서, -다고
    의도 : -으려고, -고자, -으러, -느라고
    상황 : -거니와, -는데, -더니, -던지, -는지, -라
    선택 : -거나, -든지, -든, -든가
    중복 : -다~-다, -으랴~-으랴

씨끝을 분석하는 방법은 초등학교 1학년부터 3학년 '읽기' 교과서에 나타
난 이음씨끝의 낱말을 뽑아 이음씨끝을 분류한다. 분류한 씨끝의 목록을 가
지고 개별 이음씨끝의 비율과 의미 범주를 나타내고, 의미 범주 별로 이음
씨끝을 다시 묶어 그 비율을 나타내고자 한다. 이렇게 정리를 하면 1학년에
서 3학년까지의 교과서에 나타난 이음씨끝의 종류와 의미 범주에 따른 씨끝

의 분포를 파악할 수 있을 것이다.

2.2. 초등학교 1학년

2.2.1. 1학년 1학기

1학년 교과서의 수준과 범위는 '우리말 자음과 모음의 짜임을 다양하게 보여주는 문장이나 짧은 글, 띄어 읽기에 주의를 요하는 문장이나 짧은 글, 일상생활에서 접할 수 있는 일이나 사물에 관한 내용을 담은 글, 일상생활 경험을 담은 일기나 동화'이다. 교과서의 구성이 주로 '짧은 글'로 되어 있어서 이음씨끝이 많이 쓰이지는 않았고, 나타나는 이음씨끝 또한 다양하지 않다. 특히 1학기는 '자·모음의 짜임을 보여주는 간단한 인사말이나 가족 관계를 나타내는 낱말과 문장들'이 주로 나타난다. 1학기 교과서에 나오는 이음씨끝의 목록은 '-고, -고는, -느라, -는데, -으니, -으니까, -다가, -으러, -으려고, -으며, -으면, -으면서, -어/아, -어서/아서, -어야 / 아야, -자(마자), -지만' 등이다. 1학기 교과서에 나온 이음씨끝은 모두 97개인데 이 가운데에서 대등-이음의 '나열'을 나타내는 '-고(18), -으며(13), -어/아(12), -어서/아서(19)'가 62개이고 종속-이음의 '조건'을 나타내는 '-으면'이 10개 이다. 이는 '자음과 모음의 짜임을 보여주는 문장이나 짧은 글'에서 단순하게 '내용을 나열하여 문장이 구성되었음을 나타내는 것'이라 할 수 있다. 또한 '조건'을 나타내는 '-으면'은 '쉽고 간단한 내용을 짐작하거나 작은 바람'의 뜻을 나타낸다.

각각의 이음씨끝의 비율을 표로 나타내면 다음과 같다.

[표 1] 1학년 1학기 이음씨끝의 비율

씨끝	개수(97)	비율(%)	의미 범주
ㅡ어서 / 아서	19	19.5	나열4)
ㅡ고	18	18.5	나열
ㅡ으며	13	13.4	나열
ㅡ어 / 아	12	12.3	나열
ㅡ으면	10	10.3	조건
ㅡ으면서	4	4.1	나열
ㅡ자(마자)	4	4.1	나열
ㅡ는데	3	3	상황
ㅡ려고	3	3	의도
ㅡ으니	2	2	원인
ㅡ으러	2	2	의도
ㅡ지만	2	2	대조
ㅡ느라(고)	1	1	의도
ㅡ으니까	1	1	대조
ㅡ다(가)	1	1	나열
ㅡ라면	1	1	조건
ㅡ어야	1	1	조건

[표 2] 1학년 1학기 의미 범주 별 비율

의미 범주	씨 끝	개수(97)	비율(%)
나열	ㅡ고, ㅡ으며, ㅡ으면서, ㅡ어 / 아, ㅡ어서 / 아서, ㅡ자(마자), ㅡ다(가)	71	73.1
조건	ㅡ라면, ㅡ으면, ㅡ어야 / 아야	12	12.3
의도	ㅡ느라(고), ㅡ으러, ㅡ으려고	6	6.1
대조	ㅡ으니까, ㅡ지만	3	3.0
상황	ㅡ는데	3	3.0
원인	ㅡ으니	2	2.0

[표 1]은 이음씨끝의 비율을 나타낸 것이고, [표 2]는 이음씨끝의 의미 범

---

4) 이음씨끝의 체계에서 대등적, 종속적을 빼고 하위 범주로만 표시하기로 한다.

주의 비율을 나타낸 것이다. [표 2]에 나타나듯이 '나열'을 나타내는 이음씨끝이 73%를 차지하고, '조건'을 나타내는 이음씨끝이 11%를 차지한다. 어떠한 '의도'(6), '대조'(3), '상황'(3), '원인'(2)을 나타내는 이음씨끝은 아주 적다. 이는 본문의 구성이 '짧은 글'로 주로 이루어졌기 때문이고, 다양한 이음씨끝을 사용하여 문장을 구성하면 학생들이 학습하기에 어려움이 있을 수 있기 때문일 것이라고 생각한다.

또한 이음씨끝에 토씨가 붙는 현상은 이음씨끝 '－고'에 토씨 '－는'이 붙은 '－고는'만이 나타난다. '이음씨끝'과 '토씨'가 결합한 씨끝이 나타나지 않는 이유는 학생들이 이러한 씨끝을 쓴 문장을 이해하기에는 어려울 것이라는 판단에서 일 것 같다. '－고는'은 '－고' 개수에 포함하여 비율을 나타내었다.

초등학교 1학년 1학기 '읽기 교과서'에는 자음과 모음의 짜임을 다양하게 보여주는 문장이나 짧은 글이 주를 이루므로 단순한 사실을 벌려서 내용을 말해주는 이음씨끝이 주로 나타났다.

2.2.2. 1학년 2학기

2학기 '읽기 교과서'의 수준과 범위는 1학기와 같다. 2학기는 1학기보다는 '일상생활에서 접할 수 있는 일이나 사물에 관한 내용을 담은 글'의 비중이 좀 더 많아 이음씨끝의 개수는 늘어났지만 의미 범주 면에서 보면 큰 차이는 나타나지 않는다. 2학기 교과서에 나타난 이음씨끝의 목록은 '－고, －ㄴ다면, －느라, －느라고, －는데, －는지, －으니, －으니까, －다(가), －더니, －던지, －으러, －으려고, －으며, －으면, －으면서, －어/아, －어서/아서, －어야/아야, －어도/아도, －자(마자), －지만' 등이다. 2학기 교과서에 나타난 이음씨끝의 개수는 194개이고 이 가운데에 종속－이음의 '조건'의 '－으면'이 38개로 가장 비율이 높다. 대등－이음의 '나열'을 나타내는 '－어/아'가 32개, '－고'가 30개, '－으며'가 27개, '－어서/아서'가 25개로 나타난다. 2학기도 '조건'과 '나열'이 차지하는 비율이 아주 높다. 교과

서에서 문장이 길어지고 내용을 나타내는 분량도 많아졌지만 아직 학생들이
다양한 이음씨끝을 이해하기에는 어려움이 있을 수 있어 단순한 '나열'을
나타내는 이음씨끝과 간단한 내용을 짐작하는 것을 나타내는 '조건'의 이음
씨끝을 사용한 문장을 실은 것 같다.

[표 3] 1학년 2학기 이음씨끝의 비율

씨끝	개수(194)	비율(%)	의미 범주
-으면	38	19.5	조건
-어 / 아	32	16.4	나열
-고	30	15.4	나열
-으며	27	13.9	나열
-어서 / 아서	25	12.8	나열
-다(가)	7	3.6	나열
-자(마자)	6	3	나열
-으면서	5	2.5	나열
-느라(고)	4	2	의도
-는데	3	1.5	상황
-으니	3	1.5	원인
-지만	3	1.5	대조
-는지	2	1	상황
-으려고	2	1	의도
-ㄴ다면	1	0.5	조건
-으니까	1	0.5	대조
-더니	1	0.5	상황
-던지	1	0.5	상황
-으러	1	0.5	의도
-어야 / 아야	1	0.5	조건
-어도 / 아도	1	0.5	대조

[표 4] 1학년 2학기 의미 범주 별 비율

의미 범주	씨 끝	개수(194)	비율(%)
나열	－고, －어 / 아, －어서 / 아서, －으며, －다(가), －자(마자), －으면서	132	68
조건	－으면, －ㄴ다면, －어야 / 아야	40	20.6
의도	－느라고, －으러, －으려고	7	3.6
상황	－는데, －는지, －더니, －던지	7	3.6
대조	－지만, －니까, －어도 / 아도	5	2.5
원인	－으니	3	1.5

1학기와 마찬가지로 '나열'을 나타내는 씨끝의 비율이 68%로 가장 크고, '조건'을 나타내는 씨끝이 20%를 차지한다. 낮은 비율을 보이는 '의도'(3), '상황'(3), '대조'(2), '원인'(1)은 1학기와 별 차이가 없다. 한 학기 동안 학생들의 학습 수준이 크게 향상되지 않는 것을 감안하여 이음씨끝의 종류가 늘어나지 않을 수 있다. 하지만 '나열'이나 '조건'을 나타내는 이음씨끝의 비율과 '의도, 상황, 대조, 원인'을 나타내는 이음씨끝의 비율의 차가 너무나 크다. 교과서의 편찬을 할 때 학습자 수준에 맞는 이음씨끝이 쓰인 문장으로 구성되어야 할 것 같다.

2.2.3. 초등학교 1학년 읽기 교과서에 나타난 이음씨끝의 특징

1학기 교과서에 나타난 상위 비율에 해당하는 이음씨끝을 살펴보면 대등－이음의 '나열'의 '－어서 / 아서'가 약 20%, '－고'가 19%, '－으며'가 13%, '－어 / 아'가 12%, 종속－이음의 '조건'이 10% 정도를 차지한다. 이음씨끝의 전체 비율 가운데 '나열'은 약 64%이고 '조건'은 10% 정도 쓰였으니 이 두 범주가 차지하는 비율은 약 74%에 해당한다. '의도, 상황, 대조, 원인'의 씨끝들이 26% 정도 차지한다. 이 의미 범주의 씨끝은 나타나는 개수도 적을뿐더러, 이음씨끝의 종류도 다양하지 않다.

2학기 교과서에 나타난 상위 비율의 이음씨끝을 살펴보면 종속－이음의

'조건'이 약 20%, 대등-이음의 '-어/아'가 16%, '-고'가 15%, '-으며'가 약 16%, '-어서/아서'가 약 13% 정도를 차지한다. 이음씨끝 전체 비율에서 '나열'은 약 60%이고, '조건'은 20% 정도 나타나니 이 두 범주가 차지하는 비율은 약 80%에 해당한다. '대조, 의도, 상황, 원인' 등의 씨끝이 20%를 차지하고 있다. 이 의미 범주의 씨끝은 나타나는 개수도 적을뿐더러, 이음씨끝의 종류도 다양하지 않다.

1학기와 2학기에 나타나는 상위 비율의 이음씨끝은 '나열'의 '-고, -어/아, -으며, -어서/아서', '조건'의 '-으면'이다. '나열'에 해당하는 씨끝이 많이 나타나지만 초등학교 1학년 교과서 구성이 '짧은 글'로 이루어졌기 때문에 단순한 '나열'을 나타내는 이음씨끝과 간단한 내용을 짐작하는 것을 나타내는 '조건'의 이음씨끝을 사용한 문장을 실은 것 같다. 이는 1학년 학생들의 학습 수준으로 이해하기 가장 쉬운 씨끝이기 때문일 것이다.

2.3. 초등학교 2학년

2.3.1. 2학년 1학기

2학년 교과서의 수준과 범위는 '글의 목적이나 글의 분위기가 다른 짧은 글, 일상생활에서 접할 수 있는 대상을 쉽게 설명하는 글, 재미있는 이야기나 생활문, 웃음을 유발하는 이야기, 즐거움, 기쁨, 슬픔, 분노 등의 감정을 표현한 글'이다. '설명글'이나 '감정을 표현한 글'이 수록되어 있어서 1학년보다는 이음씨끝의 개수가 크게 늘었고, 이음씨끝의 목록도 늘어났다. 2학년 1학기 '읽기 교과서'에 나타난 이음씨끝의 목록은 '-거든, -고, -느라고, -는데, -는지, -으니, -으니까, -다(가), -다고, -다면, -더니, -더라도, 던지, -도록, -라, -라고, -라면, -으러, -으려고, -으려다, -으려면, -으며, -으면, -으면서, -으면서도, -어/아, -어도/아도, -어서/아서, -어서는/아서는, -어서도/아서도, -어서야/아서야, -은데, -자

(마자), −지만' 등이다.

[표 5] 2학년 1학기 이음씨끝 비율

씨끝	개수(317)	비율(%)	의미 범주
−고	72	22.1	나열
−으며	48	15.1	나열
−어서 / 아서	40	12.6	나열
−으면	36	11.1	조건
−어 / 아	31	9.7	나열
−는데	12	3.7	상황
−으니	12	3.7	원인
−다(가)	12	3.7	나열
−자(마자)	10	3.1	나열
−으면서	8	2.5	나열
−으려고	5	1.5	의도
−더니	4	1.2	상황
−어도 / 아도	4	1.2	대조
−지만	4	1.2	대조
−는지	2	0.6	상황
−으니까	2	0.6	대조
−다면	2	0.6	조건
−으러	2	0.6	의도
−으려면	2	0.6	조건
−거든	1	0.3	조건
−으나	1	0.3	대조
−느라(고)	1	0.3	의도
−다고	1	0.3	원인
−더라도	1	0.3	대조
−던지	1	0.3	대조
−라고	1	0.3	원인
−라면	1	0.3	조건
−으려다	1	0.3	나열

[표 5]에 나타나듯이 높은 비율의 씨끝은 '나열'을 나타내는 '−고'가 72개, '−으며'가 48개, '−어서 / 아서'가 40개, '−어 / 아'가 31개, '조건'을 나타내는 '−으면'이 36개이다. 이 가운데 '−고'가 가장 많이 쓰였는데 이는 '상황'을 설명하거나 '감정'을 표현하는 것에 단순한 '나열'을 표현하는 것이 가장 쉽게 접근할 수 있기 때문에 이 씨끝을 많이 사용하는 이유일 것 같다. 매우 낮은 비율을 나타내지만 '나열'의 씨끝 가운데 '−으려다'가 쓰인 것은 표현의 다양성을 나타내기 위한 시발점으로 보인다. 2학년 교과서에서는 1% 미만의 비율을 나타내는 여러 씨끝들이 나타나는데 이러한 씨끝들이 쓰인 것은 문장이 길어지고 내용이 다양해진 이유와 씨끝의 종류를 다양하게 나타내도 학생들이 이해할 수 있기 때문일 것이다.

[표 6] 2학년 1학기 의미 범주 별 비율

의미 범주	씨　　끝	개수(317)	비율(%)
나열	−고, −어 / 아, −어서 / 아서, −으며, −다(가), −자(마자), −으면서, −으려다	222	70
조건	−으면, −다면, −으려면, −거든, −라면	42	13.2
상황	−는데, −는지, −더니	18	5.6
원인	−으니, −다고, −라고	14	4.4
대조	−어도 / 아도, −더라도, −던지, −지만, −니까, −으나	13	4.1
의도	−느라고, −으러, −으려고	8	2.5

의미 범주 면에서 비율을 보면 [표 6]에 나타나듯이 '나열'이 70%로 압도적인 비율을 차지하고, '조건'이 13%의 비율을 차지한다. 이는 교과서의 구성이 '단순히 나열하여 설명'하고, '어떠한 상황을 짐작하고, 간단한 바람'을 나타내는 이음씨끝 가지고 문장을 표현하는 것으로 나타났다. '의미 범주별 목록과 비율은 1학년과 같다. 다만 '원인'의 '−다고, −라고', '대조'의 '−더라도, −던지'가 비율은 미미하지만 문장에 쓰여 표현이 다양해 짐을 알 수 있다. 또한 이음씨끝과 토씨가 겹쳐서 사용된 씨끝은 '−어서는 / 아서

는, ―어서도/아서도, ―어서야/아서야, ―면서도’ 등이다.

2.3.2. 2학년 2학기

1학기 교과서와 차이는 내용을 설명하는 부분과, 생각을 해야 하는 부분이 늘어나 문장이 길어지고 글의 분량도 많아져 이음씨끝이 좀 더 많이 쓰이고 다양한 이음씨끝이 나타난다는 것이다. 2학기 교과서에 나오는 이음씨끝의 목록은 ‘―거나, ―거든, ―고, ―고서, ―ㄴ데, ―느라, ―는데, ―는지, ―으니, ―으니까, ―다(가), ―다고, ―더니, ―도록, ―ㄹ뿐더러, ―으러, ―으려고, ―으려다, ―으며, ―으면, ―으면서, ―으면서도, ―어/아, ―어도/아도, ―어서/아서, ―어서는/아서는, ―어서도/아서도, ―어야/아야, ―으니, ―으면, ―은데, ―자(마자), ―지만’ 등이다.

각각의 이음씨끝의 비율은 1학기와 거의 차이가 없다. 332개 가운데 ‘나열’의 ‘―고’가 65개, ‘―어/아’가 57개, ‘―어서/아서’가 46개로 전체 비율의 약 53%이고, ‘조건’의 ‘―으면’이 42개로 13%이다. 문장이 길어지고 내용이 많아 졌는데도 문장을 이어주는 씨끝은 ‘나열’의 일부 씨끝과 ‘조건’의 씨끝이 약 66% 정도 차지한다면 이음씨끝이 지나치게 편중되어 있다고 볼 수 있다. 2학년 2학기에 들어서는 학생들의 학습 수준에서는 좀 더 다양한 이음씨끝을 써서 문장을 구성해도 될 것 같은데 부족한 면이 있다. ‘선택’의 ‘―거나’, ‘나열’의 ‘―ㄹ뿐더러’가 처음 쓰여진 씨끝이다. 씨끝과 토씨가 결합된 씨끝은 ‘―고서, ―어서는/아서는, ―어서도/아서도, ―면서도’ 등이다.

[표 7] 2학년 2학기 이음씨끝 비율

씨끝	개수(322)	비율(%)	의미 범주
−고	65	20	나열
−어 / 아	57	17.7	나열
−어서 / 아서	46	14.2	나열
−으면	42	13	조건
−으며	21	6.5	나열
−으면서	11	3.4	나열
−는데	9	2.7	상황
−으니	9	2.7	원인
−지만	8	2.4	대조
−다(가)	7	2.1	나열
−어도 / 아도	6	1.8	대조
−자(마자)	6	1.8	나열
−으니까	5	1.5	대조
−으려고	5	1.5	의도
−더니	4	1.2	상황
−으러	4	1.2	의도
−거나	3	0.9	선택
−다고	3	0.9	원인
−다면	3	0.9	조건
−는지	2	0.6	상황
−어야 / 아야	2	0.6	대조
−거든	1	0.3	조건
−느라(고)	1	0.3	의도
−ㄹ뿐더러	1	0.3	나열
−으려다	1	0.3	나열

2학기 교과서에 나타난 의미 범주를 살피면 '나열'에 해당하는 이음씨끝의 종류가 많이 있지만 '−ㄹ뿐더러'나 '−으려다'는 1개가 쓰였으며, '−자(마자)'나 '−다(가)'는 2% 미만의 비율이다. '−으며'와 '−으면서'가 약 10%이고 '−고, −어 / 아, −어서 / 아서'가 약 53%의 비율이다. 이음씨끝

전체 비율에서 '나열'이 차지하는 비율은 약 67%정도인데 이 가운데 '-고, 어/아, -어서/아서'의 비율이 매우 높다. 또한 '조건'을 나타내는 씨끝은 '-으면, -다면, -거든'이다. '-으면'이 13%, '-다면', '-거든'이 1% 미만으로 나타나 '-으면'이 아주 편중되어 쓰인 것을 알 수 있다. '-다면, -거든'의 비율을 높여도 학생들이 이해하기에 어려움이 없을 것 같다. '상황, 대조, 원인, 의도, 선택'의 비율은 약 19% 정도이다. 이 의미 범주의 이음씨끝은 씨끝 자체가 차지하는 비율이 적을뿐더러 각각의 의미 범주에 해당하는 씨끝의 목록 또한 다양하지 않다. '선택'을 나타내는 의미 범주가 처음 나타나기는 하지만 1개가 쓰여 비율은 1% 미만이다.

'설명글'이나 '감정을 표현한 글'이 수록되어 있어서 문장의 길이가 길어지고, 내용의 분량이 많아져 이음씨끝의 개수가 크게 늘어났고, 미미한 비율이지만 이음씨끝의 목록과 범주가 다양하게 나타난다. 하지만 '나열'과 '조건'이 비율이 너무 높아 교과서를 편찬할 때 다른 이음씨끝을 사용하는 방안을 연구해야 할 것으로 보인다.

[표 8] 2학년 2학기 의미 범주 별 비율

의미 범주	씨　끝	개수(322)	비율(%)
나열	-고, -어/아, -어서/아서, -으며, -다(가), -자(마자), -으면서, -으려다, -ㄹ뿐더러	215	66.7
조건	-으면, -다면, -거든,	46	14.2
대조	-어도/아도, -어야/아야 -지만, -으니까	21	6.5
상황	-는데, -는지, -더니	15	4.6
원인	-으니, -다고	12	3.7
의도	-느라고, -으러, -으려고	10	3.1
선택	-거나	3	0.9

2.3.3. 초등학교 2학년 읽기 교과서에 나타난 이음씨끝의 특징

1학기 교과서에 나타난 상위 비율에 해당하는 이음씨끝을 살펴보면 대등

−이음의 ‘나열’의 ‘−고’가 약 22%, ‘−으며’가 약 15%, ‘−어서 / 아서’가 약 13% 정도를 차지하고, 종속−이음의 ‘조건’의 ‘−으면’이 약 11% 정도를 차지한다. 이음씨끝의 전체 비율 가운데 ‘나열’이 약 70% 정도, ‘조건’이 약 13% 정도 쓰였으니 이 두 범주가 차지하는 비율은 약 83% 정도이다. ‘상황, 대조, 의도, 원인’의 씨끝이 17% 정도이다. 이 의미 범주의 씨끝은 나타나는 개수도 적을뿐더러, 이음씨끝의 종류도 다양하지 않다.

2학기 교과서에 나타난 상위 비율의 이음씨끝을 살펴보면 대등−이음의 ‘나열’을 나타내는 ‘−고’가 20%, ‘−어 / 아’가 약 18%, ‘−어서 / 아서’가 약 14% 정도를 차지하고, 종속−이음의 ‘조건’을 나타내는 ‘−으면’이 약 13% 정도를 차지한다. 이음씨끝 전체 비율에서 ‘나열’의 씨끝 모두가 차지하는 비율은 약 67% 정도, ‘조건’의 씨끝 모두가 차지하는 비율은 14% 정도 나타나니 이 두 범주가 차지하는 비율은 약 81%이다. 이 씨끝들 외에 1학기와 2학기에 나타나는 이음씨끝은 ‘대조, 의도, 상황, 원인, 선택’ 등이 약 19%를 차지한다. 이 의미 범주의 씨끝은 나타나는 개수도 적을뿐더러, 이음씨끝의 종류도 크게 변하지 않았다. 다만 ‘선택’의 씨끝 ‘−거나’가 처음 사용되어 이음씨끝의 목록이 추가되었음을 알 수 있다.

1학기와 2학기에 나타나는 상위 비율의 이음씨끝은 ‘나열’의 ‘−고, −어 / 아, −으며, −어서 / 아서’, ‘조건’의 ‘−으면’이다. 2학년 교과서에서 ‘나열’과 ‘조건’의 씨끝이 가장 많이 쓰였는데 이 범주에 해당하는 씨끝이 골고루 사용되지 않고 일부의 국한된 씨끝만 사용된 것이 문제라 할 수 있다. ‘설명글’이나 ‘감정을 표현한 글’로 이루어진 문장에서 ‘−고, −어 / 아, −으며, −어서 / 아서’, ‘−으면’ 만 사용하여 문장을 형성하여야 하느냐이다. 교과서를 편찬할 때 ‘이음씨끝’이라는 문법 요소는 생각지 않고 문장을 가져온 것으로 판단된다.

2.4. 초등학교 3학년

2.4.1. 3학년 1학기

3학년 교과서의 수준과 범위는 '대상을 자세하게 설명한 글, 물건의 사용 절차와 방법에 대해 쉬운 낱말과 문장으로 표현한 설명서, 글쓴이의 생각과 느낌이 분명하게 드러나는 독서 감상문, 인물의 성격이 잘 표현된 만화나 애니메이션'이다. 3학년부터는 '대상을 자세하게 설명한 글'과 '글쓴이의 생각과 느낌을 분명하게 드러내는 글'로 구성되어 있어 문장의 길이와 분량이 2학년 교과서와 크게 다르다. 이음씨끝의 수 적인 면에서도 크게 늘고, 목록도 많이 추가되었다. 3학년 1학기 교과서에 나온 이음씨끝의 목록은 '−거나, −고, −고는, −고도, −ㄴ데, −나, −는데, −는데도, −는지, −는지도, −으니, −으니까, −다(가), −다가는, −다가도, −다고, −더니, −던지, −도록, −ㄹ지, −라, −으러, −으려고, −으려고만, −으며, −으면, −으면서, −으면서도, −어 / 아, −어도 / 아도, −어서 / 아서, −어서도 / 아서도, −어야 / 아야, −으니, −으려, −으려고, −으려는, −은데, −은지, −자(마자), −지만' 등이다. 씨끝과 토씨가 결합한 씨끝으로는 '−으려고, −으려고만, −으려는, −다가는, −다가도, −면서도, −는지도' 등이다.

1학기 교과서는 '대상에 대한 자세한 설명'이나 '글쓴이의 생각과 느낌'을 드러낸 글로 구성되어 있기는 하지만 그것을 설명하는 씨끝은 '나열'이 주로 사용됨을 알 수 있다. 596개 씨끝 가운데 '나열'의 '−고'가 138개, '−어 / 아'가 98개, '−으며'가 68개, '−어서 / 아서'가 62개 이고, '조건'을 나타내는 '−으면'이 46개이다. '나열'과 '조건'을 나타내는 씨끝이 전체 69% 정도를 차지한다. 이 씨끝들이 초등학교 저학년 수준에서는 '무엇을' 설명하거나 생각을 표현하는 데에는 이 씨끝이 가장 적합하다는 것을 보여 주는 것으로 판단할 수도 있지만 이음씨끝의 사용이 한쪽으로 치중해서 쓰여져 있음을 알 수 있다.

[표 9] 3학년 1학기 이음씨끝 비율도

씨끝	개수(596)	비율(%)	의미 범주
−고	138	23.1	나열
−어 / 아	98	16.4	나열
−으며	68	11.4	나열
−어서 / 아서	62	10.4	나열
−으면	46	7.7	조건
−는데	28	4.6	상황
−으니	21	3.5	원인
−으려	20	3.3	의도
−다(가)	19	3.1	나열
−으면서	19	3.1	나열
−자(마자)	12	2	나열
−지만	11	1.8	대조
−는지	8	1.3	상황
−어도 / 아도	8	1.3	대조
−거나	6	1	선택
−더니	6	1	상황
−으니까	5	0.8	대조
−라	5	0.8	상황
−어야 / 아야	5	0.8	대조
−다~−다	3	0.5	중복
−으러	3	0.5	의도
−으나	2	0.3	대조
−다고	2	0.3	원인
−르지	1	0.1	상황

　의미 범주 면에서 보면 대등−이음의 '나열'이 약 69%, 종속−이음의 '상황'이 약 8%를 차지한다. 대등−이음의 '대조', 종속−이음의 '조건, 의도, 원인, 선택, 중복'의 씨끝이 23% 정도 쓰였다. '나열', '조건'을 나타내는 씨끝이 아직 많은 비중을 차지하나 이것 외의 다른 의미 범주가 차지하는 비율이 늘어 범주의 다양화가 실현되었다 할 수 있다. 그러나 '−으니까, −라,

-어야 / 아야, -다~-다, -으러, -으나, -다고, -ㄹ지' 등은 전체 비율
의 1% 미만이어서 이 씨끝을 사용한 문장을 늘여 이음씨끝의 분포가 고르
게 되었으면 한다. '중복'을 나타내는 이음씨끝 '-다~-다'가 1% 미만이
지만 처음 쓰여 이음씨끝의 다양화가 시도되었다.

[표 10] 3학년 1학기 의미 범주 별 비율

의미 범주	씨　　끝	개수(596)	비율(%)
나열	-고, -어 / 아, -어서 / 아서, -으며, -다(가), -자(마자), -으면서	416	69.7
상황	-는데, -는지, -더니, -라, -ㄹ지	48	8
조건	-으면	46	7.7
대조	-어도 / 아도, -어야 / 아야, -으나, -니까, -지만	31	5.2
원인	-으니, -다고	23	3.8
의도	-으려, -으러	23	3.8
선택	-거나	6	1
중복	-다~-다	3	0.5

2.4.2. 3학년 2학기

2학기 교과서는 1학기보다 내용의 길이와 분량이 좀 더 많다. 하지만 이
음씨끝의 개수는 1학기보다 적게 나타나는데, 문장을 이을 때 씨끝 외에 매
김꼴의 형태로 나타냈기 때문인 것 같다. 2학기 교과서에 나오는 이음씨끝
의 목록은 '-거나, -거든, -고, -고는, -고도, -고만, -고서야, -고야,
-ㄴ데, -ㄴ데다가, -ㄴ지, -나, -는데, -는데도, -는지, -는지도, -으
니, -으니까, -다(가), -다는데, -다니, -다면, -더니, -더라도, -던,
-도록, -든지, -ㄹ수록, -라면, -으러, -으려고, -으려면, -으며, -으
면, -으면서, -으면서도, -어 / 아, -어도 / 아도, -어서 / 아서, -어서도 /
아서도, -어서야 / 아서야, -으나, -으니, -으려면, -은데, -은지, -을
수록, -자(마자), -지만' 등이다. 씨끝과 토씨가 결합한 씨끝으로는 '-고

는, ㅡ고도, ㅡ고서야, ㅡ고서만, ㅡ고야, ㅡ어서도 / 아서도, ㅡ어서 / 아서야, ㅡ면서도, ㅡ다고 하니, ㅡ는데다가, ㅡ는데도, ㅡ는지도' 등이다.

[표 11] 3학년 2학기 이음씨끝 비율

씨끝	개수(539)	비율(%)	의미 범주
ㅡ고	166	30.7	나열
ㅡ어 / 아	71	13.7	나열
ㅡ어서 / 아서	61	11.3	나열
ㅡ으며	48	8.9	나열
ㅡ으면	41	7.6	조건
ㅡ으면서	21	3.8	나열
ㅡ으니	19	3.5	원인
ㅡ지만	15	2.7	대조
ㅡ는데	14	2.5	상황
ㅡ는지	11	2	상황
ㅡ어도 / 아도	11	2	대조
ㅡ다면	10	1.8	조건
ㅡ자(마자)	8	1.4	나열
ㅡ으나	7	1.2	대조
ㅡ다(가)	7	1.3	나열
ㅡ거나	6	1.1	선택
ㅡ으니까	5	0.9	대조
ㅡ더라도	4	0.7	대조
ㅡ으러	4	0.7	의도
ㅡ으려고	4	0.7	의도
ㅡ더니	3	0.5	상황
ㅡ거든	1	0.1	조건
ㅡ든지	1	0.1	선택
ㅡ라면	1	0.1	조건

[표 11]에 나타나듯이 이음씨끝의 개수는 539개 인데 '나열'의 'ㅡ고'가 166개, 'ㅡ어 / 아'가 71개, 'ㅡ어서 / 아서'가 61개, 'ㅡ으며'가 48개, '조건'

의 '-으면'이 41개 이다. 2학기에도 가장 많이 사용된 씨끝은 대등-이음 에서는 '-고'이고, 종속-이음에서는 '조건'의 '-으면'이다. '나열'이나 '조 건'의 씨끝이 높은 비율을 차지한 것은 '대상에 대한 자세한 설명'이나 '글 쓴이의 생각을 표현'하고자 할 때는 가장 적합하다는 것을 보여주는 것으로 판단할 수도 있다. 하지만 이음씨끝이 어느 한쪽의 씨끝으로만 치중해서 쓰 여진 것은 아닌가 하는 의문이 생긴다.

[표 12] 3학년 2학기 의미 범주 별 비율

의미 범주	씨 끝	개수(539)	비율(%)
나열	-고, -어 / 아, -어서 / 아서, -으며, -다(가), -으면서	382	70.8
조건	-으면, -라면, -다면, -거든	53	9.8
대조	-으나, -으니까, -지만, -어도 / 아도, -더라도	42	7.7
상황	-는데, -는지, -더니	28	5.1
원인	-으니	19	3.5
의도	-으려, -으러	8	1.4
선택	-거나, -든지	7	1.2

대등-이음의 '나열'이 약 70% 정도, 종속-이음의 '조건'이 약 10% 정 도, 대등-이음의 '대조', 종속-이음의 '상황, 원인, 의도, 선택'이 약 20% 정도 차지한다. 비율로 보아 초등학교 저학년 수준에서 문장을 이어주는 씨 끝이 '나열'의 범주가 가장 적합하다는 것을 나타낼 수도 있지만 '-고, -어 / 아, -어서 / 아서' 외의 다른 씨끝을 쓴 문장으로 교과서를 편찬하는 방안 이 추진되어야 할 것 같다.

2.4.3. 초등학교 3학년 읽기 교과서에 나타난 이음씨끝의 특징

1학기 교과서에 나타난 상위 비율에 해당하는 이음씨끝을 살펴보면 대등 -이음의 '나열'의 '-고'가 약 23%, '-어 / 아'가 약 16%, '-으며'가 약

11%, '-어서/아서'가 약 10% 정도를 차지하고, 종속-이음의 '조건'의 '-으면'이 약 7% 정도를 차지한다. 이음씨끝의 전체 비율 가운데 '나열'이 약 70% 정도, '조건'이 약 8% 정도 쓰였으니 이 두 범주가 차지하는 비율은 약 78% 정도이다. '상황, 대조, 의도, 원인'의 씨끝이 22% 정도이다. 이 의미 범주의 씨끝은 2학년 교과서에서 보다는 5% 정도 늘어나 이음씨끝의 쓰임이 좀 다양해졌다. 의미 범주 면에서는 '중복'의 '-다~-다'가 추가되었다. 씨끝의 목록이 조금 더해지기는 하였으나 아직도 '나열', '조건'이 차지하는 비율은 상당하다.

2학기 교과서에 나타난 상위 비율의 이음씨끝을 살펴보면 대등-이음의 '나열'을 나타내는 '-고'가 약 31%, '-어/아'가 약 14%, '-어서/아서'가 약 11% 정도를 차지하고, 종속-이음의 '조건'을 나타내는 '-으면'이 약 7% 정도를 차지한다. 이음씨끝 전체 비율에서 '나열'의 씨끝 모두가 차지하는 비율은 약 71% 정도, '조건'의 씨끝 모두가 차지하는 비율은 10% 정도 나타나니 이 두 범주가 차지하는 비율은 약 81%이다. 이 씨끝들 외에 1학기와 2학기에 나타나는 이음씨끝은 '대조, 의도, 상황, 원인, 선택' 등이 약 19%를 차지한다.

1학기와 2학기에 나타나는 상위 비율의 이음씨끝은 '나열'의 '-고, -어/아, -으며, -어서/아서', '조건'의 '-으면'이다. 3학년 교과서에서 '나열'과 '조건'의 씨끝이 가장 많이 쓰였는데 이 범주에 해당하는 씨끝이 골고루 사용되지 않고 일부의 국한된 씨끝만 사용된 것이 문제라 할 수 있다. '대상을 자세하게 설명한 글, 물건의 사용 절차와 방법에 사용에 대해 표현한 글'에서 '나열'의 씨끝 '-고'가 무려 31%가 쓰였다는 것은 이 씨끝이 이러한 글을 설명하는 것을 이어주는데 가장 적합한 씨끝일 수도 있지만, 이음씨끝의 쓰임에 대한 획일성일 수도 있다는 판단도 든다. '나열'의 다른 씨끝을 사용하여 문장을 구성하면 학생들이 다양한 이음씨끝을 사용할 수 있을 수 있다고 생각된다. 교과서를 편찬할 때 '이음씨끝'이라는 문법 요소를 가르칠 수 있는 문장을 염두에 두었으면 한다.

2.5. 정리

1-2-3학년에 나타난 상위 이음씨끝
1학년 1학기 : −어서 / 아서(19.5), −고(18.5), −으며(13.4), −어 / 아(12.3),
　　　　　　 −으면(10.3)
1학년 2학기 : −으면(19.5), −어 / 아(16.4), −고(15.4), −으며(13.9), −어서
　　　　　　 / 아서(12.8)
2학년 1학기 : −고(22.1), −으며(15.1), −어서 / 아서(12.6), −으면(11.1)
2학년 2학기 : −고(20), −어 / 아(17.7), −어서 / 아서(14.2), −으면(13)
3학년 1학기 : −고(23.1), −어 / 아(16.4), −으며(11.4), −어서 / 아서(10.4),
　　　　　　 −으면(7.7)
3학년 2학기 : −고(30.7), −어 / 아(13.7), −어서 / 아서(11.3), −으면(7.6)

　1학년에서 3학년 교과서에 나타난 상위 이음씨끝과 비율을 보면 '나열'의 '−고, −어 / 아, −어서 / 아서, −으며'가 가장 많이 쓰였으며, '조건'의 '−으면'이 많이 쓰인다. 상위의 기준을 10% 이상인 씨끝을 나타냈으나 3학년의 경우에 '−으면'이 10% 이하이나 '나열' 이외의 씨끝으로는 유일하기 때문에 이 범위에 포함시켰다. 1학년에 나오는 이음씨끝이나, 2학년에 쓰이는 이음씨끝이나 3학년에 나타나는 이음씨끝의 차이가 없다. 학년이 올라가면 학년 수준에 맞는 학습 내용이나 지식이 올라간다. 다른 내용적인 면에서는 수준이 향상되었을 것이지만 이음씨끝의 사용에서는 전혀 향상되지 않는다. 이음씨끝 '−고'는 학년이 높아질수록 그 비율이 늘었다.
　초등학교 저학년의 '읽기' 교과서는 쉽고 간단한 문장으로 구성되어 있어 그것을 설명하는 데에는 '나열'의 씨끝이 가장 적합하리라 판단된다. 또한 '나열'에 해당하는 씨끝의 종류가 다양하기 때문에 많이 쓰였으리라고 생각할 수 있다. 하지만 '나열'에 해당하는 여러 씨끝 가운데서 '−고, −어 / 아, −어서 / 아서, −으며'가 50% 이상을 차지하는 것은 초등학교 교과서를 편찬할 때 '이음씨끝'이라는 문법 교육을 생각하지 않고 편찬하였다는 생각이 들 수 있다. 이음씨끝은 종류도 다양하고 의미도 다의적이어서 같은 형태의

씨끝이 다른 의미로 쓰일 수 있다. 그렇기 때문에 초등학교에서부터 이음씨끝에 대한 교육이 필요하다고 생각한다. 교과서를 편찬할 때 본문 내용적인 면만 가지고 판단하지 말고 학년 수준에 적당한 '이음씨끝' 교육, 나아가 '문법' 교육을 위한 면에서도 판단을 하여야 할 것 같다.

3. 맺음말

　초등학교 저학년 읽기 교과서에 나타난 이음씨끝의 종류와 그 비율, 의미 범주 별 비율을 살펴보았다. 초등학교 저학년의 교과서의 수준과 범위는 '자·모음의 짜임을 이용하여 쓴 문장이나 짧은 글에서부터 시작하여 설명을 하는 글과 자신의 생각을 표현하는 글'로 이루어져 있다. 짧은 글이든, 설명을 하든, 생각을 표현하는 글이든 그것을 나타내는 데 필요한 이음씨끝은 대등—이음의 '나열'의 씨끝이 가장 많이 사용된 것으로 나타났다. 이는 문장을 생성해내는 능력이 아직은 부족하고 단순한 사실을 '나열'하는 것으로 내용을 전달하는 것이 학생들에게 쉽게 이해할 수 있기 때문인 것 같다. 또한 종속—이음의 '조건'을 나타내는 씨끝이 주로 쓰였는데 이것은 '쉽고 간단한 내용을 짐작하거나 작은 바람'의 뜻을 표현하려고 한 것 같다. '나열'을 나타내는 '—고, —으며, —어/아, —어서/아서,' 등이 가장 높은 비율을 나타낸 씨끝이고, '조건'을 나타내는 '—으면'이 많이 쓰인 씨끝이다. 학년이 높아지면서 이음씨끝의 개수는 크게 늘어났으나 이음씨끝의 의미 범주는 '나열'의 씨끝이 주로 쓰였다. 그 이유는 '단순하게 설명하는 씨끝으로 가장 보편적인 씨끝 범주'이기 때문이다. 미미한 비율이지만 학년이 높아지면서 이음씨끝의 목록이 추가되는데 이는 문장을 읽고 이해하는 능력이 향상되기 때문이다.
　'나열'의 씨끝이 가장 많이 사용되면서도 학생들에게 이음씨끝의 개념이라든가 다른 문법 개념에 대한 설명은 거의 없다. 흉내말이나 큰말, 작은 말 등 말소리에 대한 개념이 조금씩 나올 뿐이다.

초등학교에서부터 문법 교육을 시행하는 나라는 '프랑스'와 '중국'을 들 수 있는데 이들 나라에서는 초등학교 1학년부터 교육과정에 '문법'을 교육시키고 있다(이관규, 2008). 이들 나라에서는 초등학교와 중학교에서 문법과 문학을 가르치고 고등학교에서는 문법 교육을 하지 않는다. 우리나라의 문법은 초등학교 '읽기' 교과서와 '쓰기' 교과서 단원 중간 중간에 설명되어 있고, 중학교는 국어 교과서에 수록되어 있다. 고등학교는 '문법' 교과서가 따로 있지만 선택 과목으로 되어 있다. 하지만 대학 입시에 이 과목이 없기 때문에 대다수의 고등학교에서는 문법 수업 시간이 없는 것 같다. 우리나라 학생들에게 문법에 대하여 질문을 하면 많은 수의 학생이 대답을 못하고 문법은 아주 어려운 과목이라고 말한다. 우리나라 사람이 가장 잘 알아야 하는 국어 문법을 우리가 어쩌면 더 모르고 있는 상황은 아닌가하는 의구심마저도 든다. 또한 글을 쓰는 데 있어 문법에 대해 정확히 모르고 있으니 비문법적인 문장을 쓰고도 비문법적인 것을 모르는 경우도 발생한다. 이러한 문제를 해결하기 위해서는 초등학교 때부터 '문법'을 교육하기 위한 교과과정이나 교재를 개발하여 교육을 하여야 할 것 같다. 현재 초등학교에서는 '한자' 교육과 '영어' 교육에 많은 힘을 쓰고 있으나 정작 우리 국민이 가장 잘 알아야 할 국어의 '문법'에 대해서는 큰 관심을 갖지 않고 있는 것 같다. 우리 말과 글의 본을 잘 알아야 '한자'도 '영어'도 잘 할 수 있으리라고 굳건히 믿는다.

‖ 참고문헌

권재일(1985), 『국어의 복합문 구성 연구』, 집문당.
권재일(1988), 「접속문 구성의 변천 양상」, 『언어』 13-2, 한국언어학회.
권재일(1991), 「한국어 접속문 연구사」, 『언어학 연구사』, 서울대 출판부.
권재일(1992), 「현대국어 이음씨끝 연구의 흐름」, 『한국어 토씨와 씨끝』, 박이정.
김승곤 엮음(1996), 『한국어 토씨와 씨끝의 연구사』, 박이정.
김승곤(1978ㄱ), 「연결형 어미 '–니까', '–아서', '–므로', '–매'의 말쓰임에 대하여」,
     『인문과학논총』 11, 건국대 인문과학연구소.
김승곤(1978ㄴ), 「상태 지속 어미 {아}에 대하여」, 『눈뫼 허웅 박사 환갑기념논문집』,
     서울대 출판부.
김승곤(1979ㄱ), 「가정형 어미 '–면'과 '–거든'에 대하여」, 『인문과학논총』 12, 건국대
     인문과학연구소.
김승곤(1979ㄴ), 「선택형 어미 '–거나'와 '–든지'의 화용론」, 『말』 4, 연세대 한국어학당.
김승곤(1981ㄱ), 「한국어 연결형 어미의 의미 분석 연구 1」, 『한글』, 173 · 174, 한글학회
김승곤(1981ㄴ), 「한국어 연결형 어미 '–건대'와 '–거늘', '–기에'와 '–는지라'의 화
     용론」, 『학술지』 25, 건국대학교.
김승곤(1984), 「한국어 이음씨끝의 의미 및 통어기능 연구(1)」, 『한글』 186, 한글학회.
김승곤(1999), 『현대 나라 말본』, 박이정.
박영순(2005), 『국어문법 교육론』, 박이정.
방운규(1999), 「현대 국어의 나열문 연구」, 건국대학교 박사학위논문.
윤평현(2005), 『현대국어 접속어미 연구』, 박이정.
이관규(2008), 『학교문법 교육론』, 민족문화연구총서 123, 고려대 민족문화연구원.
장숙영(1989), 「16세기 국어의 이음씨끝 연구」, 건국대학교 석사학위논문.
장숙영(1992), 「15세기와 16세기 국어의 이음씨끝 연구」, 『한국어의 토씨와 씨끝』, 서광
     학술자료사.
장숙영(2006ㄱ), 「노걸대 · 박통사류에 나타난 국어의 이음씨끝의 소멸」, 『겨레어문학』
     36, 겨레어문학회.
장숙영(2006ㄴ), 「노걸대 · 박통사류에 나타난 이음씨끝 변화 연구」, 『한말연구』 19, 한
     말연구학회.
장숙영(2008), 「『노걸대』·『박통사』 언해류에 나타난 한국어 이음씨끝의 통시적 연구」,

　　　　건국대학교 박사학위논문.
조오현(1990ㄱ), 「현대국어의 이유구문에 관한 연구」, 건국대학교 박사학위논문.
조오현(1990ㄴ), 「'-아서', '-니까'에 대한 연구-통사·의미 중심으로」, 『논문집』 30
　　　　집, 건국대 대학원
조오현(1991ㄱ), 「이음씨끝 형태 연구」, 『건국어문학』 15·16합집, 건국대 국어국문학과.
조오현(1991ㄴ), 「전제와 이음씨끝의 의미」, 『학술지』 35집, 건국대.
조오현(1992), 「현대 국어의 이유씨끝 연구」, 『한국어의 토씨와 씨끝』, 서광학술자료사.
조오현(1993), 「이유의 접속대용어 연구」, 『어문학논총』, 학문사.
조오현(1996), 「'이다'의 연구사」, 『한국어의 토씨와 씨끝 연구사』, 박이정.
주시경(1910), 『국어문법』, 박문서관.
한재영 외 5인(2008), 『한국어 문법 교육』, 태학사.
허　웅(1983), 『국어학』, 샘문화사.
허　웅(1995), 『20세기 우리말의 형태론』, 샘문화사.
허　웅(1999), 『20세기 우리말의 통어론』, 샘문화사.

복합문 구성에서의 중첩구성

김 유 권

1. 머리말

이 글의 목적은 복합문 구성에서의 중첩구성과 의존명사가 관여하여 이끄는 명사구 내포문에서의 중첩구성을 포함한 중첩구성의 체계를 세우는데 있다. 김유권(1997)에서는 복합문구성에서의 중첩구성 가운데 동사구 내포문에서의 구성을 집중적으로 다룬 바 있다. 그러나 한국어의 특징으로 되풀이, 즉 중첩구성은 각 층위에 걸쳐 일어난다고 할 수 있다. 어휘적 측면에서는 물론이고, 형태—통사적 측면에서도 다양하게 실현된다고 할 수 있다. 이 글은 좀 더 범위와 대상을 확장시켜 접속문구성에서의 중첩구성과 내포문구성, 특히 의존명사가 이끄는 명사구내포문 가운데 관형화구성에서의 중첩구성까지 다루어, 복합문구성 전반에서의 중첩구성을 한자리에서 논한다는데 그 의의를 찾을 수 있다고 생각한다.

이 글의 대상은 복합문구성에 관여하는 접속어미의 중첩과 동사구내포문에서의 내포어미 중첩, 명사구내포문 가운데 관형화구성에 관여하는 의존명

사의 중첩이 이루어내는 중첩구성이다. 그 모습을 각각 살펴보면 다음과 같
다(권재일, 1992 참조).

접속어미의 중첩
　선택관계 : <-거나 ～ -거나>
　　　　　　<-든지 ～ -든지>
　강조관계 : <-고 ～ -고>
　　　　　　<-으면서 ～ -으면서>
　　　　　　<-다가 ～ -다가>
　　　　　　<-으나 ～ -으나>
　　　　　　<-자 ～ -자>
　　　　　　<-어도 ～ -어도>
　　　　　　<-으면 ～ -을 수록>

내포어미의 중첩(동사구내포어미의 중첩)(권재일 : 1992, 김유권 : 1998 참조)
　　　　　　<-(으)락 ～ -(으)락>
　　　　　　<-거니 ～ -거니>
　　　　　　<-으면서 ～ -으면서>
　　　　　　<-거나 ～ -거나>
　　　　　　<-다가 ～ -다가>
　　　　　　<-든지 ～ -든지>
　　　　　　<-고 ～ -고>

의존명사의 중첩(명사구내포문 가운데 관형화구성에서)
　　　　　　<-(으)ㄹ 지 ～　-(으)ㄹ 지>
　　　　　　<지 ～ 지>
　　　　　　<둥 ～ 둥>
　　　　　　<체 ～ 체>
　　　　　　<척 ～ 척>

　　한국어는 조사와 어미가 문법기능을 수행하는 언어이다. 따라서 한국어의
특징적인 구성을 이루는 중첩어미와 그 구성에 대한 연구 역시, 이에 착안

한 방법으로 연구한다. 의존명사가 이끄는 중첩구성 역시 명사구내포문 구성 가운데, 관형화구성에 따른 모습이므로 내포어미와 연관이 있다고 할 수 있다. 중첩구성을 파악하는 연구 방법은 접속어미와 내포어미 각각의 결합과 기능, 그리고 통사적 특성을 살펴보는 것이다. 이를 위해서는 어미체계에 바탕을 둔 연구방법론이 제시될 수 있다(권재일, 1985). 즉 중첩어미와 문법범주를 실현시키는 어미와의 결합에서 이루어지는 제약관계와 그 기능을 밝히는 방법이다. 이러한 방법은 특히 한국어가 언어 유형론적으로 교착어에 속한다는 특성과 매우 밀접한 관계가 있다. 또한 어떠한 것을 연구하는 과학적인 방법으로 일관되고 타당한 기준을 설정하여 체계를 세우는 방법이 있다. 이는 언어의 본질을 파악하는 데 매우 유익한 방법이다.

2. 중첩구성 체계

김유권(1998)에서는 접속어미가 이끄는 중첩구성과 내포어미(동사구내포어미)가 이끄는 중첩구성을 다음과 같이 체계화하였다.

[기준]
   1. 접속어미가 중첩되어 수행할 때, 이루는 문장의 성격
   2. 중첩된 두 서술어의 의미관계
   3. 실현방법

[체계]
   제1유형 : 맞섬관계 구성
   제2유형 : 부정관계 구성
     제2-1유형 : 말—부정관계 구성
     제2-2유형 : 안—부정관계 구성

김유권(1998)에서 세워진 중첩구성의 체계는 위에서 제시한 기준대로 접속어미의 중첩을 기준으로 한 체계이다. 이 글은 이러한 체계의 연속선상에서 명사구내포문 구성 가운데 관형화구성에서의 중첩구성으로 확장하여 복합문구성 전반을 논하고자 한다. 그런데 접속어미의 중첩은 접속문구성으로 실현되든 동사구 내포문구성으로 실현되든 위에서 제시한 체계로 동일하게 실현됨을 확인할 수 있었다. 이 연구는 어미의 중첩뿐만 아니라 의존명사의 중첩으로까지 확장하여 중첩구성의 모습이 어떠한가에 관심을 둘 것이며, 특히 그것이 중첩어미에 의한 구성과 동일한가에 더더욱 집중할 것이다.

3. 중첩어미에 의한 중첩구성

3.1. 접속문 구성에서의 중첩구성(중첩1구성)

접속문 구성에서의 중첩구성은 접속어미가 중첩하여 선택이나 강조의 의미를 나타낸다.

이때, 내포어미로 실현될 때와의 차이점은 중첩된 구성이 상위문 동사 하다에 내포되지 않는다는 점이다. 또한 단일 접속어미로 쓰일 때와의 차이는 어미가 중첩됨으로써 선택이나 강조의 의미를 실현하게 된다는 점이다. 권재일(1992)에서 선택관계와 강조관계에 대해 다음과 같은 어미를 언급하고 있다.

선택관계 : <-거나 ~ -거나>
　　　　　<-든지 ~ -든지>
강조관계 : <-고 ~ -고>
　　　　　<-으면서 ~ -으면서>
　　　　　<-다가 ~ -다가>

<-으나 ~ -으나>
<-자 ~ -자>
<-어도 ~ -어도>
<-으면 ~ -을 수록>

(1) ㄱ. 학교에 가거나 집에 가거나, 늘 마음이 편안했다.
　　ㄴ. 학교에 가든지 집에 가든지, 늘 마음이 편안했다.

(2) ㄱ. 그들은 가면서 오면서, 서로 정이 깊었다.
　　ㄴ. 그 책은 읽으면 읽을수록, 더욱 재미있었다.

　(1)은 선택관계를 실현한 접속어미의 중첩이고, (2)는 강조관계를 실현한 경우이다. 1)에서 두 서술어의 의미는 선택관계에 있고, (2)에서 두 서술어의 의미는 강조관계에 있다고 할 수 있다. 다음은 맞섬관계(3ㄱ)와 안-부정관계(3ㄴ)와 말-부정관계(3ㄷ)를 이루는 경우이다.

(3) ㄱ. 그들은 가면서 오면서, 서로 정이 깊었다.
　　ㄴ. 하든지 안 하든지, 도대체 뭐가 문제가 되냐?
　　ㄷ. 하든지 말든지, 너 마음대로 해라

3.2. 내포문 구성에서의 중첩구성

　상위문이 하위문을 관할하는 방식에 따라서 복합문의 유형을 체계화할 때, 상위문이 하위문을 간접 관할하는 복합문 구성이 내포문구성이다. 내포문구성은 상위문이 하위문을 관할하는 방식에 따라서, 명사구를 통해 관할하는 구성이 명사구 내포문구성이고, 동사구를 통해 관할하는 방식이 동사구 내포문구성이다. 동사구내포문의 경우는 김유권(1998)에서 본격적으로 다루었으며, 명사구 내포문구성의 경우, 관형화구성에서 중첩구성이 의존명사에 이끌려 실현된다. 따라서 내포문구성에서의 중첩구성은 다음과 같이 체계화할 수 있다.

내포문구성에서의 중첩구성
　　　동사구 내포문구성에서의 중첩구성-내포어미의 중첩에 의해 실현
　　　명사구 내포문(관형화) 구성에서의 중첩구성-의존명사에 의해 실현

이때 명사구 내포문(관형화)구성에서의 경우, 어미에 의한 실현이라기보다는 의존명사에 의한 구성이라고 할 수 있다. 하지만 의존명사에 의해 관형화구성이 이끌어지므로 중첩구성의 주체로 보기로 하고, 중첩구성으로 체계화 할 수 있다.

3.2.1. 동사구 내포문 구성에서의 중첩구성[1] (중첩2구성)

접속어미가 중첩되었을 때, 접속어미로 작용하는 것과 내포어미로 작용하면서 상위문 서술 [하다]에 이끌려 작용하는 것으로 나눌 수 있는데, 후자의 경우가 동사구 내포문 구성에서의 중첩구성이다. 어미를 기준으로 분류한 중첩구성을 접속어미에 의한 구성-중첩1구성과 내포어미에 의한 구성-중첩2구성으로 체계화 할 때, 중첩2구성에 해당된다고 할 수 있다.

　　　(4) ㄱ. 너가 오든지 가든지, 나는 상관하지 않는다.
　　　　　ㄴ. 그럼, 여기로 오든지 가든지 하게.

(4)에서 ㄱ은 중첩1구성으로 접속어미의 중첩이 이끌어낸 중첩구성이고, ㄴ은 중첩2구성으로 접속어미가 상위문 동사 [하다]에 이끌려 내포문 구성을 이룬 중첩구성이다. 동사구내포문 구성에 관여하는 어미목록은 다음과 같다(권재일, 1985 ; 권재일, 1992 ; 김유권, 1998).

---

1) 이것을 동사구 내포문구성으로 볼 것이냐의 문제에 대해서는 김유권(1998 : 2장) 참고.

내포어미의 중첩(동사구내포어미의 중첩)
    <-(으)락 ~ -(으)락>
    <-거니 ~ -거니>
    <-으면서 ~ -으면서>
    <-거나 ~ -거나>
    <-다가 ~ -다가>
    <-든지 ~ -든지>
    <-고 ~ -고>

동사구내포문 구성의 경우도 접속문 구성의 경우와 같이 세 가지 유형의 중첩구성을 이룬다. 맞섬관계의 경우와 안-부정관계의 경우, 그리고 말-부정관계의 경우이다.

(5) ㄱ. 그들은 서로 엎치락 뒤치락 하며 싸웠다.
    ㄴ. 연습을 하다가 안 하다가 하면 무슨 소용이냐?
    ㄷ. 그를 죽이니 마니 하면서 화를 냈다.

ㄱ은 맞섬관계의 경우이고, ㄴ은 안-부정관계의 경우이며, ㄷ은 말-부정관계의 경우이다, 또한 중첩2구성은 의향법, 높임법, 시제법, 부정법, 조사와의 결합 등에서 다음과 같은 통사특성을 나타낸다(김유권, 1998 참조).

중첩2구성과 의향법
  1. 중첩되어 내포된 하위문 어미는 의향어미가 온전히 갖추어지지 않았기 때문에 의향법이 제약된다. 그 이유는 중첩어미에 의해 의향법이 중화되기 때문이다.
  2. 중첩구성을 내포한 상위문 서술어 [하다]에 의향어미가 결합되어 의향법과 청자높임법이 실현된다.

중첩2구성과 높임법
  1. 중첩구성에서의 높임법 실현은 상위문과 하위문의 주체높임이 모두 실현되는 경우와 하위문은 실현되지 않고, 상위문의 주체높임만 실

현되는 경우의 두 방법이 있다.
2. 중첩구성에서의 높임법 실현에서, 상위문 서술어는 그에 호응하는 주어에 따라 결정된다.
3. 하위문의 서술어는 격식을 갖출 수 있는 경우에는 일부 높임법이 허용되나, 상위문의 주어가 하위문의 주어와 같지 않은 경우에는 대부분 허용되지 않는다.

중첩2구성과 시제법

1. 다음의 조건으로, 문법기능이 중복 수행되면 결합이 제약된다.
<조건>　① 구성성분이 긴밀한 통합관계에 있을 때
　　　　　② 어미의 의미특성에 시제법의 특성이 포함되어 있을 때
2. 복합문 어미의 의미특성과 시제어미의 특성이 서로 어긋나 있을 때는, 시제어미의 결합이 제약된다.

중첩2구성과 부정법

1. 말-부정법
조건 : A가 동사의 어간일때
제약 : ① AX와 말X는 서로 자리가 바뀔 수 없다.
　　　　② [-고 ~ -고]구성은 예외적으로 말-부정법이 실현되지 않는다.
(A는 동사의 어간, X는 중첩어미)
2. 안-부정법
말-부정법의 보충적인 기능을 함.

3.2.2. 명사구 내포문(관형화)구성에서의 중첩구성(중첩3구성)

명사구 내포문은 상위문이 하위문을 명사구를 통해 관할하는 구성이다. 이러한 명사구내포문은 다시 명사화 내포문 구성과 관형화 내포문 구성으로 나눌 수 있으며, 명사구 내포문구성에서의 중첩구성은 의존명사가 관여하여 이끄는 구성이므로 이 가운데 관형화 내포문 구성에 해당된다. 그런데 앞서 언급했듯이 관형화구성에서의 중첩구성은 관형화 내포어미에 의해 실현되기보다는 관형화 내포어미를 이끄는 의존명사에 의해 실현된다고 할

수 있다. 따라서 앞선 중첩1구성과 중첩2구성과는 달리 어미목록이 아닌
의존명사의 목록이 제시될 수 있다. 관형화 중첩구성에서의 의존명사 목록
은 다음과 같다.

　　의존명사의 중첩(명사구내포문 가운데 관형화구성에서)
　　　　<-(으)ㄹ 지 ~ -(으)ㄹ 지>
　　　　<지 ~ 지>
　　　　<둥 ~ 둥>
　　　　<체 ~ 체>
　　　　<척 ~ 척>

의존명사로 이끌어지는 중첩구성을 살펴보면 다음과 같다.

　(6) ㄱ. 종로로 갈 지 여기로 올 지 애매하다.
　　　ㄴ. 종로로 갈 지 말 지 확신이 안 선다
　　　ㄷ. 내가 거기로 갈 지 안 갈지 모르겠어.(화용론상)

　(7) ㄱ. 공부를 하는 지 음악을 듣는 지, 도대체 모르겠다.
　　　ㄴ. 공부를 하는 지 마는 지, 도대체 모르겠다.
　　　ㄷ. 공부를 하는 지 안 하는 지, 도대체 모르겠다.

　(8) ㄱ. *그는 공부를 하는 둥 음악을 듣는 둥 했다.
　　　ㄴ. 　그는 공부를 하는 둥 마는 둥 했다.
　　　ㄷ. *그는 공부를 하는 둥 안 하는 둥 했다.

　(9) ㄱ. *그는 여기를 보는 체 엿듣는 체 했다.
　　　ㄴ. 그는 여기를 보는 체 마는 체 했다.
　　　ㄷ. *그는 여기를 보는 체 안 보는 체 했다.

　(10) ㄱ. *그는 공부를 하는 척 책을 읽는 척 했다.
　　　ㄴ. 그는 공부를 하는 척 마는 척 했다.
　　　ㄷ. *그는 공부를 하는 척 안 하는 척 했다.

위의 의존명사가 이끄는 관형화 중첩구성에서 서술어에 대해 [말다]로 대체되는 구성은 모두 가능함을 보았다. 그러나 의미적으로 대립적인 서술어로 수식되는 의존명사의 경우 <-(으)ㄹ 지 ~ -(으)ㄹ 지>, <지 ~ 지>를 제외한 대부분의 구성에서는 제약됨을 알 수 있다. 또한 서술어에 [안]이 결합되어 이루는 관형화구성에서의 의존명사도 대부분 제약됨을 알 수 있다. 이는 의미적인 어색함 때문으로 생각된다. 이를 통해 앞선 중첩1-2구성에 비해 의존명사로 이끌어지는 중첩3구성-관형화구성에서 제약이 많음을 알 수 있다.

4. 맺음말

지금까지 김유권(1998)에서 다루었던 동사구내포문 구성에서의 중첩구성을 접속문 구성과 명사구내포문(관형화)구성으로까지 확장하여, 복합문구성 전반에 걸친 중첩구성 체계를 세워 보았다. 지금까지의 논의를 정리한 복합문구성에서의 중첩구성 체계는 다음과 같다

복합문구성에서의 중첩구성 체계
    [기준1 : 통사특성에 따른 문장의 성격]
    접속어미의 중첩 : 접속문을 이룸 ····························· 중첩1구성
    접속어미의 중첩 : 동사구내포문을 이룸 ····················· 중첩2구성
    의존명사의 중첩 : 명사구-관형화 내포문을 이룸 ······· 중첩3구성

    [기준2 : 중첩구성을 이끄는 서술어의 의미관계]
    제1유형 - 맞섬관계구성
    제2유형 - 부정관계구성
        제2-1유형 말-부정관계구성
        제2-2유형 안-부정관계구성

이러한 중첩구성 가운데 명사구—관형화 내포문 구성에서는 특징적으로 제1유형과 제2-2유형이 제약됨을 알 수 있었다.

중첩구성은 통사—형태층위뿐만 아니라 음운 어휘층위에서도 활발히 이루어지고 있는 것이 사실이다. 앞으로 이러한 것을 감싸는 균형 있는 중첩구성에 대한 연구가 과제라고 할 수 있다.

‖ 참고문헌

강기진(1994), 「국어의 몇몇 접속어미에 대하여」, 『우리말 연구의 샘터─연산 도수희선
　　생 화갑기념논총(간행위원회)』, 문경출판사.
구연미(1991), 「도움풀이씨의 분류에 대한 검토」, 『국어국문학』 28, 부산대학교 국어국
　　문학회.
구현정(1989), 「현대 국어의 조건월 연구」, 건국대학교 박사학위논문.
권영환(1991), 「[도움풀이씨]범주 설정에 대하여」, 『우리말 연구』 1, 우리말 연구회.
권재일(1983), 「복합문 구성에서의 시상법」, 『한글』 182, 한글학회.
권재일(1984ㄱ), 「복합문 구성에서의 명사구 제약」, 『한글』 185, 한글학회.
권재일(1984ㄴ), 「복합문 구성에서의 의향법」, 『언어학』 7, 한국언어학회.
권재일(1985ㄱ), 「경북방언의 의존동사의 통사론적 연구」, 『한글』 190, 한글학회.
권재일(1985ㄴ), 『국어의 복합문 구성연구』, 집문당.
권재일(1986), 「의존동사의 문법적 성격」, 『한글』 194, 한글학회.
권재일(1987), 「문법기술에서의 "체계"에 대하여」, 『건국어문학』 11~12, 건국대학교 국
　　어국문학연구회.
권재일(1988ㄱ), 「문법기술에서의 "정도성"에 대하여」, 『국어국문학』 100, 국어국문학회.
권재일(1988ㄴ), 「국어의 내포문」, 『국어생활』 12, 국어연구소.
권재일(1991), 「한국어 접속문 연구사」, 『언어학 연구사(김방한 편)』, 서울대학교 출판부.
권재일(1992), 『한국어 통사론』, 민음사.
김두영(1987), 「보조용언에 대한 소고」, 『열므나 이승호 박사 회갑기념논문집(간행위원회)』.
김미경(1994), 「국어보조동사 구문의 구조」, 『현대언어학 지금 어디로』, 장석진(엮음 ;
　　1994)』, 한신문화사.
김석득(1983), 『우리말연구사』, 정음문화사.
김석득(1986), 「도움풀이씨의 형태통어론적 차원」, 『말』 11, 연세대학교 한국어학당.
김승곤(1984), 「한국어 이음씨끝의 의미 및 통어 기능연구(1)」, 『한글』 186, 한글학회.
김승곤(1986), 「이음씨끝 '─게'와 '─도록'의 의미와 통어적 기능」, 『국어학 신연구』,
　　탑출판사.
김승곤(1991), 『한국어 통어론』, 건국대학교 출판부.
김승곤(1996), 『현대나라말본』, 박이정.
김승곤(1996), 『한국어 토씨와 씨끝의 연구사』, 박이정.

김영태(1994), 「보조용언의 중출과 그 의미」, 『대구어문논총』 12, 대구어문학회.

김영희(1988), 「등위접속문의 통사특성」, 『한글』 201・202, 한글학회.

김영희(1993), 「의존동사 구문의 통사표상」, 『국어학』 23호, 국어학회.

김유권(1998), 「현대 국어 중첩구성 연구」, 건국대학교 석사학위논문.

김운태(1989), 「동사구 내포문에 관한 일고찰」, 『대구어문연구』 14, 대구대학교 국어국문학과.

김일웅(1991), 「이음과 묶음」, 『국어의 이해와 인식(갈음 김석득 교수 회갑기념 논문집』, 한국문화사.

김정대(1990), 「'아, 게, 지, 고'가 명사구 보문소인 몇 가지 증거」, 『주시경학보』 5, 주시경연구소.

김종록(1993), 「국어접속문 구성에서의 주어 및 주제어특성(2)」, 『어문학』 54, 한국어문학회.

남기심(1994), 『국어연결어미의 쓰임』, 서광학술자료사.

리의도(1990), 『우리말 이음씨끝의 통시적 연구』, 어문각.

민현식(1993), 현대국어 보조용언처리의 재검토, 『어문논집』 3, 숙명여자대학교 국어국문학과.

박지홍(1986), 『우리 현대말본』, 과학사.

서순남(1984), 「국어의 보조용언에 대한 재고」, 『동대어문』 4, 동국대학교 국어국문학과.

서정수(1980), 「보조용언에 관한 연구(1)」, 『한양어문연구』 2. 한양대학교 한양어문연구회.

서정수(1985), 「국어의 접속어미 연구(1)」, 『한글』 189, 한글학회.

서태룡(1979ㄱ), 「국어접속문에 대한 연구」, 『국어연구』 40, 국어연구회.

서태룡(1979ㄴ), 「내포와 접속」, 『국어학』 8, 국어학회.

성낙수(1988), 「도움풀이씨의 재고」, 『청람어문학』 1호, 청람어문학회.

손세모돌(1993), 「보조용언의 형성에 대한 고찰」, 『한양어문연구』 11호, 한양대학교 한양어문연구회.

손세모돌(1994ㄱ), 「보조용언의 의미에 대한 연구」, 『한글』 223, 한글학회.

손세모돌(1994ㄴ), 「중세국어의 보조용언에 대한 연구」, 『한국학논집』 24, 한양대학교 한국학 연구소.

손세모돌(1996), 『국어 보조용언 연구』, 한국문화사.

양인석(1972), *Korean Syntax : Case Markers, Delimitiers, Complementation and Relativization*, ph D dissertation, Univ. of Hawaii.

엄정호(1987), 「장형 부정문에 나타나는 '−지'에 대하여」, 『국어학』 16, 국어학회.

유정선(1992), 「내포문 주제화의 허가자」, 『어문논집』 31, 고려대학교 국어국문학 연구회.

윤평현(1988), 「국어대립 접속어미에 대한 연구」, 『한글』 200, 한글학회.

윤평현(1990), 「국어의 시간관계 접속어미에 대한 연구」, 『언어』, 한국언어학회.

윤평현(1992), 『국어의 접속어미 연구—의미론적 기능을 중심으로』, 한신문화사.

윤평현(1994), 「접속어미 '—며'와 '—면서'에 대한 고찰」, 『우리말 연구의 샘터—연산
　　　　도수희선생 화갑 기념 논총(간행위원회)』, 문경출판사.

이관규(1992), 「대등 구성의 요건과 유형」, 『한글』 217, 한글학회.

이근영(1987), 「국어 문형 분류에 대한 고찰」, 『새우리말 연구』, 서울 ; 과학사.

이상태(1995), 『국어 이음월의 통사·의미론적 연구』, 형설출판사.

이은경(1992), 「접속과 접속형식」, 『주시경학보』 9, 주시경연구소.

이종민 역 (1993), 『최소주의 문법이론』, 한국문화사.

이현희(1990), 「보문화」, 『국어연구 어디까지 왔나』, 서울대학교 대학원 국어연구회편,
　　　　동아출판사.

이홍배(1970), *A study of Korean Syntax*, ph. D dissertation, Brown University.

이홍배 역 (1987), 『지배·결속이론—피사강좌』, 한신문화사.

이홍배 역 (1990), 『언어에 대한 지식—그 본질, 근원 및 사용』, 민음사.

장경희(1995), 「국어 접속어미의 의미구조」, 『한글』 227, 한글학회.

장윤희(1991), 「중세국어의 조건 접속어미에 대한 연구」, 『국어연구』 104, 국어연구회.

장정줄(1987), 「접속의 유형」, 『부산한글』 6, 한글학회.

전정례(1990ㄱ), 「중세국어 명사구 내포문에서의 [—오—]의 기능과 변천」, 서울대학교
　　　　언어학과 박사학위논문.

전정례(1990ㄴ), 「중세국어 의존명사 구문에 대한 일고찰」, 『언어학』 12, 한국언어학회.

전정례(1991), 「국어통사변화의 한 양상—선어말어미 '—오—'의 소멸과 명사성의 약화」,
　　　　『주시경학보』 8, 주시경연구소.

정희원(1990), 「한국어 내포문 통제구문의 유형—HPSG를 중심으로」, 『언어학 연구』 9,
　　　　서울대학교 대학원 언어학과.

조오현(1987), 「'이'파생명사에 대한 통어적 연구—생성과정을 중심으로」, 『새 우리말
　　　　연구』, 서울 : 과학사.

조오현(1991ㄱ), 『국어의 이유구문 연구』, 한신문화사.

조오현(1991ㄴ), 「이음씨끝의 형태연구」, 『건국어문학』 15·16, 건국대학교 국어국문학
　　　　연구회.

조오현(1995), 「현대국어의 이유씨끝 연구」, 『한국어의 토씨와 씨끝』, 박이정.

지춘수(1993), 「15세기 국어의 내포문연구」, 『인문과학연구』 14, 조선대학교, 인문과학
　　　　연구소.

최규수(1994), 「시점과 안은 겹월의 격 실현」, 『한글』 224, 한글학회.

최현배(1937), 『우리말본』, 정음문화사.

허　웅(1975), 『우리옛말본』, 샘문화사.

허　웅(1983), 『국어학』, 샘문화사.

허 웅(1995), 『20세기 우리말의 형태론』, 샘문화사.

허 웅(1999), 『20세기 우리말의 통어론』, 샘문화사.

허원욱(1988), 「15세기 우리말 매김마디 연구」, 『한글』 200, 한글학회.

허원욱(1991), 「15세기 국어의 이름마디와 매김마디 연구」, 건국대학교 국어국문학과 박사학위논문.

홍양추(1989), 「국어부사절 내포문 연구」, 『한글』 203, 한글학회.

홍정선(1986), 「체언화 어미 '-어, -게, -고'의 의미역」, 『어문논집』 26, 고려대학교 국어국문학 연구회.

황병순(1987), 『국어의 상 표시 복합동사연구』, 형설출판사.

황병순(1988), 「국어의 복문구조에 대하여」, 『배달말』 14, 배달말학회.

Abasolo, R., 1977, Some observations on Korean compound verbs, 『언어와 언어학』 5, 한국외국어대학교.

Anderson, J., 1990, On the status of auxiliaries in notional grammar, *Journal of Linguistic* 26-1 · 2.

Chomsky, N., 1965, *Aspects of the theory of syntax*, the MIT Press.

Chomsky, N., 1981, *Lectures on Government and Binding*, Foris publication Holland.

Chomsky, N., 1986, *Knowledge of Language : Its Nature*, origin and use, Praeger.

Katamba, F., 1993, *Morphology*, The Macmillan Press LTD.

Haegeman, L., 1991, *Introduction to Government and Binding theory*, Basil Blackwell.

Jackendoff, R., 1987, *Semantic theory*, Cambridge University Press.

Radford, A., 1981, *Transformational syntax*, Cambridge University Press.

Radford, A., 1988, *Transformational grammar*, Cambridge University Press.

Scalise, S., 1984, *Generative Morphology*, Foris Publications Holland.

새말의 어휘론적 위상 정립

박동근

1. 머리말

이 글은 어휘론의 대상으로 '새말'의 언어학적 범주를 정립하기 위하여, 기존 연구 특히, 국립국어원의 일련의 새말 조사 사업을 바탕으로 새말의 정의와 범주에 대한 앞선 연구를 비판적으로 검토하고, 실제 새말 조사 과정의 문제점을 살펴, 언어학적으로 의미 있는 연구대상으로 자리매김할 수 있도록 새말의 범주에 대해 좀 더 명시적인 판단 기준과 범위를 마련하는 데 목적이 있다.[1]

'새말'은 다른 말로 '신어', '신조어'라고도 하는데 일반적으로 새로 생겨

---

[1] 본래 이 글은 21세기 초기 새말의 실현 양상을 연구하기 위한 목적으로 구상되었다. 하지만 앞선 연구를 검토하는 과정에서 어휘론의 한 분야로서 국어학에서 '새말'에 대한 정의나 판단 기준에 문제가 있다는 사실에 주목하게 되었다. '음운론'이나 '문법론'과 같은 국어학의 연구 분야에서는 서두에서 주요 범주들, 예를 들어 '음성 / 음운', '형태소 / 단어' 등과 같은 기초 단위에 대한 정의와 판단 기준을 마련하기 위해 많은 부분을 할애하는 것이 일반적이다. 반면에 어휘 연구에서는 '새말'을 포함해 어휘 범주에 대한 진지한 논의 없이 불투명한 정의로 논의를 시작하는 경향이 있었다.

난 말, 새로 정착한 외래어, 새로 의미를 획득한 말 등을 일컫는다. 어느 시대나 새말은 있게 마련이지만 이 글에서 특히 21세기를 전후한 시기에 주목하는 것은 이 시기에 인터넷을 대표로 하는 의사소통 수단의 획기적인 발달과 다양한 사회·정치적 이슈에 따라 새말이 급속히 생성·보급되었다고 판단되며, 무엇보다 이 시기에 새말에 대한 체계적인 조사가 이루어져 자료를 활용하는 데 유리하기 때문이다.

국립국어원에서는 국어사전에 새로 수록할 올림말을 조사할 목적으로 1994년부터 새말(신어) 및 사전 미등재 어휘를 조사하여 자료집으로 발간하였으며, 1995년과 1996년의 조사를 포함하여 『표준국어대사전』(1999)에 새말을 반영하였다. 이후 잠시 새말에 대한 조사가 공백기를 갖지만 2000년부터 2005년까지 해마다 새말 자료집을 발간하고 2007년에는 2002년~2006년에 조사한 새말을 바탕으로 『사전에 없는 말 신조어』(2007)를 발간한다.

국립국어원의 일련의 새말에 대한 조사 사업은 자료적 가치뿐만 아니라 국어학적으로 새말에 대한 관심을 높였다는 점에서 어휘 연구사적인 측면에서 의미를 부여할 수 있다. 그런데 국어원이 자평하듯이 1994년의 사업을 새말에 대한 최초의 언어학적 조사로 받아들이기에는, 새말에 대한 기초적 정의나 수집 방법에 대한 명시적 기준이 마련되어 있지 못하다는 점에서 충분히 만족스럽지는 못하다. 특히 일러두기에 제시된 새말에 대한 판정 기준들이 실제 새말 조사에 충실히 반영됐는지 다소 의심스럽다. 국어원의 새말 조사 사업은 매우 의미 있는 작업이고 실제 새말 연구에 큰 역할을 하였지만, 자료집에 수록된 어휘가 새말로서 적절성을 갖고 있는지, 반대로 정작 들어가야 할 새말이 적절치 않은 수집 방법이나 잘못된 판단 기준에 의해 누락된 것은 없는지 점검해 볼 필요가 있다.

이를 위해 이 연구에서는 새말의 정의나 영역에 대한 앞선 연구를 검토하고, 국립국어원의 새말 조사 사업에서 이러한 기준들이 실제 어떻게 적용됐는지 살펴보고, 이를 바탕으로 어휘론의 대상으로 타당한 새말의 범주에 대해 제안하고자 한다.

2. 기존 연구에서의 새말의 개념

그간 다른 어휘 범주에 비해 새말에 대한 국어학적 관심은 깊지 않았다. 일찍이 1909년 『대한민보』에는 신문의 한 지면을 할애하여 새말을 소개하였고, 1922년에 최초의 단행본 신어 자료집으로 『현대신어석의』가 발간된 바 있지만,[2] 이러한 작업들이 새말에 대한 학문적 관심으로 확대·발전하지는 못했다.

새말에 대한 초기 연구로는 남기심(1983)을 들 수 있다. 남기심(1983)에서는 지식의 양이 급증하고 새로운 문물제도가 빠르게 유입되는 현대 사회에 새말이 그만큼 많이 요구되는데, 이러한 어휘의 급격한 변동으로 의사소통에 장애가 되거나 언어의 미적 요소를 해치는 등의 문제가 발생한다고 보았다. 또한 필요에 의해 새말을 만들어 냈을 때 그 말이 어떻게 민중의 호응을 얻어 생명력을 가질 수 있는지, 어떻게 말을 만드는지의 문제가 생긴다고 지적하고 이를 위해 어휘 변동의 실상, 새말의 구조 및 생명력에 대한 이해가 필요하다고 인식하고 이러한 문제들을 종합적으로 다루었다. 한편 김광해(1993)에서는 국어의 어휘 양상에 대한 체계화를 모색하는 차원에서 새말을 어휘 유형 중 [− 변이], [− 집단성], [+ 항구성]의 속성을 갖는 어휘 범주로 분류한 바 있다.

90년대 말에서 최근에 이르는 새말 연구에 대한 관심은 국립국어원의 일련의 새말 조사 사업에 직·간접적으로 힘입은 바 크다. 백영석(2001)이나 전명미(2005) 등은 본격적으로 새말을 연구대상으로 한 석사학위논문이며 김정식(2008)은 새말을 대상으로 한 최초의 박사학위논문이다.

대부분의 새말 연구의 서두에서는 새말에 대한 정의를 내리고 있는데, 새말에 대한 정의는 연구자간에 큰 차이를 보이지는 않는다.

---

2) 박형익(2004) 참고.

(1) 새말에 대한 기존 정의
　　ㄱ. 남기심(1983 : 193), '새말'이란 이미 있었거나, 새로 생겨난 개념이
　　　　나 사물을 표현하기 위해서 지어낸 말이며, **의미 있었던 말이라도
　　　　새 뜻이 주어진 것** 그리고 다른 언어로부터 차용되는 외래어도 여
　　　　기에 포함된다. 또한 이미 존재하는 개념이나 사물이라 하더라도
　　　　그것을 표현하는 어휘의 표현력이 감소했을 때 그것을 보강하거나
　　　　신선한 새 맛을 가진 말로 바꾸기 위한 대중적인 욕구에 의해 생겨
　　　　난다.
　　ㄴ. 문금현(1999 : 296), '신어(新語)'라고 하면 기존 언어와 유연성없이
　　　　새롭게 창조된 말, 기존의 언어재를 그대로 이용해서 만든 말, **기
　　　　존의 어휘에 새로운 의미를 부여해서 만든 말**, 외국어에서 차용
　　　　한 말 등을 포함한다.[3]
　　ㄷ. 김광해(1993 : 177), 언어 사회의 물질적 사회적 변동에 따라 새로
　　　　운 개념이 등장하였을 때, 이를 표현해야 할 필요성에 의하여 만들
　　　　어진 어휘를 新語라고 한다.[4]

　　한편 국립국어원의 새말 조사 사업에서 새말 선정 기준은 1994년의 『신
어의 조사 연구』 이후 원칙이 크게 바뀌지 않았는데, 참고로 각 시기별 사
업의 특징을 보면 다음과 같다.

---

3) 문금현(1999)에서는 기존 언어와 유연성이 없이 새롭게 창조된 말을 '신생어(新生語)'라고 하고,
　　기존 언어재를 바탕으로 생성된 이차 어휘는 '신조어(新造語)'라고 하며 이를 아우르는 용어로
　　'신어(新語)'를 사용하고 있다.
4) 김광해(1993 : 180)에서는 새말의 유형을 다음과 같이 다섯 가지로 제시하였다.
　　① 전적으로 새로운 어형을 창조하는 경우
　　② 계획 조어로 만들어진 고유어의 경우
　　③ 외래어를 차용해 들여오는 경우
　　④ 기존 단어들을 복합하여 사용하는 경우
　　⑤ 기존의 형태는 그대로 두고 의미만 바꾸어 사용하는 경우

[표 1] 국립국어원 신어 조사 일람

낸날	제목	어휘수	담당	조사기간	특징
1994. 12.30.	신어의 조사 연구	1,634개 (신어 + 미등재어)	조남호	1994년	• 최초의 언어학적 조사 • 대상 : 신문, 잡지에 사용된 일반 어휘(사전 미등재어) • 기준 : 기존 국어사전 등재 여부 ① 새롭게 창조된 말, ② 기존의 언어재를 이용하여 만든 말, ③ 외국어에서 수입된 말, ④ **사전에 있는 말이라도 의미가 다른 경우** • 합성어 여부는 조사자가 판단 • 국어사전에 없더라도 오래전부터 사용된 어휘 제외 • 일상 생활에서 사용되지 않았으며 부자연스러운 조어 제외 • 전문어 배제(단 비전문적인 기사에 수록된 경우 포함)
1995. 12.31.	95년 신어	1,539개 (신어 + 미등재어)	조남호	1994년 10월 중순~ 1995년 10월 중순	• 기존 국어사전 등재여부로 판단하되 북한사전에만 수록된 말은 남한의 관점에서 신어로 봄. • 연차적 사업으로 구상함. • 원어 정보 추가 • 형태가 동일하더라도 동음이의어로 볼 수 있는 말이면 의미가 다른 말로 파악하지 않는다. • 사전에 없더라도 95년 신어로 보기 어려운 것은 미등재어로 처리
1996. 12.31.	신어의 조사 연구(현대시의 신어 연구)	1,166개 (신어 + 미등재어)	이준석	1908년~ 1994년	• 1908~1994년의 현대시 10,886편 • 미등재어휘 포함
2000. 12.31.	2000년 신어	2,947개 (신어 + 미등재어)	박용찬	2000년 4월~10 월말	• 『표준국어대사전』 미등재어휘 포함 • 표제어 정보에 품사, 뜻풀이, 원어, 주제 영역 추가 • 대상 : 주요 중앙 일간지 • 표준국어대사전에 수록되어 있지만 의미가 달라서 수록한 신어에 ※표 붙임.
2001. 12.28.	2001년 신어	2,884개 (신어 + 미등재어)	박용찬	2001년 3월~9월	• 대상 : 중앙일간지(일부 인터넷 포함) • 『표준국어대사전』 미등재어휘 포함
2002. 12.30.	2002년 신어	404개 (신어) 2,288개 (미등재어)	박용찬	2002년 2월~8월	• 신어와 미등재어 구분 수록 • 신어의 특징을 분명하게 파악하기 위해 '미등재어' 따로 수록 • 신어의 어원, 최초 출현 시기를 밝히는 노력을 기울임. • 신문, 방송, 웹페이지 • 표제어로 구 포함

2003. 12.30.	2003년 신어	656개 (신어) 1,770개 (미등재어)	박용찬	2003년 2월~9월	• 2002년에 생성된 것이라도 2003년에 비로소 널리 쓰이게 된 말은 2003년 신어에 포함 • 중앙일간지, 방송 (인터넷 기사 포함)
2004. 12.30.	2004년 신어	626개 (신어) 1,615개 (미등재어)	박용찬	2004년 2월~9월	• 2003년에 생성된 것이라도 2004년에 비로소 널리 쓰이게 된 말은 2004년 신어에 포함 • 중앙일간지, 방송 (인터넷 기사 포함)
2005. 12.	2005년 신어	408개 (신어)	김한샘	2005 1월~11 월	• 2005년에 새로 생긴 말들을 엄격하게 골라내어 제시 • 사전 미등재어 제외(별도 관리) • 1995, 20002, 2003, 2004년 신어의 현 사용 실태 조사 • 계량적 조사 방법 도입 • 주요 일간지 기사와 방송 뉴스 대본 74,253,780 어절 대상 • 사용 빈도 포함
2007. 10.5.	사전에 없는 말 신조어	2,474개[5] (신어)	정희원 박용찬 김한샘	2002년~ 2006년	• 주요 일간지, 방송 뉴스 • 유행어나 임시어로 분류될 만한 말들도 따로 구분하지 않고 모두 수록

1994년의 『신어의 조사 연구』 일러두기에는 신어의 범위를 다음과 같이 네 가지로 제시하고 있다.

    (2) 신어(새말)의 범위(국립국어연구원, 1994)
       ① 기존의 언어와 유연성이 없이 새롭게 창조된 말
       ② 기존의 언어재를 이용하여 만든 말
       ③ 외국어에서 수입된 말
       ④ 사전에 수록되어 있는 말이라도 의미가 다르게 사용된 말[6]

기존 언어재에 새롭게 의미를 획득한 말을 새말의 범주로 보는 입장은 (1)에서 보인 것과 같이 남기심(1983)에서 제시된 이후 김광해(1993), 문금현(1999) 등이 따르고 있다. 최근 도원영(2008)에서도 전에 없던 의미가 생겨난

---

5) 『사전에 없는 말 신조어』 일러두기에는 올림말의 수가 3,500여개라고 되어 있으나 후에 2,445개의 잘못이라 수정한 바 있다(뉴시스, 2007. 10. 11). 하지만 글쓴이가 조사한 바에 의하면 올림말 수는 모두 2,474개였다.

6) 일러두기에는 새말의 범위는 명확하지만 실제 조사를 수행할 때에 새말 여부를 결정하기가 어려워 조사자의 판단에 의존하는 것이 불가피했음을 밝히고 있다.

것도 새로운 형태가 생겨난 것과 마찬가지로 새말과 동일하게 처리하는 것
이 적절하다고 보고 다음과 같은 보기를 들었다.

> (3) ㄱ. 도배, 백수, 밥맛, 엽기
>   ㄴ. 쏘다(한턱내다), 올리다(파일을), 굽다(시디를), 썰렁하다(유머가)

이와 같은 새말에 대한 인식은 (2)와 같이 1994년 국어원의 새말 조사 사
업에서 새말 판단 기준이 된 이래 지금까지 특별히 이의가 제기된 적이 없
는 듯하다. 그러나 글쓴이는 '새말'은 전적으로 '형태'를 기준으로 판단해야
하며 '의미'를 포함한 정의는 실제적이지도 못하며 지키기 어려운 기준이라
는 점을 지적하고자 한다.

3. '의미가 다르게 사용 된 말'의 문제

(2)의 ①∼③의 특징은 새로운 개념을 실현하기 위해 기존에 없던 새로운
'형태'의 어휘를 사용했다는 점에서 새말의 조건에 부합한다. 반면에 ④의
의미 기준이 어휘론의 측면에서 새말을 독자적인 어휘 범주로 설정하기 위
한 적절한 기준이 될 수 있을지 의심스럽다.

이 장에서 글쓴이는 '새말' 범주는 전적으로 '형태'를 기준으로 정립되어
야 하며 '의미 변이' 기준을 새말을 정의하는 데 포함하는 것은 새말의 범
위를 불투명하게 하며, 실제적으로 새말을 수집할 때 지키기 어렵다는 점에
서 새말을 독자적인 어휘론의 한 범주 정립하는데 의미 기준이 부적절하다
는 것을 주장하고자 한다.

먼저, 기존 연구에서 형태는 같되 새로운 의미를 획득한 경우를 새말에
포함하는 것이 일반적이긴 하지만, 실제로 새말 조사에서 '의미 변이' 형들

을 새말의 예로 적극적으로 드는 경우는 많지 않다.7)

김광해(1993 : 181)에서는 기존의 형태는 그대로 두고 의미만 바꾸어 사용하는 경우를 새말로 보았는데, 그 보기는 다음과 같다.

> (4) 기존의 형태는 그대로 두고 의미만 바꾸어 사용하는 경우
> 아저씨, 아주머니, 영감, 귀찮다, 점잖다, 선생님, 방송, 도서, 발명, 발표, 산업, 사회, 생산, 식품, 新人, 실내, 자연, 중심, 창업

'아저씨'나 '아주머니'는 친족명에서 남자 어른이나 여자 어른을 예사롭게 이르는 말로 의미가 확장되었고, '영감'은 본래 정삼품과 종이품의 벼슬아치를 이르던 말에서 지체가 높은 사람이나 아내가 남편을 이르거나 부르는 말로 의미가 전이된 것으로 보아 기존의 형태는 그대로 두고 의미만 바꾸어 사용하는 새말로 본 듯하다. 그러나 (4)의 보기들처럼 새로운 의미를 획득했다고 해서 새말의 범주에 넣는 것은 오히려 독자적인 어휘 범주로서 '새말'을 자리매김하는 데 바람직하지 않다. 어떤 형태가 새로운 의미를 갖게 되는 것은 의미론의 문제이며 어휘론의 차원에서 의미 있는 언어학적 단위를 정립하는 데 적절한 기준이 될 수 없다. 실제 도원영(2008)에서 제시한 (3)과 같은 보기나 김광해(1993)에서 제시한 (4)와 같은 보기를 새말의 범주에 포함한다면 우리는 일관된 기준에 의한 새말을 조사하는 일을 거의 포기해야 할지 모른다. 새 형태로써 새말의 출현은 대개 개신적인데 반해 의미 변이는 보수적이어서 개신적인 새말의 특성과도 잘 부합되지 않는다. 실제 앞서의 새말 조사에서 (3)이나 (4) 같은 보기들을 새말의 예로 적극적으로 제시하는 경우는 많지 않다.

그런데 (2)에서와 같이 국어원의 새말 조사 사업에서는 1994년의 초기 조사에서부터 의미 변이를 새말 조사의 기준에 포함하였고 실제 다음과 같은 보기들을 새말로 제시하였다.

---

7) 의미 변이형 새말로 흔히 드는 예로는 '탱크(tank)'가 있다. '탱크'는 본래 수조(水槽)를 의미했으나 제1차 세계대전 이후에 전차를 가리키는 말이 되었다.

> (5) 의미가 다르게 사용된 말(『신어의 조사 연구』 1994, 국립국어연구원)
>> ㄱ. 간접화법 : 80년대초 쿠바의 카스트로는 관용신문을 통해 쿠바 주
>> 민들이 당국의 제지를 받지 않고 해외 이주를 할 수 있다는 정부
>> 입장을 간접화법으로 발표했다. <조선일보, 94. 8. 21, 2면>
>> ㄴ. 거품 : 이같은 실물 시장과 자금 시장의 괴리, 즉 심상치 않은 거품
>> 이 금융권 일각에서 생성돼 조금씩 국민 경제 전반으로 퍼져 나가
>> 고 있다. <한국일보, 94. 9. 19>
>> ㄷ. 뒤집기 : 야구는 9회말 투아웃부터. LG가 뒤집기 쇼를 펼치며 몸달
>> 은 삼성을 울렸다. <조선일보, 94. 9. 25>[8]

(5ㄴ)에서 '거품'은 실속이 없음을 비유적으로 쓴 말인데, 그 이전의 국어 사전에는 다음과 같이 (5ㄴ)의 예문에서 사용된 '거품'의 비유적인 뜻이 포함되어 있지 않다.

> (6) 거품(『우리말 큰사전』, 1992)
>> ① 액체가 공기를 머금어서 생긴, 속이 빈 방울. ¶비누 ~. 맥주 ~.
>> ~이 잘 일다.
>> ② 입으로 내뿜는, 속이 빈 침방울. ¶입에 ~을 물고 말하다.
>> ③ 유리 따위의 투명한 물체 속에 공기가 들어가서 속이 비게 된 부분.

1994, 1995, 1996년의 새말 조사를 바탕으로 편찬한 『표준국어대사전』 (1999)에서는 다음과 같이 (5ㄴ)에서 사용된 '거품'의 뜻을 새롭게 포함하였다.

> (7) 거품(『표준국어대사전』, 1999)
>> ① 액체가 기체를 머금고 부풀어서 생긴, 속이 빈 방울. ¶맥주 거품/
>> 거품을 걷어 내다.
>> ② 입가에 내뿜어진, 속이 빈 침방울. ¶최윤은 이제 거품까지 뿜으며
>> 고된 숨을 몰아쉬고 있었다.(김원일, 불의 제전)

---

8) 국립국어원(1994)에서 사전에 수록된 단어와 형태는 같으나 의미가 달라서 조사된 낱말의 수는 1,634개의 올림말 가운데 45개이다.

③ 유리 따위의 투명한 물질을 만들 때에, 공기가 들어가서 속이 비게
된 부분.
**④ 현상 따위가 일시적으로 생겨 껍데기만 있고 실질적인 내용이
없는 상태를 비유적으로 이르는** 말. ¶거품이 빠진 부동산 경기가
안정을 되찾고 있다.

그런데 (7)의 ④의 의미는 중심의미 ①에서 연상이 가능한 주변의미로
①~④는 의미적으로 관련을 맺고 있어 완전히 새로운 의미가 생성된 것은
아니다. 새말 조사에 대한 이러한 태도는 1995년에 조사한 『95년 신어』 자
료집에도 이어진다.

(8) 의미가 다르게 사용된 말(『95년 신어』 1995, 국립국어연구원)
　　ㄱ. 교과서 : 무심코 지나치기 쉬운 독자란에 대한 관심은 민주주의 시
　　　민의 기본 소양인 다양성에 대한 훌륭한 교과서가 될 것이다. <퀸
　　　64호, 95. 10. 539면>
　　ㄴ. 굴리다 : 머리를 굴린 제자가 점잖게 답했다. <일간스포츠, 95. 10.
　　　16. 14면>

그러나 글쓴이는 적어도 '새말'이라고 한다면 올림말을 달리하는, 즉 형
태는 같더라도 의미적으로 관련성이 없는 말이어야 한다고 생각한다. (8)의
'교과서'나 '굴리다'에 기존에 없던 의미가 더해지긴 했으나 『표준국어대사
전』(1999)에서의 처리와 같이 별개의 낱말이 만들어진 것이 아니라 다의적
의미 확장이 일어났을 뿐이다.

(9) 교과서(『표준국어대사전』, 1999)
　　① 학교에서 교육 과정에 따라 주된 교재로 사용하기 위하여 편찬
　　　한 책.
　　② <u>**해당 분야에서 모범이 될 만한 사실을 비유적으로 이르는 말.**</u> ¶
　　　그 영화는 영화 학도들의 교과서가 되는 작품이다

(10) 굴리다(『표준국어대사전』, 1999)

    ① '구르다'의 사동사. ¶공을 굴리다 / 구슬을 굴리다 / 눈덩이를 굴려서 눈사람을 만들었다.

    ② 물건을 잘 간수하지 아니하고 아무렇게나 함부로 내버려 두다. ¶귀중한 책을 함부로 굴리다.

    ③ 나무토막 따위를 모나지 아니하게 돌려 가면서 깎다.

    ④ 차를 운행하다. ¶아무리 발악을 해 봤자 허리도 펴지 못하는 사람이 있는가 하면, 빈둥빈둥 놀아나면서도 자가용만 잘도 굴리는 족속이 있다.(김춘복, 쌈짓골)

    ⑤ 돈놀이 따위를 하다. ¶증권 시장에서 돈을 굴려 큰돈을 벌다.

    ⑥ **생각을 이리저리 곱씹어 하다.** ¶아무리 머리를 굴려 보아도 별 묘안이 떠오르지 않는다

    ⑦ (속되게) 염을 하다.

    ⑧ 장구채 따위를 가볍게 자주 치다.

의미 변이형을 새말로 보는 일은 새말의 범위를 불투명하게 할 뿐만 아니라 새말을 조사할 때 조사자가 일일이 기존 사전의 의미와 비교하여 새로운 의미가 실현됐는지의 여부를 확인하는 절차를 거쳐야 하므로 많은 시간이 요구되며 미묘하게 의미가 변했을 경우 새로운 의미가 생성되었는지의 여부를 판단하기도 어렵다. 실제로 사전에 수록되어 있는 말이라도 의미가 다르게 사용된 말을 새말 범주에 적극적으로 포함시킨다면 의미 변이형 새말은 기존 연구에서 단편적으로 제시한 것보다 훨씬 많아야 한다.

어떤 범주의 어휘들은 다른 어휘들보다 개방적이다. 개방범주의 어휘류(open classes of words)에 속하는 낱말의 수는 증가하는 반면에 폐쇄범주의 어휘류(closed classes of words)에 속하는 낱말들의 수는 잘 불어나지 않는다. 예를 들어 영어에서 명사, 동사, 형용사, 부사 등은 새말이 빈번히 만들어지지만 접속사, 전치사, 대명사, 감탄사는 새말이 잘 만들어지지 않는다(브루스 M. 로우 외, 2007 : 119).9) 국어의 경우에도 새말 자료집의 '새말'을 품사별로 보면 명사의 비율이 압도적으로 높게 나타나는 것을 알 수 있고, 반면 부사나 감

---

9) 박영배(2003) 참조.

탄사 가운데 새말의 비율은 적다.

[표 2] 신어의 품사별 분류(김명미, 2005 [표 1] 부분 발췌)

연도 \ 품사		명사	동사	형용사	부사	감탄사	구 (관용구)	계
2000~2003	어수	9361	558	78	12	15	897(15)	10921
	비율(%)	85.72	5.11	0.72	0.11	0.14	8.21	100

2000~2003년의 새말 자료집을 대상으로 한 김명미(2005)의 조사에 의하면, 전체 새말 가운데 명사의 비율이 85.72%로 절대 다수를 차지한다. 반면에 동사와 형용사의 비율은 각각 5.11%와 0.72%에 불과하다. 『사전에 없는 말 신조어』의 표제어 2,474개 가운데 동사류의 보기는 다음 27개가 전부로, 김명미(2005)에서의 비율보다 더 낮은 1.09% 수준이다.

(11) 퍼가다, 알박기되다, 코드프리되다, 합화되다, 패널스럽다, 오노스럽다, 검사스럽다, 부시스럽다, 디큐스럽다, 놈현스럽다, 국회스럽다, 죽음이다, 입남시키다, 팽시키다, 구글하다, 코드프리하다, 자방하다, 방법하다, 영하다, 혼입하다, 빈티지하다, 셀카하다, 쭉쭉탄탄하다, 아햏햏하다, 홀리건화하다, 주침야활하다, 복회하다

새말로 명사의 비율이 높은 데 대해 김한샘(2007)에서는 "새로운 물건이나 개념, 현상 등이 생겼을 때 이에 대응하여 적당한 말을 만들어 낸 결과가 신어임을 고려할 때 명사가 대부분인 것은 자연스러운 현상이다."라고 지적하고 있다. 그런데 새로운 명사가 생겼다면 그에 따른 새로운 행위가 수반되어야 할 것이며 결국 이를 표시할 동사가 필요할 것이다.

(12) ㄱ. 물건을 <u>걸다</u>.
     ㄴ. 전화를 걸다.
(13) ㄱ. 촛불을 <u>켜다</u>.
     ㄴ. 텔레비전을 <u>켜다</u>. / <u>틀다</u>.
     ㄷ. 컴퓨터를 <u>켜다</u>. / *<u>틀다</u>.

명사의 새말이 동사를 선택하는 것은 두 가지 방법이 있다. 하나는 새로운 명사에 맞는 새로운 형태의 동사를 만드는 것이고 다른 하나는 기존의 동사를 활용하는 것이다. (12)는 새로운 통신수단이 들어오면서 '전화'라는 새말이 생기고 전화를 사용하는 행위를 지시하기 위해 '걸다'라는 말을 선택한 것을 보인 것이다. '걸다'는 '물건을 걸다'의 '걸다'에서 온 것이 분명하지만 '전화를 걸다'의 '걸다'와 행위가 동일시되지는 않으므로 의미가 확장된 것으로 볼 수 있다.[10]

(13)의 '켜다'의 기본의미는 [불을 일으키다]인데, '텔레비전'이라는 새로운 문물(새말)이 들어오면서 텔레비전을 작동하다는 의미로 '켜다'의 의미가 다의 확장되었다. 이때 '텔레비전'이라는 새로운 형태의 말(새말)에 대해 '켜다'는 기존의 형태를 그대로 사용하되 의미가 변한 셈이다.[11] 마찬가지로 과거에 없던 '컴퓨터'라는 말이 새로 등장했을 때 컴퓨터의 작동과 관련된 동사가 필요하다. '컴퓨터'의 역시 다른 동사를 만들지 않고 (13ㄷ)처럼 '컴퓨터'를 작동하는 것과 텔레비전을 시청하기 위해 전원을 넣는 동작을 동일시하여 '켜다'라는 동사를 사용하였다.

> (14) '켜다' 어휘의 선택과 의미 변이
>
> 켜다(촛불) → 켜다(텔레비전) → 켜다(컴퓨터)
> [밝히다] 〈 [작동하다] = [작동하다]

새말인 '텔레비전'과 '컴퓨터'의 사용은 그에 대한 새로운 동사를 요구하는데, 한국어의 경우 새말을 만들기 보다는 (14)와 같이 기존의 동사를 의미 변이하여 사용하는 방식을 선호한다.[12] 즉 새로운 문물의 유입과 더불어 새

---

10) 일본어에서 '물건을 걸다(物をかける)'와 전화를 걸다(電話をかける)의 '걸다'는 모두 'かける'이다. 한국어와 일본어의 '걸다 / かける'의 의미 확장이 거의 유사한 것은 은유적 의미 확장에 대한 보편성에 기인하는 것인지 차용의 결과인지는 좀 더 논의가 필요하다. 이에 대해서는 다른 지면을 통해 좀 더 자세히 다룰 기회가 있을 것이다.

11) 의미 변이를 '새말' 범주로 보는 기존 견해대로라면 '텔레비전을 켜다'라는 말을 쓸 당시에 '켜다'라는 새말이 발생한 셈이다.

12) 결과적으로 새말에서 명사보다 상대적으로 동사의 비율이 적게 나타나는 이유 중에 하나가 설

로운 명사가 생긴 데 반해 동사는 주로 기존의 어휘를 사용한다. 이때 그 명사와 관련된 동작이 기존에 없던 새로운 것이라면 사용하는 동사의 형태는 같은 것이라도 다의적인 의미 확장이 일어난 것이라 할 수 있다.

이러한 사례들은 특히 최근 컴퓨터나 인터넷 사용과 관련된 용어에서 흔히 볼 수 있다.

> (15) ㄱ. 프로그램을 <u>깔다.</u>
> ㄴ. 디스켓이 <u>깨지다.</u>
> ㄷ. 프로그램을 <u>닫다.</u>
> ㄹ. 파일을 <u>올리다.</u>
> ㅁ. 압축 파일을 <u>풀다.</u>
> ㅂ. 마우스로 <u>끌다.</u>
> ㅅ. 마우스로 블럭을 <u>잡다.</u>

(15ㄱ)의 '깔다'는 [설치하다]는 의미로 (15ㄴ)의 '깨지다'는 [내용이 손상되다]는 의미로 쓰였는데 이는 기존의 국어사전의 뜻풀이에는 없는 새로운 의미 항목들이다. (15)와 같이 IT 매체의 유입과 더불어 사용하기 시작한 명사와 어울리는 동사들은 의미가 변이한 시점이 제법 분명하다. 하지만 아직 (15) 부류의 어휘들이 새말이나 미등재어로 처리된 적이 없다. 즉 국어원의 새말 선정 기준으로 본다면 (15)의 보기들은 새말 조사에서 포함되어야 하지만, 이들이 새말로 제시된 바 없다.[13] 물론, 이 글에서는 이들을 새말로 처리해야 하다고 주장하는 것이 아니다. 오히려 새말의 기준으로 불투명한 의미 기준을 버려야 한다는 것이다.

> (16) '가다'(『표준국어대사전』, 1999)
> ① 한 곳에서 다른 곳으로 장소를 이동하다.

명되는 셈이다.

13) 21세기를 전후해서 일상 언어에서 컴퓨터나 인터넷 사용과 관련된 어휘들이 많이 생겨났다. 하지만 새말에 대한 관심은 대부분 새 형태의 명사에 주목하였다. 하지만 앞으로 새 명사와 어울리는 동사 선택도 주목해 볼 만하다.

② 수레, 배, 자동차, 비행기 따위가 운행하거나 다니다.
③ 일정한 목적을 가진 모임에 참석하기 위하여 이동하다.
④ 지금 있는 곳에서 어떠한 목적을 가지고 다른 곳으로 옮기다.
⑤ 직업이나 학업, 복무 따위로 해서 다른 곳으로 옮기다.
⑥ 직책이나 자리를 옮기다.
⑦ 물건이나 권리 따위가 누구에게 옮겨지다.
⑧ 관심이나 눈길 따위가 쏠리다.
⑨ 말이나 소식 따위가 알려지거나 전하여지다.
⑩ ('손해' 따위의 명사와 함께 쓰여) 그러한 상태가 생기거나 일어나다.
⑪ 어떤 상태나 상황을 향하여 나아가다.
⑫ 한쪽으로 흘러가다.
⑬ 동력원으로 하여 작동하다.
⑭ 물체가 한쪽으로 기울어지다.
⑮ 금, 줄, 주름살, 흠집 따위가 생기다.
⑯ '무리', '축' 따위의 말과 함께 쓰여 건강에 해가 되다.
⑰ 일정한 시간이 되거나 일정한 곳에 이르다.
⑱ 일정한 대상에 미치어 작용하다.
⑲ '손', '품' 따위와 함께 쓰여 어떤 일을 하는 데 수고가 많이 들다.

(16)은 『표준국어대사전』(1999) '가다' 뜻풀이의 일부를 보인 것이다. ②
이하의 뜻은 ①에서 다의적으로 의미가 확장된 의미 항목들이다. 기존의 새
말 기준에 따른다면, ② 이하의 새로운 뜻이 파생되는 시점마다 새말 '가다'
가 생성된 것으로 보아야 할 것이다.

물론 의미 변이형이 완전히 새말 범주에서 제외되는 것은 아니다. 의미적
관련성이 없는 동음이의어의 경우에는 비록 형태가 같지만 새말의 범주에
포함할 수 있다.

(17)　ㄱ. 이태백 : 이십대의 반 수 이상이 백수(심각한 취업난을 비유적으로
　　　　　이르는 말)
　　　ㄴ. 강부자 : 강남일대 부동산 자산가
　　　ㄷ. 고소영 : 고려대 출신, 소망교회사람, 영남출신

(17)의 새말들은 기존의 고유명사와 동일한 형태이지만 줄여 말한 것이 우연히 형태가 같아졌을 뿐 원래 고유명사와 의미적으로 관련성이 없는 말이다. 만약 이들이 국어사전에 수록된다면 다의적으로 의미가 확장된 예들과 달리 별도의 올림말로 수록되어야 할 것이다.

결론적으로, 어휘론의 영역에서 새말의 정체성을 확고히 하고, 새말의 범주를 명시화하기 위해서는 의미 기준은 배제되어야 한다.

4. '임시어', '유행어'와의 구분 문제

새말의 영역과 관련해서 자주 같이 언급되는 것이 '임시어'와 '유행어'이다. 문금현(1990)에서 임시어는 "어떤 순간적인 요구가 생길 때 화자나 필자들에 의해서 만들어진 새로운 단어"라고 정의하고 바우어(Bauer, 1983 : 46)를 인용하여 전에 들어본 적이 있는 용어를 사용하고 있다는 것을 깨닫는 순간 그것은 이미 임시어가 아니라고 보았다. 백영석(2001)에서는 낱말들을 존재형식에 따라 지속적으로 존재하는 공인어와 어떤 장면 속에 잠깐 등장하였다가 사라지거나 잊혀지는 임시어로 구분하였다. 김광해(1993)에서는 유행어를 '한 언어 사회에서 사회심리적 요인에 의해서 일시적으로 유행하는 표현'으로 규정하고 새말과의 차이를 다음과 같은 도식으로 제시하였다.

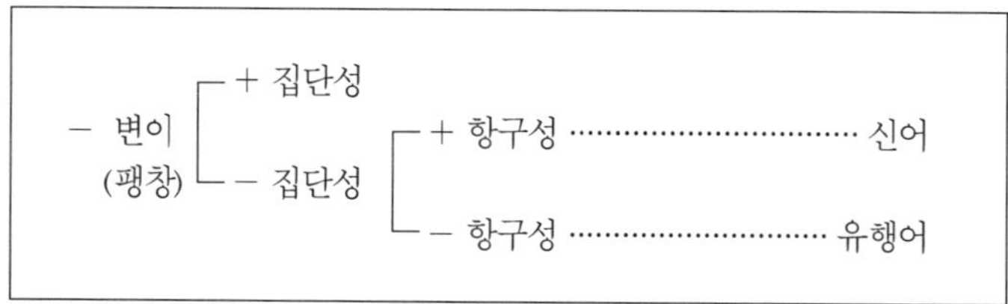

[그림 1] 어휘의 양상(김광해, 1993 : 140 일부 발췌)

이상의 정의들을 살펴보면 '임시어'와 '유행어', '새말'을 배타적인 범주로 파악하고 있는 듯하다. 하지만 이들은 김광해에서 제시한 [그림 1]과 같이 특정한 자질로 범주가 구분될 성질은 아니라고 본다. 임시어는 결국 새말의 하위 범주이지 새말과 별개의 것이 아니다. 새말이 지속성을 잃었을 때 임시어가 된다. 하지만 임시어가 되었다고 해서 새말 지위를 잃는 것은 아니다. 실제로 새말과 임시어의 구분은 불분명하다. 만약 임시어와 새말을 배타적인 어휘 범주로 파악하면 그간 국어원의 일련의 신어 조사 사업은 사업 용어 선택 자체에 모순이 생기게 된다. 신어 조사 사업은 해마다 그 해의 새말을 조사하여 그해 말에 보고서로 정리해 내는 형식인데, 같은 해에 조사한 말의 지속성 여부를 판단할 수 없다. 그렇다고 '임시어' 조사 사업이라고 하는 것은 더 적절하지 않다. 결국 지속성 여부와 관계없이 새로 생겨난 말이라면 '새말'로 보아야 한다. 새말 가운데 지속성을 갖는 것과 그렇지 못한 것이 있을 뿐이다. 그러므로 연구원의 신어 조사에서는 임시어로 판단되는 말을 임의로 가려내기 보다는 적절한 사용 빈도 조건을 만족한다면, 은어, 속어 여부에 대한 주관적 판단을 배제하고 모두 조사하여 목록에 올려야 한다.14)

유행어는 새말과 더욱 별개의 범주이다. 새말 가운데는 일부는 급속도로 전파되어 일시적으로 널리 사용되어 유행어가 될 수 있지만, 그렇다고 모든 유행어가 새말은 아니다. 우리 주변에서 기존의 언어재가 사회적 풍자를 위해 유행어로 사용되는 것은 흔히 볼 수 있다. 또한 유행어는 낱말 형식이 아니라 구 이상의 형태로 존재하는 경우가 많다.

---

14) 90년대 중반 '왕따'라는 새말이 처음 출현하였을 때 보수적인 제도권 언어에서는 이를 '따돌림'의 비속어나 은어로 판단하여 순화대상어로 취급하기도 하였다. 하지만 최근에는 사용이 일반화되어 방송 매체에서도 제약 없이 사용하고 있다.

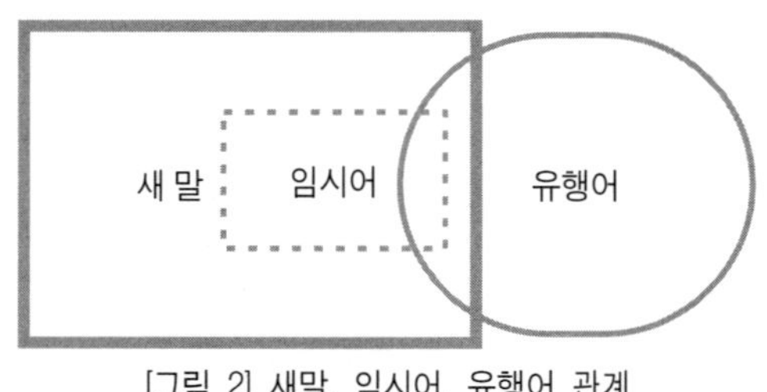

[그림 2] 새말, 임시어, 유행어 관계

이러한 관점에서 우리는 새말, 임시어, 유행어의 관계를 [그림 2]와 같이 도식화할 수 있다. 이 도표가 의미하는 바는 임시어나 유행어라는 이유로 새말 조사에서 배제되어서는 안 된다는 것이다. 김진해(1996)에서는 국어원의 새말 자료집에 실린 올림말들의 목록이 정제되어 있어 인터넷 상에서 상당한 수준으로 공유되고 있는 임시어나 유행어가 상당수 빠졌다는 점을 언급하였는데, 이는 매우 적절한 지적이라고 생각한다.

5. 맺음말

2007년 한글날을 맞아 출판한 국립국어원의 『사전에도 없는 신조어』에는 '놈현스럽다'는 새말이 실려 구설수에 오른적이 있다. 당시 청와대 대변인은 브리핑에서 "민간 연구기간이 아닌 국가 기관에서 국가 원수 모독에 해당되는 표현이 포함된 책자를 발간하는 데 신중했어야 한다."며 불편함을 나타낸 바 있다. 이에 대해 국어원에서는 당시 그 말의 긍·부정적인 의미와 관계 없이 사회상을 반영해 수록했을 뿐이라고 해명하였다. 같은 달 17일 문화관광부 국감에서 한 의원은 "현재 문제가 되고 있는 '놈현스럽다'는 2003년 보고서에 수록된 단어로 네이버뉴스 검색을 통해 2003년 1월 1일부터 12월 31일까지 '놈현스럽다'를 검색해 보니 총 11건이 검색됐다. 똑같은 조건으로 '차떼기'를 검색해 보면 무려 1백 23건이 검색되는데 신조어 사전에는 '차떼기'라는 말은 없다."며 형평성 문제를 제기하였다.

지난 6월 국제적인 새말 연구 기관인 글로벌 랭귀지 모니터(GLM)는 6월 10일 오전 5시 22분을 기해 'Web 2.0'이 100만 번째 영어 낱말로 등록되었다고 밝혔다. 이 기관은 최소 세계의 60% 이상의 지역에서 뜻이 통하고 각종 미디어나 소설, 인터넷 사이트 등의 경로를 통해 2만 5000회 이상 사용될 경우 새말로 간주한다. GML은 특정한 영어 낱말이 얼마나 자주 사용되는지를 알아보기 위해 5000여 개의 주요 언론사 사이트를 자동으로 검색한다고 한다.

국어원의 새말 조사가 정치적 구설수에 오르고 이에 대해 적절히 방어하지 못한 것은 새말 조사에 있어 GLM과 같은 객관적인 시스템을 마련하지 못했기 때문이다. 새말 조사와 같이 많은 인력과 적지 않은 시간을 요구하는 사업은 적절한 물질적 뒷받침이 전제되어야 하는데 인적·물적 부족은 새말 연구의 근본적인 한계일 것이다. 하지만 앞에서 돌이켜 보면 새말 범주에 대한 명시적 규정이나 조사 방법에 대한 진지한 반성이 부족했던 것도 사실이다.

새말은 기타 언어 변화와 달리 당대에 언중들이 그 출현 여부를 인지할 수 있다. 당대에는 누구나 알고 있는 어휘에 대한 사실이 기록 부재로 후대에 '민간 어원적' 해석이 되지 않도록 하는 것이 현대를 책임지고 있는 우리들의 역할이다. 임시어나 유행어를 비제도권 언어라 하여 새말 목록에서 일방적으로 배제하는 것은 바람직하지 않다. 국어사전에 정체불명의 '유령어'들이 가득 실려 있는 현실에서 더욱 그렇다. 의미 변이 영역은 의미론에 넘겨 주는 것이 좋겠다. 그래야만 어휘론의 독자적인 영역으로 '새말'이 좀 더 분명히 자리매김할 수 있으리라 본다.

‖ 참고문헌

국립국어연구원(1994), 『신어의 조사 연구』.

국립국어연구원(1995), 『95년 신어』.

국립국어연구원(1996), 『신어의 조사 연구(현대시의 신어 연구)』.

국립국어연구원(2000), 『2000년 신어』.

국립국어연구원(2001), 『2001년 신어』.

국립국어연구원(2002), 『2002년신어』.

국립국어연구원(2003) 『2003년 신어』.

국립국어원(2004), 『2004년 신어』.

국립국어원(2005), 『2005년 신어』.

국립국어원(2007), 『사전에 없는 말 신조어』, 태학사.

김민수(1993), 『국어 어휘론 개설』, 집문당.

김영근(1997), 「95년 신어의 형태적 구성」, 『한국어문학회』 10, 한국어문연구학회.

김정식(2008), 「새말의 조어·문화적 특성 연구」, 부산대학교 박사학위논문.

김종택(1992), 『국어 어휘론』, 탑출판사.

김진해(2006), 「신어와 언어 밖」, 『새국어생활』 16-4, 국립국어원.

김한샘(2007), 「국어 신어 자료의 현황」, 『한국어학』 34, 한국어학회.

남기심(1983), 「새말의 생성과 사멸」, 『한국어문의 제문제』, 일지사.

도원영(2007), 「국어사전의 신어 처리」, 『한국어학』 34, 한국어학회.

문금현(1999), 「현대국어 신어의 유형 분류 및 생성 원리」, 『국어학』 33, 국어학회.

박동근(2008), 『한국어 어휘 연구의 새로운 모색』, 소통.

박영배(2003), 「영어 어휘 변천사 연구-gang에서 toilet까지」, 『영어학』 3-2, 한국영어
　　　　학회.

박형익(2004), 「1910년대 출간된 신어 자료집의 분석」, 『한국어학』 22, 한국어학회.

백영석(2001), 「신조어 조어법 연구-명사를 중심으로」, 단국대학교 석사학위논문.

전명미(2005), 「현대국어 신어 형성 양상에 대하여」, 영남대학교 석사학위논문.

조오현 외(2008), 『한국어학의 이해』, 소통.

현대국어 배설동사의 의미 특성

방운규

1. 머리말

　사람이 살아가기 위해서는 음식물을 섭취하고 소화·흡수시킨 뒤 그 찌꺼기를 내보내야 한다. 또한 몸 안에 생긴 여러 가지 노폐물을 몸 밖으로 내보내야 한다. 이것은 한번 태어나면 죽을 때까지 끊임없이 해야 하는 일이다. 이와 같이 소화된 찌꺼기와 노폐물을 몸 안에서 몸 밖으로 내보내는 것을 배설이라고 한다.

　한편, 배설의 대상으로는 땀, 눈물, 코, 침, 똥, 오줌, 방귀 등을 들 수 있는데, 이들 가운데 '똥, 오줌, 방귀'는 음식물의 섭취·소화와 관련된 것이며, '땀, 눈물, 코, 침' 등은 이와는 다른 일반적인 신진대사와 관련된 것이다. 그런데 이들은 문장에서 특정한 동사와 관련된다.

> (1) ㄱ. 어제 찜질방에서 땀을 뺐다.
> 　　ㄴ. 날씨가 더워서 땀을 흘린다.
> (2) ㄱ. 아이가 화장실에서 오줌을 누었다.
> 　　ㄴ. 아이가 바지에 오줌을 쌌다.

위 (1ㄱ, ㄴ)에서 서술어 '빼다'와 '흘리다'는 공통적으로 목적어 '땀'을 취하는데, 이들의 의미는 다르다. 먼저 '빼다'는 땀을 의도적으로 나오게 하는 것임에 비해서, '흘리다'는 땀이 저절로 나오는 것이다. 이들 동사는 '의도적인 배설'과 '비의도적인 배설'의 의미를 각각 가지고 있는 것으로 이해된다. (2ㄱ, ㄴ)에서 '누다'와 '싸다'는 공통적으로 목적어 '오줌'을 취하는데, 이들의 의미는 차이가 있다. '누다'는 오줌이 마려워서 의도적으로 나오게 하는 것임에 비해서, '싸다'는 오줌이 자신도 모르게 저절로 나오는 것이다. 이들 동사도 (1)의 '빼다', '흘리다'와 마찬가지로 '의도적인 배설'과 '비의도적인 배설'의 의미를 각각 가지고 있는 것으로 보인다.

이들 이외의 배설동사도 이와 비슷한 의미 특성을 가지고 있는데, 이 연구에서는 이들 배설동사의 의미 특성을 밝히는 것을 목적으로 한다. 이를 위하여 먼저 배설의 대상을 규정하고 이를 바탕으로 이와 관련한 배설동사의 목록을 설정하기로 한다.

2. 배설동사의 목록

동사는 사람이나 사물의 움직임을 나타내는 단어를 말하는데, 최현배(1971)에서는 동사를 그 뜻과 쓰임에 따라 주동사와 보조동사로 나누고, 그 성질의 다름에 따라 자동사와 타동사로 나누었다. 이주행(1992)에서는 전통적인 분류 방식에서 더 나아가 동사를 의미에 따라 나누었다.[1) 한편, 김승곤(1996)에서는 문장의 짜임새를 바르게 설명하고 확립하는 데 동사의 의미 자질이 중요한 구실을 한다고 보면서 동사를 의미에 따라 더욱 세분화하였

---

1) 이주행(1992)에서는 동사를 크게 기능, 활용 형태, 의미에 따라 세 가지로 분류하였다. 이 중 의미에 따라서는 다시 순시 완결 동작 동사, 지속 미완 동작 동사, 과정 동사, 상태 동사, 관계 동사, 심리 현상 동사로 나누었다.

다. 이 연구에서는 '나다, 보다, 누다, 흘리다, 하품하다, 소화하다, 휴식하다, 배설하다' 등과 같이 생리 현상을 나타내는 동사를 생리동사로 분류하였다.

배설동사는 배설에 관련된 동사를 말하는데, 이것은 김승곤(1996)에서의 생리동사를 더욱 세분화한 것이라 하겠다. 그런데 배설동사의 의미 특성을 논의함에 있어서 먼저 해야 할 일을 이것의 목록을 정하는 일이다. 또한 배설동사는 배설의 대상과 밀접하게 관련되어 있으므로 이것의 목록을 정하는 데에는 배설의 대상도 함께 논의해야 할 것이다.

사람이 생명을 유지하기 위해서는 음식물을 먹고 영양분을 흡수하여야 한다. 이렇게 하여 힘을 얻어 활동을 하는데, 그 과정에서 나오는 소화된 찌꺼기와 신진대사 작용으로 만들어진 노폐물을 몸 밖으로 내보내야 한다. 배설물은 여러 가지가 있는데, 여기에서는 '땀, 눈물, 코, 침, 똥, 오줌, 방귀' 등으로 한정하기로 한다. 이들 대상은 문장에서 배설동사와 함께 실현될 경우 목적어로 쓰인다.

배설동사는 이들 대상에 따라 다음과 같이 달리 실현된다.

> (3) ㄱ. 사우나에서 땀을 흠뻑 쏟았다 / 뺐다.
>   ㄴ. 학생들은 찜통더위에 땀을 많이 흘렸다.
> (4) ㄱ. 그는 안 나오는 눈물을 억지로 짰다.
>   ㄴ. 영화가 너무 슬퍼서 관객들은 눈물을 쏟았다 / 흘렸다.
> (5) ㄱ. 세수를 하다가 코를 풀었다.
>   ㄴ. 동생은 늘 코를 흘린다.
> (6) ㄱ. 사람들은 그 사람을 향해 침을 뱉었다.
>   ㄴ. 잠을 자다가 침을 흘렸다.
> (7) ㄱ. 아침마다 똥을 눈다.
>   ㄴ. 화장실에 도착하기도 전에 똥을 지렸다 / 쌌다.
> (8) ㄱ. 빨리 가서 오줌을 갈겨라 / 누어라.
>   ㄴ. 밤에 자다가 오줌을 지렸다 / 쌌다.
> (9) ㄱ. 그는 힘을 주어 방귀를 뀌었다.
>   ㄴ. 어떤 때는 자면서도 방귀를 뀐다.

(3ㄱ, ㄴ)에서 '땀'과 관련된 동사로 '빼다'와 '쏟다 / 흘리다'가 있는데,

'쏟다'는 의미상 '흘리다'의 강조 표현으로 볼 수 있는데, '빼다'와의 어휘적 대립 관계를 고려하여 여기에서는 논의 대상에서 제외하기로 한다. 따라서 '빼다'와 '흘리다'를 '땀'과 관련된 배설동사로 정한다. (4ㄱ, ㄴ)에서 '눈물'과 관련된 동사로 '짜다'와 '쏟다 / 흘리다'가 있다. 여기에서 '쏟다'는 '흘리다'의 강조 표현으로 볼 수 있으며, '짜다'와의 어휘적 대립 관계를 고려하여 논의 대상에서 제외하기로 한다. 여기에서는 '짜다'와 '흘리다'를 '눈물'과 관련된 배설동사로 정한다. (5ㄱ, ㄴ)에서 '코'와 관련된 동사로는 '풀다, 흘리다'가 있으며, (6ㄱ, ㄴ)에서 '침'과 관련된 동사로는 '뱉다, 흘리다'가 있다. (7ㄱ, ㄴ)에서 '똥'과 관련된 동사로는 '누다'와 '지리다 / 싸다'가 있는데, '지리다'는 '누다'와 어휘적 대립 관계가 성립되기 어려운 점을 들어 제외하기로 한다. (8ㄱ, ㄴ)에서 '오줌'과 관련된 동사로는 '갈기다 / 누다'와 '지리다 / 싸다'가 있다. 그런데 '갈기다'는 '누다'의 강조 표현으로 볼 수 있으며, '싸다'와 어휘적 대립 관계가 성립되지 못하는 점을 들어 여기에서는 그 대상에서 제외하기로 한다. 한편, '지리다'는 '누다'와 어휘적 대립 관계가 성립되지 못하는 점을 들어 논의 대상에서 제외하기로 한다. 따라서 여기에서는 '누다'와 '싸다'를 '오줌'과 관련된 배설동사로 정한다. 그리고 (9ㄱ, ㄴ)에서 '방귀'와 관련된 동사로는 '뀌다'가 있는데, (9ㄱ)의 '뀌다'의 의미 기능과 (9ㄴ)의 '뀌다'의 의미 기능이 서로 다르다. 이에 따라 여기에서는 (9ㄱ)의 '뀌다'는 '뀌다$_1$'로, (9ㄴ)의 '뀌다'는 '뀌다$_2$'로 나타낸다.

지금까지의 논의를 통하여 현대 국어 배설동사의 목록을 설정했는데, 이것을 정리하여 표로 보이면 다음과 같다.

(10) 현대 국어 배설동사

배설대상	배설동사	배설대상	배설동사
땀	빼다, 흘리다	침	뱉다, 흘리다
눈물	짜다, 흘리다	똥, 오줌	누다, 싸다
코	풀다, 흘리다	방귀	뀌다$_1$, 뀌다$_2$

3. 배설동사의 의미 특성

지금까지 배설동사의 개념을 밝히고 그 목록을 설정하였다. 즉, 배설동사는 배설에 관련된 동사를 말하는데, <땀>은 '빼다, 흘리다'와, <눈물>은 '짜다, 흘리다'와, <코>는 '풀다, 흘리다'와, <침>은 '뱉다, 흘리다'와, <똥>은 '누다, 싸다'와, <오줌>은 '누다, 싸다'와, <방귀>는 '뀌다$_1$, 뀌다$_2$'와 관련된다. 이 장에서는 이들 배설동사의 의미 특성을 분석하기로 한다.

3.1. 〈땀〉 : '빼다, 흘리다'

땀은 사람이나 동물의 땀샘에서 분비되는 찝찔한 액체인데, 체온 조절의 작용을 하거나 정신적으로 긴장을 할 때 나온다. '빼다'와 '흘리다'는 문장 안에서 모두 '땀'을 목적어로 취한다.

먼저 '빼다'의 의미 특성을 살펴보기로 한다.

> (11)　ㄱ. 얼큰한 대구탕으로 땀을 뺐다.
> 　　　ㄴ. 찜질방에서 땀을 뺐어.
> 　　　ㄷ. 감기 기운이 있는데, 땀 좀 빼면 나을 것 같아요.
> 　　　ㄹ. 무리하게 땀을 빼다 기절하는 경우는 부지기수하다.

위 (11ㄱ~ㄹ)에서는 공통적으로 '빼다'가 실현되었는데, 이것의 사전적 의미는 '속에 들어 있는 것을 밖으로 나오게 하다'이다(한글학회, 1992). 여기에서는 땀을 몸 밖으로 배출시키는 것인데, (11ㄱ)에서는 대구탕으로 땀이 나게 하는 것이며, (11ㄴ)에서는 고온의 찜질방에서 땀이 나게 하는 것이며, (11ㄷ)에서는 감기 기운이 있을 때 일부러 땀이 나게 하는 것이며, (11ㄹ)에서는 정도가 지나치게 땀이 나게 하는 것이다. 이들 경우에 있어서 '빼다'는 자연스러운 배설이 아닌 의도적인 배설에 해당한다. 즉, 일반적인 상황에서는 땀이 나지 않는데, 여러 가지 방법으로 일부러 땀이 나게 하는 것이다. 여기에서 '빼다'는 의도적인 배설이라는 의미 기능을 하는 것으로 볼 수 있다. 그러므로 '빼다'는 [+ 의도]의 의미를 갖는다.

이와 같이 '빼다'는 의도적인 배설이라는 의미 기능을 갖는데, 이것은 다음과 같은 어구의 비교를 통해서 확인할 수 있다.

> (12) ㄱ. 찜질방에서 <u>일부러</u> / *<u>나도 모르게</u> 땀을 뺐다.
>   ㄴ. *찜질방에서 땀을 빼고 말았다.

(12ㄱ)에서 '빼다'는 의도적인 행위의 의미를 갖는 부사어 '일부러'가 실현될 경우는 적격한 문장이 되지만, 비의도적인 의미를 갖는 부사어인 '나도 모르게'가 실현될 경우는 적격하지 않는 문장이 된다. (12ㄴ)에서 '빼다'는 비의도의 상적 의미를 갖는 '-고 말-'[2]과 결합하였으나, 의미상 적격한 문장이 되지 못한다. 이것은, 의도적인 행위를 나타내는 '빼다'와 비의도적인 행위를 나타내는 '-고 말-'이 결합되어 이들 요소가 의미적으로 상충되기 때문이다.

다음은 '흘리다'의 의미 특성을 살펴보기로 한다.

> (13) ㄱ. 너무 더워서 땀을 흘렸다.
>   ㄴ. 국이 너무 뜨거워서 땀을 흠뻑 흘렸다.
>   ㄷ. 옷을 많이 입어서 땀을 많이 흘렸다.
>   ㄹ. 너무 긴장되어서 땀을 흘렸다.

(13ㄱ, ㄴ)에서는 모두 '흘리다'가 실현되었는데, 이것의 사전적 풀이는

---

2) 김성화(1990 : 234~244)에서 '-고 말-'은 일탈성 종결상의 기능을 형성한다고 했다. 이 경우 '-고 말-'은 정상적인 기준에서 벗어난 불가항력적인 동작 종결을 나타낸다고 보았다. 즉, 비의도적인 동작 종결의 의미를 갖는 것으로 분석하였다. 아래 (1ㄱ)에서는 살아 있는 것이 정상이나, 불가항력으로 죽게 된 것이며, (1ㄴ)에서는 건강한 다리를 가지고 있는 것이 정상이나, 뜻하지 않게 다리를 다치게 된 것이다.
(1) ㄱ. 아깝게도 그는 죽고 말았다.
    ㄴ. 그는 교통사고로 다리를 다치고 말았다.

'물 따위를 쏟아지거나 흐르게 하다'이다. 땀을 흘리게 된 것은 외부적 요인과 내부적 요인 때문이다. 즉, (13ㄱ)에서는 날씨가 더워서, (13ㄴ)에서는 국이 뜨거워서, (13ㄷ)에서는 옷을 많이 입어서, (13ㄹ)에서는 긴장되어서 땀이 난 것이다. 이와 같이, 땀을 흘린 것은 외부적 요인이든 내부적 요인이든 자신의 의지와는 다른 배설 행위이다. 즉, 땀을 흘리고 싶어서 흘린 것이 아니라 자신도 모르게 땀이 난 것이다. 이 경우 '흘리다'는 비의도적인 배설이라는 의미로 해석된다. 따라서 '흘리다'는 [− 의도]의 의미를 갖는다.

'흘리다'가 비의도적인 배설의 의미를 갖고 있음은 다음과 같은 어구의 비교를 통해서 확인된다.

> (14) ㄱ. 너무 긴장되어서 <u>나도 모르게</u> / *<u>일부러</u> 땀을 흘렸다.
>   ㄴ. 너무 긴장되어서 땀을 흘리고 말았다.

(14ㄱ)에서 '흘리다'는 비의도적인 행위의 의미를 갖는 부사어인 '나도 모르게'가 실현될 경우 적격한 문장이 되지만, 의도적인 행위의 의미를 갖는 부사어인 '일부러'가 실현될 경우에는 비적격한 문장이 된다. (14ㄴ)에서 '흘리다'는, 비의도의 상적 의미를 나타내는 '−고 말−'과 결합되어 적격한 문장이 되었다. 이것은 비의도의 행위를 나타내는 '흘리다'와 역시 비의도의 행위를 나타내는 '−고 말−'이 결합되었기 때문이다. (14ㄴ)에서 땀을 흘린 것은 자신의 의지와는 무관하게 이루어진 배설로 이해된다.

지금까지 '빼다'와 '흘리다'의 의미 특성을 분석하였는데, 이것을 정리하면 다음과 같다.

> (15) '빼다', '흘리다'의 의미 특성
>   '빼다'와 '흘리다'가 문장에서 '땀'을 목적어로 취할 경우, '빼다'는
>   [+ 의도]의 의미를, '흘리다'는 [− 의도]의 의미를 갖는다.

3.2. 〈눈물〉: '짜다, 흘리다'

눈물은 눈알 위쪽에 있는 누선에서 나와 눈알을 축이는 투명한 액체인데, 여러 가지 자극이나 정신적인 감동으로 흘러나온다. '짜다'와 '흘리다'는 문장에서 모두 '눈물'을 목적어로 취한다.

먼저 '짜다'의 의미 특성을 분석하기로 한다.

    (16) ㄱ. 나는 방에서 눈물을 짰다.
            ㄴ. 나는 안 나오는 눈물을 억지로 짜냈다.
            ㄷ. 〈가시고기〉와 〈아버지〉를 보면서 억지로 눈물을 짜냈다.
            ㄹ. 배우는 연기할 때 눈물을 억지로 짠다.

(16ㄱ~ㄹ)에서는 모두 배설동사 '짜다'가 실현되었다. 이것의 사전적 의미는 '잘 나오지 않는 것을 억지로 나오게 하다'인데, (16)의 예문에서 '짜다'는 이러한 의미를 잘 보여 준다. 즉, 안 나오는 눈물을 억지로 나오게 하는 것인데, 의도의 뜻을 가지고 있는 '억지로'라는 부사어가 이와 잘 호응된다. 이 경우 정서적인 반응에 따라 눈물을 흘리는 것이 아니라, 의도적으로 눈물이 나게 하는 것이다. 따라서 '짜다'는 [+ 의도]의 의미를 갖는다.

'짜다'는 의도적인 배설이라는 의미 기능을 갖는데, 이것은 다음과 같은 어구의 비교를 통해서 확인할 수 있다.

    (17) ㄱ. 나는 <u>일부러</u>/ *<u>나도 모르게</u> 눈물을 짰다.
            ㄴ. *나는 눈물을 짜고 말았다.

(17ㄱ)에서 '짜다'는 의도의 의미를 갖는 부사어 '일부러'와 자연스럽게 호응할 수 있으나, 비의도의 의미를 갖는 부사어 '나도 모르게' 하고는 호응에 제약을 받는다. 부사어와 서술어의 두 요소의 의미가 상충되기 때문이다. 이와 같은 의미적 상충은 (17ㄴ)에서도 보인다. 이 예문이 의미상 적격한 문장이 되지 못하는 까닭은, 의도의 의미를 갖는 '짜다'와 비의도의 의미를 갖

는 '-고 말-'이 결합되었기 때문이다.

다음은 '흘리다'의 의미 특성을 살펴보기로 한다.

> (18) ㄱ. 비극적 사실에 눈물을 흘렸다.
> ㄴ. 남편에 대한 그리움에 하염없이 눈물을 흘렸다.
> ㄷ. 어머니는 너무도 슬퍼서 눈물을 흘렸다.
> ㄹ. 부상의 통증이 너무 심해서 눈물을 흘렸다.

(18ㄱ~ㄹ)에서 눈물이 나온 까닭은 정신적·육체적인 자극에 반응하기 때문이다. (18ㄱ)에서는 비극적 사실 때문에, (18ㄴ)에서는 남편에 대한 그리움 때문에, (18ㄷ)에서는 슬픔 때문에 눈물이 나온 것이다. (18ㄹ)에서는 부상의 심한 통증 때문에 눈물이 나온 것이다. 이러한 배설 행위는 의도성이 없는 것으로 이해된다. 즉, 내외부적인 반응에 따라 무의식적으로 땀이 나는 것이다. 따라서 '흘리다'는 [- 의도]의 의미를 갖는다.

'흘리다'가 비의도적인 배설의 의미 기능을 하고 있음은 다음과 같은 어구의 비교를 통해서 확인된다.

> (19) ㄱ. 부상의 통증이 너무 심해서 <u>나도 모르게</u> / *<u>일부러</u> 눈물을 흘렸다.
> ㄴ. 부상의 통증이 너무 심해서 눈물을 흘리고 말았다.

(19ㄱ)에서 '흘리다'는 비의도의 의미를 갖는 '나도 모르게' 하고는 자연스럽게 호응이 되나, 의도의 의미를 갖는 '일부러' 하고는 호응이 되지 않는다. (19ㄴ)에서 '흘리다'는 비의도의 의미를 갖는 '-고 말-'과 자연스럽게 결합한다. 이것은 이 두 요소가 의미상 상충되지 않기 때문이다. (19ㄴ)에서는 자신의 의지와는 무관하게 눈물을 흘린 것으로 이해된다. 이런 점으로 볼 때, '흘리다'는 '눈물'을 목적어로 취할 경우, 비의도적인 배설을 나타내는 것임이 확인된다.

지금까지 '짜다'와 '흘리다'의 의미 특성을 분석하였는데, 이것을 정리하면 다음과 같다.

> (20) '짜다', '흘리다'의 의미 특성
>   '짜다'와 '흘리다'가 문장에서 '눈물'을 목적어로 취할 경우, '짜다'는
>   [＋의도]의 의미를, '흘리다'는 [－의도]의 의미를 갖는다.

3.3. 〈코〉: '풀다, 흘리다'

코는 코의 점막에서 분비되는 진득진득한 액체이다. 이것은 평소에는 코 안 점막에 묻어 있어서 숨을 쉴 때 밖에서 들어오는 여러 가지 유해한 물질을 걸러 내는 일을 한다. 배설동사 '풀다'와 '흘리다'는 문장에서 '코'를 목적어로 취한다.

먼저 '풀다'의 의미 특성을 살펴보기로 한다.

> (21) ㄱ. 오늘 세수를 하다가 코를 계속 풀었다.
>   ㄴ. 어제 코를 풀다가 귀가 막혔어요.
>   ㄷ. 코를 풀다가 이상한 살덩이 같은 게 나왔습니다.
>   ㄹ. 코를 세게 풀면 이관에 충격이 가서 중이염의 원인이 될 수 있다.

(21ㄱ~ㄹ)에서 쓰인 '풀다'의 사전적 의미는 '코 안에 고인 진액을 세게 밖으로 밀어내다'인데, 힘을 가하는 뜻인 부사어 '세게'가 서술어 '밀어내다'를 수식하는 것으로 보아, '풀다'는 의도적인 배설 행위임을 쉽게 알 수 있다. (21ㄱ)에서 '풀다'가 일상적인 배설 행위임에 비해서, (21ㄴ~ㄹ)에서 '풀다'는 이보다 강도가 높은 배설 행위로 여겨진다. 이로 말미암아(21ㄴ)에서는 귀가 막히고, (21ㄷ)에서는 이물질이 나오고, (21ㄹ)에서는 이관에 충격이 갈 수도 있다. 이들 예문에서의 배설은 코를 밖으로 내보내겠다는 강한 의지로 이루어진 것으로 해석된다. 이것으로 보아 '풀다'는 의도적인 배설의 의미 기능을 하는 것으로 이해된다.[3] 따라서 '풀다'는 [＋의도]의 의미를 갖는다.

이와 같이 '풀다'는 의도적인 배설이라는 의미 기능을 갖는데, 이것은 다음과 같은 어구의 비교를 통해서 확인할 수 있다.

> (22) ㄱ. 오늘 세수를 하다가 <u>일부러</u> / *<u>나도 모르게</u> 코를 계속 풀었다.
> ㄴ. *오늘 세수를 하다가 코를 계속 풀고 말았다.

(22ㄱ)에서 '일부러'는 '풀다'를 수식할 수 있지만, '나도 모르게'는 수식할 수 없다. 이것은 '나도 모르게'와 '풀다'가 의미상 대립을 보이기 때문이다. (22ㄴ)에서 '풀다'는 '-고 말-'과 결합의 제약을 보이는데, 이것은 이들 두 요소가 의미상 대립되기 때문이다. 다시 말해서, 의도의 의미를 가지고 있는 '풀다'와 비의도의 의미를 가지고 있는 '-고 말-'이 상충되기 때문이다.

다음은 '흘리다'의 의미 특성을 알아보기로 한다.

> (23) ㄱ. 밥을 먹다가 코를 흘렸다.
> ㄴ. 코를 흘릴 때마다 휴지로 닦아라.
> ㄷ. 너 아직도 코를 흘리니?[4]
> ㄹ. 우리 어렸을 땐 코를 많이 흘렸지.

(23ㄱ~ㄹ)에서 '흘리다'는 코가 저절로 나오는 것을 뜻한다. 코를 흘리지 않으려고 해도 자신도 모르게 코가 나오는 것이므로, '흘리다'는 비의도적인 배설에 해당한다. 따라서 이것은 [-의도]의 의미 자질을 갖는다.

'흘리다'는 이러한 의미 기능은 다음과 같은 어구의 비교를 통해서 확인된다.

> (24) ㄱ. 밥을 먹다가 <u>나도 모르게</u> *<u>일부러</u> 코를 흘렸다.
> ㄴ. 밥을 먹다가 코를 흘리고 말았다.

---

3) 수영장에는 다음과 같이 코를 의도적으로 배설하는 행위를 자제하게 하는 문구를 볼 수 있다. 물속에서 코를 풀거나 오줌을 누는 실례를 범해서는 안 됩니다.

4) 늘 코를 흘리는 아이를 놀리는 말로 '코흘리개'가 있다. 이 밖에도 '코흘리개 시절, 코흘리개 친구, 코흘리개적 사고법' 등의 표현이 있다.

(24ㄱ)에서 '나도 모르게'는 '흘리다'를 수식할 수 있지만, '일부러'는 수식의 제약을 받는다. 이러한 수식 제약은 의도의 뜻을 지닌 '일부러'와 비의도의 뜻을 가지고 있는 '흘리다'가 의미적 대립을 보이기 때문이다. (24ㄴ)에서 '흘리다'는 '-고 말-'과 결합할 수 있는데, 이것은 이들 요소가 의미적으로 대립을 보이지 않기 때문이다.

지금까지 '풀다'와 '흘리다'의 의미 특성을 분석하였는데, 이것을 정리하면 다음과 같다.

> (25) '풀다', '흘리다'의 의미 특성
> '풀다'와 '흘리다'가 문장에서 '코'를 목적어로 취할 경우, '풀다'는 [+ 의도]의 의미를, '흘리다'는 [− 의도]의 의미를 갖는다.

3.4. 〈침〉: '뱉다, 흘리다'

침은 입 안의 침샘에서 분비되어 입 안에 늘 괴고 음식을 먹을 때에 특히 많이 나오는, 냄새나 맛이 없으나 좀 끈기가 있는 소화액이다. 배설동사 '뱉다'와 '흘리다'는 문장에서 '침'을 목적어로 취한다.

먼저 '뱉다'의 의미 특성을 알아보기로 한다.

> (26) ㄱ. 그는 교실 바닥에 침을 뱉었다.
> ㄴ. 가게 주인은 의자에 앉아서 길바닥에 침을 뱉었다.
> ㄷ. 나는 입 안에 고인 침을 창문 밖으로 뱉었다.
> ㄹ. 행인은 차에다 침을 뱉었다.

(26ㄱ~ㄹ)에 쓰인 '뱉다'의 사전적 의미는 '입 안에 든 것을 입 밖으로 내보내다'인데, 여기에서는 목적어가 '침'이므로 이것을 입 밖으로 내보내는 것을 뜻한다. (26ㄱ)에서는 교실 바닥에, (26ㄴ)에서는 길바닥에, (26ㄷ)에서는 창문 밖으로, (26ㄹ)에서는 차에 침을 내보내는 것이다. 이러한 배설 행위는 아주 의도적인 것으로 일반적으로 비위생적인 것으로 인식되며, 상대

방에게 불쾌감을 주거나 심한 모욕감을 줄 수 있다.[5] 따라서 ‘뱉다’는 의도적인 배설이라는 의미 기능을 하며, [＋의도]의 의미를 갖는다.

‘뱉다’의 이런 의미 기능은 다음과 같은 어구의 비교를 통해서 확인된다.

　(27) ㄱ. 그는 교실 바닥에 <u>일부러</u> / *<u>자신도 모르게</u> 침을 뱉었다.
　　　 ㄴ. *그는 교실 바닥에 침을 뱉고 말았다.

(27ㄱ)에서 ‘일부러’는 ‘뱉다’를 수식할 수 있으나, ‘자신도 모르게’는 그 의미가 ‘뱉다’의 의미와 상충되어 수식이 제약된다. (27ㄴ)에서 ‘뱉다’와 ‘－고 말－’은 의도와 비의도의 의미적 대립을 보이므로 이들 두 요소는 결합이 제약된다.

다음은 ‘흘리다’의 의미 특성을 살펴보기로 한다.

　(28) ㄱ. 전철에서 졸다가 침을 좀 흘렸다.
　　　 ㄴ. 잠을 자다가 침을 흘렸어요.
　　　 ㄷ. 우리 애가 침을 흘리는데, 좋은 약이 있나요?
　　　 ㄹ. 내가 침을 흘렸다고?

(28ㄱ~ㄹ)에서 ‘흘리다’는 침이 저절로 입 밖으로 나오는 것을 뜻하는데, 이러한 배설은 잠을 자거나 차를 탈 때 흔히 경험한다. 또한 아이들이 어렸을 때 흔히 겪기도 한다.[6] ‘흘리다’는 이처럼 자신의 의도와는 달리 이루어지는 배설인데, 따라서 이것은 [－의도]의 의미 자질을 갖는다.

‘흘리다’의 의미 기능은 다음과 같은 어구의 비교를 통해서 확인된다.

　(29) ㄱ. 전철에서 졸다가 <u>나도 모르게</u> / *<u>일부러</u> 침을 흘렸다.
　　　 ㄴ. 전철에서 졸다가 침을 흘리고 말았다.

---

5) 영국에서는 유명한 연예인이 경찰에 침을 뱉은 혐의로 체포된 일도 있었다.
　(http://star.moneytoday.co.kr.view/stview)
6) 침을 늘 흘리는 버릇이 있는 사람을 가리켜 ‘침흘리개’라고 한다.

(29ㄱ)에서 '나도 모르게'는 '흘리다'를 수식하는 데 비해서, '일부러'는 제약이 있다. '일부러'가 '흘리다'를 수식하지 못하는 것은 비의도의 의미를 가진 '흘리다'와 의도의 의미를 가진 부사어 '일부러'가 의미 대립을 보이기 때문이다. (29ㄴ)에서 '흘리다'와 '-고 말-' 두 요소가 결합할 수 있는 것은 이들 요소가 모두 비의도의 의미 기능을 하기 때문이다.

지금까지 '뱉다'와 '흘리다'의 의미 특성을 분석하였는데, 이것을 정리하면 다음과 같다.

> (30) '뱉다', '흘리다'의 의미 특성
> '뱉다'와 '흘리다'가 문장에서 '침'을 목적어로 취할 경우, '뱉다'는 [+ 의도]의 의미를, '흘리다'는 [- 의도]의 의미를 갖는다.

3.5. ⟨똥⟩, ⟨오줌⟩ : '누다, 싸다'

똥은 먹은 음식물을 삭이고 항문으로 내어보내는 찌꺼기이며, 오줌은 물질대사로 몸 안에 생긴 찌끼로 방광에서 요도를 통해 몸 밖으로 나오는 액체이다. '누다'와 '싸다'는 문장에서 '똥'과 '오줌'을 목적어로 취한다.

먼저 '누다'의 의미 특성을 살펴보기로 한다.

> (31) ㄱ. 아이가 이제는 화장실에서 똥 / 오줌을 눈다.
> ㄴ. 아들이 길가에서 똥 / 오줌을 누었다.[7]
> ㄷ. 새벽녘에 똥 / 오줌을 누다 별똥별 하나를 보았다.
> ㄹ. 몇 시간이나 참았던 똥 / 오줌을 누었다.

(31)의 '누다'의 사전적 의미는 '똥·오줌을 몸 밖으로 내보내다'인데, 이러한 배설은 일반적으로 '마렵다'로 표현되는 배설 인지 과정을 거쳐 이루어진다. (31ㄱ)는 똥·오줌을 가리지 못하던 아이가 의도적으로 배설을 하게

---

7) 오줌을 공공장소와 같은 곳에서 함부로 배설할 경우 경범죄로 처벌받을 수 있다.

되었다는 것으로 이해된다. (31ㄴ)에서 아들은 화장실을 찾지 못해 어쩔 수 없이 길가에서 배설을 하게 된 것으로 보인다. (31ㄷ, ㄹ)도 의도된 배설로 해석된다. 따라서 '누다'는 [+ 의도]의 의미를 갖는다.

이와 같이 '누다'는 의도적인 배설이라는 의미 기능을 가지고 있는데, 이 것은 다음과 같은 어구의 비교를 통해 확인된다.

(32) ㄱ. 참았던 똥 / 오줌을 <u>힘껏</u> / *<u>나도 모르게</u> 누었다.
　　ㄴ. *몇 시간이나 참았던 똥 / 오줌을 누고 말았다.

(32ㄱ)에서 부사어 '힘껏'은 '누다'를 수식할 수 있는데 비해서, '나도 모르게'는 수식이 제약된다. '힘껏' 의도성을 가지고 있으므로, 의도적인 배설을 의미하는 '누다'를 수식할 수 있다. 이와는 달리, '나도 모르게'는 비의도적인 의미를 나타내는 부사어이므로 이와 상반된 의미를 가진 '누다'를 수식할 수 없다. (32ㄴ)에서 '누다'는 '-고 말-'과 결합할 수 없는데, 이것은 이들 두 요소가 상충된 의미를 가지고 있기 때문이다.

다음은 '싸다'의 의미 특성을 살펴보기로 한다.

(33) ㄱ. 애가 하루에도 몇 번씩 똥 / 오줌을 싸네요.
　　ㄴ. 똥 / 오줌을 쌌다고 혼내주면 되나요?[8]
　　ㄷ. 아이가 긴장을 했는지 학교에서 똥 / 오줌을 쌌어.
　　ㄹ. 바지에 똥 / 오줌을 쌌다.

'싸다'의 사전적 의미는 '똥·오줌 따위를 참지 못하고 함부로 내보내다' 인데, 이러한 의미는 '누다'의 의미와 대립된다. (33ㄱ~ㄹ)의 배설 행위는 자신의 의도와는 다른 모습을 보인다. 배설에 대한 조절 능력이 없거나 상실한 경우, 또는 외부적인 자극에 불가항력인 경우에 똥·오줌을 그냥 내보내게 된다. 이와 같이, '싸다'는 자신의 의지와는 다르게 함부로 배설하는

---

8) 똥·오줌을 습관적으로 싸는 아이를 가리켜 '똥싸개', '오줌싸개'라고 한다. 과거에는 아이가 오줌을 싸면 아침에 키를 씌워 옆집으로 보내 소금을 얻어 오게 하였다.

것으로 [−의도]의 의미를 갖는다.

'싸다'는 비의도적인 배설의 의미를 갖는데, 이것은 다음과 같은 어구의 비교를 통해서도 확인된다.

> (34) ㄱ. 바지에 똥 / 오줌을 <u>나도 모르게</u> / *<u>일부러</u> 쌌다.
>   ㄴ. 바지에 똥 / 오줌을 싸고 말았다.

(34ㄱ)에서 '나도 모르게'는 '싸다'를 수식할 수 있지만, '일부러'는 수식이 제약된다. 이것은 '나도 모르게'가 비의도의 의미를 갖는 부사어여서 역시 비의도의 의미를 갖는 '싸다'와 의미상 상통하기 때문이다. 이와는 달리, 의도의 의미를 갖는 '일부러'는 '싸다'와 의미적으로 상충되기 때문에 수식이 제약된다. (34ㄴ)에서 '싸다'와 '−고 말−'은 두 요소가 모두 비의도의 의미를 갖기 때문에 결합이 가능하다.

지금까지 '누다'와 '싸다'의 의미 특성을 분석하였는데, 이것을 정리하면 다음과 같다.

> (35) '누다', '싸다'의 의미 특성
>   '누다'와 '싸다'가 문장에서 '똥', '오줌'을 목적어로 취할 경우, '누다'
>   는 [+의도]의 의미를, '싸다'는 [−의도]의 의미를 갖는다.

3.6. 〈방귀〉: '뀌다$_1$, 뀌다$_2$'

방귀는 뱃속에 있는 음식물이 발효되면서 생겨 항문으로 나오는 구린내 나는 기체이다. '뀌다$_1$'과 '뀌다$_2$'는 문장에서 '방귀'를 목적어로 취한다.

먼저 '뀌다$_1$'의 의미 특성을 알아보기로 한다.

> (36) ㄱ. 사내는 밖으로 나와 방귀를 힘껏 뀌었다.
>   ㄴ. 한 연예인은 방송에 나와 몰래 방귀를 뀌다 걸린 적이 있다.
>   ㄷ. 유럽인들은 남을 의식하지 않고 방귀를 뀐다고 한다.

ㄹ. 그는 이야기를 나누다가 크게 방귀를 뀌었다.

(36)에서 '뀌다'의 사전적 의미는 '방귀를 몸 밖으로 내보내다'인데, 이것은 의도된 배설 행위로 이해된다. (36ㄱ)에서 사내는 배설물의 특성을 고려하여 밖으로 나와 힘껏 방귀를 내보낸 것으로 해석된다. (36ㄴ)에서는 한 연예인이 방송에 출연하던 중 다른 사람들을 피해 방귀를 내보낸 것으로, (36ㄷ)에서 유럽인들은 습관적으로 방귀가 나올 때마다 상대방을 고려하지 않고 방귀를 내보낸 것으로 이해된다. (36ㄹ)에서 '크게'라는 부사어가 말해주듯이 의식적으로 방귀를 내보낸 것으로 이해된다. 따라서 '뀌다₁'은 의도적인 배설이라는 의미 기능을 하며, [+의도]의 의미를 갖는다.

이렇게 '뀌다₁'은 의도적인 배설의 의미를 갖는데, 이것은 다음과 같은 어구의 비교를 통해서 확인된다.

(37) ㄱ. 사내는 밖으로 나와 <u>일부러</u> / *<u>자신도 모르게</u> 방귀를 힘껏 뀌었다.
ㄴ. *사내는 밖으로 나와 방귀를 힘껏 뀌고 말았다.

(37ㄱ)에서 '일부러'는 '뀌다₁'을 수식할 수 있으나, '자신도 모르게'는 수식이 제약된다. '일부러'가 '뀌다₁'을 수식할 수 있는 것은 이 두 요소가 의도의 의미를 갖고 있기 때문이다. '자신도 모르게'가 '뀌다₁'을 수식할 수 없는 까닭은 두 요소의 의미가 대립되기 때문이다. 또한 (37ㄴ)에서 '뀌다₁'이 '-고 말-'과 결합의 제약을 보이는 것은 의도와 비의도의 의미 대립 때문이다.

다음은 '뀌다₂'의 의미 특성을 분석하기로 한다.

(38) ㄱ. 전철을 타고 가다가 방귀를 뀌었는데, 창피해서 혼났어.
ㄴ. 어떤 때는 자면서도 방귀를 뀐다.
ㄷ. 고구마를 먹으면 자주 방귀를 뀐다.
ㄹ. 방귀를 자꾸 뀌면 병원에 가서 진찰을 받으세요.

(38)에서도 '뀌다'가 실현되었는데, 그 의미는 '뀌다₁'의 그것과는 다르다. (38ㄱ)에서 방귀를 뀐 것은 자신도 모르는 배설 행위다. 그러나 사회 관념상 공공장소에서 방귀를 뀌는 것을 허용하지 않기 때문에 그것을 어긴 행위여서 부끄러움을 느낀 것이다. 이것은 자신의 의지와는 무관한 배설이다. (38ㄴ)의 배설은 잠을 자면서 이루어진 것이므로 무의식의 행위이다. (38ㄷ)에서는 특정 음식을 먹어 빈번하게 방귀를 뀌는 것으로, 이것 역시 자신의 의도와는 다른 배설 행위이다. (38ㄹ)에서는 방귀가 나오는 것이 정상적인 배설이 아니어서 진찰을 받아야 할 정도로 이해된다. 이것으로 볼 때, '뀌다₂'는 비의도의 배설이라는 의미 기능을 하며, [− 의도]의 의미를 갖는다.

'뀌다₂'는 비의도의 의미 기능을 하는데, 이것은 다음과 같은 어구의 비교를 통해 확인된다.

> (39) ㄱ. 전철을 타고 가다가 <u>나도 모르게</u> / *<u>일부러</u> 방귀를 뀌었는데, 창피
> 해서 혼났어.
> ㄴ. 전철을 타고 가다가 방귀를 뀌고 말았는데, 창피해서 혼났어.

(39ㄱ)에서 '나도 모르게'는 '뀌다₂'를 수식하는데 비해서, '일부러'는 수식이 제약된다. 수식이 제약되는 까닭은 의도의 의미를 갖는 부사어 '일부러'가 비의도의 의미를 갖는 '뀌다₂'와 의미상 상충되기 때문이다. (39ㄴ)에서 '뀌다₂'와 '−고 말−'이 결합할 수 있는데, 이것은 이들 두 요소가 비의도의 의미를 가지고 있기 때문이다.

지금까지 '뀌다₁'과 '뀌다₂'의 의미 특성을 분석했는데, 이것을 정리하면 다음과 같다.

> (40) '뀌다₁', '뀌다₂'의 의미 특성
> '뀌다₁'과 '뀌다₂'가 문장에서 '방귀'를 목적어로 취할 경우, '뀌다₁'은
> [+ 의도]의 의미를, '뀌다₂'는 [− 의도]의 의미를 갖는다.

이상의 논의에서 나타난 두드러진 특징은, 하나의 배설 대상에 [+ 의도]
와 [− 의도]의 의미를 가진 동사들이 어휘적 대립 관계를 이루어 정연한 체
계를 보이고 있다는 점이다.

(41) 현대 국어 배설동사의 의미 특성

배설대상	배설동사	의미특성
땀	빼다	[+ 의도]
	흘리다	[− 의도]
눈물	짜다	[+ 의도]
	흘리다	[− 의도]
코	풀다	[+ 의도]
	흘리다	[− 의도]
침	뱉다	[+ 의도]
	흘리다	[− 의도]
똥, 오줌	누다	[+ 의도]
	싸다	[− 의도]
방귀	뀌다$_1$	[+ 의도]
	뀌다$_2$	[− 의도]

4. 맺음말

사람이 살아가기 위해서는 음식물을 섭취하고 소화·흡수시킨 뒤 그 찌꺼
기를 내보내야 한다. 또한 몸 안에 생긴 여러 가지 노폐물을 몸 밖으로 배
출해야 한다. 이와 같이, 소화된 찌꺼기와 노폐물을 몸 밖으로 내보내는 것
을 배설이라고 한다. 배설의 대상으로는 '땀, 눈물, 코, 침, 똥, 오줌, 방귀'
등이 있는데, 이들은 문장에서 특정한 동사와 관련된다.

배설동사는 배설에 관련된 동사를 말하는데, 그 대상에 따라 다른 모습을

보인다. <땀>은 '빼다, 흘리다'와, <눈물>은 '짜다, 흘리다'와, <코>는 '풀다, 흘리다'와, <침>은 '뱉다, 흘리다'와, <똥>은 '누다, 싸다'와, <오줌>은 '누다, 싸다'와, <방귀>는 '뀌다$_1$, 뀌다$_2$'와 관련된다.

여기에서는 이들 배설동사의 의미 특성을 분석하였는데, 이것을 정리하면 다음과 같다.

   ① '빼다', '흘리다'의 의미 특성 : '빼다'와 '흘리다'가 문장에서 '땀'을 목적어로 취할 경우, '빼다'는 [＋의도]의 의미를, '흘리다'는 [－의도]의 의미를 갖는다.

   ② '짜다', '흘리다'의 의미 특성 : '짜다'와 '흘리다'가 문장에서 '눈물'을 목적어로 취할 경우, '짜다'는 [＋의도]의 의미를, '흘리다'는 [－의도]의 의미를 갖는다.

   ③ '풀다', '흘리다'의 의미 특성 : '풀다'와 '흘리다'가 문장에서 '코'를 목적어로 취할 경우, '풀다'는 [＋의도]의 의미를, '흘리다'는 [－의도]의 의미를 갖는다.

   ④ '뱉다', '흘리다'의 의미 특성 : '뱉다'와 '흘리다'가 문장에서 '침'을 목적어로 취할 경우, '뱉다'는 [＋의도]의 의미를, '흘리다'는 [－의도]의 의미를 갖는다.

   ⑤ '누다', '싸다'의 의미 특성 : '누다'와 '싸다'가 문장에서 '똥', '오줌'을 목적어로 취할 경우, '누다'는 [＋의도]의 의미를, '싸다'는 [－의도]의 의미를 갖는다.

   ⑥ '뀌다$_1$', '뀌다$_2$'의 의미 특성 : '뀌다$_1$'과 '뀌다$_2$'가 문장에서 '방귀'를 목적어로 취할 경우, '뀌다$_1$'은 [＋의도]의 의미를, '뀌다$_2$'는 [－의도]의 의미를 갖는다.

위의 분석에서 나타난 두드러진 특징은, 하나의 배설 대상에 [＋의도]와 [－의도]의 의미를 가진 동사들이 어휘적 대립 관계를 이루어 정연한 체계를 보이고 있다는 점이다. 이러한 연구 결과는 앞으로 한국인들의 배설 의식을 이해하는 데 도움이 될 것으로 보인다.

이상의 배설동사의 의미 특성을 정리하면 앞 예문 (41)의 표와 같다.

‖ 참고문헌

권재일(1992), 『한국어 통사론』, 민음사.
김성화(1990), 『현대 국어의 상 연구』, 한신문화사.
김승곤(1996), 『현대 나라 말본』, 도서출판 박이정.
박영순(2004), 『한국어 의미론』, 고려대학교 출판부.
신현숙(1986), 『의미분석의 방법과 실제』, 한신문화사.
이주행(1992), 『현대국어문법론』, 대한교과서주식회사.
최현배(1971), 『우리말본』, 정음사.
허웅(1983), 『국어학―우리말의 오늘·어제』, 샘문화사.
한글학회(1992), 『우리말 큰사전』, 어문각.
star.moneytoday.co.kr.view/stview

고유어와의 의미 관계에 따른 외래어의 분류

원흥연

1. 머리말

현대의 언어생활에서 예전과 크게 달라진 점은 세계화의 진전과 더불어 언어생활의 공간도 갈수록 확대되고 있다는 사실이다. 특히 사회·경제적 발전으로 인해 국가, 사회, 개인 간의 교류가 늘어나고 문화적 접촉이 활발해지면서, 여러 언어 간의 상호 접촉도 빈번해졌다. 국어도 국제사회 교류와 문화적 접촉을 통한 다른 언어와의 상호 접촉이 더욱 활발해졌고, 다양한 언어들이 국어의 언어생활 공간 속으로 들어오고 있다.

국어 어휘체계에 들어온 외래어는 형태적 특성뿐만 아니라 의미적으로도 다양한 특성을 갖는다. 어휘의 분류는 어휘체계의 조직뿐만 아니라 동일 부류의 공통된 의미 정보와 개별 어휘의 특정적인 의미를 표상하는 데 매우 중요한 역할을 한다.

호킷트(C. F. Hockett, 1958)는 외래어를 받아들이는 동기로 뽐내기 위한 것과 필요 충족의 경우를 들고 있다. 이 중 필요 충족의 동기에 따라 외래어가 빈자리를 채우게 된다고 하였다. 레러(A. Lehrer, 1974)도 남의 나라 말을 빌어오는 것은 기능상의 빈자리를 채우는 가장 흔한 방법이라고 하였다(임지룡, 2008 : 130). 곧 외래어는 국어의 의미상의 빈자리를 채우기도 하면서 고유어와 함께 쓰인다. 이러한 관점에서 국어 어휘체계 속으로 들어와 쓰이는 외래어와 고유어가 실제로 어떻게 쓰이고 있는지를 살피는 것이 필요하다.

이 연구는 외래어와 고유어(한자어, 순화어)의 의미 차이를 비교 분석하고, 외래어를 의미 관계에 따라 분류하는 것을 목적으로 한다. 의미 관계 특성을 의미 분화에 따른 동화 정도와 의미 경쟁 양상 등에 따라 분류하고, 개별 어휘와 구체적 용례를 들어 각 외래어의 의미적 특성을 고찰한다.

이러한 고찰 과정 속에서 지금까지 하나의 큰 범주로 다루어졌던 외래어를 의미적 특성에 따라 각기 다른 범주로 구분할 수 있다. 이번 연구에서는 외래어와 고유어의 의미 관계에 따라 외래어를 의미적 특성에 따른 4가지 분류를 시도한다. 이 같은 외래어의 구체적인 의미적 특성 구분은 지금까지 외래어를 하나의 동일 특성으로 바라봄으로써 생긴 많은 한계를 해결할 수 있을 것으로 본다. 고유어와 비슷한 의미를 지닌 외래어 어휘들의 실제적인 의미와 미세한 가치 차이를 찾아 이를 체계적으로 기술하고 연구하는 것은 효과적인 언어생활에도 기여하게 된다.

2. 의미 관계 비교에 따른 외래어의 4가지 의미적 특성 분류

외래어와 고유어의 의미 관계를 비교·분석하기 위해 먼저 외래어와 의미적으로 유사하거나 경쟁 관계인 고유어를 대조하여 설정하고, 각각의 사용 빈도를 직접 조사한다. 이러한 사용 빈도 조사는 일차적으로 개별 외래어와 고유어가 실제 국어생활에서 어떠한 비율로 쓰이고 있는지 보여주며, 이차적으로 외래어와 고유어의 구체적 의미적 특성이 실제 국어 생활에 어떠한 영향을 미치고 있는지 파악할 수 있게 한다.

　외래어 사용은 긍정적·부정적 측면이 있다. 외래어는 언중들이 고유어의 의미 영역에서 찾을 수 없는 의미 전달을 위해 사용하거나, 고유어와 비슷한 의미를 뜻하지만 다양성의 관점에서 문맥상의 용법에 따라 사용하기도 한다. '에너지, 서비스, 리듬'과 같은 외래어는 기존 어휘로는 분명하게 표현할 수 없었던 개념을 분명히 하는 데 기여하며, '언론'과 '저널'은 동일한 개념과 의미를 지니고 있는 어휘지만 외래어와 그 대응어의 감정적 가치가 다른 경우로 언어 사용자가 외래어를 이용해 다양한 문체적 효과를 누릴 수 있게 해 준다. 즉 외래어의 도입은 국어 표현의 다양화를 위해 긍정적인 역할을 한다고 볼 수도 있다.

　한편으로 외래어를 통해 표현을 다양화하려는 시도는 의사소통의 효율성 측면에서 부정적인 결과를 초래할 수 있다. 예를 들면, '펠로십, 멘토링, 아젠다'와 같은 대중적인 신문, 잡지, 방송에서 나온 표현들은 해당 외국어에 대한 이해가 없는 경우 고유어에서 찾을 수 있는 유추의 가능성이 차단되어 대다수 사람들을 정확한 언어 정보로부터 소외되게 만든다.

　유사한 의미 범주에 속한 각각의 낱말들을 직접 비교·대조하면서 그 의미 차이를 분석하고 사용빈도 조사를 통해 그 의미적 특성을 보다 명확히 기술한다. 이 과정에서 외래어와 고유어의 의미 차이와 실제 국어 생활에서의 동화 정도 등을 종합적으로 분석해 외래어의 의미적 특성과 그에 따른 분포도를 제시하고자 한다.

　고유어는 국어에서 쓰이는 외래어를 제외한 고유어, 한자어, 순화어를 모두 포함한다. 유사한 외래어와 고유어의 낱말 짝은 「국어순화자료집」을 참고하여 정하였다.

　외래어의 의미적 특성을 보다 구체적으로 파악하기 위해 외래어와 고유어의 의미관계 양상과 의미 차이를 대조·분석하고 동화 정도와 함께 비교·고찰해 보면 아래와 같은 4가지로 구분할 수 있다.

첫째, 동화 정도가 높고 의미 분화로 고유어와 다른 의미 영역을 가진 외
래어
둘째, 사용 빈도와 동화 정도는 비교적 높으나 고유어와 의미 영역이 비슷
해 의미경쟁을 하는 외래어
셋째, 동화 정도가 비교적 낮고 고유어와 의미 영역도 유사하여 의미 충돌
과정에 있는 외래어
넷째, 동화 정도가 낮으나 특화된 의미 분야에 쓰여 고유어로 의미 대체가
어렵거나 적절한 순화어가 개발되지 않은 외래어

동화 정도와 의미 관계 양상에 따른 외래어의 의미적 특성을 4가지 분야
별로 대표적 어휘와 그 용례를 통해 파악해 보면 다음과 같다.

2.1. 동화 정도가 높고 의미 분화로 고유어와 다른 의미 영역을 가진 외래어 : '완전 동화와 의미 분화' 범주

우리말의 외래어 가운데는 오랜 동화와 사회적 정착 과정을 거쳐 의미의
빈자리를 채우고 국어 어휘체계 속에 자리 잡은 외래어가 상당수 있다. 이
들 외래어를 구분하는 절대적 기준은 없지만 이들 어휘는 외래어 도입 초기
고유어와의 의미 충돌과 경쟁 과정을 거쳐 완전한 의미 분화를 통해 사회적
으로 외래어라는 거부감이 상당 부분 사라져 가고 있다는 특징이 있다.

특히 이 범주의 외래어들은 외래어 도입 초기 심리적 요인으로 사용되었
다고 하더라도 오랜 동화 과정을 통해 의미상의 필요 충족의 요인이 더 크
게 작용했으며 현대 언어생활에서도 보편적 사용빈도가 높다. 이 같은 사실
은 실제 조사에서도 잘 나타난다. 「외래어 사용 실태조사—1990년도」(1991)
에 나타나는 외래어와 「현대국어사용빈도조사」(2002)에서 뽑은 외래어 가운
데 사용 빈도가 높은 순위대로 다시 정리해 아래 [표 1]로 비교하면 '완전
동화와 의미 분화' 단계의 주요 외래어 50개를 파악할 수 있다.

[표 1]

순위	고빈도외래어(1991년)	사용 빈도수[1]	고빈도외래어 (2002년)	사용 빈도수[2]
1	팀	2,161	퍼센트	1,309
2	달러	1,554	컴퓨터[3]	675
3	아파트	1355	프로그램	547
4	컴퓨터	1092	커피	511
5	호텔	913	팀	328
6	프로그램	830	버스	300
7	그룹	826	달러	284
8	메달	805	이데올로기	274
9	올림픽	614	미터	264
10	골	598	아파트	261
11	시리즈	598	게임	255
12	서비스	557	그룹	255
13	버스	556	아나운서	247
14	골프	534	뉴스	246
15	시즌	531	텔레비전	239
16	홈런	504	센티미터	234
17	스포츠	457	티브이	230
18	카드	455	리얼리즘	215
19	게임	358	골	209
20	세미나	357	이미지	208
21	택시	355	에너지	190
22	센터	350	드라마	186
23	드라마	333	톤	180
24	유엔	329	소프트웨어	177
25	가스	328	서비스	173
26	플레이오프	324	컵	162
27	코치	302	올림픽	159
28	시스템	296	스트레스	154
29	모델	268	시리즈	148
30	포인트	264	그램	147

31	파일	263	라디오	145
32	테니스	265	시스템	138
33	리그	255	스타	135
34	에너지	252	스포츠	134
35	세트	244	프로	127
36	피아노	235	밀리미터	122
37	스타	229	택시	122
38	마라톤	228	모델	120
39	소프트웨어	215	비디오	117
40	비디오	208	커뮤니케이션	111
41	오페라	205	킬로미터	110
42	챔피언	196	마케팅	109
43	시멘트	194	치즈	108
44	월드컵	194	가스	106
45	팬	186	이데올로기적	102
46	패션	184	카드	100
47	뉴스	178	코드	97
48	페레스트로이카	162	스타일	97
49	마르크	156	카메라	94
50	스키	152	코너	89

「외래어 사용 실태조사—1990년도」(1991) 조사에서 사용 빈도 상위를 차지한 외래어 50개 가운데 약 10년 후인 「현대국어사용빈도조사」(2002)에서도 상위 50위 안에 든 외래어는 '팀, 달러, 아파트, 컴퓨터, 프로그램, 그룹, 올림픽, 골, 시리즈, 서비스, 버스, 스포츠, 택시, 드라마, 시스템, 모델, 에너지, 스타, 소프트웨어, 비디오, 뉴스' 등 절반에 가까운 21개로 조사되었다. 이 가운데 '컴퓨터, 프로그램, 소프트웨어, 뉴스, 에너지, 게임' 등은 사용 빈도

---

1) 「외래어 사용 실태조사—1990년도」(1991) : 신문 6종과 잡지 9종에 나오는 외래어 사용 빈도 조사.
2) 「현대국어사용빈도조사」(2002) : 교재, 교과서, 교양, 문학, 신문, 잡지, 대본, 구어, 기타 등 176개 종에 나오는 사용 빈도를 모두 합한 것이다.
3) 음영 안의 어휘는 1990년 조사에서도 고빈도 외래어 상위 50개 안에 든 어휘이다.

순위가 10년 후 상승하였으며, '팀, 아파트, 서비스' 등은 순위가 하락해 외래어의 사회적 동화 정도에는 개별 어휘에 대한 시대적 필요성과 사회적 수요라는 의미상의 필요 충족 요인이 크게 작용한다는 사실을 보여주고 있다.

위에서 살펴본 고빈도 외래어뿐만 아니라 국어 안에서 안정된 자리를 잡고 널리 쓰이는 외래어를 조사한 「기본 외래어 조사 자료집」(1993)[4]에 나오는 외래어 3,000개 가운데 득점별 외래어 상위 27개 어휘도 사회적 동화 정도가 높고 의미 분화가 분명한 단어에 속한다. 이는 '리듬, 마이크, 소스, 컴퓨터'(이상 8점, 4개 단어), '뉴스, 마스크, 소프트웨어, 온라인, 코드, 포스터, 댐, 마크, 스위치, 카메라, 터널, 프로그램, 램프, 매스게임, 시멘트, 커튼, 트럭, 플라타너스, 리본, 서비스, 아스팔트, 컵, 퍼센트'(이상 7점, 23개 단어) 등이다.

이처럼 '완전 동화와 의미 분화' 범주에 속하는 이들 대표적 외래어 이외에 현대 국어 생활에서 동화 정도가 높고 의미 분화를 통해 고유어와는 다른 세분화된 의미 영역이나 별도의 뜻을 가지고 있는 외래어를 살펴보면 아래와 같다. 이들 외래어의 의미적 특성을 보다 분명히 하고 고유어와의 의미 차이를 알아보기 위해 문맥 속에서 한 어휘소를 다른 어휘소로 바꾸어 보는 '대치 검증법'[5)]과 '실제 사용 용례' 등을 통해 고찰해 보고자 한다.

선글라스 / 색안경
   (1) ㄱ. 세상을 <u>색안경</u>을 끼고 보면 좋은 것도 나빠 보인다.
       ㄴ. (?)세상을 <u>선글라스</u>를 끼고 보면 좋은 것도 나빠 보인다.
       ㄷ. 그는 검은색 <u>선글라스</u>를 쓰고 있다.

'색안경'은 '색깔이 있는 렌즈를 부착한 안경'이라는 보다 광범위한 의미를 가지고 있으며, '선글라스'는 색깔 있는 안경 가운데서도 '강렬한 햇빛

---

4) 국립국어연구원이 「국어사전」 3종과 「외래어표기용례집」(1988), 「초·중·고교 교과서」, 「외래어실태조사보고서」(조사자료집4권), 「국어순화자료집」(1992), 기타 자료 등을 토대로 조사한 자료집이다.
5) '교체검증(substitutional test)'이라고도 한다.

따위로부터 눈을 보호하기 위하여 쓰는 안경'이라는 보다 구체적이고 세부적인 의미 영역을 갖는다. 특히 '색안경'은 '주관이나 선입견에 얽매여 좋지 아니하게 보는 태도'를 비유적으로 이르는 관용적 표현으로 쓰이는 경우가 많은 반면 '선글라스'는 이 같은 관용적 의미로 활용하는 것이 불가능하다. 반대로 '색안경'은 비유적 표현과 관용적 의미로 그 사용이 지배적이며, '눈을 보호하는 안경'의 의미로는 그 사용 빈도가 매우 낮다.

스텝 / 걸음
(2) ㄱ. 그 소식을 들은 어머니의 걸음은 갑자기 빨라졌다.
ㄴ. (?)그 소식을 들은 어머니의 스텝은 갑자기 빨라졌다.
ㄷ. 그들은 조용한 음악에 맞추어 조심스럽게 스텝을 옮겨 나갔다.

'스텝'은 '운동경기나 춤 등에서 동작의 단위가 되는 발과 몸의 움직임'을 의미하며 어떤 과정이나 운율적 의미를 내포하고 있는 반면, '걸음'은 발을 움직이는 동작 전체와 '일정한 방향으로 나아가는 움직임과 행동, 활동, 결정' 등을 가리키는 보다 광범위한 의미를 지닌다.

유니폼 / 제복
(3) ㄱ. 흰색 유니폼을 입은 선수들이 입장했다.
ㄴ. (?)흰색 제복을 입은 선수들이 입장했다.
ㄷ. 군인, 경찰 등 제복 입은 사람들은 의리가 있어서 좋다.
ㄹ. (?)군인, 경찰 등 유니폼 입은 사람들은 의리가 있어서 좋다.
ㅁ. 그 회사의 사원 유니폼이 새로운 디자인으로 바뀌었다.

'유니폼'은 외래어 동화과정 초기 '단체 경기를 하는 선수들이 똑같이 입는 운동복'의 의미로, '제복'은 '학교나 관청 회사 따위에서 정하여진 규정에 따라 입도록 한 옷'으로 구분되어 사용되었으나, '유니폼'이 그 의미영역을 확대하여 일반 단체나 기업, 사무실 등에서 입는 단체 복장 또는 같은 모양의 옷 모두를 지칭하는 반면 '제복'은 그 의미영역이 축소돼 군이나 경찰 관청 등에서 사용하는 권위를 가진 단체 복장의 의미로 한정되어 사용되는 경향이 강해지고 있다. '똑같이 입는 복장'이라는 의미는 같지만 '제복'은 권위와 강제성, 규정의 의미가 강한 반면, '유니폼'은 보다 광범위하고 편의성이 강조되는 의미로 쓰인다.

세일 / 판매(바겐세일, 할인판매, 염가판매)
  (4) ㄱ. <u>세일</u> 기간을 이용하면 좋은 상품을 싸게 살 수 있다.
       ㄴ. (?)<u>판매</u> 기간을 이용하면 좋은 상품을 싸게 살 수 있다.

'세일'은 본래 외래어로 들어온 초기 '고객을 찾아다니며 상품을 파는 일'의 의미로 쓰였으나 동화과정에서 '찾아다니며 파는' 의미보다 '물건을 할인하여 싸게 파는' 의미로 보다 폭넓게 쓰이는 일종의 의미변화가 일어났다. '봄맞이 세일' 등의 이름씨형과 '백화점에서 옷을 세일한다.' 등의 움직씨형이 함께 쓰인다. 흔히 할인판매나 염가판매의 의미로 사용하는 '바겐세일(bargain sale)'이라는 표현은 영어 원어인 '바긴'(bargain : 값이 싼 물건, 특가품, 싸게 팔다)의 일본식 발음 '바겐'과 '세일'을 조합한 일본식 유사 외래어이자 잘못된 조어이다. 원어에서 '바긴'은 값이 싼 물건 또는 특별 가격의 물건(특가품)이라는 뜻이며 '세일'은 팔던 물건을 특별히 싸게 판다는 뜻(have a sale : 세일하다, 염가로 팔다)으로 일반적으로 '바긴' 대신 '세일'을 주로 사용한다. 국어에서 엄격히 '세일'은 의미적으로 '할인판매, 염가판매' 등 순화어로 대체 사용 가능하지만 어휘의 편의성과 의미적 특성 측면에서 '세일'의 동화과정이 상당히 진행된 것으로 보인다.

네트워크 / 통신망
  (5) ㄱ. 그는 인적 <u>네트워크</u>가 넓다.
       ㄴ. (?)그는 인적 <u>통신망(연결망)</u>이 넓다.

'네트워크'가 사전적 의미인 1) 라디오나 텔레비전에서 각 방송국을 연결하여 동시에 같은 프로그램을 방송하는 체제'(방송망, 방송체계), 또는 2) 컴퓨터를 서로 연결하는 체계인 통신망(網)의 의미 범주를 넘어 인적·물적 연락 조직 체계를 아우르는 보다 확대된 의미 영역으로 사용되고 있다. '네트워크(network)'라는 원어의 1) 그물망, 2) 망(網)상 조직, 연락망 등의 의미뿐만 아니라 미디어나 정보통신 분야를 넘어 교통, 인적관계, 조직체계 등 사회의 상당히 많은 분야에서 광범위한 '망 조직'의 의미로 쓰이며 그 사용 빈도수도 크게 증가하고 있다.

노하우 / 기술, 비결, 비법
  (6) ㄱ. 많은 경험과 <u>노하우</u>는 성공의 중요한 관건이다.
      ㄴ. (?)많은 경험과 <u>비결</u>은 성공의 중요한 관건이다.

'노하우'는 '경쟁의 유력한 수단이 될 수 있는 정보나 경험 따위의 비밀스러운 방법, 또는 특별한 기술 등을 통칭하는 말'로 동화되어 정착해 가고 있다. 고유어나 순화어보다 광범위한 의미 영역을 차지하고 있으며 '기술, 비법, 비결, 방법' 또는 '놀라운 솜씨' 등을 모두 포함하는 포괄적 의미를 전달하는 데 용이하여 일상생활에서 사용 빈도가 늘고 동화 정도도 높아지고 있다.

이미지 / 심상, 인상
  (7) ㄱ. 그 사건은 국가 <u>이미지</u>를 높이는 데 크게 기여하였다.
      ㄴ. (?)사건은 국가 <u>인상</u>을 높이는 데 크게 기여하였다.
      ㄷ. 그의 서민적 <u>인상</u>은 많은 사람에게 호감을 준다.
      ㄹ. 작품의 <u>이미지</u>와 꼭 맞는 여자가 한 사람 있어.(최인훈, 가면고)

'이미지'는 '어떤 사람이나 사물로부터 받는 느낌'이라는 의미에서 '인상', '심상(心像)'과 비슷한 말로 쓰이기도 하지만, 실제 언어생활에서 많은 경우 원어의 의미 그대로 '어떠한 모습, 상(像), 모양 그 자체'를 의미하는 낱말로 폭넓게 쓰이고 있다. 용례 (7ㄷ)과 (7ㄱ)에서 보듯 '인상'은 '어떤 대상에 대

하여 마음속에 새겨지는 느낌'을 의미하는 반면, '이미지'는 인상보다 넓은
의미에서 단순한 느낌뿐만 아니라 어떤 사물의 실체를 나타내는 특징과 그
성질 등을 포괄하는 외형적 모습 그 자체를 의미하는 말로 쓰이고 있다.

리모컨 / 원격조정기

  (8) ㄱ. <u>리모컨</u>으로 텔레비전을 *끄다*.
      ㄴ. (?)<u>원격조정기</u>로 텔레비전을 *끄다*.
      ㄷ. 장난감 자동차를 <u>원격조정</u>하다.

'리모컨'은 원어 'remote control'의 줄임말로 '멀리 떨어져 있는 기기나
기계류를 제어하는 장치'를 말한다. '원격조정기'라는 고유어로 순화할 수
있으나 이름씨형으로 쓰일 때는 '리모컨', 움직씨형으로 쓰일 때는 '원격조
정'이 주로 사용된다.

테이블 / 탁자

  (9) ㄱ. 회사 대표가 협상 <u>테이블</u>에 참여하면서 진척이 빨라졌다.
      ㄴ. (?)회사 대표가 협상 <u>탁자</u>에 참여하면서 진척이 빨라졌다.
      ㄷ. 거실에는 <u>탁자</u> 하나와 의자 두 개가 놓여 있었다.

'물건을 올려놓기 위하여 만든 가구'를 이르는 의미에서는 '테이블'과 '탁
자'가 비슷한 의미 영역이지만, '테이블'이 '식탁, 책상, 탁자'와 일반적인
'상(床)'을 통칭하는 보다 폭넓은 의미로 자주 사용되고 있다. 특히 용례 (9
ㄱ)에서처럼 어떠한 논의가 일어나는 장소나 의제 등 비유적으로 쓰일 때는
'테이블'이 일반적으로 사용된다. '테이블'과 '탁자'를 단일 비교했을 때 사
용빈도는 '테이블'(48,514건, 87%)이 '탁자'(7,565건, 13%)보다 높으나 일상생활
에서 '탁자'로 표현해도 좋은 경우까지 외래어인 '테이블'을 사용하는 남용
사례도 자주 확인된다.

노트 / 질문

(10) ㄱ. 그는 <u>퀴즈</u> 대회에 참가할 때마다 상을 받았다.
　　　ㄴ. (?)만나자마자 그녀는 <u>퀴즈</u> 공세를 폈다.
　　　ㄷ. 만나자마자 그녀는 <u>질문</u> 공세를 폈다.

'퀴즈'는 '어떤 질문과 문제에 대한 답을 알아맞히는 놀이 또는 그 질문'을 통틀어 지칭하며 '질문'은 '모르거나 의심나는 점을 묻는 행위'를 말한다. '퀴즈(quiz)'의 어원에도 '간단한 테스트'라는 의미가 포함되어 있으며, 일상 언어생활에서도 질문이나 문제보다는 '간단하고 가벼운 질문'이라는 세부적 의미영역을 가진다.

노트 / 공책

(11) ㄱ. 강의 <u>노트</u>를 보는 것은 부정행위에 해당한다.
　　　ㄴ. 강의 내용을 기록한 <u>공책</u>을 보는 것은 부정행위에 해당한다.
　　　ㄷ. 그때 그때 <u>노트</u>를 해 두어야 나중에 참고 자료로 쓸 수 있다.
　　　ㄹ. (?)그때 그때 <u>공책</u>해 두어야 나중에 참고 자료로 쓸 수 있다.

'글씨를 쓰거나 그림을 그리도록 백지로 매어 놓은 책'이라는 의미에서는 '노트'와 '공책'이 동일한 의미이지만, '어떤 내용을 기억해 두기 위하여 적는 행위'라는 '노트'만의 의미영역에서는 '공책'으로 대체 불가능하다. 원어에서 노트는 '기록'이나 '메모, 각서, 문서'의 이름씨와 '적어두다, 써놓다'의 움직씨로 모두 쓰이며 원어의 의미가 그대로 토착화되고 있다. '수업 내용을 공책에 노트하다'의 용례에서 보듯 결국 노트는 '기록하는 행위'와 '기록을 위한 종이 묶음' 등 사물과 행동을 모두 아우르는 의미로 사물만 지칭하는 '공책'보다 포괄적인 의미로 사용된다.

센스 / 감각

(12) ㄱ. 그는 <u>감각</u>이 둔하다.
　　　ㄴ. (?)그는 <u>센스</u>가 둔하다.
　　　ㄷ. 그녀는 <u>센스</u> 있게 일을 잘 처리해 부장으로부터 신임을 얻고 있다.

　　ㄹ. 이번 작품에는 동양적인 <u>감각</u>이 묻어난다.

　‘센스(sense)’는 외래어의 동화 과정에서 ‘시각, 청각, 촉각 따위의 감각’을 의미하는 원어의 1차 의미보다는 부가적 의미인 ‘어떤 사물이나 현상에 대한 판단력, 감수성 또는 이해력’을 나타내는 뜻으로 더 많이 사용되고 있다. ‘눈치, 분별, 분별력, 감각’ 등 다양하게 순화된 표현으로 바꿀 수 있으나 ‘감각’은 ‘자극을 알아차리는 일’ 또는 ‘사물에서 받은 인상이나 느낌’을 의미할 때 주로 사용되는 반면 ‘센스’는 감각 가운데서도 ‘예민하고 날카로운 감각’으로 범위가 보다 좁혀져 사용된다. 특히 ‘감각’은 ‘둔하다’, ‘예민하다’ 등 정도의 차이를 나타내는 말과 호응 관계에 있는 반면 ‘센스’는 주로 ‘—있다 / —없다’와만 호응 관계를 갖는다. ‘감각’은 ‘—적(감각적)’을 붙여 매김씨로 사용할 수 있으나 ‘센스’는 매김씨의 사용이 불가능하다.

　　매니저 / 관리인
　(13) ㄱ. <u>매니저</u>의 역할에 따라 연예인의 활동이 달라진다.
　　　　ㄴ. 아파트 <u>관리인</u> 두 사람이 쓰레기를 치웠다.
　　　　ㄷ. (?)아파트 <u>매니저</u> 두 사람이 쓰레기를 치웠다.

　‘매니저(manager)’는 원어에서 ‘지배인, 경영 관리자, 부장, 감독’ 등 폭넓은 의미를 갖고 있으나, 토착화 과정에서 ‘연예인이나 운동선수 등의 섭외나 교섭 또는 일정관리 등 그 밖의 시중을 드는 사람’으로 제한적으로 사용되고 있다. 원어적 의미의 ‘회사나 호텔 따위의 경영자나 책임자’는 고유어의 ‘부장, 과장’ 등 각기 다른 직책으로 호칭하거나 ‘지배인’이나 ‘관리인’으로 순화해 사용된다. 아파트, 농장 등 시설을 소유자로부터 위탁받아 관리하는 사람을 지칭할 때는 고유어인 ‘관리인’으로 주로 사용한다.

　　캠페인 / ~운동
　(14) ㄱ. 기업들이 수출 확대를 위해 세계적인 광고 <u>캠페인</u>을 벌이고 있다.
　　　　ㄴ. (?)기업들이 수출 확대를 위해 세계적인 광고 <u>운동</u>을 벌이고 있다.

‘캠페인(campaign)’은 영어 원어에서 1) 일련의 군사행동이나 대규모 병력이 집결한 전투—회전(會戰) 2) 선거운동이나 유세 3) 사회운동 등으로 폭넓게 사용되나, 국어 외래어로 동화하는 과정에서는 ‘사회·정치적 목적 따위를 위하여 조직적이고도 지속적으로 행하는 일련의 조치’들로 의미가 축소되어 사용되고 있다. (14ㄴ)에서 보듯 ‘캠페인’을 ‘광고 운동’과 같이 ‘—운동’으로 순화할 경우 미세한 의미 전달에 착오가 발생한다. 따라서 ‘캠페인’은 ‘운동’과 일정한 의미 차이가 있으며 동화 정도와 사용 빈도도 높다.

프린트 / 인쇄

(15) ㄱ. 간단한 내용을 <u>프린트해</u> 한 장씩 돌렸다.
　　　ㄴ. 상표가 상자 안쪽에 <u>인쇄되어</u> 있다.
　　　ㄷ. (?)상표가 상자 안쪽에 <u>프린트되어</u> 있다.
　　　ㄹ. 이 사람이 공부하는 교과서 중에서, 우리 국어 문법에 관한 <u>프린트</u>를 얻어 보게 되었다.(이희승, 소경의 잠꼬대)

‘인쇄’는 ‘잉크를 사용하여 판면(版面)에 그려져 있는 글이나 그림 따위를 종이, 천 따위에 박아 내는 일’로 출판의 의미가 강한 반면, ‘프린트(print)’는 ‘인쇄하거나 등사하는 일, 또는 그런 인쇄물이나 등사물’ 등 보다 광범위하고 간편한 인쇄 작업이나 그 인쇄물 등을 표현할 때 쓴다. 간편한 프린트 기능을 가진 복합기기의 보급 확대로 ‘인쇄’는 ‘출판기기로 책 형태를 찍어 내는 작업’의 의미가 강해지고 ‘프린트’는 ‘낱장의 종이에 같은 내용을 등사하는’ 등의 의미로 분화되고 있다.

브랜드 / 상표

(16) ㄱ. 우리 대학의 <u>브랜드</u> 가치는 급상승하고 있다.
　　　ㄴ. (?)우리 대학의 <u>상표</u> 가치는 급상승하고 있다.
　　　ㄷ. 그 회사는 ‘어울림’이라는 <u>브랜드</u>를 상표출원 하였다.

‘상표’는 ‘사업자가 자기 상품에 대하여 경쟁 업체의 것과 구별하기 위하여 사용하는 기호 문자 도형 따위의 일정한 표지'를 뜻하지만, '브랜드(brand)'는 외래어로 동화하는 과정에서 '상표'의 의미뿐만 아니라 '상표로부터 나오는 무형의 가치 및 명성'과 '회사명 또는 상호 이름 그 자체, 또는 기관과 국가 등의 이름이 지닌 가치'까지 포함하는 것으로 의미 영역이 확대되고 사용 빈도도 크게 증가하고 있다. '상표'는 개별 물건을 지칭하는 경우가 많으며, 브랜드는 상표 가운데서도 신뢰와 영향력이 있고 명성과 평판이 높은 것만을 구분하여 말하기도 한다.

캐릭터 / 개성, 특징물
(17) ㄱ. 그 연극의 등장인물은 각기 독특한 <u>캐릭터</u>를 가지고 있다.
　　　ㄴ. 문화 산업 발전을 위해 우리도 독자적인 <u>캐릭터</u> 상품을 개발해야
　　　　 한다.
　　　ㄷ. (?)문화 산업 발전을 위해 우리도 독자적인 <u>특징물</u> 상품을 개발해야
　　　　 한다.

'캐릭터(character)'는 원어에서 '특성, 특질, 성격, 인격, 품성, 인물, 위인'과 '문자, 서체, 글자' 등 광범위한 의미로 쓰인다. 그러나 국어 외래어로의 동화과정에서는 1) 소설이나 연극에 등장하는 인물 또는 작품 내용에 의하여 독특한 개성과 이미지가 부여된 존재 2) 소설, 만화, 연극 등 어떤 작품에 등장하는 독특한 인물이나 동물의 모습을 디자인에 도입해 만든 상품의 의미로만 사용된다. 1)의미의 경우 '개성'으로 순화할 수 있으나 단순히 개성 이상의 보다 넓은 의미의 인물 특징을 말하는 경우가 많으며 '캐릭터 상품'의 경우 '특징물'이라는 순화어로 사용할 경우 의미 전달에 한계가 있다.

히트 / 인기
(18) ㄱ. 이 제품은 소비자들에게 큰 <u>인기</u>를 얻었다.
　　　ㄴ. 그녀는 신곡을 연달아 <u>히트</u>시키며 최고 가수의 자리로 입지를 굳혔다.
　　　ㄷ. 최근에 가장 <u>히트</u>를 친 상품은 바로 이것이다.

'히트(hit)'는 '세상에 내놓거나 발표한 것이 크게 인기를 얻어 성공한 경

우'에 주로 사용하며 단순한 인기의 의미에 더해 사회적 평판이 높아지거나 금전적 이득을 많이 보는 등의 '성공'의 의미까지 내포한 형태로 쓰이고 있다. 반면 '인기'는 대중이 좋아하거나 관심을 가지는 기운을 나타낼 때 주로 쓰이며 성공 여부의 가치 판단과는 직접적으로 연결되지 않는다. '히트'는 '히트를 치다', '히트시키다', '히트 상품' 등의 형태로 주로 쓰이며 '인기'는 이름씨형으로만 사용된다.

다이어리 / 일기장, 비망록, 수첩
(19) ㄱ. 새해 선물로 회사 <u>다이어리</u>가 어때요?
　　ㄴ. <u>다이어리</u>에 부서 회의 내용을 모두 적어 놓았다
　　ㄷ. 그는 오늘 있었던 일들을 <u>일기장</u>에 낱낱이 적었다.
　　ㄹ. 선생님은 주머니에서 만년필과 <u>수첩</u>을 꺼냈다.

'다이어리(diary)'는 '한 장 한 장 넘기면서 날짜별로 간단한 메모를 할 수 있도록 종이를 묶어 놓은 것'으로 '기업이나 회사 공공기관 등의 사무용 또는 업무용 수첩이나 일지 형식의 장부'를 주로 의미한다. 반면 '일기'는 '그날그날 겪은 일이나 생각, 느낌 따위를 상세하게 서술적으로 적는 장부'를 의미한다.

'수첩'은 '몸에 지니고 다니며 아무 때나 간단한 기록을 하는 조그마한 공책'을 의미한다. 다이어리는 '사무용'이라는 점에, 일기장은 '하루의 지난 일을 기록한다'는 점에, 수첩은 '작고 간편한 것'에 각각 의미의 강조점이 나타난다.

메모 / 기록, 쪽지, 적바림
(20) ㄱ. 회의가 끝나고 나오니 전화가 왔었다는 <u>메모</u>가 적혀 있었다.
　　ㄴ. (*)회의가 끝나고 나오니 전화가 왔었다는 <u>기록</u>이 적혀 있었다.
　　ㄷ. 그는 <u>쪽지</u>도 남기지 않고 사흘째 집에 들어오지 않고 있다.
　　ㄹ. 영변 어머니 집과 선천 자네 아우 집을 찾을 노정기나 <u>적바림</u>해 주게그려.(박종화, 임진왜란)

‘메모(memo)’는 ‘다른 사람에게 말을 전하거나 자신의 기억을 돕기 위하여 짤막하게 글로 남기는 일, 또는 그 글’을 의미한다. ‘기록, 적바림, 적발, 쪽지 기록’ 등의 순화어가 있으나 언어생활에서 갖는 의미의 강조점이 각기 다르다. ‘메모’는 필기의 의미 가운데 ‘짧고 간결하게’ 기록하거나, 기록한 것을 의미하는 세부 영역을 차지하고 있는 반면, ‘기록’은 ‘주로 후일에 남길 목적으로 어떤 사실을 적거나, 또는 그런 글’을 의미한다. ‘쪽지’는 ‘글을 적은 작은 종잇조각, 또는 그 글쪽지’를 가리키며, ‘적바림’은 ‘나중에 참고하기 위하여 글로 간단히 적어 두는 일, 또는 그 기록 ≒ 적록(摘錄)·적발’을 의미한다.

딜레마 / 궁지
(21) ㄱ. 대통령의 <u>딜레마</u>를 누가 풀어 줄 수 있을까.
　　 ㄴ. 그 사건은 그를 <u>궁지</u>로 몰아넣었다.
　　 ㄷ. (ʔ)그 사건은 그를 <u>딜레마</u>로 몰아넣었다.

‘딜레마(dilemma)’는 ‘두 가지 또는 몇 가지 대안 안에서 선택을 해야 만하는 어려운 상황’일 때 사용하며, ‘궁지’는 ‘매우 곤란하고 어려운 일을 당한 처지’를 의미한다. ‘해결할 수 있는 대안이 적다’는 것에 ‘딜레마’의 의미 강조점이 있는 반면, ‘궁지’는 일반적인 어렵고 곤란하며 궁색한 상황을 나타내 상황에 따라 각기 다르게 쓰인다. 일부 문맥 표현에서 ‘딜레마’를 이러지도 저러지도 못하는 곤란한 상황을 의미하는 ‘진퇴양난’으로 대체할 경우 객관적 의미 전달에 차이가 생긴다.

2.2. 동화 정도는 비교적 높으나 고유어와 의미 경쟁을 하는 외래어 : ‘부분 동화와 의미 경쟁’ 범주

국어 사용자가 일상에서 쓰는 외래어 가운데는 고유어와 비슷한 의미 영역을 갖거나 전달하고자 하는 뜻이 고유어와 서로 겹치는 경우를 흔히 볼

수 있다. 이들 외래어는 사회적 동화 정도의 중간 단계에서 시대적 유행이
나 언어 사용자의 필요와 문맥상의 용법의 차이에 따라 자주 사용되지만 완
전히 분화된 의미 영역을 차지하지 못한 채 공존하며 고유어와 의미 경쟁을
하고 있는 어휘들이다.

이 범주의 외래 어휘는 해당 어휘소가 고유어와 비슷한 의미를 갖고 의미
영역도 겹치는 경우가 많지만 고유어와 완전히 절대적 동의어 관계를 갖는
것은 아니다. 제한된 문맥에서만 개념의미·연상의미·주제의미가 동일하고
문맥에 따라 치환이 가능한 일종의 '상대적 동의어'로 문체와 용법에 따라
의미 관계에 차이를 보이기도 한다.6) 예를 들어 외래어 '트렌드'는 문맥과
문체에 따라 '추세', '경향', '흐름' 등의 고유어와 상대적 동의어이거나 의
미 경쟁 관계에 있으며, '글로벌'은 '세계적', '세계의' '국제화' 등 다양한
쓰임에서 고유어와 공존하고 있다.

이 '부분 동화와 의미 경쟁' 단계의 외래어 가운데는 '페이지-쪽, 쇼크-
충격, 이데올로기-이념, 메이크업-화장'과 같은 관계처럼 단일 의미에서
고유어로 치환 가능한 것도 있지만 많은 경우 문체나 격식에 있어서 고유어
와 서로 다른 층을 형성하고 있으며 개별 언어 장면에 따라서 국어 사용자
들의 선택을 받게 된다. 사용 빈도가 높으면서도 단일 의미의 고유어로 치
환하기에 많은 어려움이 있는 외래어들이 이 범주에 속한다. '코너'의 경우
'길 모퉁이'와 같이 1) 일정한 공간의 '구석'이나 어떤 '쪽'을 의미하기도하
고 2) 백화점 따위의 큰 상가에서 특정한 상품을 진열하고 팔기 위한 곳으
로 '가게'나 '～점', '～방', '～전'의 의미로 쓰이기도 한다. 또 3) 방송 프로
그램 등에서 특정한 주제로 만들어진 '～꼭지', '～부문'을 뜻하기도 하고 4)

---

6) 동의어 관계는 임지룡(2008 : 137쪽) 참조.

동의어	절대적 동의어	개념의미·연상의미·주제의미가 동일하며 모든 문맥에서 치환이 가능함.
	상대적 동의어	문맥상 치환은 가능하나 개념의미만 동일함.
		제한된 문맥에서 개념의미·연상의미·주제의미가 동일하고 치환이 가능함.

'코너에 몰리다'처럼 '특정한 일이나 상황이 헤쳐 나가기 어렵고 곤란하게 된 상태'를 비유적으로 이르기도 한다. 5) 축구와 럭비, 하키 등 경기장의 구석과 육상, 경마, 경륜, 따위의 곡선 부분 등 운동 오락 용어로도 널리 쓰인다.

자주 쓰이는 외래어 '포인트'도 문맥에 따라 '핵심, 요점, 강조점'으로 다양하게 고유어와 의미 경쟁을 하고 있다. 그러나 이 단계의 외래어의 상당수는 단일 해석을 통한 일대일 대응 동의어 관계로 묶는 것은 위험하며 문체와 전문성, 내포하는 의미와 언어적 감수성과 완곡어법 등 문맥상의 용법에 따라 점차 상이한 의미 관계가 형성되고 있는 것으로 볼 수 있다.

동화 정도는 비교적 높으나 고유어와 의미 경쟁을 하는 외래어를 구체적 용례와 함께 살펴보면 다음과 같다.

박스 / 상자
  (1) ㄱ. 그녀는 선물상자를 열었다.
      ㄴ. 이번 사고의 진실은 블랙박스에 있다.
      ㄷ. 요즘 주가는 박스권 구간에서 움직인다.
      ㄹ. 사과 세 상자, 라면 두 상자

'박스'와 '상자' 모두 '물건을 넣어 두기 위하여 만든 네모난 그릇'이라는 동일한 의미를 가지고 있으나, 미세적인 의미 차이가 점차 생기고 있다. 크기가 작거나 수량을 나타내는 말 뒤에 쓰일 때는 '~상자'라는 고유어가 많이 쓰이며, '컨테이너박스, 셋톱박스 블랙박스 페널티박스'와 같이 다른 외래어와 결합하여 특정한 제품을 지칭하는 데 쓰이거나 크기가 큰 경우 '박스'로 사용하는 경우가 많다. <인터넷 검색어를 이용한 외래어와 고유어의 사용빈도 조사>에서는 '박스'(127,356건, 72%)가 '상자'(49,179건, 28%)보다 사용 빈도가 높게 나타나 동화 과정이 상당 부분 진행되고 있는 것으로 분석된다.

와인 / 포도주
  (2) ㄱ. 음료는 레드<u>와인</u>으로 주문했다.
      ㄴ. 음료는 적<u>포도주</u>로 주문했다.
      ㄷ. 집에서 <u>포도주</u> 담그던 병으로는 어림도 없다.

    '포도의 즙을 원료로 하여 담근 술'이라는 의미는 동일하나, '포도주'는 포도라는 과일로 만든 일종의 과일주를 통칭하는 의미인 반면 '와인'은 '서구에서 포도로 만든 술 제품'이라는 고유이름씨적 성격을 강하게 띠고 있다. 표현적으로 '레드와인'을 '적포도주'로 대체 사용할 수 있으나, 지역적 유래에서 고유한 영역을 가진 '와인'이라는 어휘의 의미 분화가 일어나고 있다. <인터넷 검색어를 이용한 외래어와 고유어의 사용 빈도 조사>에서는 '포도주'(8,228건)보다 '와인'(52,064건)의 사용 빈도가 6배 이상 높게 나타났다.

키(key) / 열쇠
  (3) ㄱ. 그는 바짝 차문 옆에 붙어 서서 비상용 <u>키</u>로 차의 문을 따고 있었다.(최인호, 지구인)
      ㄴ. 동생이 옷장 <u>열쇠</u>를 가져왔다.

    두 어휘 모두 1) 자물쇠를 잠그거나 여는 데 사용하는 물건, 2) 어떤 일을 해결하는데 필요한 가장 중요한 방법이나 요소를 비유적으로 이르는 말로 동일하게 쓰이고 있으나 실제 언어생활의 의미 경쟁 과정에서 미세적인 의미 분화가 진행되고 있다. '키'는 주로 자동차나 현관 방문을 열 때 쓰는 열쇠 등 사용 범위가 비교적 제한적이며, 책상이나 옷장 등 작은 물건들을 여는 '열쇠'의 의미로는 잘 쓰이지 않는다.

챔피언 / 선수권자, 우승자, 고수, 으뜸
  (4) ㄱ. 그 학교 6학년 학생이 수학경시대회 <u>챔피언</u>을 차지했다.
      ㄴ. 그 학교 6학년 학생이 수학경시대회 <u>우승</u>을 차지했다.
      ㄷ. 달리기에는 그가 단연 <u>챔피언</u>이다.
      ㄹ. 달리기에는 그가 단연 <u>으뜸</u>이다.

ㅁ. 이번 유럽 <u>챔피언</u> 리그는 볼만 하다.

'챔피언(champion)'은 원어에서 '선수권 보유자, 우승자 또는 전사(戰士), 투사, 옹호자'의 의미 등으로 쓰이지만 토착화 과정에서 '전사'의 의미는 사라지고 '기술이나 각종 대회 따위에서 실력이 가장 뛰어난 사람'의 의미가 대신 추가되었다. 스포츠 경기뿐만 아니라 다양한 형태의 '일등'이나 '우승' 등을 표현할 때 이를 통칭하는 형태로 쓰이고 있다. 그러나 '유럽 챔피언 리그, 헤비급 세계 챔피언'과 같은 운동이나 체육 분야의 고유한 용어 표현을 제외할 경우 '우승자, 우승팀, 일등, 으뜸, 고수(高手), 최고 실력파' 등 고유어와 경쟁하고 있다.

리더십 / 지도력, 통솔력
    (5) ㄱ. 지도자는 강한 <u>리더십</u>이 필요하다.
        ㄴ. 지도자는 강한 <u>지도력</u>이 필요하다.
        ㄷ. 내각에 대한 <u>통솔력</u>이 부족했다.
        ㄹ. 내각에 대한 <u>리더십</u>이 부족했다.

언어생활이 시대 상황과 사회적 유행의 영향을 받음에 따라 '리더십(leadership)'의 사용 빈도가 크게 증가하고 있다. '무리를 다스리거나 이끌어 가는 지도자로서의 능력'을 통칭하는 의미로 사용되고 있다. '어떤 목적이나 방향으로 남을 가르쳐 이끌 수 있는 능력'을 의미하는 '지도력'이나 '무리를 거느려 다스리는 능력'을 의미하는 '통솔력' 등 고유어와 의미 경쟁 관계에 있다. 다만 '리더십'이 글말이나 격식체로 더 많이 쓰이는 등 문체와 어법, 내포적 의미에서 약간의 차이를 보인다.

캠퍼스 / 교정, 대학교정
    (6) ㄱ. 가을이 되니 <u>캠퍼스</u>가 단풍으로 물들었다.
        ㄴ. 가을이 되니 <u>대학교정</u>이 단풍으로 물들었다.

'캠퍼스(campus)'는 원어에서 '대학의 구내 건물이 자리한 넓은 구역'을 의미하며 교정과 건물을 아울러 이른다. '대학의 교사(校舍)와 그 부속 부지'라는 넓은 의미에서 '교정 또는 대학 교정, 대학교내' 등의 고유어와 의미 경쟁을 하고 있으며, '캠퍼스'를 대학을 상징하는 은유적 표현으로 사용할 때는 개념의미와 연상의미 등에서 상대적 동의어 관계를 갖는다.

스토리 / 이야기
  (7) ㄱ. 그 소설은 <u>스토리</u>가 흥미진진하다.
       ㄴ. 그 소설은 <u>이야기</u> 전개가 흥미진진하다.

'스토리(story)'의 원어적 의미가 '어떤 사물이나 사실, 현상에 대하여 일정한 줄거리를 가지고 하는 말이나 글'로 우리말 '이야기'의 의미와 완전히 일치한다. 일반적 용례에서도 '이야기, 줄거리, 이야기 전개' 등으로 순화해 사용할 수 있으며 대부분의 경우 동일한 의미 전달이 가능하다. <인터넷 검색어를 이용한 외래어와 고유어의 사용빈도 조사>에서도 '이야기'의 사용 빈도가 '스토리'보다 6배 이상 높았다.

이슈 / 쟁점
  (8) ㄱ. 한국 사회의 최대 <u>이슈</u>는 이제 빈부격차다.
       ㄴ. 여야는 두 가지 <u>쟁점</u>법안을 놓고 밤샘 협상을 계속했다.

'이슈(issue)'는 원어의 의미에서 '서로 논쟁을 벌이거나 다투는 중요한 문제 또는 중요한 주제'를 의미하며 고유어인 '쟁점, 논쟁거리, 논점'과 의미 경쟁을 하고 있다. 하지만 미세한 문맥상 의미로 '쟁점'은 '다투는 사안'이라는 의미가 강한 반면, '이슈'는 '관심도와 중요도가 높은 문제'라는 뜻이 더 강하다. 이 때문에 '쟁점법안'은 '이슈법안'으로 치환하면 의미 전달이 달라지고 '한국 사회 최대의 이슈'를 '한국 사회 최대 쟁점'으로 치환하면 역시 내포적 의미가 달라진다.

사인 / 서명

    (9) ㄱ. 그들은 장애인 편의시설 설치를 위한 <u>서명 운동</u>을 하고 있다.

        ㄴ. 공연장에서 인기 가수의 <u>사인</u>을 받았다.

        ㄷ. 이렇다 할 <u>사인</u> 한 번 보내지 않는 태도에 놀랐다.

    '사인(sign)'은 '자기만의 독특한 방법으로 자신의 이름을 적거나 또는 그렇게 적은 문자'를 의미하며 제한적으로 '서명'과 동일한 의미로 사용된다. 그러나 사인은 제한적인 의미로는 서명과 비슷하지만 문맥적으로 '서명 운동'을 '사인 운동'으로 치환할 경우 의미 전달이 부적절해지는 등 절대적 동의어 관계는 아니다. 또 일상 언어생활에서 '사인'은 '가벼운 이름 적기'까지 포함해 사용되는 경우가 많아 '서명 날인'의 뜻을 가진 '수결(手決)'[7]과는 그 의미가 약간 다르게 쓰인다. '사인'의 또 다른 의미인 '몸짓이나 눈짓 따위로 어떤 의사를 전달하는 일 또는 그런 동작'은 '신호, 암시'와 같은 의미로 사용된다.

시그널 / 신호

   (10) ㄱ. (ʔ)연출자는 배우에게 대사를 하라는 <u>시그널</u>을 보냈다.

       ㄴ. 연출자는 배우에게 대사를 하라는 <u>신호</u>를 보냈다.

    '시그널(signal)'은 원어에서 '교통신호(traffic signal)'와 같이 '항상 어떤 뜻을 갖는 신호'를 의미할 때 사용된다. 반면 '신호'는 '어떤 사실을 보이거나 어떤 뜻을 전하는 제스처, 신호, 기호, 표시 따위'를 말한다. 따라서 (10ㄱ)의 '시그널'은 의미적으로 '신호'나 '제스처'의 오용으로 고유어인 '신호'로 표현하는 것이 의미적으로 더 적합하다.

로열티 / 기술사용료, 특허사용료, 인세

   (11) ㄱ. 우리나라의 <u>로열티</u> 수입이 최근 급증하고 있다.

       ㄴ. 국산 칩을 사용함으로써 외국에 끌려다니지 않으면서 <u>기술사용료</u>

---

7) 자기의 성명이나 직함 아래에 도장 대신에 자필로 글자를 직접 쓰던 일. 또는 그 글자.

도 절감할 수 있게 됐다.
ㄷ. 일부 상품은 <u>상표사용료</u> 때문에 국내 상품보다 훨씬 비싼 값에 팔린다.

'로열티(royalty)'는 '남의 특허권, 상표권 따위의 공업 소유권이나 저작권 따위를 사용하고 지불하는 값'을 의미하는 말이지만 '특허사용료'나 '기술사용료' 등 경쟁 관계 고유어의 의미가 보다 구체적이고 쉽다. '사용료, 상표 사용료, 인세'로 순화할 수 있으나 실제 언어생활에서는 '특허사용료'나 '기술사용료'의 의미로 쓰이는 경우가 더 많으며 <인터넷 검색어를 이용한 외래어와 고유어의 사용빈도 조사>에서도 '로열티'라는 외래어보다 '특허사용료'와 '기술사용료'로 쓰는 경우가 최근 들어 늘어나고 있는 것으로 나타났다.

커플 / 부부, 쌍

(12) ㄱ. 건너편 좌석에 남녀 한 커플이 앉아 있다.
　　 ㄴ. 그들은 똑같은 커플 옷을 입고 있었다.
　　 ㄷ. 그들 두 쌍을 남겨두고 갔다.

'커플(couple)'은 '짝이 되는 남녀 한 쌍' 또는 '밀접한 관계에 있는 둘'을 의미하며 사용 빈도가 높고 동화의 정도도 높으나 '부부, 한 쌍, 짝' 등과 비슷한 의미의 고유어와 경쟁하고 있다. '커플'은 원어에서 '부부'나 '연인'뿐만 아니라 '두 개의 동일한 물건'까지 뜻하는 것으로 사용되지만 국어의 외래어로 쓰일 때는 '남녀 한 쌍'으로 축소되어 사용되고 있다.

파트너 / 짝, 협조자, 동료
파트너십 / 동반관계, 친선관계, 우호관계

(13) ㄱ. 축제에 같이 갈 <u>파트너</u>를 구했다.
　　 ㄴ. 경아의 <u>짝</u>은 또 춤추기를 청하는 모양이다.
　　 ㄷ. 두 기관의 <u>동반관계</u>가 어느 때보다 필요하다.
　　 ㄹ. 새 정부는 국제적 <u>파트너십</u>을 토대로 평화를 추구한다.

‘파트너(partner)’와 ‘파트너십(partnership)’은 ‘상거래나 춤, 경기, 놀이 따위에서 둘이 짝이 되는 경우의 상대편’, 또는 ‘둘이 짝이 되어 협력하는 관계’를 의미한다. ‘파트너십’은 원어에서 ‘둘 이상의 개인, 조직과 단체, 국가가 규칙적으로 함께 일하는 관계’를 뜻하는 만큼 ‘동반관계’라는 고유어와 경쟁하고 있으며 실제 언어생활에서 ‘동반관계’로 자주 쓰기도 한다. ‘파트너’는 ‘협조자, 동료, 짝’의 뜻으로 고유어와 경쟁하고 있으나 단순한 동료가 아니라 ‘다른 쪽 또는 상대편’의 의미가 강하다는 측면에서 부분적인 의미 차별이 이뤄지고 있다. ‘협력 파트너’와 같은 표현처럼 동의 중복으로 쓰이거나 ‘연기 파트너’ ‘무역 파트너’ ‘업무 파트너’처럼 상대를 강조하는 의미로 사용된다.

라이프사이클 / 생애주기
라이프스타일 / 생활방식
(14) ㄱ. <u>생애주기(라이프사이클)</u>에 따라 각기 다른 상품을 권해드립니다.
　　　ㄴ. 예전에 비해 <u>라이프스타일(생활방식)</u>이 많이 변했다.

‘라이프사이클(life cycle)’과 ‘라이프스타일(life style)’은 사회적 동화가 상당 부분 진척되었으나 고유어인 ‘생애주기’와 ‘생활방식’과 의미경쟁을 하고 있다. 최근에는 고유어의 의미 전달이 보다 직관적으로 다가가면서 사용 빈도가 점차 높아지고 있다.

라이벌 / 맞수, 맞적수, 경쟁
(15) ㄱ. 그 사건은 과도한 <u>라이벌</u> 의식이 빚어낸 비극이다.
　　　ㄴ. 그들의 <u>맞수</u> 관계는 학교 밖에까지 소문이 나 있다.

‘라이벌(rival)’은 ‘같은 목적을 가졌거나 같은 분야에서 일하면서 이기거나 앞서려고 서로 겨루는 맞적수’의 의미로 고유어인 ‘맞수’와 비슷한 의미 영역을 갖는다. ‘경쟁자, 경쟁 관계’도 의미한다. ‘힘, 재주, 기량 따위가 서로 비슷하여 우열을 가리기 어려운 상대’를 가리키는 ‘맞적수’의 의미도 ‘라이

벌’과 유사하다. 맞수는 원래 ‘장기나 바둑 따위에서 상대편의 수에 맞서 두
는 수’를 가리키나 의미가 확대되어 ‘맞적수’와 같은 의미로 쓰인다. 특히
라이벌은 문맥상의 어색함을 누그러뜨리는 완곡어법이나 심리적 요인으로
많이 사용된다.

글로벌 / 세계(적)
글로벌 스탠더드 / 국제 표준(기준)
(16) ㄱ. 개방화로 <u>글로벌</u> 시장에서의 경쟁은 더욱 격화되었다.
　　 ㄴ. 개방화로 <u>세계</u> 시장에서의 경쟁은 더욱 격화되었다.
　　 ㄷ. <u>글로벌</u> 스탠더드에 부합하도록 많은 사례를 참조했다.

　‘글로벌(global)’은 1990년대 이후 시장 개방의 시대 상황에 따라 급속도로
사용 빈도가 증가하고 있는 외래어로 ‘글로벌라이제이션(세계화), 글로벌 스
탠더드(국제표준), 글로벌 소싱(국외 조달), 글로벌 파트너십(국제적 동반관계)’ 등
다양한 형태의 조어가 나타나고 있다. 대부분의 경우 고유어인 ‘국제적, 국
외의, 세계적, 세계의’와 의미 경쟁을 하고 있으며, 많은 용례에서 보듯 문
체나 격식 등의 면에서 고유어보다 유연하게 사용할 수 있다는 장점이 있다.

프로필 / 약력
(17) ㄱ. 신문에 소개된 그의 <u>프로필</u>은 매우 화려했다.
　　 ㄴ. 이 책의 뒷면에 저자의 <u>약력</u>이 나와 있다.

　‘프로필(profile)’은 원어에서 ‘옆모습’과 ‘신문 등의 인물소개’를 의미하지
만 외래어로는 ‘인물의 약력’으로만 의미가 축소되어 사용되고 있다. 이 때
문에 대부분의 용례에서 ‘간략하게 적은 인물의 이력’을 뜻하는 고유어의
‘약력’이나 ‘인물 소개’, ‘인물평’으로 치환할 수 있다.

시즌 / ~기간(계절, 철)
(18) ㄱ. 이번 겨울 <u>시즌</u> 그의 성적은 기대이상이었다.
　　 ㄴ. (?)이번 겨울 <u>철(기간)</u> 그의 성적은 기대이상이었다.

단일 외래어가 다양한 의미의 순화어로 해석될 경우, 외래어 쪽이 보다 포괄적이고 광범위한 의미 영역을 가진 경우가 많다. '시즌'은 '어떤 활동이 활발히 이루어지는 시기' 또는 '어떤 활동을 하기에 적절한 시기'로 '철, 계절'로 순화(졸업시즌–졸업의 계절, 취업시즌–취업 철)할 수 있다. 다만 스포츠 분야에서 '시즌'의 의미 사용은 경기나 대회가 펼쳐지는 일정한 기간이라는 의미의 특화된 영역을 확보하고 있다. 이 경우 '시즌'을 '철'이나 '계절'로 바꿔 말할 경우 어감과 의미 영역에 미묘한 차이가 생긴다. '시즌'이 드라마 등에서 '내용상 계속 이어지는 방송 프로그램들의 순서'를 나타내는 말로 자주 사용되고 있으나 이 경우 '~절, ~장, ~막'보다 큰 개념인 '~부, ~편, ~번째 이야기' 등으로 대체 표현할 수 있다.

심벌, 심벌마크 / 상징, 상징문양, 상징표시, 상징물
(19) ㄱ. 이번 행사의 <u>상징표시</u>는 호랑이 형상이다.
　　ㄴ. 이번 행사의 <u>심벌마크</u>는 호랑이 형상이다.

각종 단체와 조직, 기업과 기관 등의 상징이나 상징문양을 의미하는 외래어로 '로고, 심벌, 심벌마크, 마크, 엠블렘' 등이 혼용되어 사용되고 있으나 모두 고유어인 '상징'이나 '상징표시, 상징문양, 상징물'과 의미영역이 동일하다. 사용빈도 조사에서도 최근 '심벌'보다 '상징'이나 '상징물'의 사용빈도가 더 높게 나타난다.

비전 / 전망, 장래 꿈, 장래성
(20) ㄱ. 이날 모임은 회사의 <u>비전</u>을 사원들에게 발표하는 자리였다.
　　ㄴ. (?)이날 모임은 회사의 <u>전망</u>을 사원들에게 발표하는 자리였다.
　　ㄷ. 그는 국회의원으로 <u>비전</u> 있는 인물이다.

'비전(vision)'과 같은 외래어는 일종의 시대적 유행어로 언론과 기업 등 특정 분야와 계층에서 사용 빈도가 높다. '내다보이는 장래의 상황'의 의미로 '이상'이나 '전망'이라는 고유어와 경쟁하기도 하지만 '장래의 큰 꿈이나 바

람직한 모습' 또는 '원대한 희망과 그것을 이루기 위한 계획'으로까지 확대
된 의미로 쓰이고 있다. 임자씨 앞에서 '～있다'의 형식으로 쓰여 '장래성'
을 의미하기도 한다.

　다운 / 하락, 정지(컴퓨터)
　(21)　ㄱ. 배가 고장 나 출력 <u>다운</u>으로 갑자기 속력이 떨어지기 시작했다.
　　　　ㄴ. 난 이제 완전히 <u>다운</u>이니 자네가 알아서 하게.
　　　　ㄷ. 컴퓨터 서버가 <u>다운</u>됐다.

　'다운(down)'은 원어에서 '아래로, 낮은 쪽으로, 바닥에' 등의 의미로 움직
씨와 결합하는 전치사적 어찌씨의 하나로 광범위하게 사용되지만, 동화과정
에서 1) 가격, 비용, 수량, 능률, 출력 따위가 내리거나 줆. 또는 그렇게 되
게 함, 2) 일에 지치거나 좋지 아니한 일 따위를 당하여 감정이나 기력이 저
조함, 또는 권투 경기 용어, 3) 컴퓨터 시스템에 문제가 생겨서 작동이 일시
적으로 중단된 상태 등 의미의 이름씨형과 움직씨형으로 사용되고 있다. '다
운'이 원어의 의미에 가까운 '아래쪽으로'의 의미로 움직씨형이나 이름씨형
으로 쓰일 때는 '하락, 내렸다' 등으로 순화할 수 있으며, '시스템의 정지와
기력이 저조한 상태' 등에서는 '다운'이 의미적으로 '정지'보다 더 구체적
의미로 사용되고 있다.

2.3. 동화 정도가 비교적 낮고 고유어와 의미영역도 유사하여 의미 충돌 과정에 있는 외래어 : '비동화 및 의미 충돌' 범주

　외래어 도입 초기 사회적 동화 정도가 낮은 단계에서 고유어와 의미가 유
사한 외래어는 고유어와 끊임없이 힘을 겨루며 의미 충돌을 하고, 이 과정
을 거쳐 소멸하거나 고유어와의 동의어로 공존하며 지속적으로 경쟁하기도
(2범주 '부분 동화와 의미 경쟁'으로 진입)한다.

　'비동화 및 의미 충돌' 범주의 외래어는 사용 빈도와 사회적 동화 정도가

비교적 낮고 의미 분화도 제대로 이루어지지 않아 의미 충돌 과정에서 고유어에 열세인 경우가 많다. 외래어를 사용하는 원인 가운데 의미적 필요성보다 교양이나 지식의 과시, 신선감의 획득 등 위세적 동기나 새로운 표현 추구와 유행이나 우월감 등 심리적 요인으로 사용하는 외래어의 대부분이 이 범주의 특성을 갖는다. 이들 외래어는 문화적 우열에 따른 힘의 원리와 외래어 사용자의 심리적 동기가 서로 결합해 일시적으로 사용 빈도가 늘어날 수도 있으나, 어휘적으로 보다 간명하고 분명한 언어를 사용하고자 하는 효율성의 원리와 의미적 필요 충분 요인에 따라 시간이 지날수록 고유어나 또 다른 외래어 등에 의해 의미가 대체될 가능성이 높다.

다음의 예들은 외래어의 동화 정도가 낮고 두 낱말이 의미적으로 대체 가능한 것들이다. 이러한 낱말은 객관적 의미 영역에서 고유어와 의미적 차이를 찾기 어렵다. 이들 어휘가 객관적 의미 영역 이외에 미세한 의미의 가치 차이나 감정적 어조, 환기적 가치까지 모두 고유어와 같다고 할 수는 없으나 낮은 동화 정도에 의해 세대 간 원활한 의사소통을 어렵게 하고 계층 간 언어 이질화의 원인이 되기도 한다. 비동화 의미 충돌의 특성을 갖는 외래어의 미세한 의미적 차이는 보다 적절한 순화어 개발로 해결해야 할 문제라고 할 수 있다.

가드레일(guard-rail) → 보호난간
(1) ㄱ. 오늘 낮 고속도로에서 승용차가 <u>가드레일</u>을 들이받아 두 명이 숨졌다.
　　 ㄴ. <u>보호난간</u>이 이날 사고의 인명피해를 줄이는 데 결정적이었다.

리스크(risk) → 위험, 위험도
(2) ㄱ. 그는 투자 <u>리스크</u>를 최소화할 수 있는 방법을 제안했다.
　　 ㄴ. 그는 투자 <u>위험</u>을 최소화할 수 있는 방법을 제안했다.

가이드(guide) → 여행안내, 여행안내자, 길잡이
(3) ㄱ. 봄 축제 <u>가이드</u>
　　 ㄴ. 봄 축제 <u>여행 안내</u>를 맡을 사람을 찾습니다.

개런티(guarantee) → 출연료, 보증금

  (4) ㄱ. 고액의 <u>개런티</u>를 받고 출연했다.

      ㄴ. 올해 연기자의 <u>출연료</u> 협상에서 그녀가 최고액을 나타냈다.

네임밸류(name value) → 지명도

  (5) ㄱ. 그는 이 직책을 맡기에 <u>네임밸류</u>가 떨어지는 인물이다.

      ㄴ. 그의 <u>지명도</u>가 갈수록 높아지고 있다.

닉네임(nickname) → 별명, 애칭

  (6) ㄱ. 그는 '작은 거인'이라는 <u>닉네임</u>으로 불린다.

      ㄴ. 선생님의 <u>애칭</u>은 '한국판 간디'이다.

골 세리머니(goal ceremony) → 골 뒤풀이

  (7) ㄱ. 공격수가 유니폼 상의를 벗으며 멋진 <u>골 세리머니</u>를 했다.

      ㄴ. 그는 규정을 어긴 <u>골 뒤풀이</u>로 징계를 당했다.

외래어가 많이 쓰이는 스포츠 분야 전문어 가운데 의미 전달이 정확하고 쉽게 사용할 수 있는 적절한 순화어가 개발되어 정착하고 있는 대표적 사례로 실제 언어생활에서도 '골 뒤풀이'로 순화하여 사용하는 경우가 늘고 있다. 다만 '골 세리머니'를 '득점 뒤풀이' '득점 후 뒤풀이'로 완전 순화한 경우도 있으나 실제 언어생활에서 확산되지 못하고 있다.

게이트(-gate) → 의혹사건

  (8) ㄱ. 검찰이 이번 <u>게이트</u>를 본격적으로 조사하기 시작했다.

      ㄴ. 이번 사건은 대규모 <u>의혹사건</u>으로 확대될 조짐을 보이고 있다.

'게이트(-gate)'는 영어 원어에서 미국 닉슨 대통령의 워터게이트 호텔 도청 사건인 '워터게이트(Watergate)사건'에서 유래한 말로, 방송과 신문 등에서 지명이나 인명 뒤에 붙여 정치가 등의 비리의혹 사건을 비공식적으로 가리킬 때 주로 쓰고 있다. 하지만 이는 대표적인 외국어 남용 사례로 '의혹사건'이나 '권력형 비리' 등의 고유어로 충분하면서도 정확한 의미전달이 가능하다.

글라스→유리컵, 잔
> (9) ㄱ. 술잔보다는 큰 와인 글라스를 가져오는 편이 낫겠다.
>   ㄴ. 술잔보다는 큰 와인 잔을 가져오는 편이 낫겠다.
>   ㄷ. 민수는 유리컵에 우유를 따라 마셨다.

'글라스(glass)'는 원어에서 '유리로 만든 그릇이나 렌즈' 등의 통칭으로 쓰이고 복수형으로는 '안경'의 의미까지 가지고 있으나, 외래어로 토착화하는 과정에서 '유리로 만든 잔, 또는 유리컵'이나 '유리 제품' 등으로 사용된다. '잔'의 의미일 경우 대부분 '유리잔'이나 '유리컵'으로 순화해 사용할 수 있으며 '와인 글라스'도 '포도주 잔'이나 '와인 잔'으로 더 많이 쓰인다. '잔'은 술이나 음료를 따라 마시는데 쓰는 비교적 '작은 그릇'을 의미한다. '컵'은 '음료용 그릇'이라는 데 주안점이 있으며, '글라스'는 '유리'라는 점에, '잔'은 '작다'는 특징에 각각 의미의 강조점이 있다.

2.4. 동화 정도가 낮고 특화된 분야에서 의미 대체가 어렵거나 적절한 순화어가 제시되지 않은 외래어 : '비동화 및 의미 특화' 범주

이 범주에 속하는 외래어들은 특화된 전문 분야 등에 주로 쓰이거나 개별 어휘의 의미 영역이 독특해 아직 적절한 순화어가 다듬어지지 않은 경우이다. 경제, 스포츠, 의학 등 전문 분야 외래어 대부분이 이 범주의 의미적 특성에 속한다. 사회 보편적인 동화 정도가 낮고 일부 순화어가 개발되었다고 하더라도 의미를 전달하는 데 부적절하거나 어휘소가 장황해 언어 사용의 경제적 효율성이 떨어지는 사례가 많다. 이들 외래어는 단편적으로 고유어와 의미적으로 동의어이거나 대체 가능한 어휘처럼 보일 수도 있지만 그 의미가 고유어와 완전 동일한 것인지 조금이라도 차이가 있는지 보다 구체적으로 확인할 필요가 있다.

동화 정도가 낮고 특화된 의미 분야에 쓰이거나 적절한 순화어가 다듬어지지 않은 외래어의 의미적 특성을 용례와 함께 비교 분석해 보면 다음과 같다.[8]

브리핑 / (?)요약보고
  (1) ㄱ. 매일 아침 하루 일과에 대한 간단한 <u>브리핑</u>을 하고 각자의 업무를 시작한다.

'브리핑(briefing)'은 '요점을 간추린 간단한 보고나 설명, 또는 그런 보고나 설명을 위한 문서나 모임'을 의미한다. '간추린 설명, 요약 보고'로 순화할 수 있으나 의미 대체에 한계를 지니고 있다.

랜드마크 / (?)표지물
  (2) ㄱ. 올해 새롭게 건축된 이 건물은 강북 지역의 <u>랜드마크</u>로서 그 가치가 매우 높다.

'랜드마크(land mark)'는 '어떤 지역을 대표하거나 구별하게 하는 표지'로 주로 빌딩이나 특징물을 의미한다. '표지물'이라는 순화어로 다듬어져 있으나 때에 따라 '대표적 건물, 역사적 조형물, 상징적 건물'로 표현하는 것이 의미에 맞을 때도 있다.

로그인 / (?)접속
  (3) ㄱ. 상품 신청은 홈페이지에 <u>로그인</u>을 한 후에 가능합니다.
      ㄴ. 컴퓨터를 서버에 <u>접속</u>한 후 다시 시작하십시오.

'로그인'은 컴퓨터에서 다중 사용자 시스템을 사용하기 위하여 미리 등록되어있는 사용자의 특정한 이름과 암호를 입력해 컴퓨터에 사용자임을 알리

---

8) 낱말 앞 (?) 표시는 순화어가 의미 전달에 적절하지 않거나 순화어 다듬기가 아직 정착되지 않아 실제 언어생활에 잘 쓰이지 않는 경우.

는 일을 의미한다. 일부에서 로그인의 순화어로 '접속'을 제시하기도 하지만 엄밀한 의미에서 접속은 컴퓨터에서 '여러 개의 프로세서를 전자회로적으로 연결하는 일'을 가리킨다. 두 낱말의 의미가 전혀 다르다.

　마네킹 / (?)본 뜬 인형, (?)광고 인형
　(4) ㄱ. 그는 쇼윈도 속에 화려하게 꾸며진 <u>마네킹</u>들을 유심히 들여다보았다.

　'마네킹(mannequin)'은 의류를 파는 가게 등에서 선전하기 위하여 옷을 입혀 놓는 인체 모형을 의미하는 말로, '매무새, 광고 인형, 본 뜬 인형' 등으로 다듬어 쓰고 있으나 의미 전달이 직관적이지 않아 순화어가 의미 경쟁에서 열세를 보이고 있다.

　마스코트 / (?)행운의 신, (?)행운의 물건
　(5) ㄱ. 우리 팀의 <u>마스코트</u>는 곰이다.

　애드벌룬 / (?)광고 풍선, (?)광고 기구
　(6) ㄱ. 각 팀의 이름이 적힌 <u>애드벌룬</u>이 경기장 하늘을 수놓고 있었다.
　　　ㄴ. 그 같은 시도에는 <u>애드벌룬</u>을 띄워 여론을 알아보려는 의도가 깔려
　　　　　있다.
　　　ㄷ. (?)그 같은 시도에는 <u>광고풍선</u>을 띄워 여론을 알아보려는 의도가 깔
　　　　　려있다.

　'애드벌룬(adballoon)'은 '광고하는 글이나 그림 따위를 매달아 공중에 띄우는 풍선'으로 사전적 의미로는 '광고 기구', '광고 풍선' 등으로 순화할 수 있으나 실제 언어생활에서는 '애드벌룬'을 더 많이 사용한다. 특히 '애드벌룬'은 '어떤 사안에 대한 상대방의 의향과 여론의 동향 등을 미리 알아보는 일 또는 그러한 행동과 장치'를 의미하는 관용적 표현으로 쓰일 때가 많다.

3. 맺음말

지금까지 고유어와 외래어의 의미차이에 대한 비교분석을 통해 살펴본 외래어의 4가지 의미적 특성을 정리하면 다음과 같다.

Ⅰ 범주 : 완전 동화와 의미 분화
　　이 범주의 특성은 우리 국어 언어생활 속에 완전 동화되어 사용빈도도 매우 높고 독자적인 의미 영역을 확보하고 있다. 고유어와 의미 경쟁 정도가 매우 낮고 의미 분화를 완료한 외래어들이다.(에너지, 컴퓨터, 이미지, 선글라스 등)

Ⅱ 범주 : 부분 동화와 의미 경쟁
　　여기에 속하는 외래어는 동화 정도는 상당히 높고 사용 빈도도 높은 외래어이지만 고유어와 비슷한 의미로 쓰이거나 의미 분화의 진행형 단계로 고유어와 의미 경쟁을 하고 있는 어휘들이다.(글로벌, 리더십, 박스, 스토리 등)

Ⅲ 범주 : 비동화 및 의미 충돌
　　동화 정도가 낮고 의미 분화도 제대로 이루어지지 않은 초기 도입 단계의 외래어가 대부분 이 범주에 속한다. 가능한 풍부한 우리말이나 순화어를 다듬어 써야 하는 경우다. 가장 많은 어휘들이 이 범주에 해당한다.(닉네임, 버블, 리스크, 신드롬 등)

Ⅳ 범주 : 비동화 및 의미 특화
　　경제, 스포츠, 의학 등 전문 분야 외래어의 대부분이 이 범주에 속한다. 이들 외래어는 동화 정도는 낮지만 특화된 의미 분야에 주로 쓰여 고유어로의미 대체가 어렵거나 적절한 순화어 다듬기가 정착되지 않은 외국어나 외래어(신어)들이다.(크로스오버, 리필, 벤치마킹, 포트폴리오 등)

외래어와 고유어의 의미 관계를 동화 정도와 의미의 분화 정도 및 고유어와의 경쟁 정도에 따라 그 범주를 구분해 분포도 형태로 나타내면 다음과 같다.

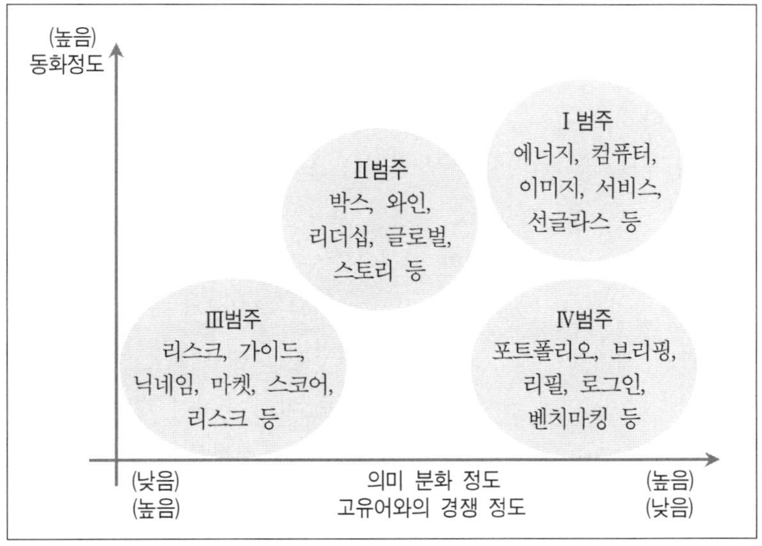

[그림 1] 고유어와의 의미 관계 비교에 따른 외래어의 의미적 특성 분포도

　외래어를 단순히 '해외로부터 들여 쓴 말'이라는 단일 특성으로만 보는 관점에서 한 걸음 나아가 구체적인 특성에 따라 분류하고 또 이를 나누는 기준을 제시함으로써 외래어를 하나의 동일한 특성을 가진 어휘체계로 간주함으로 생기는 많은 한계를 극복할 수 있는 토대를 마련하고 앞으로 보다 발전된 외래어 의미 연구의 기반을 제공할 것으로 기대한다.

　또한 고유어와의 의미 관계 비교를 통해 살펴본 이 같은 외래어의 구체적 특성 분석은 그 동안 특히 고유어를 다듬어 쓰고 순화어를 개발하는 '당위적' 방향과 실제 국어 생활에 외래어가 방대하게 쓰이는 '현실적' 상황의 괴리를 좁히고 올바른 외래어 사용을 위한 방향을 제시하는 데도 도움을 줄 수 있다.

　또한 의미적 특성 분류는 국어의 어휘체계 안에서 안정된 자리를 차지하고 각계각층 국민들이 널리 두루 쓰는 '기본 외래어'를 설정하는데 있어서 어떤 기준과 범위로 할 것인지에 대한 시사점을 제시하고 있다. 가령 기본 외래어 설정에서 단순히 사용 빈도가 높은 외래어를 중심으로 선택하기보다

의미 관계와 의미 충돌 및 경쟁 단계를 면밀히 조사하고 연구한 후 완전한 의미 분화가 이루어진 범주의 외래어를 중심으로 설정한다면 보다 타당성이 높아질 것이다.

외래어의 구체적인 의미적 특성 분석은 또 외래어의 확산에 대응하여 다양한 우리말 순화어를 개발하고 다듬어 보급하는 데 있어서 많은 시사점을 보여주고 있다. 그동안 광범위한 외래어를 단일 특성으로 보고 차별화되지 않은 기준과 방법으로 순화어 개발이 진행되어 현실에서 국어 사용자로부터 외면당하는 문제점을 안고 있었다. 본 연구를 토대로 모든 외래어를 순화 대상으로 삼기보다 의미 경쟁 범주를 면밀히 따져 순화어 개발 대상 외래어를 먼저 정하고, 의미 충돌과 경쟁 단계에 맞게 적절한 순화어 개발 및 보급 시기를 조절한다면 보다 효과적인 순화어 정착이 이루어질 것으로 기대한다.

‖ 참고문헌

강신항(2004), 외래어가 국어에 끼친 공과, 『새국어생활』 14-2, 국립국어원.

국립국어연구원(1991), 『외래어 사용실태조사(1990년도)』.

국립국어연구원(1993), 『기본 외래어 조사 자료집』.

국립국어연구원(1999), 『표준국어대사전』, 두산동아

김완진(1991), 「한국에서의 외래어 문제」, 『새국어생활』 4, 국립국어연구원.

김태종(1936), 「신어 외래어에 대하야 다시 한번 논함」, 『한글』 4~6, 한글학회.

리의도(1999), 「우리 말글살이의 현실 문제에 관한 종합적 연구」, 『한글』 206, 한글학회.

민현식(2003), 「국어 순화의 국어학적 연구」, 『국어 순화 정책 연구 보고서』, 국립국어
연구원.

박동근(2007), 「국어사전의 외래어 발음 표시 방안」, 『겨레어문학』 39, 겨레어문학회.

박용찬(2006), 『2006 우리말 다듬기 자료집』, 국립국어원.

양명희(2005), 『국어 사용 환경 조사』, 국립국어원.

원홍연(2009), 『국어 외래어 표기의 변천과 형태적, 의미적 특성 연구』, 건국대학교 박
사학위논문.

유재원(2005), 「국어 순화, 왜 그리고 어떻게 해야 하나?」, 『새국어생활』 15-1, 국립국어원.

임지룡(2008), 『국어 의미론』, 탑출판사.

정희원(2004), 「외래어의 개념과 범위」, 『새국어생활』 14-2, 국립국어원.

조남호(2002), 『현대 국어 사용 빈도 조사―한국어 학습용 어휘 선정을 위한 기초 조사』,
국립국어원.

조오현 외(2008), 『한국어학의 이해』, 소통.

최용기(2002), 『언론 외래어 순화 자료집』, 국립국어원.

최용기(2003), 「국어 순화 정책의 역사와 개관」, 『국어 순화 정책 연구 보고서』, 국립국
어연구원.

최재희 · 김수남 · 백수인(1992), 「외래어 사용의 심리적 배경과 그 효과에 관한 연구―
상호 · 상표를 중심으로」, 『한국언어문학』 30, 한국언어문학회.

허웅(1987), 『이삭을 줍는 마음으로』, 샘문화사.

텍스트 언어학을 통한 교과서 시의 원전 확정

이만식

1. 머리말

한국시에 있어서 저항성을 지닌 작품은 일반 서정시에 비하여 매우 드물다. 대부분의 학자들은 일제 강점기 하에서의 저항시로서 한용운, 이육사 정도를 우선 목록에 넣고 그리 만족할 만한 수준의 저항적 요소를 갖추지 못한 아쉬움도 있음에도 윤동주, 심훈 등 몇몇의 소수 작품을 대상으로 저항시로 분류하고자 한다. 이는 친일 부왜(附倭) 작가의 수효에 비해 상대적으로 민족 저항정신의 발로에 의한 창작 결과물이 적었던 한국문단의 자화상에 대한 자괴적인 입장과 민족주의적인 태도가 부지불식간에 개입되었을 가능성도 있다. 그래서 그런지 지식인의 시대정신이나 저항성을 논의할 때 일제 강점기 하에서는 치열한 독립투쟁의 삶과 연계한 시 정신을 통해서 높이 평가하여 한용운과 이육사가 주로 논의되고 이십 세시 후반에 들어와서는 독재 항거와 자유와 민주주의 정신을 그린 신동엽과 김수영의 시가 주로 대상이 된다. 이러한 사실로 인하여 학교 교육에 있어서 몇 차례 교과과정 개편

이 있었지만 이들의 작품은 꾸준히 수록되고 있고 수록 빈도수도 상위를 차지하고 있다.

이러한 의미에서 문학교과서에 수록 빈도수가 가장 높은 이육사의 시 '絶頂'을 대상으로 원전과 비교하여 바르게 인용되고 있는가를 살펴보고자 한다. 연구자나 시를 수록하는 편자들의 원전 텍스트의 확정에 오류가 많으면 많을수록 이에 비례하여 연구나 후속 인용의 오류가 있을 수 있음을 살펴본 것이다. 바르지 못한 원전 인용이나 개정은 결국 원전을 손상시키는 일이 되므로 이를 옳게 확정하는 문제는 연구에 있어서 중요한 선행 작업이 되는 일임을 지적하였다. 이와 관련하여 시라는 정치한 문학일수록 원전의 세밀한 해석과 감상은 매우 중요함을 지적한 바 있다. 그러므로 중·고등학교 교과서는 텍스트의 규범으로 인식된다는 점에서 좀 더 정밀한 인용이 필요하고 미세한 표현(인용)의 차이가 시라는 예술 장르에서 어떤 의미와 미학적 요소를 지니는 지를 살펴보는 것은 중요하다. 교과서 텍스트와 원전의 차이를 분석함으로 함으로써 시라는 장르가 미묘하게 기호 하나에도 의미가 달라지고 형태 구조 하나에도 정서의 미세한 차이를 불러일으킬 수 있음을 아는 것은 문학교육적인 측면에서 의미 있는 일이다. 시인의 의도적이든 무의식이든 매우 잘 짜여진 부분이 전체를 구조화하는 데 기여하는 바를 읽어내고 시 텍스트란 결국 고도의 정밀한 언어 조직임을 알게 하는 데 교육적 측면에서 의의가 있고 많은 문학교과서의 수록시를 정할 때 유념할 사항이 있음을 인식할 필요가 있다.

<절정> 시의 인용은 제7차 교육과정에 해당하는 검인정 <문학> 검정 교과서[1])에 수록된 시로 한정한다. 여기에 몇몇 편집인 또는 연구자들이 취택한 시를 문학 교과서와 비교를 위하여 인용한다.[2]) 교육과학기술부 검정

---

1) 제7차 교육과정에 해당하는 교육과학기술부 검정 고등학교 『문학』 교과서는 모두 18종이다. 이 중 <절정>은 14종에 걸쳐 수록되어 있다. 수록 빈도로 보면 신동엽의 '껍데기는 가라'가 15종으로 가장 많고 그 두 번째가 <절정>이다. 18종 교과서는 다음과 같으며, <절정> 수록 교과서는 *표 한 것이다.
2) 흔히 나타나는 가벼운 인용의 오류라 할 수 있으나 일관성 있는 인용인가를 살펴보기 위함이다.

고등학교 <문학> 교과서는 모두 18종이며 이 중 <절정>은 14종에 걸쳐 수록되어 있다.3) 수록된 교과를 살펴보면 다음과 같다.

> (1) <절정>이 수록된 교과서
> ㄱ. 교학사(1), 구인환 외 5인 공저
> ㄴ. 교학사(2), 김대행 외 2인 공저
> ㄷ. 금성출판사, 박경신 외 3인 공저
> ㄹ. 대한교과서, 오세영 외 7인 공저
> ㅁ. 도서출판 디딤돌, 김윤식 외 4인 공저
> ㅂ. 도서출판 태성, 김상태 외 5인 공저
> ㅅ. 두산, 우한용 외 5인 공저
> ㅇ. 문원각, 한철우 외 7인 공저
> ㅈ. 블랙박스, 한계전 외 4인 공저
> ㅊ. 중앙교육진흥연구소*, 조남현 외 4인 공저
> ㅋ. 지학사(1)*, 박갑수 외 4인 공저
> ㅌ. 천재교육, 홍신선 외 2인 공저
> ㅍ. 청문각, 최웅 외 3인 공저
> ㅎ. 형설출판사, 박호영 외 1인 공저

2. 표기 오류 문제와 텍스트 확정을 위한 방법론

교과서에 수록된 시가 원전 인용과 다르게 표기되는 것은 약간의 차이는 있으나 오류를 범하는 원인은 대개 다음 열 가지로 보인다.

① 원전을 대상으로 직접 인용하지 않고 잘못 인용된 텍스트를 그대로 재인용한 경우
② 여러 원전 중(최초 발표본, 발간 시집. 원전 선집, 교정본 등) 오기본을 다른 원전과 비교 검토 없이 인용한 경우4)

---

3) 수록 빈도로 보면 신동엽의 '껍데기는 가라'가 15종으로 가장 많고 그 두 번째가 <절정>이다.

③ 원칙 없이 일부는 원전 표기를, 일부는 현대 표기로 고쳐 일관성이 없는 경우
④ 문법적으로 서로 허용되는 표기가 있을 경우 작품의 고도의 섬세성(텍스트성의 정밀도)을 감안하지 않고 별 의식 없이 혼용하는 경우
⑤ 작품의 전반적 정서나 내용 전달에 주안점을 두어 표기 정확성을 염두에 두지 않은 경우(예를 들어 문장기호가 미치는 영향이 미미한 경우 이를 도외시한 경우)
⑥ 현대 표기법으로 옮기는 과정에서 맞춤법이나 표준어 규정을 어기어 교체한 경우
⑦ 원고나 인쇄 교정이 이루어지지 않은 경우
⑧ 원전에서부터 확실한 오류가 있는 경우를 포함하여 형식론적 논의나 선택 기준이 없이 임의대로 매체를 수정하거나 조작한 경우
⑨ 시행이나 연의 구분이 불명확하거나 다르게 된 경우
⑩ 원본의 인쇄 상태가 좋지 않아 정오 판단이 어려운 경우5)

원전 인용의 오류 문제에서 가장 문제가 되는 것은 첫째에서 다섯째의 경우인데, 특히 교과서 수록 시일수록 시선집이나 해설서, 인터넷에 게시한 시와 달리 정밀한 텍스트 분석을 통하여 정확한 표기로 하여야 한다.

분석 방법론은 시를 텍스트의 생산과 수용이라는 관점에서 언어기호와 문학기호의 통합적인 언어 행위로 파악하여 텍스트 언어학의 관점에서 살펴볼 것이다.

이육사 <절정>의 원전 확정을 위하여 살펴는 보는 방법론으로서 텍스트 언어학적 논의(textlinguistik study)는 원전 확전에 대한 준거를 마련함은 물론 다른 비평적 시각으로 발견하기 어려웠던 이 시의 기법과 성과를 새로운 측면에서 살펴볼 수 있으리라 본다. 시에서 텍스트성을 이해하는 일은 시의 여러 표현 기법들이 어떻게 효과적인 예술적 장치로 활용되고 있는지 또 이

---

4) 인쇄 원본이 존재하지 않은 경우 작가의 기고 원고가 없다면 확인이 사실상 어렵다. 따라서 인쇄 초간본을 원전으로 간주할 수밖에 없다. 그렇다고 작가가 분명히 틀리게 쓴 표기를 모두 인정할 필요는 없을 것이다.
5) 활판본이나 그 이전에 인쇄술이 발달하지 않은 때에는 잉크가 번지거나 문장 부호가 선명치 않을 수도 있겠으나 정오 판단에 그리 영향은 미치지 않는다.

것들이 유기적으로 작용하여 어떻게 문학적 성과를 획득하고 있는지를 살펴 보는 작업이다. 일반적으로 통화행위 속에 실현 되는 텍스트성(textuality)은 완성된 텍스트를 이루는 데 중요한 작용을 하는 여러 요인이자 일련의 문장들이 텍스트로서 자격을 갖추기 위해 충족시켜야 할 요소이기도 하다. 텍스트적 요인을 살피는 일은 결속구조(cohesion)와 결속성(coherence)을 분석하는 일이다. 그리고 화자와 청자의 심리적 요인을 추출하기 위해서는 의도성(intentionality)과 용인성(acceptability)을 살펴보아야 한다. 한 편의 시가 역사적 배경과 불가분의 관계 속에서 탄생을 감안하면 사회적 요인으로 상황성(situationality)과 상호텍스성(intertextuality)을 살피는 것 또한 중요하다. 미적 요소나 의외성의 흥미, 감동의 한 측면을 담당하는 것은 정보성(informativeness)과 관계 있다. 이러한 텍스트성을 원전 확정 과정 속에 살펴보는 것은 텍스트의 흥미성, 문학성 및 예술성의 요인 분석에 매우 요긴할 것이며 문학 교육에도 필요한 방법론이 될 것으로 본다.

시의 텍스트를 확정하는 문제는 미묘한 표현 하나에도 감성이 달라지는 시작품의 특성을 감안할 때 매우 중요한 부분으로 인식하여야 한다. 작품성 전체에 미치는 영향이 작다거나 해석에 그다지 큰 요인이 아니라고 간과해 버릴 문제는 아니다. 특히 연구 텍스트나 교과서 수록 시일수록 주의를 기울어야 한다. 평행 균형에서 시작의 한 치 오차가 결국 엇각을 낳는 이치와 같다.

그렇다고 원전 표기를 그대로 둘 수는 없다. 인용의 오류는 해결될 수 있으나 시대가 다른 독자에게는 시를 이해하는데 오히려 장애가 된다. 그러므로 시적 의미나 감흥이 손상되지 않는 범위에서 현대어 표기로 옮길 필요가 있는데 원전의 의미를 훼손하지 않기 위해서는 교정을 분석적으로 할 필요가 있는 것이다.

육사의 대표작으로 잘 알려져 있는 <절정>은 일제 강점기의 현실 상황에서 자아가 직접적이고도 단호한 어조로 자신의 입장을 표출하고 있는 시이다. 학생들에게 이러한 면을 설명하고 감상시키는 과정에서 남성적이고 대륙적인 면모, 강인한 의지와 신념의 표출, 이러한 내용이 효과적으로 표출되는 형식, 표현 기교 등을 바탕으로 다양한 감상과 비평을 도출할 할 수 있는 작품이다. 이러한 투철하고도 절박한 인식과 태도를 더 잘 알게 하기 위해서는 이 시가 지닌 '애매성(ambiguity, 모호성, 다의성)'을 중요시 여길 필요가 있다. 하나의 시어나 시적 요소가 단일한 의미만을 나타내는 것이 아니라 함축된 여러 복합적 의미나 태도를 찾아볼 수 있도록 지도할 필요가 있다. 그리함으로써 하나의 시어가 지니는 다양한 개념이나 복합적이고 다의적인 의미를 상상과 분석을 통해 발견할 수 있도록 하는 것이 중요하다. 원전 표현이 정확해야 함도 이와 밀접하다.

해석하고 비평하는 과정에서 비판적이고도 창의적인 수용 활동이 필요하게 된다. 육사의 시 중에서도 일제 치하의 조국의 주권 쟁취를 위한 실천적인 투쟁의 삶과 반일저항 정신의 정점을 이룬 작품으로 대체로 평가되어왔다. 그리하여 김종길은 '항복과 타협을 모른 비극적 비전의 또 하나의 비극적 황홀'(김종길, 1974 : 202), 이기서는 '냉혹한 극한 상황을 극복한 자아가 상실한 세계에 대하여 초월자적 자세를 취하는 의지'(이기서, 1999 : 324), 노대규는 '고난의 시기가 끝나면 강력한 희망이 찾아올 것으로 여긴, 고난 극복의 정신과 희망도래의 정신'(노대규, 1999 : 324), 김용직은 '극한 상황에서의 조국 광복에의 염원'(김용직, 1997 : 374), 조경환은 '실존적 한계 상황의 견고한 체험의 구상화'(조경환, 1987 : 343), 김학동은 '직접적인 투쟁과 죽음을 초월한 저항 정신'(김학동, 1984 : 206), 오세영은 '비극적 초월을 통한 시인의 정신적 완성'(오세영, 1994 : 273) 등으로 다양한 관점에서 이 시를 보아왔다.

<절정>이 처음 게재된 <문장>의 원문6)은 다음과 같다.

---

6) 1940년 『문장』 1월호.

(2) 絶頂

　　매운 季節의 챗죽에 갈겨
　　마츰내 北方으로 휩쓸려오다

　　하늘도 그만 지쳐 끝난 高原
　　서리빨 칼날진 그우에서다

　　어데다 무릎을 꾸러야하나?
　　한발 재겨디딜 곳조차 없다

　　이러매 눈깜아 생각해볼밖에
　　겨울은 강철로된 무지갠가보다.

　이 시의 원본과 고등학교 검인정교과서에 나타난 표기의 상이점을 살펴보고 언어학적으로 해결해야 할 부분은 현대어 표기로 옮기는 과정에서 주로 나타나므로 이를 면밀하게 살펴볼 것이다.[7] 이러한 표기법의 정오(正誤)에 관한 언어학적 분석은 <절정>의 텍스트 확정에 필수적인 선결 요건이기 때문이다. 그리고 필자가 교정한 표기본을 제시하고자 한다.

　원전은 (원전)으로, 이를 텍스트언어학적인 관점에서 분석하여 지금의 표기법[8]에 맞게 필자가 고친 것이 (확정)이다. 고등학교 <문학> 검정본 교과서에 수록된 시는 (교과)로 표시하고 출판사는 각주에서 출판사 첫머리 글자로 밝혀둔다. (참고)는 몇몇 편집인 또는 연구자들이 취택하여 수록한, 흔히 나타나는 오류의 한 유형으로서 다룬 시행을 비교하고 참조하기 위하여 덧붙여 둔다.

---

7) 시의 일련번호와 각 행 번호는 본 논자가 편의상 붙인다.

8) 문교부 고시(제88-2호, 1988. 1. 19) '표준어 규정'에 따른 어휘 목록과 문화부 공고(제36호, 1990. 9. 14) '표준어 모음'의 표제어들을 기준으로 한다. 맞춤법은 문교부 고시(제88-1호, 1988. 1. 19) '한글 맞춤법'에 따라 적는다.

3. 〈절정〉의 수록 표기 확정과 텍스트 시 교육

> (3) ㄱ. (교과-1) 매운 계절(季節)의 채찍에 갈겨[9]
>   ㄴ. (교과-2) 매운 계절(季節)의 채쭉에 갈겨[10]
>   ㄷ. (교과-3) 매운 계절의 채찍에 갈겨[11]
>   ㄹ. (참　고) 매운 계절의 채쭉에 갈겨[12]

시대 상황과 고난에 대한 불가항력 원인을 드러낸 '챗죽'(원전)이다. (교과-2)와 같이 '채쭉'으로 표기되어 있는 것은 잘못된 선집이나 선행 연구본을 검토 없이 답습한 예라 할 것이다. 받침을 연음하여 '채쭉'으로 한 것이나, 통시적으로 표기해야 할 기간이 아님을 감안하면 원전 표기를 그대로 인용하지 않을 바에야 현대어로 옮길 때 표준어를 쓰는 것이 바람직하다 하겠다. 따라서 이 행은 (교과-1)로 수록 표기를 정리할 수 있다.

> (4) ㄱ. (원전) 매운 季節의 챗죽에 갈겨
>   ㄴ. (확정) 매운 계절(季節)의 채찍에 갈겨

원작자가 한자(漢子)를 썼을 경우 독자의 편의를 위해서 괄호 속에 한자를 병기하는 것은 무방하다. 그러나 텍스트의 의도성(intentionality)이 화자의 심리적 태도로서 화자(또는 필자)가 메시지(정보 전달, 의견 주장 등)를 통해서 구체적인 목표를 성취하겠다는 의식적인 의도를 가져야 한다는 것을 의미[13]할 때, 이 자형은 이에 관련된다 할 수 있다. 시인이 동일한 이미지나 어휘의 반복을 피하기 위하여 시각적으로 다른 한자 자형을 의도적으로 쓸 수 있기 때문이다.

---

9) 문, 지1, 청, 천, 교1, 교2, 디, 두.
10) 태, 두.
11) 중, 대.
12) 김재홍 편저(1997), 조동일(1990), 정한모·김재홍 편저(1983), 이기서(1984) 참조.
13) 이원표 역(2002) 참조.

이와 반대로 전혀 작품에 어떠한 영향을 주지도, 동음이의어도 아니며 또 어훈을 알 필요도 없는 일상에서 비교적 쉬운 낱말인 경우 한자를 병기하지 않아도 텍스트성은 변질되지 않는다. 따라서 한글 표기로 하는 것이 시 읽기에 장애를 주지 않는다.

이 점은 학생들의 학습이나 지도에 있어서는 이러한 점을 토의하거나 견해를 밝히게 함으로써 문학의 의도성과 시어의 선택에 대한 교육이 가능할 것이다.

> (5) ㄱ. (교과−1) 마침내 북방(北方)으로 휩쓸려 오다.[14]
> ㄴ. (교과−2) 마츰내 북방(北方)으로 휩쓸려오다.[15]
> ㄷ. (교과−3) 마침내 북방(北方)으로 휩쓸려오다.[16]
> ㄹ. (교과−4) 마침내 북방으로 휩쓸려 오다.[17]
> ㅁ. (교과−5) 마침내 북방으로 휩쓸려 오다 [18]
> ㅂ. (교과−6) 마침내 북방으로 휩쓸려오다.[19]
> ㅅ. (참고−1) 마츰내 北方으로 휩쓸려오다.[20]
> ㅇ. (참고−2) 마츰내 北方으로 휩쓸려 오다.[21]
> ㅈ. (참고−3) 마침내 북방(北方)으로 휩쓸려오다.[22]

시의 이미지는 대상을 관찰하는 시인의 독특한 관점과 인식이 형상화되어 나타난 것이다. 이 점은 한 편의 시에서 동원된 시어의 이미지는 현실적 상황과 긴밀하게 연결되어 있고 시인은 이 인식을 독자에게 가능한 효과적이고 인상적으로 제공하고자 한다, 유독 <절정>은 '매운 계절', '채찍', '북방', '칼날', '강철' 등은 모두 강렬하고 차가운 이미지의 시어들이 많이 쓰

---

14) 문, 지1, 청, 천, 교1, 교2, 디, 두.
15) 태, 금.
16) 형−부분 인용.
17) 중.
18) 블.
19) 대.
20) 김재홍(1997) 참조.
21) 신동욱(1981) 참조.
22) 노대규(1999)는, 조동일(1990)과 정한모(1983)의 '휩쓸려오다.' 띄어쓰기 잘못을 지적하고, '휩쓸려 오다.'로 고쳐야 한다 하였으나 필자 스스로도 같은 논저에서 '휩쓸려오다'와 '휩쓸려 오다'를 여러 번 혼용하고 있어 앞서 지적한 원전 인용에 대해 오류 '다섯째'를 범하고 있다.

이고 있다. 그만큼 일제 강점의 부자유와 탄압이 겨울의 혹독한 추위만큼 매섭고 날카로우며, 현실적 환경이 암울함을 의미하는 것이다. 이는 화자의 절박한 내면 의식이 드러난 것이며 정보성의 단초가 된다.

이 시행을 텍스트성 해석 차원에서 보면 두 가지 정보성(informativeness)이 제공되고 있다는 것을 알 수 있다. 정보성은 텍스트의 새로운 정보가 담겨져야 하는데 텍스트 안에 담겨진 내용이 모두 아는 것이라면(또는 완전히 이해하지 못할 내용이라면) 텍스트의 정보적 가치는 없다. 이 행은 상태와 쫓김의 결과를 드러내고 분개가 엿보인다. 정보성의 하나는 북방에 온('오다') 사실, 즉 이동된 위치에 대한 정보성 제공과 함께, 또 하나는 쫓겨 올 수밖에 없었던 상황과 사정('휩쓸려') 곧 동지들과 함께 모조리 휩쓸을 당해야만 했던 정보성이 대등적으로 제공되고 있어 '휩쓸리다'와 '오다'를 연결형 어미(이음씨끝) '―어'로 이은 구로 보는 것이 타당하다.

남은 문제는 (교과―1) '휩쓸려 오다'와 (교과―2, 3) '휩쓸려오다' 중 띄어쓰기를 어떻게 할 것인가이다. '휩쓸려오다'는 '오다'를 보조 동사로 보고 본동사와 어울려 한 개념, 한 동작을 나타낸 경우로 본 것이다. 이는 하나의 복합어로 굳어진 것으로 여겨 붙여 쓴다. '휩쓸려 오다'는 '휩쓸리다'와 '오다' 동사 사이에 '―어(서)' 접속어미로 연결된 구로 본다. 어느 경우도 딱히 문법적으로 틀렸다 할 수 없겠다. 그렇다면 시 교육에 있어서도 문법적으로 오류가 없는 두 개의 같은 문장이더라도 반드시 의미의 동일성을 뜻하는 것은 아니라는 사실을 인식시킬 수 있다. 시인의 의도성의 여부를 토의하거나 견해를 밝히게 한다면 흥미있는 표현 교육이 될 것이다.

만약 이러한 텍스트성이 드러나지 않는 경우는 보조용언 등의 띄어쓰기는 원전의 표기를 따르는 것이 바람직하다. 그러한 면에서 (교과―1)이 원전 확정본이라 하겠다.

(6) ㄱ. (원전) 마츰내 北方으로 휩쓸려오다
     ㄴ. (확정) 마침내 북방(北方)으로 휩쓸려 오다.

가혹한 시대 현실과 이로 인한 극한 상황이 수평적 한계로 나타나면서 뒤이은 위태로운 극한 상황 즉 수직적 한계로 이어지는 행이 (7)의 구절이다. 여기에서 그 한계의 연속성이라는 상황이 미묘하게도 문장부호와 연결하여 생각해 볼 수 있다.

흔히 문장부호를 대수롭게 여기 않은 경우가 많다. 초현실주의나 심리 표현의 시 등에서 주로 작가가 의도적으로 비종결 처리를 하는 경우는 흔하다. 이렇게 시인에 따라서 응당 표기해야 할 마침표나 물음표를 의도적으로 쓰지 않은 경우를 제외하면, 문장부호는 문장의 종결일 경우 마침표인 온점을 찍어 형식을 지키는 것이 바람직하다. 따라서 이 대목에서의 문학 교육은 시창작이나 감상에 있어서 흔히 대수롭게 여기거나 놓치기 쉬운 부분임을 일깨워 주는 교육이 필요하다.

> (7)　(교과−1) 하늘도 그만 지쳐 끝난 고원(高原)[23]
> 　　　(교과−2) 하늘도 그만 지쳐 끝난 고원(高原),[24]
> 　　　(교과−3) 하늘도 그만 지쳐 끝난 고원[25]
> 　　　(참고−1) 하눌도 그만 지쳐 끝난 高原[26]
> 　　　(참고−2) 하늘도 그만 지쳐 끝난 고원(高原).[27]

(7)의 행에서 (교과−2) '하늘도 그만 지쳐 끝난 고원(高原)'은 표기 규정에 어긋남이 없다. 고원(高原),'은 쉼표인 반점을 표시하고 있다. '고원이다'의 생략으로 보고 종속적 연결 형태로서 (8)의 '그 위'와 연결이 된다. 곧 (8)의 '～ 그 위에 서다.'와 접속문 구성으로 한 문장을 이룬다는 점에서 쉼표를 넣은 것으로 여겨진다. '그'의 지시 대상으로 '고원'이 제시어의 기능도 지니면서 문맥상 휴지 호흡까지 고려한 타당한 교정으로 보인다. 그러나 (확

---

23) 지1, 태, 중, 청, 천, 교1, 교2, 디, 블, 금, 두.
24) 문.
25) 대.
26) 신동욱(1981), 조동일(1990) 참조.
27) 노대규(1999) 참조.

정)에서 보듯 본 논자는 마침표 온점이나 쉼표 반점을 넣지 않았다. 이것은 시의 미묘한 여운이나 이미지를 위해서다.

문학 교육에 있어서 이 구절은 문장부호의 중요성과 작은 의미의 차이에도 민감한 시인의 감각을 일깨워주는 좋은 부분이다. 상황 설명에 있어서 쓸려온 북방은 혹독한 현실의 위치로서 황량하고 아득한 고원임을 주지시키고 온점이 있는 것과 없는 것의 미세한 차이를 생각하게 한다. 그리고 종식의 이미지에 연결될 수 있는 온점의 형태를 배제한 것임을 제시한다. 원작자의 부호 생략이 의식적이든 무의식이든 심리적인 개연성을 고려한다면 미세하나마 끝난 고원이나 결코 끝나지 않은 일제 하의 절망적 상황(고원)의 지속이라는 시적 효과를 지니고 있는 것임을 알게 한다. 의미론적으로 높이로서 '끝난 고원'이나 광활함으로서 고원은 지속의 의미를 지닌다 할 수 있다. 그래야 이국의 땅의 공간, 그 황망함도 잘 드러나기 때문이다. 그러므로 상황으로 보나 원작으로 보나 원작의 온점 생략이 바람직함을 교사는 제시할 필요가 있다.

그렇다면 (7)은 원전의 문장 부호 없음을 존중하여 수록 인용 구절은 (교과-1)을 기준으로 다음과 같이 확정지울 수 있다. 한자어는 교과서의 기술 원칙에 따라 한자를 괄호에 넣어 병기한다.

> (8) ㄱ. (원전) 하늘도 그만 지쳐 끝난 高原
>   ㄴ. (확정) 하늘도 그만 지쳐 끝난 고원(高原)

(8)의 고원(高原)은 그 한계가 더욱 매섭고 준열한 현실로 묘사된다. '서릿발'과 '칼날 진'이 그것이다. 서릿발과 칼날은 시어주는 촉각적 이미지가 더하여 일제의 탄압에 의해 생존을 지탱할 수 없는 상황이 더욱 처참함을 드러낸다. 이러한 시대와 환경에 놓인 민족과 개인의 절망의 상태에 선 것이다. 극한적인 상황에 처한 시적 자아는 피할 수도 없는 '그 위에' 서 있는 것이다. 문학 교육을 통하여 생각해 볼 수 있는 이러한 표현 기법은 시 텍

스트가 글로 이루어진 모든 텍스트 중에서 필자의 의도가 매우 정밀하게 배치되고 잘 관리된 언어적 조직임을 알 수 있는 기회가 된다.

> (9) ㄱ. (교과-1) 서릿발 칼날진 그 위에 서다.[28]
> ㄴ. (교과-2) 서릿발 칼날진 그 우에 서다.[29]
> ㄷ. (교과-3) 서릿발 칼날진 그 위에 서다.[30]
> ㄹ. (교과-4) 서리빨 칼날진 그 우에 서다.[31]
> ㅁ. (참고-1) 서리빨 칼날진 그 우에서다.[32]
> ㅂ. (참고-2) 서리빨 칼날진 그 우에 서다.[33]
> ㅅ. (참고-3) 서릿발 칼날진 그 우에 서다.[34]
> ㅇ. (참고-4) 서리빨 칼날진 그우에 서다.[35]

원전에는 '서리빨'이나 전체 텍스트가 현대어 기준으로 수정한 텍스트라면 일관성을 유지하기 위해서라도 '서릿발'로 해야 한다. 이와 같은 맥락에서 '칼날진'도 '칼날 진'으로 확정 짓고자 한다. 다만 마침표는 앞의 (8)의 경우와 달리 종착의 의미와 통하므로 현대 표기를 따르는 것으로 하는 것이 일관성을 유지하는 길이다. 따라서 (교과-1, 2, 3, 4)를 모두 다음과 같이 변경하여야 한다.

> (10) ㄱ. (원전) 서리빨 칼날진 그우에서다
> ㄴ. (확정) 서릿발 칼날 진 그 위에 서다.

흔히 문학 작품 특히 시나 소설 작품에서 토속성이 짙은 분위기를 연출하

---

28) 문, 지1, 중, 대, 청, 천, 교1, 교2, 디, 두.
29) 태.
30) 블.
31) 금.
32) 조동일(1990), 정한모(1983), 이기서(1984) 참조.
33) 김재홍(1997) 참조.
34) 신동욱(1981) 참조.
35) 김학동(1984)는 원전을 충실히 반영하되 마침표와 띄어쓰기는 현대어법에 맞게 수정하여 일정한 기준이 성립되어 있으나 '서리빨 칼날진 그우에 서다.'에서는 이 기준에 적용되지 못한 점이 있다. 일관성 있게 하자면 '… 그 우에 서다.'가 합당하다 하겠다.

거나 향토적인 인물의 성격을 묘사하기 위해서 지역 방언(regional dialect)을 많이 활용한다. 텍스트성의 의도성과 관련하여 시어가 선택되기도 한다. 이 시의 전반적인 분위기가 토속성에 바탕을 두었다면 육사의 고향인 안동 방언 '어데다'는 분명 시적 표현에 해당되며 작가는 이를 연출하기 위해 특정한 토박이어를 동원한다.

> (11) ㄱ. (교과−1) 어디다 무릎을 꿇어야 하나[36]
> ㄴ. (교과−2) 어데다 무릎을 꿇어야 하나[37]
> ㄷ. (참고−1) 어데다 무릎을 꾸러야하나[38]
> ㄹ. (참고−2) 어데다 무릎을 꿇어야 하나[39]
> ㅁ. (참고−3) 어디다 무릎을 꿇어야 하나[40]

그러나 이 시는 그러하지 아니하므로 현대 표기본은 표준어 '어디다'로 수정하는 것이 바람직하다. '어디다'보다 '어데다'의 어감이 좀 더 간곡한 느낌을 줄 수 도 있어 이 사투리를 살린다고 한다면 이 시에 나타난 다른 사투리도 검토하여 일관성 있는 표기를 하여야 한다. 시 감상 시간에 같은 영남 출신인 박목월의 시를 비교하여 이 점을 생각해볼 수 있다. 박목월은 시작품에 방언을 본격적으로 활용하였다. 목월은 독특한 정서를 방언으로서 드러내고 있다. 그의 작품집인 <청록집>에서 <산도화>, <란 기타>, <경상도의 가랑잎> 등에서 대개 드러난 것처럼 비교적 많은 방언을 의도적으로 사용하여 경상도의 향토적 정서를 효과적으로 나타내고 있다. 그러나 이육사의 <절정>의 경우는 다르다. 이 시 자체가 향토성을 드러내고자 한 시가 아니기 때문이다. 이러한 점에서 '어데다'라는 방언의 사용은 의도성이나 지역적 정보성과 관련이 없다 할 것이다. 굴종에 대한 반항과 반문, 자탄이

---

36) 문, 지.
37) 두, 태, 중, 대, 청, 천, 교1, 교2, 디, 블, 금, 두.
38) 조동일(1990) 참조.
39) 오세영(1981), 김재홍(1997), 정한모(1983), 이기서(1984), 신동욱(1981), 김흥규(1982, 1993) 참조.
40) 신경림·정희성(1991), 김현승(1972) 참조.

우선된다.

원전에 사용된 문장부호를 이유 없이 생략해서는 아니 된다. (12)의 문장부호 물음표 '?'는 텍스트성의 의도성과 관련하면 시주체자(시적자아)의 자탄과 더불어 강한 의문 또한 내재된 것으로 볼 수 있기 때문이다. 이는 상황성(situationality)과도 관련된다. 상황성은 언어행위가 이루어지는 시간적, 공간적 제반 상황뿐만 아니라 사회문화적 배경, 진행과 관계된 심리적, 주변 상태 등 텍스트 생산과 수용 과정에 작용하는 요인을 말한다. 그러므로 여기에서는 자기 독백적 반문이기도 하며 동족에게 던지는 강한 부정의 응답을 기대하는 것으로도 해석이 가능하다. 그러한 면에서 (교과-1, 2) 모두 물음표를 표기하지 않고 있음은 고쳐야 한다.

> (12) ㄱ. (원전) 어데다 무릎을 꾸러야하나?
> ㄴ. (확정) 어디다 무릎을 꿇어야 하나?

(12)의 (확정)은 논평(comment)이라 할 수 있는 (13)과 연관지어 생각해 볼 수 있다. 자기 확신과 판단을 상대가 받아들이기 좋도록 한 것이기도 하여 텍스트성의 용인성(acceptability)에 관련되기도 한다. 용인성(acceptability)[41]은 청자의 심리적 태도와 관련되는 것으로서 청자들에게 받아들여져야 한다는 수용 가능성을 말한다.

'-나'는 '-느냐'의 줄임꼴로서 회의적인 진술이나 태도를 나타내는 것에서 대답 요구까지 변용되고 있다. 앞의 행에서 나타난 시적자아의 처지 영역이 점차 축소 지향적으로 진술(표현)되고 있는 결속성(응집성, coherence)으로 인해 앞 행의 의미들이 이 물음에 상호 수용되어 (13)행의 응답이 가능하고 또 강한 공감대를 얻게 되는 것이다. 그러므로 물음표의 존속은 단순히 원본 표기를 존중한다는 차원만이 아니고 미묘하기까지 한 시의 표현 효과를 손상시키지 않는 일이기도 하다.

---

41) 고영근(2001)은 '수용성'이라는 용어를 쓰고 있다.

(13) ㄱ. (교과-1) 한 발 재겨 디딜 곳조차 없다.[42]

  ㄴ. (교과-2) 한발 재겨 디딜 곳조차 없다.[43]

  ㄷ. (참고-1) 한발 재겨디딜곳조차 없다.[44]

  ㄹ. (참고-2) 한발 재겨디딜 곳조차 없다.[45]

  ㅁ. (참고-3) 한발 재겨 디딜곳조차 없다.[46]

  ㅂ. (참고-4) 한발 재겨 디딜 곳조차 없다.[47]

  ㅅ. (참고-5) 한 발 재겨 디딜 곳조차 없다.[48]

  ㅇ. (참고-6) 한 발 재겨 디딜곳 조차 없다.[49]

  ㅈ. (참고-7) 한 발 제겨 디딜 곳조차 없다.[50]

이 시행은 더 이상 피할 수 없는 절박한 상황임을 드러낸다. 공간적, 시간적 한계를 넘어 심리적인 한계와 극한적 절망의 비애가 나타낸다. 심리적인 일면이 드러난 난 만큼 좀 더 섬세한 파악이 필요한 구절이기도 하다. 이 구절은 예문으로 열거한 시행의 수로도 짐작이 가듯 다양한 오류가 나타난 대목이다. 많은 연구자들이 각기 달리 표기하여 수록하고 있음을 알 수 있다.

우선 살펴봐야 할 것은 '재기다'의 표준어가 '제기다'이다. '제겨디디다'는 사전에 오른 말이다. 한글학회 간행의 <우리말 큰사전>에는 '발끝이나 발뒤꿈치만으로 땅을 디디다'라고 풀이하고 있다. 따라서 '재겨'는 '제겨'로 교정할 필요가 있다. 문학 교과서에까지 굳이 오기(誤記)를 수정을 하지 않고 그대로 둘 이유가 없다. 만약 표준어를 알지 못한 상태에서 단순 인용한 것이라면 문학 연구자의 텍스트 확정에 대한 진중한 분석이나 인용 자세가 좀 더 필요함을 말해주는 것이다.

---

42) 문, 지1·중·디−설명 부기로 표준어 명시, 두, 태, 대, 청, 천, 교1, 교2, 금, 두.

43) 블−설명 부기로 표준어 명시.

44) 조동일(1990) 참조.

45) 김재홍(1997) 참조.

46) 정한모(1983), 이기서(1984) 참조.

47) 김현승(1972), 오세영(1981) 참조.

48) 신경림, 정희성(1991) 참조.

49) 신동욱(1981) 참조.

50) 노대규(1999) 참조.

모든 교과서에서 원작자가 붙여 쓴 (원전)의 '재겨디딜'을 붙여 쓰지 않고 띄어쓰기로 교정하고 있음을 알 수 있다. 이는 형태론적 해석이 다를 수 있기 때문이다. 그래서 '제기다+디디다'냐 '제겨-디디다'냐의 문제는 좀 더 분석이 필요하다.

한편 '제겨 디딜'은 '제기다'의 어간에 접속어미 '-어(서)'가 첨가되어 서술어인 '디디다'와 통합된 복문51)임을 알 수 있다. 한편 '제기다'의 사전적 의미는 '있던 자리에서 빠져 달아나다', '발끝으로 다니다'이고 보면, 뒷말 '디디다' 또한 보행의 뜻을 지녔으므로 앞말은 본용언이 되고, 뒷말은 앞말에 붙어 뜻을 더하는 보조 용언이 되어 단일서술어가 되는 것으로도 볼 수 있다. 곧 각각 형태론적인 자립성은 인정되지만, 통어론적으로는 보조 용언이 본용언에 의존되어(딸림) 일종의 준자립어가 되는 것이다. 이렇게 되면 한글맞춤법(제47항)에 따라 보조 용언은 띄어 씀을 원칙으로 하고 경우에 따라 붙여 씀도 허용하므로 '(참고-7) 한 발 제겨 디딜 곳조차 없다.'의 표기는 옳은 것이 된다.

그러므로 필자는 이를 '제겨디딜'로 붙여 써 '(확정) 한 발 제겨디딜 곳조차 없다.'로 교정하고자 한다. '제겨디디다'를 작가(이육사, '재겨디디다'로 표기)가 한 낱말로 인식하였거나 붙여 썼다면 원전의 띄어쓰기를 존중하여 표기하는 것이 좀 더 원전 텍스트를 충실하게 반영하는 태도가 되기 때문이다. 그리고 이는 율격의 문제를 고려한 때문이다. 호흡의 휴지 부분은 원전의 호흡과 다름을 알 수 있다. 이 시가 대체로 4음보 전통적 율격을 지니고 있음을 감안하더라도 (확정)의 표기가 원전 텍스트를 충실히 반영한 현대어 표기 방법이라 하겠다.

    (14) ㄱ. (원전) 한발 재겨디딜 곳조차 없다
          ㄴ. (확정) 한 발 제겨디딜 곳조차 없다.

---

51) 노대규(1999 : 306)에서 이 시행의 의미로는, '제기다'의 사전적 의미는 '있던 자리에서 살짝(조금-한 발) 빠져 달아나다'이고 이렇게 '달아날 공간조차 존재하지 아니한다.'는 극한상황을 암시한 것이라 하였다.

한편의 시는 결속구조(cohesion)나 결속성(coherence)으로 의미 구조를 완성한다. 결속구조(cohesion)[52]는 텍스트에 존재하는 한 요소의 해석이 같은 텍스트에 존재하는 다른 요소에 의존함으로써 생겨나는 연결 관계를 말한다. 결속성[53]은 대체로 청자나 독자가 가지고 있는 것으로 생각되는 지식이나 텍스트 밖의 그 무엇인가에 의해서 생겨나고 텍스트에 표현된 지식들의 각 개념들 간에 상호 수용되는 연결 관계인데 여러 가지 텍스트성(의도성, 용인성, 상황성, 텍스트상호성, 정보성)의 종합적 작용이며 여러 요인의 종합적 결과로 이루어진 개념과 개념들의 관계 그물로서 아직은 말로 활성화되지 않은 상태의 구조라 할 수 있겠다. 이 시의 공간 구조가 '북방→고원→칼날진 그 위'로 축소되고 있음은 극한상황으로 치닫는 시적자아의 처지와 심리를 반영한 결속성(coherence)이며, 이와 관련된 대용적 표현으로서의 비유어를 질서 있게 배치한 결속구조(cohesion)가 된다. 그러면 의미상으로 '있던 자리에서 빠져 달아나'(제거) 디딜 곳 없음 보다는, '발끝이나 발뒤꿈치만으로도 땅을 디딜'(제겨디딜) 조금의 영역도 없다는 축소된 공간을 의미하는 낱말 배치가 더 적합하다. 식민의 자각과 인식, 그 결연함이 결속구조화되어 있는 것이다.

<절정>의 응결성은 1연에서부터 3연까지의 점층적 구조와 인과 관계로 이루진다. 그리고 응결성은 4연의 '이러매'에 이르러 전환되고 집약화되어 사고의 전환, 재인식, 의지의 발현이 이 구절에서 모습을 드러냄으로서 응집성을 완성시킨다.

이 시를 1, 2연과 3, 4연으로 크게 전후 부분으로 나누어볼 수 도 있다. 그렇게 되면 전반부는 '쫓김(추방)'의 구조로 원인과 상황(1연), 결과와 상태(2

---

52) cohesion은 이원표 역(2002)에서 응집성라고 번역하고 있다. 이석규(2003 : 56~57)를 참조하면, 응집성을 언어로 표현함으로써 비로소 텍스트가 생산 완결되고 이 실현된 '말의 연쇄'를 응결성(cohesion)이라고 한다. 고영근(2001)도 이를 응결성이라는 용어로 해석하고 있다.

53) 응집성(coherence)이라는 용어로도 다루고 있다. 다만 이은희(2001)의 응집성은 반복, 환언, 대칭 구조, 대용표현, 접속 표현과 같은 응집적 연결기제를 통해 언어적으로 실현된다 설명하고 있어 응결성 또는 응결구조라는 용어와 동일한 개념으로 사용하고 있는 듯싶다.

연)로 이루어진다. 반면 후반부는 '도발성'의 구조로서 자탄과 인식(3연), 인식과 도발적 조소(4연)로 이어진다. 매우 안정적 한시형 구조인 기승전결의 배치와 통한다. 이와 함께 4음보 율격과 연결하여 전통적 질서를 구축하고 연속적 의미망을 이룬다. 이육사 시인이 퇴계 이황 가문의 유교적 교육 영향 하에 자란 것을 감안하면 그리 놀랄 일은 아니다.

다만 4연을 기준으로 하면 1, 2, 3연과 4연은 재편되어 전반은 시적 자아의 인과적 상황 그리고 후반은 다시 이것에 대한 인식과 태도를 드러내게 된다. 이럴 경우 이 시의 응집성은 추방과 쫓김으로 나누어진다. 그리하여 조국의 영토가 아닌 주권 상실의 상황에 대한 절박함과 굴욕감 그리고 결연한 의지, 역설적인 도발성과 조소적 인식에 이르는 의미망의 읽을 수가 있다.

> (15) ㄱ. (교과-1) 이러매 눈 감아 생각해 볼밖에[54]
> ㄴ. (교과-2) 이러매 눈 감아 생각해 볼 밖에[55]
> ㄷ. (교과-3) 이러매 눈감아 생각해 볼밖에[56]
> ㄹ. (참고-1) 이러매 눈 감아 생각해 볼밖에[57]
> ㅁ. (참고-2) 이러매 눈 깜아 생각해 볼 밖에[58]
> ㅂ. (참고-3) 이러매 눈 감아 생각해 볼 밖에[59]

(15)는 (교과-1, 2, 3)에서 별 차이가 없어 보이나, 띄어쓰기가 시의 의미 해석에 있어서 미묘한 차이를 생산할 수 있음을 살펴볼 수 있다. '볼밖에'의 '-밖에'는 이름씨 '밖'에 위치토 '-에'가 붙어 한 도움토로 녹아 붙은 것인데, 뒤에 지움(부정)의 뜻을 가진 말에 이끌려, 거기에 '국한됨'을 나타내고 '만족스럽지 못함'을 나타내는 데로 번져나가기도 한다. 그 뒤에는 응당 지

---

54) 문, 지1, 두, 태, 중, 청, 천, 교1, 교2, 블, 금.
55) 디, 두.
56) 대.
57) 조동일(1990), 김재홍(1997), 정한모(1983), 오세영(1981), 김흥규(1982, 1993), 이기서(1984) 참조.
58) 김학동(1984) 참조.
59) 신경림·정희성 공저(1991), 신동욱(1981), 김현승(1972) 참조.

움을 나타내는 말이 오기 때문에, 그 지움을 나타내는 말이 줄어 없어지는 일이 많다.[60]

따라서 '볼밖에'는 '-볼 수밖에 없다'가 '-볼 밖에 없다'로 줄어지고 이 말은 다시 '볼밖에'로 줄어든 것이라 하겠다. 그러면 이는 '이러매 눈 감아 생각해 볼밖에.'로 문장 종결을 의미하므로 마침의 온점을 찍을 수도 있다. 뒤에 이어지는 시행 (17)이 내적 독백의 인용 부호인 작은따옴표(' ')가 생략된 것으로 파악하면 더욱 그러하다. 그러나 시행의 유려한 도치를 고려한다면 마침표를 생략할 수 있겠다. 그리고 '이러매'는 '이러하므로', '이러함에' 정도의 뜻인데, '-(으)매'는 이유나 조건, 원인을 나타내는 연결형 어미(이음 씨끝)이다. 허웅(2000)은 '-으므로'보다는 예스런 말씨라고 지적하고 다음과 같이 명료하게 설명하고 있으므로 수록 표기는 (교과-1)이 바람직하다.

(16)　ㄱ. (원전) 이러매 눈감아 생각해볼밖에
　　　　ㄴ. (확정) 이러매 눈 감아 생각해 볼밖에

문법에 있어서 보조용언의 띄어쓰기는 그리 중요하지 않다. 그러나 시에 있어서는 좀 더 신중하게 다룰 필요가 있음을 8행으로 다시 한번 생각해볼 수가 있다.

(17)　ㄱ. (교과-1) 겨울은 강철로 된 무지갠가 보다.[61]
　　　　ㄴ. (교과-2) 겨울은 강철로 된 무지갠가 보다[62]
　　　　ㄷ. (교과-3) 겨울은 강철(鋼鐵)로 된 무지갠가 보다[63]
　　　　ㄹ. (참고-1) 겨울은 강철로 된 무지갠가 보다[64]
　　　　ㅁ. (참고-2) 겨울은 강철로 된 무지갠가보다.[65]

---

60) 허웅(2000), 참조.
61) 문, 지1, 태, 중, 청, 천, 교1, 교2, 디, 금, 두.
62) 대.
63) 블.
64) 조동일(1990), 정한모(1983), 이기서(1984) 참조.

이 행은 역설적 상황 인식이 도발적이고도 조소적으로 드러난다. 의미상 서로 모순되는 시어들을 결합함으로써 생겨나는 의미 충돌 때문에 새로우면서도 의외성을 생산해 낸다. 일상적으로 강철은 무겁고 단단하면서 차거운 이미지다. 광물이라는 물질의 고체성이 반생명성을 드러내고 이는 죽음이나 임울, 하강적 이미지와 연결하게 한다. 이는 곧 시적 자아가 놓인 처지가 암담하고 절망적인 현실임을 드러낸다. 그런데 무지개는 이와 상충한다. 고체의 물질성도 아니며 빛의 산란에서 느끼는 환희, 약동이 있고 천상적, 상승적 이미지가 있다. 그러면서도 소실, 가벼움으로 인한 허무가 개입된다.

이와 같은 두 시어의 모순된 내포 때문에 의미의 긴장과 대립이 발생하고, 그 결과 의미가 서로 충돌하기도 하고 상호 침투하기도 하면서 새로운 의미를 창출해 낸다. 즉, 가혹한 시대 현실 속에서 극한 상황에 몰린 시적 화자가 이에 대해 정신적 초월을 단행함으로써 '비극적 황홀'의 상태에 도달하게 됨을 보여 주는 것이다. 김종길은 '진실과 언어'에서 우리 현대 시사에서 가장 뚜렷하게 비극적인 삶을 살다 간 시인임을 전제한 뒤 '절정'은 하나의 한계 상황을 상징하지만 한 발자국의 후퇴나 양보가 없을 뿐만 아니라, 오히려 '매운 계절'인 겨울, 즉 그 상황 자체에서 황홀을 찾는 것이기 때문에 그 황홀은 단순한 도취를 의미하는 것이 아니며 오히려 강철과 같은 차가운 비정(非情)과 날카로운 결의를 내포한 황홀임을 간파한 바 있다.

한편, 시적 화자가 '한발 재겨 디딜 곳조차 없'는 상황에 대처하는 방식에 내포된 의미를 살필 필요가 있다. 그는 패배를 인정할 수도, 구원을 갈망할 수도 없는 절대 절명의 순간에 이르러 어떤 직접적인 행위에 몸을 맡겨 버리는 대신 그것의 의미를 '눈 감아 생각'하는 방식으로 상황에 대처한다. 그것은 적극적인 의미에서의 저항이나 실천을 의미하는 것이 아니라 상황에 대한 정신적 관조라 할 수 있다. 결국 그는 이 같은 정신적 관조를 통해 '비극적 황홀'의 경험에 도달하게 되는 것이다.

---

65) 김재홍(1997) 참조.

'무지갠가 보다.'는 '무지개인가 보다'에서 '-이다'의 '-이-'가 생략된 것이다. 여기서 '보다'는 보조용언인데 학자에 따라 보조동사 또는 보조형용사로 달리 본다. 허웅(2000)은 다른 쓰임의 '보다'보다는 이 경우 앞 말이 분명한 뜻을 가지고 있고, 또 매인움직씨(보조동사)의 '보다'와는 그 뜻도 다르므로, 으뜸움직씨(본동사)로 보아야 한다 하였다. 이 견해를 수용하면 겨울은, '무지개다'와 '(그렇게) 추측되다'로 각각 독립된 뜻을 지녔으므로 보조요언의 띄어쓰기 규정이 적용되는 것이 아니라 독립된 단어별 띄어쓰기에 해당되며 (교과-1) 표기가 그것이다.

> (18) ㄱ. (원전) 겨울은 강철로된 무지갠가보다.
>   ㄴ. (확정) 겨울은 강철로 된 무지갠가 보다.

한편 이 시행은 시감상 토론에서 적극적으로 자신의 해석을 주고받을 수 있는 좋은 텍스트가 된다. 가령, "이 시행 "겨울은 강철로 된 무지갠가 보다."는 어떤 의미로 해석할 수 있는 것인지 학우들과 의견을 나누어 보자." 했을 때 교사 자신이 정답을 제시하는 것보다는 다양한 해석을 유도하고 시 전체의 논리적 분석과 주장의 타당성을 따져 볼 수 있는 좋은 기회가 된다.

3. 맺음말

시 분석에 있어서 텍스트언어학(또는 텍스트과학)의 적용은 인상적 비평과 추상적 해석에서 벗어나 시를 좀 더 과학적으로 분석해주는 역할을 한다. 이육사의 개별적 작품 분석에서 나아가 저항시인의 작가군 나아가 한국 저항시나 참여시가 갖는 텍스트성과 서정시가 갖는 텍스트성의 분석으로 발전할 수 있다면 시의 사조를 구분 짓는 객관적 기준이 마련될 수도 있을 것이다.

그러나 우선 <절정>의 텍스트성 고찰을 통한 시의 의미와 미학을 분석하기에 앞서 텍스트 확정 문제가 우선되어야 함을 살펴보았다. 원전을 완전히 인용하지 않는다면 일정한 기준과 문법적 규칙에 의하여 현대어로 표기함을 강조하였고 문법적으로 해결할 수 없는 미묘한 표현에 있어서 표기 확정 문제는 텍스트 분석이 도움이 될 것임도 제시하였다. 규범적 텍스트의 전형이자 통일된 표기로 이루어져할 고등학교 교과서에서도 이 문제는 예외가 아님을 인식하고자 했다.

이러한 문학교과의 원전 확정을 살펴봄으로서 부수적으로 얻는 효과는 문학 교육에 있어서 시의 정치한 표현기교를 발견하고 분석할 수 있다는 점이다. 상호텍스트성이나 상황성, 정보성에 의한 시대 상황과 의식과 태도를 발견할 수 있었으며, 의도성과 용인성에 의한 결연함의 교통, 예술성을 이룬 응결성과 응집성의 조화를 읽어낼 수가 있었다. 그리하여 <절정>은 저항시로서의 문학사적 의의뿐만 아니라 텍스트성이 잘 갖추어진 예술적 가치도 지닌 작품임을 확인할 수 있었다.

문학교과서의 원전 확정에 대한 전체적인 문제점은 앞서 살펴본 오류의 요인 중 원칙 없이 일부는 원전 표기를, 일부는 현대 표기로 고쳐 일관성이 없는 경우와 문법적으로 서로 허용되는 표기가 있을 경우 작품의 고도의 섬세성(텍스트성의 정밀도)을 감안하지 않고 별 의식 없이 혼용하는 경우가 많았고, 작품의 전반적 정서나 내용 전달에 주안점을 두어 문장기호 등도 표현의 일부임을 감안하지 않은 경우가 대부분임을 알 수 있었다.

다루어진 내용을 기준으로 교과서 수록 시의 원전 확정시 유념해야 할 사항을 요약하면 다음과 같다.

첫째, 어휘가 통시적으로 변용된 시대가 아니면 현대어로 옮길 때는 표준어를 쓰는 것이 바람직하다

둘째, 보조용언의 띄어쓰기를 어떻게 할 것인가가 문제는 정보성과 관련하여 결정할 필요가 있다.

셋째, 문장 부호는 원전을 존중하되 용인성이나 시의 미묘한 여운이나 이미지를 고려하여 결정한다.

넷째, 한자 표기는 교과서 기술 원칙에 따라 괄호에 넣는 한자 병기의 원칙을 따른다.

다섯째, 방언의 사용은 의도성이나 지역적 정보성과 관련이 없다면 현대어로 고쳐 일관성을 지킨다.

여섯째, 한 편의 시는 응결구조와 응집성이 매우 긴밀한 관계 속에서 시어가 선택, 결정되므로 이를 고려한 인용이 되어야 한다.

‖ 참고문헌

고영근 외(2001), 『한국텍스트과학의 제 과제』, 역락.

김용직·오세영 외(1997), 『한국현대시 연구』, 일지사.

김재홍 편저(1997), 『한국현대시 시어사전』, 고려대학교 출판부.

김태호 외 역(1995), 『담화·텍스트 언어학 입문』, 한신문화사.

김학동(1984), 『한국현대 시인 연구』, 민음사.

김현승(1972), 『한국현대시 해설』, 관동출판사.

김흥규(1982), 『한국 현대시를 찾아서』, 한샘.

김흥규(1993), 『한국 현대시를 찾아서』, 한샘.

노대규(1999), 『시의 언어학적 분석』, 국학자료원.

신경림·정희성(1991), 『한국 현대시의 이해』, 진문출판사.

신동욱(1981), 『우리시의 역사적 연구』, 새문사.

오세영(1994), 『한국현대시 작품론』, 도서출판 문장.

이기서(1984), 『한국현대시 의식구조연구』, 민족문화연구소.

이석규 외(2001), 『텍스트언어학의 이론과 실제』, 박이정.

이석규 외(2003), 『텍스트 분석의 실제』, 역락.

이원표 역(2002), 『담화연구의 기초』, 한국문화사.

정한모·김재홍 편저(1983), 『한국현대시의 흐름, 한국 현대시 평설』, 문학세계사.

조동일(1990), 『한국문학통사5』, 지식산업사.

조오현 외(2008), 『한국어학의 이해』, 소통.

허 웅(2000), 『20세기 우리말의 형태론』, 샘문화사.

Beaugrande, R. (1997), *New Foundations for a Science of Text and Discourse*, Ablex.

텔레비전 광고 텍스트의 구조 양상

윤 재 연

1. 머리말

광고는 우리의 일상과 매우 밀접한 관련을 갖고 있다. 신문, 텔레비전, 인터넷을 통하여 우리는 수많은 광고들을 접하고 있으며, 영화나 드라마에 등장하는 PPL,[1] 우리가 만나는 사람들의 옷에 새겨진 상표들, 길거리에 즐비하게 늘어서 있는 간판 등 이들 하나하나가 모두 직접적 또는 간접적으로 광고로서의 역할을 하고 있다. 우리의 삶에서 광고가 차지하는 비중이 높은만큼 광고에 대한 사람들의 관심은 매우 높으며, 학계에서도 다양한 분야에서 광고를 연구의 대상으로 삼는다. 광고는 마케팅, 커뮤니케이션, 디자인, 소비자 심리, 소비자 행동, 기호학, 언어학, 국어학, 언론학 등 매우 다양한 분야에서 접근하는 것이 가능하며, 이 중에서 특히 광고를 활발히 연구하는 분야는 마케팅과 커뮤니케이션 분야이다.[2] 전통적인 언어학, 또는 국어학에

---

[1] ‘PPL’(products in placement)은 영화나 드라마 등에서 특정 제품을 노출시켜 광고 효과를 노리는 간접 광고의 방식이다. 이는 영화나 드라마 속에 제품을 노출시킴으로써 브랜드에 대한 소비자의 인지도를 높이려는 목적을 갖는다.

서의 광고 연구는 주로 광고에 사용된 언어를 바탕으로 음운, 어휘, 통사, 의미의 문제를 살피거나, 언어 규범과 관련하여 규범의 준수나 위반의 정도와 언어생활에 끼치는 영향 등을 밝히는 것이 주된 관심사였다. 광고 언어는 언어 사용의 한 특수형태이며, 언어의 사용에 있어서 그 변화가 가장 빠르면서 신조어들이 만들어지고 소멸하는 단계를 극명하게 보여준다. 따라서 언어학 분야에서 광고 언어를 연구하는 것은 가장 축약된 형태로 사회상과 사회적 관심사 및 변화를 보여주는 대상을 살핀다는 차원에서 중요한 의의를 갖는다. 한편 학제 간의 경계를 허물고, 보다 발전적인 학문의 방향성을 꾀하는 최근 연구의 경향성에 힘입어 언어학 또는 국어학 분야에서의 광고 연구는 보다 활발하게 이루어지고 있으며, 텍스트언어학의 등장으로 광고 텍스트의 기능과 유형, 텍스트성을 밝히는 것 또한 주요 관심사가 되고 있다. 이 글은 텔레비전 광고 텍스트를 대상으로 하여 텍스트언어학의 입장에서 분석함으로써 광고 텍스트의 구조와 구성 원리를 밝히고자 한다.

2. 텔레비전 광고 텍스트의 구성 요소 통합 관계

언어학에서 연구 대상이 되는 광고는 신문이나 잡지에 실린 인쇄 광고가 대부분이고 최근에는 라디오, 텔레비전에서 방송되는 전파 광고들로 그 연구 대상이 확장되고 있다. 그런데 이들 연구는 대체로 소위 '카피'라 불리는 광고 언어에만 연구의 초점이 맞춰져 있다. 인쇄 광고는 주로 언어와 그림 또는 언어와 사진으로 구성된다. 라디오 광고는 언어, 음악, 음향으로 구성되며, 텔레비전 광고는 언어(발화와 자막), 영상, 음악 등으로 구성된다. 언어

---

2) 광고 연구가 마케팅 분야와 커뮤니케이션의 분야에서 활발하게 연구되고 있는 이유는, 광고 자체가 본질적으로 마케팅의 속성과 커뮤니케이션의 속성을 갖기 때문이다. 박기철(2002 : 16~35)에서는 광고의 이러한 속성을 매우 쉽고, 간단하게 정리하고 있는데, 그는 광고를 "'마케팅'이라는 아버지와 '커뮤니케이션'이라는 어머니 사이에서 태어난 아이"라고 정의하고 있다.

학 분야에서의 광고 연구는 이들 구성 요소들 가운데 언어만을 따로 떼어내어 연구하고 있는데 언어학이 본질적으로 언어를 연구하는 학문이라는 점에서 광고의 언어를 탐색하는 것이 그리 문제될 것은 없어 보인다. 그러나 텔레비전 광고를 대상으로 하여 언어만을 따로 떼어내어 별개로 연구하는 것은 바람직하지 않다. 인쇄 광고의 그림이나 라디오 광고의 음악이 메시지 형성과 전달에 있어서 담당하는 역할은 그리 크지 않은 데 비해, 텔레비전 광고의 영상은 메시지 형성과 전달에 있어서 매우 중요한 역할을 담당하기 때문이다.

　광고 텍스트는 매체별로 메시지 구성 요소가 다를 수밖에 없으며, 메시지 구성 요소가 갖는 메시지 전달력은 매체별로 조금씩 차이가 있다. 라디오의 메시지 구성 요소는 '언어'와 '음악'의 두 가지이다. 이때 '음악'은 구체적으로 '배경음악'과 '효과음' 등을 말한다. 라디오는 청각적 매체이기 때문에 메시지 해석을 전적으로 소리에 의존할 수밖에 없는데 라디오의 메시지를 구성하는 소리들 중에서 가장 구체적이고 정보 전달력이 강한 것은 '언어'이다.[3] 신문, 잡지 등 인쇄물의 메시지 구성 요소는 '언어'와 '그림'이다. 인쇄물은 시각적 매체이기 때문에 전적으로 소리에 의존해서 메시지를 해석해야 하는 라디오보다는 훨씬 구체적으로 메시지를 전달하는 것이 가능하다. 그렇지만 역시 이들 구성 요소 가운데 메시지 전달에 핵심적 역할을 하는 것은 '언어'이고, '그림'은 대체로 언어 정보를 보완하는 기능을 갖는다. 한 장의 그림이나 사진만으로 생산자가 의도하는 바를 전부 나타내는 것은 매우 힘든 일이며, 수용자 또한 한 장의 그림만으로 생산자의 의도와 메시지를 파악하는 것은 매우 어려운 일이기 때문이다. 반면에 언어를 통해 전달되는 메시지는 매우 구체적이어서 이해하기 쉽다. 기존의 신문 광고 텍스트를 대상으로 한 연구가 대체로 '언어'에만 초점을 맞춰 논의해 왔고, 그림 정보에 대한 언급을 하지 않고도 나름의 가치를 지닐 수 있는 것은 바로 이

---

3) 배경음악이나 음향, 효과음 등의 음악적 요소가 언어적 요소에 비해 상대적으로 메시지 전달의 주변적 역할을 한다는 것은 매우 자명하다.

러한 측면 때문이다.[4) 텔레비전의 메시지 구성 요소는 '언어', '영상', '음악'이다. 텔레비전은 시청각 매체이기 때문에 라디오나 인쇄물보다 더 구체적인 정보를 전달하는 것이 가능한데, 라디오나 인쇄물에서 메시지 전달의 핵심 기능을 언어가 담당하였던 것과는 달리, 텔레비전 광고 텍스트는 '언어'뿐만 아니라 '영상'도 메시지 전달에 중요한 역할을 담당한다.

텔레비전 광고 텍스트에서 메시지 전달의 핵심 기능을 언어와 영상이 함께 담당하고 있다고 보는 이유는 다음의 두 가지 사실에서 확인할 수 있다. 첫째, 텔레비전 광고 텍스트는 언어와 영상의 정보를 통합하여야 정확한 메시지를 파악할 수 있다.[5) 이는 아래의 [예 1]과 [예 2]를 통해서 확인할 수 있다.

[예 1] 롯데제과 '와'(2005)(※ 해당 광고의 언어만을 따로 보인 것)

```
M1  : 누구야? ································· ①
M2  : 내 가슴에 못 박은 인간
N   : 여자가 와를 품으면
M2  : 이 느낌이 바로 와~ ············· ②
N   : 두 가지 맛이 새로. 와~
```

---

4) 인쇄 광고 가운데는 언어가 아예 드러나지 않는 사진이나 그림만으로 된 광고들도 존재한다. 이 때 유일한 언어 정보는 브랜드 네임(brand name)에 불과하고, 메시지 전달의 핵심적 기능을 담당하는 것은 그림이다. 이들은 광고 언어를 중심으로 한 광고 분석과는 전적으로 별개의 것으로 다룰 수밖에 없으며 이들은 주로 기호학의 연구 대상이 된다.

5) 물론 인쇄 매체 광고도 언어와 그림이 통합적으로 의미를 전달한다. 그러나 앞에서 언급한 바와 같이, 인쇄 매체 광고에서는 그림이 언어에 비해 메시지 전달에 보조적인 역할을 담당하고 있기 때문에 언어만을 따로 떼어내어 분석해도 텍스트 생산자가 전달하고자 하는 완전한 메시지를 이해하는 데 별 문제가 없다. 그러나 텔레비전 광고 텍스트는 영상과 언어를 통합적으로 고찰하지 않으면 완전한 메시지를 파악하기 어렵다는 점에서 인쇄 매체 광고와 텔레비전 광고는 본질적인 차이가 있다.

[예 2] 롯데제과 '와'(2005)(※ 해당광고의 언어와 영상의 통합적 고찰을 위한 정리)

회사 / 브랜드	롯데제과 와	러닝타임	20초	No.	
제품군	제과	제작연월일	2005		

No.	I−Time (단위 : 초)	시각이미지	음성外추가	음성언어	V−Time (단위 : 초)
1	0~9		고정자막 (1~17)	(길 가던 한 남자에게만 갑자기 눈보라가 몰아치는 모습 계속) (BGM) 회오리바람 소리 섞인 전자악기 연주음	0~10, 14~16
2	9~11		제품		〃
3	11~13		〃	(제품 뚜껑 닫으면 BGM 잠시 멈춤, 제품뚜껑 다시 열면(장면4) BGM 다시 시작) M1 : 누구야? M2 : 내 가슴에 못 박은 인간	10~13
4	13~15			(자막 '여자가 한을 품으면…'에서 '한'이 '와'로 교체됨.) (자막 : 여자가 한을 품으면 / 여자가 와를 품으면) N : 여자가 와를 품으면	14~15
5	15~18			(E) 공중으로 날려가는 남자의 비명 M2 : 이 느낌이 바로 와~	16~18 / 15~17
6	18~20		자막 + 제품	(날아가던 남자, 배경의 빙산에 곤두박질) N : 두 가지 맛이 새로. 와~. (자막 : 롯데제과 www.lotteconf.co.kr)	18~19

[예 1]은 <2005_롯데제과 와>의 언어만을 따로 떼어 정리한 것이고, [예 2]는 <2005_롯데제과 와>를 언어와 영상을 통합적으로 파악할 수 있도록 정리한 것이다. 둘의 단순한 비교만으로도 언어가 메시지 전달에 핵심적인 역할을 담당하고 영상이 단순히 언어를 보조하는 것만은 아니라는 것을 알 수 있다. 광고에서 전달되어야 할 핵심적인 메시지 가운데 하나는 브랜드6)에 관한 정보이다. [예 1]과 [예 2]에서 파악되어야 할 핵심 정보는 <와>라는 제품에 대한 정보이다. 그런데 [예 1]에 제시된 언어 정보만으로는 '와'에 대한 구체적인 정보를 확인할 수 없다. [예 1]에서 '와'가 계속해서 반복되므로, 이것이 브랜드라는 것 정도는 유추가 가능하다. 그러나 '와'가 정확히 무엇인지는 알 수 없다. [예 2]에서처럼 영상(제품)이 보충되어야만 비로소 '와'가 '아이스크림'이라는 것을 구체적으로 알 수 있게 되는 것이다. 따라서 이 경우 언어와 영상 가운데 어느 것이 더 핵심적인 메시지인가를 따진다면 언어보다는 영상이라고 보아야 할 것이다. 또한 우리는 대개 언어는 본질적으로 매우 구체적이고 명시적인 정보를 준다고 생각하고 있지만, [예 1]을 보면 언어가 반드시 정확한 정보를 주는 것은 아니라는 것도 확인할 수 있다. 예를 들어, [예 1]에서 첫 번째 화자(M1)는 두 번째 화자(M2)에게 "누구야?"(①)라고 묻고 있는데, 그런 말을 하게 된 배경이 제시되어 있지 않았으므로 수용자들은 갑자기 왜 "누구야?"라고 묻는지가 궁금할 수밖에 없다. 이에 대한 답은 나머지 발화들을 통해서 찾을 수밖에 없는데, [예 1]에 주어진 정보만으로는 그에 대한 답을 얻을 수 없다. 반면 [예 2]의 장면1~장면27)에는 '어떤 남자에게 눈보라가 치고 있으며, 그 눈보라는 두

---

6) 브랜드란 소비자에게 제공되는 제품이나 서비스의 실체로서 소비자에게 경쟁사 제품과의 차별적 인식을 위해 필요한 이름, 심벌, 사인, 디자인 또는 그 결합을 말한다(이재원, 2004 : 158~159).

7) '장면'이란 "영화, 연극, 문학 작품 등에서 같은 인물이 동일한 공간 안에서 벌이는 사건의 광경"을 이르는 '신(scene)'의 개념을 텔레비전 광고 텍스트에 적용한 것임을 밝혀두는 바이다. 다만, 이 글에서 다루어지고 있는 '장면'이라는 것이 '신'의 개념과 완전히 일치하는 것은 아니다. '신'의 사전적 정의는 '장면'의 구성 요소 가운데 '영상'만을 한정하는 데 비해, 이 글에서의 '장면'은 텔레비전 광고 텍스트를 구성하는 요소들을 함께 아우르는 통합적 단위의 개념으로 사용한다. 따라서 이 글에서 언급하는 '장면'이라는 용어는 어떤 특정한 영상만을 말하는 것이 아니라, 그 장면을 이루고 있는 언어와 영상을 모두 함께 언급하는 것으로 이해해야 한다. 텔레비전 광고 텍

번째 화자(M2)가 제품의 뚜껑을 열어 만들어 낸 것'이라는 정보가 영상을 통해 제시되어 있다. 따라서 첫 번째 화자(M1)가 두 번째 화자(M2)에게 "누구야?"라고 묻는 것이 전혀 이상하지 않다. 이처럼 텔레비전 광고 텍스트는 매체의 특성상 영상과 언어를 통합하여 의미를 해석하도록 메시지를 구성한다. 둘째, [예 2]의 장면1~장면2는 영상만으로 구성되어 있는데,[8] 이는 수용자의 관심과 흥미를 끄는 데 매우 중요한 역할을 담당한다. 한낮의 화창한 오후에 갑자기 눈보라가 치는 것이라든지, 다른 사람은 멀쩡한데 유독 한 남자에게만 눈보라가 휘몰아치는 것, 제품의 뚜껑을 열고 닫을 때마다 눈보라가 치다가 그치다가 하는 영상이 주는 정보의 비일상성이 수용자의 호기심을 유발한다.[9] 또한 이들 장면은 장면5의 발화 "이 느낌이 바로 와"의 '이 느낌'에 대한 명시적 해석을 돕는다. 장면1~장면4에서 주어진 언어와 영상 정보를 통합해 볼 때, 아마도 'M2'는 '남자'에게 좋지 않은 감정을 갖고 있으며, '남자'에게 눈보라를 일으킴으로써 이에 대한 분풀이를 하고 있다. 이러한 속 시원한 분풀이의 느낌을 '와'를 먹을 때의 시원한 느낌으로 전이하고 있는 것이다. 만약 텔레비전 광고 텍스트를 [예 1]처럼 언어에만 초점을 맞춰서 분석하게 되면 "이 느낌이 바로 와"(②)의 정확한 의미를 해석할 수 없다. 이처럼 텔레비전 광고 텍스트에서의 영상은 메시지 전달과 텍스트 구조의 형성에 있어서 매우 중요한 역할을 담당한다. 게다가 [예 2]의 장면1~장면2는 전체 방영시간 20초 중 11초에 해당하는데, 영상을 단순히 언어의 보조 기능을 갖는 것으로 보아서는 "언어의 보조적 기능을 담당하는 것에 불과한 영상을 왜 전체의 광고의 반이나 차지하도록 광고를 구성

스트에서 하나의 장면은 언어, 영상, 음악 등의 복합체이지만, 때로는 영상만으로 구성될 수도 있고, 언어만으로 구성되기도 한다. '장면'에 대한 보다 구체적인 논의는 윤재연(2009)에서 확인할 수 있다.

8) 물론 이 장면에는 배경음악과 효과음이 삽입되어 있으므로 엄밀한 의미에서 영상만으로 된 것은 아니지만, 언어가 제시되지 않았고, 핵심 메시지 전달에 중요하게 관여하는 다른 요소들이 없다는 점에서 영상만으로 이루어진 장면으로 볼 수 있다.

9) 이들 장면이 수용자의 호기심을 끄는 이유에 대하여 안병섭(2003)은 언어가 '생략'되어 있기 때문이라고 해석하고 있다. 그러나 그러한 해석보다는 영상 정보 자체가 주는 '낯섦'이 수용자의 호기심을 끈다고 보는 것이 더 옳다.

하였는가?”라는 질문에 대한 마땅한 대답을 찾을 수 없을 것이다. 따라서 이들 영상을 단순히 언어의 보조적 역할을 하는 것으로 판단한다거나, 텔레비전 광고 텍스트의 언어만 따로 떼어 연구하는 태도는 바람직하지 않다.

이상에서 살펴본 바와 같이, 텔레비전 광고의 구성 요소인 발화, 자막, 영상, 음악 등은 수용자에게 어떤 정보로서 기능한다. 이들 정보는 수용자의 호기심을 유발하거나, 브랜드에 대한 정보를 제공하거나, 브랜드에 대한 가치를 부여한다. 그런데 이러한 역할은 구성 요소들이 개별적으로 담당하는 것이 아니라, 이들 구성 요소들이 서로 긴밀하게 연결되어 통합된 ‘장면’이 담당하는 것이므로 텔레비전 광고 텍스트를 제대로 이해하기 위해서는 이러한 구성 요소 간의 통합 관계를 간과해서는 안 된다. 따라서 이 글에서는 텔레비전 광고 텍스트의 언어, 영상을 개별적으로 살피는 태도에서 벗어나 이들을 통합적으로 살펴 텍스트를 분석하도록 하겠다. 이러한 태도는 텔레비전 광고 텍스트의 전체적인 양상과 특성을 보다 명확하게 구명(究明)하는 데 도움이 될 것이다.

3. 텔레비전 광고 텍스트의 구조와 분석

광고 텍스트의 생산자는 제품10)의 특·장점을 알리거나, 브랜드에 긍정적

---

10) 이 글에서 사용하는 ‘제품’, ‘브랜드’라는 용어는 생산자가 수용자에게 ‘광고하고자 하는 대상’을 가리키는 용어로서 사용한 것이다. ‘제품’은 결국 ‘브랜드’에 포함되는 개념임에도 불구하고, ‘브랜드’와 ‘제품’이라는 두 용어를 모두 사용하는 이유는, 아직까지 ‘브랜드’에 대한 개념은 일반적으로 ‘상표’의 개념과 동일시되고 있어서, ‘브랜드’라는 용어를 사용하면 ‘제품’의 의미가 분명히 드러나지 않기 때문이다.
한편, ‘브랜드’가 ‘상표’의 개념과 동일시되기 때문에, ‘브랜드’라는 용어가 ‘상표’를 의미하는 것인지, ‘광고 대상’을 의미하는 것인지 혼동을 줄 수도 있다. 따라서 이 둘을 분명히 구분하기 위하여 ‘상표’를 나타낼 때에는 특별히 ‘브랜드 네임’이나 ‘제품명’이라는 용어를 사용하도록 하겠다. 예를 들어 ‘생활용품, 식품, 음료/주류’ 등의 분야처럼 구체적인 사물로서의 광고 대상이 있는 경우에는 ‘제품’과 ‘제품명’이라는 용어를 사용하고, 구체적인 사물이 존재할 수 없는 ‘기업/건설, 금융/보험’ 등의 분야를 논의할 때는 ‘브랜드’와 ‘브랜드 네임’이라는 용어를 사

가치를 부여하거나, 수용자에게 유용한 약속을 제안하여 제품과 브랜드에 대한 태도를 긍정적으로 바꾸고 그것이 궁극적으로 판매의 향상에 기여할 수 있도록 하기 위하여 텍스트를 생산한다. 이러한 목적을 달성하기 위해서는 우선 수용자의 관심을 끌어야 한다. 일반적인 설득 커뮤니케이션에 있어서 자극(메시지)을 받은 수용자들은 '주의(attention) → 지각(perception) → 이해(comprehension) → 학습(learning) 또는 정보 습득(information gain) → 태도 변화(attitude change) → 파지(retention) → 외적 행동(overt behavior)'의 단계로 이루어진 반응을 하게 되는데, 이러한 여러 단계의 반응과 관련한 문제는 과연 어느 단계에서부터 설득된 것으로 보아야 하는가를 설명하는 데 유용한 기준이 된다.[11] 광고가 수용자를 설득하고자하는 대표적 설득 커뮤니케이션의 하나라는 점을 생각해보면, 수용자의 '주의'를 *끄*는 것이 중요하다는 점은 이론의 여지가 없을 것이다. 한편 광고의 목적을 효과적으로 달성하기 위해서 광고 텍스트의 생산자는 전달하고자 하는 바를 체계적으로 전달하는 효과적인 방법론도 마련해야 할 것이다. 아무리 독특하고, 훌륭하고, 가치 있는 내용이라도 이를 체계적으로 전달하지 못하면 수용자에게 받아들여지기 어렵기 때문이다. 이처럼 수용자의 관심을 어떻게 끌고 어떻게 관심을 유지시키며 설득할 것인가 하는 점은 광고 텍스트 생산의 중요 목적이자 본질이 된다. 그러므로 생산자의 의도를 효과적으로 전달하면서 수용자에게 잘 받아들여질 수 있는 텍스트의 구조는 어떤 것인지, 그러한 구조를 완성하기 위하여 어떻게 정보를 배열하고 조직할 것인지에 관한 텍스트 생산의 전략을 파악하는 것은 효율적인 광고 텍스트의 생산 과정에 도움이 될 뿐만 아니라, 텍스트 유형화를 과제로 하는 텍스트 언어학의 목적에도 부합한다. 따라서 제3장에서는 텔레비전 광고 텍스트 생산자의 의도를 효과적으로 달성

용할 것이다.

11) 설득 커뮤니케이션에서 수용자 반응 단계에 따른 효과의 범위는 대체로 '주의' 단계에서부터를 설득된 것으로 보는 견해와 '학습'이나 '태도 변화' 단계에서부터 설득된 것으로 보는 두 가지로 나뉜다. 이와 관련한 논의는 차배근 외(1992 : 176~180), 오두범(1998 : 267), 고창운 외(2006 : 30~31) 등에서 보다 자세히 살펴볼 수 있다.

하도록 하는 이상적인 구조를 찾고, 그 구조를 완성해가는 효과적인 텍스트 생산 전략에 대하여 살피도록 하겠다.

3.1. 텔레비전 광고 텍스트의 구조

시, 소설, 희곡, 수필, 설명문, 논설문 등 모든 글은 고유의 기본 구조를 가지고 있으며, 대화나 이야기에도 기본 구조는 존재한다. 모든 글, 대화, 이야기 등이 그 기본 구조를 갖는 이유는 그것이 드러내고자 하는 내용을 보다 효과적으로 전달할 수 있는 방법이기 때문이다. 따라서 텔레비전 광고 텍스트 역시 어떤 기본 구조를 가지고 있을 것이라는 것을 가정하는 것은 어려운 일이 아니다.[12] 아래의 [예 3]을 통하여 텔레비전 광고 텍스트 구조의 발견 과정에 대하여 보다 자세히 살펴보도록 하겠다.[13]

---

[12] Leymore(1975)는 "구조의 존재야말로 메시지의 이해에 있어서 기본적이고도 중요한 사항이다. 구조론적인 해석을 하지 않는 한 광고 자체는 애매한 상태를 벗어나지 못할 것이다. 어느 광고가 의미를 갖기 위해서는 구조화되지 않으면 안 된다." 하여 광고 구조의 중요성을 역설한 바 있다. Leymore(1975)의 '광고 구조'에 대한 논의는 이수범(譯)(1999 : 206) 참고.

[13] 윤재연(2009)에서는 텔레비전 광고 텍스트의 기본 구조를 찾기 위하여 400편의 자료를 검토한 결과, 텔레비전 광고 텍스트에 일정한 구조가 존재하는 것을 발견할 수 있었다. 3장의 논의는 그 결과를 요약적으로 제시하는 것이 될 것이다. 한편, 광고의 구조를 밝히려는 이 글의 견해와 비슷한 입장을 보이는 논의로는 김정우(2003ㄱ), 김정우(2003ㄴ), 안병섭(2003) 등이 있다. 이들 연구는 각각 라디오 광고와 텔레비전 광고를 대상으로 하고 있는데, 두 사람의 논의 모두 분류의 기준이 기능적 요소와 내용적 요소가 혼재된 분류의 방법이라는 점, 텔레비전 광고를 살피는 안병섭의 경우는 앞에서 언급한 바와 같이 '문안 구조'에만 초점을 맞추고 있어서 언어와 상호 유기적 관계 속에서 광고의 전체 의미를 형성하는 영상에 대한 논의가 배제되어 있다는 점에서 한계가 있다.

[예 3] 에스오일 수(2005)

회사 / 브랜드	에스오일 수	러닝타임	15초	No.	
제품군	자동차	제작연월일	2005		

No.	I−Time (단위 : 초)	시각이미지	음성 外 추가	음성언어	V−Time (단위 : 초)
1	0~3			(BGM) Battle without honor of humanity (자막 : 발화 同) N : 무겁고 지친 차를 위해	0~15 / 0~3
2	〃			N : 태어났다.	〃
3	4~7		고정 자막 (4~ 11)	(쇠사슬을 매달고 주행하는 자동차들 모습 계속) N : 신개념 100% 합성 엔진오일	5~8
4	8~9			(자막 : 발화 同) N : 수	〃
5	9~11			(쇠사슬 끊는 모습 계속)	
6	11~15		자막 + 로고 + 제품	(쇠사슬을 끊고 부드럽게 달려 나가는 차 위로 자막) (자막 : 발화 同) N : 에스오일이 만든 빼어난 엔진오일 수	11~14

[예 3]은 <2005_에스오일 수(秀)>를 정리한 것이다. 장면1~장면2는 '뒤에 커다란 쇠구슬을 달고 달리는 자동차들'의 영상과 "무겁고 지친 차를 위해 태어났다."는 발화로 구성되어 있다. 수용자들은 이 발화를 통해 '아, 무겁고 지친 차를 커다란 쇠구슬을 달고 가는 것으로 표현했구나.' 하는 영상의 의미를 파악할 수 있다. 장면1~장면2의 의미를 파악하고 나서 바로 '그런데 뭐가 태어났다는 것이지?'라는 의문의 답이 나오기를 기다리게 되는데 장면3~장면4의 발화 "신개념 100% 합성 엔진오일 수"를 통해 어떤 제품에 대해 말하고자 하는지 알게 된다. 그리고 장면5에서 쇠사슬을 끊어내는 영상은 '이 제품을 넣으면 쇠사슬을 끌고 가듯이 무겁게 느껴지던 차가 잘 나간다.'는 광고의 핵심메시지를 보여준다. 마지막 장면6에는 슬로건과 브랜드 네임, 그리고 제품의 영상이 한눈에 알 수 있게 정리되어 제시된다. 여기서 장면1~장면2의 속성은 낯선 영상을 통해 수용자의 흥미와 관심을 끄는 것이고, 장면3~장면5는 제품과 브랜드를 알리는 역할을 하고 있으며, 장면6은 제품과 브랜드를 반복해서 보여주는 역할을 하고 있다. 또한 이들 장면은 각 단계를 구성하고 있는데, 각각 수용자의 흥미와 관심을 끄는 단계, 제품과 브랜드를 알리는 단계, 제품과 브랜드를 반복해서 보여주는 단계에 해당한다고 할 수 있으며, 이들 세 단계가 하나의 전체 텍스트 구조를 이루고 있다.

이 글에서는 이 세 단계를 텔레비전 광고 텍스트의 기본 구조로서 설정할 수 있을 것으로 생각한다. 이러한 구조가 텔레비전 광고 텍스트에서 매우 일반적이고 보편적인 구조로써 합당한 이유를 지니고 있다고 생각하는 이유는 그 구조를 이루고 있는 각 단계가 텔레비전 광고 텍스트가 갖추어야 하는 기본 조건과 매우 긴밀하게 관련되기 때문이다. 첫째, 사람들은 날마다 수많은 광고에 접하며 살아가기 때문에 광고 텍스트를 구성하는 데 있어서 가장 중요한 문제는 수용자의 호기심을 자극하여 주의를 끄는 일이 될 것이다. 수용자의 호기심을 끌지 못하면 수용자들은 채널을 돌려버릴 것이고, 광고는 외면당하게 될 것이기 때문이다. 따라서 텔레비전 광고 텍스트를 생산할 때 수용자의 호기심을 이끌어 내도록 구성하는 것은 매우 중요한 문제가 된다. 둘째, 텔레비전 광고 텍스트를 생산할 때 브랜드나 제품에 대한 정보가 반드시 포함되어야 하는 것은 매우 자명하다. 셋째, 텔레비전 광고 텍스트에서 브랜드나 제품에 대한 정보를 주는 것은 궁극적으로 브랜드와 제품에 대한 호의적 태도를 형성하여 제품의 판매 증대를 위한 것이므로, 수용자들이 제품명이나 브랜드 네임을 확실하게 기억할 수 있도록 반복하는 효과적인 방안을 마련하는 것도 텔레비전 광고 텍스트의 생산에서 매우 중요한 문제가 될 것이다.

이 글에서는 이러한 고찰을 바탕으로 하여 텔레비전 광고 텍스트의 구조를 다음의 세 단계로 이루어진 것으로 제안하고자 한다. 첫째, 수용자의 호기심을 유발하여 관심을 끄는 단계이다. 이 단계에서의 주된 기능은 수용자의 주의를 환기하는 것이므로 '환기부'라 부를 것이다.[14) 둘째, 유발된 호기심을 해소하면서 브랜드에 대한 정보를 주는 단계이다. 이 단계에서는 제품의 구매와 브랜드에 대한 긍정적 인식을 높이는 데 구체적 근거가 되는 제품과 브랜드에 대한 정보를 주는데, 수용자들이 이러한 정보들을 바탕으로 첫 번째 단계에서 품었던 궁금증의 답을 찾고, 생산자가 전달하고자 하는 메시지를 파악하기 위한 적극적인 해석 활동을 한다는 점에서 '해석부'라 부를 것이다. 셋째, 브랜드를 재확인하도록 하는 단계이다. 이 단계는 수용자들이 브랜드 네임이나 제품명을 보다 효과적으로 기억할 수 있도록 정보를 요약적으로 제시하여 확인하도록 한다는 점에서 '확인부'라 부를 것이다.

텍스트의 구조에 있어서 환기부는 수용자의 관심을 유발하는 단계이다. 환기부에서 수용자를 유인하는 전략은 R.de Beaugrande·W.Dressler(1981)가 제안한 일곱 가지 텍스트성 가운데 '정보성'을 조절하는 문제와 가장 밀

---

14) 환기부가 텔레비전 광고 텍스트의 첫 단계이지만, '도입', '처음' 등의 용어를 사용하지 않고, '환기부'라는 용어를 사용하고자 하는 것은 전자보다는 후자의 용어를 사용하는 것이 해당 단계가 수용자의 호기심을 유발하고 주의를 환기한다는 광고 텍스트 구성상의 기능을 보다 명시적으로 드러내주기 때문이다. '해석부'와 '확인부'라는 이름을 붙인 것도 이와 마찬가지로 이들 용어가 광고 텍스트 구성상의 기능을 보다 명시적으로 드러내주기 때문이다.

접하게 관련이 된다. 정보성이란 수용자에게 제시된 자료가 새롭거나 예측 불가능한 정도를 나타낸다. R.de Beaugrande · W.Dressler는 모든 텍스트는 정보적일 수 있다고 하면서, 수용자에게 제시된 바가 얼마나 새롭거나 비예 측적인가 하는 정도를 일반적 개연성15)의 높고 낮은 정도에 따라 3단계로 나누었다. 첫째, 제1차 정보성을 지니는 발화체들은 대체로 자명한 것들이 다. 이들은 전혀 새롭지 않고, 너무 쉽게 예측할 수 있기 때문에 거의 주목 받지 못하고 흥미롭지도 못하다. 둘째, 발화체가 높은 정도의 개연성에 미치 지 못할 때는 제2차 정보성을 얻게 된다. 이는 의사소통 단계에 있어서 가 장 기본이 되는 단계이다. 제1차 정보성만으로는 흥미롭지 못하고, 제3차 정보성만으로는 의의의 불연속성에 빠지기 때문이다. 따라서 중간 단계의 정보성을 유지하기 위해 제1차 정보성 발화체들이 격상되기도 하고, 제3차 정보성 발화체들이 격하되기도 한다. 셋째, 제3차 정보성 발화체들은 수용자 에게 가장 새롭고 비예측적인 것으로 느껴지는 것으로, 일반적으로 불연속 성과 불일치성을 지닌다. 불연속성(discontinuity)이란, 언어 구성체에서 어떤 자료가 빠져 있는 듯한 것을 말하고, 불일치성(discrepancy)이란, 텍스트에 제 시된 패턴들이 기존에 저장되어 있는 '지식 패턴'과 합치하지 않는 것을 말 한다. '지식 패턴'은 '세계 지식', '인간적 기대', '맥락적 기대'와 일맥상통 하는 것으로서 현실 세계의 모든 현상과 규칙을 인지하고 기정사실로 내면 화하여 하나의 신념으로 굳어진 것들을 의미한다. 이러한 신념은 너무나 확 고한 것이기 때문에 어떤 텍스트에서나 기준치로 작용하게 된다. 예를 들어 원인이 결과를 낳는다든가, 동일한 환경에서 참인 동시에 거짓이 될 수 없 다든가 하는 것을 말한다. 따라서 텍스트에 제시된 패턴들이 기존에 저장되 어 있는 지식 패턴에 합치하지 않는다는 말은 텍스트에 제시된 정보들이 기 존에 알고 있던 방식과 다르거나 보편적인 진리에서 벗어난다는 것을 의미

---

15) 개연성이란, 어떤 언어 표현체의 구성과 그것이 표현하는 의미가 지니는 가능성의 정도를 말한 다. 이는 인간적 기대, 언어 구성 방식, 기능적 문장 투시법과 억양, 텍스트의 유형, 그 텍스트 가 나타나고 사용되는 직접적인 맥락 등을 바탕으로 하는 맥락적 개연성을 의미한다. 개연성에 자세한 논의는 김태옥 · 이현호 譯(1991 / 1995 : 221~227)에서 확인할 수 있다.

한다. 예를 들어 '지구는 둥글다'는 것은 보편적 진리이다. 그런데 어떤 텍스트에서 '지구는 네모다.'라는 정보를 준다면 이는 수용자들이 알고 있는 보편 진리에 어긋나기 때문에 해당 텍스트는 기존의 지식 패턴에 합치하지 않는 불일치성을 지니게 되는 것이다. 이러한 정보성을 고려할 때, '환기부'에서는 주로 제3차 정보성을 이용할 것으로 예상해 볼 수 있다. '환기부'의 핵심 기능은 수용자의 흥미를 유발하는 것이 되어야 하는데, 제3차 정보성이 지니는 비예측성이 텍스트 수용자로 하여금 왜 그러한 이야기를 하고 있는가를 보다 적극적으로 해석하려는 태도를 유발하기 때문이다.

텔레비전 광고 텍스트의 생산자는 언어, 영상, 장면의 구성에서 그들이 불연속성과 불일치성을 지니도록 정보성을 조절한다. 이를 간단히 제시하면 아래의 (1)과 같다.[16]

(1) **환기부의 언어, 영상, 장면 구성의 불연속성과 불일치성의 조절 방식**
  ㄱ. 언어 정보의 불연속성 : 언어 정보의 불연속성은 단어 수준, 문장 수준, 담화 수준에서 각각 살펴볼 수 있다.
    • 단어 수준에서의 불연속성은 단어 하나의 제시 또는 단어들의 연속으로 유발된다.
    • 문장 수준에서의 불연속성은 질문, 필수 정보 생략, 도치, 지시어의 사용, 단언을 통해 유발된다. 구체적 정보가 누락되어 있는 문장들은 수용자로 하여금 그 답을 찾아 완결된 의미를 해석하고자 하는 욕구를 자극한다.
    • 담화 수준에서의 불연속성은 사건의 발생, 이야기의 시작을 통해 유발된다. 맥락이 감추어지거나 생략되어 있는 정보들은 수용자로 하여금 맥락을 회복하여 전체의 의미를 파악하고자 하는 욕구를 자극한다.
  ㄴ. 영상 정보의 불연속성 : 영상 정보가 불연속성을 지닌다는 것은 그 영상 정보가 구체적이고 완전한 메시지를 주지 못한다는 의미이다. 영상이 구체적이고 완전한 메시지를 주기 위해서는 일단 그것이

---

16) 텔레비전 광고 텍스트의 생산자가 정보성을 어떻게 조절하여 환기부를 구성하는가 하는 논의는 윤재연(2009)에서 구체적으로 확인할 수 있다.

표현하는 바가 무엇인지 식별 가능하도록 제시되어야 하며, 전체의 윤곽을 파악할 수 있도록 제시되어야 하는데 특정 대상의 일부만 드러난 영상이나 맥락의 형성이 불가능한 단편적인 영상들의 연속은 구체적이고 완전한 메시지로써 기능할 수 없기 때문에 수용자의 호기심을 자극한다.

ㄷ. 장면 구성의 불연속성 : 장면이 불연속성을 지니도록 하는 방법은 자막을 완전한 문장으로 일시에 제시하지 않고 필기되는 과정을 보임으로써 문장을 순차적으로 완성해나가거나 한 문장을 시간적 간격을 길게 두어 띄엄띄엄 읽어 나가는 방식으로 장면을 구성하는 것이다.17) 하나의 문장이 완성되기 이전의 장면들은 수용자들에게 불완전한 정보로 존재할 수밖에 없기 때문에 수용자들을 광고에 집중하게 된다. 또한 갑작스럽게 동영상이 멈추거나, 발화를 멈추도록 하는 방식으로 장면으로 구성함으로써 수용자를 광고에 주목하도록 할 수 있다.

ㄹ. 언어, 영상, 장면 구성의 불일치성 : 텔레비전 광고 텍스트의 생산자는 수용자들의 지식 패턴에 어긋나는 발화나 영상을 제시하거나, 언어와 영상 사이에 연관성이 결여된 장면으로 구성함으로써 수용자의 호기심을 자극할 수 있다.

해석부는 생산자의 의도를 밝힘으로써 광고의 전체 의미를 완성해나가는 부분이다. 생산자의 의도는 명시적으로 제시될 수도 있고, 암시적으로 제시될 수도 있다. 후자의 경우 수용자들은 제시된 정보들을 바탕으로 한 추론을 통해 광고의 의도를 해석하게 된다. 즉, 수용자들은 사건의 전개와 결말에 해당하는 일련의 정보를 통해 환기부에서 시작된 사건의 전체 이야기를 짜 맞춤으로써 전체 의미를 회복하거나, 자신의 예측이나 판단에 대한 결과를 확인하거나, 환기부에서 제기된 궁금증의 답을 찾는 등의 활동을 하고, 이로써 광고 전체의 의미를 해석한다. 그런데 이때 해석부에서 드러난 정보들이 환기부에서 야기된 궁금증을 개연성 있게 풀어내지 못하면 해당 텍스트는 '의의의 연속성'18)을 지니지 못해 의미 없는 텍스트가 되고 만다. 또한

---

17) 윤재연(2009)에서는 이러한 장면의 구성 방식에 대하여 전자를 '완성형 자막' 후자를 '완성형 발화'라 칭한 바 있다.

작위적인 해석을 유도한다면 그것은 수용자에게 좋은 텍스트로서 받아들여질 수 없다. 한편 이러한 해석은 브랜드와 연결되지 않으면, 환기부에서 유발된 궁금증을 해소하는 것에서 그칠 수밖에 없다. 광고 텍스트의 본질적인 목적은 수용자에게 브랜드에 대한 정보를 주는 것이기 때문에, 브랜드가 명시되지 않은 광고는 광고로서의 의의를 지닐 수 없는 것이다. 따라서 브랜드가 노출되는 단계도 '해석부'에 포함하여야 한다. 결국 해석부는 환기부에 대한 답을 주고, 브랜드를 노출하고, 브랜드에 대한 정보를 주는 단계를 포함한다.

확인부는 이전에 제시된 정보들을 요약, 정리함으로써, 메시지를 강화하고 수용자들에게 강한 인상을 남기는 부분이다. 확인부로 처리할 수 있는 정보들은 다음의 세 가지에 해당한다. 첫째, 확인부는 대체로 아래의 [그림 1]~[그림 2][19)]에서 보는 바와 같이 제품의 대표 이미지와 슬로건 형태의 언어로 구성된 장면이 사용된다.

[그림 1] 에스오일 수(2005)
에쓰오일이 만든 빼어난 엔진오일 수

[그림 2] 보해 복분자주(2005)
전설의 힘 보해 복분자

---

18) 의의의 연속성이란 텍스트를 이루는 여러 개념과 개념들 사이의 관계가 텍스트 내부에서 서로 조화하는 것을 말하며, 텍스트가 의의의 연속성을 지닌다는 것은 텍스트가 '응집성'을 잘 갖추고 있음을 의미한다.

19) [그림 1], [그림 2]는 [예 3], [예 7]에서 확인부의 장면만을 따로 보인 것이다.

　　슬로건은 대체로 명사 수식어구와 제품명의 결합, 관형절과 제품명의 결합, 청유문과 제품명의 결합 등의 유형을 보인다. 이때 명사 수식어구나 관형절은 대체로 브랜드 자체의 특성을 규정하는 내용을 담고 있는데, 이는 특정 광고 텍스트 하나에만 사용되기보다는 동일 브랜드의 다른 광고 텍스트에도 두루 사용될 수 있도록 포괄적인 성격을 갖는다. 그러나 때로는 슬로건이 해당 광고 텍스트의 전체 내용과 긴밀하게 연결되어 있어 매우 특수하고 한정적인 느낌을 주는 것들도 있다. 이러한 슬로건은 전체 광고의 내용을 요약적으로 제시하는 느낌을 보다 강하게 준다. [그림 1]의 슬로건은 [예 3]뿐만 아니라 '수(秀)'의 다른 광고 텍스트에 사용되어도 어색하지 않을 포괄적인 느낌을 주는 슬로건이다. 이에 비해 [그림 2]의 슬로건 '전설의 힘'은 [예 7]의 전체 내용과 매우 긴밀하게 연결되어 있으므로, [예 4] 이외의 다른 '복분자주' 광고에는 어울릴 것 같지 않은 느낌을 준다. 이들 중 광고 텍스트의 내용을 요약적으로 제시하는 느낌을 보다 강하게 주는 슬로건은 '전설의 힘'이다. 한편, 이러한 전형적인 확인부의 패턴을 보이는 장면을 해석부로 처리해야 하는 경우들이 있다. 이는 해당 장면이 형식적으로 유형화된 패턴을 보이고 있다고 하더라도 브랜드 노출로써는 첫 단계인 경우들인데, 이 글에서는 텍스트 구성의 단계를 형식적 특성이 아닌 의미 기능에 따라 나누고 있으므로 이들을 해석부로 처리하고자 하는 것이다. 따라서 아래의 [그림 3]은 [그림 1], [그림 2]와 동일한 패턴을 보이는 장면이지만 이 글에서는 해석부로 처리할 것이다.[20] [예 9]에서 브랜드가 노출되는 첫 단계이기 때문이다.

---

20) 해당 장면이 '해석부'로 처리되는 것은 아래의 3.2.의 [예 9]에서 확인할 수 있다.

[그림 3] LG CYON TV스캔들(2006)
TV스캔들 CYON idea

　둘째, 텔레비전 광고 텍스트의 마지막에는 이러한 전형적인 확인부의 패턴 이외에 회사명을 명시하는 장면이 따로 추가되기도 하는데 이는 확인부로 처리할 것이다. 이들 장면은 회사에 대한 신뢰를 제품에 전이하는 기능을 갖는다. 셋째, 텔레비전 광고 텍스트에서 핵심 메시지와는 별 상관없는 부수적인 메시지가 추가되는 경우들이 있다. 이를 '부가부'라 부를 것인데, 이들 정보는 대체로 핵심 메시지에 딸린 부수적인 정보이므로 광고 텍스트 상에서 생략하더라도 전체 메시지의 전달에는 아무런 문제가 없다. 그러나 이들은 확인부와의 구분이 모호한 측면이 있어서 확인부의 일부로 포함하도록 하겠다. 이들 정보가 추가되는 가장 큰 이유는 수용자로 하여금 웃음을 주어 친근감을 유발하기 위해서이다. 부가부에서 웃음을 통해 친근감을 부여하기 위하여 제시되는 정보들은 촬영장의 NG 장면이나 웃음을 유발하는 사건의 결과 등이다. 그 밖에 매체비 절약을 위해 끼워 팔기 식으로 정보를 추가하는 경우도 있다. 이들은 이른바 '자매품'인데, 1970년대~1980년대 광고만 하더라도 '자매품'을 추가하는 광고들이 많이 있었지만, 최근의 광고들에서는 '자매품'을 추가하는 광고는 거의 없다.

3.2. 텔레비전 광고 텍스트의 분석

3.2.에서는 3.1.에서 제안된 텔레비전 광고 텍스트의 구조가 실제로 어떻게 구현되는지 예를 통해 살필 것인데, 환기부의 불연속성과 불일치성의 조절 방식에 따라 여섯 개의 텍스트를 살피도록 하겠다. 한편 환기부와 해석부를 통해 텔레비전 광고의 전체 의미를 형성해나가는 과정은 결국 텍스트의 응집성과 응결성의 문제와 밀접하게 관련이 된다. 환기부에서 제시된 내용이 의미를 회복하거나, 특정한 의미를 형성해가기 위해서는 각 요소들이 의미적으로 긴밀한 연결성을 갖거나, 하나의 단일 텍스트로 파악되기 위한 형식적 조건[21]을 갖추어야 하기 때문이다. 따라서 각각의 예들의 구조를 살피고 텍스트의 각 단계에서 어떻게 정보를 조절하고 배열하며 조직하는가하는 텍스트의 생산 전략을 살피는 것은 텔레비전 광고 텍스트의 텍스트성을 구명(究明)하는 유용한 방법론이 될 것이다.

[예 4] 마임(2008)

회사 / 브랜드	마임	러닝타임	20초	No.	
제품군	화장품	제작연월일	2008		

No.	I—Time (단위 : 초)	시각이미지	음성 外 추가	음성언어	V—Time (단위 : 초)
1	0~2			(BGM) Lion Sleeps Tonight (바람에 흩날리는 벚꽃) (자막 : 봄날은 간다)	0~20
2	2~4			(무리지어 걸어가는 홍학 떼) (자막 : 말아톤)	〃

---

21) 보그랑드·드레슬러(1981)에 따르면, 텍스트의 응결성이란 통사구조의 구성 요소들이 상호 관련을 맺는 연결성을 뜻하며, 텍스트를 완결되게 하는 문법적 장치결속 구조의 장치들로서 회기법, 부분 회기법, 병행구문, 환언, 대용형, 생략법, 시제, 상, 접속 표현 등이 사용된다고 하였다.

3	4~7			(북극곰이 배를 땅에 대고 뒷발로만 걷다가 그 상태로 쭉 미끄러져 바다에 엎드림) (자막 : 나 홀로 집에)	〃
4	7~9			(민들레 씨앗들이 바람에 날려 흩어짐) (자막 : 바람과 함께 사리지다)	〃
5	9~12			(꽃을 바라보고 있는 사자) (자막 : 미녀와 야수)	〃
6	12~14			(두 나무가 서로 가까이 붙는 모습) (자막 : 러브스토리) N1 : 마임의 드라마는	13~14
7	14~17		제품	(자막 : 마임의 드라마는 언제나 자연입니다) N1 : 언제나 자연입니다.	14~17
8	17~18			(자막 : 발화 同) N2 : I'm nature	17~18
9	18~20			(장면8의 자막이 수직방향으로 돌면서 장면9의 자막으로 바뀜) N1 : MAIIM	18~19

[예 4]에서 장면1~장면5는 환기부, 장면6~장면7은 해석부, 장면8~장면9는 확인부이다. 장면1~장면5에 나열되어 있는 단어·구·문장들은 어떤 맥락에서 제시되고 있는 것인지 드러나 있지 않기 때문에 불연속성을 지닌다. 수용자들은 전체적인 맥락을 형성하기 어려운 단어·구·문장들이 나열되어 있는 이유를 알 수 없기 때문에 광고에 주목하게 되는 것이다. 물론 눈치 빠른 수용자라면 이미 장면2에서부터 제시된 언어 정보가 영화의 제목이라는 것을 알 수 있을 지도 모른다. 그러나 이를 눈치 챘다고 하더라도 수용자가 알 수 있는 것은 단지 그뿐이다. 장면1~장면5의 언어 정보만으로는 수용자들은 텍스트의 생산자가 어떤 의도로 이들 단어들을 나열하고 있는지, [예 4]가 무엇에 대한 광고인지는 알 길이 없다. 이에 대한 답은 장면6~장면7을 통해 비로소 찾게 된다는 점에서 장면6~장면7은 해석부가 된다. 수용자들은 장면1~장면5의 일련의 영상들이 '자연'의 모습이었던 것이 '마임'이 '친환경적 제품'이라는 특징을 드러내기 위한 의도적 장치였다는 것을 장면6~장면7로써 알게 된다. 그리고 "마임의 드라마는 자연입니다."라는 발화를 통해 장면1~장면5에서 나열된 언어 정보들이 영화의 제목이었다는 것이 밝혀지는데, 이로써 이들 장면은 하나의 텍스트로서의 응집성을 갖게 된다. 이때 '드라마'라는 단어는 장면1~장면5를 하나의 텍스트로 연결하는 응결성 장치로 기능한다. 장면1~장면5의 영상(자연의 모습들), 장면6~장면7의 "마임의 드라마는 자연입니다."의 '자연', 장면8~장면9의 "I'm nature"의 'nature'는 각각의 장면의 하나의 텍스트로 결속시킨다는 점에서 이들도 응결성 장치라 하겠다. 한편 장면1~장면5의 영상과 언어의 조합은 수용자의 시선을 붙드는 데 매우 중요한 역할을 하고 있다. 드라마의 제목을 자연 현상과 접목시키는 시도 자체가 창의적일 뿐만 아니라, 그것이 매우 절묘하게 맞아 떨어지고 있기 때문에 수용자들에게 참신한 광고로서 수용될 수 있는 것이다.

[예 5] 포스코(2000)

회사 / 브랜드	포스코	러닝타임	20초	No.	
제품군	기업 / 건설	제작연월일	2000		

No.	I−Time (단위 : 초)	시각이미지	음성 外 추가	음성언어	V−Time (단위 : 초)
1	0~10			(BGM) Yuhki Kuramoto, Lake Louise Ⅱ (바퀴만 있는 자전거를 타고 행복해하는 노인과 아이) N : 철이 없다면.	0~30 / 8~9
2	15~17			(줄 없는 회전 그네) N : 철이 없다면,	14~21
3	19~21			(봉 없는 구름사다리) N : 우리가 사는 세상은 멈춰버릴지도 모릅니다.	〃
4	23~24			(몸체 없는 자동차) N : 소리 없이	23~25
5	24~27			N : 세상을 움직입니다.	〃
6	27~30		고정 자막 / 자막 + 로고	(자막 : 소리없이 세상을 움직입니다 www.posco.co.kr) N : 포스코	27~28

　[예 5]에서 장면1~장면2는 환기부, 장면3~장면6은 해석부이다. 장면1~장면2에는 완결되지 않은 문장이 반복되고 있기 때문에 수용자들은 나머지 누락된 정보를 찾기 위해 광고에 집중하게 된다. 장면1~장면2의 미완의 문장은 장면3의 발화로써 채워지고, 장면4~장면6의 정보로써 수용자들은 [예 5]가 어떤 제품의 광고인지를 비로소 알게 된다. 한편 장면1~장면4의 영상은 "철이 없다면"의 발화를 구체화한 것이다. 이는 현실 세계에서는 존재할 수 없는 가정의 상황을 시각화한 것으로 일종의 불일치성을 지니는데 만약 장면1~장면4가 언어 정보 없이 영상만으로 구성되었다면 장면1~장면4를 환기부로 보아야 할 것이다. 이들 장면은 불일치성을 지닐 뿐만 아니라, 그러한 영상을 사용한 생산자의 의도도 알 수 없고, 무엇에 대한 광고인지도 알 수 없기 때문이다. 그러나 [예 5]에서 장면1~장면2만을 환기부로 보는 이유는 장면1~장면4의 영상의 불일치성이 "철이 없다면"의 발화로 거의 해소되기 때문이다. 장면1은 영상이 갖는 불일치성이 발화의 불연속성보다 수용자의 시선을 끄는 힘이 오히려 강하다 하겠으나 "철이 없다면"이라는 발화가 영상의 불일치성의 근거를 마련하기 때문에 수용자들에게 해당 영상은 더 이상 궁금한 정보는 되지 않는 것이다. 수용자들에게 이제 남은 궁금증은 "철이 없다면"이라는 발화 다음에 올 내용과 브랜드뿐이다. 따라서 장면2까지를 환기부로 처리하겠다. 한편 [예 5]는 '철이 없다면'과 '세상'의 반복, '멈추다'와 '움직이다'라는 대립적 의미의 단어를 배열함으로써 텍스트가 하나의 텍스트로서 응집성을 갖추도록 하고 있다.

[예 6] CJ LION 비트 실내건조(2006)

회사 / 브랜드	CJLION 비트 실내건조	러닝타임	15초	No.	
제품군	생활용품	제작연월일	2006		

No.	I—Time (단위 : 초)	시각이미지	음성 外 추가	음성언어	V—Time (단위 : 초)
1	0~10			M(여) : 요즘 수상해.	0~1
2	〃		고정 자막 (3~ 13)	M(여) : (남편이 향수를 뿌리자) 웬 향수? M(남) : 냄새.	2~4
3	〃			M(여) : 냄새? (화를 내며) 무슨 냄 새. 다 새로 빨아 놓은 건데?	5~8
4	〃 (9~10)			(자막 : 실내건조라면 냄새부터 잡으 셔야죠) M(V) : 아니, 얘, 왜 남편을 잡고 그 러니? M(남) : 맡아봐.	7~9 / 10
5	11~13		제품	N : 실내건조엔. (자막 : 데오자임 효소의 용균작용) Jingle : 비트 실내건조	11~12 / 12~13
6	13~15		로고		

[예 6]에서 장면1~장면3은 환기부, 장면4~장면5는 해석부, 장면6은 확인부이다. 장면1에서 새로운 이야기가 시작될 때, 사람들은 앞으로 어떤 이야기가 전개될 것인가에 주의를 기울이게 된다. 장면1은 이야기의 발단에 해당하는 부분으로서, 남편의 외도를 의심하는 듯한 아내의 발화와 남편의 향수를 뿌리는 행위는 '남편이 과연 외도를 하고 있는가, 남편이 어떻게 위기를 모면할 것인가'에 집중하게 된다. 그런데 장면 4에서 텍스트 생산자는 '남편을 잡지 말고 냄새를 잡아라.' 하는 의도를 전면에 드러냄으로써 수용자로 하여금 [예 6]이 '부부의 싸움'에 관한 이야기가 아니라, '빨래'에 관한 이야기였음을 알도록 한다. 이어 장면5에서 브랜드가 제시되면 광고가 전체의 의미의 완결성을 얻게 된다. 수용자들은 장면1~장면5의 정보를 통해 부부가 '냄새'로 싸우는 상황과 방 안처럼 보이는 공간에 세탁기가 놓여있던 이유가 제품의 특·장점을 이끌어내기 위한 의도적 장치임을 깨닫게 되는 것이다. 장면6에서는 회사를 노출하여 'CJ'가 갖고 있는 기업의 신뢰성을 제품에 투영함으로써 제품에 대한 신뢰를 강조하고 있다.

[예 7] 보해 복분자주(2005)

회사 / 브랜드	보해 복분자주	러닝타임	20초	No.	7~19
제품군	음료 / 주류	제작연월일	2005		

No.	I－Time (단위 : 초)	시각이미지	음성 外 추가	음성언어	V－Time (단위 : 초)
1	0~8			(구멍 난 벽, 망가진 소화전, 부러진 전봇대, 구멍 난 소변기 계속) (BGM) Jazz Suite Waltz No.2 (편곡)	0~20
2	〃				
3	〃				
4	9~11			M : 제가 그만 보해 복분자주를 마셨습니다. 미안합니다.	7~10 / 12~13
5	13~16		자막	M : 하~ 전설의 힘.	14~16
6	17~20		자막 + 로고 + 제품	(자막 : 전설의 힘) M : 보해 복분자	17~19

[예 7]에서 장면1~장면3이 환기부, 장면4가 해석부, 장면5~장면6은 확인부이다. 장면1~장면3에서는 '구멍 뚫린 벽, 파손된 소화전, 부러진 전봇대, 구멍 난 변기'만을 보여주고 있는데, 이 영상들만으로는 도대체 그것이 무엇을 표현하고자 한 것인지 생산자의 의도를 짐작조차 하기 어렵다. 물론 장면3에서 '구멍 난 변기'가 제시되면 수용자들은 비로소 앞선 정보들의 의미를 어느 정도 짐작할 수 있게 된다. '혹시 소변을 보다가 저렇게 된 건가?' 하는 의문을 품는 수용자가 생길 수도 있는 것이다. 그러나 여전히 그 정확한 의미를 파악하는 것은 어려우며 그 장면들이 어떤 제품을 광고하려는 것인지도 짐작조차 하기 어렵다. 따라서 수용자들은 그 궁금증을 해소하기 위해 광고에 집중하게 된다. 이처럼 단편적인 영상들의 나열만으로는 전체적인 맥락을 형성하기 어렵기 때문에 수용자들은 이들 영상이 전달하고자 하는 메시지가 무엇인지 궁금할 수밖에 없고, 이러한 궁금증은 수용자를 보다 강력하게 광고로 유인하는 힘이 있다. 이러한 수용자들의 궁금증은 장면4를 통해 해소된다. 남자 주인공의 발화에 담긴 내포적 의미는 수용자들의 세계 지식으로 충분히 유추적 해석이 가능하기 때문이다. "미안하다"는 발화와 행동은 장면1~장면3의 여러 가지 파손 행위가 남자로 인한 것이며, '남자'와 '복분자' 사이의 일반적인 통념을 바탕으로 하여 그 행위의 근원이 무엇인지를 판단할 수 있게 되는 것이다. 장면5~장면6에서는 브랜드를 반복하고 제품을 노출함으로써 메시지를 강화한다.

[예 8] 폭스바겐 골프(2008)

회사 / 브랜드	폭스바겐 골프	러닝타임	20초	No.	
제품군	자동차	제작연월일	2008		

No.	I−Time (단위 : 초)	시각이미지	음성 外 추가	음성언어	V−Time (단위 : 초)
1	0~4			(E) 펜글씨 쓰는 소리 '사각사각…'	0~4
2	〃			(자막 : 시속 200km를 넘어)	
3	4~5			(차 주행 경로 follow shot) (BGM)	4~5
4	6~8			(E) 펜글씨 쓰는 소리 '사각사각…'	6~8
5	〃				
6	8~9			(자동차 뒷면 → 옆면) (BGM)	8~20

7	10~13			(자막 : 시속 200km를 넘어 달리는 해치백 소형차를 보고 미쳤다고들 했다)	
8	13~16			(E) 펜글씨 쓰는 소리 '사각사각…'	13~15
9	〃			(자막 : 오리지널이란 바로 그런 것이다)	
10	16~18			N : The original German	16-17
11	19~20		자막 + 로고	(장면10 → 암전 → 로고 생성) N : Volkswagen Das Auto	18~20

[예 8]에서 장면1~장면6은 환기부, 장면7~장면11은 해석부이다. 장면1~장면6까지 제시되는 정보는 자막과 영상, 그리고 사각거리는 펜글씨 소리뿐이다. 수용자들은 자막을 통해 생산자가 전달하고자 하는 메시지를 파악해야 하는데, 그나마 완전히 제시되어 있지 않고 필기되어 가는 과정을 보여주고 있기 때문에 수용자들은 더욱 광고에 집중하게 된다. 필기의 내용은 장면7에서 비로소 완성된 모습을 드러냄으로써 비로소 수용자의 궁금증을 해소할 수 있게 되지만, 브랜드에 대한 정보는 장면11에서 명시적으로 확인할 수 있다. 따라서 장면11까지를 모두 해석부로 보아야 한다.

[예 9] LG전자 싸이언 TV 스캔들(2006)

회사 / 브랜드	LG전자 싸이언 TV스캔들	러닝타임	15초	No.	
제품군	정보통신	제작연월일	2006		

No.	I−Time (단위 : 초)	시각이미지	음성 外 추가	음성언어	V−Time (단위 : 초)
1	0~6			(첫 화면에서 사과로 zoom−in) M(V) : (남녀가 싸우는 소리) (여)사과해. / (남)사과 했잖아. / (여)그게 사과였어? / (남)아니 그럼 어떻게 더 사과해? / (여)이게 무슨 사과야?	0~5
2	6~7			(자막 : 이것은 TV입니다.)	
3	7~12			M(V) : (여)사과 다 했어? / (남)어.	10~11
4	12~13		제품	(자막 : TV 스캔들 CYON idea) N : TV 스캔들	12~13
5	13~15		자막 + 제품	(자막 : 가죽케이스를 입은 지상파 DMB폰) Jingle : 싸이언 아이디어	13~14

[예 9]에서 장면1~장면2는 환기부, 장면3~장면5는 해석부이다. 장면1에서 제시되는 발화의 연속은 수용자에게 '누가 싸우는가, 옆에서 누군가가 싸우고 있는데, 저 여자는 어째서 사과만 깎고 있는가, 사과를 깎으면서 왜 고개는 푹 숙이고 있나' 등의 의문을 품도록 하고, 수용자는 이러한 의문을 해소하기 위해 광고에 집중하게 된다. 장면2의 자막 '이것은 TV입니다.'는 대명사가 가리키는 지시체를 찾아야 의미가 완전해질 수 있다. 따라서 수용자들은 그 의미를 찾기 위해 적극적으로 텍스트에 관여하게 되는데, 자막이 사과가 클로즈업 된 화면 위에 함께 제시되고 있기 때문에 수용자들은 '이것' = '사과'로 해석하게 된다. 그런데, '이것'의 지시체를 '사과'로 회복하게 되면, 다시 '사과' = 'TV'라는 의미가 형성되고, 이러한 의미는 수용자들이 이미 가지고 있는 세계 지식에 반하는 것이므로 수용자들은 '사과가 어떻게 TV가 되는가?' 하는 새로운 의문에 직면하게 된다. 장면1~장면2에서 형성된 의문들은 장면3의 명시적인 제품의 노출로 해소되고, 장면4와 장면5에서 노출된 브랜드를 확인함으로써 [예 9]의 전체 의미를 완성하게 된다.

4. 맺음말

지금까지 텔레비전 광고를 하나의 텍스트로 바라보는 입장에서, 기존의 텔레비전 광고에 대한 논의들이 메시지를 전달하기 위해 상호 긴밀하게 연관을 맺고 있는 언어와 영상을 통합적으로 고찰하지 못한 채 어느 일방의 요소만을 살피는 데 그치고 있음을 지적하고, 이를 해결하기 위하여 '장면' 단위로 살필 것을 제안하였다. 또한 언어와 영상의 상호작용으로 이루어지는 메시지의 전달과 의미 형성 과정의 통합적 고찰을 통해 수용자의 주의 환기, 의미의 회복과 해석 과정에 초점을 둔 기능적 분류로서의 텍스트의 구조를 제안하고, 이러한 구조를 바탕으로 수용자의 호기심이 어떤 요소들에 의해 형성되고, 어떤 과정으로 해소되어 가는가를 구체적으로 살핌으로써, 텔레비전 광고의 텍스트성을 규명할 수 있음을 논의하였다.

앞으로의 논의에서 좀 더 보완되거나 수정될 부분에 대해 언급하는 것으로 맺음말을 대신하도록 하겠다.

첫째, 논의의 편의상 적은 수의 한정된 광고를 대상으로 삼았는데, 가능한 한 다양한 분야의 많은 광고들을 대상으로 적용하고 검토함으로써 이론을 수정·보완하고 광고 텍스트를 유형화하는 데 보편타당성을 획득할 수 있도록 노력해야 할 것이다.

둘째, 의미 해석 과정을 주의 환기와 의미 해석에 관여하는 요소와 생산자의 의도성에 대한 수용자의 판단 및 추론의 두 가지 측면으로 나누어 살폈는데, 이를 좀 더 체계적으로 유형화할 수 있는 방안을 찾기 위해 노력할 것이다.

‖ 참고문헌

고영근 외(2001), 『한국텍스트과학의 제과제』, 역락.

고영근(1999), 『텍스트이론』, 아르케.

고영근(2001), 「텍스트 과학과 문학연구」, 『한국텍스트과학의 제과제』, 역락.

고창운 외(2006), 『설득의 방법과 기술』, 경진문화사.

김병희 외(2006), 『방송광고와 광고비평』, 나남.

김영순(2002), 「영상광고 텍스트성과 구성원리」, 『텍스트언어학』 11, 한국텍스트언어학회.

김원식(2000), 「광고텍스트의 언어학적 특성」, 『독일문학』 73, 한국독어독문학회.

김정우(2003ㄱ), 「제품에 따른 광고 언어의 구조―라디오 언어를 중심으로」, 『광고언어연구』, 박이정.

김정우(2003ㄴ), 「광고 언어의 전달 구조 연구―라디오 언어를 중심으로」, 고려대학교 박사학위논문.

박기철(2002), 『세상에서 가장 쓴 광고책』, 커뮤니메이션북스.

박영준(2003), 「광고언어 연구의 동향과 과제」, 『광고언어연구』, 박이정.

박영준 외(2003), 『광고언어연구』, 박이정.

박영준 외(2006), 『광고언어론』, 커뮤니케이션북스.

안병섭(2003), 「텔레비전 광고에 나타나는 생략 현상」, 『광고언어연구』, 박이정.

엄창호(2004), 『광고의 레토릭―성공하는 광고제작을 위한 10가지 수사법』, 한울.

오장근(1999ㄱ), 「광고 텍스트의 전략적 이해」, 『독어학』 1, 한국독어학회.

오장근(1999ㄴ), 「텍스트 이해와 수용자의 전략」, 『텍스트언어학』 7, 한국 텍스트언어학회.

오장근(2000), 「광고와 언어학」, 『독일어문학』 12, 한국독일어문학회.

오장근(2003ㄱ), 「광고의 호소적 기능에 대한 텍스트 언어학적 연구」, 『텍스트언어학』 14, 한국 텍스트언어학회.

오장근(2003ㄴ), 「광고의 호소적 기능에 대한 텍스트 언어학적 연구」, 『텍스트언어학』 14, 한국 텍스트언어학회.

윤병덕(1986), 『광고용어사전』, 지식산업사.

윤재연(2004), 「텍스트의 비예측성」, 『겨레어문학』 32, 겨레어문학회.

윤재연(2005), 「TV 광고 텍스트의 전략에 대한 연구」, 『겨레어문학』 34, 겨레어문학회.

윤재연(2008), 「텔레비전 광고텍스트의 기본 구조와 1960년대 텔레비전 광고텍스트의 양상」, 『우리말의 텍스트 분석과 현상 연구』, 역락.

윤재연(2009), 「텔레비전 광고 구조의 텍스트 언어학적 연구」, 건국대학교 박사학위논문.
이민행(2000), 「광고카피와 대화함축」, 『독일언어문학』 13, 한국독일언어문학회.
이석규 외(2001), 『텍스트 언어학의 이론과 실제』, 박이정.
이석규 편저(2003), 『텍스트 분석의 실제』, 역락.
이석규 외(2008), 『우리말의 텍스트 분석과 현상 연구』, 역락.
이재원(2004), 『광고언어연구(개정판)』, 한성문화.
이현우(1998), 『광고와 언어』, 커뮤니케이션북스.
차배근 외(1992), 『설득커뮤니케이션 개론』, 나남출판.
코래드광고전략연구소 편(1996), 『광고대사전』, 나남.
한국텍스트언어학회(2004), 『텍스트 언어학의 이해』, 박이정.
Heinz Vater, 1992, *Einführung in die Textlinguistik*, München : Fink. 이성만(역)(1995),
　　　『텍스트언어학입문』, 한국문화사.
R. de Beaugrande · W.Dressler, 1981, *Introduction to Text Linguistics*, London :
　　　Longman. 김태옥 · 이현호(譯)(1991 / 1995), 『텍스트 언어학 입문』, 한신
　　　문화사.
Teun A. van Dijk, 1980, *Textwissenschaft, Eine inter diziplinare Einfuhrung*, Tübingen ;
　　　M.Nemeyer. 정시호(譯)(1995), 『텍스트학』, 민음사.
Wolfgang Heinemann · Dieter Viehweger, 1991, *Textliguistik*, Tübingen : M.Nemeyer.
　　　백설자(譯)(2001), 『텍스트 언어학 입문』, 역락.

[참고 사이트]

TVCF(http://www.tvcf.co.kr)
광고정보센터(http://www.adic.co.kr)
한국방송광고공사(http://www.kobaco.co.kr)

제3부 외국어로서의 한국어 교육

한국어 말하기 평가 등급의 능력 기술 방안

김 주 연

1. 머리말

현재 한국어 교육에서 실시되고 있는 평가의 종류는 크게 두 가지로 나누어서 생각해 볼 수 있다. 한국어를 배우는 모든 학습자들을 대상으로 실시되고 있는 한국어 숙달도 평가와 국내 한국어 교육 기관에서 실시되고 있는 성취도 평가이다. 대학 기관에서 실시되고 있는 성취도 평가에는 언어의 각 기능인 읽기, 쓰기, 듣기, 말하기가 모두 이루어지고 있으나 한국어 숙달도 평가인 한국어능력시험(TOPIK : Test of Proficiency in Korean)과 세계한국말 인증시험(KLPT : Korea Language Proficiency Test)에서는 읽기, 쓰기, 듣기 위주로 평가가 이루어지고 있으며 말하기 평가는 아직 포함되어 있지 않다.

언어 능력을 평가할 때는 언어의 네 가지 기술인 읽기, 쓰기, 듣기, 말하기의 네 영역을 모두 평가하여 학습자의 종합적인 언어능력을 측정할 수 있어야 한다. 그러나 지금까지의 한국어 말하기 평가와 관련된 연구[1]들은 한

---

1) 김정숙 외(1993)에서는 Canale & Swain(1980)의 언어능력 개념에 기초하여 문법적 언어능력

국어 말하기 숙달도 평가에 아직 채택되지 못하고 있는 실정이다. 그 이유는 한국어 말하기 평가와 관련된 이론적인 연구는 많으나 실증적인 연구가 미흡하여 평가의 타당도, 신뢰도가 검증된 객관적인 한국어 말하기 평가를 실시하기에는 어려움이 있기 때문이다. 따라서 이 연구와 같은 한국어 수업 현장의 실험 연구와 경험을 바탕으로 한 실증적인 말하기 평가와 관련된 연구가 필요하다.

국내 한국어 교육 기관은 기관별로 차이가 있기는 하지만 서울 및 대도시에 소재한 대부분의 교육 기관에서는 6등급 체제를 실시하고 있는데 성취도 평가도 이 등급에 맞게 실시되고 있다. 한국어능력시험도 마찬가지로 등급제로 운영되고 있는데 이는 국내 한국어 교육 기관의 6등급 체제에 따른 것이다. 그런데 학습자들이 이러한 평가들을 통해 해당 등급을 받게 되었을 때 그 학습자의 한국어 수준을 어떻게 객관적으로 말해 줄 수 있을지가 막연하다. 예를 들어, 3급의 평가를 받은 한국어 학습자들은 한국어로 무엇을 할 수 있다고 해야 하는가에 관한 구체적인 기준이 없다는 것이다.

외국어를 배우는 학습자라면 누구든지 자신의 언어 능력을 검증 받고 싶어 한다. 그러나 평가를 하고 등급을 나누어 학습자가 속하는 수준을 알려주는 정도로는 부족하다. 3급의 평가를 받은 학습자들이 3급 수준의 문법과 어휘를 대체적으로 습득하고 있다는 결론을 얻게 되더라도 그 학습자들이 실제 한국인과의 담화 상황에서 무엇을, 어떻게 말할 수 있는지는 알기가 어렵다. 담화 상황뿐만 아니라 구체적으로 어느 정도의 한국어의 텍스트를 읽고 이해할 수 있는지도 알기가 어렵다. 그러므로 이러한 평가에 따른 등급 구분은 등급 표시를 하는 기능을 충분히 수행한다고 보기에는 어려움이 있다. 한국어 교육에서도 지금과 같은 성취도 평가에 의한 등급 분류에 그치지 말고 각 등급의 구체적인 능력에 관한 기술과 연구가 체계적으로 이루어져야 한

(grammartical), 담화구성능력(discourse competence), 사회언어학적능력(sociolinguistic competence)을 말하기 평가 범주로 설정하였다. 전은주(1997)에서는 문법, 어휘, 발음, 구성력, 사회언어학적능력, 의사소통적 전략과 상호작용, 과제수행력 7가지, 전나영 외(2007)에서는 음운, 문법, 어휘, 담화, 기능, 사회문화적 능력을 각각 한국어의 말하기 평가 범주로 제시하고 있다.

다. 즉, 그 과정을 수료하면 학습자가 무엇을 할 수 있는가, 그 등급은 어느 정도 가능한가 하는 보다 실질적이고 자세한 기술이 필요한 것이다.

따라서 이 연구는 한국어 말하기 성취도 평가 기준을 토대로 구체적인 하위 기능을 작성하여 학습자 스스로가 자가 평가하는 방법을 통하여 한국어 중급 학습자가 도달할 수 있는 능력 기술에 의한 한국어 말하기 평가 등급 표시 작성의 기초를 삼고자 한다. 이러한 평가 등급의 구체적이고 객관적인 등급 기술이 이루어진다면 한국어 말하기 숙달도 평가의 평가 범주와 기준 설정의 방향도 함께 제시할 수 있을 것이다.

2. 한국어 말하기 평가 등급

이를 위해 우선 이 논문에서는 대학 기관에서 한국어를 배우는 중급 학습자들을 대상으로 한국어 말하기 성취도 평가를 실시하였다. 평가에 사용될 도구로는 이미 전 세계 언어를 대상으로 보편적인 말하기 숙달도 평가로 인정을 받고 있는 ACTFL(American Council on the Teaching of Foreign Language)의 OPI(Oral Proficiency Interview)을 채택하였다. 일반적으로 제 2언어 능력 평가에서는 숙달도 평가(Proficiency test)와 성취도 평가(Achievement test)를 실시하고 있다. 숙달도 평가는 학습자가 목표 언어에 어느 정도 숙달되어 있는가 하는 실제 생활에서의 언어 사용 능력을 측정하는 것이고, 성취도 평가는 일정한 교수요목에 근거하여 학습한 것을 얼마나 잘 성취했는가 하는 것을 측정하는 평가이다. 그러나 김유정 외(1998 : 40)에서도 성취도 평가와 숙달도 평가의 사이의 경계가 모호해지고 있다고 하였듯이 제 2언어 습득의 궁극적인 목적을 의사소통능력(communicative competence)[2]이라고 볼 때 두 평가 모

---

2) Hymes(1972)에서는 진정한 의미에서의 언어능력은 언어에 대한 지식이 아니라 실제 언어상황에서 사용되는 언어의 사회 문화적 의미를 제대로 이해하고 범주에 따라 적절히 사용할 줄 아는

두 의사소통능력을 측정한다는 측면에서는 큰 차이가 없다. 따라서 이 연구에서는 OPI를 적용한 한국어 말하기 평가 기준을 말하기 등급 기술의 근거로 삼고자 한다.

2.1. 평가 방법

한국어 말하기 성취도 평가는 건국대학교 언어교육원 3급 학생 24명을 대상으로 12명씩 두 번에 걸쳐 실시하였다. OPI 평가를 위해서는 평가의 신뢰도를 위해 훈련 받은 평가자가 필요하다. 이번 평가의 평가자는 ACTFL에서 주관한 OPI 워크숍에 참석하여 OPI 평가 이론에 대해서 숙지하고 있으며 12개월 정도의 OPI 평가 훈련을 통해 ACTFL OPI 자격증을 갖춘 테스터가 실시하였다.

말하기 시험의 절차와 방법[3])은 모두 ACTFL OPI에서 정한대로 실시하였다. 인터뷰는 학습자들이 수업을 받은 교실에서 행해졌으며 책상 위에는 녹음기, 녹음테이프, 역할극 카드만 두었다. 그 외에 물건은 평가에 불필요하고 필기도구도 학습자의 긴장을 유발시킬 수 있기 때문에 제외하였다. 역할극 카드는 학습자에게 먼저 읽게 하여 충분히 이해시킨 후 역할을 정해서 실시하였다. 인터뷰 시간은 중급이기 때문에 15~20분이며 인터뷰한 발화

능력이라고 하였다.

3) OPI는 준비(warm-up) 단계, 수준 점검(level checks) 단계, 탐색(probes) 단계, 마무리(wind-down) 단계의 4단계로 구성되어 있으며 이 단계를 반드시 모두 거쳐서 평가 판정을 해야 한다. 준비(warm-up) 단계에서는 심리적으로 학습자의 긴장을 완화시키고 학습자가 평가 대상 언어의 발화를 편하게 말하며 평가자의 발음이나 말투에도 익숙해지도록 한다. 이 단계에서 학습자의 수준을 잠정적으로 확인한다. 또한 평가자는 이 후 진행될 평가의 화제를 구상할 수 있는 기회이기도 하다. 수준 점검(level checks) 단계에서는 언어적 측면에서 정확하게 무리하지 않고 유창하게 해낼 수 있는 기능이나 화제 영역을 통해 학습자의 언어 운용 능력의 가장 낮은 수준을 확인한다. 탐색(probes) 단계에서는 학습자가 언어적으로 무엇을 할 수 없는 가를 확인한다. 언어적 측면에서는 언어적 좌절(linguistic breakdown)을 겪게 되어 언어 운용 능력의 한계를 확인하게 된다. 탐색 단계와 마무리 단계 사이에는 역할극이 포함된다. 역할극은 인터뷰에서 할 수 없었던 언어적 기능을 학습자가 해낼 수 있는지 알아보고 수준을 확인하는 단계이다. 마무리(wind-down) 단계는 학습자의 운용 능력을 다시 편하게 하고 OPI를 만족스럽게 끝내는 단계로 학습자가 인터뷰가 끝났다는 것을 확실하게 알 수 있는 단계이다.

내용은 모두 녹음하였다.

2.2. 평가 기준

2.2.1. OPI의 평가 기준

ACTFL의 평가 기준은 1986년에 만들어졌으며 특정 언어를 평가하기 위한 기준이 아니라 보편적인 언어 능력을 측정하기 위한 것으로 영어, 프랑스어, 러시아어, 중국어, 일본어 등 세계 37개 다른 언어로 시행되고 있는 신뢰도 있는 평가 방법이다. OPI는 종합적인 평가로 특정한 언어적 특징을 판단하는 것이 아니라 여러 가지 언어 능력을 종합적인 관점에서 평가하는 것이다. OPI의 평가 기준은 다음의 네 가지로 구성되어 있다.

첫 번째 평가기준은 종합적 과제(Task) / 기능(Function)으로 학습자가 실생활에서 언어로 무엇을 말할 수 있는가를 의미한다. 종합적인 과제를 수행하는 능력은 언어 능력을 결정하기 위한 결정적인 근거가 된다.

두 번째는 사회적 상황(Context)과 화제(Content)이다. 사회적 상황(Context)이라는 것은 사람이 과제를 수행할 때 언어를 사용하는 상황이나 장면을 의미한다. 화제(Content)는 대화의 화제나 주제를 의미한다.

세 번째는 정확성(Accuracy Features)으로 전달하고자 하는 내용을 얼마나 정확하게 표현할 수 있는가를 유창성, 문법, 어용론적 능력, 발음, 사회언어학적 능력, 어휘 등의 구성 요소로 평가한다.

네 번째로는 텍스트 형태(Text Type)이다. 어떠한 발화 층위로 말할 수 있는가 하는 것이다. 초급에서는 단어나 구로 시작하지만 레벨이 높아짐에 따라 문장, 단락, 두 개 이상의 단락 순으로 층위가 높아진다.

[표 1] OPI의 평가 기준

과제(Task) / 기능(Function)	사회적 상황(Context) / 화제(Content)	정확성 (Accuracy Features)	텍스트 형태 (Text Type)
문장을 만들어 간단한 질문을 하거나 상대의 질문에 답함으로써 단순 대화를 이끌어 갈 수 있다.	일부분의 비공식적 상황 및 제한된 업무 상황. / 일상적인 활동이나 자기 주위에서 일어나는 일에 관한 것으로 예상 가능하고 자기와 관계가 깊은 주제	외국인을 많이 접해 본 원어민이 들어 약간의 반복 후에 알아들을 수 있다.	문장으로 말할 수 있다.

2.2.2. 한국어 말하기 성취도 평가 기준

앞에서 언급한 것처럼 OPI는 말하기 숙달도 평가이기 때문에 성취도 평가에서 적용할 때는 학습자들이 일정 기간에 습득한 것을 어떤 방식으로 평가에 포함시킬 수 있는가 하는 것을 고려하지 않을 수 없었다. OPI의 평가 기준을 고려해 볼 때 학습한 것을 평가에 적용시키기 위해서는 선수 학습된 과제(Task) / 기능(Function), 사회적 상황(Context)과 화제(Content)를 선정하여 인터뷰에 활용하고 이것을 수행하기 위해 필요한 문법이나 어휘 등을 종합 평가 시 고려하는 것이다. 따라서 이 논문에서는 학습자들이 학습한 과제와 기능을 평가 시 반영하였다. 또한 과제를 중심으로 역할극 카드도 6장 작성하였는데 평가할 때는 1장만 사용하였다. 역할극도 3급의 과제와 기능을 토대로 작성한 것이다.

다음의 [표 2]는 건국대학교 3급에 교재에 나오는 주제, 기능과 과제, 장면들 중에서 말하기 평가에 사용한 것이다. 평가 기준에 사용된 주제는 구성 요소한국어3」,[4] 「말이 트이는 한국어 Ⅲ」,[5] 「연세 한국어3」[6]의 교재에 나오는 주제들과 비교하여 빈도가 높은 주제를 선정하였다.

---

4) 서울대학교 언어교육원
5) 이화여자대학교 출판부
6) 연세대 출판부

[표 2] 3급 평가 기준

주 제	기 능	과 제	장 면
소개	소개하기	친구 소개하기	만남
이사	정보 구하기, 조건 말하기	살고 싶은 집 비교해서 구하기	부동산, 하숙집
여가	감상 말하기	재미있었던 영화 설명하기	친구와의 대화
부탁	거절하기	친구의 부탁 거절하기	일상생활
첫인상	비교 설명하기	부모님 성격 비교해서 설명하기	만남
고장	요청하기, 불평하기	고장 난 물건 수리 요청하기	서비스 센터
음식	설명하기	할 수 있는 요리 방법 설명하기	일상생활
취향	의견 말하기	취미에 대해서 의견 말하기	학교
여가	경험 말하기	여행 경험 이야기하기	친구와의 대화
건강	기술하기	자신만의 건강법 말하기	일상생활

OPI의 판정 척도는 모두 10등급 체계[7]인데 이에 따르면 건국대학교 3급 학생들은 중급 학습자이므로 예상되는 수준이 '초급 상'에서 '중급 상'이다. 이 기관의 3급 학습자들은 적어도 문장으로 발화가 가능한 학습자들이며 개인적인 차이는 있겠으나 기관의 여러 급의 학생들을 평가해 본 경험으로 미루어 보아 평가자의 판단으로는 아직 상급에는 미치지 못하는 수준이다. 이러한 경우에 성취도 평가에서 수준은 네 등급으로 나눌 수밖에 없으므로 변별력에 다소 문제가 생기게 된다. 따라서 다음과 같은 채점 기준표를 작성하였다. [표 3]의 채점 기준표는 OPI 평가기준을 참고하여 세분화 시킨 것이다.

---

7) 최상급(Superior), 상급 상(Advanced-High), 상급 중(Advanced-Mid), 상급 하(Advanced-Low), 중급 상(Intermediate-High), 중급 중(Intermediate-Mid), 중급 하(Intermediate-Low), 초급 상(Novice-High), 초급 중(Novice-Mid), 초급 하(Novice-Low)

[표 3] 채점 기준표

평가 기준		점 수				
과제(Task) / 기능(Function)		20	16	12	8	4
사회적 상황(Context)과 화제(Content)		10	8	6	4	2
정확성(Accuracy Features)	유창성	5	4	3	2	1
	문법	5	4	3	2	1
	어용론적 능력	5	4	3	2	1
	발음	5	4	3	2	1
	사회언어학적 능력	5	4	3	2	1
	어휘	5	4	3	2	1
텍스트 형태(Text Type)		5	4	3	2	1
역할극(Role Play)		5	4	3	2	1
총 점						

건국대학교 한국어 과정의 3급 말하기 평가의 유형은 OPI 인터뷰와 발표의 두 가지 방법으로 실시되고 있다. 발표 점수[8])가 30점에 해당되기 때문에 위의 [표 3]은 총점이 70점이다. 위의 평가 기준 중에서 상대적으로 '과제 / 기능'과 '사회적 상황과 화제'를 합해서 30점, '정확성'이 30점으로 가장 높은 비율을 차지하고 있다. 초급 단계의 경우 아직 문장의 완성도가 낮기 때문에 정확성에 많은 비중을 두어야 하지만 고급 단계에서는 정확성보다는 '과제 / 기능'이나 '사회적 상황 / 화제'에 더 비중을 두어야 한다. 그렇기 때문에 중급의 경우는 정확성과 '과제 / 기능'이나 '사회적 상황 / 화제' 기준을 대등한 비율로 두는 것이 타당하다고 본다. 따라서 OPI에서 가장 중요한 평가 기준인 '과제 / 기능'에 20점을 배정하고 '사회적 상황 / 화제' 기준에 10점, 정확성에 30점, 텍스트 형태에 5점, 그리고 역할극에 5점을 배정하였다.

---

8) 몇 가지 주제를 학습자에게 미리 알려주고 그 중 한 가지 주제에 대해 미리 원고를 준비하게 한 후 발표하는 말하기 시험 형태이다.

3. 한국어 말하기 능력 기술

3.1. 능력 기술에 의한 등급 표시의 의의

아래의 능력 기술에 의한 등급 표시가 갖는 의의[9]를 살펴보면 1)과 2)의 경우 현재의 한국어 교육에서 학습자들은 교재를 가지고 교실 상황에서 교사의 입력에 의한 비주도적인 습득을 하는 데 그치고 있다. 그러나 능력 기술에 의한 구체적인 등급 표시가 있다면 학습자 스스로가 자신의 요구와 목표를 알고 점검할 수 있고 교사도 학습자의 입장에서 교수할 수 있을 것이다. 또한 3)의 경우에 있어서도 평가 기준을 근거로 등급이 기술되고 다시 그것이 평가에 반영된다면 교수법에도 효율적으로 적용할 수 있을 것이다.

그 외에 항목을 살펴보면 학습자들이 한국어를 습득하는 도중에 기관을 바꿀 경우 기관의 평가의 차이 때문에 실제로 등급이 달라지는 경우를 적지 않게 보게 되는데 능력 기술에 의한 등급 표시가 가능하게 되면 평가의 기준이 보다 명확해지기 때문에 서로 정보 교환이 용이해질 것으로 생각된다.

1) 학습자의 경우 자신에게 요구되고 있는 것이 무엇인지에 관해 이해하기 쉬우며 목표를 세우기 쉽다.
2) 교사에게는 '무엇을 가르칠 것인가?'에서 '학습자가 습득할 수 있도록 어떻게 지원해 나갈 것인가?'와 같은 학습자를 주체로 한 발상의 전환이 생긴다.
3) 평가 방법을 어느 정도 염두에 두고 목표 설정을 하기 때문에 교사는 지도의 결과를 어떠한 형태로 확인 할 것인가 목표를 정하기 쉽다.
4) 외부 사람, 예를 들면 학점 교환을 하고 있는 해외 담당자와 학내의 지도 교수 등에게도 코스의 등급이나 내용을 전달하기 쉽다.

---

9) 村上京子(2007) 참고.

5) 학습자가 다른 기관으로 옮긴다든지 귀국한다든지 했을 때 그 학습자의 한국어 능력에 관한 정보를 함께 가져 갈 수 있다.
6) 다른 기관의 기준이나 다른 기준과 비교가 가능하며 상호 정보교환이 용이하다.

3.2. 자가 평가 등급 기술안

이와 같은 시도는 일본 나고야대학의 일본어 교사들이 각 코스의 등급을 능력 기술에 의한 것으로 바꾸려고 노력, 검토하여 작성한 것으로 잠정적인 등급 기술 행동 목표 일람(村上京子, 2007)이다.

1) 가능한 한 외부 사람이나 학생이 이해하기 쉬우며 간결하게 하였다.
2) 행동 목표의 형태로 기술하였다.
3) 무엇을 가르치느냐가 아니라 무엇을 습득할 수 있는가와 같은 숙달도가 기술되도록 하였다.
4) 단순히 등급만을 기술하는 데 그치는 것이 아니라 항상 교재나 활동의 구체적인 내용과의 관련성을 재고함으로 목표 자체도 진화해 나갈 수 있는 가능성을 가진 것으로 하였다.
5) 교사 간 커뮤니케이션을 통해 완성해 나가도록 하였다.

이 연구에서 작성한 능력 기술 항목은 OPI 평가와의 비교를 위해 한국어 교육 상황에 적합하도록 수정하여 사용하였다. 다음의 [표 4]는 구체적인 능력 기술 항목이다. 1~7번의 항목은 '과제 / 기능'에 대한 것이고 8~13번 항목은 '사회적 상황과 화제'에 관련된 것이다. 정확성 항목은 14~19번까지이며 20번은 텍스트 형태(Text Type)에 관한 것이다. 이 항목들은 한국어 말하기 자가 평가에 사용되었다.

※ 한국어로 무엇을 말할 수 있습니까? 알맞은 숫자에 ○ 해 주십시오.

5 : 잘 할 수 있다 4 : 조금 할 수 있다 3 : 보통이다 2 : 잘 할 수 없다 1 : 전혀 할 수 없다

[표 4] 3급의 등급 기술안

1. 나는 다른 사람에게 친구를 소개할 수 있다.	5 4 3 2 1
2. 나는 부동산에서 살고 싶은 집을 비교해서 구할 수 있다.	5 4 3 2 1
3. 나는 영화, 드라마, 책의 내용을 자세하게 이야기할 수 있다.	5 4 3 2 1
4. 나는 친구의 부탁을 친구가 기분 나쁘지 않게 거절할 수 있다.	5 4 3 2 1
5. 나는 아버지와 어머니의 성격을 비교해서 설명할 수 있다.	5 4 3 2 1
6. 나는 수리 센터에서 고장 난 핸드폰에 대해서 설명하고 맡길 수 있다.	5 4 3 2 1
7. 나는 비빔밥을 만드는 방법을 설명할 수 있다.	5 4 3 2 1
8. 나는 친구들에게 반말을 사용할 수 있다.	5 4 3 2 1
9. 나는 교수님께 높임말을 사용해서 말할 수 있다.	5 4 3 2 1
10. 나는 발표를 할 때 높임말을 사용해서 할 수 있다.	5 4 3 2 1
11. 나는 나의 취미에 대해서 자세하게 설명할 수 있다.	5 4 3 2 1
12. 나는 여행 경험에 대해서 자세하게 말할 수 있다.	5 4 3 2 1
13. 나는 나의 건강법에 대해서 자세하게 말할 수 있다.	5 4 3 2 1
14. 나는 한국 사람처럼 한국어를 빨리 말할 수 있다.	5 4 3 2 1
15. 나는 배운 문법을 정확하게 말할 수 있다.	5 4 3 2 1
16. 나는 '~지 않아요?, ~지요?, ~는 거 아니에요?' 등의 표현을 사용할 수 있다.	5 4 3 2 1
17. 나는 한국어의 발음이나 인토네이션을 정확하게 말할 수 있다.	5 4 3 2 1
18. 나는 '한잔 하자, 한 턱 내세요' 등의 말을 사용할 수 있다.	5 4 3 2 1
19. 나는 말하고 싶은 단어를 대부분 말할 수 있다.	5 4 3 2 1
20. 나는 중문, 복문 레벨로 말한다. 　예) ① 저는 시간이 나면 친구를 만나서 영화를 봐요. 보통 한국 영화를 많이 보는데 한국어 공부에도 도움이 많이 돼요. 　　② 저는 기숙사에서 사는 것보다 혼자 자취를 하는 게 더 좋아요. 왜냐하면 내가 먹고 싶은 요리도 마음대로 만들어 먹을 수 있고 늦게 들어가도 되니까요.	5 4 3 2 1

이와 같이 자가 평가를 위한 능력 기술을 하였으나 여기에서 가장 문제가 되는 것은 객관성의 문제일 것이다. 학습자가 실제로 할 수 있는 것을 할 수 없다고 하거나 할 수 없는 것을 할 수 있다고 할 수도 있기 때문에 주관적이 될 수도 있다. 이러한 객관성의 문제를 극복하기 위하여 학습자가 실제로 경험해 본 적이 있거나 교실 활동과 관련되거나 학습자가 상황을 떠올릴 수 있도록 보다 객관적인 등급 기술 항목을 작성하도록 하였다.

4. 평가 결과의 상관관계

OPI를 적용한 한국어 말하기 성취도 평가를 실시하고 그 평가 기준을 토대로 [표 4]의 등급 기술안을 작성하였다. 이 장에서는 이 'OPI 평가'와 '자가 평가' 사이의 상관관계를 통계 분석프로그램인 'SPSS'를 이용하여 분석하였다.

교사가 측정한 실험 결과와 자가 평가 사이의 상관관계에 대한 연구는 村上京子(1996)과 村上京子(2007)에서도 살펴볼 수 있다. 村上京子(1996)에서는 유학생의 지도교수나 튜터인 일본인 대학원생에 의해 이루어진 타자평가 결과와 비교하였다. 그 결과 자가 평가는 타자 평가에 비해 과소평가하기 쉬우며 그 상관은 0.4에서 0.6 사이에 분포하고 있음을 나타내었다. 또한 村上京子(2007)에서는 초급과 중급 레벨의 학습자를 대상으로 상관관계를 조사하였는데 초급에서는 어느 정도 상관이 있음이 밝혀졌으나 중급에서는 그다지 상관이 높지 않은 것으로 나타났다. 그러나 중급의 경우는 인원이 10명 이하인 클래스가 있어서 상관관계를 나타내기에는 문제가 있었다고 하였다. 본 연구에서는 말하기 평가에 국한되기는 하였지만 중급 학습자의 인원을 늘려 그 상관관계를 보다 면밀히 조사하였다.

OPI로 실시한 한국어 말하기 성취도 평가에서 학습자가 수행해야 하는 과제와 기능의 수는 [표 2] 가운데 4개이다. 성취도 평가이기 때문에 학습자들에게 제공된 '과제와 기능'은 이미 선수학습 된 것이다. 채점은 과제의 수행 여부로 평가하였고 [표 3]의 채점표를 기준으로 점수가 주어졌다. 아래의 [표 5]는 자가 평가와의 비교를 위해서 '과제와 기능'에 해당하는 OPI의 실제 점수와 다르게 자가 평가 점수와 같은 등급으로 표시하였다. 자가 평가의 점수는 '과제와 기능'에 대한 7문항의 평균 점수이다.

[표 5] '과제와 기능'의 상관관계

평가1[10)	S1	Y1	L1	S2	Z1	W1	W2	Y2	C1	S3	Z2	D1	평균
OPI[11)	3	4	2	3	4	4	2	3	2	4	4	3	3.2
자가	3.0	2.4	3.0	3.3	3.4	4.1	2.2	3.4	3.1	4.8	3.6	3.1	3.3

평가2	G1	D2	M1	W3	S4	M2	K1	Z3	Y3	L2	B1	W4	평균
OPI	1	2	3	2	1	3	4	4	2	3	3	4	2.9
자가	2.0	2.7	3.3	3.0	2.2	3.1	3.8	3.4	3.0	4.5	2.9	3.5	3.1

이를 개별적으로는 살펴보면 7명의 학습자가 다소 차이를 보였다.

특히 Y1과 같은 경우는 미국인 학습자인데 성취도 평가보다 자가 평가의 결과가 다른 학습자보다 낮은 것은 선수학습한 과제가 다른 학생들과 달랐거나 이번 학기에 처음 와서 자신감이 부족한 때문이라고 판단된다. C1과 L2의 경우는 실제 평가 점수에 비해서 자신의 '과제와 기능' 수행 능력을 상당히 높이 평가하였다. 이는 어떠한 형태로든 과제 수행을 할 수 있다는 의미로 해석할 수 있겠으나 역시 평가자의 평가와는 차이가 있었다. 그렇지만 이를 제외한 17명의 학습자의 경우는 모두 자가 평가한 결과와 평가자가 평가한 점수 사이에 큰 차이가 없는 것을 알 수 있었다.

'과제와 기능'에 있어서 'OPI 평가'와 '자가 평가' 사이의 상관관계를 분석한 결과 두 평가는 통계적으로 유의미하게 상관이 있었다, $r(24) = .67$, $p < .01$.

---

10) 평가1과 평가2는 평가 시기가 달랐기 때문에 표를 나누어 제시하였다.
11) 자가 평가 점수와의 비교를 위해서 '과제와 기능'에 해당하는 OPI의 실제 점수와 다르게 자가 평가 점수와 같은 등급으로 표시하였다.

[표 6] '사회적 상황'의 상관관계

평가1	S1	Y1	L1	S2	Z1	W1	W2	Y2	C1	S3	Z2	D1	평균
OPI	1	2	2	1	3	3	2	1	1	3	2	2	1.9
자가	2.7	2.3	4.0	2.3	3.3	3.0	3.3	3.3	4.0	3.7	3.7	3.3	3.3

평가2	G1	D2	M1	W3	S4	M2	K1	Z3	Y3	L2	B1	W4	평균
OPI	1	1	3	2	1	2	4	2	1	3	2	3	2.1
자가	2.6	2.2	3.0	3.3	2.2	3.5	3.5	2.5	3.1	3.2	2.9	3.5	3.0

한편, 위의 [표 6]의 '사회적 상황'의 상관관계 분석 결과, 두 평가는 통계적으로 유의미하게 상관이 있었다, $r(24) = .38$, $p < .05$. 그러나 '과제와 기능'에 비해 상관관계가 낮았으며 이것은 대부분 학습자의 자가 평가와 다른 평가자에 의한 평가 사이에 다소 차이가 있었다는 것을 의미한다. '사회적 상황'에 대한 질문의 경우 초급 때부터 반말과 높임말을 배웠기는 하지만 상황에 따라 적절하게 사용하기가 아직 어렵기 때문이라고 판단된다. 학습자 스스로는 초급 때부터 학습된 것이기 때문에 이미 충분히 알고 있다고 생각할지도 모르지만 실제 발화에서는 원활하게 적용하지 못했다. 이 결과를 통해서 학습과 습득에는 차이가 있다는 것을 알 수 있었다.

[표 7] '화제'의 상관관계

평가1	S1	Y1	L1	S2	Z1	W1	W2	Y2	C1	S3	Z2	D1	평균
OPI	2	3	4	3	3	4	3	4	2	4	3	3	3.2
자가	2.3	2.7	3.7	2.7	3.3	3.7	3.3	4.0	4.0	4.3	3.3	3.0	3.4

평가2	G1	D2	M1	W3	S4	M2	K1	Z3	Y3	L2	B1	W4	평균
OPI	2	4	4	3	1	2	4	4	3	3	3	3	3.0
자가	2.5	3.8	4.2	3.2	2.2	2.7	3.9	4.3	3.4	3.0	2.8	2.9	3.2

위의 [표 7]은 '화제'의 경우이다. '화제'는 학습자 자신의 취미나 여행 경험, 건강법 등 자신과 관계있는 주제가 대부분이므로 비교적 상관관계가 높은 것을 알 수 있었다.

'화제'의 경우 'OPI 평가'와 '자가 평가' 사이의 상관관계를 분석한 결과

두 평가는 통계적으로 유의미하게 상관이 있다는 것을 알 수 있었다, r(24) = .78, p< .01.

[표 8] '정확성'의 상관관계

정확성	평가1	S1	Y1	L1	S2	Z1	W1	W2	Y2	C1	S3	Z2	D1	평균
유창성	OPI	2	3	3	2	3	3	3	3	2	3	2	3	2.7
	자가	2	2	4	2	3	3	3	3	3	3	2	3	2.8
문법	OPI	2	3	2	2	3	3	3	3	2	4	3	3	2.8
	자가	3	2	2	2	3	2	3	3	4	4	4	3	2.9
어용론적 능력	OPI	2	3	2	2	3	4	3	2	2	3	3	2	2.6
	자가	3	3	4	3	4	4	4	4	5	4	5	4	3.9
발음	OPI	1	4	2	2	2	3	3	2	2	3	3	2	2.4
	자가	3	4	4	3	3	3	3	4	4	3	4	3	3.4
사회언어학적 능력	OPI	2	2	3	3	4	4	4	3	3	4	3	3	3.2
	자가	2	1	3	3	4	4	4	3	4	5	4	4	3.4
어휘	OPI	2	3	3	2	3	4	3	3	3	4	2	2	2.8
	자가	2	3	4	2	3	4	3	5	4	5	2	2	3.3

정확성	평가2	G1	D2	M1	W3	S4	M2	K1	Z3	Y3	L2	B1	W4	평균
유창성	OPI	2	2	3	2	2	3	4	3	3	3	3	3	2.8
	자가	2	2	2	2	2	4	3	3	2	3	3	3	2.6
문법	OPI	2	3	3	3	1	2	4	4	3	3	3	4	2.9
	자가	3	2	3	3	3	3	3	4	3	3	3	3	3.0
어용론적 능력	OPI	1	1	2	2	2	3	3	2	1	3	2	2	2.1
	자가	3	2	3	3	3	4	4	4	2	4	3	4	3.3
발음	OPI	1	2	2	3	1	3	4	2	3	3	1	2	2.3
	자가	3	3	3	3	3	4	3	3	3	4	3	4	3.3
사회언어학적 능력	OPI	2	2	3	3	1	3	4	3	3	3	2	3	2.7
	자가	2	3	3	3	3	2	3	4	3	3	2	3	2.8
어휘	OPI	2	2	2	1	1	2	4	4	3	3	3	3	2.5
	자가	3	3	3	2	2	3	3	3	2	3	2	2	2.6

위의 [표 8]은 '정확성'에 대한 평가 결과이다. 'OPI 평가'와 '자가 평가'

사이의 상관관계를 통계적으로 분석한 결과를 살펴보면, 유창성, 어용론적 능력, 사회언어학, 어휘에서는 통계적으로 유의미하게 상관이 있다는 것을 알 수 있었다. '유창성'의 경우, $r(24) = .67$, $p < .01$. '어용론적 능력'의 경우, $r(24) = .54$, $p < .01$. '사회언어학'의 경우, $r(24) = .64$, $p < .01$. '어휘'의 경우, $r(24) = .56$, $p < .01$.

한편, [표 8]에서 '문법'의 경우, $r(24) = .26$, $p = .11$. '발음'의 경우, $r(24) = .24$, $p = .13$으로 통계적으로 유의미한 상관관계가 없다는 것을 알 수 있다. 이와 같이 '정확성'의 다른 영역은 OPI 평가와 자가 평가 사이의 상관성이 높았으나 '문법'과 '발음'은 상관관계가 없었다. 그 이유는 OPI 평가자와 자가 평가자 사이의 기준에 차이가 있다고 판단된다. 예를 들어 '발음'의 경우 학습자 스스로 평가할 때 보다 평가자인 모국어 화자가 평가하는 것이 더 엄격하게 측정되었을 것이라고 예상된다. 따라서 이러한 영역의 자가 평가는 평가 내용에 좀 더 명확한 기준을 제시할 필요가 있다.

[표 9] '텍스트 형태'의 상관관계

평가1	S1	Y1	L1	S2	Z1	W1	W2	Y2	C1	S3	Z2	D1	평균
OPI	2	2	1	1	2	3	2	3	2	3	3	3	2.3
자가	3	2	2	1	2	3	3	3	2	3	3	3	2.5

평가2	G1	D2	M1	W3	S4	M2	K1	Z3	Y3	L2	B1	W4	평균
OPI	1	2	2	3	2	4	4	3	2	2	3	3	2.6
자가	2	3	3	3	3	3	4	3	2	3	2	3	2.8

마지막으로 '텍스트 형태'에서는 두 평가 사이에 큰 차이가 없었으므로 상관관계가 높게 나타났다고 할 수 있다. 학습자의 발화량에 대해서는 학습자 자신과 평가자 사이에 큰 차이가 없었음을 알 수 있다. 중급의 학습자라면 단문보다는 중문이나 복문 형태의 발화가 가능해야 하는데 이 결과에서 보면 중급 학습자임에도 불구하고 아직 단문으로 발화하는 것을 알 수 있다. '텍스트 형태'에 있어서 'OPI 평가'와 '자가 평가' 사이의 상관관계를 분

석한 결과 두 평가는 통계적으로 유의미하게 상관이 있다는 것을 알 수 있었다, r(24) = .69, p< .01.

중급 학습자의 경우 교사가 측정한 실험 결과와 자가 평가 사이의 상관관계에 대한 본 연구의 결과는 村上京子(2007)의 결과와 차이를 나타냈다. 村上京子(2007)에서는 중급의 경우 상관관계가 높지 않은 것으로 나타났으나 이 연구 결과를 토대로 두 평가는 평가 기준에 따라 상관관계가 다르다는 것을 알 수 있었다. 대부분의 평가 기준은 상관관계가 높았으나 '문법', '발음'에서는 상관관계가 없는 것으로 나타났다. 또한 상관관계가 낮은 경우에는 자가 평가 결과가 낮은 경우와 높은 경우가 있었다. 자가 평가 결과가 낮은 경우는 학습자가 자신감이 없거나 자신의 능력을 과소평가하는 것이고 반대의 경우는 실제로 자신이 할 수 있다고 생각했지만 할 수 없었던 경우이다. 그러나 두 평가 사이에 상관관계가 높다는 것은 자가 평가 시 사용한 등급 기술을 3급의 구체적인 등급 기술로 제시할 수 있다는 것을 의미한다.

5. 맺음말

평가의 목적은 학습자가 배운 것을 일정한 판단 기준에 근거하여 그 능력을 측정하고 교사가 무엇을 가르칠 것인가 하는 교수요목에 반영하여 학습자의 행동목표를 세우기 위함이다. 그러나 평가에 앞서 교육목표를 확인하는 절차가 필요한데 한재영 외(2005 : 598)에서는 한국어 교육 현장에서 확인할 수 있는 교육목표의 내용이 추상적이거나 모호한 경우가 많다고 하였다. 교육목표가 막연하다면 구체적인 평가의 내용도 구성하기 어렵다. 그렇다면 평가의 결과도 교수법이나 다음 교육 과정에 반영되기 어려울 뿐만 아니라 평가가 교사 중심이 되기 쉽다.

평가는 평가자에 의해 이루어지지만 학습자도 평가를 위해 주도적이고 적극적인 역할을 할 수 있어야 한다. 기존의 말하기 평가 결과에 의한 등급 표시만으로는 학습자에게 구체적으로 무엇을 할 수 있다고 말해 줄 수 없었다. 공신력 있는 평가 도구를 사용한다 하더라도 초급, 중급, 고급의 판정만으로는 학습자가 자신의 한국어 말하기 수준을 알기 어려웠다. 따라서 이 논문에서는 이러한 한국어 말하기 평가 등급을 구체적으로 기술하려는 시도를 하였다. 이러한 능력 기술안이 있다면 학습자 스스로 자신의 요구와 목표를 알고 점검할 수 있을 뿐만 아니라 특정 단계의 판정을 받은 학습자가 한국어로 무엇을 말할 수 있는지 하는 행동 목표가 될 것이다. 즉 말하기 평가의 등급 기술이 완성된다면 학습자 스스로가 무엇을 습득할 것인가를 생각하게 되어 학습자 주도적인 학습이 가능하게 되는 것이다.

두 평가의 상관관계에서도 확인할 수 있었듯이 OPI는 이미 공인된 평가 도구이기 때문에 자가 평가 결과와의 상관관계가 높다면 두 평가 도구가 측정하고자 하는 목표가 충분히 같고 공인타당도도 높다고 할 수 있으며 학습자들도 OPI 평가의 신뢰성을 인정하고 무엇을 해야 할 지 구체적으로 노력할 수 있을 것이다. 또한 OPI를 적용한 한국어 말하기 평가의 기준을 토대로 작성한 [표 4]의 중급 단계 학습자의 등급 기술은 학습자의 동기부여 측면에서뿐만 아니라 교수요목 작성, 교수법 등에도 다양하게 활용될 수 있다.

앞으로 한국어 말하기 평가는 대학 기관뿐만 아니라 한국어능력시험이나 세계한국말 인증시험에서도 가까운 시일 내에 도입되게 될 것이다. 따라서 자가 평가 등을 통하여 한국어 말하기 평가의 초급, 중급, 고급의 모든 등급에서 객관적이고 구체적인 능력 기술을 제시하여 등급 기술안을 완성해 나가도록 해야 할 것이다.

‖ 참고문헌

김유정 외(1998), 「한국어 능력 평가 방안 연구-성취도 평가를 중심으로」, 『한국어교육』 9-1, 국제한국어교육학회.

김정숙 외(1993), 「한국어 말하기능력 평가기준 설정을 위한 연구」, 『이중언어학』 10, 이중언어학회.

김종국 외(2006), 「인터뷰평가의 담화분석 연구-상호작용 담화모형 관점에서」, 『한국어교육』 17, 국제한국어교육학회.

박성원(2002), 「인터뷰 담화 분석을 이용한 한국어 말하기 숙달도 평가 연구」, 이화여자대학교 교육대학원 석사학위논문.

이완기(2003), 『영어 평가 방법론』, 문진미디어.

정광 외(1994), 「한국어 능력 평가 방안 연구-언어숙달도(proficiency)의 측정을 중심으로」, 『한국어학』 1, 한국어학연구회.

전나영 외(2007), 「한국어 말하기 능력 평가 도구 개발 연구」, 『외국어로서의 한국어 교육』, 연세대학교 한국어학당.

전은주(1997), 「한국어 능력 평가」, 『한국어학』 6, 한국어학회.

지현숙(2005), 「인터뷰 시험 담화 분석을 통한 한국어 구어 능력 평가의 구인 연구」, 『국어교육연구』 16, 서울대학교 국어교육연구소.

한재영 외(2005), 『한국어 교수법』, 태학사.

牧野成一(1999), 『ACTFL-OPI 試驗管養成用眼メニュアル』, アルク.

村上京子(2007), 「学習者は日本語で何ができるようになっていくおか」, 『日本文化言語学会 第4回 国際学術シンポジウム資料集』, 名古屋大学。

桜井恵子・斎藤麻子(2007), OPIのロールプレイに見る韓国人日本語学習者の断り方, 『일본학보』 Vol. 72, 한국일본학회.

Hymes.D, 1972, *On Communicative Competence*, In J.B.Pride and J. Holmes. des, Sociolinguistics. Harmondsworth. England : Penguin Books.

[자료]

서강대학교 한국어교육원(2008), 『서강한국어 3A』, 서강대학교국제문화교육원.

서강대학교 한국어교육원(2008), 『서강한국어 3B』, 서강대학교국제문화교육원.

서울대학교 언어교육원(2009), 『한국어3』, 문진미디어.

현윤호 외(1998), 『말이 트이는 한국어 Ⅲ』, 이화여대출판부.

정희정 외(2008), 『연세 한국어3』, 연세대출판부.

학습자 요구 분석에 따른 한국어 읽기 교육 방안

고 경 민

1. 머리말

최근 한국어교육은 문자나 이해 중심 교육에서 벗어나 음성언어와 표현 중심 교육으로 바뀌고 있다. 실제로 대부분의 국내의 한국어 교육 기관들이 듣기와 말하기 중심의 교수·학습을 지향하고 있다. 그러다 보니 한국어 교육 초창기에 비해서 읽기와 쓰기 교육 등의 문자 언어의 교육을 소홀히 하게 되는 결과를 초래하였다.

실제 한국어를 공부하고 있는 중국인 초급 학생들의 경우를 봐도 회화를 잘 하는 학생들이 텍스트를 읽는 과정에서 발음의 문제가 생긴다거나 소설 등의 텍스트 자료를 읽은 후 독후감을 작성하는 과정에서 내용을 잘못 이해하는 사례를 살펴볼 수 있다. 이는 이해교육 측면에서의 읽기교육에 대한 학습이 부족하기 때문에 발생한 문제라 할 수 있다.

읽기는 의사소통 능력 가운데 정보의 획득과 문화의 수용이라는 측면에서 무엇보다 중요하게 다루어져야 할 기능이라 할 수 있다. 따라서 본고에서는 최근 급증하고 있는 중국인 학습자들의 읽기교육에 대한 요구분석을 바탕으로 중국인 초급 학습자들에게 더 효율적인 학습방안을 모색하고자 한다. 이에 본고에서는 실제 사용되고 있는 교재의 실례와 문제점, 적용해 볼 수 있는 수업모형을 제시하였고, 이를 바탕으로 초급 학습자에게 필요한 읽기자료와 읽기 전략을 구성해 보았다.

2. 읽기란 무엇인가

2.1. 읽기의 정의

읽기에 대한 정의는 학자들마다 상당히 다양하다. 단순히 기호를 음성화하는 것으로 정의하기도 하고 또는 글을 읽는 이가 가지고 있는 경험을 토대로 글의 의미를 파악하는 것을 말하기도 한다. Anderson, Hiebert, Scott, & Wilkinson(1985 : 7)은 읽기에 대한 정의를 '쓰여진 글로부터 의미를 구성하는 과정으로 이는 상호 관련되는 여러 정보원들 사이의 통합 조정을 필요로 하는 하나의 복잡한 기능이며 글에 쓰인 정보와 독자가 지니고 있는 지식을 관련지어 의미를 생산하는 하나의 과정이다'라고 보고 있다. 본지에서는 이들의 정의를 바탕으로 읽기 교육 방안을 모색해 보았다.

일반적인 읽기의 특성을 살펴보면 크게 다음의 세 가지로 살필 수 있다.

첫째, 읽기는 목적을 가진 이해 활동이다. 우리는 그냥 아무 이유 없이 시각적 입력에 대한 반응으로 텍스트의 의미를 해석하는 것이 아니라 목적을 가지고 텍스트를 대한다.

그러므로 중국인 초급 학습자들의 경우에도 이러한 읽기 특성을 반영하여 목적에 맞는 읽기 텍스트를 마련해야 한다.

둘째, 읽기는 선택적 이해 활동이다. 현실 속에서 무수히 많은 읽기 자료에 둘러싸여 있는 상황 속에서 우리는 자신에게 필요한 것, 즉 읽기 목적에 필요한 텍스트를 선택적으로 읽으면 된다.

셋째, 사람들은 읽기 목적과 텍스트의 유형에 따라 각기 다른 방식으로 읽는다. 잠깐 살펴봐도 되는 읽기가 있고 몇 번을 되풀이해서 봐야 할 텍스트도 있다. 읽기의 이와 같은 특성은 읽기 수업의 진행 방식이 조금 더 다양화되어야 할 근거가 될 수 있다.

2.2. 읽기 교육의 목적

지금까지 읽기 교육에서는 주로 주어진 텍스트의 내용을 얼마나 잘 이해하고 있는지가 목적이었다. 그러나 이와 같은 활동이 읽기의 한 측면이 될 수는 있어도 외국어 교육 전체의 읽기교육을 포함한다고 할 수는 없다. 이해의 능력을 바탕으로 읽는 속도가 뒷받침되어야 실생활에서의 읽기라고 할 수 있다. 강명순(1999 : 2)에 따르면 의사소통적 읽기 교육의 궁극적 목표는 가능한 한 신속하게 읽되 이해가 뒤따르는 독해력, 즉 읽기 목적에 필요한 정도의 이해를 전제로 한 신속한 독해력에 두는 것이 바람직한 읽기 교육이라고 보았다. 따라서 아무리 학습 초기 단계라고 하더라도 읽기 수업은 단순히 문자나 문장 단위의 독해에 머물거나 발음에 치중해서는 안 되며 텍스트를 주제나 기능을 담은 하나의 담화로 이해할 수 있는 능력을 키우는 것에 중점을 두어야 한다.

2.3. 교실 상황에서 발견되는 읽기 부진의 형태

읽기 부진의 경우 부진의 형태가 여러 형태로 나타날 수 있는데 여기서는 김미옥(1992 : 5)이 제시한 형태를 바탕으로 살펴보도록 하겠다. 교실 상황에서 전형적으로 나타나는 읽기 부진의 형태를 크게 10가지 형태로 제시하고 있는데, 중국인 초급학습자들의 경우에도 이런 현상이 중복해서 나타나거나 어느 한 형태에 두드러지는 경우가 있었다. 교실 상황에서 전형적으로 나타나는 읽기 부진의 형태는 다음과 같다.

① 개념을 읽는 것이 아니라 단지 철자만을 읽는다.
② 확실히 이해하지 못하고 막연히 추측하거나 아는 체한다.
③ 읽는 활동을 즐겨 하지 않는다.
④ 거꾸로 이해하는 경향이 많다.
⑤ 새로운 단어의 의미를 추측하거나 생각하고 싶어 하지 않는다.
⑥ 읽기 속도가 제한되어 있다.
⑦ 철자를 혼동한다.
⑧ 단어를 잘 인식하지 못하다.
⑨ 이해력이 제한되어 있다.
⑩ 학업 활동에 만족하지 않는다.

이 중에서 대부분이 다른 학습영역과도 관계를 가지고 있는데, 특히나 ①. ③, ⑥ 등은 중국인 초급 학습자들이 많이 겪는 부진의 형태이고 ②번이나 ⑨번과 같은 형태가 병행해서 나타나기도 한다. 이러한 학습자들의 경우 중급으로 반이 올라가도 읽기에 대한(특히나 소리 내어 읽기) 막연한 두려움을 가지고 있다.

3. 중국인 초급 학습자를 위한 읽기교육

중국인 초급 학습자를 대상으로 읽기 교육 방안을 구상할 때 고려해야 할 사항을 몇 가지 제시해보면 다음과 같다.

첫째, 실제 언어 환경에서 접할 수 있는 다양한 유형의 텍스트를 읽기 자료로 활용해야 한다는 점―신문기사나 편지, 뉴스 등의 실용적인 읽기 자료

를 택하는 것이 중요하다고 생각한다. 중국인 학습자들은 대부분 학문목적
으로 한국어를 학습하는 경우가 많다. 그렇기 때문에 짧은 기간 어학연수
형태로 한국을 방문하는 다른 외국인 학습자에 비해서 현실적인 언어 환
경에 접할 수 있는 기회가 많다. 초급 학습자를 대상으로는 학습자들이 한
국에서 생활하면서 자주 가게 되는 '할인마트' 전단 등을 활용하면 효율적
이다.

둘째, 담화 유형이나 읽기 목적에 따라 텍스트 처리 시간을 탄력적으로
운영해야 한다는 점—정보를 파악해야 하는 설명문의 경우 필요한 정보를
빠르게 찾아 읽을 수 있는 능력이 필요하다. 같은 기간 다른 국적의 학습자
와 비교해 볼 때[1] 중국인 학습자들의 경우 타 언어권 학습자들에 비해 읽기
시간이 더 빠른 것으로 나타났다. 이는 한자가 중심인 한국어 텍스트의 특
성 때문인 것으로 보인다.

셋째, 번역에 의존하지 말고 전후 맥락 속에서 의미를 유추하도록 지도해
야 한다. 학습 초기 단계의 학습자들은 단어 하나하나를 모국어로 번역해서
의미를 이해하려 한다. 하지만 이런 방식으로는 글 전체를 이해할 수 없고
단기간에 이러한 문제가 해결되는 것도 아니다. 그렇기 때문에 교사는 학습
자들이 문맥을 통한 의미 추리를 할 수 있도록 적극 권장해야 한다. 특히나
중국인 학습자들의 경우 자신이 알고 있는 몇 개의 어휘를 통해서도 모르는
어휘를 유추하는데 유리하기 때문에 시간을 주고 천천히 의미를 찾을 수 있
게 하는 것도 좋은 방법이다.

넷째, 텍스트 유형이나 읽기 목적에 따라 각기 다른 전략을 사용할 수 있
도록 지도한다.

여기에서 스키밍이나 스캐닝 같은 훑어보기 연습이 필요하다. 스캐닝과
스키밍은 텍스트를 재빨리 훑어서 특별한 정보를 찾아내기 위한 읽기 전략
이다. 이러한 전략은 완벽한 이해가 아니라 목적에 맞는 읽기를 읽기 교육

---

1) 모든 국가의 학습자와 비교한 사항은 아니지만, 러시아를 비롯한 유럽국가와 중국 학습자들을
　비교해 보았을 때 같은 기간 중 읽기능력에 있어 중국인 학습자의 성취도가 더 높았다.

의 목표로 삼는다.

다섯째, 상향식 처리 과정을 원활히 할 수 있도록 한국어 텍스트의 핵심적인 기본 구조를 이해시켜야 한다.—한국어 텍스트를 원활하게 독해하기 위해서는 한국어 문장이나 글의 핵심적인 기본 구조를 알고 있어야 한다. 그 중에서도 특히 텍스트를 하나의 완결된 담화로 만들어 주는 대명사나 접속사 등의 응집장치 등을 독해에 적극적으로 활용하도록 지도해야 한다. 이 또한 중국인 초급 학습자들의 경우 모국어와의 차이를 분명히 인식시켜야 한다. 교착어와 고립어라는 차이부터 시작해서 기본적인 구조의 차이를 설명하는 것이 필요하다.

여섯째, 하향식 처리 과정을 할 수 있도록 독자의 스키마를 활성화시켜야 한다. 독자가 읽기 목적을 가진 것처럼 텍스트도 저자의 의도를 담고 있다. 신속하고 정확한 독해를 하기 위해서는 텍스트에 담긴 정보는 물론 독자의 사전지식과 배경지식의 활성화가 필수적이다.

일반적으로 읽기 전 단계에서 읽을 내용에 대한 예비 질문을 통해 스키마를 작동시킬 수 있다. 읽기 텍스트를 선정할 때도 중국인 학습자들이 관심을 가질 수 있는 자료들을 준비하는 것이 필요하다. 한류스타나 한국드라마를 활용한 읽기자료가 흥미를 갖게 하는 자료가 될 것이다.

3.1. 학습자의 요구 분석

읽기 자료의 구성과 교육 방안에 대한 구체적인 사항을 점검하고자 실시한 중국인 초급 학습자들의 요구분석의 절차는 다음과 같다.

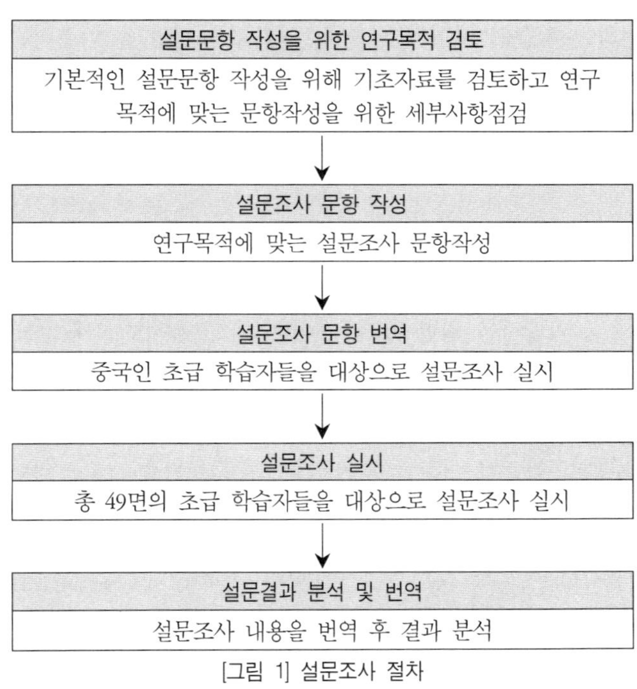

[그림 1] 설문조사 절차

이러한 절차를 통해 작성한 설문문항은 다음과 같다.

[표 1] 설문지 문항 구성 내용

질문 주제	문항수	문항내용
기초자료	4	• 성별−연령−학습목적 • 학습기간 (전체학습기간, 기관 내 학습 기관)
한국어 학습 (읽기 중심)	3	• 한국어 학습 시 가장 어려운 영역 • 읽기 수업시간에 더 필요한 부분 • 읽기 학습이 어려운 이유
교재에 대한 요구	3	• 교재에서 더 다루었으면 하는 내용(읽기중심으로) • 현재 교재의 장점 • 새 교재에 대한 의견

학습자의 요구분석을 실시한 이유는 현재의 한국어 수업 전반의 내용을

확인·점검하는 것뿐만 아니라 정확한 '읽기교육 방안'을 마련하는 데 있다. 본고에서는 설문조사의 내용 중에서 조사 대상자의 기초적인 내용분석을 간단히 살피고 두 번째 주제인 '한국어 학습'에 초점을 맞춰 요구분석을 하도록 하겠다.

3.1.1. 조사 대상자의 선정

중국인 초급 학습자를 위한 읽기교육 방안을 고찰해보고자 실시한 설문조사는 현재 건국대학교 언어교육원에서 한국어를 학습하고 있는 중국인 초급 학습자 49명을 대상으로 실시하였다. 이 중 28명(58%)은 앞으로 계속해서 한국어를 꾸준히 학습할 언어과정2)생이고 나머지 21명(42%)은 한 학기(16주) 동안 한국어를 학습하고 본국으로 돌아가는 교환학생이다.

학습목적은 32명(65%)이 대학이나 대학원 진학을 위한 것으로 나타났고 나머지는 취업을 위해서(10명), 한국에 대한 관심(3명) 등 다양하게 나타났다. 이번 조사에서 중요한 학습기간에 대한 설문에서는 대부분(46명)이 3~4개월의 한국어 학습기간을 가지고 있었고, 특별히 3명의 학생만이 미리 중국에서 공부한 기간을 포함하여 5~6개월 동안 한국어를 학습한 것으로 밝혀졌다.

3.1.2. 한국어 학습에 대한 요구사항

(1) 한국어 학습 시 가장 어려운 영역

한국어 학습 시 가장 어려운 영역에 대한 사항을 살펴보면 각 영역별로는 쓰기가 16명(32%)으로 가장 많이 나타났고, 읽기가 12명(24%), 말하기와 듣기가 각각 11명(22%), 10명(20%)으로 고르게 나타났다. 여기서 쓰기는 초급 과정에서 다루게 되는 '가족 소개'나 '편지쓰기'를 어렵다고 생각해서 선택

---

2) 본 과에 입학하기 전에 1년을 순수하게 한국어를 공부하기 위한 학습자 과정. 주당 25시간으로 40주간 운영되고 있다(총 교육시간 1000시간).

한 학생들이 많았는데, 초급과정에서의 작문에 대한 부담감이 크게 작용한 것으로 보인다.[3]

(2) 읽기 학습이 어려운 이유

읽기 학습이 어려운 이유로 학습자들이 가장 많이 선택한 항목은 '읽기의 정확한 목적을 모르기 때문에' 라는 항목이었다. 전체 32명(65%) 학생들이 읽기가 어려운 이유로 선택했는데 이는 현재 교재에서 다루고 있는 '읽기' 부분이 어떤 목적을 가지고 다뤄지고 있는 것이 아닌 다른 영역과의 통합교육을 지향하고자 만들었기 때문이다. 읽기 학습이 어려운 이유 중에서 '읽기의 정확한 목적을 모르기 때문에' 항목과 읽기 수업 시간에 더 필요한 부분이 무엇이냐는 질문에서 '체계적인 읽기 내용의 구성'이 필요하다고 고른 것은 현재 교재에서 보이는 문제점을 학습자들이 공통적으로 느끼고 있다는 결과라고 할 수 있다.

그 밖에 '지루하기 때문에'가 8명(16%), '아직 정확한 발음을 할 수 없어서'가 5명(10%), 기타의견이 4명(8%)이었다.[4]

[표 2] 읽기 학습이 어려운 이유

	지루하고 어렵기 때문에	'읽기'의 정확한 목적을 알 수 없어서	아직 정확한 발음을 할 수 없어서	기타의견
중국	8(16%)	32(65%)	5(10%)	4(8%)

(3) 읽기 수업 시간에 더 필요한 부분

현재 조사 대상자들이 사용하고 있는 교재는 서울대학교 언어교육원에서

---

3) 이번 조사에서 아쉬운 점은 읽기에 대한 조사 영역이 조금 더 세분화되어 읽기능력 자체에 대한 점인지, 읽은 후의 이해과정까지를 포함하고 있는 것인지 정확하게 알 수가 없었다는 점이다.

4) 기타의견에서 2명의 학생이 '읽기가 정확하게 무엇인지 모르겠다'라고 응답해서 이 학생들에게 따로 이유를 물었는데, 두 학생 모두 '읽기가 책을 읽는 것인지'(읽고 발음), '소리 내어 발음하지 않고 눈으로 읽은 후 문제를 푸는 것'인지 모르겠다는 의견을 보였다. 이는 현재 교재뿐만 아니라 교사들 역시 읽기를 따로 설정하고 교육하는 것이 현실적으로 어렵다는 점을 보여주는 예라고 할 수 있겠다.

나온 '한국어1'과 건국대학교 언어교육원에서 나온 '한국어1', 서강대학교 한국어교육원에서 나온 'NEW 서강한국어 1A'이다. 각각의 교재가 다루는 읽기내용과 방법이 다르기 때문에 여기서는 교재를 구분하지 않고 전반적인 요구사항에 대한 것만 기술하도록 하겠다.

중국인 초급 학습자들이 읽기 영역에서 가장 필요하다고 생각한 것은 '체계적인 읽기 내용의 구성'이었다. 이는 대부분의 교재에서 읽기를 따로 다루는 것이 아닌 '문법내용'의 확인이나 '말하기 지문' 정도로 다루고 있기 때문에 발생한 요구사항이라고 생각한다. '체계적인 읽기 내용의 구성'에 대해 22명(44%)이 답했고, 이어서 '중국인 학습자에 맞는 읽기 자료'가 15명(30%), '흥미 있는 주제의 읽기자료'가 12명(24%)이었다.5) 중국인 학습자를 위한 읽기자료는 현재 어떤 교재에서도 따로 다루어지고 있지 않다. 대부분의 읽기자료는 한국문화와 실생활과 관련된 내용들을 다루고 있고, 읽기내용 자체가 언어권별로 구성되어 있는 경우는 아직 살필 수 없다.

[표 3] 읽기 수업 시간에 더 필요한 내용

	체계적인 읽기 내용 구성	중국인 학습자에 맞는 읽기 자료	흥미 있는 주제의 읽기 자료	기타의견
중국	22(44%)	15(30%)	15(30%)	0(0)

3.1.3. 교재에 대한 요구사항

설문내용 중 본 연구와 관련이 깊은 1번 문항에 대한 결과만 살펴보면 현재 교재에서 보이는 읽기와 관련된 문제들을 학습자들도 느끼고 있음을 알 수 있다. 현 교재의 읽기 내용에 대한 부분은 다음 장에서 자세히 다루도록 하겠다.

---

5) 설문조사에서 '읽기 수업 시간에 더 필요한 부분'에 대한 항목은 보기로 4가지가 주어졌다. 보기는 ① 체계적인 읽기 내용의 구성 ② 중국인 학습자에 맞는 자료 ③ 흥미 있는 읽기 자료 ④ 기타 로 구성되었는데 기타라고 답한 학생은 없었으며(아마 초급 학습자이기 때문에 특별하게 읽기에 대한 본인의 의견이 담기지 않았을 수도 있을 것이다) 추가로 ①번을 선택한 학생들 중에서 '순서에 맞게 구성', '읽기만 따로 공부'라고 적은 학생들도 있었다.

읽기를 중심으로 교재에서 더 다루었으면 하는 내용에 대한 결과로는 '다양한 읽기자료 구성'이 17명(34%)으로 가장 많았으며, '읽은 내용에 대한 확인'이 16명(32%)으로 다양한 자료 못지않게 자신들이 읽은 내용을 확인하고 평가해 볼 수 있는 활동도 필요하다는 사실을 보여주고 있다. 다음으로 '읽기와 다른 영역과의 통합학습'이 11명(22%), 기타의견이 5명(10%)이었다.

3.2. 기존 교재에서의 읽기 교육의 내용

3.2.1. 대학기관 교재의 읽기내용

(1) 서울대학교 언어교육원,『한국어1, 2』

1999년 개정 증보판이 나온 이후 아직까지도 많은 한국어교육기관에서 사용되고 있는 교재가 서울대학교『한국어1』교재이다. 서울대『한국어1』교재는 크게 5가지로 나누고 있는데 주제 및 상황, 기능, 문법 및 표현, 활동, 어휘로 구성되어 있다. 특별하게 읽기와 관련된 내용을 따로 구성한 것이 아니고 통합교재로서 다루고 있기 때문에 본문의 처음에 간단하게 소개만 하고 있다. 발음측면에서의 읽기방법뿐만 아니라 이해측면의 읽기내용이 조금 더 필요하다.

(2) 연세대학교 한국어학당,『연세한국어1, 2』

『연세한국어1』은 8명의 주요 인물들이 등장하여 일상생활을 중심으로 대화 내용, 어휘, 문법, 과제, 문화를 제시하고 있다. 의사소통 기능을 중심으로 교재를 구성하다 보니 초급교재에서는 말하기와 듣기 위주로 교재가 구성되어 있다. 읽기교육 관련 부분은 본문 처음의 대화부분과 과제에서 다루고 있는 '읽고 대답하기' 등이 있다. '가족소개', '친구와의 약속', '방학계획' 등 초급에서 다뤄져야 할 내용들을 다루고 있는 점은 좋았으나 읽기 영역이 체계적으로 다루어지기보다는 다른 영역과의 통합학습 개념으로 다루어지고 있어 아쉬운 점으로 삼는다.

(3) 건국대학교 언어교육원, 『한국어1, 2』

건국대학교 언어교육원의 『한국어1』 교재는 의사소통 능력을 주 목표로 삼아 다양한 과제를 통해 학습자가 내용을 이해할 수 있도록 구성하고 있는데, 각 단원 구성을 살펴보면 '읽어 봅시다'가 따로 구성되어 있는 것을 볼 수 있다. 읽기 본문을 제시하고 내용을 이해했는지 확인하기 위한 간단한 질문과 초급 학습자에게 어려울 수 있는 발음지도를 함께 제시하고 있다. 또한 '해 봅시다'라는 과제형 학습활동에서도 읽은 내용에 대한 확인이 함께 이루어지고 있어 '읽기교육'에 많은 관심을 기울인 교재라고 할 수 있다. 다만 읽기 내용을 구성하는데 있어 어떤 기준과 목표로 구성되어 있는지 학습자 측면에서의 교재구성이 필요하다.

(4) 성균어학원, 『배우기 쉬운 한국어1, 2』

『배우기 쉬운 한국어1』은 간단한 생활 회화를 목적으로 읽기와 말하기를 중점적으로 다루고 있는 교재로 본문의 내용을 확인하고 내용과 관련된 질문으로 학습자의 본문에 대한 이해의 정도를 점검하는 '읽고 답하기'가 각 단원에 구성되어 있다. 특히 본문의 도입부에서 다뤄지고 있는 읽기는 '문어체'의 설명문 형태로 전체 내용을 요약해서 제시한 후 '구어체'의 대화내용이 다뤄지고 있어 읽기 전 활동에서 스키마의 활성화가 잘 이루어 질 수 있도록 구성되어 있다.

(5) 서강대학교 한국어교육원, 『NEW 서강 한국어1, 2』

『NEW 서강 한국어』는 각 단원이 '단원 표지, 대화, 과제, 읽고 말하기, 듣고 말하기, 단원 정리' 순서로 구성되어 있는데 다른 교재와 마찬가지로 통합교재이지만 개별적인 언어기능별 구성에도 다양한 학습자의 요구를 반영하고 있는 교재이다. '읽고 말하기' 의 경우 읽기 내용이 주어진 후 읽은 내용을 확인할 수 있는 '가로 넣기' 나 '질문', '요약하기', '읽은 내용을 바탕으로 쓰기' 등 단순한 읽기가 아닌 읽기를 통한 연계학습까지 고려한 교재구성이 돋보인다. 또한 읽기내용 안에 단원의 처음에서 다룬 '문법' 내용들이 소개되어 있어 전시학습에 대한 확인도 이루어질 수 있다. 다만 본문 내용과 같은 내용으로 읽기내용을 구성하려다 보니 다소 어색한 표현이 들어가는 부분이 아쉬운 점이라 할 수 있다.

(6) 한국외국어대학교 한국어문화교육원, 『외국인을 위한 한국어1, 2』

『외국인을 위한 한국어1』은 분문대화, 문법·어휘 학습을 위한 '알아 봅시다', '읽어 봅시다', 연습을 위한 '연습 합시다', 활용을 위한 '같이 해 봅시다'·'들어 봅시다'·'따라해 봅시다' 로 구성되어 있다. 이 중에서 '읽어 봅시다' 의 경우 앞에서 배운 어휘와 문형이 통합적으로 사용되어 어떻게 활용될 수 있는지 보여주고 있으며 특히 자료의 유형을 설명문과 서술문, 편지글 등 다양한 형태로 구성하고 있다. 읽기자료 측면에서는 다양한 자료를 제공함으로서 학습자의 흥미를 이끌어낼 수 있다는 장점을 가지고 있지만, 이러한 읽기자료를 읽은 후에 읽은 내용을 확인할 수 있는 활동이 포함되어 있지 않아서 이러한 활동을 보완할 필요가 있다.

3.2.2. 기타 기관 교재의 읽기 내용

(1) 가나다한국어학원, 가나다 KOREAN 1

『가나다 KOREAN 1』은 중국 학습자들만을 위한 한국어 교재로서 전체 교재 구성이 한국어와 중국어가 함께 표기된 형태로 구성되어 있다. 가나다 KOREAN 1에서는 'REVIEW'라는 활동을 통해 '읽기연습'을 제공하고 있는데, 읽기 본문에 나온 단어를 설명하고 이해도를 확인할 수 있는 연습문제를 함께 제시하고 있다. 하지만 읽기주제를 특정한 기준에 의해 설정한 것이 아니라 학습자가 정확한 읽기의 목적을 찾기가 어렵다는 부분이 있다.

(2) 한국어교육개발연구원, 아름다운 한국어1

아름다운 한국어1은 학습자의 흥미를 유도하기 위해 다양한 과제와 의사소통중심으로 이루어진 교재로 중국인 학습자를 위한 중국어판 교재가 나와 있다. 아름다운 한국어1에서는 읽기와 관련해서 '읽어 봅시다'라는 활동을 통해 단원 내에 구성하고 있는데, 특히 전체 읽기 구성에 있어 학습자들이 한국에서 처음 접하게 되는 여러 가지 상황들과 근접한 읽기주제를 설정하고 있어 학습자의 흥미를 끌 수 있는 장점을 가지고 있다. 다만 읽기자료의 양이 다른 영역에 비해 적고 발음에 대한 설명이나 단어 설명이 부족한 점이 아쉬운 점이다.

지금까지 대학교육기관의 교재 6권과 기타 기관 교재 2권을 살펴보았는데 현재 교재에서의 읽기 현황을 정리하면 크게 현 교재의 문제점과 보완해야 할 사항, 중국인 초급 학습자를 위해 필요한 부분으로 나눠서 살펴볼 수 있다. 정리한 내용은 다음과 같다.

[표 4] 한국어 교재에 실린 읽기 현황

항목	현 교재들에서 살펴볼 수 있는 읽기 부분의 문제점	보완해야 할 사항	중국인 초급 학습자를 위해 필요한 부분
내용	• 읽기내용에 체계가 부족하다. • 읽은 후 읽은 내용에 대한 확인이 필요하다. • '읽기'가 따로 단원에서 설정되어 있지 않다.	• 초급 학습자의 수준에 의거한 읽기자료 구성이 필요하다. • 읽기내용을 따로 구성하고 읽은 후 활동을 통해 이해도를 점검한다.	• 중국문화와 한국문화의 공통점이나 차이점을 설명할 수 있는 읽기자료가 필요하다. • 초급 학습자이기 때문에 어려운 어휘의 경우 중국어 설명이 병행되는 것이 필요 • 학문목적의 학습자가 많은 중국학습자들을 위해 초급수준에 맞는 학문목적의 읽기자료가 필요하다.

3.3. 초급 단계 읽기 자료와 전략

3.3.1. 읽기 자료 선정 기준

읽기 자료를 선정하는 기준은 김향미(2003 : 37)를 참고하여 다음과 같이 구성하였다.

> 첫째, 학습자들이 선호하는 읽기 자료를 선정할 것. 소설과 음악, 신문, 요리 책, 동화 등
> 둘째, 교재 선정 시 자료의 난이도는 어떻게 처리할 것인가 하는 문제가 제기된다. 초급 학습자를 대상으로 하기 때문에 동화처럼 초등학생 수준에서 읽을 수 있는 자료를 선정하는 것이 바람직하다.
> 셋째, 이미 읽은 텍스트 자료라면 수월하게 학습자들이 한국어 읽기 능력을 향상시킬 수 있다. 이런 점에서 세계명작들을 자료로 선정하는 것도 좋은 방법이다.
> 넷째, 언어학습자문학과 학습자들의 흥미나 실제성 면에서 필요한 자료를 선정하여 다독의 자료로 활용한다.—실제 중국 초급 학습자들의 경우 '삼국지'처럼 중국의 사상과 문화를 담고 있는 소설을 선택하는 것도 효율적이다.[6]
> 다섯째, 가능한 현대어로 된 작품을 선정하여 학습자들이 현재 학습하고 있는 내용과 연계되어 학습자들이 쉽게 접근할 수 있도록 한다.—동화의 경우도 재구성된 작품을 선정하는 것이 중요하다.

3.3.2. 중국인 초급 학습자의 읽기 교육 절차

본고에서는 학습자 활동이 중심이 되는 읽기 교육을 실시하기 위해서는 학습자의 수준에 적합한 읽기 자료를 바탕으로 '읽기 전 → 읽기 → 읽은 후'와 같은 단계적인 읽기 수업 방식을 적용하는 것이 바람직하다고 본다.

---

6) 한국어로 번역이 되어 있는 중국 고전은 중국인 학습자들의 접근 가능성이 용이한 자료로서 <삼국지>, <서유기> 등 중국인 학습자들이 이미 그 내용을 알고 있는 중국 고전을 읽기 자료로 선택하는 경우 여러 가지 이점이 있다. 학습자들이 전체적인 내용을 알고 있기 때문에 학습자들의 스키마가 자연스럽게 활성화되어 텍스트에 쉽게 접근할 수 있으며 다른 텍스트들에 비해 하향식 정보 처리 과정이 작동되어 학습자가 텍스트와 상호 작용할 가능성이 크기 때문이다.

(1) 읽기 전 단계

읽기 전 단계는 읽기의 특성이나 읽기 과정 및 전략 등을 고려해 볼 때 읽기 교육의 절차 중 가장 중요하다고 할 수 있다. 읽기 전 단계에서 사용할 수 있는 방법으로는 제목 보고 유추하기, 중요 내용 및 문제점 등에 대한 질문 및 토론하기, 담화 표지에 대한 정보를 제공하여 글의 구조적 패턴 파악하기 등이 있다.

(2) 읽기 단계

읽기 단계는 학습자들이 읽기 전 단계에서 얻은 사전 정보와 스키마를 토대로 텍스트를 이해하고 자신이 예측한 것을 텍스트 내용을 토대로 확인하고 검증하는 단계이다. 효율적인 읽기 교육을 위해서는 텍스트의 내용 및 종류, 난이도에 따라 대강 읽기, 훑어 읽기, 뜯어 읽기 등의 읽기 과정을 적절히 혼용하여야 한다. 또한 읽기의 유형을 단계적으로 실시하여 학습자들이 분명한 읽기 목적을 가지고 텍스트를 읽도록 해야 한다.

읽기 단계에서 활용할 수 있는 읽기 유형은 다음과 같다.

① 대강 읽기 : 요지를 찾아 빠른 속도록 읽는 유형
② 훑어 읽기 : 특정 정보를 찾아 빠른 속도록 읽는 유형
③ 뜯어 읽기 : 기호를 해독하며 텍스트를 차근차근 읽는 유형
④ 확인하기 : 빈칸 채우기, 일치하는 문장 고르기, 주제문 고르기 등 읽은
　　내용을 확인하는 단계

(3) 읽은 후 단계

이 단계는 읽기 활동을 다른 언어 기능과 연계하는 다양한 활동을 통해 학습자의 텍스트 내용 이해를 심화, 정착시키고 정리하는 단계이다. 이 단계에서는 읽기를 통해 얻은 지식과 이해가 다른 언어 기능과 통합된 과제 활동을 통해 보다 심화되고 내재화되어 학습자 내면에 정착될 수 있기 때문에 더욱 중요하다고 할 수 있다. 이 단계에서는 다음과 같은 활동을 과제로 제

시할 수 있다.

> ① 관련 글 읽기 : 심화 활동으로 주제가 비슷한 글을 찾아 읽는다.
> ② 토론 : 텍스트에서 다룬 내용 및 주제에 대해 토론을 하게 한다. 토론을
>   통해 학습자끼리 피드백을 주고받을 수 있다.
> ③ 쓰기 과제 : 앞서 배웠던 글의 구조를 응용하게 하거나 같은 주제에 대한
>   자신의 생각을 밝히는 글을 쓰게 한다.
> ④ 역할극 : 학습자들의 적극적인 참여를 요하는 활동으로 읽기 텍스트의 내
>   용을 활용하여 다양한 형태를 유도할 수 있게 한다.

3.4. 수업 구성의 실례

읽기 교육의 절차 및 방법을 반영하여 중국 초급 학습자들을 위한 읽기
수업 구성을 하면 다음과 같다.

3.4.1. 읽기 전 단계[7]

> (1) 도입 질문 : 여러분은 한글을 누가 처음 만들었는지 알고 있나요? 왜 만
>   들었는지 알고 있어요?
> (2) 주제 도입 말하기 : 학습자들이 한글에 대해 알고 있는 정보를 말하게
>   한다.
> (3) 그림 제시 : 아래에서와 같이 세종대왕과 한글의 창제를 알 수 있는 그
>   림을 보여주고 학습자들이 사진속의 인물에 대해 생각해 볼 수 있는 기
>   회를 제공한다.

---

7) 중국인 초급자를 위한 읽기 텍스트는 한글에 관심이 많은 때이기 때문에 한글과 세종대왕에 관
   한 텍스트를 선정하였다.

3.4.2. 읽기 단계

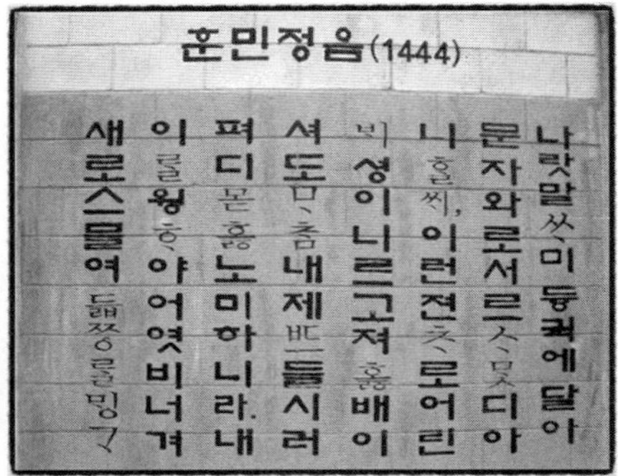

　세계(世界)의 많은 나라들은 대부분 자기 나라의 글자를 가지고 있습니다. 서양(西洋)에는 알파벳(alphabet)이 있고, 중국(中國)에는 한자(漢字), 일본(日本)에는 가나(Kana假名)가 있습니다. 한국의 문자는 한글입니다. 한글은 조선시대(朝鮮時代) 4대 왕인 세종대왕(世宗大王)께서 만드셨습니다. 세종대왕께서 한글을 만드시기 전에는 중국의 글자인 한자를 썼습니다. 그래서 많은 사람들이 글을 읽지도 쓰지도 못했습니다. 왜냐하면 당시의 일반 백성에게 한자는 어려운 글자이기 때문입니다.

　세종대왕은 국민 모두가 배우기 쉽고 사용하기 쉬운 한글을 만드셨습니다. 한글의 이름은 처음에는 '훈민정음(訓民正音)'이었습니다. 한글을 만든 후에는 모든 사람들이 글을 쓰고 읽을 수 있게 되었습니다. 우리는 세종대왕에게서 아주 큰 선물을 받았습니다. 그것이 바로 한글입니다.

　한글에는 자음(子音)과 모음(母音)이 있는데 지금까지 우리가 쓰고 있는 기본 자음은 14개, 기본 모음은 10개입니다. 한글은 아주 과학적(科學的)인 글자입니다. 우리는 이 자음과 모음으로 많은 글자를 만들 수 있습니다.

　한글을 만드신 세종대왕은 매우 훌륭한 분입니다. 그 분은 정치(政治), 문화(文化), 과학(科學)에서도 많은 업적(業績)을 남기셨습니다.[8]

---

8) 만약 다국적인 학생들이 함께 학습을 하는 공간이라면 이러한 텍스트를 사용하는 것은 비효율적이고 학습자 모두를 고려한 텍스트 자료라고 할 수 없다. 하지만 초급 중국 학습자를 대상으로

(1) 주요 어휘, 문법 제시 및 설명

어휘, 문법의 제시, 설명 시기가 고정되어 있는 것은 아니다. 읽기 텍스트의 난이도에 따라 선택적으로 실시할 수 있다. 혹은 '읽기 전'에는 읽기 텍스트의 전체적인 내용 이해에 필요한 주요 어휘, 문법만을 설명하고 '읽은 후'에 학습자의 이해도를 점검하여 나머지 어휘, 문법에 대한 설명을 제시할 수 있다.

(2) 대강 읽기 및 훑어 읽기

- 질문 제시 1 → 읽기의 목적을 명확히 하기 위해 이 단계에서는 학습자들이 텍스트의 주요 내용 및 구조를 파악하며 읽을 수 있도록 질문을 마련하여 제시한다.
  ① 한국의 문자는 무엇입니까?
  ② 한글의 자음은 몇 개입니까?
  ③ 한글의 처음 이름은 무엇입니까?
  ④ 한글을 만든 사람은 누구입니까?

(3) 뜯어 읽기

- 질문 제시 2 → 글의 세부 내용을 이해하고 내용 간의 관계 등을 파악하도록 하는 과정이다. 구체적인 내용에 대한 질문을 작성하여 읽기 전에 제시한다.
  ① 한글을 만들기 전에 사람들이 읽지도 쓰지도 못한 이유는 무엇입니까?
  ② 한글을 만든 후에 어떤 변화가 있었습니까?
  ③ 세종대왕은 어떤 업적을 남겼습니까?

할 때는 이렇게 한자어를 병행표기해서 이해를 도울 수 있을 것이다.

(4) 어휘, 문법 설명 2

- 선행 학습 항목을 고려하고, 모르는 어휘, 문법을 질문하여 학생들의 이해도를 점검한 후 어휘, 문법을 설명한다. 중요한 것은 어휘와 문법을 문맥과 연결시켜 설명해야 한다는 점이다. 이때 교사는 설명을 제시하기 전에 해당 항목을 쉬운 항목으로 대체하거나 유사어, 반의어 등을 설명할 수 있다.

3.4.3. 읽은 후 단계

(1) 우리 주변에서 한글로 된 이름 찾아보기

그룹을 만들어 서로의 이해 정도 및 정보를 확인하고 학교 주변과 거주지 주변의 한글 이름을 서로 이야기해 보도록 한다. 그런 후 각자의 의견을 말해보게 함으로써 학습자 간에 피드백을 주고받을 수 있도록 하는 것이 좋다.

(2) 다른 자료 찾아보기

한글의 창제원리나 그 밖의 정보를 찾을 수 있도록 과제를 제시하고 찾은 글을 읽도록 한다.

(3) 쓰기

앞의 그림을 이용하거나, 다른 자료를 이용하여 한글에 대한 느낌, 세종대왕에 대해 생각하는 점 등을 간단하게 적어본다(초급과정이므로 자세한 감상은 적을 수 없다).

4. 맺음말

지금까지 한국어를 학습하는 중국인 초급 학습자들을 위한 읽기자료 방안을 모색해 보았는데, 학습자의 수준과 흥미에 맞는 교육 방안을 구축하는 일이 한국어 교육에서도 가장 우선시해야 할 사항이라는 점을 다시 한 번 확인할 수 있었다.

언어 교육에서 읽기 교육은 더 이상 수동적인 분야가 되어서는 안 된다. 학습자가 사전 정보와 자신의 배경지식에 근거하여 텍스트의 의미를 재구성하는 능동적인 참여의 과정이 되어야 한다.

본고에서는 읽기 교육에 대한 전반의 내용과 교육 방법, 자료 선정 등에 대해 이야기 해보았는데 가장 중요한 것은 학습자의 학습정도를 정확하게 파악하고 거기에 맞는 교육을 실시하는 것이라 생각한다.

본 연구를 토대로 이후에는 다음과 같은 연구가 지속되어야 한다고 생각한다.

첫째, 중국인 초급 학습자를 대상으로 하는 연구이기 때문에 한국어를 학습하는 초급 학습자의 특성을 정확하게 파악해야 한다. 그런 후 초급 학습자 중에서 중국인 학습자가 갖는 교육적 차이를 이해해야 할 것이다. 이러한 교육적 차이를 더 분명하게 보여줄 수 있는 자료의 검증이 더해져야 할 것이다.

둘째, 읽기 교육 방안이라는 연구 분야에 있어서 실질적인 자료가 추가되어야 한다는 점이다. 중국인 초급 학습자를 위한 읽기 방안을 바탕으로 학습자의 수준에 맞는 읽기 자료가 구축되어야 할 것이다.

셋째, 실제 수업에 활용할 수 있는 다양한 수업모형이 만들어져야 한다는 점이다. 중국인 초급 학습자들을 교육할 수 있는 실제 수업모형이 활발하게 만들어지고, 만들어진 교육 방안을 현장에서 적극 활용할 수 있어야 할 것이다.

‖ 참고문헌

강명순(1999), 「독해력 향상을 위한 한국어 읽기 교육 방안」, 『말』 제23권, 연세대학교 한국어학당.

강승혜(2003), 「한국어 교재 개발을 위한 학습자 요구 분석」, 『말』 제28권, 연세대학교 한국어학당.

권영미(2008), 「중국 학습자를 위한 한국어 발음지도방안연구」, 청주대학교 교육대학원 석사학위논문.

김미경(2006), 「국어 학습자를 위한 읽기 텍스트 구성 연구―다중 텍스트 활용을 중심으로」, 경희대학교 교육대학원 석사학위논문.

김미옥(1992), 「외국어로서의 한국어 교육의 실제 읽기 교육에 관한 연구」, 연세대학교 한국어학당.

김영만(1999), 「외국어로서의 한국어 교재 개발 연구」, 한국외국어대학교 박사학위논문.

김중섭(2008), 『한국어 교육의 이해』, 한국문화사.

김향미(2003), 「한국어 교육 읽기 자료 개발에 관한 연구―중급 단계를 중심으로」, 경희대 교육대학원 석사학위논문.

남기심(1999), 『외국인을 위한 한국어 교육의 방법과 실제』, 한국방송대학교출판부.

박수정(2006), 「한국어 학습자를 위한 과제 중심 읽기 전략 교수 방안 연구」, 한국외국어대학교 석사학위논문.

박영순(2003), 「한국어 교재의 개발 현황과 발전 방향」, 『한국어교육』 제14권, 국제한국어교육학회.

윤혜리(2006), 「학문 문적 한국어 읽기 교재 개발 연구―중국인 학습자를 대상으로」, 경희대학교 교육대학원 석사학위논문.

이주행(2002), 「한국어의 발음교육방법」, 『이중언어학』, 제20권, 이중언어학회.

전수정(2004), 「학문 목적 읽기 교육을 위한 한국어 학습자의 요구 분석 연구」, 『외국어로서의 한국어교육』 제29권, 연세대학교 한국어학당.

정기철(2000), 『읽기교육의 이론과 실제』, 역락.

조현용(2005), 『한국어 교육의 실제』, 유씨엘.

주명진(2006), 「중국인 학습자의 한국어 발음 교수 방안 연구―발음오류와 변이음을 중심으로」, 경희대학교 교육대학원 석사학위논문.

최길시(1998), 『외국인을 위한 한국어 교육의 실제』, 태학사.

한재영 외(2005), 『한국어 교수법』, 태학사.
허재영(2007), 『제2언어로서의 한국어 교육의 이해와 탐색』, 보고사.
홍애란(2006), 「재미동포 청소년 학습자를 위한 한국어 읽기 교육연구」, 서울대학교 석
　　　사학위논문.

한·중 합성어의 구조 비교

오충신

1. 머리말

1.1. 합성어의 개념

　세상의 모든 언어들은 각각 나름대로의 언어 표현 방식을 지니고 있다. 표음문자이든 표의문자이든 인간은 언어생활을 충족하기 위해 다양한 의미 전달 부호인 문자를 이용하여 의사소통을 하고 있다. 인간들이 음소를 만들어서 음절을 이루고 기본사를 창립하는 것은 가장 경제적이며 효과적인 의사소통을 하기 위해서이다. 그러나 언어생활에서 지식과 문명의 흐름에 따라 필수적인 언어문자는 늘 부족하기 마련이다. 새로 개발된 영역에 따라 수없이 많은 관련 용어가 뒤따르게 된다. 따라서 새로운 단어를 필요로 하는 수요가 자연스레 인간의 언어생산력을 높이게 한다. 새로운 단어를 만드는 방법에는 기본사를 늘리는 방법과 파생법이나 합성법에 의해 합성어를 만들어내는 방법이 있다. 그중 합성어는 가장 많은 비중을 차지하고, 그 생산력 또한 제일 크다. 일반적으로 합성어는 어떤 두 개 이상의 어근이 결합하여 새로운 다른 개념을 나타내는 복음절이다. 이러한 합성어는 각 개별 언어의 특성에 따라 그 수가 상대적으로 많을 수도 있고 비교적 적을 수도 있다.

(1) A + B → C

(1)에서 보듯이 어떤 단어A와 단어B가 결합하여 새로운 단어C가 나타나는 것을 합성어라 한다. 그러나 단어A와 단어B는 단음절어나 다음절어일 수도 있기 때문에 둘의 음절수나 품사에 따라 다양한 유형을 구성하는 것이 가능하다.

(2) A[/ a / n + / b / n + / c / n···] + B[/ a / n + / b / n + / c / n···] → C

(2)에서 보듯이 단어A와 단어B는 음소로 이루어진 음절에 따라 복잡한 결합관계를 나타낸다. 우선 음소간의 변화규칙에 따라 음운변화가 있을 수도 있고, 결합할 때는 단어A와 단어B 사이에 일정한 규칙에 따라 음운변화가 다시 일어날 수도 있다.

(3) A + B → AB

(3)에서 보듯이 단어A와 단어B가 결합할 때에는 언어별 형태적인 변화도 면할 수 없다. 합성된 새로운 단어는 원래 구성 요소인 A나 B 중 어느 것과 비슷하거나 완전히 다르게 되며, 이러한 형태적 변화는 합성어의 특성들 중에 하나다.

이상 몇 가지의 합성어에 관한 생성 방식을 통하여, 합성될 때 필요한 요소는 반드시 일정한 기본사나 단어여야만 한다는 합성어의 가장 기본적인 구성 원리를 발견할 수 있다. 둘의 구성 요소는 언어별로 일정한 형태소를 갖추어야 비로소 합성이 가능하다. 즉 어근이 있어야 합성어가 이루어질 수 있다. 중국어와 한국어의 합성어 구성도 같은 원리 하에 이루어진다.

劉永基(1992)는 중국어의 어휘 중 형태론과 통사론의 경계를 모호하게 하는 것은 바로 합성이고 합성어를 구성하는 대부분의 어근은 본래 문장에서 자유롭게 사용될 수 있는 다음절어 및 의존형식의 어근들이라 한다.

중국어 학자 馬眞(1981)은 중국어의 어휘사적 측면에서 볼 때, 합성어의 생성은 크게 두 가지 측면에서 논의될 수 있는데 하나는 임의적으로 결합한 구가 그 결합의 정도를 점차 더욱 밀접하게 하여 합성어가 생겨 난 것이며, 다른 하나는 두 개 이상의 어근이 직접 결합하여 합성어를 만들어낸 것이라 한다.

한국 학자 허웅(1995)은 뿌리 둘이 모여 낱말을 만드는 방법을 합성법이라 한다. 김정은(1995)은 합성법은 어기와 어기의 결합에 의해 구성된 단어형성법이라 한다.

이 학자들의 견해에 의하면 2개의 어기(뿌리／어근)로 이루어진 단어를 만들어내는 방법은 합성법으로, 합성법에 의해 만들어진 단어는 합성어라 부르는 결론을 내릴 수 있다. 다시 그 학자들의 의견을 정리해보면 다음 그림과 같다.

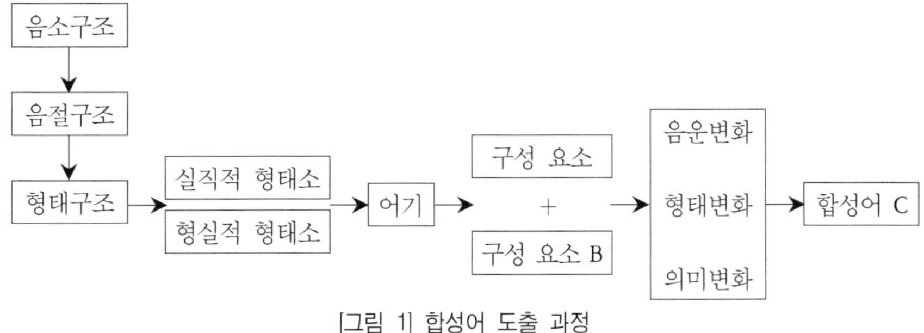

[그림 1] 합성어 도출 과정

1.2. 합성어의 생성 요인

합성어가 생성되는 주요 요인은 언어적 요구에 따른 것이다. 그 구성 재료에 따라 완전히 새롭게 창조된 어근으로 된 구성 요소와 전에 이미 있었던 말을 재료로 하여 만들어진 구성 요소가 있다. 합성어를 연구해 온 학자들의 의견을 정리하면 합성어의 생성 요인은 크게 5가지로 나누어 볼 수 있다.

(1) 전에 없던 개념이나 사물을 표현하기 위해서이다.
(2) 이미 존재하고 있던 개념이나 사물일지라도 그것을 표현하던 말들의 표현력이 감소되었을 때이다.
(3) 인간의 사물에 대한 구체적인 명명에 대한 요구이다.
(4) 의문을 갖는 대상에 대해 특별함을 지적하여 구분하고자 하는 지시적 요구이다.
(5) 하위 범주화의 단계 형성에 대한 요구이다.

(1)의 경우는 주로 기본사의 생성 원인이기도 하다. 미지 사물에 대해 사회적으로 인정해줄만한 새로운 단어를 만들어낸 경우를 흔히 볼 수 있다. 특히 새롭게 발견되는 어떤 생물체에 대하여 이렇게 해당 고유명사를 만들어 낸다.

(2)의 경우는 한 기본사의 표현력이 떨어질 때 다른 단어의 '표현력' 도움이 필요하게 된다. 어떤 둘 이상의 특성을 갖고 있는 생명체를 발견할 때 (1)의 방법을 이용하여 명명하기도 하지만 (1)의 어휘들이 하나로서 명명하기 어색하면 또 다른 하나의 단어를 이용해서 만들어 내곤 한다. 예를 들어, 진달래란 단어는 어떤 꽃의 고유명사이지만 어떤 꽃을 잘 모르는 사람한테 갑작스럽게 얘기하면 이것이 인간의 이름인지 꽃인지 심지어 음식 이름인지 모를 수도 있다. 그래서 '진달래'란 단어의 표현력에 다시 '꽃'이란 단어의 의미 도움을 추가해서 '진달래꽃'이란 단어를 만들어낸다.

(3)의 경우는 인간 사회생활에서는 늘 새로운 물건이 만들어지고 그 물건

이 만들어진 재료에 따라 새로운 고유명사가 필요하기도 한다. 예를 들면, '그릇'이란 단어는 재료에 따라 이에 어울리는 여러 가지의 합성어가 만들어진다. '유리－그릇', '사기－그릇', '놋－그릇' 등을 예로 들 수 있다.

(4)의 경우는 어떤 사물에 대해 특별이 어울리게 표현하기 위해 수식 단어를 만들어내는 것이다. 예를 들면, 어떤 사람의 코를 어떤 사물과 같다고 묘사하려면 늘 그 사람의 코가 어떤 것과 같다고 할 것이다. 즉, 'X코', 'B－코'와 같이 표현할 것이다. 따라서 상황에 따라 '딸기 코'나 '주먹－코' 등의 합성어가 만들어지는 것이다.

(5)에서는 어떤 사물이 고유하게 지니는 의미자질 중 하나가 그 사물을 수식함으로써 합성어가 형성되는 경우이다. 즉, 어떤 단어의 일련 하위 단계를 잘 만들어내는 합성어이다. 예를 들면, '사람'이란 단어는 '세상－사람→ 동양－사람→ 한국－사람→ 서울－사람→ 오씨－사람' 등으로 일련의 하위 단계를 나열할 수 있다. 이상으로 합성어는 인간의 언어적 생성 요구를 충족시키기 위한 방편으로 최소의 형태나 의미구조를 바탕으로 하여 다양한 방법을 이용해서 만들어낸다는 것을 알 수 있다.

2. 한 · 중 합성어의 언어 유형

이 세상에는 수천 개나 되는 언어가 사용되고 있다. 인간이 사용하는 언어들은 일반적으로 의사소통 수단으로써 공통적이고 보편적인 성질을 가지고 있다. 그러나 개별 언어들은 각각 독자적인 특성도 지닌다. 중국어와 한국어의 언어 특성을 살펴보면 다음과 같다.

[표 1] 중국어와 한국어의 언어 특성

		중국어		한국어	
1	어종	고립어		교착어	
2	어순	SVO		SOV	
3	문자 속성	표의문자		표음문자	
4	어휘 속성	단일어	단음절어 (다수)	단일어	단음절어 (소수)
			다음절어 (소수)		다음절어 (다수)
5	합성어 요소	어기	실질적 어근 실질적 어간 형식적 형태소(허사)	어기	실질적 어근 실질적 어간 형식적 형태소(조사)
6	합성어 품사	무핵기준 : 좌측과 우측의 어근 비중이 같다.		핵심기준 : 어근의 의미 기준으로 품사를 결정한다.	

위의 표를 보듯이 중국어와 한국어는 거의 상반된 다른 언어라고 할 수 있다. 중국어는 엄격한 의미의 형태 변화가 존재하지 않는다. 중국어에서는 시제(時制), 상(相), 성(姓), 수(數) 등을 별도의 단어를 사용하여 나타낸다. 印歐語는 다양한 형태상의 변화를 지니고 있다. 즉 동사에는 시제(tense)·상(aspect)·법(mood)이 있고, 명사와 대명사에는 성(姓)·수(數)·격(格)이 있다. 이러한 언어들은 단어의 형태 변화라는 문법 수단을 가지고 여러 가지 의미를 나타낸다. 이러한 언어를 굴절어(flexed language)라고 한다. 그러나 중국어에는 이러한 형태 변화가 거의 없다. 일반적으로 하나의 단어는 형태상의 변화를 겪지 않고 여러 가지 문장 성분으로 쓰일 수 있다. 그래서 중국어를 고립어(isolated lg.)에 귀속한다고 한다.

한국어는 일찍부터 문자로 기록되어 왔다. 한국 고유의 문자인 한글이 쓰이게 된 것은 훈민정음이 창제된 1443년부터이다. 이때부터 한국어는 철저한 음소문자(phonemic writing)에 의해 기록되기 시작하였다. 한국 학자들은 G. J. Ramstedt(1928, 1952, 1957)나 N. Poppe(1960)와 같은 알타이어 학자들의 견해에 힘입어 한국어가 알타이어족(Altai語族)에 속할 가능성이 큰 것으로 믿고 있다. 즉 터키어, 몽골어, 퉁구스어 등 전통적인 알타이어족의 세 어군(語群) 사이에서와 같은 밀접한 관계는 아니지만 이들과 같은 어족을 형성하며,

그들 중에서는 퉁구스어와 가장 가까운 관계에 있는 것으로 추론하고 있다.

한국어는 나머지 알타이 제어(諸語)와 결코 우연이라고 보기 어려운 공통된 특징을 가지고 있음을 일찍부터 주목해 왔다. 교착어(agglutinative language)에 속한다는 것이 그 하나이다. 언어를 고립어(isolating language), 굴절어(inflectional language) 및 교착어로 나눌 때 한국어는 전형적인 교착어에 속한다. 어간에 굴절접미사들이 규칙적으로 결합되는 언어인 것이다. 또 모음조화(母音調和)가 있다. 한 단어 안에서 양모음은 양모음끼리 음모음은 음모음끼리 결합한다. 이른바 두음법칙(頭音法則)도 있다.

[표 1] 4번에서 보았듯이 양자 단일어에서 포함하는 음절어의 수에서 중국어와 한국어가 서로 상반된 결과를 보이는 것은 서로의 기본사가 다르기 때문이라 할 수 있다. 그러나 단순히 음절수의 결합 방식으로 비교하면 합성생성과정에서 최소한 1~2차적인 변화가 일어난다는 것은 중국어와 한국어가 비슷한 점이기도 하다.

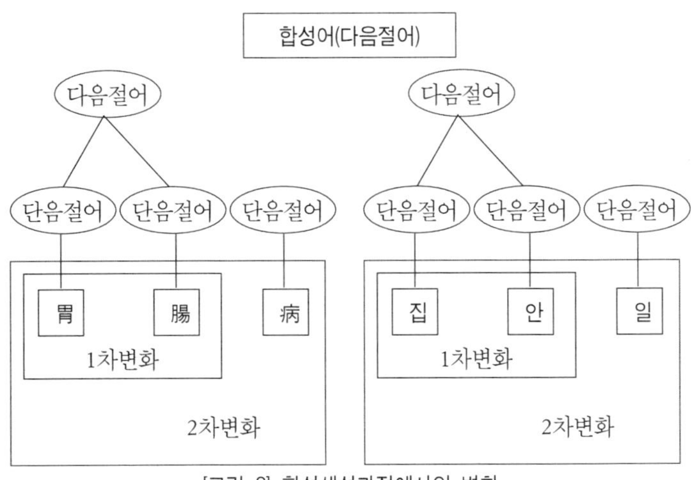

[그림 2] 합성생성과정에서의 변화

그러나 다시 [표 1] 3번에서 살펴보듯이 표음문자인 한국어는 같은 합성 조건 아래서도 4차까지 변화가 일어날 수 있다. 이런 형상은 주로 세 가지 원인이 있다. 하나는 동사의 명사화이고 다른 하나는 고유명사를 구분하기 위해 양쪽 구성 요소 사이에 사이시옷이 들어가는 변화이며 마지막은 형식적인 조사가 들어가는 변화이다.

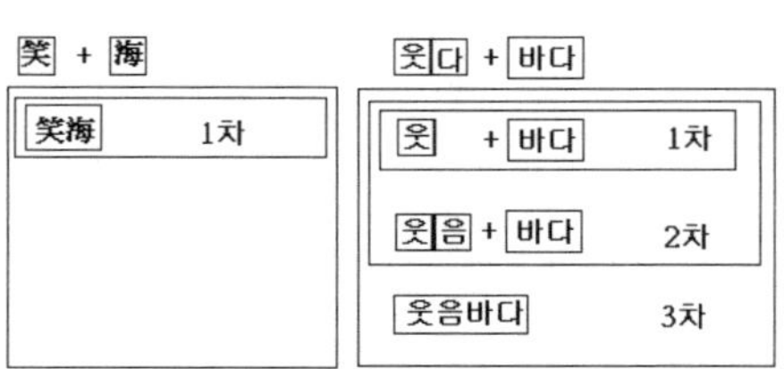

[그림 3] 동사의 명사화

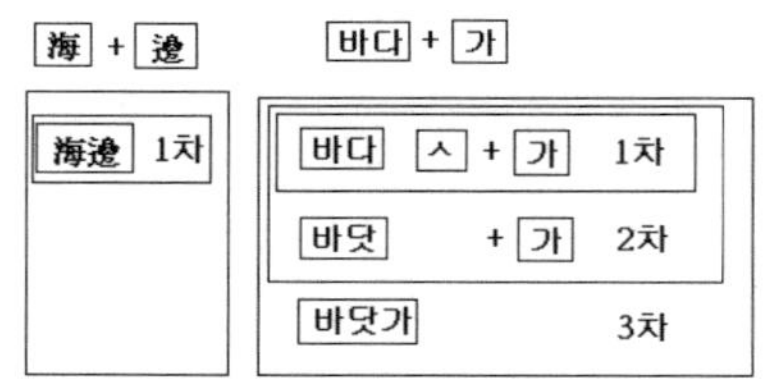

[그림 4] 사이시옷

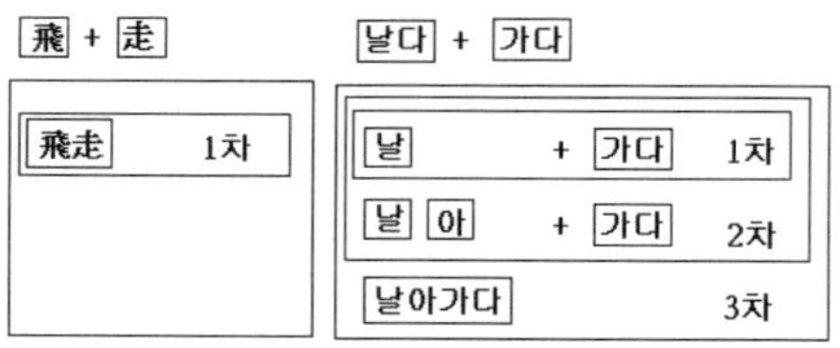

[그림 5] 형식적인 조사 Ⅰ

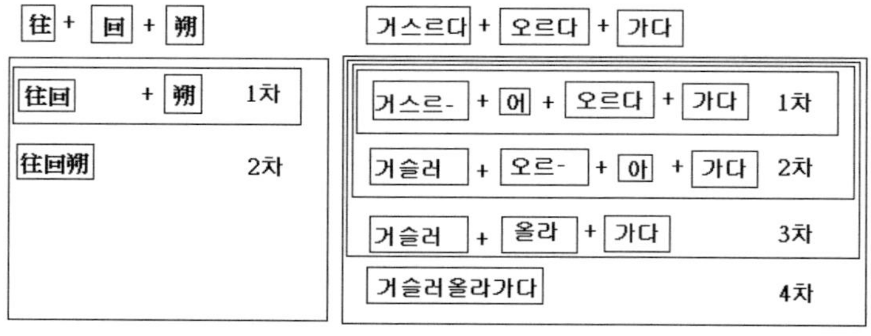

[그림 6] 형식적인 조사 Ⅱ

마지막으로 중국어와 한국어의 합성어를 어떤 품사에 귀화시켜야 하는지의 문제다. 일반적으로 중국어의 합성어는 '무핵'으로 이루어진 것이고 한국어는 주로 실질적인 어근에 의하여 결정된 '핵심'으로 이루진 것이다. 그런데 여기서 무핵이란 핵심기준이 없는 구성 요소로 이루어진다는 뜻이 아니고 정확히 말하자면 우측핵과 좌측핵, 그리고 무핵 등 3가지로 나누어 보아야 한다. 우측핵은 통사적으로나 의미적으로 '이다'조건을 만족시키는 매우 전형적인 예라고 할 수 있다.

<예문>

[[紅]a[旗]n]N [[黑]a[板]n]N
[[重]a[視]v]V [[前]n[進]v]V
[[溺]v[愛]a]A [[節]v[哀]a]A

<분석>

좌	합성	우	품사
[[紅]	a+n	[旗]]	N
[[黑]	a+n	[板]]	N
[[重]	a+v	[視]]	V
[[前]	n+v	[進]]	V
[[溺]	v+a	[愛]]	A
[[節]	v+a	[哀]]	A

[그림 7] 중국어의 우핵합성어

위 [그림 7]을 보면 우핵합성어는 좌우 양측의 행태소가 결합할 때 우측 구성 형태소의 품사에 의해 결합된 합성어의 품사를 결정한다. 좌측핵을 가지는 합성은 전통적인 중국어 연구에서 '동보구조'로 불리는 합성어와 '사물단위'의 구조를 가지는 합성어가 이에 속한다.

<예문>

[[船]n[口]c]N [[事]n[件]c]N
[[說]v[明]a]V [[改]v[正]a]V

<분석>

좌	합성	우	품사
[[船]	n+c	[口]]	N
[[事]	n+c	[件]]	N
[[說]	v+a	[明]]	V
[[改]	v+a	[正]]	V

[그림 8] 중국어의 좌핵합성어

무핵합성어는 합성된 어휘의 품사를 판단하기 어려워 명확히 가려낼 수 없는 합성어이다. 그것은 주로 좌우 양측의 구성 요소들이 결합하기 전에 서로의 품사 성질이 같기 때문이다.

<예문>　　　　　　　<분석>

[[道]n[路]n]N　[[語]n[言]n]N
[[行]v[走]v]V　[[跳]v[躍]v]V
[[寒]a[冷]a]A　[[酷]a[熱]a]A
[[始]v[終]v]Ad [[反]v[正]v]Ad

좌	합성	우	품사
[[道]	n+n	[路]]	N
[[語]	n+n	[言]]	N
[[行]	v+v	[走]]	V
[[跳]	v+v	[躍]]	V
[[寒]	a+a	[冷]]	A
[[酷]	a+a	[熱]]	A
[[始]	v+v	[終]]	Ad
[[反]	v+v	[正]]	Ad

[그림 9] 중국어의 무핵합성어

중국어의 합성어는 대부분 무핵이라고 하는 반면, 한국어의 합성어는 핵심이라 할 수 있다. 2개의 구성 요소가 결합된 합성어의 품사를 결정내릴 때 늘 큰 의미 비중을 지니는 구성 요소가 합성어의 핵심 어근이 되며 결합하기 전에 갖고 있던 품사에 따라 합성어의 품사범주를 부여한다. 일반적으로 아래와 같은 순서로 정해진다.

ㄱ. 명사범주
　　(1) 명사어기 + 명사어기 → N
　　(2) 관형사어기 + 명사어기 → N
　　(3) 동사어기 + 명사어기 → N
　　(4) 형용사어기 + 명사 → N

ㄴ. 형용사범주
　　(1) 부사어기 + 부사어기 → A
　　(2) 명사어기 + 형용사어기 → A
　　(3) 형용사어기 + 형용사어기 → A

(4) 부사어기 + 형용사어기 → A
(5) 부사어기 + 동사어기 → A

ㄷ. 동사범주
(1) 동사어기 + 동사어기 → V
(2) 동사어기 + 형용사어기 → V

ㄹ. 부사범주
(1) 부사어기 + 부사어기 → Ad
(2) 명사어기 + 명사어기 → Ad
(3) 관형사어기 + 명사어기 → Ad

ㅁ. 동사와 형용사가 섞이는 범주
(1) 명사어기 + 동사어기 → V / A
(2) 부사어기 + 동사어기 → V / A

3. 한·중 합성어의 변별기준

합성어는 두 개 이상의 구성 요소들로 이루어지는 어휘인데, 이것은 결합할 때 음운적이나 형태적 또는 의미적 제한을 받아 다른 어휘의 속성과 차이를 보인다. 그러나 우리 언어생활에서 필요에 따라 새로운 단어를 만들 때 그 만들어진 말이 때로는 단어인지 구인지 구별하기가 어려운 경우가 종종 있다. 예를 몇 개 살펴보기로 한다.

중국어 : '好不好'
(1) 這種紙好不好?(이런 종이의 질이 좋니 아니면 안좋니?)
(2) 這種紙好, 不好?(이런 종이의 질이 좋니? 안좋니?)

한국어 : '올라가다'
>   (1) 그는 산에 올라간다.
>   (2) 그는 산에 올라 간다.

여기서 중국어의 '好不好'는 3개의 구성 요소로 구성된 합성어이다. 그러나 쉼표가 단어의 사이에 끼어 들어가거나 발음의 리듬을 첫번째 好자에 멈추다가 다시 발음하면, 원래 '好不好'란 단어는 더 이상 합성어인지 아닌지 의심스럽게 된다. 한국어의 경우도 마찬가지이다. '올라가다'란 단어는 실제적으로 발음을 할 때 휴지 없이 그대로 읽으면 (1)과 (2)는 거의 구별없이 느껴진다. 그러나 '올라가다'의 중간 '올라' 하고 '가다' 부위에 띄어쓰기도 가능하기에 원래 이 '올라가다'란 단어는 합성어인지 아닌지 역시 재검토할 필요가 있다. 우리는 합성어가 '한 낱말'이라 생각하여 '하나의 형태론적 구조'라고 받아들여 왔다. 그러나 그것만 가지고는 합성어를 가려잡는 데 부족함이 있다. 어떤 학자들은 합성어란 어휘가 때로는 이은말과 구분하기가 상당히 어려운 경우도 있다[1]고 말한다. 중국 언어학자 符淮青(2008)에서도 합성어를 구성하는 형태소에 필요적으로 어떤 직접적인 의미관계가 존재한다는 것에 대해 회의를 느끼게 한다고 했다. 어떤 합성어와 비슷한 단어는 연속식 혹은 연계식으로 만들어낸 것이기 때문에 합성어의 형태소 두 개는 직접적인 의미관계가 없어서 겸어식이라 부른다. 즉 동일한 성분의 결합체라고 여겨지는 것이 모두 합성어라고 보기 어렵다는 뜻이다.[2]

3.1. 중국어 합성어의 변별기준

중국어는 다른 언어와 비교할 때 단음절 수가 많은 것이 특징이다. 현재

---

1) 김규선(1970)에서는 합성어를 가리는 기준으로서, (1) 휴지와 연접, (2) 강세형, (3) 음소의 변화, (4) 어순, (5) 내적 확장, (6) 외적 결합관계, (7) 관용화 등을 내세우고 논술했다.

2) 합성어에서의 문제는 '단어 + 단어 = 합성어'라는 공식이 어디까지 적용될 수 있느냐에 있다. 이 때 단어의 경계를 어디에 두어야 할 것이지가 의문이다. 최규일, 1989, 43면.

사용되는 중국어 사전에 기록된 글자 수를 보면 알 수 있다. 따라서 중국어의 합성법은 주로 단음절 끼리 합쳐서 복음절로 나타나는 것으로 다시 파생어나 합성어를 만들어낸다. 그러나 복음절이라도 반드시 합성어가 아닌 단어도 많다. 즉 다음절의 단일어라 한다. 다음절이 다시 단음절이나 복음절인 단일어와 어울려서 합성어나 파생어 등 어휘가 된다. 이와 같이 합성어는 반드시 복음절이기 때문에 구(句)와 혼동되는 경우가 흔하다. 어떻게 합성어와 다른 어휘를 구별하는지 학자들의 견해가 분분하지만 종합적으로 이들을 정리하면 대체로 (1) 음운적 기준, (2) 형태적 기준, (3) 통사적 기준, (4) 의미적 기준 등 4가지가 있다. 이를 보면 아래와 같다.

[표 2] 중국어 합성어의 변별기준

음운적 기준 : (1) 변조, (2) 강세
형태적 기준 : 실질적 어기와 형식적 접사
통사적 기준 : 외적 분포 관계
의미적 기준 : 의미 전환관계

3.1.1. 음운론적 기준

중국어는 성조언어로, 음평, 양평, 상성, 거성, 경성 등 5가지의 성조를 지니고 있다. 한 성모와 운모로 구성된 음절에 반드시 성조를 부여해야 의미가 생성되는 표의문자이다. 이러한 판별 기준은 크게 변조(變調)와 강세 등 두 가지로 가려볼 수 있지만 의미론적 요소가 개입되는 것을 면할 수 없다.

(1) 변조

　(가) 考得這麼好, 應該給你嘉獎勉勵(시험 잘 봤으니 한번 장려해줘야겠네.)
　(나) 考得這麼好, 應該給你勉勵嘉獎(시험 잘 봤으니 한번 장려해줘야겠네.)
　(다) 考得這麼好, 應該給你獎勉一下(시험 잘 봤으니 한번 장려해줘야겠네.)

여기서 '嘉獎勉勵(칭찬하고 장려하다)'는 일반적으로 경성 + 상성 + 상성 +

거성 식으로 발음해야 한다. 즉, A'嘉獎', B'勉勵' 두 단어로 구성된 합성어라고 볼 수 있다. 다시 A단어를 조개면 '嘉'하고 '獎' 두 단일어로 나눌 수 있으며 B단어는 마찬가지로 '勉'하고 '勵' 두 단일어로 나누어 볼 수 있다. 각자는 성조를 가지면서 의미도 지닌다. A단어는 칭찬하다는 뜻이고 B단어는 장려하다는 뜻인데 둘의 의미가 서로 비슷해서 일반적으로 같이 사용하게 된다. 그러나 이 A하고 B단어는 결합하는 순서로 보면 AB(가), BA(나), A−1 + B−1(다) 등으로 나눌 수 있다. 실제적으로 의미 변화상은 큰 차이가 없지만 합성어의 구성에 음운적인 변화가 일어난다.

    (가) 嘉獎勉勵 →[경성] + [상성] ; [상성] + [거성] → 합성어 + 합성어
    (나) 勉勵嘉獎 →[상성] + [거성] ; [경성] + [상성] → 합성어 + 합성어
    (다) 獎勉　　 →[양평] + [상성]　　　　　　　　→ 합성어

위의 분석을 보면 음운적인 합성어의 판별 기준을 알아낼 수 있다. 즉, '嘉獎勉勵'를 4개 형태소로 나누어 각각 a, b, c, d로 설정하면 아래와 같은 관계를 알 수 있다

    (라) abcd
    (마) cdab
    (바) bc

(라)에서는 ab의 사이, cd의 사이에서 합성어가 이루어지는데 음운적인 변화는 없다. (마)에서도 마찬가지로 음운적인 변화가 없다. 즉, 일반적으로 (라)와 (마)를 언어생활에서 사용할 때는 음운적인 변화가 없어서 합성어의 구분 범위가 명확하다. (바)와 같은 경우, 음운변화가 일어나기 때문에 bc는 한 합성어라는 것을 확인할 수 있다.

(2) 강세

이병경(1996)은 음운론적 기준은 일반적으로 합성어에서는 경성이 아닌 음절 중 마지막 음절에 주요 강세가 놓인다고 주장한다.

> (가) ↓博↑士 → [[양평][거성]]
> (나) 文學↑博士↓ → [[양평][양평]][[양평][거성]][3]

(가)에서 보듯이 일반적으로 '博士'란 단어를 발음할 때 '↓博↑士' 식으로 하나 다른 단어와 어울릴 때는 강세의 표현이 나타날 수 있다. 예를 들면, '他是博士, 不是碩士(그는 박사이지, 석사가 아니야'란 구에서 박사와 석사의 강세형은 아래와 같이 (가−1)에서 (가−2)로 변동될 수 있다.

> (가−1) 他是↓博↑士, 不是↓碩↑士
> (가−2) 他是↑博↓士, 不是↑碩↓士

강세가 바뀔 수 있는 합성어는 강세가 동일한 명령문과 같은 유형을 가지고 있다. 예를 들면, '↓看↑信'이란 명령문인데 강세를 표현할 땐 '先↓看↑信, 後↓讀↑書'에서 '先↑看↓信, 後↑讀↓書'로 바뀔 수 있다. 그러나 이런 명령문들의 강세가 바뀌는 것은 단지 음운적으로 바뀐 것만이 아니라 의미적으로도 변화가 있다. 그래서 이와 비슷한 유형을 가지고 있는 일부분 강세도 바뀔 수 있는 합성어는 음운뿐만 아니라 의미도 약간 바뀐다. 결국 이러한 유형을 갖는 합성어는 이와 비슷한 강세 유형을 갖는 다른 언어 단위와의 구별이 쉽지 않고 상당히 제한적이라 할 수 있다.

3.1.2. 형태론적 기준

중국어의 어휘 단위는 크게 단일어와 복합어로 나뉜다. 복합어는 다시 파

---

3) ↑뒤의 음절은 약하게 읽히고, ↓뒤의 음절은 강하게 읽힌다.

생어와 합성어의 하위 범주로 나뉜다. 파생어나 합성어는 주로 다른 두 어기로 이어서 새로운 단어를 만들어낸 것이다. 그러나 둘의 차이는 바로 이 두 어기의 속성이 무엇인가에 따라 파생어나 합성어에 속하는 것을 구별하는 것이다. 즉 모든 복음절이라고 해서 반드시 합성어는 아니라는 뜻이다. 그래서 형태적으로 합성어인지를 구분할 때에는 구성 요소인 어기의 문법기능이나 의미, 심지어 품사 등의 조건이 무엇인지가 도움이 된다.

(가) 子孫, 子女, 子嗣
(나) 椅子, 房子, 桌子
(다) 看病, 看診, 看護
(라) 看著, 看到, 看了

(가)에서의 단어 의미는 각자 '자손, 자녀, 자식' 인데 여기서 '子'는 뜻이 변화하고 '아들이나 자식'의 뜻이며 명사에 속한다. 그러나 (나)에서의 단어 의미는 '의자, 집, 책상'인데 '子'의 뜻은 모호하고 일종의 문법기능만을 지니는 접사일 뿐이다. 그래서 (가)에서의 모든 단어는 합성어라고 할 수 있는 반면 (나)에서의 단어들은 합성어가 아닌 명사라고만 할 수 있다. (다)에서의 단어 의미는 '치료를 받다, 진찰을 받다, 간호하다'인데 실직적인 2개의 어기로 이루어진 단어이기 때문에 합성어로 처리할 수 있는 반면, (라)에서의 경우는 합성어로 처리할 수 없다. (라)에서의 단어 의미는 '무엇을 보고 있다, 눈이 닿다, 무엇을 보았다'인데 한 실질적인 어기와 문법기능을 지니는 어기가 어울려서 만들어낸 '짧은 어구'이기 때문에 합성어로 처리할 수가 없는 것이다. 이들을 통해서 형태적 판별기준을 아래와 같이 얻을 수 있다.

i. n[독립적이고 실질적 형태소] + n[독립적이고 실질적 형태소][4]
    → 합성어 / 다음절어
ii. n[실질적 형태소] + n[형식적 형태소]

---

4) 'n'은 '형태소의 수'를 나타낸다.

   → 파생어 / 다음절어
  iii. n[형식적 형태소] + n[실질적 형태소]
    → 파생어 / 다음절어

3.1.3. 통사론적 기준

통사론적 기준은 어떤 한 복음절의 구성 요소들에 대한 분석이라 한다. 구성 요소들의 사이에 다른 요소가 들어갈 수 있는지가 합성어나 구를 판단 내리는 근거가 될 수 있다. 어떤 한 복음절 사이에 어떤 다른 요소가 들어가서 문법적, 의미적으로 성립하면 그 복음절은 구이며, 그렇지 않으면 합성어일 가능성이 크다. 이것은 확장법이라고도 한다[5].

(가) [[心]n[痛]a] → [心] + [十分 / 非常 / 很] + [痛] ············· (O)
(나) [[心]n[病]n] → [心] + [十分 / 非常 / 很] + [病] ············· (X)
(다) [[白]a[紙]n] → [白] + [的] + [紙] ······························ (O)
(라) [[白]a[字]n] → [白] + [的] + [字] ······························ (X)
(마) [[簽]v[名]n] → [簽] + [了 / 下 / 上] + [名] ················· (O)
(바) [[簽]v[發]v] → [簽] + [了 / 下 / 上] + [發] ················· (X)

(가), (다), (마)에서는 어떤 다른 언어단위가 원래 언어 단위 사이에 들어가지만 비문이 되지 않는다. 이것은 구가 구성되기 때문에 원래 언어단위는 합성어가 아니라는 것을 알 수 있다. 반면에 (나), (라), (바)에서는 어떤 다른 언어단위가 원래 언어단위 사이에 들어가서 비문이 된다. 이것은 구가 아닌 합성어의 성질을 지니는 단어이다. 그러나 이 통사론적 기준은 단지 일부분의 합성어만 분리시킬 수 있을 뿐이다. 어떤 부분의 단어들은 구의 성격과 합성어의 성격도 동시에 지니고 있기 때문이다. 예를 들면 아래와 같다.

---

5) 확정법의 요점은 두 개 이상의 언어성분으로 구성된 언어단위에 다른 언어성분을 집어넣는다. 만약 새로운 언어단위를 받아들일 수 있다면, 원래의 언어단위는 구가 된다. 만약 새로운 언어단위를 받아들일 수 없거나 혹은 의미가 아주 많이 달라진다면 원래의 언어단위는 단어가 된다. 符淮青(2008), 現代漢語詞匯, 19면.

(사) [[馬]n[車]n] → [馬] + [拉] + [車] ·····························(O)
(자) [[黃]a[犬]n] → [黃] + [的] + [狗] ·····························(O)
(차) [[撂]v[話]n] → [撂] + [狼] + [話] ·····························(O)

(사)~(차)에서는 두 구성 요소 사이에 어떤 다른 언어단위가 들어가도 비문이 되지 않는다. 이 예문들은 원래 구이다. 그러나 (사), (자), (차) 세 단어는 합성어이기도 한다. 이것은 앞서 살펴보듯이 'n[독립적이고 실질적 형태소] + n[독립적이고 실질적 형태소] → 합성어'란 방법에 의해 결합된 단어이기 때문이다. 따라서 어떤 언어단위 사이에 다른 성분이 들어가서 비문이 되면 합성어일 가능성이 크지만, 비문이 아니더라도 구이며 동시에 합성어일 수 있다는 사실도 알 수 있다. 그렇다면 통사적 기준으로 합성어를 가릴 최종 결과는 대략 아래와 같이 정리할 수 있다.

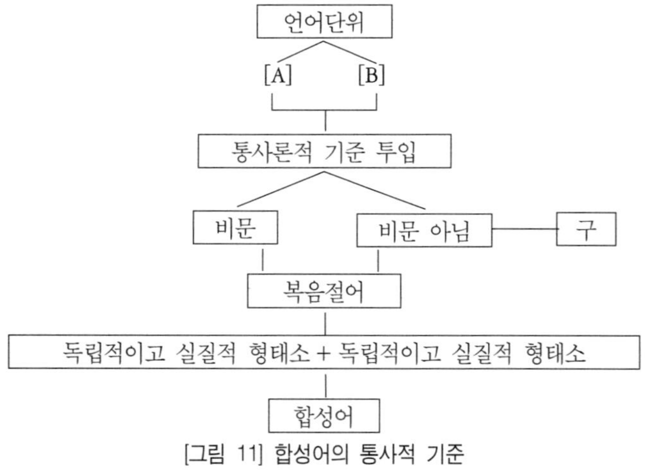

[그림 11] 합성어의 통사적 기준

3.1.4. 의미론적 기준

합성어는 다른 새로운 단어를 만들어낼 필요성이 있기 때문에 생성된다. 이 생성 방식은 주로 구성 요소의 어기가 결합되는 것인데 단순히 원래 구성 요소의 뜻으로만 이루어지는 것이 아니라 특수화된 의미도 지니게 된다. 앞서 얘기했듯이 합성어와 구문 사이의 관계는 상당히 밀접하기 때문에 합성어의 의미가 어휘화된 과정에서 구문의 의미도 얻게 된다. 그러므로 만들어진 상당수 합성어는 두 가지 속성을 지닐 수 있다. 다시 말해 구문이면서 동시에 합성어이기도 한 것이다.

> (가) 別顧左右而言它 → [[左]n[右]n]N → [左右] : 오른쪽과 왼쪽(명사구)
>   (좌우를 둘러보고 얘기하지 말라.)
> (나) 左右都爲難 → [[左]n[右]n]Ad → [左右] : 아무래도(부사)
>   (아무래도 어려울 수밖에 없다.)
> (다) 左右皆曰賢 → [[左]n[右]n]N → [左右] : 주변(명사)
>   (주위의 사람들 또는 신하는 다 현명하다.)

위의 예문을 보듯이 [左右]란 단어는 구문과 합성어의 성격을 지니고 있다는 것을 확인할 수 있다. 같은 형태인 [左右]란 단어가 적어도 양쪽, 아무래도, 주변 등 세 가지 의미를 지니는 것으로 보면 물론 이를 합성어라 해도 되지만 구라고 해도 잘못된 것이 아니다. 그러나 이 [左右]란 단어는 어느 상황이나 어떤 경우 쓰임에 따라 합성어의 자격이 구별될 수 있다. 이러한 구별은 의미론적으로 판정해야 좀 더 뚜렷해진다.

> (라) 天下國家, 天下之本在國, 國之本在家, 家之本在身 → [國家] : 나라와 집
>   (세상에 있는 모든 나라와 가정의 의미란, 세상의 근본은 나라에 있고,
>   나라의 근본은 가정에 있고, 가정의 근본은 자신에 달려있는 것이다.)
> (마) 國家當難, 匹夫有責 → [國家] : 나라
>   (나라가 어려움에 빠져있으면 누구나 이를 살릴 책임이 있다.)

(라)에서의 [國家]란 단어는 '나라'와 '집'의 뜻을 지니고 있기 때문에 구로 처리할 수 있는 반면 (마)에서의 [國家]는 '집'의 의미가 없어지고 단지 '나라'의 뜻만 남기 때문에 합성어에 해당하다. 의미론적 기준은 합성어의

마지막 판단기준일 수도 있다. 어떤 언어단위를 합성어인지 판단내리기 전에 대략 아래와 같은 순서를 겪을 것이다.

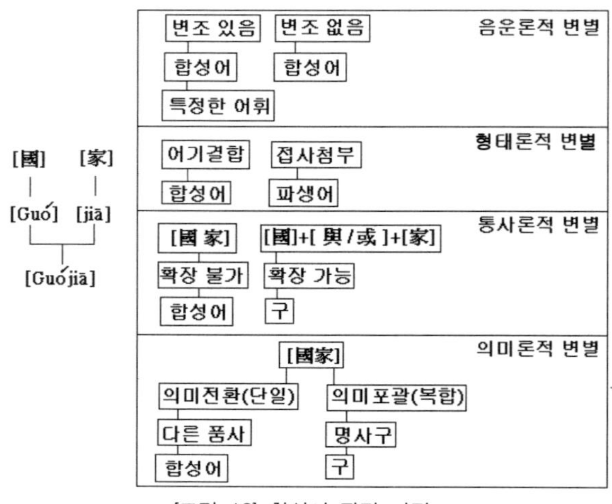

[그림 12] 합성어 판단 과정

3.2. 한국어 합성어의 변별기준

서정수(1981)는 합성어에 대한 판별기준을 주로 (1) 구문론적 기준, (2) 의미적 기준, (3) 보조적 기준 등 3가지로 지적했는데 허웅(1983)은 합성어와 연어(句)의 구분 기준을 (1) 다른 말의 개입 여부, (2) 의미, (3) 문법적 기능, (4) 형태 음소적 변동에 기준을 두어 구별한다고 주장했다. 기규선(1970)은 합성어와 이은말의 구분 기준으로는 (1) 휴지와 연접, (2) 강세형, (3) 음소의 변화, (4) 어순, (5) 내적확장, (6) 외적 결합의 분포관계, (7) 관용화 등을 주장했다. 필자는 학자들의 견해를 종합적으로 정리해서 음운적 기준, 형태적 기준, 통사적 기준, 그리고 의미적 기준 등으로 나누어보았는데 이를 보면 다음과 같다.

[표 3] 한국어 합성어의 변별기준

음운적 기준 : (1) 음소변화 (2) 휴지와 연접 (3) 강세형
형태적 기준 : (1) 내적 비분리성 (2) 사이시옷
통사적 기준 : (1) 외적 분포 관계 (2) 어순
의미적 기준 : 의미 융합관계

3.2.1. 음운적 기준

(1) 음소 변화

한국어는 앞서 살펴보듯이 교착어이기 때문에 언어 자체가 일종의 표음문자이면서 언어단위 사이에 굴절해서 표현하는 언어다. 그래서 한국어 합성어의 구성성분들이 음소 변화를 일으키는 일이 상당히 많다. 즉 합성어가 이루어지는 과정에서 구성 요소들 사이에 일부 음운이 탈락하는 현상이 따르는 경우가 있다.

$$[잘]ad + [잘하다]a \rightarrow [자잘하다]_A$$
$$[열]n + [받다]v \quad \rightarrow [여받다]_A$$
$$[날]a + [날]a \quad\quad \rightarrow [나날]_N$$
$$[불]a + [삽]a \quad\quad \rightarrow [부삽]_N$$
$$[솔]n + [나무]n \quad \rightarrow [소나물]_N$$

위 예문으로 보면 합성어의 변별 기준이 확실하다. 그러나 이와 같은 '르' 탈락규칙은 극히 일부 합성어에 국한되어 적용된다.

(2) 휴지와 연접

한국어는 합성어의 구성 요소들 사이에 휴지가 없고 연접이 폐쇄적인 경향이 있다고 알려져 있다.[6] 어떤 합성어이든 구성 요소들의 사이에 휴지가 없이 이어져서 발음되는 규칙이 있다.

---

6) 서정수(1981 : 284) 참조.

[물] + [개] → [물개] : 합성어   [물#개] : 이은말(구)
[밤] + [낮] → [밤낮] : 합성어   [밤#낮] : 이은말
[산] + [꽃] → [산꽃] : 합성어   [산#꽃] : 이은말(구)

위 예문으로 보면 합성어 구성 요소 사이에 일단 휴지를 취하게 되면 이은말이 된다. 즉 '물개'는 '물에 사는 개'란 이은말(구), '밤낮'은 '밤과 낮'이란 이은말, '산꽃'은 '산에 피는 꽃'란 이은말(구)이 된다. 그러나 이와 같은 개방연접에 의한 '물#개', '밤#낮', '산#꽃'과 폐쇄연접에 의한 '물개', '밤낮', '산꽃'에 따라 구, 이은말, 합성어를 구별한다는 이 기준은 사실상 실제 차이를 느끼기 어려울 수도 있다. 그 구성 요소 사이에 휴지의 음장이 얼마만큼 되어야 합성어인지 아닌지 일정한 규칙이 없기 때문이다.

(3) 강세형

강세란 변화는 운소에 달려있다. 즉 언어단위의 구성 요소 중에 음소가 어떤 음절을 이룰 때 운소는 어느 정도 도움을 주는지에 따라 그 음절의 억양이나 의미가 어느 정도 달라질 수 있다.

↑국밥→ /kukpap/ ; ↑국↓밥→/kuk' pap/
↑고무신→/komusin/ ; ↑고무 ↓신→/komu' sin/
↑감나무→/kamnamu/ ; ↑감 ↓나무→/kam' namu/[7]

강세에 의해 합성어를 구별하는 것은 한국어에서 아직까지 문젯거리가 되고 있다. 강세나 음장이 실제로 차이가 나는지 의문이다. 그러나 합성어에서는 강세가 있다는 것을 전혀 부인할 수도 없다. 왜냐하면 합성어의 구성에 강세의 발생은 화자의 심리적 실재로 감정가치 유발 요소이기 때문이다(김정은, 2000 : 135).

---

7) ↑뒤의 음절은 약하게 읽히고, ↓뒤의 음절은 강하게 읽힌다.

3.2.2. 형태적 기준

(1) 내적 비분리성

합성어 성분의 비분리성은 합성어를 구분하는 데 가장 명확한 기준 가운데 하나로 인정된다. 이것은 마치 앞서 중국어 합성어에서 다루었던 확장법과 같다. 언어단위를 이루는 모든 요소들은 서로 뗄 수 없는 결합 관계를 보임으로써 구문적 결합인지 합성어 결합인지와 구분된다고 하는 것이다.

가. 이은말과 합성어

[표 4] 개입 요소에 따른 이은말과 합성어

	구성 요소 1	개입 요소	구성 요소 2	이은말	합성어
1	크다	띄어쓰기	집	큰 집	큰집
2	작다	띄어쓰기	아버지	작은 아버지	작은어버지
3	밤	관형사	낮	밤과 낮	밤낮
4	돌다	문법적 조사	가다	돌아서 가다	돌아가다
5	감	관형사	나무	감의 나무	감나무

위의 표를 보면 두 개로 구성되는 언어단위 사이에 다른 어떤 요소가 들어가면 이은말이 될 수도 있고 합성어가 될 수도 있다. 이것들의 비분리성을 통하여 합성어임을 확인 할 수 있다.

나. 일정한 형태소의 합성어

한 언어단위에는 같은 형태를 지니지만 사용되는 데에 따라 의미적으로 그의 내분 분리성을 재검토할 수 있다. 즉 의미 비중이 어느 쪽에 더 많이 차지하는지에 따라 합성어인지를 변별하는 것이다. 예를 들면, '꽃밭'이란 단어를 아래와 같은 분석할 수 있다.

(1) 그녀는 들판의 꽃밭에서 꽃 한 송이를 뽑았다.
(2) 꽃밭에 물을 자주 주어야 진달래꽃이 잘 피는다.
(3) 꽃밭에서 불을 지르다.

(4) 그 사람이 여자복이 좋아서 꽃밭에서 노는 셈이지.

(1)에서의 '꽃밭'은 '꽃을 심은 밭'이라 할 수 있기에 '꽃의 밭'이라고 해도 원래 뜻이 달라지지 않는다. 따라서 이 '꽃밭'이란 언어 단위는 여기서 합성어라기보다 이은말이라고 보는 것이 알맞다. (2)에서의 '꽃밭'은 '화단'의 뜻이니 '꽃을 심은 밭'이 아니다. 그래서 일종 불가분한 성질을 지니고 있으니 합성어라고 볼 만하다. (3)에서의 '꽃밭'은 '사람의 마음, 생각'이라 하는데 결코 '꽃이나 밭'의 뜻이 아니기에 역시 합성어로 처리해야 타당하다. (4)에서의 '꽃밭'은 마찬가지로 '꽃이나 밭'의 뜻이 아니고 '여자끼리, 틈'이라고 하는데 일종의 관용적 표현이다. 그래서 (3)과 같이 합성어로 볼 만하다.

(2) 사이시옷

사이시옷은 합성어인지 아닌지 판단하는 것 중 한 가지이다. 그러나 이 기준은 아주 제한적이다.

〈사이시옷 표기 조건〉
가. 명사와 명사가 결합한 합성어일 경우
나. 사잇소리 현상이 일어났을 경우
다. 앞말이 모음으로 끝났을 경우
라. 순 한국어와 순 한국어, 또는 순 한국어와 한자어가 결합할 때 사이시옷을 표기한다.

위의 조건 중에 '나'와 '다'의 제한 내용에 관하여 또 몇 가지의 보충 제한이 있다. 즉, 합성 명사(뒤 + 처리)에서 뒷말의 첫소리가 된소리(ㄲ, ㄸ, ㅃ, ㅆ, ㅉ)나 거센소리(ㅊ, ㅋ, ㅌ, ㅍ)일 때는 앞말에 사이시옷이 들어가지 않는다. 예를 들면 아래와 같다.

마. [뒤] + [간(間)]의 경우, [뒤깐]으로 뒷말의 첫소리가 된소리로 발음되므로, [뒷간]처럼 사이시옷이 들어간다.

바. [뒤] + [쪽]의 경우, 뒷말의 첫소리가 된소리 그 자체이므로, [뒤쪽]처럼 사이시옷이 안 들어간다.

사. [뒤] + [칸]의 경우, 뒷말의 첫소리가 거센소리 그 자체이므로, [뒤칸]처럼 사이시옷이 안 들어간다.

위 설명을 보면 사이시옷의 기능은 주로 합성어 명사에서만 나타날 수 있음을 알 수 있다. 그리고 합성어 명사 사이에 뒤쪽 구성 요소의 첫소리가 된소리나 거센소리가 아니어야 사이시옷이 들어갈 수 있다는 것도 확실하다. 따라서 사이시옷의 나타남, 확장법(다른 원소 개입), 휴지 등의 합성어 판별 방법은 어느 정도 효과적이라고 할 수 있다.

자. [바다] + [물]
자-1. [바다] + [ㅅ] + [물]→[바닷물] : 합성어 → 사이시옷
자-2. [바다] + [의] + [물]→[바다의 물] : 구 → 확장법(내적 분포 관계)
자-3. [바다] + [물]→[바다#물] : 구   → 휴지(내적 연접 관계)

3.2.3. 통사적 기준

(1) 외적 분포 관계

이 기준은 합성어의 성분이 다른 수식어 등과 결합하는 관계에서 보이는 특성을 말하는 것이다.

가. [큰] + [집] + [안]
가-1. 설날에 고향에 가서 집안 사람들을 만났다.
　→[집안] : (O)
가-2. 설날에 고향에 가서 큰 집안 사람들을 만났다.
　→[큰] + [집안] : (X)
가-2. 설날에 고향에 가서 큰 집 안 사람들을 만났다.
　→[큰] + [집] + [안] : (O)

위의 (가-1)에서 '집안'은 자기의 '친척'을 가리키는 뜻이데 'A + B = C'의 합성어 규칙에 의해 합성어로 여겨진다. (가-2)에서의 '집안'은 물론 마찬가지로 '친척'을 뜻하지만 '큰'과 어울리면 '작지 않는 한 채의 건물이나 집'을 뜻하는 것이니 문장 앞뒤가 모순이 생겨서 비문이 된다. 즉, 이때의 '집안'은 합성어가 아니다. (가-3)에서는 설날에 고향을 떠나서 한 큰 건물 안에 들어가서 많은 사람들을 만나다는 뜻이다. 즉 '큰', '집', '안' 세 언어단위는 각자의 뜻을 수식하는 데 일종의 나열 순서만 보임으로써 서로 제약 받지 않았다.

    나. [돌다] + [가다]
        나-1. [돌아 가다]
        나-2. [돌아가다]
        나-3. [돌아서 가도]

위의 (나-1)에서의 '돌아'와 '가다' 사이에 뛰어쓰기가 놓이는 것은 두 가지의 동작이 이어서 나타나는 것으로 볼 만하다. 즉 (나-3)에서의 '돌아서 가다'의 뜻과 비슷하다. 행동 시간으로 보면 아주 짧은 차이로 보인다.

다시 말해서 (나-1)에서의 '돌아 가다'는 두 행동 시간이 겹치는 점이 있지만 (나-3)에서의 '돌아서 가다'는 그런 것이 없다고 볼 수 있다. 행동의 목적지로 보면 (나-1)의 경우는 목적지가 하나일 뿐이지만 (나-3)의 경우는 하나 혹은 둘일 수도 있다. 그러면, (나-2)에서의 '돌아가다'는 두개의 행동을 하나로 합쳐서 나타나는 표현으로 볼 수 있다. 이것은 행동의 방향이나 시간 차이가 없는 언어단위의 뜻이다. 그리고 이 '돌아가다'의 구성 요소로 보면 역시 'A + B = C'의 규칙에 의해 만들어내는 것이다. 즉, '돌다 + 가다 → 몸을 돌아서 다른 방향으로 가다'의 뜻이 아니 '죽음'을 뜻하는 것이다.

(2) 어순

어순은 각 언어의 가장 기초적인 문법 조건이다. 모든 언어는 각자 나름대로의 어순 특성을 지니고 어휘를 만들어서 의사소통 방식을 해내고 있다. 물론 이 합성어 생성도 마찬가지로 이 어순의 제한 안에서 만들어낸 것이다. 그러나 한국어에서는 어순으로 만들어진 합성어 중에 그 규칙을 벗어나 생성된 합성어도 있다. 즉, 원래 'S + O + V'로 된 어순은 'V + O'로도 될 수 있다.

[표 5] 어순 비교

		영어	한국어	중국어
	어순	SVO	SOV	SVO
1	S(N) + O	Blackboard	하늘색	黑板
2	V + O	Playboy	뜬구름	剪髮
3	S(N, O) + V	Haircut	장보다	心碎

위 표를 보면 영어와 중국어의 어순이 같고 한국어는 그렇지 않다. 그러나 합성어의 생성 어순이 거의 똑같다. 그것은 한국어에서의 'V + O'형은 주로 'ㄴ/ㄹ'의 관형사형으로 이루어지고 있음을 알 수 있다. 여기서 어순 기준의 초점은 한 언어단위가 실제로 어순으로 만들어낸다면 그 구성 요소들이 서로 어순 자리를 바꾸어 다시 조합될 수 있느냐 없느냐의 문제이다. 즉, 원래 'S + V, S + O'의 어순은 'V + S, O + S'의 어순으로 다시 재결합하면 성립할 수 있느냐는 것이다.

> 가. S(N) + V형(N + V형) → V + S(N)형(V + N형)
>> (가-1) [겁]N + [나다]V → [겁나다]
>> (가-2) [나다]V + [겁]N → [나겁다*]
>> (가-1) [멍]N + [들다]V → [멍들다]
>> (가-2) [들다]V + [멍]N → [들멍다*]

나. S(N) + O 형(N1 + N2 형) → O + S(N) 형(N2 + N1 형)
    (나-1) [샘]N1 + [물]N2 → [샘물]
    (나-2) [물]N2 + [샘]N1 → [물샘?]
    (나-3) [비]N1 + [구름]N2 → [빗구름]
    (나-4) [구름]N2 + [비]N1 → [구름비*]
    (나-5) [똥]N1 + [파리]N2 → [똥파리]
    (나-6) [파리]N2 + [똥]N1 → [파리똥]

(가)와 (나)에서 살펴보듯이 'S + V'형의 합성어 어순은 'V + S'형으로 바뀔 수 없음을 알 수 있지만 'S + O'형의 합성어 어순은 'O + S'형으로 바뀔 수 있다. 그러나 이런 경우 3가지의 결과가 나타난다. 첫째는 바뀐 어순으로 만들어낸 합성어는 문법에 어긋나지 않지만 어떤 미지 사물에 대해 명명하듯이 비문이 될 만한 새로운 단어가 나타나는 것 같다. 둘째는 거꾸로 된 어순으로 만들어진 합성어는 완전한 비문이 된다. 이것은 의미적으로 이해 못갈 정도로 판단하는 합성어인데 합성 문법에 어긋나는 것이 아니다. 셋째는 어순이 바뀌어 만들어낸 합성어는 원래 언어단위의 뜻과 달라져서 다른 사물을 지칭하는 경우이다. 어느 언어라도 그의 합성어 구성성분의 배열순서에 있어 고정적이다. 어순이 바뀌어서 다시 합성어가 조립되고 문법에 어긋나지 않다 하더라도 적어도 의미 변화가 수반되기 마련이다.

3.2.4. 의미적 기준

(1) 융합 관계

융합 관계란 결합될 두 구성 요소들이 서로 의미적으로 녹아 붙어서 쉽게 분리할 수 없을 정도로 결합되는 것을 뜻한다. 두 구성 요소는 융합된 관계를 이룰 때 각 성분의 뜻이 한 덩어리로 뭉쳐져 제3의 뜻을 형성한다.

가. 국밥 → [국]n + [밥]n → [국밥]N
나. 밤낮 → [밤]n + [낮]n → [밤낮]N / Ad

  (가)와 (나)의 '국밥, 밤낮'은 단순히 '국과 밥, 밤과 낮'의 의미가 아니라 '국에 밥을 만 음식, 항상'이라는 의미변화를 가져온다. 그러나 이런 의미변화는 쉽사리 짐작할 수 있는 것이 아니다. 결합된 제3의 의미는 때로는 원래 언어단위에서 찾아내기 어려운 경우도 종종 있다. 예를 들면, '정말로 나무 거울 노릇을 하는군'이란 말에서 '나무 거울'이란 말이 합성어로 여겨질 경우에는 우선 '나무로 만든 거울'이라고 이해될 것이다. 그것은 유리 거울, 쇠거울 등과 같이 거울들의 한 갈래를 가리키므로 합성어로 여겨진다. 그러나 '나무로 만든 거울'의 뜻과 달리 '쓸모 없는 일'이라는 관용적인 의미를 나타낸 제3의미는 쉽게 짐작하기 어렵다. 이 때문에 합성어를 이루는 두 성분의 융합 관계는 그 밀도가 경우에 따라 차이가 있음을 알 수 있다. 크게 보면 아래와 같이 5가지 유형으로 나누어 볼 수 있다.

    다. 성분의 본래적 의미를 바탕으로 형성되어 차차 변화됨
        [A1] + [B1] → [A2B2]
        (다-1) [밤] + [낮] → [밤낮]   → 언제나
        (다-2) [집] + [안] → [집안]   → 가족
        (다-3) [피] + [땀] → [피땀]   → 노력
        (다-4) [꽃] + [등] → [꽃등]   → 맨처음

    라. 특정한 관습이나 상징적의미를 바탕으로 변화됨
        [A1] + [B1] → [C]
        (라-1) [밤] + [손님] → [밤손님]   → 도둑
        (라-2) [쥐] + [뿔] → [쥐뿔]   → 보잘것없는 것
        (라-3) [치마] + [바람] → [치맛바람]   → 여자들의 위세
        (라-4) [종이] + [호랑이] → [종잇호랑이] → 힘이 없는 사람

    마. 앞 성분의 의미가 바뀜
        [A1] + [B1] → [A2B1]
        (마-1) [흰] + [소리] → [흰소리]   → 허튼 소리
        (마-2) [거울] + [삼다] → [거울삼다]   → 모범을 삼다.
        (마-3) [여우] + [비] → [여웃비]   → 해가 나는 비

(마-4) [벼락] + [부자] → [벼락부자]   → 갑자기 된 부자

바. 뒷 성분의 의미가 바뀜
[A1] + [B1] → [A1B2]
(바-1) [몸] + [살] → [몸살]   → 몸이 아픈것
(바-2) [신] + [바람] → [신바람]   → 신이 나는 일
(바-3) [물] + [귀신] → [물귀신]   → 물에 빠져 죽은 사람
(바-4) [손] + [버릇] → [손버릇]   → 손도둑질을 가져있는 버릇

사. 성분의 의미가 불명함
합성어 중에 의미적으로 쉽게 판단하기 어려운 것도 많다. 그것은 이
은말과의 구분이 어려우며, 관점이나 쓰이는 경우에 따라 이은말로 여
겨질 수도 있다.

[표 6] 해석에 따른 언어단위 차이

	뜻1(합성어) 특정한 사물	뜻2(이은말) 구나 마디	뜻3(다른 뜻) 해석이나 문장
[밤] + [나무]	밤나무	밤의 나무 / 밤과 나무	밤이 열리는 나무
[물] + [개]	물개	물과 개	물에 사는 동물
[산] + [꽃]	진달래꽃	살아있는 꽃	산에 피는 꽃
[꽃] + [가루]	꽃가루	꽃의 가루 / 꽃과 가루	꽃에서 생기는 가루

위와 같은 표에서 보듯이 각자 언어단위가 세 가지 뜻으로 분석될 수 있
다. 그러나 그 의미가 성분적 의미에서 무조건 결정되는 것은 아니다. 특정
한 사물의 이름을 가리킬 때 합성어의 특성이 더욱 뚜렷하다. 다시 말해서
합성어 성분의 의미적인 변화는 그 비분리성이나 외적 분포적 관계와 상호
보완적인 면을 드러낸다는 것과 밀접하다. 즉 의미적 변화를 고려할 때 구
문적 특성도 함께 다루어야 합성어가 성립되는지 확인하는 데에 더욱 효과
적일 것이다.

4. 맺음말

언어의 형태론적 유형 분류에서 중국어와 한국어는 서로 다른 계통에 속해 있다. 그러나 한국어에는 한자어가 포함되어 있기 때문에 이에 따른 혼란을 최소화하고자 본고에서는 한자어를 배제하였다. 연구 대상의 범위는 중국어의 경우 현대 중국에서 사용되는 합성어, 그 중에서도 2음절로 구성된 것을 중심으로 하였고, 한국어의 경우 현대 한국에서 사용되는 합성어 중 한자어를 배제한 것을 중심으로 하였다.

본 연구에서는 합성어의 생성 배경과 양국 합성어의 생성 순서, 변별기준에 대해 다루었다. 합성어가 만들어지는 이유는 언어적 요구에 따른 것이다. 이는 세계 어떤 언어든 마찬가지이다. 그 방법 역시 어근과 어근의 결합을 통해 새로운 단어를 생성한다는 점에서 공통적이다. 어근의 결합을 통해 생성된 합성어는 원래 있던 단어가 가지는 의미보다는 더 넓고 다양한 의미를 가지게 된다. 형태적으로 볼 때, 동일한 어떤 사물을 가리키는 합성어를 만들어낸다고 할 때, 중국의 경우 그 결합 과정은 2단계로 가능하다. 그러나 한국의 경우에는 그 과정이 3단계, 심지어 4단계까지 가기도 한다.

끝으로 외국어를 공부하는 학습자의 입장에서 봤을 때, 합성어를 학습하는 것은 언어 실력을 향상시키는 데 상당히 큰 도움이 된다. 합성어 생성원리와 규칙을 통해 그 언어의 표현방식이나 문법계통을 익힐 수 있을 뿐만 아니라, 그 언어 속에 담겨있는 문화적 특색과 사고방식도 함께 이해할 수 있다. 일석이조의 좋은 학습 방법이 아닐 수 없다. 본 연구는 필자에게도 외국어 능력 향상에 도움이 되었다. 이 연구가 앞으로 중국어와 한국어에 대해 관심을 갖고 학습하려는 후배들에게도 보탬이 될 수 있기를 바란다.

‖ 참고문헌

김정은(1995), 『국어 단어형성법 연구』, 박이정.

김지형(2001), 『한국어와 중국어와의 비교』, 박이정.

김혜순(2005), 「중·한·일 한자어 비교연구」, 영남대학교 박사학위논문.

깅병일(2000), 『국어 합성어 연구』, 역락.

양광석(1999), 『한문문법론』, 관동출판사.

유영기(1992), 「중국어의 어휘구조 연구」, 성균관대학교 박사학위논문.

李雅妃(2001), 「中國語 語彙와 韓國語 漢字語彙의 比較研究」, 인하대학교 석사학위논문.

苗春梅(1999), 「韓國 語素倒置 漢字語의 生成과 그 意味」, 고려대학교 석사학위논문.

이석주(1987), 「국어 어구성 연구」, 중앙대학교 박사학위논문.

이석주·이주행(2006), 『한국어학 개론』, 보고사.

정동환(1991), 「국어 합성어의 의미관계 연구」, 건국대학교 박사학위논문.

정원수(1992), 『국어의 단어 형성론』, 한신문화사.

최규일(1989), 「한국어 어휘형성에 관한 연구」, 성균관대학교 박사학위논문.

최윤정(2007), 「중국어 2음절 합성어의 속성」, 성균관대학교 석사학위논문.

최판림(2002), 「현대 한·일 양국어의 조어법 비교연구」, 부산외국어대학교 박사학위논문.

허 웅(1983), 『국어학』, 샘문화사.

홍사만(1990), 『국어 어휘 의미 연구』, 학문사.

황화상(2001), 『국어 형태 단위의 의미와 단어 형성』, 월인.

郭良夫(2000), 詞匯, 商務印書館.

劉叔新(2006), 辭會研究, 外語教學與研究出版社.

劉忠富(2003), 實用漢語詞匯, 安徽教育出版社.

馬 眞(1980), 先秦複音詞初探(前), 北京大學簡報.

符淮靑(2008), 現代漢語詞匯, 차이나 하우스.

徐 靑(2006), 現代漢語, 華東師範大學出版社.

曹 煒(2001), 現代漢語辭義學, 學林出版社.

周 荐(2004), 漢語詞匯結構論, 上海辭書出版社.

周 荐(2008) 主編, 20世紀中國詞匯學, 中國人民大學出版社.

朱志平(2005), 漢語雙音複合辭屬性研究, 北京大學出版社.

Chomsk, N.(1965), *Aspects of the Theory of syntax*, Cambridge, MA : MIT Press.

Chomsk, N.(1970), *Remarks on Nominalization, Readings in English Transformational Grammar*, Ginn Waltham, Massachusetts.

한·중 의태어의 범주와 형태 비교

장언청

1. 머리말

의태어에 대한 이해는 한국어 학습자에게 대부분 부담스러운 영역이며, 특히 뜻글자를 사용하는 중국인 화자의 입장에서는 더욱 접근하기 어려운 범주이다. 중국어에 의태어라는 개념이 확립되어 있지 않기 때문에 그에 대한 연구 업적도 별로 없고 주로 중첩형에 관한 연구가 한국어의 의성어 의태어 연구와 겹치는 정도이다. 오늘날 번역 자료에서 보면 한국어의 의성어는 대부분 중국어의 '象聲詞'와 대응할 수 있는 반면 한국어 의태어는 중국어와 대응 관계 많고 복잡하기에 그와 관련된 연구는 아직 이루어지지 못하였다. 게다가 한국어 상징어를 자국어와 대조해 공부하는 데 참고할 만한 적절한 교재나 대역사전이 없다는 점은 한국어의 풍부한 상징어를 학습하는 데 제약이 된다. 이런 점에서 본 연구는 한국어 의태어에 대응하는 중국어의 어휘 범주를 선정하여 분류한 것이다.

두 언어의 어휘를 대응하는데 무리가 없도록 하기 위해 이 글에서는 중국어 의태어를 '넓은 의미의 의태어'와 '좁은 의미의 의태어'로 구분하여 연구한다. 연구 대상 어휘를 선정하는 방법으로 기초어휘에 대한 개념을 인지하고, 그간의 선행연구를 바탕으로 사용 빈도를 고려하여 선정한다. 선정한 한국어 의태어 어휘를 『한·중사전』과 『표준국어대사전』을 통해 뜻풀이와 대응 형식을 분석하고 한국어 의태어와 대응하는 넓은 의미의 중국어 의태어를 5가지 형식으로 구분하여 고찰한다. 다음에 채완(2003)에서 분류했던 한국어 의태어의 분류 기준으로 중국어 의태어도 같은 기준으로 분류한다. 또 이 분류된 중국어 의태어와 대응하는 한국어 의태어는 무엇인지를 고찰한다.

2. 한·중 의태어의 개념과 범위

중국어 '의태어'에는 한국어의 '의태어'에 대응하는 어휘 범주가 없으며 그에 대한 연구 논문도 별로 없는 상황에서 본 연구는 먼저 한국어와 중국어 의태어의 정의와 범위를 확정하도록 한다. 한국어 형태에 따른 분류와 같은 기준으로 중국어에서 넓은 의미의 의태어를 분류한다. 중국어의 중첩 상태형용사는 좁은 의미의 의태어로 귀속시키고 모양, 감각, 용태를 모방하는 모든 단어를 넓은 의미의 의태어로 인정한다.

2.1. 한국어 의태어의 정의

의태어를 비교 연구하려면 우선 두 언어에서 의태어의 개념을 명확히 해야 한다. 의태어에 대한 정의는 다양한데 한국어 어휘 사전에서 의태어에 대한 정의를 살펴보면 아래와 같다.

『표준국어대사전』(1999)에서 의태어란 사람이나 사물의 모양이나 움직임을 흉내 낸 말로 '아장아장', '엉금엉금', '번쩍번쩍' 따위가 있다고 하였다. 『국어학 언어학 용어사전』(1994)에서는 의태어는 사물의 동작이나 모양을 음성 연속을 빌려 상징적으로 나타내는 말을 이른다고 밝혔다. 의성어가 청각에 작용하는 자극의 언어음화인데 대하여, 의태어는 청각 이외의 감각, 시각, 촉각 등의 자극을 사음적으로 나타낸 것으로 이것은 어떤 감각 영역에 자극이 주어질 때에 다른 감각이 수반하는 '공감각'이라고 일컬어지는 현상을 이용한 것이다. 『우리말큰사전』(1992)에서는 의태어란 사물이 움직이는 것이나 모양을 흉내 내어 하는 말로 '간들간들', '꼬불꼬불' 따위를 이른다고 하였다. 『연세한국어사전』(1998)에서는 의태어란 '방울방울, 꾸벅꾸벅' 따위와 같이 사물의 모양이나 움직임을 흉내 내어 만든 말이라고 하였다.

이렇게 볼 때 의태어는 '사람이나 사물의 모양이나 움직임을 흉내내어 나타내는 어휘군'이라고 할 수 있다.

2.2. 중국어 의태어에 대한 정의와 범주 인정

한국어 의성어·의태어에 대응되는 것으로 중국어에는 '묘모(描摹)'라는 것이 있는데[1] 학자마다 그것을 명명하는 용어에는 차이가 있다. '묘모(描摹)', '모상(摹狀)', '모사(摹寫)', '모회(摹繪)'라고도 부른다.

陳望道(1964)는 '모상(摹狀)'이라는 것은 사물의 정태, 상태에 대한 감각을 모사해내는 사각으로서 시각을 묘사한 것과 청각을 묘사한 것이 있다고 하였다.

黃萱(1990)은 陳望道의 '모상(摹狀)'이라는 용어는 독자들에게 시각적으로 얻어지는 각종 현상의 묘사만을 가리키는 것으로 오해를 불러일으킬 수 있다고 하여 '모사(摹寫)'라고 바꾸고 그 표현 대상을 시각, 청각, 후각, 미각,

---

1) 한국어의 의성어·의태어는 어휘론의 범주에서 다루어지고 있는 데 반해, 중국어의 '묘모(描摹)'는 수사학(修辭學)에서 다루어지고 있다.

촉각 등의 영역으로 세분하였다.

唐松波·黃建霖(1989), 張斌 외(2002)에서는, '모회(摹繪)'라는 용어를 사용하였으며, 단어로 객관 사물의 소리, 색깔, 기미(气味), 성상(性狀)을 묘회(描繪)하는 수사(修辭) 방식으로서, 모성(摹聲), 모색(摹色), 모미(摹味), 모상(摹狀) 등 4가지로 나눈다고 하였다.

『現代漢語詞典』(1983)에서는 "[象形詞]是模擬人或事物的動作和狀態的詞。如:亮晶晶, 笑呵呵"라고 정의되었다('상형사(象形詞)'란 사람이나 사물의 움직임과 상태를 모방하는 말이다. 예:반짝반짝, 싱글벙글).

위에서 살펴본 정의로 보면 한·중 두 나라의 사전에서 의태어에 대한 정의에는 큰 차이가 보이지 않지만 서로 다른 양상을 보여준다. 『現代漢語詞典』에서는 의성어를 '상성사(象聲詞)'라고 한다. 이는 중국어 어휘 중에 한 종류인데 의태적(擬態的) 표현의 어휘들을 형용사에 귀속시키고 있다. 품사적 측면에서 한국어 의성어·의태어를 많은 학자들은 부사에 귀속시키지만 중국어에서는 소리를 나타내는 의성어만을 의성사(擬聲詞)라는 하나의 독립 품사로 다루고 있으며, 상태(狀態), 정태(情態), 동태(動態) 등을 묘사한 의태적(擬態的) 표현의 어휘들을 형용사에 귀속시키고 있다(정순매, 2005).

한·중 의태어 정의에 대한 공통점과 차이점을 표를 만들면 다음과 같다.

[표 1] 한·중 의태어 정의에 대한 공통점과 차이점

공통점	1. 모양과 움직임을 모방(흉내)하여 나타내는 말 2. 생동감을 줄 수 있다.		
		한국어 의태어	중국어 의태어
차이점	품사	부사	형용사
	귀속	어휘 범주	수사학(修辭學) 범주
	형식	파생형식 많다 (−하−, −대−, −거리−, −이−)	사자성어, 형용사, 동사, 어절

표를 통해 한국어 의성어 의태어는 명사, 동사, 형용사 등으로 파생되는 특징이 있는데 중국어 의태어도 명사, 동사 등으로 전성되는 특징을 알 수

있다. 현재까지 중국어 의태어에 대해 확실히 정의되지 않는 것은 한국어 의태어와 대응하는 중국어 단어 형식이 다양하기 때문이라고 할 수 있다. 즉 한국어 의태어가 한 가지 어휘로 다루고 있으며 중국어 의태어는 한 가지 수식 방법으로서 여러 형식의 단어로 표현할 수 있다. 그 여러 형식의 단어에 따라 필자는 중국어 의태어를 '넓은 의미의 의태어'와 '좁은 의미의 의태어'로 나누었다.

좁은 의미의 의태어에 대한 범주는 아래와 같다.

呂叔湘(1981)에서는 중국어 의태어는 형용사에 속하는데 이러한 형용사는 '생동형용사'라고 부르다. 즉 첩어 형태의 형태적 특징을 이루는 형용사를 말한다.

또한 劉月華·潘文娛·故韋華(2005)에서 중국어의 형용사는 성질형용사와 상태형용사로 나눌 수 있다고 분류하였다. 성질형용사는 '不'를 붙어 부정형식을 만들 수 있으며 '很'와 결합하여 정도를 나타낼 수 있다. 예를 들어 '好(좋다), 遠(멀다), 安定(안정하다), 仔細(꼼꼼하다)' 등은 성질 형용사이다. 또 하나인 상태형용사는 정도를 나타내는 조어형식을 가지고 있는데 예로 '雪白(눈처럼 하얗다), 火紅(불타는 듯 붉다), 黃燦燦(금빛처럼 찬란하다), 古里古怪(괴상하다)'를 들 수 있다. 상태형용사는 사물의 양태를 표현하며 묘사기능을 가지고 있으며 중첩형용사는 상태형용사의 구성형식 중의 하나라고 주장하였다.

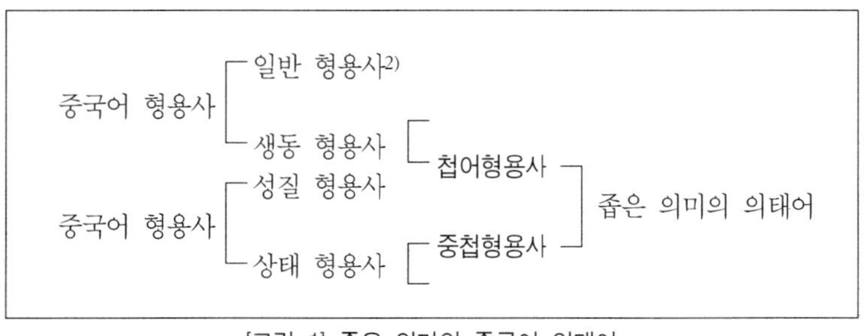

[그림 1] 좁은 의미의 중국어 의태어

---

2) 일반형용사는 사물의 성질이나 상태를 표현하는데 묘사기능이 약하다(劉月華·潘文娛·故韋華, 2005 참고).

한국어의 의태어 모음은 음·양의 대립에 의해 자음은 평음, 경음, 격음의 교체에 의해 어감이 미묘하게 달라지는 음운적 특징이 있는데 중국어에는 이와 같은 음운적 특징이 보이지 않지만 형태상 양 언어 모두 첩어 형태를 이루는 공통적인 특징이 있다. 즉 '좁은 의미의 중국어 의태어'는 사람이나 사물의 양태를 표현하며 묘사기능을 가지고 있는 첩어 형태의 형태적 특징을 이루는 형용사이다.

'넓은 의미의 중국어 의태어'는 '좁은 의미의 의태어'와 같은 기능과 역할인데 단지 다른 단어 형식으로 나타난다. 넓은 의미의 중국어 의태어에 대해 살펴보자.

첫 번째는 중국어 의태어가 '모양상징 의성어'인 경우이다. 중국어에서도 의성어와 의태어를 아우르는 경우가 있다. 예를 들어 '唰'는 『現代漢語詞典』에서는 '形容迅速擦過去的聲音(신속히 스쳐지나가는 소리)'라고 되어 있지만 "他的臉唰地紅了(그의 얼굴이 확 빨개졌다)"에서의 '唰'는 얼굴이 신속히 변하는 상태를 나타내므로 의성어에서 의태어로 확장된 것이라고 볼 수 있다. 한자의 부수3) '口'를 가진 의성어는 대부분 사람과 동물의 소리와 관련이 있다. 글자 구성과 대표소리는 고정되어 있고 특정한 언어 환경이 없어도 무슨 소리인지 알 수 있다. 예를 들면 '咯噔咯噔[gē gē dēng dēng]的皮靴聲(뚜벅뚜벅하는 구두 소리)'는 의성어이며 '走路咯噔咯噔的'는 '발자국 소리를 뚜렷이 내며 잇따라 걸어가는 모양'을 나타낼 수 있다. 부수 '口'를 가진 의성어는 음성상징적인 요소를 갖고 있기 때문에 어떠한 모습도 표현할 수 있다. 즉 어떤 단어는 의성어이며 '음성상징적인 요소'를 가지고 있어 의태어도 될 수 있다. 여기서는 '모양상징 의성어'라고 부른다.

두 번째는 중국어 의태어가 '상태 사자성어'인 경우이다. 『한중대역사전』

---

3) 한문자전(漢文字典)에서 각 부의 대표로 색인에 나와 있는 자형(字形). 한자를 자형구성면에서 정리·분류·배열하기 위한 본말(本末)의 한 가지 방법이다. 한자를 단자(單字)마다 좌우·상하·내외·본말·주종(主從) 등으로 2대분하여 구성 요소를 추출하고, 그 중에서 의부(意符 또는 義符 : 대략의 意義 분류를 나타내는 부분)를 같이하는 것을 모아 한 부로 만들고, 그 부에 공통되는 의부가 있는 형태를 색인에 내어 부수로 삼는다.

에 의하면 한국어 의태어와 대응하는 한자성어가 나온 경우가 많다. 한자성어는 비유적인 내용을 담은 함축된 글자로 상황, 감정, 사람의 심리 등을 묘사한 말이다. 주로 네 글자로 된 것이며 중국에서는 일상생활이나 글에 많이 사용된다. 한자성어는 비유적인 내용을 담은 함축된 글자로 구성하는 말이라서 의태어의 역할도 할 수 있다. 예를 들어 '기웃기웃'은 '무엇을 보려고 고개나 몸 따위를 이쪽저쪽으로 자꾸 조금씩 기울이는 모양'을 나타내는 말인데 중국어에는 '【성어】探頭探腦 tàn tóu tàn nǎo. 【성어】東張西望'이다. 그러므로 이 글에서 일부 한국어 의태어와 대응하는 특정한 사자성어를 중국어 의태어로 분류하기로 하며 이를 '의태형사자성어'라고 부른다.

세 번째는 중국어 의태어가 '모양상징 형용사'인 경우이다. 조어적으로 보면 어떤 형용사 자체가 '**XX**처럼 **XX**하다'란 뜻을 가지고 있다. 예를 들면 '<u>호리호리한</u> 몸매': <u>苗條的</u>身材。苗는 '움, 싹, 후대'인데 條는 '가늘고 긴 나뭇가지'의 뜻이다. 합쳐서 '새싹처럼 가늘고 길다'란 뜻이다. 이런 형용사는 중첩형태가 아니라도 조어법에 따라 사물을 모방하여 만든 단어로서 넓은 의미로 의태어로 인정하기로 한다.

네 번째는 중국어 의태어가 일반 '모양상징 동사, 형용사나 어절'인 경우이다. 예를 들어 [안달복달]은 '몹시 속을 태우며 조급하게 볶아치는 모양'을 나타내는 말인데 중국어에는 '煎心 jiānxīn. 焦急 jiāojí'이다. '煎'는 '태우다, 지지다'의 뜻이며 '心'은 '마음'이다. 합쳐서 '애를 태울 듯이 조급하다' 이런 동사는 중첩형태가 아니라도 조어법에 따라 사물의 양태나 사람의 태도를 모방하여 만든 단어로서 넓은 의미상 의태어로 인정하기로 한다.

다섯 번째는 중국어 의태어가 'A里AB형, A里BC형, ABCD형'과 같은 '특수 의태형용사'인 경우이다. 예를 들면 '曲里拐彎(굽이굽이), 黑咕隆咚(까뭇까뭇), 慌里慌張(허둥지둥)' 등이 고정된 특수 형태로 사물의 모양을 모방할 수 있다.

이밖에도 A + '然', '一' + 수량명사 등 형식이 있는데 다음 장에서 자세히 설명할 것이다. 이를 한마디로 말하면 넓은 의미의 중국어 의태어는 사람이나 사물의 양태를 표현하며 묘사기능을 가지고 있는 모든 단어이다.

```
                               ┌ ㄱ. 중첩형용사
                               │ ㄴ. 모양상징 의성어
          넓은 의미의 중국어 의태어 │ ㄷ. 상태 사자성어
                               │ ㄹ. 모양상징 동사
                               │ ㅁ. 모양상징 형용사
                               └ ㅂ. 특수 의태 형용사
```

[그림 2] 넓은 의미의 중국어 의태어의 형식

좁은 의미의 중국어 의태어와 넓은 의미의 중국어 의태어를 비교하면 아래와 같은 차이점이 있다.

[표 2] 좁은 의미와 넓은 의미의 의태어 비교

중국어 의태어	정의	형식
좁은 의미	사람이나 사물의 양태를 표현하며 묘사기능을 가지고 있는 첩어 형태의 형태적 특징을 이루는 형용사	중첩 형용사
넓은 의미	사람이나 사물의 양태를 표현하며 묘사기능을 가지고 있는 모든 단어	중첩 형용사 모양상징 의성어 상태 사자성어 모양상징의성어 모양상징 동사나 형용사 특수 의태 형용사

우리는 지금까지 중국어에서 넓은 의미의 의태어의 영역에 대해 살펴보았다. 본 연구에서는 '모양상징 의성어, 의태 사자성어, 중첩 상태형용사, 음성 상징요소 형용사, 일반 의태동사나 일반 의태형용사, 특수 의태 형용사' 등을 중국인 학습자에게 한·중 대조를 통해 한국어 의태어를 쉽게 이해시키기 위해 모두 중국어 의태어로 보기로 한다.

3. 한·중 의태어의 형태 비교

선행 연구에 의하면 한국어 의성·의태어는 시각, 청각, 미각, 후각, 촉각, 심각 등 감각에 따라 6개로 분류하기도 하고, 최호철(1985)에서처럼 의성어와 의태어를 의미역을 기준으로 유정과 무정으로 나눠 유정 계열에서 또 인간과 동물로 분류하고 무정 계열에서 자연현상, 제작물과 비제작물로 분류하기도 한다. 본 장에서는 채완(2003)에서 상징어를 어형 구성에 따라 단독형과 반복형으로 분류한 방식을 따른다.

3.1. 한국어 의태어의 음절 형식에 따른 분류

의태어의 어형 구성은 대부분 중첩의 형태를 이루고 있고 이러한 형태상의 반복 여부에 따라서 채완(2003)에서는 의성어·의태어의 어형 구성을 단독형과 반복형으로 나누었다.

단독형은 하나의 어기형태소가 의태어를 형성한 것이며 음절수에 따라 1음절(A형), 2음절(AB형), 3음절(ABC형), 4음절(ABCD형)로 나눌 수 있다. 예를 들면 단독형 1음절(A형)에는 '꽉, 딱, 쑥, 쏙, 쌩, 쪽, 휙, 헉' 등이 있다. 단독형 2음절(AB형)에는 '건듯, 날름, 납죽, 달랑, 달싹, 담방, 덜컥, 둥실, 뭉텅, 물씬, 미끈, 반짝, 버럭, 발랑, 벌씬, 벙긋, 샐쭉, 질끈, 찰칵, 홀짝, 훌떡, 힐끔' 등이 있다. 단독형 3음절(ABC형)에는 '꼬부랑, 달그락, 덩더꿍, 바스락, 방그레, 절거덕, 철커덕, 쿵더쿵, 화들짝, 후루룩, 휘영청, 화들짝' 등이 있다. 단독형 4음절(ABCD형)은 '앙가조촘'과 같은 단어들이 있다.

반복형은 두 개 이상의 어기형태소로 이루어진 것이다. 반복의 범위에 따라 어기 전체가 반복되는 전체반복형과 어기의 일부만 중첩되는 부분반복형으로 나눈다. 전체반복형은 어기가 그대로 반복되는가 아니면 어기의 일부가 변하여 반복되는가에 따라 다시 동음반복과 유음반복으로 나눌 수 있다.

동음반복형은 어기가 그대로 반복되는 것이며 음절수에 따라 1음절 반복형(AA형), 2음절 반복형(ABAB형), 3음절 반복형(ABCABC형), 4음절 반복형(ABCDABCD형)으로 나눌 수 있다. 예를 들면 1음절 동음반복형에는 '감감, 곰곰, 달달, 툭툭, 들들, 박박, 벌벌, 붕붕, 비비, 빙빙, 살살, 솔솔, 송송, 슬슬, 우우, 졸졸, 좍좍, 척척, 캑캑, 쿡쿡, 쿨쿨, 탈탈, 탱탱, 팍팍, 펄펄, 풍풍, 홰홰, 휠휠' 등이 있다. 2음절 동음반복형(ABAB형)[4]에는 '가물가물, 가뭇가뭇, 건둥건둥, 고래고래, 곰실곰실, 군실군실, 기신기신, 나물나물, 너울너울, 노글노글, 늘쩡늘쩡, 능글능글, 다닥다닥, 더펄더펄, 뎅걸뎅걸, 도톨도톨, 두근두근, 반짝반짝' 등이 있다. 3음절 동음반복형(ABCABC형)에는 '간드랑간드랑, 거드럭거드럭, 구시렁구시렁, 꿈지럭꿈지럭, 두리번두리번, 바람만바람만, 비비적비비적, 사부랑사부랑, 시부렁시부렁, 실기죽실기죽, 어기적어기적, 어슬렁어슬렁, 주물럭주물럭' 등이 있다. 4음절 동음반복형(ABCDABCD형)에는 '할래발딱할래발딱(呼駒呼駒, 上气不接下气), 쌔근발딱쌔근발딱' 등이 있다.

유음반복형은 어기의 일부가 변하여 반복되는 것이며 변하는 부분에 따라 모음 교체형과 자음 교체형, 그리고 음절 교체형으로 나눌 수 있다. 예를 들면 모음 교체형(ABA'B식)에는 '되숭대숭, 비들비들, 실룩샐룩, 싱숭생숭, 으밀아밀, 티격태격' 등이 있으며 모음 교체형(ABCA'BC식)에는 '흥이야항이야'가 있다. 자음 교체형(ABA'B형)에는 '어석버석, 울퉁불퉁, 우물쭈물, 허둥지둥, 얼룩덜룩, 울룩불룩, 아득바득, 애동대동, 어급버금, 오밀조밀, 오순도순, 옹기종기, 우글쭈글, 얼쑹덜쑹, 알뜰살뜰' 등이 있다. 음절 교체형(ABA'B형)에는 '안달복달, 다짜고짜, 시난고난, 시들부들, 안달복달, 애걸복걸, 애면글면, 어슷비슷, 어칠비칠, 허둥지둥, 혜실바실, 혼전만전, 흥청망청' 등이 있으며 음절 교체형(ABCDBC형)에는 '곤드레만드레, 아로록다로록, 미주알고주알' 등이 있다.

부분반복형은 어기의 일부만 중첩된 예들로 다음과 같다.

---

4) 허경회(1989)에서는 『엣센스 한일사전』에 나오는 음성상징어 2,368개를 분석한 결과에 따라 'ABAB'형의 의성·의태어가 1,054개로 가장 많은 비중을 차지하고 있다고 말했다.

(1) 한국어 의태어 부분반복형
- (ABCC형) : 데구루루, 닥다그르르, 번지르르, 반지르르, 팽그르르, 핑그르르, 흠치르르, 알금삼삼, 앙금쌀쌀 등
- (ABB형) : 사르르, 자르르 등
- (ABB'형) : 드르륵 등

한국어 의태어를 음절형식에 따라 분류하여 표로 정리하면 다음과 같다.

[표 3] 한국어 의태어의 음절형식에 따른 분류

단독/반복	완전/부분	동/유음	음절수	단어 형식	예
단독형			1	A	꽉, 딱, 쑥, 쏙, 쌩, 쪽, 휙, 헉 등
			2	AB	건듯, 날름, 납죽, 달랑, 달싹, 담방, 덜컥, 둥실, 뭉텅, 반짝, 버럭, 벙긋, 질끈, 홀짝,
			3	ABC	꼬부랑, 달그락, 덩더꿍, 바스락, 화들짝, 후루룩
			4	ABCD	앙가조촘
반복형	완전	동음	1	AA	감감, 곰곰, 달달, 툭툭, 들들, 박박, 벌벌, 붕붕, 비비, 빙빙, 살살, 좍좍, 척척, 캑캑, 쿡쿡, 쿨쿨, 탈탈, 팍팍, 풍풍, 홰홰, 훨훨 등
			2	ABAB	가물가물, 가뭇가뭇, 건둥건둥, 고래고래, 곰실곰실, 군실군실, 기신기신, 너울너울, 노글노글, 능글능글, 다닥다닥, 도톨도톨, 두근두근,
			3	ABCABC	간드랑간드랑, 거드럭거드럭, 구시렁구시렁, 꿈지럭꿈지럭, 두리번두리번, 바람만바람만
			4	ABCDABCD	할래발딱할래발딱(呼齁呼齁,上气不接下气)
		유음	2	자음교체 ABA'B	어석버석, 울퉁불퉁, 우물쭈물, 허둥지둥
			2	모음교체 ABA'B	실룩샐룩, 싱숭생숭, 으밀아밀, 티격태격
			3	모음교체 ABCA'BC	흥이야항이야
			2	음절교체 ABA'B	다짜고짜, 시난고난, 시들부들, 안달복달, 애걸복걸
			3	음절교체 ABCABC	곤드레만드레, 아로록다로록, 미주알고주알
	부분		3	ABB	사르르, 자르르
			3	ABB'	드르륵
			4	ABCC	팽그르르, 핑그르르, 흠치르르, 알금삼삼, 앙금쌀쌀

3.2. 중국어 의태어의 음절 형식에 따른 분류

'좁은 의미의 의태어'인 중첩상태형용사를 음절 형식으로 분류하면 아래와 같다.[5]

[표 4] 중국어 중첩상태형용사의 음절수에 따른 분류

음절	단어 형식	예[품사]	한국어
2음절	～然형	愕然[형]	깜짝 놀라는 모양.
	AA형	輕輕[부]	살랑살랑 / 살짝 / 가볍게 / 가만히 / 사부작사부작
3음절	ABB형	光禿禿[형]	(풀, 나뭇잎, 머리카락 등)과 같이 덮거나 가릴 것이 없는 모양. 민둥민둥하다 / 맨둥맨둥
4음절	AABB형	紅紅綠綠[형]	알록달록하다. 울긋불긋하다.
	ABAB형	一動一動[동]	옴짝달싹
	A里AB형	糊里糊涂[형]	얼떨떨하다. 어리둥절하다.

　본 연구에서는 중첩형용사, 상태 사자성어, 모양상징 의성어, 모양상징 동사와 형용사 그리고 특수 의태 형용사 5가지를 중국어의 넓은 의미의 의태어로 인정한다. 따라서 어형구성도 다양해진다. 필자는 채완(2003)에서 한국어 어형구성에 따른 분류와 같은 기준으로 넓은 의미의 중국어 의태어를 단독형과 반복형을 두 가지로 나누기로 한다. 넓은 의미의 중국어 의태어를 음절형식에 따라 분류하여 표로 정리하면 다음과 같다.

---

5) 張婷(2008)을 참고하였다.

[표 5] 넓은 의미의 중국어 의태어의 음절형식에 따른 분류

<table>
<thead>
<tr><th colspan="3">단독 / 반복</th><th>어절수</th><th>단어 형식</th><th>예</th></tr>
</thead>
<tbody>
<tr><td rowspan="8" colspan="3">단
독
형</td><td>1음절</td><td>A형</td><td>嗖(씽, 쌩)</td></tr>
<tr><td rowspan="2">2음절</td><td>AB형(모양상징
형용사나 동사)</td><td>火熱(불처럼 뜨겁다, 뜨끔뜨끔)
焦心(마음을 졸여서 태우다)</td></tr>
<tr><td>'一' + 수량명사</td><td>一圈(핑)</td></tr>
<tr><td>2음절</td><td>A + '然'</td><td>森然 sēnrán(무시무시하다)</td></tr>
<tr><td>3음절</td><td>'一下子' 형태</td><td>一下子(깜박, 날름, 넓적, 버쩍, 폭삭, 뚝딱, 번쩍, 부썩, 얼핏, 월커덕, 죽, 쫙, 착, 턱, 펄썩)</td></tr>
<tr><td rowspan="3">4음절</td><td>의태형 4자성어</td><td>[안절부절]-【성어】坐立不安</td></tr>
<tr><td>A里BC형</td><td>曲里拐彎(굽이굽이)</td></tr>
<tr><td>ABCD형</td><td>潮弄吧啷 - 부둑부둑</td></tr>
<tr><td rowspan="6">반
복
형</td><td rowspan="4">완
전</td><td rowspan="3">동자
同字</td><td>1음절
동자반복</td><td>AA형</td><td>滿滿(가득가득)</td></tr>
<tr><td rowspan="2">2음절
동자반복</td><td>AABB형</td><td>迷迷糊糊(가물가물)</td></tr>
<tr><td>ABAB형</td><td>一動一動(들먹들먹)</td></tr>
<tr><td>유자
類字</td><td>2음절</td><td>AA'형</td><td>1　쌍성어(雙聲語)：恍惚[huǎnghū](흐리멍덩하다, 황홀하다)
2 첩운어(疊韻語)：酩酊[mǐngdǐng] (곤드레만드레)</td></tr>
<tr><td rowspan="2">부분</td><td>2음절</td><td>A里AB형</td><td>晃里晃蕩(기우뚱기우뚱)</td></tr>
<tr><td>3음절</td><td>ABB형</td><td>1형용사 + BB：硬邦邦(꽁꽁)
2동사 + BB：笑嘻嘻, 鬧哄哄, 哭咧咧
3명사 + BB：油汪汪, 水淋淋, 眼巴巴
4 '一' + BB：一串串, 一絲絲, 一縷縷</td></tr>
<tr><td>4음절</td><td>ABCC</td><td>風塵仆仆 生机勃勃</td></tr>
</tbody>
</table>

다음 절에서는 이 표를 기준으로 넓은 의미의 중국어 의태어에 대해 살펴보도록 한다.

3.2.1. 중국어의 단독형 의태어

중국어 의태어의 단독형은 하나의 글자가 의태어를 형성한 것이며 음절수에 따라 1음절 단독형, 2음절 단독형, 3음절 단독형, 4음절 단독형으로 나눌 수 있다.

(1) 일음절 단독형 (A형)

唰(확, 획), 嗖(씽, 쌩), 噔(털썩) 등과 같이 중국어에서도 의성어와 의태어를 아우르는 경우도 있다. 한국어 사전에 의하면 이런 단어들의 뜻풀이는 "……는 소리. 또는 그 모양."이라고 나와 있다. 중국어에도 이런 단어가 존재하다. 부수 '口'를 가진 의성어는 음성상징적인 요소를 갖고 있기 때문에 어떠한 모습도 표현할 수 있는 것이다. 즉 어떤 단어는 의성어이며 '음성상징적인 요소'를 가지고 있는 의태어도 될 수 있다. 본 연구에서는 '음성상징 요소 형용사'라고도 부른다.

(2) 이음절 단독형

劉月華・潘文娛・故韋華(2005)에서는 중국어의 형용사를 성질형용사와 상태형용사로 나누었다. 상태형용사는 사물의 양태를 표현하며 묘사기능을 가지고 있으며 중첩형용사는 상태형용사의 구성형식 중의 하나라고 주장하였다. 이 글에서는 이런 중첩형태가 아닌 단독형 상태형용사나 부사, 어절도 넓은 의미의 의태어로 귀속시킨다. 단독형 상태형용사나 부사, 어절도 사물의 양태를 표현하며 묘사기능을 가지고 있기 때문이다. 2음절 단독형 의태어 A + '然', '모양상징 형용사', '一' + 수량명사, 이 세 가지를 나눠서 살펴보자.

[1] A + '然'

'然'은 '~하는 모양'인 뜻이며 상황을 묘사하는 부사의 표지인데 중국 진나라시대부터 이미 써왔다. 『孟子』에서 '然'형 단어들이 많이 나타나는데 주로 이음절과 삼음절 형태로 나타났다.6) 현대 중국어에도 '~然'형 단어들이 많이 남아 주로 상황을 묘사하는 기능을 담당하고 있다. 『現代副詞研究』(2006)에서는 '~然' 류를 묘사성부사(描摹性副詞)에 구속시키고 '~然'류 부사

---

6) 張亞軍(2001), 『副詞与限定描狀功能』, 安徽教育出版社

61개를 수록하고 있다.

한국어 의태어와 대응할 수 있는 어휘 7개를 뽑아서 살펴보면 다음과 같다.

(2) ㄱ. <u>突然</u>昏過去　　　　　　　<u>깜박</u> 정신을 잃다.
　　 ㄴ. <u>猛然</u>站起來　　　　　　　<u>발깍</u> 일어서다.
　　 ㄷ. <u>毅然</u>拒絶了他的要求　　　그의 요구를 <u>딱</u> 거절하였다.
　　 ㄹ. 感激的心情<u>油然</u>而生　　　감사의 마음이 <u>무럭무럭</u> 떠올랐다.
　　 ㅂ. <u>泰然</u>自若地坐着　　　　　<u>탁</u> 앉아 있다.
　　 ㅅ. <u>勃然</u>發怒　　　　　　　　<u>발끈(발깍 / 빨딱 / 발칵)</u> 성을 내다.
　　　　　　　　　　　　　　　　성을 포르르 낸다.
　　 ㅇ. <u>爬上山坡一看, 四處豁然開朗</u>　고개에 올라서니 사방이 <u>탁</u> 틔었다.

[2] '一' + 수량명사 : 一跳, 一圈, 一陣, 一眼, 一震

우선 아래와 같은 예를 들어 설명하고자 한다.

(3) ㄱ. 개가 짖는 바람에 <u>깜짝</u> 놀랐다.　狗一叫, 被嚇了<u>一跳</u>。
　　 ㄴ. 마을을 <u>핑</u> 돌았다.　　　　　到村里轉了<u>一圈</u>。
　　 ㄷ. 머리가 <u>피그르르</u> 돌다.　　　突然感到<u>一陣</u>眩暈。
　　 ㄷ. <u>흘끔</u> 쳐다보다.　　　　　　瞟了<u>一眼</u>.

위의 예문처럼 '一 + 수량명사'는 동사 뒤에 붙어 동작은 한 번만 발생하고 계속하지 않는다는 뜻을 나타낸다. 동작의 주체는 예측하지 못했다는 뜻도 포함한다. 이때 '一 + 수량명사'는 중국어에서 보충어로 나타난다.

[3] '모양상징형용사나 동사'(AB형)

조어적으로 보면 '雪白(눈처럼 하얗다), 火紅(불타는 듯 붉다), 黃燦燦(금빛처럼 찬란하다)와 같은 형용사는 자체가 'XX처럼 XX하다'란 뜻을 가지고 있는 경우가 있다. 이 연구에서는 이러한 상태형용사를 '모양상징요소 형용사'라고 한다. 예를 들면 '차디찬 눈덩이(冰冷的雪球)'. '冰'는 '얼음'인데 '冷'는 '춥다, 차갑다'의 뜻이다. 합쳐서 '눈처럼 차갑다'란 뜻이다. 이런 형용사는 중첩형태가 아니라도 조어법에 따르면 사물을 모방하여 만드는 단어로서 넓은 의미의 의태어로 인정하기로 한다. 이러한 단어는 '雪白(눈처럼 희다. 새하얗다), 血紅(핏빛의, 새빨간), 冰冷(얼음같이 차다, 차디차다), 火熱(불처럼 뜨겁다, 뜨끔뜨끔), 焦心(마음을 졸여서 태우다, 안절부절)' 등이 예로 들 수 있다.

(3) 삼음절 단독형('一下子' 형태)

『現代漢語詞典』에서 '一'에 대한 분석에 의하면 '一'는 동작이 한번 발생하는 것이나 일순간에 발생하는 것을 나타난다. '一'의 다른 형태와 결합하여 형성된 단어결합도 이런 의미를 가지고 있다. 한국어 의태어는 이러한 형태와 대응할 수 있는 것이 적지 않다. 예를 들면 다음과 같다.

> (4) ㄱ. <u>깜박</u> 잊었다.　　　　　　<u>一下子</u>給忘了。
> 　　ㄴ. 그는 신문을 보자 <u>날름</u> 집어가지고 갔다.
> 　　　　　　　　　　　他看見報紙<u>一下子</u>就拿走了
> 　　ㄷ. 강물이 <u>버쩍</u> 늘었다.　喝水<u>一下子</u>漲了
> 　　ㄹ. <u>뚝딱</u> 해치웠다.　　　<u>一下子</u>做完了

(4) 사음절 단독형

[1] 의태형사자성어

한자성어는 비유적인 내용을 담은 함축된 어구로 구성하는 말이라서 의태어의 역할도 할 수 있다. 본 연구에서 한국어 의태어와 대응하는 일부 특정한 사자성어를 중국어 의태어로 귀속시키고 이를 '의태형사자성어'라고 부른다. 예는 다음과 같다.

> (5) [성큼성큼] - 【성어】大步流星 dàbù liúxīng
> 　　[술렁술렁] - 【성어】惶惶不安 huánghuángbùān,
> 　　[슬금슬금] - 【성어】一聲不響 yīshēngbùxiǎng
> 　　[싱숭생숭] - 【성어】忐忑不安 tǎntè bù'ān,
> 　　[안절부절] - 【성어】坐立不安 zuò lì bù ān.

[얼렁뚱땅]―【성어】輕描淡寫 qīng miáo dàn xiě.
[어물쩍어물쩍]―【성어】含糊其詞 hánhú qící
[터벅터벅]―【성어】有气无力地 yǒuqì wúlìde
[후들후들]―【성어】瑟瑟發抖 sèsè fādǒu
[흐지부지]―【성어】馬馬虎虎 mǎma hūhu,

[2] A里BC형

일부의 2음절 형용사에 의미를 나타내지 않은 음소 "里"를 삽입한 형태인데 '里'를 넣으므로 소극적인 의미를 나타내고 있다. 예를 들면 '굽이굽이'는 '여러 굽이로 구부러지는 모양'을 나타내는 말인데 중국어에는 '曲里拐彎 qǔlǐguǎiwān'이다. 또 감정적 색채상 무시하거나 미워하는 주관적인 느낌을 나타낸다. "그가 한참 동안 설명했는데도 난 여전히 흐리멍덩한 채 이해하지 못했다(他解釋了半天, 我還是稀里糊涂地沒弄明白)." 안에 '稀里糊涂(어리둥절하다. 흐리멍덩하다)'는 예로 들 수 있다.

[3] ABCD형

ABCD형은 주로 구어로 사용되며 방언적인 요소를 많이 나타내고 있다. 예를 들면 '黑咕隆咚―까뭇까뭇, 吊儿郎当―얼렁뚱땅, 蔫儿吧唧―시들시들, 軟不拉塌―물렁물렁, 潮弄吧唧―부둑부둑' 등이 있다.

3.2.2. 중국어의 반복형 의태어

의태어가 반복형을 취하는 것은 대부분의 언어에서 볼 수 있는 현상으로서, 중국어의 경우도 예외는 아니다. 좁은 의미의 중국어 의태어는 대체로 중첩형 상태형용사에 해당된다. 즉 상태형용사인 1음절이나 1음절 이상의 단어가 중첩하여 이루어진 것이다. 글자나 단어 전체가 반복되는가에 따라 전체반복형과 부분반복형으로 나뉜다. 전체반복형은 같은 글자나 단어가 그대로 반복되는가 아니면 자음(성모)이나 모음(운모)만 변하여 반복되는가에 따라 동자(同字)반복과 유자(類字)반복으로 나눌 수 있다.

(1) 완전 반복형

[1] 동재(同字) 반복형

1) 1음절 반복형(AA형)

중국어 AA형태는 같은 글자가 반복된 단어 즉 A형태의 중첩형이다. A형태에는 형용사, 명사 등이 참여할 수 있으며 어떠한 정도를 강화시킬 수 있다. 중국어에서는 실사(實詞) 한 글자가 의미를 갖고 있지만 글자마다 단어가 될 수 있는 것이 아니다. 한국어에서도 1음절의 반복형과 단독형이 있는데 단순형이 단독으로 자립성을 갖지 못하며 그 밖에 다른 형식과도 결합하지 못하는 경우가 있다. 예를 들면 물이 *꽁 / 꽁꽁 얼었다. 중국어도 이에 따라 'A 홀로 쓸 수 없는 AA형'과 'A형으로 다 쓸 수 있는 AA형'으로 나눈다. 예는 다음과 같다.

> ① A 홀로 쓸 수 없는 AA형
> 翩翩(나풀나풀), 紛紛(흩날리다), 微微(살짝살짝),
> 皚皚(희디희다, 새하얗다), 茫茫(아득아득)

> ② A형으로 다 쓸 수 있는 AA형
> 滿滿(가득가득), 碎碎(가리가리), 黑黑(가뭇가뭇), 輕輕(간들간들)

2) 2음절 반복형(AABB형)

중국어 AABB 형태는 중국어에서의 사용빈도가 높으며 일상생활에서 많이 쓰인다. 이런 단어들은 중국어의 형용사에 속하며 일반 형용사와 달리 사물의 성질이나 상태를 묘사하는 기능이 강하다. 예를 들면 '떠듬떠듬'은 '말을 하거나 글을 읽을 때 순조롭게 하지 못하고 자꾸 막히는 모양'을 나타내는 말인데 중국어에는 '呑呑吐吐 tūntūn tǔtǔ. 笨笨磕磕 bèn·benkēkē'이다. AB형태보다 생동감이 더 강하다.

3) 2음절 반복형(ABAB형)(一B一B형)

① 일반 ABAB형

ABAB형태인 형용사는 관형사, 부사, 보어, 서술어로서 문장에 위치와 상관없이 정도강화와 강조하는 기능을 갖는다. 예를 들면 '등불이 자동으로 빛을 내는데 너무 반짝거려 눈을 뜨지 못할 정도였다.' '那灯自動亮起來, 賊亮賊亮的, 叫你根本沒法睜開眼', '賊亮賊亮'의 '賊'는 '너무, 아주' 뜻이며, 언어환경에서는 '눈을 뜨지 못할 정도'이다. ABAB형식을 통해 정도를 강화시킬 수 있다.

② '一A一A'형(A는 동사인 경우)

접미사 '一거리다'의 기능과 같은 연속적인 동작을 나타내는 의태어 형식이다. 예를 들어 '풍경이 바람에 간드랑간드랑하다. 風鈴隨風<u>一擺一擺</u>的'. '간드랑간드랑'은 '작은 물체가 매달려 조금 가볍고 느리게 옆으로 자꾸 흔들리는 모양'을 나타내는 말인데 중국어의 '一擺一擺'에 대응한다. '擺'는 '흔들다, 흔들리다, 요동하다'라는 의미를 가지고 있는 동사이며 '一擺＋一擺'는 한 번만 흔들리는 것이 아니라 자꾸 흔들리는 모양을 나타내는 말이다.

> (6) 一動一動(들먹들먹, 꼼지락대다)
> 　一歪一歪(아슬랑거리다)
> 　一眨一眨(그물그물)
> 　一浮一浮(둥실둥실)

③ '一' + 단위명사

한·중 모두 단위명사(양사) 중첩형인 경우이다. B는 단위명사인 경우는 동작의 반복과 지속을 나타난다. '一B一B' 형태가 수사 '一'와 단위명사 '句, 口, 圖案, 叢'과 결합하여 중첩된 형식이다. 예를 들어 '머리카락이 가닥가닥 달라붙었다 ; 那頭發一縷一縷粘在一起.''一股, 一條, 一根, 一支, 一縷'는 '한 가닥'의 뜻이며 사람이나 사물 또는 동작의 단위를 표시하는 양사의 중첩 형태로 '하나씩 하나씩'의 느낌을 주면서 모양을 표시한다. '가닥가닥'은 하 나의 단어이며 뜻도 하나인데 대응하는 중국어 단어가 많은 것은 중국어에 서 수량 단위를 나타내는 양사 종류가 많기 때문이다. 다른 예로는 '방울방 울, 토막토막, 송알송알, 서리서리' 등을 들 수 있으며 예문을 통해 살펴보 겠다.

(7) ㄱ. <u>또박또박</u> 설명을 한다.   <u>一句一句</u>地說明。
    ㄴ. 양은 풀을 <u>모짝모짝</u> 뜯어먹었다.   羊<u>一口一口</u>地吃草
    ㄷ. 검은 연기가 <u>몽개몽개</u> 솟아오른다.   黑烟<u>一團一團</u>地升起。
    ㄹ. 풀이 <u>더북더북</u> 우거지다.   草<u>一叢一叢</u>地長得非常茂密。

[2] 유자(類字) 반복형

한국어 유음반복의 자음교체, 모음교체, 어절교체와 비슷해 중국어 유자(類 字)반복형도 쌍성어(雙聲音)와 첩운어(疊韻音)가 있다.[7) 쌍성어(雙聲音)는 성(聲)이 같은 쌍성(雙聲 = 두운형)이며 첩운어(疊韻音)는 운(韻)이 같은 첩운(疊韻 = 각운형) 으로 구성된다. 예를 들면 쌍성 의태어로는 '恍惚[huǎng hū](황홀), 唐突[táng tū](당돌), 玲瓏[líng lóng](영롱), 躊躇[chóu chú](주저), 仿佛[fǎng fú](방불)' 등과 같이 한국어에서도 흔히 사용되는 한자어들이다. 처운어(疊韻音)의 예는 '齷齪 [wò chuò](악착스럽다), 朦朧[méng lóng](몽롱하다), 徘徊[pái huái](배회하다)' 등 이 있다. 역시 한국어에서도 자주 사용되는 한자어가 다수 포함되어 있음을 볼 수 있다. 하지만 이와 같은 중국어의 쌍성 중첩어나 첩운 중첩어는 한국 한자음으로 읽어서는 중첩형이 되지 않는다. 하지만 중국어 음운 체계로 읽 으면 발음이 비슷해서 중첩이 될 수 있는 것이다. 이런 단어들이 중국어 표 의문자로서 글자의 뜻을 통해 모양을 나타내는 것이 특징이다.

---

7) 중국어의 음절은 성모와 운모(韻母)가 연결되어 전체적으로 성조(聲調)가 이루어져서 성립된다.

(2) 부분 반복형

[1] 2음절 A里AB형

A里AB형은 불완전 중첩으로서 감정 색채상 무시하거나 미워하는 주관적인 느낌을 나타낸다. 糊里糊涂[hú li hú tú](흐리멍덩하다, 얼떨떨하다, 어리둥절하다, 어리벙벙하다)는 예로 들 수 있다.

[2] 3음절 ABB형

중국어 ABB 형태는 생동하게 사물의 양태를 나타낼 수 있는데 중국어에서 사용 빈도가 높으며 일상생활에서 많이 쓰인다. 실제의 뜻을 지닌 형용사, 동사, 명사 A에 어떤 의미를 더해 주는 보조 성분 BB가 결합된 경우인데, A에서 나타내는 성질, 상태, 감각 등을 보다 더 생동하고 리듬감 있게 표현하는 특수한 효과를 가진다. 동일한 BB에 있어서도 글 쓰는 이에 따라 쓰이는 글자가 다르게 나타나기도 하는데, 의미상 차이는 없다. A는 어근인데 BB는 접미사의 역할이며 의존형태소이다. A의 품사에 따라 다음과 같은 세 가지로 나눌 수 있다. 예를 들면 '油光光'의 '油'는 명사 '기름'이며 '笑嘻嘻'의 '笑'는 동사 '웃다'이고 '硬邦邦'의 '硬'은 형용사 '딱딱하다'이다. 이와 같은 예는 다음과 같다.

(8) ㄱ. 형용사 + BB : 熱乎乎(따끈따끈), 冷冰冰(쌀쌀하다), 硬邦邦(꽁꽁)
    ㄴ. 동사 + BB : 笑嘻嘻(희희거리다), 鬧哄哄(와글와글), 哭咧咧(엉엉거리다)
    ㄷ. 명사 + BB : 油光光(반질반질), 水淋淋(뚝뚝 떨어지다, 줄줄흐르다), 眼巴巴(눈이 빠지게 기다리는 모양)

4. 맺음말

비록 중국어에는 한국어의 '의태어'에 대응하는 어휘 범주가 없지만, 중국어의 의태어를 '넓은 의미의 의태어'와 '좁은 의미의 의태어'로 구분하여, 두 언어의 어휘를 대응하는 데 무리가 없도록 할 수 있다. 즉 중첩상태형용사를 '좁은 의미의 의태어'로 귀속시키고 감각, 용태를 모방하는 모든 단어를 '넓은 의미의 의태어'로 인정한다. 또 중국인 한국어 학습자의 입장에서는 한·중 대조를 통해서 한국어 의태어를 쉽게 이해하기 할 수 있도록 '중첩 형용사', '모양상징 의성어', '상태 사자성어', '모양상징의성어', '모양상징 동사나 형용사' 등을 '넓은 의미의 의태어'로 보기로 하였다.

또 형태상 양 언어 모두 첩어 형태를 이루는 공통적인 특징이 있으며 한국어 의태어는 명사, 동사, 형용사 등으로 파생되는 특징이 있는데 중국어 의태어도 명사, 동사 등으로 전성되는 특징이 있다. 따라서 본 연구에서는 채완(2003)에서 분류했던 한국어 의태어의 분류 기준에 따라 중국어 의태어도 같은 기준으로 분류한 다음에 중국어 의태어를 유형별로 하나하나 설명한다. 이 형태 분류를 통해 중국어의 ABB형태나 2음절(AB) 형용사, 동사가 중첩되어 더욱 생동하고 리듬감 있게 구체적으로 표현하는 AABB, ABAB 등 형태의 생동 형용사는 한국어 의태어의 형태적 특징 및 기능과 유사하다고 할 수 있다. 이와 같은 방법으로 중국인 한국어 학습자들이 한국어 의태어에 대한 거부감을 해소할 수 있으며 한국어 의태어의 학습에 좀 더 쉽게 접근할 수 있을 것이다.

‖ 참고문헌

박동근(1992), 「한국어 상징어의 형태·의미구조연구」, 건국대학교 석사학위논문.

박동근(2008), 『한국어 흉내말의 이해』, 역락.

배현숙(2006), 「한국어 교육을 위한 한국어 의성어·의태어 교수법 연구」, 『이중언어학』 31, 이중언어학회.

서 단(2004), 「중국인 한국어 학습자를 위한 한국어 의서·의태어 교육방안 연구」, 경희대학교 교육대학원 석사학위논문.

신중진(1998), 「현대국어 의성·의태어 연구」, 서울대학교 석사학위논문.

신지영(2007), 「외국인을 위한 한국어 의성어·의태어 연구」, 『한국어문학연구』 27, 한국어문학연구회.

왕월비(2007), 「한·중 의성어 의태어의 대비연구」, 충남대학교 석사학위논문.

윤희원(1993), 「의성어·의태어의 개념과 정의」, 『새국어생활』 3-2, 국립국어연구원.

정순매(2005), 「한국어 교육을 위한 의성어·의태어의 한중 대조 연구」, 서울대학교 석사학위논문.

조오현 외(2008), 『한국어학의 이해』, 소통.

채완(2003), 『한국어의 의성어와 의태어』, 서울대 출판부.

채완(2006), 「의성어와 의태어의 차이」, 『새국어생활』 16-4, 국립국어연구원.

李靜儿(2007), 『現代漢語擬聲詞硏究』, 學林出版社(『현대 한어 의성사 연구』, 학림출판사)

呂叔湘(2001), 『現代漢語八百詞』, 商務印書館.

官琰琰(2006), 「現代漢語擬聲詞的運用藝術」, 『現代語文』 7期.

徐治堂(2002), 「論擬聲詞的實詞性特征」, 『甘肅高師學報』.

王冠華(2005), 「中日古代擬聲詞擬態詞之對比研究」.

張秀華(2001), 「日漢擬聲詞擬態詞及翻譯方法探討」, 『天津外國語學院學報』 3期

黃 萱(1990), 「說象聲詞」, 『中國語文』, 第9期.

唐松波·黃建霖(1989), 『韓語修辭格大辭典』, 中國國際广播出版社.

張斌 외(2002), 『語法修辭小詞典』, 上海辭書出版社.

陳望道(1964), 『修辭學發凡』, 香港大學出版社.

劉月華 潘文娛 故韋華(2005), 『實用現代漢語語法』, 商務印書館.

張 婷(2008), 「漢語擬態詞的詞形构成及其語法功能」, 『黑龍江生態工程職業學院學報』 21卷 第一期.

張誼生(2006), 『現代漢語副詞研究』, 上海學林出版社.

고려대학교 민족문화연구원, 『한중사전』, 고려대학교.
국립국어원(1999), 『표준말 대사전』, 두산동아.
박용수(1988), 『우리말 갈래사전』, 한길사.
연변언어연구소(1982), 『우리말 의성어·의태어 분류 사전』, 연변인민출판사.
연세대학교 언어정보개발연구원(1998), 『연세한국어사전』, 두산동아.
이은정(1994), 『국어학 언어학 용어사전』, 국어문화사.
한글학회(1992), 『우리말 큰 사전』(1992), 어문각.

한국어 동물 속담의 상징의미

벌 로 마

1. 머리말

한국과 몽골이 외교 관계를 수립한 1989년 이후부터 한국어는 몽골의 대학에서 가르치는 주요 외국어로 그 비중이 점차 커지고 있는 추세이다. 몽골인이 한국어를 학습하는 데 있어서, 한국인의 생각과 삶, 문화와 생활 풍속, 그리고 사회 가치관 등을 알 수 있다면 더욱 효과적으로 한국어를 이해할 수 있을 것이다. 일상생활에서 문법적으로 또는 논리적으로 설명하기 어려운 표현들은 외국인 학습자의 경우에 더 이해하기 어렵다. 그렇기 때문에 일상생활에서 그것들을 활용하기에도 어려움이 많은 것이 사실이다. 특히 속담이 그 대표적인 예라고 할 수 있다.

속담은 일상생활에서 빈번하게 활용되는 언어는 아니지만 그 속에 담긴 의미와 교훈을 통해 옛 선조들의 지혜를 엿볼 수 있는 훌륭한 언어적 교육 수단이다. 속담은 우리 주변에서 흔히 볼 수 있는 소재들이 주로 등장한다. 일상생활에서 겪을 수 있는 작은 사건들을 주제로 인생에서 누구나 겪을 만한 작은 깨달음을 그 목적으로 한다. 외국인의 입장에서 속담을 연구한다는 것은 옛 한국 선조들의 지혜를 엿보는 그 이상의 의미를 갖는다. 속담을 통해 한국인들의 정서와 그들의 생각을 볼 수 있다. 한국인들 사이에 전해지는 작고 일상적인 이야기를 통해 한국인들의 생각과 저변에 깔려 있는 한국인의 풍속을 생각해 볼 수 있기 때문이다.

이러한 점에서 본 연구는 한국의 문화를 잘 내포하고 있는 속담 가운데 인간과 친근한 동물들이 등장하는 속담(이하 '동물속담'이라고 함)을 대상으로 속담에 내포된 동물들의 상징 의미를 분석하여 외국인이 한국어를 이해하는 데 도움이 되고자 한다.

본 연구에서는 동물 가운데서도 특히 '길짐승'에 주목하였다. '길짐승'에 관심을 갖는 이유는 다른 것들에 비해서 상대적으로 사람들과 가까이 생활하는 동물이기 때문이다. 동물속담은 인간이 각각의 동물들에게서 찾아낸 특징을 활용하여 인간생활의 한 단면을 해학적으로 풀어내는 데 사용하였고, 그 동물들 중에서도 '길짐승'은 심리적이든 물리적이든 인간과 밀접한 대상이었다는 점에서 한국인의 정서와 생각을 가장 잘 이끌어 낼 수 있다고 생각한다. 이 글에서는 길짐승 가운데에서도 인간과 좀 더 친숙한 사육동물에 한정하였다.

본문에서는 각각의 동물에 대해 1차적으로 한국인이 해당 동물에 대해 갖는 상징의미를 긍정적인 이미지와 부정적인 측면으로 구분하여 제시하였다. 이러한 상징의미는 해당 동물이 등장하는 고전이나 동화 등의 문헌, 한국인과의 인터뷰, 기타 자료 수집을 통해 이루어졌다. 다음으로 이들이 속담 내에서 구체적으로 어떠한 이미지로 사용되고 있는지 의미를 하나하나 분석한 뒤 유형화하여 제시하였다. 이를 통해 한국인이 갖는 동물에 대한 고유한 원형적 인식과 실제 속담에서 쓰인 이미지를 분석하여 한국의 속담 언어와 한국의 고유한 정서를 이해하고자 하였다.

2. 동물 속담의 상징 의미

인간이 동물을 속담의 소재로 택한 것은 여러 이유가 있겠으나 간단히 말해 보면, 동물은 인간과 가장 가까운 곳에 살면서 인간에게 많은 노동력을 절감해 주고, 교통수단을 제공해 주었다. 또한 먹거리와 생활용구, 가죽 등 인간생활에 필요한 여러 가지를 제공해 줌으로써 인간의 생활이 윤택해지는 데 많은 기여를 했다. 길짐승을 대상으로 하고 있는 이하의 예시를 통해 더 살펴보고자 한다. 다음에 등장하는 두 개의 속담은 비교적 잘 알려져 있고 일상생활에서 빈번히 등장하는 속담이다.

    (1) 하룻강아지 범 무서운 줄 모른다.
    (2) 똥 묻은 개가 겨 묻은 개를 나무란다.

첫 번째 속담이 갖고 있는 상징의미는 '무지'이고, 두 번째 속담이 갖고 있는 상징의미는 '뻔뻔함'이다. 각각의 속담에는 길짐승이 등장한다. 그러나 같은 동물이 등장하더라도 각각의 속담이 갖고 있는 상징의미는 다양하다. 속담의 뜻을 풀어놓은 사전이나 서적은 다양하지만 그 뜻을 함축하여 상징 의미로 표현하고 분류한 연구는 많지 않다. 여기서 본인은 본인처럼 한국어를 공부하는 학습자들에게 도움이 되고 싶다는 욕심이 생겼다. 동물속담 중에 등장하는 동물의 상징의미를 밝히고 의미 전달에 오해가 생기지 않도록 효율적인 방법을 제시하는 것이 본 연구가 지향하는 바이다.

언어를 관찰하다 보면 그 나라 사람의 생각을 읽을 수 있다. 언어를 표현하는 방법, 말을 풀어가는 방법에서 각각의 언어가 갖고 있는 특색이 드러난다. 그 나라 속담은 어디서부터 시작됐는지 알 수 없는 입에서 입으로 전해 내려오는 그야말로 가장 민중에 가까운 언어의 한 분야라고 할 수 있다. 본 연구의 시작은 나라이 기본적인 속담의 속성에서 출발한다. 속담이 갖고 있는 속뜻을 분석하고 각각 종류별로 분류하여 그것이 갖고 있는 의미를 고찰해 보는 것이다.

과거 한국인에게 가장 친근했고, 주변에서 쉽게 찾아 볼 수 있었던 집짐 승으로 표현된 속담을 통하여, 한국인의 바탕에 깔려있는 정서를 연구하는 것은 매우 중요하다. 각각의 속담이 어디서부터 어떻게 만들어졌는지는 알 수 없으나 대부분의 한국인이 알고, 특별한 상황에서 빈번히 사용되는 속담 이라면 그 연구의 가치는 충분하다고 생각한다.

3. 사육동물의 상징 의미 분석

3.1. 개

(1) 일상생활에서의 이미지

한국에서 개에 대한 이미지는 긍정적인 면과 부정적인 면을 아울러 갖고 있다. 한국 사람은 개에 대한 친근감이 다른 어떤 동물보다 훨씬 높다고 할 수 있다. 한국 사람이 개와 친근하게 지낸 예는 한국의 신화, 무속, 풍습, 종 교 등의 측면에서 폭 넓게 엿볼 수 있다.

개에 대한 긍정적인 측면은 개가 사람의 뜻을 잘 이해하고 주인을 배려하 며 목숨을 바쳐 충성을 한다는 것이다. 또 개는 주인의 재산을 지킬 뿐만 아니라 주인의 생명까지 지켜주고 주인의 말에 순종적이라 믿는다.

또한 개에 대한 부정적인 측면도 있는데 일상생활에서 나쁜 상황이나 인물 을 동물에 빗대어 표현할 때 개가 들어간 문장을 만드는 것에서 개는 긍정적 이미지보다 부정적 이미지가 지배적이라는 것을 살펴볼 수 있다. 그래서 오늘 날 나쁜 사람, 못된 사람을 일컬어 '개만도 못한 사람' 이라고 하기도 한다.

개가 등장하는 속담에는 긍정적인 면과 부정적인 면을 함께 살펴볼 수 있 는데 그 내용은 다음과 같다.

개의 상징의미 ┌ 긍정적 : 충성, 순종함, 영리함
└ 부정적 : 무지, 욕심, 사나움, 미천함

(2) 속담에서의 이미지

개가 속담에서 쓰이는 이미지 가운데 긍정적인 이미지는 충성 = 믿음직스럽고 의리 있는 개, 은혜, 부지런함, 조심함, 순종의 이미지로 사용되었다. 개에 대한 속담에서의 긍정적인 이미지를 더욱 심도 있게 살펴보면 주인에 대한 충성심과 믿음직스럽고 의리 있는 모습, 은혜를 갚는 의미에서 죽도록 순종하는 모습, 주인을 도와 집을 지켜주고, 사람의 곁에 살면서 친근한 개의 이미지를 엿볼 수 있다. 그리고 또한 사람의 말을 이해하고 따르므로 영리하다는 이미지를 가질 수 있다. 그리고 낯선 사람을 보면 짖어 집을 지켜주는 책임감까지 다양한 개에 대한 긍정적인 이미지를 살펴볼 수 있다.

[충성]
개도 제 주인을 보면 반가워한다.
이웃집 개도 부르면 온다.
사나운 개도 제 주인은 안다.
개도 닷새만 되면 주인을 알아본다.

위 속담은 모두 유사한 의미로서 개도 저를 기르는 주인의 은혜와 공덕을 아는데 하물며 사람이 은혜를 몰라서야 되겠는가라는 뜻이 있다. 개는 사람처럼 은혜를 알고 주인을 알아보거나 꼬리를 치는 행위 또는 물지 않는 행위를 통하여 충성을 표현하고 있다. 짖거나 무는 행위는 침입자, 낯선 자에 대한 경계의 의미이다. 이러한 행위를 주인에게 하지 않음으로써 충성을 나타내고자 하였다.

[능력]
똥개도 토끼를 잡는다.
노루 찾는 사냥개 같다.

정승집 개는 삼년이면 육갑을 한다.

위 속담은 토끼가 노루같은 약한 짐승을 사냥하는 것은 개의 본능이자 특기이다. 토끼 잡는 똥개나 노루 찾는 사냥개를 통해 개의 능력을 표현하였다.

[부지런함]
나들이하는 개가 꿩도 잡는다.
개도 부지런해야 더운 똥을 얻어먹는다.
부지런한 개가 꿩도 잡는다.

위 속담은 사람이나 개나 몸을 부지런히 움직여야 식생활이 풍족하다는 의미로, 꿩을 잡고 얻어먹는 모습을 통해 개의 부지런함을 나타내고자 하였다.
개가 속담에서 쓰이는 이미지 가운데 부정적인 이미지는 욕심 = 탐욕, 무지, 사나움, 더러움, 교활, 하찮음, 불신, 어리석음, 교만, 배신, 가치 없음, 무모함, 무시함, 멍청함, 가리지 않음, 쓸데없는 짓, 겁이 많음 등이 있다. 개에 대한 속담 속에 나타난 개의 부정적인 이미지를 좀 더 자세히 살펴보면 비천한 이미지, 사나운 이미지, 개는 남는 음식이나 똥을 먹고 다니는 습성으로 더러운 이미지 등이 있다. 그리고 옛날부터 집집마다 개를 길렀는데 소, 말, 돼지 등과 다르게 개는 마당에 놓아 남은 음식을 먹여 키운데서 하찮음 이미지를 부여 받았고, 그 밖에 욕심, 부도덕한 행동, 미운짓, 배신, 어리석음, 처량함 등의 이미지를 개의 속담에서 살펴볼 수가 있다.

[욕심]
개가 똥을 가릴까?
개가 똥을 마다할까?
굶은 개 부엌 들여다보듯 한다.
개에게 고기 맡긴 격이다.
눈 먼 개가 밥 탐한다.
도둑개가 겻섬에 오른다.
개가 그림 떡 바라보듯 한다.

목 맨 개 겨 탐내듯 한다.

위 속담은 아무거나 잘 먹는 개의 속성을 통하여 욕심이라는 상징의미를
내표한다.

[더러움]
개는 똥 먹는 버릇을 고치지 못한다.
개에게 매스껍다는 격이다.
겨 묻은 개를 똥 묻은 개가 나무란다.
똥 묻은 개 쫓듯 한다.
진 날 개 사귀기다.
진 날 개 사타구니다.
개는 똥 구린 줄을 모른다.
제 밑 핥는 개다.

개는 동물이기 때문에 깨끗함과 더러움에 대해 사리분별을 하지 못하고
똥을 먹거나 제 사타구니를 핥기도 한다. 위 속담들은 개의 더러운 모습이
나, 더러움 행동을 나타낸 것들이다.

[사나움]
무는 개를 돌본다.
사나운 개 입 성할 날 없다.
사나운 개 콧등 아물 날 없다

위 속담은 개는 낯설거나 미운 상대를 보면 으르렁 거리고, 짖거나 물어
뜯기도 하는데, 위의 속담은 개의 이러한 사나운 성질을 표현하였다.

[하찮음]
뒷간에 앉아서 개 부르듯 한다.
시어머니 미워서 개 배때기 찬다.
개 꼬리 삼 년 두어도 황모가 안 된다.

개 팔아 두 냥 반이다.
개도 텃세 탄다.
개도 하루 겨 세 홉의 녹은 있다.
개털에 벼룩 싸대듯 한다.
도둑놈이 개 꾸짖듯 한다.
죽은 양반이 산 개만도 못하다.

위 속담에서는 개와 똥의 관계, 개의 하찮음을 말하고 있다. 하찮은 존재로서의 개 속담의 특징적인 점은 특정한 지면을 들어 나타냈다는 것이다.

[교활함]
무는 개는 소리 없이 문다.
점잖은 개가 부뚜막에 먼저 올라간다.

짖거나 으르렁거리지도 않고 사람을 물고, 얌전한 척 하다가 미운 짓을 하는 개의 행동을 통해 교활함을 표현했다.

3.2. 강아지

개, 소, 말, 등은 새끼 때 이름이 다르다. 개는 강아지, 소는 송아지, 말은 망아지이다. 따라서 강아지, 송아지, 망아지는 이름만 다른 것이 아니라 상징하는 내용도 그 어미와 다르다.

(1) 일상생활에서의 이미지

한국에서 강아지에 대한 이미지는 개와 마찬가지로 긍정적인 면과 부정적인 면을 아울러 갖고 있다. 강아지는 대체로 개가 갖고 있는 이미지를 갖고 있다. 그러나 개와 비교해서 어린이와 같이 세상을 잘 모르는 무지 등의 이미지가 부각되었다.[1] 긍정적인 면은 눈치 빠름, 귀여움, 순진함 따위이며 부정적인 면은 건방짐, 귀찮음, 무지, 하찮음 따위이다. 그러나 속담에서는 대체로 부정적인 의미로 쓰인다. 그 내용은 다음과 같다.

강아지의 상징의미 ⎡ 긍정적 : 귀여움, 순진함
　　　　　　　　⎣ 부정적 : 귀찮음, 무지, 하찮음

(2) 속담에서의 이미지

속담에서 쓰이는 강아지의 긍정적인 이미지는 눈치 빠름, 은혜, 순종 등이다.

[눈치 빠름]
눈치 빠르기는 도가집 강아지다.

위 속담에서 사람을 많이 접촉하는 도가집 강아지를 통해 눈치 빠름을 상징하고 있다.

강아지가 속담에서 쓰이는 이미지 가운데 부정적인 이미지는 건방짐, 귀찮음, 무지, 더러움, 실수, 욕심, 약자, 미운 짓 등이 있다.

[건방짐]
엇되기는 주막집 강아지다.
젖먹이 강아지가 발뒤축 문다.

위 속담에서 가리지 못하는 분별없는 강아지의 속성을 통해 건방짐을 상징하고 있다.

[영리함]
약기는 도가집 강아지다.

---

1) 강아지 : 개의 새끼를 이르는 말. 짐승의 새끼는 나이가 어리기 때문에 사회나 세상에 대한 경험이 적어 자신의 처지를 모르거나 무서운 존재에 대한 두려움도 없는 존재이다. 이렇게 무지한 존재이면서 그 짐승 본성이 그대로 드러내는 존재이다.(무지, 철없음, 두려움 없음 등)

도가집 강아지는 사람들을 많이 접하기 때문에 영리하다고 할 수 있을 것이다. 위 속담은 강아지의 영리함을 상징하였다.

3.3. 소

(1) 일상생활에서의 이미지

한국에서 소에 대한 이미지를 살펴보면 소는 다른 동물들에 비하여 비교적 온순하고 농사일도 도와 줄 수 있는 사람에게 유용하다는 것이다. 그래서 힘이 세고, 근면 성실하다는 이미지를 갖는다. 그래서 예로부터 소는 사람들 사이에 가까이 살면서 사랑을 받는 동물이었다. 농사에서 빠질 수 없는 노동력을 제공했으며, 집안의 큰 재산 중에 하나인 소중한 동물이었다.

소는 덩치가 크고 움직임이 느리므로 안전하고 믿음직하다는 이미지와 함께 성실하여 성과가 있는 이미지를 갖고 있다. 그러나 때로는 소를 생각할 때 고집이 세고, 행동이 느리고 동작이 신속하지 않은 모습을 떠올릴 수 있다. 이처럼 한국에서 소에 대한 이미지는 긍정적인 면과 부정적인 면을 아울러 갖고 있다. 긍정적인 면은 믿음, 부지런함, 성실함, 정직함, 강인함, 우직함 따위이며 부정적인 면은 미련, 어리석음, 고집, 우둔함, 겁 많음 따위이다. 그러나 개와는 다르게 속담에서는 대체로 긍정적인 의미로 쓰인다. 그 내용을 다음과 같이 살펴보기로 한다.

소의 상징의미 ⎡ 긍정적 : 부지런함, 온순, 성실함, 믿음, 정직함, 강인함, 우직함
⎣ 부정적 : 고집, 미련, 우둔함, 어리석음, 겁 많음

(2) 속담에서의 이미지

소가 속담에서 쓰이는 이미지 가운데 긍정적인 이미지는 신뢰함, 근면, 행운, 원인, 재산, 경이함으로 쓰인 이미지가 사용되었다.

[신뢰함]
소 앞에서 한 말은 안 나도, 어미한테 한 말은 난다.
소는 믿고 살아도 종은 믿고 못 산다.
소가 여우보다 낫다.
소는 믿어도 사람은 못 믿는다.

위 속담에서 소의 우직하고 믿음직스러운 속성을 통해 신뢰의 상징을 표현하고 있다. '소가 여우보다 낫다'란 속담은 여우는 변덕스러워 믿지 못하지만, 소는 굼뜨기는 하나 믿음성이 있어서 낫다는 뜻이다. 소는 믿음직한 동물이기 때문에 꿈에 보아도 길함을 말한다. 소가 무뚝뚝하지만 진실하고 믿음이 간다는 의미로도 해석될 수 있다.

[근면함]
소같이 벌어서 쥐같이 먹어라.
걸음새 뜬 소가 천리를 간다.
아침 꼴에 소는 살찌고 농사는 잘 된다.

위 속담에서 소가 꾸준히 무엇인가를 하는 속성을 통해 근면함을 상징하고 있다. 소와 쥐를 대비하여 일을 할 때는 소처럼 근면 성실하게 할 것을 강조하였다. 그리고 먹을 때는 쥐처럼 조금 먹을 것을 권장하였다. 여기에서 일은 소처럼 근면 성실하게 열심히 하고 먹을 것은 쥐처럼 열심히 먹으라는 뜻으로 무엇이든지 열심히 하라는 말이다.

소가 속담에서 쓰이는 이미지 가운데 부정적인 이미지는 어리석음, 사나움, 고집, 무관심, 속임수 등의 상징적 이미지가 속한다고 할 수 있다.

[고집]
소 귀신보다 질기다.
소 먹미레 같다.
고집이 소 고집이다.
만 마리의 소도 못 당할 고집이다.

소 죽은 귀신이다.
소 같고, 곰 같다.

위 속담에서 소의 고집스러움이 잘 표현되고 있다. '고집이 소고집이다'
와 같이 소를 고집 센 사람으로 비유하여 자주 쓰면서 소고집이라는 단어가
한 단어로 굳어지게 되었다. 한국 속담에서 소와 곰을 함께 사용하여 소의
고집스러움과 곰의 미련함이 어우러져 소의 상징 의미를 부각시켰다.

3.4. 송아지

(1) 일상생활에서의 이미지

송아지는 소와 마찬가지로 긍정적이고 온순하며 순종적인 이미지를 갖고
있다.[2] 그러나 몇 가지 특징은 소와 구별된다. 한국에서 송아지에 대한 이
미지는 긍정적인 면과 부정적인 면을 아울러 갖고 있다. 긍정적인 면은 소
중한 것, 순함, 말을 잘 들음, 귀여움 따위이며 부정적인 면은 약함, 성실함,
눈치 없음, 어리석음 따위이다. 그러나 속담에서는 대체로 부정적인 의미로
쓰인다. 그 내용은 다음과 같다.

송아지의 상징의미 ⎡ 긍정적 : 순함, 말을 잘 들음, 귀여움
⎣ 부정적 : 약함, 눈치 없음, 어리석음

(2) 속담에서의 이미지

송아지가 속담에서 쓰이는 이미지 가운데 긍정적인 이미지는 소중한 것,
연약함, 행운의 것 등이 있다.

---

2) 송아지 : 소의 새끼를 이르는 말. 송아지는 강아지와 마찬가지로 나이가 어리기 때문에 사회나
   세상에 대한 경험이 적어 눈치 없음, 무식함 등의 특징이 나타난다. 그러나 강아지와는 다르게
   송아지는 주인으로부터 사랑을 받는 소중한 이미지를 함께 갖고 있다.

[그리움]
어미 떨어진 송아지 젖 찾 듯한다.
어미 뗀 송아지.

송아지가 속담에서 쓰이는 이미지 가운데 부정적인 이미지는 교만, 아둔함 등이 있다.

[교만]
대감댁 송아지는 백정 무서운 줄 모른다.
백정집 송아지는 저 죽을 날 모른다.
과부집 송아지는 백정3) 부르러 간 줄 모르고 날뛴다.

3.5. 말

(1) 일상생활에서의 이미지

한국의 역사에서 말에 대해 살펴보면 인간과 매우 친근한 동물이라는 것을 알 수 있다. 말은 한국의 역사 초기부터 등장한다. 사람과 말은 오랜 시간 동안 서로 상호 의존하는 역사를 가졌다. 사람이 말을 훈련시키며 군사력을 증강시켰던 것에서 볼 수 있듯이 사람과 말은 떨어질 수 없는 친밀한 관계이다. 말은 교통수단이자, 운반, 농사일에 중요한 역할을 차지했고, 또한 전쟁터에서도 중요한 역할을 담당해 왔다. 그래서 말은 사람들에게 다른 동물들과는 또 다른 존재로 생각되어 왔다. 옛 한국 선조들을 기마민족이라고 할 정도로 한국 사람이 말과 밀접한 관계가 있음을 보여준다. 사람들은 말을 좋아하고 칭찬하며 문인들은 말의 아름다운 이미지를 그리려고 노력했다.

말에 대한 이미지는 속담에서 긍정적인 면과 부정적인 면으로 나타나는데 속담에서는 대체적으로 부정적인 의미로 많이 쓰인다. 긍정적인 면은 역동

---

3) 백정 : 소나 개, 돼지 따위를 잡는 일을 직업으로 하는 사람.

적, 힘 있음, 빠름, 용맹스럽고 신성함 따위이며 부정적인 면은 건방짐, 게으름, 어리석음 따위이다. 그 내용은 다음과 같다.

말의 상징의미 ┌ 긍정적 : 역동적, 힘 있음, 빠름, 용맹스럽고 신성함
            └ 부정적 : 건방짐, 게으름, 어리석음

(2) 속담에서의 이미지

말이 속담에서 쓰인 이미지 가운데 긍정적인 이미지는 경험, 부지런함, 급함, 혼신을 다하는 노력, 도움 등이 있다. 이 긍정적인 의미로 쓰인 이미지를 좀 더 자세히 살펴보면 재산의 상징, 남을 위해서 분주하고 충성을 다하는 사람, 고달픔을 참고 힘든 일을 버티는 사람을 나타내며, 경험, 부지런함, 도움 등의 이미지로 쓰이고 있다는 것을 알 수 있다.

[경험]
내 말이 좋으니 네 말이 좋으니 해도 타봐야 안다.
말 갈 데 소 갈 데 다녔다.
말은 달려봐야 알고, 사람은 친해 봐야 안다.

위 속담은 무슨 일이나 말로 할 것이 아니라, 실제로 해서 결과를 보면 분명히 알게 되고 사람은 친해 봐야 그 속을 알게 된다는 뜻이다. 여기서 말은 경험을 상징하고 있다.

[성급함]
상사말 뛰듯 한다.
인생 백년이 말 달리듯 한다.

위 속담에서 인생이라는 시간적 요소와 말 달리는 모습을 연결시켜 말의 성급함을 나타내고 있다. 그리고 말의 성급함과 날렵함의 특성을 표현한 속담이라 할 수 있다. 여기서 말은 성급함을 상징하고 있다.

말이 속담에서 쓰이는 이미지 가운데 부정적인 이미지 건방짐, 게으름, 어리석음, 사나움, 욕심, 악인, 손해 등이 있다. 이를 다시 설명 하면 남을 배려할 줄 모르고 버릇없는 사람의 이미지, 예의 없는 사람을 말에 비유하기도 한다. 또한 직접적으로는 얼굴이 긴 사람을 비유해서 표현하기도 한다.

[건방짐]
고삐 없는 말이다.

한국에서는 고삐와 굴레, 뛰는 행위와 타는 행위를 소재로 하여 건방짐을 표현하였다.

[욕심]
말 타면 종 두고 싶다.

위 속담에서 사람의 물질에 대한 욕심은 한이 없기 때문에 어느 하나를 얻으면 다른 것에도 눈길이 간다는 것이다. 여기서는 욕심을 상징하고 있다.

3.6. 망아지

(1) 일상생활에서의 이미지

망아지가 갖고 있는 이미지는 말이 갖고 있는 이미지에 망아지만이 갖고 있는 특이한 특징을 갖고 있다.[4] 한국에서 망아지에 대한 이미지는 긍정적인 면과 부정적인 면을 아울러 갖고 있다. 긍정적인 면은 귀여움, 순진함 따위이며 부정적인 면은 귀찮음, 제멋대로 따위이다. 그러나 속담에서는 대체로 부정적인 의미로 쓰인다. 그 내용은 다음과 같다.

---

4) 망아지 : 말 짐승의 새끼를 이르는 말. 망아지는 강아지, 송아지와 마찬가지로 나이가 어리기 때문에 사회나 세상에 대한 경험이 적어 자신의 처지를 모르거나 무서운 존재에 대한 두려움도 없는 존재로 표현된다. 그러나 망아지는 다른 짐승의 새끼들에 비해 그 무지함이나 제멋대로인 특징이 훨씬 더 부각되었다.

망아지의 상징의미　┌ 긍정적 : 귀여움, 순진함
　　　　　　　　　└ 부정적 : 말을 안듣고, 제멋대로, 고집쎔

(2) 속담에서의 이미지

망아지가 속담에서 쓰이는 이미지 가운데 긍정적인 이미지는 근원, 교육 등이 있다.

[근원]
말이 난 것이 망아지라고.

망아지가 속담에서 쓰이는 이미지 가운데 부정적인 이미지는 귀찮음, 무지, 어려움, 제멋대로인 특징을 갖고 있다.

[제멋대로]
생마새끼 길 들이기다.
고삐 풀린 망아지다.

3.7. 돼지

(1) 일상생활에서의 이미지

한국에서 돼지는 인간과 매우 친근한 짐승으로 여겨진다. 한국에서 돼지가 살기 시작한 때를 살펴보면 구석기시대까지 거슬러 올라간다. 오래 전부터 돼지가 풍요 기원의 상징물로 여겨졌음은 출토된 돼지형 토우를 보고서 알 수가 있다. 돼지에 대한 역사를 살펴보면 하늘에 바치는 신성한 제물이었다는 기록을 찾아 볼 수 있다. 돼지가 사람과 매우 흡사한 것은 돼지는 잡식성이기 때문에 인간의 식성과 닮아있는 것이다.

그러나 돼지는 음식을 게걸스럽게 먹고, 음식에 대한 욕심이 강해서 '욕심쟁이'의 대표적인 상징으로 여겨진다. 돼지를 탐욕과 게으름, 그리고 지저

분함의 상징으로 보기도 한다. 그러나 동시에 돼지는 재물과 복을 상징하는 대표적 동물이다. 대표적인 예로 사람의 꿈에서 돼지가 나오면 그날은 재수가 좋다고 이야기하기도 한다. 이런 돼지에 대한 이해는 속담에 자세히 나타난다.

한국에서 돼지에 대한 이미지는 긍정적인 면과 부정적인 면을 아울러 갖고 있다. 긍정적인 면은 복 있음, 순함 따위이며 부정적인 면은 욕심 많음, 더러움, 게으름, 지저분함 따위이다. 속담에서는 긍정적인 면과 부정적인 면이 대등하게 등장하고 있다. 그 내용은 다음과 같다.

돼지의 상징의미 ⌈긍정적 : 순함, 부유, 복 있음, 복스러움
　　　　　　　 ⌊부정적 : 더러움, 게으름, 욕심, 식탐

(2) 속담에서의 이미지

돼지가 속담에서 쓰이는 이미지 가운데 긍정적인 이미지는 가치 있음, 복, 등이 있다. 돼지는 식성이 좋고 다산의 상징이기 때문에 기르기 쉽고 따라서 한국인에게 사랑받던 가축 중의 한 가지였다.

> [복]
> 돼지띠는 식복이 있다.
> 꿈에 돼지를 보면 재수가 있다.
> 돼지꿈을 한 번 꾸면 음식이 생기고, 두 번 꾸면 옷이 생긴다.

돼지가 속담에서 쓰이는 이미지 가운데 부정적인 이미지는 욕심, 어리석음, 건방짐, 배신, 하찮음, 나쁜 행동 등이 있다. 긍정적인 이미지와 동시에 돼지는 식탐이 많고 욕심이 많다는 이미지로 쓰이기도 한다. 재물을 탐내는 사람이나 욕심이 지나친 사람을 돼지에 비유하는 것은 주위에서 쉽게 볼 수 있다.

[욕심]
돼지를 그려 붙이겠다.
오조 먹은 돼지 벼르듯 한다.
장마당 돼지가 복숭아 싫다고 하겠다.
돼지 욕심이다.

위 속담에서 돼지의 식욕과 탐욕의 상징이 잘 표현되었다. 식욕과 탐욕의 상징이 따로 분리되는 것이 아니라 한데 묶여질 수 있다. 속담에서는 대부분 돼지의 대단한 식욕을 표현하며 식욕과 탐욕의 이미지를 동시에 나타내고 있다. '돼지 욕심이다'는 직접적으로 탐욕스러움을 표현하기도 한다.

[하찮음]
돼지 발톱에 봉선화를 들인다.
죽은 석숭보다 산 돼지가 낫다.
돼지우리에 주석 자물쇠다.

위 속담은 공통적으로 하찮음의 상징을 나타낼 때 돼지는 더러운 것을 좋아한다는 점이 공통점이라 할 수 있다. 하찮은 돼지에게 어울리지 않음 즉, 격에 맞지 않는 것을 나타내고 있다. 돼지발톱 또한 하찮음의 상징인데 거기에 봉선화 물을 들여 치장하려는 것이 어울리지 않음을 말한다.

3.8. 양

(1) 일상생활에서의 이미지

한국에서 양은 가축으로의 역사가 짧기 때문에 양에 대한 이미지는 많이 알려져 있지 않다. 양은 온순한 동물로 생각해서 양의 상징도 이러한 인식에 기초한다. 그래서 종종 양의 탈을 쓴 늑대란 말을 사용하는데 늑대가 포악한 반면 양이 순하다는 것을 나타내 주기도 한다. 마음씨가 순하고 착한 사람을 지칭할 때도 양이 종종 사용된다. 양은 특별한 의미를 갖고 있는데 몇몇의 사람들은 양의 가죽이 잡귀를 물리치는 능력이 있다고도 말한다. 그러나 양의 종종 걸음으로 걷는 모습을 방정맞다고 하여 좋지 않게 여겼다. 한국에서 양은 염소에서의 설명에서 언급하듯이 염소와 비슷한 동물로 간주된다. 그러나 양은 겉보기에 매우 온순해 보이고 착한 동물을 대표한다.

양은 다른 동물과 마찬가지로 긍정적인 면과 부정적인 면을 아울러 갖고 있다. 긍정적인 면은 착함, 온순함 따위이며 부정적인 면은 미련함 따위이다. 일상생활에서의 양의 이미지와 마찬가지로 속담에서 양의 이미지는 대체로 긍정적인 의미로 쓰인다. 그 내용은 다음과 같다.

양의 상징의미 ┌ 긍정적 : 온순함, 착함, 순진함
　　　　　　　└ 부정적 : 미련함

(2) 속담에서의 이미지

양이 속담에서 쓰이는 이미지 가운데 긍정적인 이미지는 착함 등이 있다. 양을 생각할 때 부정적인 이미지를 떠올리기는 쉽지 않다. 양은 움직임이 빠르지 않고 사납지 않은 성질 때문에 예전부터 착한 사람의 대표 이미지로 쓰여 왔다.

[착함]
양의 탈을 쓴 이리다.

위 속담은 이리가 양의 탈을 쓰고 만행을 하듯이, 악한 사람이 착한 척하면서 만행을 한다는 뜻이다. 여기서 양은 착함을 상징하고 있다.

양이 속담에서 쓰이는 이미지 가운데 부정적인 이미지는 무지, 미련함, 하찮음 등이 있다. 양은 대체적으로 착하고 온순한 이미지지만 이러한 이미지는 동시에 소심하거나 미련함, 우유부단하다는 이미지를 갖는다. 이를 자세히 살펴보면 다음과 같다.

[무지]
양도 무릎을 꿇고 어미의 은혜를 안다.

위 속담은 양도 어미 앞에서는 무릎을 꿇고 어미를 존경하는데, 하물며 사람이 부모에게 효도를 하지 않아서야 되겠느냐는 뜻이다. 여기서 양은 무지를 상징하고 있다.

3.9. 염소

(1) 일상생활에서의 이미지

한국에서는 양과 염소가 동류로 간주되기도 한다. 소수의 사람들은 양띠를 염소띠라고도 표현할 만큼 두 동물의 이미지는 매우 비슷했다. 염소는 흔히 고집 센 노인으로 비유되기도 한다. 노인의 주름진 얼굴과 수염을 염소와 연결시킨 것이다. 사람이 염소를 끌고 갈 때 안 끌려가려고 안간힘을 쓰기 때문에 고집 센 모습으로 여기게 되었다고 추정된다. 그리고 염소의 뿔은 분수를 모르는 사람을 꼬집어서 쓰이곤 한다. 이는 염소를 경망스럽고, 방정맞은 행동의 상징으로 여긴 것이다.

이처럼 한국에서 염소에 대한 이미지는 긍정적인 면과 부정적인 면을 아울러 갖고 있다. 긍정적인 면은 야생적, 유용함 따위이며 부정적인 면은 고집셈, 몽매함 따위이다. 그러나 속담에서는 다른 동물과 마찬가지로 대체로 부정적 의미로 쓰인 것을 쉽게 볼 수 있다. 그 내용은 다음과 같다.

염소의 상징의미 ⎡ 긍정적 : 야생적, 유용함
⎣ 부정적 : 고집, 다른 동물과 잘 안어울림, 몽매

(2) 속담에서의 이미지

염소가 속담에서 쓰이는 이미지 가운데 긍정적인 이미지는 경이함이 있다.

[경이함]
키 큰 염소 똥 누듯 한다.

위 속담은 무슨 일을 전혀 힘들지 않고 수월하게 한다는 뜻이다. 속담에서는 경이함을 상징하고 있다.

염소는 다른 동물에 비해서 긍정적인 이미지보다는 부정적인 이미지가 절대적이다. 겉보기에는 온순해 보이고 손을 많이 타지 않는 짐승으로 보이나 자신만의 주관이 뚜렷해 고집이 센 가축으로 여겨졌기 때문이다. 이를 자세히 살펴보면 몽매함, 고집셈, 성질급함 등이 있다.

[고집]
염소 고집이다.
염소가 물똥 싸는 것 보았나?

위 속담은 염소처럼 외고집이 센 사람을, 있을 수 없는 일을 가지고 시비하는 뜻이다. 여기서 염소는 고집을 상징하고 있다.

[성질 급함]
뛰기 잘하는 염소가 울타리에 부딪친다.

위 속담은 무모하게 날뛰다가는 몸을 다치게 된다는 뜻이다. 여기서 염소는 성질이 급함을 상징하고 있다.

3.10. 당나귀(나귀)

(1) 일상생활에서의 이미지

한국에서 당나귀에 대한 이미지는 당나귀의 겉모습에서 찾을 수 있는 이미지들이다. 당나귀를 볼 때 당나귀는 귀가 길고 크다는 것, 늘 짐을 지고 다니는 모습에서 그 상징적 의미를 찾을 수 있다. 대체로 당나귀는 어리어리하고 자기의 능력을 정확히 모르고, 버릇없고 착실하지 않고 어른들을 존경하지 않는 이미지로 사용된다. 당나귀가 등장하는 옛 이야기에서 당나귀의 이미지는 일하기 싫어 꾀를 부리는 등의 대체적으로 부정적인 이미지를 엿볼 수 있다.

속담에서 당나귀에 대한 이미지는 긍정적인 면과 부정적인 면을 아울러 갖고 있는데 위에서 언급했듯이 대체로 부정적인 의미로 쓰인다. 긍정적인 면은 충성, 근면함, 일꾼 따위이며 부정적인 면은 고집, 힘이 없음, 꾀가 많음, 거짓말쟁이 따위이다. 그러나 속담에서는 대체로 부정적인 의미로 쓰인다. 그 내용을 자세히 살펴보면 다음과 같다.

당나귀(나귀)의 상징의미 ┌ 긍정적 : 일꾼, 근면함, 충성스러움
　　　　　　　　　　　└ 부정적 : 고집, 약함, 꾀가 많음, 거짓말쟁이

(2) 속담에서의 이미지

속담에서 쓰이는 당나귀(나귀)의 긍정적인 이미지로는 충성, 중요성, 바쁨 등이 있다.

[충성]
나귀는 샌님만 섬긴다.

위 속담은 나귀는 주인 샌님만 섬기듯이, 자기 주인은 자기가 섬긴다는 뜻이다. 여기서 나귀는 충성을 상징하고 있다.

[영리함]
늙은 나귀는 집을 잊어버리지 않는다.

위 속담은 늙은 나귀가 오랫동안 늘 다니던 집을 잊어버릴 리 없듯이, 오랜 경험이 있는 것은 잊지 않게 된다는 뜻이다. 여기서 나귀는 영리함을 상

징하고 있다.

속담에서 쓰이는 당나귀(나귀)의 부정적인 이미지로는 욕심, 자신만만함, 고집, 조롱, 촌스러움 등이다.

[욕심]
콩 본 당나귀 흥흥대듯 한다.

위 속담은 자기가 좋아하는 것을 눈앞에 두고 기뻐함을 비유적으로 이르는 뜻이다. 여기서 당나귀는 욕심을 상징하고 있다.

[고집]
고집이 당나귀 뒷발굽 같다.
굳기는 당나귀 뒷발통이다.
당나귀도 제 새끼는 예쁘다고 한다.

위 속담은 당나귀가 뒷발굽을 사정없이 차듯이, 고집이 매우 센 사람을 균형이 맞지 않는 체구를 가진 당나귀도 제 새끼는 곱다고 하듯이 제 자식은 남의 자식보다 예뻐 보인다는 뜻이다. 여기서 당나귀는 고집을 상징하고 있다.

3.11. 노새

(1) 일상생활에서의 이미지

한국에서 노새는 한 가지 이동 수단으로 여겨져 빠르지는 않지만 안전하고 이용 가능성 높은 동물이었다. 교통수단이 발달하지 않았던 예전에 노새는 먼 길을 가는 사람에게 편리함을 제공한 동물이었다.

노새에 대한 이미지도 긍정적인 면과 부정적인 면을 아울러 갖고 있다. 긍정적인 면은 부지런함, 성실함 따위이며 부정적인 면은 고집, 힘이 없고, 하찮음, 약함 따위이다. 그 내용은 다음과 같다.

노새의 상징의미 ┌ 긍정적 : 부지런함, 성실함
└ 부정적 : 고집, 약함, 하찮음, 만만함

(2) 속담에서의 이미지

속담에서 쓰이는 노새의 긍정적인 이미지는 노력이다. 노새는 꾀가 없고 사람에게 노동력을 제공해 주는 이미지를 갖는다.

[노력]
아비 모르는 건 노새다.

위 속담은 암말에 수나귀를 교미시켜 난 것이 노새이기 때문에 노새가 아비를 잘 모르듯이, 서방질해서 낳은 아이의 성을 잘 모른다는 뜻이다. 여기서 노새는 노력을 상징하고 있다.

노새가 속담에서 쓰이는 이미지 가운데 부정적인 이미지는 고집이 있다.

[고집]
노새 고집이다.
노새 오줌 눈 데 오줌을 누면 매독에 걸린다.

위 속담은 노새처럼 고집이 매우 센 사람을 비유하듯이, 노새 오줌에는 매독균이 있기 쉬우므로 노새 오줌 눈 곳에 오줌을 누지 말라는 뜻이다. 여기서 노새는 고집을 상징하고 있다.

3.12. 고양이

(1) 일상생활에서의 이미지

고양이는 밤이면 눈이 빛난다고 하여 야행성 동물이라 여겨졌다. 사람들은 고양이가 귀신을 일으켜 세우는 신통력을 갖고 있다고 생각했는데, 특히

고양이는 자신에게 해를 끼친 사람에게는 반드시 복수를 하는 동물로 여겨졌다. 따라서 한국 민족에게 고양이는 이로운 동물이기보다 일종의 두려움의 대상이었다. 고양이는 종종 집짐승으로서 사람과 함께 사는 귀엽고 영리한 동물로 인식되기도 한다. 쥐를 잡는 것을 특징으로 하며, 고양이의 똥에서는 나쁜 냄새가 난다고 알려져 있다. 고양이는 눈이 갖고 있는 오묘함 때문에 신비롭고 음흉한 느낌을 준다.

고양이가 등장하는 속담 역시 두 가지 상반된 의미를 갖고 있다. 고양이가 등장하는 속담에서 그 이미지를 살펴보면, 긍정적인 면은 약싹빠름, 침착함 따위이며 부정적인 면은 얄미움, 불신 따위이다. 그러나 속담에서는 대체로 부정적인 의미로 쓰인다. 그 내용은 다음과 같다.

고양이의 상징의미 [긍정적 : 깨끗함, 영리함, 침착함, 조용함
　　　　　　　　 부정적 : 얄미움, 불신, 교활, 도도, 냉정함

(2) 속담에서의 이미지

속담에서 쓰이는 고양이의 긍정적인 이미지로는 약삭빠름, 야망, 영민함, 경이함, 책임, 경이함 등이 있다. 고양이는 예로부터 사람과 가까운 동물은 아니었지만 고양이만이 갖고 있는 신비롭고 경이한 느낌은 고양이를 긍정적인 동물로 인식하게 했다.

[약삭빠름]
약빠른 고양이가 앞을 못 본다.
약빠른 고양이가 밤눈이 어둡다.
빠른 고양이가 상 못 탄다.
약빠른 고양이가 짝을 못 얻는다.
약빠른 고양이도 쥐 놓칠 때가 있다.
영리한 고양이가 밤눈 못 본다.

위 속담에서는 직접적으로 약빠른 고양이의 표현이 많았으며, 영리한 고

양이를 소재로 사용하기도 하였다. 약빠른 사람이 사람들에게 칭찬을 못 받는다는 뜻도 있고 약빠른 사람이 저 할 일을 못하고 남에게 욕을 먹게 된다는 뜻이 있다. 여기서 고양이는 약삭빠름으로 상징하고 있다.

속담에서 쓰이는 고양이의 부정적인 이미지는 요란함, 교만, 미움, 불신, 교활함 등이 있다. 특히 고양이는 사람이 먹는 음식을 탐하는 쉽게 신뢰할 수 없는 동물로 여겨지기도 한다.

[교만]
도둑고양이 주제에 기세까지 부린다.
얌전한 고양이가 부뚜막에 오른다.

한국 속담에서는 효과적인 이미지 전달을 위하여 얌전한 고양이라는 소재를 이용한 속담이 많다. 위 속담에서는 소재로 부뚜막이 등장한다. 이 또한 한국 속담에서만 등장하는 문화적 소재라 할 수 있다.

[불신]
고양이 보고 반찬가게 지키라는 격이다.
고양이에게 반찬 맡긴 격이다.
고양이에게 반찬가게를 맡기고 낮잠 잔다.
도둑고양이 보고 반찬 지켜 달라는 격이다.
생선가게를 고양이에게 맡긴 셈이다.
도둑고양이더러 제물 지키라는 격이다.

위 속담은 고양이가 믿을 수 없는 존재라는 상징으로 쓰인 것들이다. 유사 속담들로 고양이에게 반찬가게, 반찬단지, 생선가게를 맡긴 격 등이 사용되었다. 먹을 것, 먹을 것이 가득한 장소, 중요한 재물들을 믿지 못할 사람에게 맡기게 된 상황을 고양이에 비유하였다.

4. 맺음말

이 연구는 일상의 언어생활 속에서 쉽게 접할 수 있는 속담에 관한 연구이다. 외국인의 입장에서 속담을 완전히 이해하고 연구한다는 것은 쉬운 일이 아니다. 속담을 연구하는 목적은 단지 속담 그 자체의 외형적인 부분만을 연구하는 데에 있지 않다. 언어는 한 나라의 문화가 반영된 체계화된 의사소통 도구이다. 속담을 연구함으로써 속담이 갖고 있는 상징 의미를 도출할 수 있고 그로 인해 한국사회 저변에 깔린 문화를 한층 더 깊게 이해할 수 있다.

여기서 살펴본 동물 속담은 주로 문헌에 근거한 것이기 때문에 실생활에서는 그 의미가 퇴색했거나, 변형된 경우도 있을 것이다. 또한 현재에는 거의 쓰이지 않아서 일반적인 사람들의 문화나 정서를 반영하기는 약간 무리있는 속담도 있었다. 이와 관련된 오류를 방지하기 위해서 문헌을 중심으로 연구를 한 뒤 이것을 다시 국립국어원 홈페이지 속담 자료실을 이용해 현재까지 존재하고 빈번하게 활용되는 속담 위주로 다시 선별하였다.

본 연구는 문헌에 근거한 속담 학습을 통한 교육의 극대화와 더불어 일상생활에서 빈번하게 쓰이고 있는 속담에 동물이 등장함으로써 접근성이 높은 교육에 이바지하는 것이다. 그 뜻을 완전히 간파하기는 어렵겠지만 상징의미를 살펴봄으로써 지금은 쉽게 접할 수 없는 속담도 앞으로 쉽게 접근하는데 또 다른 목적이 있었다.

‖ 참고문헌

고영복(2004), 『속담 속의 인간관계』, 사회문화연구소.

구미래(1992), 『한국인의 상징세계』, 교보문고.

국립국어연구원(1999), 『표준국어대사전』, 두산동아.

김병웅(1992), 「한국 동물 속담 연구」, 한국교육대 석사학위논문.

김세훈(1999), 「한국과 스페인의 속담에서 빈번한 '개' 이미지에 대한 비교 연구」, 『스페인어문학』 15, 한국스페인어문학회.

노원영(2007), 「한·루마니아 속담의 내용상 비교연구—동물을 중심으로」, 강남대학교 석사학위논문.

송재선(1997), 『동물 속담 사전』, 동문선.

심언비(2007), 「한·중 동물속담의 비교 연구」, 충남대학교 석사학위논문.

심지연(2008), 「국어속담의 어휘 분석 연구—일반명사를 대상으로」, 『한국어의미학』 26, 한국어의미학회.

양재택(2004), 「동물 속담 연구」, 충북대학교 교육대학원 석사학위논문.

연세대학교 언어정보개발연구원(2001), 『연세 한국어 사전』, 두산동아.

윤은원(1998), 「동물을 소재로 한 한국 속담에 관한 연구」, 전북대학교 교육대학원 석사학위논문.

이 극(2008), 「한국과 중국의 동물에 관한 속담의 비교연구—상징의미 중심으로」, 경희대학교 석사학위논문.

이기문(1962 / 1981), 『속담 사전』, 일조각.

이종철(1998), 『속담의 형태적 양상과 지도 방법』 이회문화사.

정유리(2004), 「한·일 동물 관련 속담의 비교 연구—개와 고양이를 중심으로」, 한남대학교 석사학위논문.

조오현 외(2008), 『한국어학의 이해』 소통.

조평환·이종호(2006), 『우리말 속담 사전』, 도서출판 파미르.

주 뢰(2008), 「한·중 속담의 비교 연구—욕심, 인색류 속담을 중심으로」, 숭실대학교 석사학위논문.

최미영(2006), 「한·일 양국의 동물속담 비교·분석—12지 동물을 중심으로」, 경희대학교 교육대학원 석사학위논문.

최창렬(1999), 『우리 속담 연구』, 일지사.

최혜정(2000), 「한·일 동물속담 비교 연구-견을 중심으로」, 단국대학교 교육대학원 석사학위논문.

한글학회(1997), 『우리말 큰사전』, 어문각.

해 바양산 톨(2003), 「한·몽 신체 관련 속담 비교 연구」, 배재대학교 석사학위논문.

John Mark D. Minguillan(2006), 「한국과 영·미 문화권 동물 속담의 문화언어학적 비교」, 전남대학교 석사학위논문.

저자 소개(논문 게재 순)

조오현	건국대학교 국어국문학과	김용경	경동대학교 한국어교원과
허원욱	건국대학교 국어국문학과	최영미	경동대학교 한국어교원과
서은아	상명대학교 국어문화원	김정호	건국대학교 교양학부
허재영	단국대학교 교양교육지원과	김준희	협성대학교 문예창작과
한명숙	안양대학교 국어국문학과	윤혜영	건국대학교 교양학부
장숙영	대진대학교 국어국문학과	김유권	대진대학교 국어국문학과
박동근	건국대학교 교양학부	방운규	평택대학교 국어국문학과
원흥연	건국대학교 국어국문학과	이만식	경동대학교 중등특수교육학과
윤재연	춘천교육대학교 국어교육과	김주연	건국대학교 언어교육원
고경민	건국대학교 언어교육원	오충신	건국대학교 국어국문학과
장언청	건국대학교 국어국문학과	벌로마	건국대학교 국어국문학과

한국어의 어제 그리고 오늘

초판 인쇄 2009년 8월 21일
초판 발행 2009년 8월 29일

저 자 조오현 외
펴낸이 이대현
편 집 권분옥·이소희·추다영

펴낸곳 도서출판 역락
주소 서울 서초구 반포4동 577-25 문창빌딩 2층
전화 02-3409-2058, 2060
팩스 02-3409-2059
등록 1999년 4월 19일 제303-2002-000014호
이메일 youkrack@hanmail.net

값 36,000원
ISBN 978-89-5556-716-8 93710

* 파본은 교환해 드립니다.